中国邮政集团公司

年鉴 2018

中国邮政文史中心（中国邮政邮票博物馆）◎编

中国文史出版社

图书在版编目（CIP）数据

中国邮政集团公司年鉴．2018／中国邮政文史中心（中国邮政邮票博物馆）编．—北京：中国文史出版社，2019.6

ISBN 978-7-5205-1083-7

Ⅰ.①中… Ⅱ.①中… Ⅲ.①邮政业务－企业集团－中国－2018－年鉴 Ⅳ.①F426.63-54

中国版本图书馆 CIP 数据核字（2019）第 080153 号

责任编辑：李晓薇

出版发行：中国文史出版社

社　　址：北京市海淀区西八里庄路 69 号　　邮编：100142

电　　话：010－81136606　81136602　81136603（发行部）

传　　真：010－81136655

印　　装：北京地大彩印有限公司

经　　销：全国新华书店

开　　本：889mm × 1194mm　1/16

印　　张：20.25

字　　数：743 千字

版　　次：2019 年 9 月北京第 1 版

印　　次：2019 年 9 月第 1 次印刷

定　　价：238.00 元

《中国邮政集团公司年鉴》编委会

《中国邮政集团公司年鉴》编辑部

主　　编： 张力扬

副 主 编： 王　旭　吕兴华

编辑统筹： 谢成章　郑晶晶

编　　辑： 毛　怡　刘佳月　杨洲梓　许　诺　刘天天　唐甜甜　范子跃　张　坷
祝振宇　赵　强　孙鑫如　何俊波　张媚荣

特约编辑：（按姓氏笔画排序）
马　静　王　欣　王　俊　王　莹　王　婷　王圣光　王春瑞　王森龙
王新征　邓　琳　甘　静　艾凤海　龙　潜　叶金平　付佶龙　付皓轩
白振峰　兰　英　吉　克　朱　辉　刘　丽　刘　佳　刘　洁　刘新蕊
刘慧亭　许　涛　孙久臣　苌保峰　苏永胜　李　凯　杨卫东　杨天志
杨文振　时　波　吴俊华　何峥艳　汪　洋　宋　超　张丽娟　张明凯
张洪伟　张馨语　陆怡琼　陈丽涵　周　静　郑凌燕　赵军泰　洪文娴
秦　佳　袁　芳　贾晓宇　郭　艳　黄颖琼　盛柯文　常雅楠　康　燕
彭　芃　韩　建　程　伟　程　钰　曾宪京　蒙淋芳　蔡　瑋　蔡　菡
蔡敏杰　谭　卓　魏　薇　魏普金

编辑说明

《中国邮政集团公司年鉴》由中国邮政集团公司主管。所载内容主要包括中国邮政集团公司总部、中国邮政集团公司控股子公司及直属单位、各省（市、自治区、直辖市）分公司工作，是一部全面、翔实记录全国邮政工作的纪年性资料工具书。

《中国邮政集团公司年鉴（2018年）》以年鉴体例为基础，根据邮政特点采用分类编辑，分为专文、综述、大事记、网路建设、邮政服务、业务发展、邮票发行及集邮、企业管理、邮政科技、党群工作和精神文明建设、交流与合作、控股子公司及直属单位、各省（自治区、直辖市）分公司工作、重要文献等十四个栏目。起止时限为2017年1月1日至12月31日，个别条目采取了追溯的办法，以保证文献的连贯性。

本年鉴所涉及单位名称除第一次出现时使用全称外，采用简称，如“中国邮政集团公司”简称“集团公司”，“中国邮政集团公司内蒙古自治区分公司”简称“内蒙古分公司”，“中国邮政集团公司广西壮族自治区分公司”简称“广西分公司”，“中国邮政集团公司西藏自治区分公司”简称“西藏分公司”，“中国邮政集团公司宁夏回族自治区分公司”简称“宁夏分公司”，“中国邮政集团公司新疆维吾尔自治区分公司”简称“新疆分公司”，“中国邮政储蓄银行股份有限公司”简称“邮储银行”，“中国邮政速递物流股份有限公司”简称“速递物流”，“中邮人寿保险股份有限公司”简称“中邮保险”，“中邮证券有限责任公司”简称“中邮证券”，“中国邮政广告传媒公司”简称“中邮传媒”，“石家庄邮电职业技术学院（中国邮政集团公司培训中心）”简称“石邮学院”。

本年鉴所载全国性统计资料和数据均未含香港、澳门特别行政区和台湾省；部分内容含港澳台地区。全书数据因各单位统计层级、口径不同略有差异。

本年鉴在编辑过程中，得到各单位的大力支持，在此仅致以诚挚的感谢。因编辑水平有限，不足之处，敬请批评指正。

《中国邮政集团公司年鉴》编辑部

2018年12月

目　录

邮政服务 35

业务发展 43

邮票发行及集邮 57

企业管理 65

邮政科技 85

党群工作和精神文明建设 93

交流与合作 101

控股子公司及直属单位 109

各省、自治区、直辖市分公司工作 139

◇ 加强企业党建　加快改革创新　为做强做优做大中国邮政努力奋斗

——2017年集团公司工作会议报告

加强企业党建　加快改革创新
为做强做优做大中国邮政努力奋斗

——2017年集团公司工作会议报告

（2017年1月11日）

一、2016年工作回顾

过去一年，面对经济下行压力加大等多种困难挑战交织的复杂局面，集团公司认真落实党中央、国务院的决策部署，上下同心，迎难而上，积极作为，实现了“十三五”的良好开局。

一年来，集团公司在以下方面取得了突出成绩：

经济效益进一步提升。2016年，集团公司总收入完成4421.4亿元。按利差口径集团公司总收入完成3348.3亿元，同比增长5.3%。集团公司实现利润总额435.6亿元，同比增长9.1%。实现了邮政发展稳中向好、提质增效。

邮储银行成功上市。邮储银行深化体制改革，成功在港交所主板上市，募集资金总额达591.5亿港元（行使超额配售选择权后），是近两年来全球最大IPO。通过上市，邮储银行建立起了资本金补充长效机制，完善了公司治理结构，大幅提升了品牌知名度。

三大新增长极取得新进展。中邮保险优化业务结构，提前完成了期交“百亿工程”目标，实现期交保费137.4亿元，同比增长121.6%，占总保费比重46.3%。邮速双方合力开拓市场，包裹快递业务量完成29.6亿件，同比增长40.5%；业务收入完成472.7亿元，同比增长24.4%。农村电商积极拓展线上线下渠道，新增邮乐购站点23.3万个，累计达33.8万个；累计实现交易额726.1亿元，同比增长458.5%。邮政农村电商发展得到了李克强总理和汪洋副总理等中央领导的充分肯定。

社会影响力显著提高。积极落实国家“一带一路”倡议，成功举办了2016中国（重庆）邮政高层论坛，对促进跨境电商寄递业务快速发展起到了重要作用。成功举办纪念中国邮政开办120周年系列活动，在新华社《国内动态清样》等重要内参报道邮政改革发展的成就，展示了中国邮政良好形象。集团公司与吉林、甘肃、西藏3省（区）政府，与国家新闻出版广电总局、中石化、中信集团等单位签订了战略合作协议。邮储银行与河北、广西等5省（区）政府签订了战略合作协议。中国邮政在2016年《财富》“世界500强排行榜”中位居第105位，比上年提升了38位；收入规模位居世界邮政第2位，利润位居第1位；在“2016中国企业500强”排名中位居第21位，比上年提升了1位。

一年来，集团公司主要做了以下工作：

（一）保持邮政平稳健康发展

集团公司深入实施“一体两翼”经营发展战略，全力打造三大新增长极，实现了平稳健康发展。邮政公司完成收入1432.4亿元，同比增长13.1%；速递物流完成收入323.6亿元，同比增长16.7%；中邮保险完成收入334.8亿元，同比增长18.1%；中邮证券完成收入2.8亿元。

平台建设进一步推进。推出了“中国邮政便民服务”品牌形象标准，开发了实体运营管理系统，开展了平台“百千工程”建设活动，有效支撑了普惠金融、农村电商等各类业务发展。依托平台，积极承接政府公共服务项目，与交通部、公安部、国家工商总局、国家税务总局、国务院扶贫办、国家社保中心等部门合作开展便民服务；函件、报刊、分销和增值业务实现平稳发展，集邮业务实现了较快增长。

金融翼保持平稳发展。邮储银行以上市为契机，推动转型发展，保持了良好发展态势。中邮保险深耕邮银渠道，实现期交新单保费89.4亿元，列同业银保渠道期交规模第5位，连续2年列银保系寿险公司第1位。中邮证券狠抓重点业务，证券账户总规模超过91万户，同比增长180%；资管业务主动管理规模达到724.5亿元，同比增长68.6%，行业排名提升至第14位。邮政公司积极发挥渠道优势，大力发展代理金融业务，实现新单保费3309亿元。

寄递翼实现快速发展。邮速双方共同深化与电商平台合作，快递包裹业务量完成11.3亿件，同比增长83.4%；业务收入完成83.8亿元，同比增长45.4%。国内标快业务发展趋势向好，业务量完成8.3亿件，同比增长8.4%；业务收入完成102.3亿元，同比增长8.7%。国际寄递业务量完成9.7亿件，同比增长41.3%；业务收入完成210.2亿元，同比增长29.4%；国际小包直客业务量收占比均超80%。物流业务收入完成45.6亿元，同比增长8.2%。

（二）推进企业改革创新

体制机制改革不断深化。根据中央关于深化国有企业改革的部署，结合邮政实际，拟定了集团公司公司制改革的总体方案、邮务事业部制改革的初步方案。制定下发了省分公司经营组织架构改革机构编制设置方案，完善了中邮保险总部及省级组织架构。制定了零基预算推进方案，构建了邮政公司成本费用定额标杆体系。推进了战略绩效管理体系建设，对省邮政分公司实行差异化考核，对控股子公司和直属单位实行分类考核。

网运改革取得新进展。以强化网运管控体系为关键，初步构建了时限管控、指挥调度、质量考核三大体系，完善陆运网运营闭环式管理机制。17个省全面实施邮速资源整合，大力提升干线邮车利用率和包裹上机分拣率，推广县域分拣、转运、投递“三合一”改革，提升了全网资源利用率。以无锡速递新集散中心投产为契机，积极构建长三角区域集散网。在新疆、四川等省（区）开展邮速航空运输资源整合，缩短了远距离地区间的快递包裹传递时限。

资本运营取得实效。重组中邮资本和中邮资产。为中邮保险等补充了资本金，完成前海再保险公司筹建，增资蚂蚁金服。推进速递物流公司在德国、中国香港设立合资公司，加快速递物流国际化进程。

全员创新活动取得丰硕成果。为实施创新驱动发展战略，调动全员创新积极性，集团公司开展了全员创新活动。经过认真评审，90项成果获全国邮政企业科技创新奖，60项成果获全国邮政企业管理现代化创新奖。其中，45项成果分别获得交通行业和通信行业管理现代化创新奖；3项成果获国家级企业管理现代化创新奖，特别是《邮政企业支撑电商寄递业务发展的陆运网全面升级管理》成果荣获一等奖。

（三）增强核心竞争能力

一年来，集团公司共投资196亿元，加大能力建设，支撑业务发展。

信息化建设步伐加快。按照信息化规划，围绕五大重点平台，全面推进信息化项目建设。完成ERP系统在全板块、全模块推广上线工作。启动新一代寄递业务信息平台开发；完成CRM系统工程咨询设计；实现大数据平台核心业务功能上线运行；完成邮政私有云的初步搭建。加快金融核心信息系统建设，实现网贷工程、门户工程、新一代手机银行上线，全面完成集中授权系统建设。推进快递包裹、国际小包、国际速递、运费核算等业务系统的改造。组建集团公司软件开发中心，提升了自主开发能力。

寄递网能力迈上新台阶。按照国际领先标准完成了上海浦东、广州、昆明等7个处理中心的工艺改造工作，全网日处理能力达2400万件。优化干线运输网络，推行散件外走、车等邮件、甩挂运输等作业方式，全国省际快递包裹T+3日递率达80.6%，省内互寄次日递率提高至90%，全国县及县以上城区全程平均时长65.2小时，比2015年缩短了11小时。邮航机队规模达28架，构建了自主航空网二频次集散运输网络。推进投递网由生产支撑型向经营服务型转变，新增PDA 2.3万台、电动三轮车9242辆、投递车辆5130辆；智能包裹柜达1.6万台，人工自提点达16.8万个，促进了包裹快递业务发展。在24省82个城市布局云仓，共建138个仓储中心，仓配一体化项目达500余个。

（四）强化企业管理

财务管控持续完善。完成了资金收支两条线体系搭建，实现了全网资金集中管理。推进集中核算流程优化，设立了直属单位集中核算机构，出台了直属单位财务机构负责人派驻制管理办法。调整包裹快递业务内部结算政策，完善邮政普遍服务和特殊服务补贴核定办法，进一步规范邮政服务“三农”补贴项目管理。

人力资源管理更加科学。建立市场化用工配置机制，采取“基本配员+定效配员”的模式，动态核定用工总量计划，优化人力资源配置，支持重点业务发展。规范劳动用工管理，合理调控劳务用工总量和用工结构。全面实施弹性人工成本管控，人工成本配置效益导向更加突出。严肃薪酬分配纪律，规范人工成本提取发放管理。推进岗位标准体系建设和岗位资格认证试点工作，加快省级人力资源服务支撑中心建设，开发应用员工自助服务系统。

板块协同发展力度加大。定期召开三大板块日常协调会议，完善业务信息共享机制，建立产品和项目协同研发机制。邮银协同推出代理消费金融项目，邮速协同推出一票多件等新产品和新服务。

审计监督和集中采购管理成效突出。开展全行业跨年度财务收支审计；经济责任审计关口不断前移，强化了对领导人员的履职监督；制定工程建设项目审计实施细则和委托造价咨询机构审计管理办法，规范工程审计管理；开展成本费用实时监控审计，严控“突击花钱、乱花钱”现象。完成各类审计项目2.4万余个，节支10.5亿元。全网集中采购效益不断提高，完成集中采购项目6313项，节约资金37.3亿元。

安全生产管理和风险防控进一步强化。严格落实安全生产责任制，强化资金、邮件、信息网、航空、消防、交通和员工等安全管理。圆满完成G20峰会等重大活动安全保障工作，得到了国家相关部门的充分肯定。邮银双方加强内控管理体系建设，加大合规检查力度，开展“两个加强、两个遏制”回头看和“内控达标年”活动，开展案防工作评估，落实案防责任制，有效提升了内控管理水平。2016年金融资金案件数量和涉案金额均大幅下降，成效非常明显。中邮保险以“偿二代”监管体系为基准，健全风险管控体系，有效应对了满期给付和退保等重点风险。

（五）提升邮政服务水平

普遍服务和特殊服务扎实推进。着力解决空白乡镇补建局所建设遗留问题，加强省、市、县普遍服务三级管控体系建设，组织开展全国普遍服务管理专项检查，大力提升普遍服务水平。积极参与普遍服务标准修订。党报党刊发行实现了稳定增长，机要邮件做到了万无一失。

服务“三农”和小微企业得到好评。落实中央一号文件精神，高举普惠金融旗帜，加大服务“三农”和小微企业工作力度，成立了邮储银行“三农”金融事业部，构建了专业化的为农服务体系。积极践行央企社会责任，落实国家精准扶贫战略，推动邮政金融扶贫、电商扶贫，得到了各级党委政府的肯定和广大群众的称赞。

客户服务质量进一步改善。强化客服管理，改善客户体验，邮政公司用户申诉处理满意率达96.3%，EMS申诉率同比下降33%，EMS获万国邮联客服质量奖。开展包裹快递运行质量专项检查，加强无着邮件管理，开展暗查暗访，严查违规经营，对运行质量突出问题进行整改。62个重点城市标快次日递率达到80%以上，城市包裹快递当日妥投率达到92.2%，妥投信息实时反馈率达到98.6%。在邮政金融网点开展“服务行为改进年”活动，提高网点服务质量，全年网点服务投诉量下降了22.3%。中邮保险在保监会年度服务评价考核中获得行业最高的2A评级。

（六）深入推进党的建设

党建工作成效明显。按照中央部署，深入开展“两学一做”学习教育。认真落实国有企业党建工作要求，将党建工作纳入公司章程和绩效考核体系。大力推进党组改党委工作，全系统177个市（地）及以下企业单位党组改党委工作全部完成，理顺党建组织体系和工作体系，加强了党的基层组织建设，完善了党的工作机构设置，充实了党务工作人员。集团公司党组制定的271项中央专项巡视整改措施基本完成。

党风廉洁建设及反腐倡廉工作持续深化。实施了纪检监察体制机制改革，对控股子公司实行派驻制，组建了北京、南京、成都3个分组（局），进一步强化了纪检监察力量。对65个邮政企业单位分4批进行了巡视，并对3省（市）邮政企业单位开展巡视“回头看”。制定了贯彻落实《中国共产党问责条例》实施办法，加大执纪审查力度，严肃查办违纪违法案件，处理违纪违法人员256人。严格落实中央八项规定，开展了“四风”问题整治情况“回头看”，加强了机关作风建设。

干部人才队伍建设不断加强。规范领导人员任免工作程序，加强领导班子建设；开展后备干部调研工作，调整优化后备干部队伍；加大干部监督管理力度，深入推进选人用人专项检查、领导干部个人事项报告抽查核实和档案专审工作，严肃处理检查发现的违规破格提拔干部、个人事项报告漏报瞒报、“三超两乱”、档案造假等问题。举办中央党校分校班和邮政党校班，对省级邮政企业主要领导进行了管理创新培训，对县分公司一把手进行了战略执行与领导力提升轮训。制定人才评价选拔与管理实施意见。着力推进重点人才工程，选拔27个专业方向的初级人才近万人；选拔集团公司会计专业领军人才7人、领军人才后备4人；组织开展高级技师考评。

编制完成了中国邮政“十三五”发展规划，明确了集团公司发展战略，为建成世界一流邮政企业指明了方向和路径。发布了《中国邮政企业文化手册（2016年版）》。广泛开展了文明单位、“青年文明号”等群众性创建活动，全国邮政有3个单位荣获全国“五一劳动奖状”，6名个人荣获全国“五一劳动奖章”，16个单位荣获全国“工人先锋号”，20个单位荣获全国“青年文明号”。深入实施“关爱工程”，建成职工小家2.7万余个。法律事务、保密、信访档案、宣传舆情等管理工作得到加强。

在肯定成绩的同时，要清醒地认识到目前邮政发展中存在的突出问题。一是企业体制机制尚不能完全适应市场经济发展需要，还要进一步深化改革。二是打造三大新增长极，推动邮政持续健康发展的任务还很艰巨。三是新经济蓬勃发展，新技术、新产品、新业态不断涌现，对集团公司的产品、服务、管理带来了新挑战，还要进一步提升创新能力。四是各板块之间、各地区之间业务发展不平衡、不协调问题依然突出，还需要总部加强督导。

二、坚持战略自信，抢抓发展机遇，推进中国邮政转型升级

中央深化国有企业改革的重要目标，就是做强做优做大国有企业。做强，就是要成为市场竞争的强者，表现为自主创新能力强、市场开拓能力强、风险管控能力强；做优，就是要成为经营管理的佼佼者，表现为经营业绩优、公司治理优、品牌形象优；做大，就是要成为行业发展的领跑者，具有核心竞争能力，引领行业发展，在同行业中居于领先地位。各板块总部要围绕做强做优做大中国邮政、建成世界一流邮政企业的目标，加强战略研究，把握

国家宏观政策，把握市场发展趋势，积极对标行业一流企业，学习先进，创新超越，转型升级，推动中国邮政持续健康发展。

（一）认清发展形势，保持战略定力，增强发展信心

近几年来，中国邮政发展的内外部环境发生了很大变化。从宏观经济和市场竞争看，2008年国际金融危机后，世界经济处在深度调整期，总体复苏乏力。中国经济发展进入新常态，经济下行压力较大。金融业、快递业等处于竞争主体多元化、竞争手段多样化、竞争趋于白热化的状态，对邮政发展构成巨大挑战。从内部发展情况看，一是邮政基础性业务明显下滑。集团公司在“十一五”期间投入大量资源，重点发展的账单、贺卡等函件业务，受技术进步、国家政策调整等因素影响，业务量持续快速萎缩。二是由于种种原因，速递物流业务前些年发展迟缓，与蓬勃发展的快递市场不相适应，与主要竞争对手的差距不断拉大，对速递物流员工的发展信心产生了较大影响。三是邮储银行发展初期，受人才、产品和管理经验等因素制约，2012年小企业贷款、涉农贷款不良率居高不下，一些同志曾对邮储银行的大型零售商业银行战略定位提出了质疑。四是集团公司曾经大力推进的农资分销业务，发展缓慢、效益低下，员工普遍感到压力很大。这些巨大变化，使部分员工发展信心出现了动摇，对业务发展的定位产生了质疑，对未来的发展前景存在悲观情绪。

在这种情况下，集团公司党组经过密集调研，充分借鉴国外邮政、国内成功企业的先进经验，广泛听取各方面意见，反复研究，对发展战略作出了重大调整。一是确立了“一体两翼”经营发展战略。二是分步实施陆运网改革。2014年实施干线运输方式改革，打破了60多年主要依靠铁路运输邮件的干线组网模式；2015年，又加快建设“国内领先、世界一流”的陆运网。三是实施了包裹快递业务改革。虽然目前仍存在一些问题，但改革的效果非常明显。四是确立了“十三五”时期打造中邮保险业务、包裹快递业务和农村电子商务三大新增长极的战略重点。五是巩固了邮储银行作为大型零售商业银行的战略定位。众所周知，中国不缺大型商业银行，缺的是一家专注于服务“三农”、服务小微企业的有特色的大型零售商业银行。所以，邮储银行这个战略定位，既符合中央和监管部门对集团公司的要求，又能充分发挥邮储银行资源禀赋优势，更重要的是，可以使邮储银行与国内其他大型商业银行实现差异化竞争。集团公司必须坚守这个战略定位不动摇。六是形成了中国邮政统一的企业文化体系。

通过实施这些战略举措，“十二五”以来，集团公司的经营发展取得了显著成效。竞争实力得到增强。先后投入1000多亿元，加快了能力建设，提升了信息化和自动化水平，极大地增强了企业核心竞争力。企业效益明显提升。集团公司总收入实现了翻番，利润年均增长24.6%。员工收入实现与企业效益同步增长。集团公司三次调增基本工资，主要向基层一线员工倾斜，员工收入实现较快增长。社会地位不断提升。6年来，中国邮政在“世界500强排行榜”中的位次提升了238位；邮政工作多次受到中央领导肯定，得到了各级党委政府和社会各界的好评。这几年，中国邮政工作多次得到了包括李克强总理、汪洋副总理、马凯副总理的亲笔批示。这些成效，充分证明了集团公司党组的战略决策是经过实践检验的，是正确的，是符合邮政发展实际的。

进入“十三五”时期，集团公司的内外部形势发生了新的变化。总的来看，挑战和机遇并存，困难与希望同在。

从不利的方面看，邮政发展面临严峻挑战。首先，金融业环境发生变化。受利率市场化、金融脱媒、互联网金融、市场主体增多、市场监管趋严等因素的影响，银行业发展增速放缓，邮政金融发展压力进一步加大。特别是央行2016年9月下发的261号文，在规范支付结算业务的同时，对异地存取现、转账等业务手续费以及汇兑业务、小额账户管理等业务产生较大影响。2016年保监会出台新政，加强对中短存续期产品管控，限制中短存续期产品规模，监管政策更加严格，对险企规范治理、合规经营、风险管控提出了更高要求。邮政代理保险面临销售产品减少、额度受限、收益降低、兑付风险增大的严峻形势，对代理业务收入和客户服务产生重大影响。其次，快递行业竞争呈现出新的特点。以顺丰和通达系等为代表的民营快递公司在2016年进入资本市场，竞争实力将进一步增强；菜鸟联盟由“一点发全国”向“仓配一体、多点就近发货”转变，使行业寄递服务模式发生变革。民营快递不断加快“走出去”步伐，加强与外国邮政、快递公司合作，布局海外渠道，对集团公司的国际业务形成较大冲击。受海关新政影响，国际EMS渠道进口业务不断下降。社会电商企业纷纷开放自营物流体系，参与寄递市场竞争。第三，农村电商市场竞争日益激烈。阿里巴巴、京东、苏宁等主要电商平台加大对农村电商市场渗透。与此同时，集团公司的发展还没有形成规模，前期投入比较大，经营效益尚不明显。

从有利的方面看，中国邮政面临着难得的发展机遇。一是在宏观经济上，当前我国经济运行平稳，供给侧结构性改革和重点领域改革加速，产业结构调整优化的成效逐步显现，特别是国家三大发展战略、“中国制造2025”和“互联网+”行动计划等战略举措的逐步实施，为邮政转型升级带来新的机遇。

二是在金融业务上，国家出台优惠政策，鼓励金融机构服务实体经济、服务“三农”、服务小微企业，这与邮储银行建设大型零售商业银行的战略定位高度契合。中央大力推进农业供给侧结构性改革，为集团公司发展“三

农”金融服务提供了历史性机遇。货币政策保持稳健中性，伴随着金融去杠杆，市场资金趋紧，为银行和保险资金运用创造了有利条件。政府加大基础建设投资力度，加快产业结构调整步伐，居民消费升级，为银行各项业务发展创造了更大的市场空间。在保险业加快回归保障本质的大趋势下，监管部门整顿市场秩序，规范险企经营，严守风险底线，给中邮保险带来快速发展的重大机遇。邮银的渠道优势也为中邮保险发展打下了良好基础。供给侧结构性改革将促进大类资产从债市、房市转向股市和商品，混合所有制改革和债务去杠杆推进股权融资、股票交易、PPP 等提速发展，资产证券化率进一步提高，对中邮证券业务形成综合利好。

三是在包裹快递业务上，近年来，电子商务发展强劲，快递业务量连续 6 年保持 50% 左右的高速增长。国家邮政局预计，2017 年快递行业业务量将达 423 亿件，业务收入达 5165 亿元，增幅分别为 35%、30%。行业研究显示，到 2020 年跨境电商零售出口额将达到 2.16 万亿元，年均增长 34%，将带动跨境电商寄递高速增长。包裹快递业务市场潜力巨大。

四是在农村电子商务上，集团公司发展农村电商符合邮政要素禀赋，符合国家战略需要，符合农村市场需求，中央领导对集团公司寄予厚望，汪洋副总理多次听取集团公司的工作汇报。相关部委出台农村电商减免税、物流、仓储、征地等一系列优惠政策，邮政发挥渠道优势，争取政策支持，发展农村电商，可谓正当其时。

从以上分析来看，目前中国邮政发展形势持续向好的基本面没有变；中国邮政三大新增长极处于朝阳产业，发展空间巨大的趋势没有变；通过多年的改革创新、转型升级，邮政积聚的竞争优势越来越强的态势没有变。集团公司一定要增强中国邮政发展战略自信、企业文化自信和经营模式自信，坚定不移推进改革创新，坚定不移推进科技兴邮，毫不动摇地实施“一体两翼”经营发展战略，毫不动摇地坚守大型零售商业银行的战略定位，毫不动摇地加快打造三大新增长极。

（二）持之以恒推进邮政改革创新、转型升级

中国邮政的发展历程就是不断改革创新、转型升级的过程。今天，中国邮政已经发展成为经营邮政基础性业务、金融业务、速递物流业务和电子商务的现代企业集团。在中国经济向形态更高级、分工更优化、结构更合理的阶段演进的大趋势下，集团公司必须用开放的思维、世界的眼光、一流的标准，来谋划集团公司的改革创新、转型升级工作，提高发展的质量和效益，实现更有效率、更可持续的发展，打造邮政经济的升级版。

一是深化企业改革。习近平总书记指出，唯改革者进，唯创新者强，唯改革创新者胜。集团公司要冲破思想观念的束缚、突破体制机制的藩篱，以更大的勇气和智慧深化企业改革，激发企业活力。体制改革方面，一要按照中央深化国有企业改革的部署，加快推进集团公司公司体制改革，建立现代企业制度，形成权责明确、管理科学的法人治理结构。二要完善集团管控体系。以“管预算、管干部、管绩效、管风险”为重点，明晰集团公司总部与各控股子公司的权责边界和重点管控事项。在组建邮务事业部的基础上，明晰集团公司与邮务事业部、各省分公司和相关直属单位的事权划分。把该管的管住，不该管的放权。机制改革方面，一要完善薪酬分配制度，对高度市场化的业务板块，按照市场化的原则确定薪酬分配。集团公司党组经过深入研究，准备对集团公司总部和高度市场化的业务板块中的一些主要岗位实行市场化薪酬。二要对控股子公司按照所处行业实施对标管理，进行绩效考核。随着邮政事业发展，集团公司还会成立更多的控股子公司。要强化集团管控，促进经营发展，对控股子公司就必须对标行业来进行薪酬管理。三要对省分公司实行差异化考核，通过 ERP 应用、零基预算、弹性工资制的推行，拉开分配差距，对当年经营管理好的单位加大奖励力度，对当年经营管理不好的单位给予一定处罚，要最大限度地调动各个单位的经营发展积极性。

二是加快科技创新。科学技术是第一生产力。要聚焦邮政关键核心技术，加强基础前沿和高新技术的前瞻性研究和应用研究，加大科技投入，加快科技人才队伍建设，为科技创新打下坚实基础。一要大力发展互联网金融，优化金融产品和服务体系，构建互联网金融生态圈。按照新一轮 IT 规划，尽快搭建企业级应用架构，提升自主可控、大数据运用、运维支撑等能力。二要积极探索采用分拣机器人、全方位扫描等先进技术，提升邮政生产智能化、自动化水平，实现减员增效。三要适应新技术、新产品、新业态发展潮流，着力推进产品创新、服务创新、流程优化和商业模式创新，推动三大板块转型升级。

三是强化协同发展。一要加强集团公司板块间的协同，促进内部资源整合，做到产品、渠道、客户资源交叉复用，实现板块联动发展。统筹规划邮政、速递物流、金融各板块网点资源，避免重复建设。二要完善金融板块协同机制，按照“产融结合、协同发展”的理念，以优先保障内部合作为导向，实行金融产品协同研发，推进邮政公司、邮储银行、中邮保险、中邮证券、中邮资本的业务创新和协同发展，打造邮政金融产业体系。三要健全邮速协同机制，实现优势互补，合力参与市场竞争。加强实物传递网、信息网资源共享，整合社会投递资源，加快做大包裹快递业务规模。统一管控邮速包裹快递业务资费政策，防止高端业务低端化和高端客户低效化。

四是大力开展资本运营。围绕集团公司战略方向，稳健发展资本市场投资业务。抓紧设立集团公司基金管理公司、中邮保险资产管理公司和中邮证券资产管理公司，加

快推进第三方支付牌照和信托牌照并购。重组整合现有对外投资，逐步形成若干业务清晰、发展可期的骨干附属公司。发起设立邮政管理的产业基金，开展股权投资。盘活邮政系统不动产，做好重点项目运营管控，稳妥推进医养健康、智能仓储方向的不动产开发和运营。

五是加强党的建设。集团公司要认真落实党的十八届六中全会和全国国有企业党的建设工作会议精神，牢固树立四个意识，始终在思想上政治上行动上同以习近平同志为核心的党中央保持高度一致。把加强党的领导和完善公司治理统一起来，把党的领导融入公司治理各环节，把企业党组织内嵌到公司治理结构之中，做到把方向、管大局、保落实、防风险，确保党和国家方针政策、重大部署得到贯彻执行。要坚持和落实党的建设和企业改革同步谋划、党的组织及工作机构同步设置、党组织负责人及党务工作人员同步配备、党建工作同步开展，实现体制对接、机制对接、制度对接和工作对接。要充分发挥党组织的领导核心和政治核心作用、基层党组织战斗堡垒作用和党员先锋模范作用，把党的政治优势、组织优势和群众工作优势，转化为企业的竞争优势、创新优势和科学发展优势，进一步促进企业持续健康发展，确保国有资产保值增值。通过加强和改进党的建设，使中国邮政成为贯彻新发展理念、促进经济社会发展、保障和改善民生的重要力量，成为实施“走出去”战略、“一带一路”建设等的重要力量。

三、2017 年重点工作安排

2017 年是实施“十三五”规划的重要一年，是推进供给侧结构性改革的深化之年，也是深化国有企业改革的关键之年。集团公司将迎来党的十九大召开，做好邮政工作意义十分重大。

2017 年邮政工作的总体要求：认真贯彻落实党的十八大、十八届三中、四中、五中、六中全会和中央经济工作会议精神，以习近平总书记系列重要讲话精神为指导，加强党的建设，坚持稳中求进工作总基调，落实新发展理念，注重提高发展质量和效益，深化改革，创新发展，强化管理，改善服务，强力打造三大新增长极，为做强做优做大中国邮政努力奋斗。

2017 年邮政主要发展目标：集团公司总收入达到 4841.7 亿元。按利差口径集团公司总收入达到 3631.5 亿元，同比增长 8.4%，其中，邮政公司收入 1527.4 亿元，同比增长 6.7%；速递物流收入 388.3 亿元，同比增长 20%；中邮保险收入 402 亿元，同比增长 20.1%；中邮证券收入 4 亿元，同比增长 40.9%。集团公司利润总额 466.1 亿元，同比增长 7%。劳动生产率稳步提升，员工收入增长与企业效益增长基本同步。

（一）深入实施“一体两翼”经营发展战略，全力打造三大新增长极

要举全网之力，加快打造中邮保险业务、包裹快递业务、农村电子商务三大新增长极，努力构建各板块协同发展的经营格局。

强化平台优势，加快打造农村电商新增长极。一方面，要大力发展农村电商。一是量质并重建渠道，提升已建站点的活跃度和运营质量。在加盟站点建设上，去年的推进速度很快，下一步要把工作重点转到提升运营质量上来。二是规模发展做批销，统筹推进平台招商和邮政自营批销，加快组建集团和省两级批销招商团队，加强相关信息系统对接，加快仓储配送能力建设。三是整合平台促代购，做好邮乐网平台技术支撑，丰富产品种类，利用大数据分析，打造爆款产品，做大耐用品代购规模。四是用好政策助返城，加强与地方政府的沟通对接，争取政府政策支持；完善邮政自营农产品返城标准，加强农产品包装研究，做好当地知名或特色农产品返城销售。五是分层落实抓培训，加强对掌柜、招商团队、渠道经理、农村支局长、运营中心及仓配人员的培训，建设专业化农村电商队伍。六是联动发展带业务，叠加邮政业务和公共服务项目，联动发展代理金融、包裹快递等业务，推动板块协同发展。

另一方面，要充分发挥农村、城市邮政自营网点对社会加盟站点的辐射聚合、管理维护作用，完善综合便民服务平台建设体系。深入推进“百千工程”，做好“N 站合一”，提升平台运营质量，形成以函件、报刊、集邮等邮政基础性业务，公共服务，普惠金融，农村电商和包裹快递业务为基础的综合产品服务体系。

完善金融产业体系，加快打造中邮保险业务新增长极。一方面，全网上下一定要更加重视中邮保险发展，切实将中邮保险发展作为首要任务。继续发挥“自营 + 代管”优势，坚持“承保 + 投资”双轮驱动，打造差异化、特色化经营发展模式，加快中邮保险转型升级和价值成长。一是实施中邮保险期交业务“双百亿工程”，实施“期交规模化”。二是大力提升投资能力，实施投资多元化。开拓股权、不动产、境外等投资新渠道，优化资产结构，提高收益水平。三是加强新产品研发，继续构建适宜邮银销售、符合客户需求、促进价值成长的差异化产品体系。四是加强中邮保险市县代管机构建设和管理，强化市县两级经营和运营支撑能力。五是加强中邮保险营销体系建设，整合邮银保资源，强化营销队伍共建，打造中邮保险内训师及客户经理营销队伍。

另一方面，要充分发挥邮政金融产业体系联动优势，推动银行业务、保险业务、证券业务、代理金融业务持续健康发展。

邮储银行要以上市为新起点，坚持负债资产双轮驱

动，突出价值回报，加快发展。坚定不移发展负债业务，稳定新增存款规模，优化存款结构，按照新调整的储蓄付息政策引导邮银分支机构加强精细化管理，降低付息成本。要强化零售战略落地，整合“三农”、小微和消费金融等资源，打造特色竞争优势。围绕投融资转型、供给侧结构性改革，发挥重点城市分行引领作用，加快公司金融规模增长。创新金融市场业务，提升资产收益，优化业务结构，保持金融市场行业引领地位，打造资金强行。加快发展信用卡、资产管理、托管业务、投资银行、贸易金融等业务，加大中邮保险合作推广力度，培育贵金属、电子支付、短信、代销资管新的增收点，提升中间业务贡献。大力发展互联网金融，优化流程银行建设，提升综合管理能力和客户服务能力。

中邮证券要加强与邮银保协同，加快提升综合发展能力。大力发展有效证券账户，快速提升资产规模，实现经纪业务由“规模扩张型”向“规模效益型”转变。利用三大板块资源，做大资产管理、投资银行业务规模。加强分支机构建设，提升业务覆盖面和服务能力。

代理金融要坚持以存款为核心，加强短期存款和结算型存款营销，降低储蓄付息成本。积极推进代理营销公司业务、消费信贷、小额信贷、信用卡业务，促进邮银共赢。大力发展中间业务，优先发展中邮保险期交和中邮证券第三方存管业务，协同邮储银行、中邮保险、中邮证券做好新产品新业务的研发与准入。推广集邮联名卡、农村电商联名卡等邮政特色卡，扩大金融客户规模。贯彻落实《代理营业机构管理办法》等制度，优化网点布局，巩固网点转型成效，促进网点降本增效。

合力拓展市场，加快打造包裹快递业务新增长极。邮速双方要积极应对快递市场竞争，加快做大业务规模。

标快业务：通过适度增员和利用社会力量，创新经营体制机制，提升重点商务市场竞争能力和经营活力；推出重点城市省际、省内系列限时服务，提升服务品质，加快省际、省内业务以及长三角、珠三角、环渤海和京津冀等重点区域业务发展。巩固拓展政务市场，做大重点项目规模，积极融入“互联网＋政务服务”，与政府部门合作开展“线上办理和线下邮寄”服务。加强总对总项目和行业大客户开发，落实服务规范，提升销售技能，做好中小客户和散户市场。

快递包裹业务：继续加大在重点城市的仓储投入，提升云仓管理水平和运作效率，构建仓配一体化运营模式。完善营销服务体系，深化与电商平台合作，不断提升客户开发和服务水平；组织好“新百团大战”和重点城市会战，大力拓展重点区域市场；积极开发产业集群、农产品寄递、仓储配送、专线营销等重点项目，提高市场占有率。强化重点项目 KPI 考核通报，提升时限和服务质量。

国际寄递业务：深化与速卖通、eBay、亚马逊、Wish 等电商平台统一的总对总对接。拓宽邮政渠道和商业渠道，邮政渠道要扩大重点路向跟踪小包开办范围和国际 e 邮宝通达范围，巩固提升跨境轻小件寄递市场份额，打造国际标快精品线路；商业渠道要推进中速快件与 DHL、FedEx 合作，扩大 e 速宝专线覆盖范围，发展进口商业快件。建设印度、韩国、日本、俄罗斯等海外仓，加快海外建点步伐。服务国家“一带一路”建设，推进中欧班列和中俄铁路运邮项目，实现常态化运邮。深化对外合作，在邮联改革、国际业务改革和铁路运邮等方面争取有利政策。

物流业务：推进物流业务体制机制创新，利用内外部资源构建物流配送网络，推出物流标准化产品。加强合同物流规模客户营销，完善物流信息平台，为客户提供“电商＋物流”线上线下综合解决方案。大力发展国际航空货代业务，探索速递物流冷链业务。

（二）深化改革，激发企业活力

要按照中央深化国有企业改革的部署，进一步理顺体制机制，激发企业活力。

稳步推进集团公司公司制改革。启动集团公司公司制改革，引入具有战略协同性的投资者，将集团公司由全民所有制企业改建为股份有限公司。进一步完善公司治理结构，建立现代企业制度。

深化邮务板块经营组织架构改革。坚持以客户为中心的理念，按照强化前端营销、加强专业支撑的总体思路，理顺总部邮务类业务经营组织架构，明确与省分公司的对口管理关系。上半年基本完成省分公司经营组织架构改革，调整优化省、市、县各级机构设置和人员编制。

加快剥离企业办社会职能。落实国务院有关文件精神，积极争取中央财政资金和相关政策支持，全面推进“三供一业”分离移交和教育、医疗等公共服务机构剥离改革。各级邮政企业要高度重视，做好与地方政府的沟通协调，切实摸清家底，制定具体实施方案，紧抓政策机遇，彻底解决历史遗留问题。实施零基预算管理改革。完善业务驱动型预算模型和成本费用定额标杆体系，健全零基预算管理制度，建立标杆动态管理机制，优化资源配置，提高预算科学化、精细化水平。邮政公司、邮储银行要在 2017 年全面实施零基预算管理，其他控股子公司要积极准备，确保 2018 年实施零基预算管理。

大力推进战略绩效考核。完善战略绩效管理体系，积极推进集团公司总部和省分公司内设职能部门考核，实现战略绩效管理对象全覆盖。结合邮务事业部制改革，配套建立激励约束机制。强化战略绩效过程监控，实现战略绩效闭环管理。依托 ERP 系统，推进战略绩效管理系统建设。

（三）强化科技引领，增强核心竞争能力

按照“建平台、提能力、促创新、重数据、严管控”

的思路，加快能力建设，全年计划安排固定资产投资218亿元。

加快信息化建设。以平台化思路加快推进新一代寄递、CRM等核心平台建设，提升客户体验和运营效率；加快私有云平台建设，高效灵活使用信息化资源；整合移动互联网技术和邮政业务资源，加快研发基于互联网的创新产品；深入开展数据分析、整合、应用，用大数据支撑和引领业务发展；创新信息系统开发定额管理和敏捷开发机制，快速响应市场需求。

进一步提升营销能力。依托CRM系统，整合三大板块客户资源，搭建集团公司统一的经营管理支撑平台。建立统一的客户主数据，明确客户资源共享机制，通过大数据建立客户价值细分模型，实现板块内精准营销和板块间交叉销售。配备移动营销终端，优化营销流程，推广数字化营销，加大一线营销支撑力度。建立中国邮政会员管理体系和积分管理制度，实现板块间会员积分互通互用，提升客户体验。

全面增强网运综合实力。按照“多点均衡、够量直达”的原则优化陆运网组织，充分发挥非省会二级中心局集散作用，缓解省会中心局处理压力。对业务量较大的地市、县，强化收寄分拣前置和出口直发直运。加快西安等21个省际陆运中心、郑州等6个航空中心建设，确保完成武汉等10个工艺扩容改造项目，对地市处理中心分档配置工艺设备。加大甩挂运输推进力度，提升干线运输能力。省际快递包裹T+3日递率达到85%，全国县及县以上地区快递包裹全程时长压缩至60小时以内。比照电商专线模式，研究邮件流量流向和市场潜力，组开往返航线，增开直达航线，扩大航空网覆盖范围，保障重点城市航空运能。加快北京、上海、广州、深圳等重点国际口岸的场地改造、租用和新建工作，配备自动化分拣处理设备，提高处理能力；推进国际总包交航安检前置或在空侧处理，提高上海等国际口岸的安检、航空货站库区的交邮吞吐能力。

加快提升投递网能力。要按照普遍服务达标、竞争性业务对标要求，打造运行高效、服务优质、有效支撑竞争性业务和普遍服务业务共同发展的新型投递网络。优化投递段道和作业流程，因地制宜灵活组网。加大投递车辆、处理设备和作业场地投入，推进城市投递电动化、农村投递汽车化、内部处理机械化，提高投递服务效率。加大智能手机终端配备、智能包裹柜和人工自提点的建设力度，扩大自提网络规模。

（四）加强集中管控，提高企业管理效能

要强化集中管控，提高管理精细化水平，促进企业转型升级、提质增效。

提高财务管控水平。结合零基预算实施，引导各单位持续推进对标管理，强化预算执行控制，进一步完善以利润为导向的全面预算管理体系。深化网间结算和责任中心损益核算，强化损益核算结果应用，加快构建适应邮务事业部经营组织架构的管理会计体系。继续强化资金集中、资产集中、核算集中的管控力度，推进直属单位财务负责人派驻制。强化ERP系统应用，加强财政资金管理，推进财务基础管理迈上新台阶。要对标行业一流企业，加大成本管控力度，研究如何通过经营创新、管理创新、模式创新以及技术手段，将成本费用控制在合理区间内，确保降本增效。

提升人力资源配置效率。要按照“精简、统一、效能”的原则，加强和规范机构编制管理，建设和实施岗位标准体系，完善与经营发展效益相挂钩的用工总量动态调控机制，开发全国大集中的工时管理系统。规范劳务承揽和业务外包，对专业序列岗位和部分操作类岗位实行劳务用工“只减不增”政策，优化用工结构。以弹性人工成本管控为基础，按照“事前预算、事中核算、事后清算”的思路，构建科学的人工成本预算管理体系。推进企业年金大集中资产移交工作。加强省级人力资源服务支撑中心的运行管理，提升服务支撑能力。

大力提升陆运网运行“三效”。以市场化机制增效益，推动网运单位从“成本中心”向“利润中心”转型，推进中心局损益核算；以对标立标提效率，大力提高人均处理量、邮车日均行驶里程等关键效率指标；以强化机制增效果，进一步完善考核评价指标体系和绩效分配模式，实现网运生产降本增效。建成车辆运营管控平台。进一步完善全网指挥调度体系，提升网运信息化支撑能力，各省分公司指挥调度中心要确保在6月30日前正式运行。

加强审计监督和集中采购管理。开展重大政策落实、重点资金和重大项目审计，开展财务收支真实性跟踪审计，加大任中经济责任审计力度，充分发挥审计监督作用。以深化ERP系统应用为抓手，加强采购计划管理和合同履约管理，继续加大集中采购力度，推进采购管理信息化系统建设，在质量、效率方面实现新提升。

抓好风险防控和安全生产管理。要强化邮储银行内控风险管理，高度重视零售信贷业务信用风险，严防非信贷业务风险，统筹管理流动性风险和利率风险。邮银双方要坚持合规稳健经营，强化内控合规管理，组织开展“内控优化年”活动；强化监督检查与整改问责，加大员工尤其是支行（局）长行为的排查力度；深入开展案件防控机制建设，严守风险底线。提升中邮保险“偿二代”政策下的风险管理能力，重点关注资产负债错配、流动性、资金运用和满期给付群体性事件等风险，严防保险资金案件发生。深入开展“平安邮政”建设，层层落实安全生产责任制，完善人防、物防、技防体系。制定安全应急处置预案，强化监督检查，抓好隐患整改，确保邮政金融、邮件寄递、邮航邮车、信息网络、消防、重要活动服务等的安全。切实加强信息安全，强化关键系统安全防护，确保数据安全和网站安全。

（五）提升服务水平，切实改善客户体验

服务是邮政企业的生命线。集团公司要加强服务质量管控，切实提高邮政服务水平，满足社会需求。

扎实做好普遍服务和特殊服务。认真落实新修订的邮政普遍服务标准和普遍服务监督管理办法，举办邮政投递员职业技能竞赛，建立普遍服务新的时限标准和时限达标监控机制，继续推进省、市、县普遍服务三级管控体系建设，研究建立邮政普遍服务管理系统。积极配合政府部门做好普通包裹资费改革。推进建制村直接通邮工作，提升普遍服务水平。开展普遍服务规范化达标活动，严守“两条红线”，降低客户投诉率。提升报刊投递服务质量和及时见报率，有条件的省份要实现县级以上城市党政机关党报当日见报。强化机要通信质量管理，确保机要通信万无一失。

倾力服务“三农”和小微企业。落实中央一号文件精神，加大服务“三农”力度。做好农资、消费品下乡和农产品返城，在促进农村经济发展、促进农民增收、助力精准扶贫方面发挥更大作用。积极推进邮储银行“三农”金融事业部改革，确保上半年完成全国推广，完善事业部运作机制，在小额信贷、个人商务贷款、扶贫金融、农业产业化和农村基础设施项目等方面加大投入。针对农村经济、农民工群体需求开发适宜的中邮保险产品，为“三农”发展提供保险保障。

切实加强质量管控。建立和完善三大板块服务质量管控体系，开发服务质量监督检查系统，强化全网质量管控，加大服务质量检查考核和整改力度。完善包裹快递服务体系，大力开展主动客服，推行快速理赔。实施自动跟单和定向考核，着力解决标快客户申投诉问题。开展无着邮件管理提升专项活动，确保无着包裹发生率下降50%。完善国际邮件质量挂钩考核办法，加快解决国际邮件时限质量问题。建立客户体验管理体系，开展品牌美誉度调查和重点业务推广活动，提升客户体验。

（六）加强党的建设，为改革发展提供坚强保证

关于党建工作，集团公司党组还将专门召开党的建设暨纪检监察工作会议进行专门部署，这里仅就重点工作提出要求。

加强各级邮政企业党的建设。深入学习贯彻习近平总书记系列重要讲话精神和全国国有企业党建工作会议精神，落实全面从严治党主体责任，不断完善各级党委（党组）党建工作机制，进一步加强基层党组织建设，形成一级抓一级、层层抓落实的党建工作格局。进一步加强党建工作组织保障、经费保障，强化党建工作绩效考核。各级领导干部要切实扛起全面从严治党的主体责任，认真履行“一岗双责”，主动思考、研究在新时期如何推动本单位的党建工作，把党建工作的任务、压力传导下去，做到“两手抓、两促进”，开创党建工作新局面。

深入开展党风廉洁建设和反腐败斗争。深入学习贯彻十八届六中全会和十八届中央纪委七次全会精神，抓好《关于新形势下党内政治生活的若干准则》《中国共产党党内监督条例》的学习贯彻，推动全系统全面从严治党向纵深发展。对10个省（区、市）及8个直属单位分三批开展巡视监督，确保完成“三年巡视全覆盖”目标。适时安排巡视“回头看”专项检查，开展领导干部问题线索“再起底”“回头看”，加大核查、通报力度。持之以恒落实中央八项规定精神，对“四风”问题发现一起、查处一起、通报一起。以纪律处分条例和问责条例为底线，以廉洁自律准则为高线，建立健全廉洁风险防控体系。加强对派驻、派出机构的管理和指导。特别强调，各级领导干部要严格遵守财经纪律，加强财务管理，做到财务数据真实，这也是党员领导干部对党忠诚的一项基本要求。

加强干部人才队伍建设。按照好干部标准和“对党忠诚、勇于创新、治企有方、兴企有为、清正廉洁”要求，持续做好领导班子优化调整和后备干部队伍建设。完善干部综合考核评价办法，各单位一把手不仅要抓好全局工作，更要责无旁贷地抓好经营工作。要强化干部监督管理，健全干部监督常态化工作机制。加快构建分类分级的干部教育培训体系，加大全系统三级副及以上领导干部培训力度。健全人才使用机制，完善人才测评技术体系，大力推进专业领军人才选拔、“千人引进”工程和青年人才培养等重点项目。继续开展各类初级人才选拔。推进邮政企业大学建设，开展岗位资格认证。

推进精神文明创建和企业文化建设。围绕建成世界一流邮政企业目标，大力弘扬劳模精神和工匠精神，努力打造健康文明、昂扬向上的职工文化。抓好中国邮政企业文化宣贯落地，加强理念识别系统的宣传教育、行为识别系统的学习实践和视觉识别系统的传播。各板块要在统一的企业文化框架下，结合实际开展子文化研究。

深入推进和谐邮政企业建设，将发展成果惠及广大员工，增强员工的获得感。加强职工小家建设，完成职工小家建设三年规划目标。畅通信访渠道，维护员工合法权益。关心关爱员工，提高对困难职工和重病、大病职工的救助水平。健全员工福利体系，建立员工补充医疗保险制度。关心离退休干部，落实好“两个待遇”。进一步做好法律事务、保密、宣传舆情、档案管理等工作。（集团公司办公室／提供）

党的十八大以来，集团公司认真贯彻落实党中央、国务院的决策部署，坚持稳中求进工作总基调，深入贯彻新发展理念，推进供给侧结构性改革，坚持党的领导，加强企业党建，深入实施“一体两翼”经营发展战略，加快改革创新，推进转型升级，实现收入规模和经济效益双提升、物质文明和精神文明建设双丰收，取得了令人瞩目的辉煌成就。5年来，习近平总书记、李克强总理等中央领导同志，到邮政生产经营场所考察工作或对邮政工作作出重要指示批示，给予肯定。

5年来，集团公司取得的主要成就是：

（一）坚持战略引领，推进转型升级，邮政发展跃上新台阶

集团公司主动适应经济发展新常态，准确把握复杂局势，科学判断，正确决策，确定了建成世界一流邮政企业的战略目标，明确了廿四字中心任务，确立了“一体两翼”经营发展战略、信息化引领的科技兴邮战略和以人为本的人才强邮战略，巩固了邮储银行作为大型零售商业银行的战略定位，提出了打造中邮保险业务、包裹快递业务和农村电子商务三大新增长极的战略重点，构建了比较完整的战略体系。为确保战略落地，集团公司加强了集团管控，对控股子公司、省（区、市）邮政分公司和直属单位分类实施战略绩效管理，形成了较为完善的战略绩效管理体系。在明确的战略目标指引下，中国邮政由传统的邮政企业转型升级为经营邮政基础性业务、金融业务、快递物流业务和电子商务的现代企业集团，走出了一条具有中国特色的邮政发展之路。5年来，集团公司总收入从3213.5亿元增长到4890.5亿元，年均增长8.8%；利润从318.2亿元增长到534.5亿元，年均增长10.9%；国有资产保值增值率191.6%，全员劳动生产率增长68%。2017年，中国邮政在《财富》“世界500强排行榜”中，收入规模列119位，5年跃升了139位，利润列98位，5年跃升了26位；在“2017中国企业500强”排名中，收入规模列25位，5年跃升了5位。

（二）坚持深化改革，完善体制机制，企业活力充分迸发

集团公司坚持以改革促发展，针对长期积累的老问题和不断出现的新挑战，推出了一系列事关邮政长远发展的重大改革举措，极大地解放和发展了邮政生产力。一是完成了集团公司、速递物流公司母子制到总分制的改革，完善了“自营+代理”“自营+代管”“自营+协同”的发展模式，完善了板块协同发展机制，提升了全网资源利用效率。二是邮储银行在香港联交所主板成功上市，募集资金总额591.5亿港元，成为当年全球最大IPO项目，建立起了资本金补充长效机制；成功发行72.5亿美元境外优先股，是2010年以来全球最大的金融机构优先股发行。三是实施包裹快递业务改革，发挥邮速双方优势，整合资源、共拓市场，包裹快递业务发展速度不断加快。四是实施干线运输方式改革，打破了60多年来主要依靠铁路运邮的干线组网模式，建立了自主、灵活、高效的汽车运邮模式。五是实施邮务板块经营组织架构改革，调整优化省、市、县各级邮政分公司机构编制，促进了企业从“以产品为中心”向“以客户为中心”的转变。六是改组组建中邮资本和中邮资产，积极稳妥地开展资本运营，战略投资前海再保险、蚂蚁金服、滴滴出行，控股收购国内最大的智能包裹柜运营公司速递易。七是根据中央对国企改革的部署，制定了集团公司公司制改制方案，已报送财政部。八是实施邮政物流设备制造业务重组，有序推进“三供一业”分离移交工作。

（三）坚持创新驱动，加强能力建设，企业竞争力显著增强

集团公司大力实施信息化引领的科技兴邮战略，落实集团公司信息化建设规划和寄递网建设规划，5年投资1002亿元用于能力建设，增强了企业核心竞争能力。

信息化建设持续加强。一是ERP系统构建起了投资到资产、采购到付款、销售到收款、核算到报告四大流程体系。二是大数据平台投产，成为集团数据共享和大数据分析核心支撑平台。三是新一代寄递业务信息平台揽投功能全国上线，国内领先的邮政私有云平台建设完成。四是指挥调度系统、远程集中监控平台等相继推广使用，大大提升了全网运营管理能力。五是在国内首次应用开放式系统小型机集群技术建设金融核心业务系统，为国家实现核心技术“自主可控”的安全战略作出了积极探索。六是组建集团公司软件开发中心、数据中心，提升了信息化核心软件自主掌控能力和大数据规划、建设、应用能力。

寄递网转型升级取得重大进展。首先，按照“新架构、新标准、新流程、新制度、新工艺、新系统”的理念，以75个一二级中心局为节点，采用双层包裹分拣机、分拣机器人等先进的自动化邮件处理设备，利用自有车辆和社会运力，推广流水化、散件与集包相结合作业和甩挂运输，建立了全程时限管控体系、质量考核结算体系、生产指挥调度体系，初步建成了“国内领先、世界一流”的邮政陆运网。全网骨干节点峰值日处理能力已经达到5476万件，5年提高了18倍。其次，提升邮政自主航空网能力，引进飞机15架，飞机运力规模达33架，运营航线47条，构建了以南京为集散中心、附加点对点直飞的航空运输网。再次，积极推进邮政投递网优化升级，推进人工自提点和智能包裹柜建设，推进城市投递电动化、农村投递汽车化和手持智能终端的应用，投递能力明显增强。最后，在美国、英国等国家和地区设立了11个海外仓，在美国、德国、中国香港等国家和地区注册了公司，组建了运营团队，落实“走出去”战略取得实质性进展。

“双创”工作成效显著。首次召开集团公司科学技术表彰大会，建成中国邮政云创平台，建立鼓励全员创新的激励机制，“提创意，争创新”已蔚然成风。

（四）坚持集团管控，推进精细化管理，管理规范化科学化水平明显提升

财务管理水平稳步提高。一是改变过去财务收支差额包干管理模式，建立了以利润为导向的财务管控体系，在省（区、市）邮政分公司实施了零基预算管理。二是推进财务对标，进一步规范会计核算，强化对重点成本费用的管控，深入推进降本增效工作。三是深化省级财务集中核算工作，对集团公司费用型直属单位实施了财务集中管理，对集团公司经营型直属单位实施了财务机构负责人派驻制。四是实现全网资金集中管理，拓宽融资渠道，有效支撑了业务发展和战略实施。

人力资源管理持续优化。一是加强机构、人员编制管理，规范非领导职务设置。二是建立健全市场化用工配置机制，健全用工总量动态调控机制，注重发挥技术装备和社会渠道替代作用，提升人员配置效率。三是将人工成本管理从沿用多年的“基数＋新增”的工效挂钩管理模式改变为弹性人工成本管控，并实行零基预算。四是制定各级领导人员人均工资和工资总额控制标准，建立控股子公司负责人市场化薪酬决定机制。

审计监督和采购管理水平不断提升。重点关注“三重一大”决策制度执行情况、经营管理合规性和收支真实性。5 年开展审计 11.4 万项，促进增收节支 64.7 亿元。构建采购工作组织管理体系，建立了以招标为主、多种方式并用的采购模式，增强采购公开性、竞争性和规范性。5 年实施集采项目 3.1 万个，节约资金 124 亿元。

风险防控和安全生产管理得到加强。第一，加强内控管理体系建设，贯彻落实监管部门有关银行、保险、证券金融机构安全行业标准，做好“两个加强、两个遏制”。第二，严格落实安全生产责任制，开展“平安邮政”创建活动，5 年内未发生重特大安全事故。第三，圆满完成党的十九大、全国“两会”、北京 APEC 会议等重要会议期间的邮政服务安全保障任务，得到了国家有关部门的好评。

（五）坚持为民服务，推进开放合作，企业社会影响力不断扩大

邮政服务水平明显提升。一是做好邮政普遍服务和特殊服务。完成 8793 处空白乡镇局所补建运营工作，邮政网点乡镇覆盖率达到 100%。实现普包按址投递，建立普遍服务全程时限标准库并达标。全国 18 个省份县级城市党政机关党报党刊实现当日见报，超额完成监管部门提出的任务。机要通信连续 10 年未发生国家秘密载体失泄密事故，做到了万无一失。二是邮政金融服务水平不断提升，邮储银行获惠誉国际“A+”长期信用评级，中邮证券分类监管评级提升为 BBB 级。三是以速递物流 11183 呼叫中心系统和客服系统为基础，实施主动客服，构建了邮速统一的包裹快递服务质量体系。四是积极服务“三农”和小微企业。完善邮储银行“三农”金融事业部运作机制，涉农贷款余额 1.06 万亿元，5 年增长 8717 亿元；小微企业贷款余额 7596 亿元，5 年增长 5038 亿元。大力发展农村电商，完善县乡村三级物流配送体系，助力精准脱贫。

对外合作取得重大进展。着重做好了两方面工作：一方面，集团公司、邮储银行、速递物流公司共与 26 个省（区、市）政府、4 个部委、59 家大型企业、6 个大型互联网平台签订了战略合作协议；另一方面，积极参与交通运输部全国公路 ETC 联网工程建设，与民政部、国家税务总局、公安部交管局等部委合作，承接体育彩票销售、代开国税发票、代办交管业务等政府服务项目和便民服务业务。与 20 个省（区、市）政府网上平台对接，进驻 607 个市县行政服务中心，深度融入“互联网＋政务”服务。中欧班列“渝新欧”实现常态化运邮。

邮政社会影响力进一步扩大。一是积极参与“一带一路”建设，成功举办 2016 中国（重庆）邮政高层论坛，签署了多项多边、双边合作协议。二是《人民日报》《光明日报》《经济日报》等主流媒体在头版头条、新华社在《国内动态清样》中都报道了中国邮政改革创新、转型升级的成就。三是举办了纪念中国邮政开办 120 周年系列活动，开展了“砥砺奋进的五年”系列宣传活动，展示了中国邮政良好的企业形象。

（六）坚持发展依靠员工，发展成果惠及员工，员工获得感、幸福感不断增强

员工队伍素质不断提升。一是制定人才发展规划，构建人才测评技术体系，利用中邮网院着力开展全员培训，上网学习达 9370 万人次。二是举办了两届全国邮政通信特有职业技能竞赛。三是加大紧缺人才引进力度，实施“千人引进”工程，引进金融、物流、电子商务和信息技术等领域的专业人才 2699 人。全系统获得国务院政府特殊津贴的人数达 82 人，获得“全国技术能手”荣誉称号的达 25 人，企业“四高”人才达 14.7 万人。

员工生产生活条件明显改善。完成职工小家建设三年目标任务，建成职工小家 3.9 万余个，受益职工 66 万余人。全国总工会和国防邮电工会在郑州市召开了邮政系统职工小家建设经验推介会，对中国邮政注重职工小家建设，发展依靠员工、发展成果让员工充分共享的做法给予高度评价。员工薪酬福利水平大幅提升。全面建立员工企业年金、重大疾病保险和意外伤害保险制度；坚持薪酬分配向一线员工倾斜，两次大幅调增基本工资，员工收入年均增长 11.4%，高于同期业务收入年均增幅 2.6 个百分点，一线员工的收入年均增长 12.8%。

（七）坚持党的领导，加强企业党建，为企业发展提供了坚强的政治保证

企业党的建设全面加强。一是开展党的群众路线教育实践活动和“三严三实”专题教育，深入推进“两学一做”学习教育常态化制度化，深入学习宣传贯彻党的十九大精神，增强了“四个意识”，坚定了“四个自信”。二是将党建工作纳入集团公司章程和战略绩效考核体系，强化党建考核结果运用，做到了“四个同步”“四个对接”。三是加强了党建工作机构和队伍建设，开展基层党组织示范点创建工作，认真抓好“三会一课”、民主生活会、组织生活会、民主评议党员等制度的落实，完善了党建制度体系，提升了企业党建工作水平。

全面从严治党深入推进。首先，认真履行管党治党政治责任，严格落实中央专项巡视整改，在全系统开展内部巡视，全面完成了内部巡视“三年巡视全覆盖”目标。其次，实施纪检监察体制改革，对控股子公司实行派驻制，组建了3个分组（局），强化了纪检监察力量；健全派驻派出纪检监察机构工作机制，加大对纪检监察干部的培训力度，不断提升监督执纪问责能力。再次，严格落实中央八项规定精神，在重要时间节点向全系统印发通知，开展违规公款购买消费高档白酒问题集中排查整治工作，严查隐形变异“四风”问题，防止反弹回潮。第四，深入开展机关作风建设专题活动，着力解决总部机关存在的八个方面突出问题，取得了实效。第五，以“零容忍”态度保持反腐败高压态势，把握运用监督执纪“四种形态”。5年共查处邮政系统党员干部违纪案件580件，给予991人党政纪处分，移交司法机关3人。第六，督促各单位严格落实“三重一大”决策制度，强化采购监督和廉洁风险防控工作的监督检查。

领导干部队伍建设明显加强。一是坚持党管干部原则，按照好干部标准和“对党忠诚、勇于创新、治企有方、兴企有为、清正廉洁”的要求，将一批基层工作经验丰富、能力素质过硬、群众信得过的优秀干部充实到领导岗位。二是加强干部监督管理，认真落实领导干部报告个人有关事项“两项法规”，实现选人用人专项检查全覆盖。三是充分发挥邮政党校干部教育培训主渠道作用，举办中央党校分校班11期、邮政党校班7期，提升了党员干部的理论素养、党性修养。

精神文明创建活动和企业文化建设卓有成效。5年全系统共计获得“全国文明单位”40个，全国“五一劳动奖状”12个，全国“工人先锋号”79个，全国“青年文明号”54个，全国交通运输行业精神文明建设先进集体、先进个人26个，“全国劳动模范”39人，全国“五一劳动奖章”57人，全国道德模范（含提名奖）5人，“感动交通年度人物”4人。积极推进邮政企业文化建设，形成了全国统一的邮政企业文化体系。

过去的5年，统战、民族宗教、离退休、群团、法务、信访、保密、舆情、档案、后勤等工作得到加强，取得了成效。

2017年是实施“十三五”规划的重要一年，是推进供给侧结构性改革的深化之年。一年来，集团公司在以习近平同志为核心的党中央坚强领导下，加快改革创新，推进转型升级，圆满完成了各项经营目标任务。

一是经济效益显著提升。集团公司总收入完成4890.5亿元，同比增长12.2%；实现利润总额534.5亿元，同比增长21.5%。二是三大新增长极发展取得突破。中邮保险完成营业收入451.6亿元，同比增长34.9%；利润实现3.7亿元，同比增长62.4%。包裹快递业务量完成47.8亿件，同比增长61.7%；业务收入完成606.9亿元，同比增长28.9%；量收增幅均超行业平均水平，市场占有率稳步提升，更好地发挥出了国家队主渠道作用。农村电商批销额突破百亿元大关，同比增长188%；新增邮乐购站点12.3万个，线上注册激活邮乐小店700万个；成功举办首届“邮乐9·19购物狂欢节”，提升了邮乐品牌影响力。三是邮政金融业务持续发展。邮储银行收入、利润均保持了两位数增长，增幅高于其他几家国有大型商业银行平均水平。中邮证券收入完成3.6亿元，同比增长26.7%；实现利润1.5亿元，同比增长25.8%。代理金融加快转型发展，低成本发展储蓄业务，大力发展中间业务，代理保险5年趸交及期交保费增幅180.7%。四是传统邮政业务平稳发展。函件传媒业务完成收入65.6亿元，同比增长0.6%，其中媒体业务增长显著，同比增长136.4%。报刊发行业务完成收入82亿元，同比增长1.8%。集邮业务完成收入99亿元，同比增长2.4%。这些传统邮政业务在新技术、新媒体、新业态的不断冲击下，能够保持平稳发展，是难能可贵的。（集团公司办公室／提供）

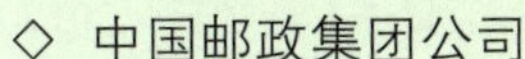

◇ 中国邮政集团公司

◇ 中国邮政储蓄银行

◇ 中国邮政速递物流股份有限公司

◇ 中邮人寿保险股份有限公司

◇ 中邮证券有限责任公司

中国邮政集团公司

1月

5日 集团公司举行的《丁酉年》特种邮票首发式。该套邮票由著名艺术家韩美林设计，延续了第四轮生肖邮票“合家欢”的概念。

11日 全国邮政工作会议在北京开幕。其间将同时召开中国邮政储蓄银行、中国邮政速递物流股份有限公司、中邮人寿保险股份有限公司、中邮证券有限责任公司工作会议。

12日 集团公司党组召开中心组（扩大）学习会议，学习习近平总书记在十八届中央纪委七次全会上的重要讲话，传达中央纪委七次全会精神。

18日 集团公司党组召开2016年度民主生活会，要求狠抓整改措施落地，真正改深入改及时改。

2月

5日《中共中央、国务院关于深入推进农业供给侧结构性改革加快培育农业农村发展新动能的若干意见》正式发布。文件提出推进农村电商发展推动邮政与电商等互联互通。这是自2004年以来，“邮政”连续第14次在中央一号文件中被提及。

16—17日 2017年集团公司党的建设暨纪检监察工作会议采用现场会议和电视电话会议相结合的方式召开。

25—27日 2017年全国邮政经营服务工作会议在山东省济南市召开。会议要求彻落实全国邮政工作会议精神，深入实施“一体两翼”经营发展战略，着力打造“三大新增长极”，推进邮务板块持续快速健康发展。

3月

1日 国家邮政局修订后的《邮政普遍服务标准》（YZ/T0129–2016）正式施行，原标准将同时废止。

4日 第十二届全国人民代表大会第五次会议主席团第一次会议召开前，习近平总书记在听取了全国人大代表、江苏省泰兴市邮政分公司江平路支局局长何健忠关于邮政深入推进改革、实现转型升级的有关情况汇报后作出指示，企业只有不断创新增效，才能持续发展。

8日 集团公司党组召开2017年第一批巡视工作动员部署暨巡视培训会，正式启动2017年巡视工作。

17日 集团公司与波兰邮政签署《中波邮政双边谅解备忘录》。

23—24日 2017年全国邮政网路运行工作会议召开。会议提出以管理创新服务升级助力“寄递翼”发展。

27日—4月7日 2017年万国邮联行政理事会和邮政经营理事会春季年会在瑞士伯尔尼举行。这第二十六届万国邮联大会后行政理事会和邮政经营理事会召开的第一次全体会议，确定了各委员会、工作组的工作计划和关键绩效指标。

31日—4月1日 2017年全国邮政人力资源工作会议在江西南昌召开。会议提出持续深化战略人力资源管理转型。

4月

6—7日 2017年全国邮政信息科技建设暨采购管理工作会议召开。会议要求信息科技建设和采购管理战线的干部员工转变作风、创新驱动、精细管理，全力支撑服务中国邮政做强做优做大。

9日 中国邮政集团公司党组召开会议，传达党中央、国务院关于设立河北雄安新区的通知精神，研究落实中共中央、国务院关于设立河北雄安新区的部署要求，表示要增强大局意识，强化央企担当，在落实建设雄安新区的战略部署中作出积极贡献。

13—14日 2017年全国邮政财务工作会议在河南郑州召开。会议要求邮政财务战线的干部员工进一步深化改革创新，加快转型升级，不断提升财务管控能力和管理水平。

18日 集团公司党组召开理论学习中心组（扩大）学习会议，传达学习了习近平总书记在中央政治局民主生活会上的重要讲话。

24日 集团公司与中国盐业总公司在北京签署战略合作协议，双方将进一步整合资源，共同向社会提供更优质便利的服务和更安全的食品，打造盐业新的生态圈。

25日 中国邮政集团公司科学技术表彰大会在北京举行。44个2016年度集团公司科学技术奖获奖项目、30个优秀科技团队、30名突出贡献科技工作者、120名优秀科技工作者接受表彰。

27日 庆祝“五一”国际劳动节暨全国“五一劳动奖”和全国“工人先锋号”表彰大会在北京人民大会堂举行。邮政系统有5名员工荣获全国“五一劳动奖章”、9个集体荣获全国“工人先锋号”。

5月

14日 由集团公司和中华全国集邮联合会联合主办的“驿路·丝路·复兴路——行走新丝路 喜迎十九大”2017全国集邮巡回展览启动暨《“一带一路”国际合作高峰论坛》纪念邮票首发仪式，在“一带一路”国际合作高峰论坛举办地北京、“海上丝绸之路”起点福建、“丝绸之路经济带”重要节点新疆三地同步举行。

18日 集团公司与中国建材集团有限公司在北京签署战略合作协议，双方将在巩固现有合作的基础上，进一步拓展在金融、物流配送、资本运作、网点共建等方面的合作，提升合作层次，扩大合作规模。

19日 交通运输部党组书记杨传堂一行到集团公司调研中国邮政当前的改革发展，提出坚定不移深入推进企业改革，进一步推动中国邮政持续健康发展。

20日 李克强总理对中国邮政推进“双创”工作作出批示，予以肯定。

22日 交通运输部部长李小鹏在兰考调研邮政普遍服务，希望邮政在农村电商和快递物流方面发挥更大作用。

25日 集团公司党组召开巡视工作动员部署暨巡视培训会，正式启动第二批巡视工作，对安徽、福建、湖北、陕西、宁夏5个省（区）的20个邮政单位开展巡视工作。

27日 《中国集邮史（1878—2018）》编纂启动仪式在北京举行。全书总计12篇、86章节，近100万字，采用专业性通史的体例，涉及内容时间跨度140年。

6月

6日 中国烟草总公司与集团公司在北京签署战略合作协议，双方将进一步加强在市场拓展、寄递物流、金融、市场监管等方面的深入合作。

9日 集团公司召开全国邮政党报党刊发行服务质量工作电视电话会议，传达落实交通运输部、集团公司领导重要指示。要求6—9月在全国范围内开展“党报党刊县级以上城市党政机关当日见报达标活动”，确保9月底前1/3以上省份达标，全面提升邮政报刊发行服务质量水平，巩固邮政报刊发行业务的主渠道地位。

集团公司党组与邮储银行、速递物流、中邮保险、中邮证券等4个控股子公司党委召开理论学习中心组主题联学会议，传达学习了习近平总书记在“一带一路”国际合作高峰论坛开幕式上的重要讲话精神和“一带一路”国际合作高峰论坛圆桌峰会联合公报。

14日 集团公司参加了在西藏拉萨召开的央企助力富民兴藏会议。

14—16日 中国国防邮电工会主席杨军日一行，先后深入郑州、新乡、安阳等地，调研指导河南邮政三大板块“职工小家”建设工作，他希望邮政把“职工小家”建设成为教育职工的课堂、领导职工的阵地。

22日 第二十届中国（重庆）国际投资暨全球采购会在重庆国际博览中心开幕。中国邮政以服务“一带一路”倡议为主题参展。

7月

1日 为纪念香港回归祖国20周年，中国邮政与香港邮政联合发行《香港回归祖国二十周年》纪念邮票一套3枚。

7日 集团公司召开推进“双创”工作电视电话会，深入贯彻落实国务院总理李克强关于中国邮政充分发挥自身优势助力“双创”的重要批示精神，大力推进“双创”工作，全面激发邮政员工创新创业活力，加快推进中国邮政转型升级、提质增效。

11日 中央党校中央国家机关分校中国邮政集团公司党校2017年春季学期培训班毕业典礼、2017年第一期中青年干部培训班开学典礼在集团公司培训中心举行。

18日 全国邮政工作座谈会在陕西西安召开。动员全国邮政干部职工积极应对挑战，抢抓发展机遇，推进改革创新，加快转型升级，确保完成全年目标任务，以优异成绩迎接党的十九大胜利召开。

22日 由中国企业联合会、中国企业家协会主办的2017全国企业文化年会在北京举行。集团公司荣获全国企业文化优秀成果奖，江苏省邮政分公司荣获全国企业文化优秀案例奖。

27日 集团公司召开加强和改进总部机关作风建设专题活动动员推进会，开展加强和改进机关作风建设专题活动，并专门召开动员推进会，对活动开展进行动员部署。

31日 由集团公司、人力资源和社会保障部中国就业培训技术指导中心、中国国防邮电工会联合举办的2017年中国技能大赛——第五届全国邮政通信特有职业技能竞赛决赛在石家庄邮电职业技术学院开幕。

8月

3日 集团公司直属机关党委举行专题党课，推动集团公司直属机关学习宣传贯彻习近平总书记系列重要讲话精神向纵深发展，落实中央国家机关工委关于开展中央国家机关“党课月”活动的有关要求和集团公司党组在总部机关全体员工中开展加强和改进机关作风建设专题活动。

6日 集团公司在西藏拉萨市召开援藏工作座谈会，并进行第六批和第七批援藏干部的轮换工作。

25日 香港邮政署新任署长梁松泰一行到访集团公司总部。双方就跨境业务的发展和国际网运的相互支持、香港空邮中心扩建项目的推进、双向跟踪小包业务、未来终端费策略以及电子清关等内容进行了交流。

9月

1—19日 首届“邮乐9·19购物狂欢节”正式启动。活动在邮乐网开设“农品”“服装鞋帽”“特色美食”“美妆洗护”“家具厨卫”“三C数码”等品类专场，并提供大量优惠券。

11日 集团公司与中国东方航空集团公司在上海举行战略合作框架协议签约仪式。双方各相关合作单位会迅速成立对接工作组，加快各项拟定业务的合作推进工作，切实将双方战略合作落到实处，促进双方企业业务发展。

12日 中共中国邮政集团公司党校举行2017年秋季学期培训班开学典礼。包括中央党校中央国家机关分校中国邮政党校秋季学期青年干部培训班、处级干部进修班和中国邮政党校2017年第二期中青年干部培训班，共191名学员。

13日 集团公司召开“砥砺奋进的五年”中国邮政发展成就报告会，回顾总结党的十八大以来中国邮政改革发展成就展望邮政事业发展的光明前景。

15日 为期5天的第四届海峡两岸珍邮特展在天津邮政博物馆开幕。特展展出了由中国邮政邮票博物馆、台湾中华邮政公司邮政博物馆提供的16件珍贵藏品，反映了中华悠久的文化历史及两岸邮政携手发展的历史。

15—16日 全国农村电子商务精准扶贫经验交流会在贵州省召开。中共中央政治局委员、国务院副总理汪洋出席会议并讲话，对邮政扶贫工作给予充分肯定。

30日 集团公司召开党组扩大会议迅速传达学习党中央关于孙政才严重违纪案审查处理决定。

10月

10—13日 以“坚决打赢脱贫攻坚战 迎接党的十九大胜利召开”为主题的中央国家机关定点扶贫工作成果展在全国农业展览馆举办。集团公司展示在陕西商洛扶贫成绩，派驻扶贫干部扎根定点扶贫地区——陕西省商洛市下辖的商州区、洛南县，投入扶贫资金5132万元。

12日 集团公司党组召开理论学习中心组学习（扩大）会议，深入学习习近平总书记“7·26”重要讲话精神，并以纪念毛泽东同志《实践论》《矛盾论》发表80周年为契机，开展了以“学哲学用哲学”为主题的专题学习。

18日 为庆祝中国共产党第十九次全国代表大会胜利召开，中国邮政正式发行《中国共产党第十九次全国代表大会》纪念邮票一套2枚，小型张1枚。邮票图案内容分别为“不忘初心”与“继续前进”，小型张内容为“筑梦”。

集团公司通过中国邮政官方微信订阅号组织开展的“喜迎十九大 看成就展览”答题活动圆满结束。8天时间里，参与答题人数225454人，答题通过人数217460人。

19日 首届“邮乐9·19购物狂欢节”总结暨2017年“邮乐双十一”活动推进电视电话会议在京召开。总结这次电商节活动成功经验的基础上，推动农村电商常态化发展，从全产业链的角度全力做好“邮乐双十一”活动。

26日 集团公司党组第一时间召开理论学习中心组学习（扩大）会议，专题学习十九大精神。

11月

6日 集团公司党组召开全系统电视电话会议，对学习宣传贯彻党的十九大精神进行部署；及时下发了《中国邮政集团公司党组关于邮政系统认真学习宣传贯彻党的十九大精神的通知》和《邮政系统学习宣传贯彻党的十九大精神工作方案》。

10日 首届新农民新技术创业创新大会在江苏省苏州市召开，中共中央政治局常委、国务院副总理汪洋出席并讲话。汪洋参观了中国邮政展台，对邮政电商扶贫工作给予充分肯定，希望邮政继续发挥渠道和技术优势，为脱贫攻坚作出更大的贡献。

集团公司下发《中国邮政集团公司党组关于邮政系统认真学习宣传贯彻党的十九大精神的通知》。

15日 集团公司召开学习宣传贯彻党的十九大精神专题辅导报告会，中央宣讲团成员、中央宣传部副部长、国务院新闻办公室主任蒋建国做专题辅导报告。

16日 集团公司党组召开理论学习中心组学习（扩大）会议，学习传达中共中央印发的《中共中央政治局关于加强和维护党中央集中统一领导的若干规定》和中共中央办公厅、国务院办公厅印发的《中共中央政治局贯彻落实中央八项规定实施细则》。

17日 交通运输部部长李小鹏与集团公司等9家交通企业的负责人座谈，围绕交通强国建设、提升交通运输供给效率和质量、交通运输企业“走出去”、互联网时代交通运输企业转型发展等，听取企业的意见和建议。

22—24日 集团公司在北京召开贯彻落实十九大精神暨加强基层党建工作推进会，认真学习贯彻落实党的十九大精神，汇报交流“双百示范点”（100个基层党组织和100个企业文化示范点）建设工作经验，研究部署中国邮政基层党的建设重点工作。

截至月底 集团公司党组如期实现对控股子公司总部、各省（区、市）邮政企业单位、直属各单位的“三年巡视全覆盖”目标。

12 月

3—5 日 第四届世界互联网大会在浙江乌镇召开。中国邮政作为参展单位，在互联网之光博览会现场开设以“中国邮政——线上线下综合服务提供商”为主题的展厅，多展示中国邮政“一体两翼”战略布局中的现代邮政服务，涉及邮政农村电子商务、金融、寄递业务等。

7 日 第十八届中日韩邮政峰会在四川成都举行。中日韩三国邮政共同签署了《第十八届中日韩邮政峰会备忘录》，一致同意共享管理政策和业务经营方面信息、共同开展和提高客户定制化服务、联手提升 EMS 竞争力、分享在解决业务运营问题方面的经验。

12 日 中国国防邮电工会推介中国邮政集团公司职工小家建设经验会议在河南郑州召开。

22 日 集团公司和国家邮政局联合召开电视电话会议，隆重纪念邮政机要通信事业 60 周年，并对全国邮政机要通信工作先进集体、先进个人进行表彰。

中国邮政储蓄银行

1 月

9 日 邮储银行启动全国范围推广电子化用印，实现所有网点的全覆盖。

2 月

12 日 组织开展邮储银行成立以来规模最大、范围最广的一次案防电视电话会议，约 13 万人参会。

3 月

13—17 日 零售信贷工作会暨零售信贷工厂试点推广启动会召开，推动零售信贷业务互联互通、协同发展，深入推进新一代零售信贷工厂项目试点推广工作。

20 日 邮储银行注资 500 万与中国扶贫基金会合作成立“邮爱公益基金”。“邮爱公益平台”是邮储银行整合全行及社会各界资源的开放性公益平台，改变以往简单捐赠、短期帮扶为主的公益模式，是邮储银行履行社会责任、支持公益事业的一次积极创新。

24 日 邮储银行在全国银行间债券市场完成总额为人民币 200 亿元的二级资本债券发行。该期债券募集的资金将用于充实邮储银行二级资本，以提高资本充足率，增强营运实力，提高抗风险能力和盈利能力。

28 日 新一代电话支付系统投产上线，标志着邮储银行自主研发的 Java 平台成功应用于全国性交易系统建设，为邮储银行应用系统建设“自主可控”奠定基础。

邮储银行在香港举办 2016 年度业绩发布会和新闻发布会，公布上市后首份年报。

29 日 邮储银行启动“共享 2017 走进数字时代”暨“幸福 · 加邮”社区行活动，开展“E 消费”和“E 学堂”两大主题活动，正式对外发布邮享贷、邮薪贷两款互联网消费信贷产品。

30 日 邮储银行启动首批 100 家二级分行小企业金融部升格一级部工作，进一步深化小企业金融“三化”（人员队伍专业化、客户开发综合化、贷后管理集约化）建设。

4 月

1 日 邮储银行电子银行客户规模突破 2 亿户。

6 日 中国铁路客户服务中心 12306 网站及手机客户端新增邮储银行直接支付服务功能，邮储银行成为铁路电子支付第六家合作结算银行。

7 日 邮储银行与交通运输部签署《十三五战略合作协议》。根据协议，“十三五”期间，邮储银行将向交通运输建设项目提供意向融资 5000 亿元，合作领域主要涉及高速公路、“四沿”通道、港航设施、农村交通、交通枢纽、智能交通等方面。

17 日 邮储银行内部评级平台（对公客户）正式投产上线。该平台作为“十三五”IT 规划中的新八大平台之一，实现了公司信贷业务在风险定价、减值计提、资本计量和五级分类等核心高级应用。

26 日 邮储银行上线代发工资交叉营销项目，通过风险技术实施行内优质客户筛选，优化交叉营销系统和流程，首次实现名单制精准营销和预授信，提升内部客户信用卡覆盖率。

26 日 邮储银行签约加入环球银行金融电信协会全球支付创新项目 SWIFT Gpi（Global Payment Innovation），

与境内外 120 多家银行共同参与近 30 年来最大的跨境支付变革。

28 日 邮储银行与北京中交金卡科技有限公司签署《全国交通一卡通银企直联资金结算协议》，服务于交通运输部民生工程——全国“交通一卡通”互联互通项目。

5 月

6 日 新版审批授信策略正式在全国范围上线，标志邮储银行新客户风险管控全面进入量化管理时代，该策略是以信用卡申请评分模型为基础的配套策略体系。

8—9 日 中国邮政储蓄银行工会第二次会员代表大会在北京召开。会议选举产生了第二届工会委员会、经费审查委员会，协商产生了第二届女职工委员会。在随后召开的工委会二届一次会议上，选举产生了工会主席和副主席。

24 日 邮储银行召开“三农”金融事业部改革全国推广大会，在全国推进组建“三农”金融事业部。至 9 月 12 日，确定实施事业部改革的 27 家分行、计划单列市全部完成“三农”金融事业部一级分部挂牌成立工作，完成了“三农”金融事业部改革全国推广。

25 日 《福布斯》发布《2017 全球上市公司 2000 强》榜单，2016 年 9 月 28 日在香港主板上市的邮储银行首次入榜，列第 55 位。

6 月

1 日 邮储银行微工会公众号获中华全国总工会颁发的“2017 全国最具影响力工会新媒体”称号，是金融企业唯一上榜的工会新媒体。本次评选中华全国总工会对工会系统各类新媒体进行为期一年的影响力监测和综合排名，选出最具影响力的“全国最具影响力工会百家新媒体”，邮储银行微工会公众号位列第九。

30 日 邮储银行在银行间市场成功发行首笔同业存单（NCD），发行规模 5 亿元，期限 1 个月，发行利率 3.8%。与 AAA 评级的银行同期限存单相比，此次的发行价格为 2017 年上半年最低价。

7 月

3 日 英国《银行家》杂志“2017 年全球银行 1000 强排名”榜单出炉，邮储银行以 2016 年末总资产近 1.19 万亿美元位居第 21 位，比上年上升 1 位，较 2014 年首次参加排名的位次上升 7 位。

13 日 邮储银行举办以“坚守初心，砥砺奋进”为主题的微党课优秀作品展演活动，通过微讲堂、微电影、微故事等创新方式讲“党课”，向党的十九大和中国共产党建党 96 周年献礼。

14 日 邮储银行推出的小企业主专属理财产品——邮银财富 · 债券 2017 年第 310 期人民币理财产品（创富理财小企业主专享），开售 7 分钟即全部售罄，创造该行近 5 年以来理财产品销售速度的记录。

小微企业运行指数外部版手机客户端、“邮储银行 +”、“邮储银行电子银行”微信公众号专栏正式上线。

18 日 邮储银行完成首笔主权机构贷款发放，进一步扩展业务领域、丰富客户群体；8 月 25 日，完成美的库卡并购融资银团业务放款，首次在跨境项目贷款中配套使用“货币互换”衍生工具，满足客户不同币种需求，用实际行动支持“一带一路”建设。

28 日 由《南方周末》主办的第九届中国企业社会责任年会在北京举行，邮储银行行长吕家进获评“2017 年度责任领袖”；“邮爱公益平台”项目荣获中国企业年度责任案例大奖。

31 日 财富中文网发布最新的《财富》中国 500 强排行榜，邮储银行首次登榜，以 1896.02 亿元的营业收入位列第 34 位。

8 月

1 日 中邮消费金融有限公司贷款余额突破 100 亿元，具有里程碑意义，当年累计利润首次为正。中邮消费金融有限公司是邮储银行发起设立的全国性金融机构，于 2015 年 11 月在广州成立开业。

邮储银行手机银行行动方案正式启动，是邮储银行为适应移动金融快速发展大趋势，推动银行转型而主动作出的战略选择。截至 12 月 31 日，手机银行客户规模 1.75 亿户，比上年增长 4000 万户。

4 日 邮储银行独家冠名央视《创业英雄汇》首播，在“双创”领域引起广泛关注，此次合作是邮储银行连续举办 8 年的“创富大赛”活动的新延伸。《创业英雄汇》是央视重磅打造的首档大型青年创业实战公开课，被称为“中国好项目孵化器”。

24 日 中国邮政储蓄银行获得标普授予的 A 长期发行人信用评级、A–1 的短期发行人信用评级，展望为稳定。

24 日—9 月 29 日 邮储银行总行接受邮政集团公司党组第一巡视组巡视。

28 日 中国邮政储蓄银行获得惠誉授予的 A+ 长期发行人违约评级、F1+ 的短期发行人违约评级，展望为稳定。

30 日 邮储银行上海分行成功发放第一笔上交所上市贷，是 3 月 18 日与上海证券交易所签署战略合作协议以来首笔落地业务。

9 月

4 日 中国邮政储蓄银行获得穆迪授予的 A2 长期

本外币存款评级、P-1 的短期本外币存款评级，展望为正面。

13 日 邮储银行发行加载金融功能的第三代社会保障卡，支持人力资源和社会保障部推进的“互联网 + 人社”多元化、规模化发展。

20 日 移动展业系统 2017 年新增功能工程第三批增量需求成功上线，将“人脸识别快捷授权”引入传统交易（电子银行开通），这是邮储银行首次应用人脸识别技术，解决了交易高峰期远程授权排队的耗时问题。

21 日 邮储银行行长吕家进在京会见英国前首相戴维 · 卡梅伦一行，双方就进一步推动中英两国经贸往来、服务两国企业跨境投资等内容展开交流。

23 日 全国金融系统第三届职工运动会决赛在山东省济南市圆满结束。邮储银行在 32 家金融单位中脱颖而出，获得第 3 名的成绩，较上届前进了两位。

25 日 邮储银行信用卡 APP 登录苹果 APP Store。

27 日 邮储银行成功发行 72.5 亿美元境外优先股，在香港联交所挂牌上市，系 2010 年以来全球最大的金融机构优先股发行，亦是迄今为止亚洲最大的金融机构优先股发行。

10 月

9 日 启动第三期资产证券化工作，发行总规模超 6.7 万笔，近 143 亿元，涵盖 21 个省（市、地区）。

12 日 邮储银行第三方支付系统顺利完成云平台迁移，为应对“双十一”交易高峰提供有力技术支撑。“双十一”当日，第三方支付系统平稳安全运行，经受住峰值考验。11 月 11 日零时 4 分 42 秒，交易峰值达到 4739 笔 / 秒；零时 5 分 46 秒，短信平台达到峰值 5525 条 / 秒，两项指标均创历史新高。

27 日 中国邮政储蓄银行 2017 年第二次临时股东大会通过关于修订《公司章程》的议案，同意将党建工作写入邮储银行《公司章程》，相关条款获得中国银监会核准后生效。

30 日 邮储银行推出首台基于国产 LINUX 操作系统的定制化智能柜员机（ITM），实现自助开卡、账户管理、基金理财等功能。ITM 将作为邮储银行支撑网点转型和降本增效的重要手段，陆续在全国进行推广应用。

11 月

8 日 邮政集团巡视组向邮储银行反馈了巡视意见。总行党委高度重视，切实履行巡视整改主体责任，紧密结合邮储银行转型发展实际，逐一进行对照分析，研究整改措施，解决突出问题。通过巡视整改，邮储银行总行强化建章立制，完善内控机制、优化决策流程，构建整改长效机制。

16 日 邮储银行以“走进邮储，走进总行”为主题的 2017 年资本市场开放日在北京成功举办。

17 日 “中国邮政储蓄银行合肥数据中心”项目获中国工程建设标准化协会颁发 2017 年数据中心科学技术奖之科技杰出奖。

19 日 邮储银行与人民银行 ACS 系统成功直连，优化资金调拨流程，实现人行账户零余额管理。

22 日 邮储银行万事达电子借记卡产品上线试运行，填补了邮储银行与国际卡组织合作的国际借记卡产品空白。

30 日 第七届香港国际金融论坛暨中国证券“金紫荆”奖典礼在香港举行。邮储银行荣获“最佳投资者关系管理上市公司”。

11 月 邮储银行对全行学习宣传贯彻党的十九大精神进行安排部署，要求全行把深入学习、广泛宣传、全面贯彻党的十九大精神作为首要的政治任务，掀起学习宣传贯彻党的十九大精神的热潮。

12 月

6 日 邮储银行发行加载金融功能的第二代军人保障卡，促进军民融合深度发展。同日，实现军民融合贷款首次落地，针对军民融合型中小企业推出专项产品“军民融合贷”，北京分行成功发放第一笔军民融合贷款。

7 日 邮储银行成功承办“世界储协第一届农村普惠金融研讨会”，会议主题为“实现农村普惠金融可持续发展”。世界储蓄与零售银行协会以及来自全球 15 个国家的 20 多家金融机构齐聚北京，共同探讨农村普惠金融商业模式的机遇和挑战，分享专业知识和实践经验。

14 日 “2017 年度香港公司管治卓越奖”颁奖典礼在香港举行。邮储银行作为新上市公司，凭借其在公司治理领域的优异表现，成为“2017 年度香港公司管治卓越奖——新上市公司类别”中唯一获奖公司。

31 日 据统计，邮储银行 2017 年累计与 23 个省级（含直辖市、计划单列市）政府、107 个市级政府以及 47 个市级以下政府签署了战略合作协议，意向资金支持额度超过 4 万亿元。（邮储银行 / 提供）

中国邮政速递物流股份有限公司

1月

10日 邮政进口国际邮件代征税系统入驻“微信城市服务”正式全国上线，实现用户足不出户在线办理邮件申报及缴税电子支付，覆盖全国30多国际互换局，增加了各地通关服务及仓储费的收入，大幅提升了邮件过关效率、缓解查验积压，提高了关税上缴国库的结算时效，实现“邮关互通、利国便民”。

18日 由中国邮政快递报社主办的2017“快递之夜”颁奖典礼在北京举行。中国邮政速递物流股份有限公司荣获2016年中国快递行业最佳专业产品奖；中国邮政速递物流股份有限公司总经理方志鹏荣获2016年中国快递行业魅力人物奖。

1月 邮政EMS速递服务融入浙江政务服务网，助力“最多跑一次”民生服务。各省邮政速递物流相继接入省政府“互联网+政务”服务，协助政府部门提供便民服务。自主电子政务平台初具规模和社会影响力，粉丝数突破350万。

2月

14日 第五届全国邮政特有职业技能竞赛正式启动，速递物流6名选手获得个人全能奖，其中福建陈钟武获得个人全能第1名，10名选手获得个人优秀奖，56名选手获得个人单项奖，团体优胜奖和组织奖各6名。

2月 完成中速德国公司（汉诺威）注册工作。

中国邮政速递物流无锡集散中心全面投产运行，进一步实现了区域内资源整合与共享，将邮政和速递双方收寄的各类包裹和邮件实现集中上机分拣处理。

3月

16日 中国邮政速递物流率先在全国推出“次日递”时限承诺服务——“限时未达，原银奉还”。

3月 启用无锡中速TNT直发中心，有效提升中速—TNT产品的交接转运时效。

4月

25日 在中国邮政集团公司举办的科学技术表彰大会上，南京集散中心技术保障部和跨境电商技术组2个团队荣获“优秀科技团队”称号；崔超、陈彧任2名同志荣获“突出贡献科技工作者”称号；陈遥等13名同志荣获“优秀科技工作者”称号。

5月

参加全球智慧物流峰会，向公众、媒体及行业专家展示“中邮云仓”和“中邮O2O”创新服务模式，以及无人机和分拣机器人等智能生产设备。

6月

邮政速递物流工会10个单位被中国邮政集团工会评选为模范职工之家，9名工会干部被推选为优秀工会工作者。

总部启动“中邮快运”业务，服务于零担货运市场。

启动视察检查人员资质考评认证工作，实施各级视检人员“资质认证，持证上岗”。

7月

21日 中国邮政速递物流在安徽合肥召开“第一届中国邮政EMS创客大会”，掀起全员众创、“比学赶帮超”的竞赛氛围。

7月 中国邮政速递物流在线客服平台与菜鸟智能服务宝平台对接，成为首个与电商客服平台无缝对接的快递企业平台，解决了以往电商与快递企业客服平台双轨运行的问题。

8月

启动高考成人礼项目，邀请社会知名人士为大学新生寄语，线上同步微博晒录取通知书活动，关注量超千万。

截至8月31日 与黎巴嫩、不丹、阿尔及利亚等三国邮政正式签署双边合作协议，正式建立国际EMS双边关系，国际EMS通达路向扩大至105个，对外合作范围进一步扩大。

9月

5日 中国邮政速递物流与易果生鲜签订战略合作协

议，在全国 6 个省份与易果仓开展业务合作。

22 日 在第八届中国电子商务物流大会上，中国邮政速递物流股份有限公司获得中国物流与采购联合会颁发的“2016—2017 年度中国电子商务物流优秀服务商”荣誉称号。

27 日 中国邮政速递物流股份有限公司荣获第二届全国政务服务博览会“中国政务服务优秀实践案例奖”。

截至 30 日，新增日本、德国、泰国等路向国际 e 邮宝业务，覆盖 38 个跨境电商活跃国家和地区；开通中邮海外仓捷克仓，中邮海外仓达到 11 个；开通国际 e 速宝英国、法国、德国、澳大利亚、印度、美国等 6 个海外路向，国际 e 速宝路向扩大至 13 个；阿里速卖通平台国际 e 邮宝业务全国上线。

10 月

17 日 中国邮政与方正公司战略合作开仓仪式在南京航空集散中心隆重举行，标志着把“仓库建在跑道上”的愿景得以施行。

23 日 作为五家优质供应商之一与空军后勤部签订《空军后勤物流军民融合战略合作协议》，中国邮政速递物流股份有限公司被空军后勤部授予空军后勤物流军民融合战略合作单位（2017—2022）。

31 日 中国邮政速递物流与奥康集团有限公司签署战略合作协议，共同探索线上 O2O 业务智能化解决方案，助力“互联网 +”时代下的新零售模式。

11 月

6 日，华中（武汉）陆路邮件处理中心 AGV 智能分拣设备投入试生产。12 月，被《物流技术与应用》杂志评为“中国物流装备技术应用标杆示范项目”。

20 日 《邮政速递基于信息化的电子政务服务平台建设》和《以拓展市场为目标的邮速联动生鲜配送业务开发》获第十六届全国交通企业管理现代化创新成果二等奖。

30 日 中国邮政速递物流与江西省鹰潭市人民政府正式签署“互联网 + 政务服务”战略合作协议，打造“智慧物流”，共建“智慧新城”。

9 月及 11 月 苹果项目在两次新品发售期间，达成新品发售当天及时投递率 100%、新品发售期间整体及时投递率 100% 的优异水平，得到苹果公司总部及亚太区的赞许。

11 月 有效应对“双十一”业务旺季。在收寄峰值接近 1700 万件，日均收寄量较平日增长 123%，比上年提高 43% 的情况下，保障了全网运行平稳有序。

12 月

7 日 中国邮政速递物流与大洋百货集团有限公司签署战略合作协议，共推“互联网 + 零售 + 快递”的新发展。

27 日 新一代寄递业务信息平台一阶段揽投推广工作完成，覆盖全国 28 个省份，分四个批次完成 4900 多个揽投机构的上线工作，机构上线率 100%，开创信息技术人员与一线生产人员共推信息化建设的新模式。

12 月 智能跟单系统在速递物流全网上线应用，实现了实时发现近百种类型邮件异常，实时调度相关责任人处理，实现按时限计划和作业规范对邮件运行质量进行事中管控，从根本上改变了传统的运行质量管控手段。

12 月 全国云仓网络布局初步完成，472 个仓储中心，总面积约 361 万平方米，6 大枢纽仓均具备百万单发货能力，业务同比增长 362%。

12 月 合同物流高科技行业收入首次规模超过 12 亿，快消品行业收入首次规模突破 11 亿，标志着两个行业物流跨过 10 亿大关。

12 月 全国邮政速递物流职工小家三年建设规划完成，建设职工小家 4305 个，覆盖 4700 个网点，累计总投资约 1.2 亿元。初步实现集团邮政工会建家率 100%，达标率 80% 的任务目标。（速递物流 / 提供）

中邮人寿保险股份有限公司

1 月

12—13 日 2017 年中邮人寿保险股份有限公司工作会议在京召开，会议提出坚持稳中求进，深化转型升级，全力推动中邮保险做大做强做优。

22 日 中国互联网投资基金在京成立，中邮保险签署合伙协议，成为保险业唯一一家互联网基金战略出资企业。

2月

4日 中邮保险吉林分公司获批筹建。

23日 中国保险行业协会文化建设与传播专业委员会2017年全体会议暨保险行业自有媒体联盟成立大会在京举行，会上对保险行业优秀微信公众号进行表彰，中邮保险获“最佳微信订阅号”荣誉。

24日 2017年中邮保险党的建设暨纪检监察工作会议采用现场会议和电视电话会议相结合的方式召开。中邮保险党委副书记、总经理党秀茸代表公司党委做《坚持全面从严治党 强化政治责任担当为中邮保险做大做强做优提供坚强政治保证》的报告，驻中邮保险纪检组组长邹江平代表纪检组做《坚持挺纪在前 聚焦专责监督 推动中邮保险全面从严治党向纵深发展》的报告。

3月

4日 中邮保险与光山县人民政府签订《中邮人寿保险股份有限公司与光山县人民政府开展保险精准扶贫战略框架协议》。

10日 由《中国保险报》主办的第二届（2017）中国保险服务创新高峰论坛暨“2016中国保险年度服务创新项目”评选颁奖活动在北京举行，中邮保险“您的健康邮我保障”客户服务活动获评“2016中国保险年度服务创新项目”。

30日 中邮保险首个劳模创新工作室——“陶遂劳模创新工作室”在中邮保险江西分公司正式成立。

30日 2015—2016年“金诺奖”暨中国保险品牌传播影响力评选在京揭晓，中邮保险获得“最受欢迎保险品牌口号奖”及“年度杰出创新品牌传播奖”两项荣誉。

4月

6—7日 中邮保险城市业务发展座谈会在陕西西安召开。会议分析了中邮保险城市业务发展现状，研讨城市业务发展模式，提出打造具有中邮保险特色的城市业务发展体系。

15日 中邮保险完成河南光山43418人每人10万元意外保险保障的承保工作。

23日 集团公司党组决定，党秀茸同志任中共中邮人寿保险股份有限公司委员会书记。

5月

25日 由金融时报社举办的“2016中国卓越金融品牌榜”评选结果在京揭晓。中邮保险“守护明日之星、关爱留守儿童”公益项目荣获“年度卓越金融公益品牌案例”。

26日 由《中国保险报》、中保网、新浪财经共同主办的“2017保险产品创新论坛暨2016年度保险产品颁奖典礼”在北京举行。中邮保险“中邮年年好财寿嘉养老年金保险”“中邮富富余6号两全保险（分红型）+中邮附加意外伤害医疗保险”分获“2016年度创新保险产品”和“2016年度综合保障计划”称号。

6月

14日 经中国保监会批复，中邮保险注册资本金增至100亿元。

20日 根据中邮人寿保险股份有限公司第二届董事会第六十三次会议决议，并经中国保险监督管理委员会任职资格核准，党秀茸担任中邮人寿保险股份有限公司董事长。

7月

7日 由《每日经济新闻》主办的“2017（第二届）中国保险业创新与发展高峰论坛”在京举行，“2017中国保险风云榜”同时揭晓，中邮保险获评“公共关系与品牌建设优秀保险公司”。

8日 中邮保险在光山县砖桥镇李岗村组织“7·8”保险进农村健康咨询服务活动暨中邮保险文化健康服务站揭牌仪式。

25—26日 中邮保险工作座谈会在湖南召开。会议提出，突出城市市场，提升自营能力，加快团险发展，推动中邮保险进一步做大做强做优。集团公司副总经理、党组成员康宁出席会议并作重要讲话，中邮保险董事长、总经理、党委书记党秀茸做半年工作报告。

8月

8日 四川阿坝州九寨沟县发生7.0级地震，中邮保险第一时间启动重大灾害理赔应急预案，理赔人员全力以赴做好九寨沟县受灾客户理赔服务工作，积极协助开展客户救护工作，对事故人员信息及时排查，开通绿色理赔通道。

18日 集团公司党组决定，党均章同志任中邮人寿保险股份有限公司党委副书记。

10月

17日 中邮保险完成对光山县扶贫工作第一例理赔案例，理赔金额10万元，客户家属向中邮保险赠送“贫苦百姓的福音，扶贫攻坚的典范”锦旗。

11月

15日 2017年“7·8”全国保险公众宣传日总结大会在京举行。中邮保险获评2017年中国保险业“7·8公益扶贫贡献奖”、2017年保险行业公众宣传大比武“最佳组织奖”以及“我和你的笑脸”保险扶贫摄影作品三等奖。

17日 第十二届中国保险创新大奖评选结果正式揭晓，中邮保险荣获“2017年度最具价值保险品牌”，中邮年年好邮保安康C款重大疾病保险荣获“最佳健康保险产品”、中邮富富余财富嘉A款两全保险（分红型）荣获“最佳理财保险产品”、中邮年年好多多保A款保险产品计划荣获“最佳产品组合”。

22日 中国邮政集团电商平台简易险业务系统成功上线，并顺利与中邮保险简易险系统对接。

23日 根据中邮人寿保险股份有限公司第二届董事会第六十九次会议决议，并经中国保险监督管理委员会任职资格核准，党均章任中邮人寿保险股份有限公司总经理，党秀茸不再担任中邮人寿保险股份有限公司总经理职务。

12月

15日 第八届金鼎奖评选结果揭晓，中邮保险获评“最具社会责任保险公司”。

22日 由《金融时报》、中国社科院金融研究所发起并主办的“中国金融机构金牌榜·金龙奖”在京揭晓，中邮保险获评“年度最具竞争力保险公司”。

26日 集团公司召开中国邮政自办保险旺季经营工作电视电话会议。中邮保险董事长党秀茸作专题发言。

（中邮人寿保险股份有限公司/提供）

中邮证券有限责任公司

1月

6—8日 2017年中邮证券公司党的建设暨纪检监察工作会议在北京召开。公司党委书记、董事长宋英忠代表公司党委做党建工作报告，纪委书记马建军代表公司纪委做纪检监察工作报告。

12—13日 2017年中邮证券有限责任公司工作会议在北京召开。中邮证券公司党委书记、董事长宋英忠对2017年工作进行部署，总经理丁奇文做工作报告。

4月

中旬 公司召开第二届董事会第四十次会议、第二届股东会第二十二次会议，会议由公司董事长宋英忠主持，中国邮政集团公司党组成员、副总经理张荣林出席会议并发表重要讲话，公司股东代表、董事分别参加了会议，公司高管列席会议。

5月

10日 中邮证券有限责任公司2017年度增资方案第一阶段增资款11亿元悉数到位，公司股东中国邮政集团公司、西安投资控股有限公司按照认缴比例分别出资99594万元、10406万元。

11日 中兴华会计师事务所（特殊普通合伙）对新增注册资本进行审验并出具验资报告，第一阶段增资目标顺利完成，公司注册资本31.6亿元。

7月

21日 中邮证券有限责任公司新疆分公司正式开业。

25—26日 中邮证券有限责任公司召开2017年工作座谈会。集团公司党组成员、副总经理张荣林出席会议并作重要讲话。公司董事长、党委书记宋英忠和总经理丁奇文分别讲话，监事长、纪委书记马建军主持会议。

8月

根据中国证监会公布的2017年证券公司分类结果，中邮证券有限责任公司2017年分类监管评级为BBB。

12月

13日 中邮证券有限责任公司山西分公司正式开业。

28日 中邮证券有限责任公司河南分公司正式开业。

（中邮证券/提供）

◇ 邮路

◇ 处理中心

◇ 运行

【概述】

1. 优化网路组织，邮件传递时限持续提升

（1）普通邮件完成贯标。制定下发《信函、印刷品和普通包裹运营标准》，建立信函、印刷品、普通包裹全程时限标准库。信函、印刷品全程时限省际地市间普遍加快2天以上，县及县以下地区普遍加快3天以上，各类给据普通邮件全程时限总体达到国家监管部门要求。

（2）党报党刊超额达标。北京、天津、山西、辽宁、上海、山东、江苏、浙江、安徽、福建、江西、河南、湖南、广东、海南、重庆、贵州、宁夏共18个省（自治区、市）实现县级以上城市党政机关党报党刊当日见报，提前超额完成了交通运输部和国家邮政局要求的党报党刊提速目标，入选2017年度中国邮政十件大事。

（3）快递包裹继续提速。修订快递包裹运营标准，明确小夜班投递要求。52个重点城市时限标准完成率首次超过90%，全国县及县以上快递包裹平均时长在5、6、7三个月连续缩短至60小时以内。

2. 加强能力建设，网运生产效能显著增强

（1）加强人机结合，提升半圈落格率和供件效率，利用菜鸟分单平台、分拣码和电子地图技术，实现名址信息与投递局自动匹配，包裹分拣机处理效率得到大幅提升。全国19套双层分拣机全年单套日均上机量33.3万件；集团公司投资2.8亿元，在38个邮区中心局配置胶带处理设备。

（2）干线运输效能不断增强。全网新增一级干线汽车邮路322条，甩挂运输邮路占比73.7%。首次在32个中心局配备49辆场内专用牵引车。一级、二级干线车辆日均行驶里程分别提升至691公里、360公里。

（3）技术应用和保障水平再上台阶。车管平台一阶段项目已基本建设完成，网运系统生产和管理功能升级8次，网运信息化支撑能力进一步升级。

（4）继续推进邮速资源整合。完成长三角区域集散网邮速资源整合，形成了邮速双方合力开拓市场，加快推进快递包裹业务发展的良好格局。长三角区域互寄快递包裹平均时长压缩近8个小时。

3. 实施“三效”对标，中心局利润中心转型取得明显成效

（1）夯实成本精细管理基础。提升中心局成本、人员、生产等基础信息的标准化程度，推行财务、人力与网运数据的深度融合。

（2）在省会中心局推行损益核算，成本管控效果合理量化，落实配套工资性成本预算奖励政策。

（3）所有省会中心局全面推行了计件工资制，劳动生产率明显提升，切实增强了员工的获得感与认同感。

（4）启动“三效”对标，凸显成本管控效果。首次在全网建立起涵盖中心局成本、利润、效率、效益、效果等11项指标的“三效”对标体系。系统实现自动采集、按月计算，科学量化了中心局资源占用、投入及产出水平等，为网运管理提供了有效的对标工具，“三效”对标工作取得阶段性成果。

4. 推行精细化管理，网路运行质量不断提升

（1）开展生产作业质量专项整治活动。狠抓转局错分邮件和验单数据整治，全网验单有效性大幅提高，错分邮件数量大幅下降，达到年初确定目标；规范异常邮件处理流程，利用信息系统实施异常邮件自动拦截，有效减少了邮件多次往返流转。

（2）提升指挥调度水平。基本建成全网指挥调度体系，初步形成规范、标准的指挥调度闭环管理机制，在全年的“保平稳、保畅通、保客户体验”等各项工作中发挥了重要的作用。推广使用“指调微信公众号”和“e调度”手机APP等移动管理工具。指调体系各项工作成效显著、进步明显，完成“双十一”和春节旺季生产管控任务。

（3）提高考核标准，充分发挥结算考核激励作用。实施新的质量考评办法，全网运营质量目标完成新一轮升级，各省收寄重量不符邮件量明显下降。

5. 加强全网作风建设，网运队伍执行力和战斗力进一步增强

全国各级网运部门认真学习贯彻习近平新时代中国特色社会主义思想和党的十九大精神，参加“两学一做”学习教育，以党的思想理论武装网运战线，以钉钉子精神狠抓工作作风。

（1）全面推行网运领导干部夜间跟班作业制度。全网各省分公司、一二级中心局、地市局的领导同志446人参加了夜间跟班作业。

（2）提升网运基层党组织战斗力和文化凝聚力。全网11个生产管理单位部门党支部、2个党委被集团公司党组授予“邮政系统基层党组织建设示范单位”称号；7个中心局、1个邮件处理中心以及中国邮政指挥调度中心被集团公司授予“邮政系统企业文化建设示范单位”称号。

（3）加强和改进总部机关作风。集团网运部制定整改措施5项，提出公开承诺5条，接受全系统干部职工的监督。中国邮政指挥调度中心获得“2014—2017年度直属机关先进集体”荣誉。《邮政陆运网运营质量评价考核体系的构建》获得第十四届通信行业企业管理现代化创新成果一等奖。

（4）加强网运人才队伍建设。开展第五届邮政技能竞赛网运环节比赛，全网以赛代练，有力提升网运生产人员业务素质，集中举办业务技术培训班3期、450人次。集团网运部与基层锻炼的双向交流人员32人次。

（5）开展“达标争先”劳动竞赛活动，使竞赛活动成为质量提升和管理创新的新平台、经验交流和推广共享的

新园地。南昌、南宁、济南、南京、长沙、广州、常州7个邮区中心局被评选为先进单位，评选出31个先进集体和194名先进个人。（网路运行部 曾宪京）

邮 路

【全国干线运输效能增强】 新增一级干线汽车邮路322条、二级干线邮路639条，新增邮路数量为历年最高，一级干线汽车邮路突破1000条大关，其中甩挂运输邮路占73.7%，总里程比上年增长49.3%，为邮件提速快达奠定坚实基础；新增247辆干线牵引车头、488个甩挂车厢，首次在北京、济南等32个中心局配备49辆场内专用牵引车，大力提高场内作业效率，这也是场内专用牵引车在中国快递行业的首次应用。及时推出邮政新车型，将原有13米半挂车厢长度调整为13.6米，车厢容积比上年增加5%。一、二级干线汽车日均行车里程分别提升至691公里、360公里。（网路运行部 曾宪京）

【内蒙古分公司网运线路调整】 调整优化省内邮路56条，11个盟市、29个旗县进出口2个固定频次，其中6个盟市所在地实现3个及以上固定频次。通过推行计件工资制，呼和浩特邮区中心局在快递包裹处理量增长88.3%的情况下，人工成本支出较年初定员核算节约64万元。通过推进单车核算，进行GPS系统分析管理，投递车辆日均里程由65公里降低至55公里，节约成本182万元。深入推进"三合一"改革，过半旗县内部处理效率超过每小时700件，邮件处理效率提高50%，内部处理时间有效缩短，当日妥投率平均提高5.24%。（内蒙古分公司 李斌）

【湖北省分公司邮路提速优化】 8月16日，湖北省分公司对省内部分二级干线汽车邮路进行优化调整。省内网优化调整涉及25条省内二干邮路，这是在2016年省内网实现"全程大提速"基础上，为实现2017年省内网"全域再提速"采取的重要举措。（湖北省分公司 王春瑞）

四川省甘孜藏族自治州甘孜县邮政分公司邮车驾驶员。其美多吉驶着邮车，作为社会运输车辆头车，驶入刚刚开通的雀儿山隧道。（邮政报 / 提供）

"全夜航"飞行支撑着邮政EMS打造邮件"次日递"和"次晨达"等业务品牌。（邮政报 / 提供）

【河南省分公司新开通53条省际直发邮路】 河南省分公司加快省内网络调整优化步伐，推进地市收寄邮件够量直发。焦作、信阳、三门峡、驻马店等市累计开通53条直发邮路，涵盖浙江、广东、江苏、湖北等省（市）。推进直发后，全省多地快递包裹传递时限得到不同程度加快，客户体验有效改善，邮政产品市场竞争力不断增强。同时，全省出口邮件单纯依靠郑州单一节点的传统模式逐步改变，邮件处理次数有效减少，省内网运行效率显著提高。（河南省分公司 张伟坤）

【宁夏分公司增开调整区内邮路】 开通银川至阿左旗邮路；调整新增19条区内邮路，网路结构更加清晰，网运能力快速提升，确保了陆运网时限。提前改造中心局邮件处理场地，加大自动化设备投放力度，提高邮件处理自动化、信息化水平，包状类邮件最高日处理能力由12万件提升至17万件，有力支撑了"双十一"平稳运行。紧抓银川至上海火车邮路撤销契机，调整银川至西安汽车邮路运行计划，银川出口至华东、华南地区的邮件加快1—2个投递频次。（宁夏分公司 白振峰）

【"台北快轮"货运滚装航线首航仪式在福建省平潭市举行】 12月28日，福建省平潭市到台湾的"台北快轮"货运滚装航线首航仪式在平潭金井码头举行，福州市分公司应邀参加。韵达国际快递的7吨快件同样搭乘这艘万吨货物滚装船从平潭首航驶往台湾。"台北快轮"货船采用集装箱连车架一同运输的方式，一次最大可载运230个集装箱，运力快，单程仅需6小时左右，且每周3个航班常态化往返平潭与台北。满足跨境电商、快件、小贸市场货物及一般贸易货物运载的需求。（福建省分公司 杨文振）

贵州省黔西南布依族苗族自治州普安县的投递道路崎岖难行。（邮政报／提供）

【海南邮政开通三沙航空邮路】 1月24日，三沙航空邮路正式开通，这是海南邮政加快邮发报刊，特别是党报党刊的传递速度，更好服务“主权三沙、幸福三沙、美丽三沙”采取的一项重要举措。（海南省分公司　洪文娴）

【中欧班列（重庆）常态化规模化运邮】 10月21日，经中欧班列（重庆）发运6671件邮件，标志着中欧班列（重庆）正式进入规模化运邮阶段。11月25日，中国邮政正式推出中欧班列（渝）专线寄递产品。收寄国际邮件53.5万件，发运邮包集装箱31箱，为重庆邮政践行国家“一带一路”建设和中国邮政“走出去”战略迈出了重要的一步，并将助力重庆成为国际物流枢纽和内陆开放高地。（重庆市分公司　兰英）

处理中心

【中国邮政客服中心及九江邮件处理中心工程项目正式签约】 5月26日，首届长江经济带·九江新工业新动能投资洽谈会开幕式暨主旨论坛在九江市艺术中心举行。国家推动长江经济带发展领导小组成员单位代表、长江经济带重要节点城市代表、省直及省内兄弟设区市代表、驻华使节代表、国内外知名企业代表、知名工商界人士及专家学者参加。省委常委、常务副省长毛伟明，九江市委书记杨伟东出席并讲话。集团公司副总经理李丕征出席签约仪式。集团公司信建部副总经理高军代表集团公司正式签署《中国邮政客服中心及九江邮件处理中心工程项目合作框架协议》。集团公司副总经理李丕征、市场部总经理赵玉刚，省分公司总经理李金良、副总经理戴书华，省分公司资深经理、九江市分公司总经理杨国庆见证签约。根据协议，九江经济技术开发区管理委员会将向集团公司提供国家级九江经济开发区一宗150亩的土地，实施中国邮政客服中心及九江邮件处理中心工程项目建房；集团公司预计投入24亿元人民币以上（含建设约投资以及投产后2020—2029年人工和运行支出），建设中国邮政客服中心及九江邮件处理中心工程项目。（江西省分公司　叶金平）

【中国邮政鹰潭邮件处理及物流仓储中心项目签约】 12月29日，中国邮政鹰潭邮件处理及物流仓储中心项目签约仪式在鹰潭举行。鹰潭市人民政府市长于秀明、省分公司总经理李金良出席仪式并分别致辞，鹰潭市人民政府副市长吴文戈、省分公司副总经理戴书华、省邮政速递物流公司总经理丁永红等领导参加仪式。鹰潭市委常委、副市长李唐主持仪式。中国邮政鹰潭邮件处理及物流仓储中心项目主要负责全国邮件的分发和运输，包括处理江苏、浙江、上海等省的省际进出口邮件经转和赣东北片区省内邮件集散，邮件日处理量最高峰预计将超过100万件，整个项目布局科学、运作高效、设备精良，并以邮政业务为桥梁，更好、更快、更便利地将鹰潭同全国各地相连，加强鹰潭同外部世界的沟通往来，更好地助力鹰潭打造全国一流智慧新城。吴文戈、戴书华分别代表鹰潭市人民政府和省分公司签订投资协议书，信江新区管委会和鹰潭市分公司签订投资促进协议书。（江西省分公司　叶金平）

【省会中心局从成本中心向利润中心转型】 制定符合各局现状的损益方案和模型，科学评价中心局成本管控效果，8—12月，省会局实现损益利润4.5亿元，成本利润率8%；加大业财信息标准化与共享力度，全面梳理ERP系统与网运系统相关基础信息，统一建立符合各局现状的ERP机构、人员、网运车间与损益机构的对应关系，确保损益结果的真实性与科学性；主要生产岗位实施计件工资，打造“省公司降本、中心局增效、员工增收”的良好局面。建立损益利润改善奖惩机制，使一线员工充分享受到网运转型升级改革红利；首次在全网建立起涵盖中心局成本、利润、效率、效益、效果等11项指标的“三效”对标体系。省会中心局成本管控水平较去年有所提升。（网路运行部　曾宪京）

【建设西安、合肥等7个新型模块化、标准化的重点邮件处理中心】 推动兰州、锦州等9个处理中心征地建设。立项建设40个陆运网处理中心工艺项目，是2015年、2016年立项建设数量总和（25个）的1.6倍。陆运网新增日处理能力1121万件，航空网新增处理能力216万件，全面超过2015年、2016年两年能力增加的总和。经过近几年的建设，寄递网总峰值处理能力日均5476万件，其

中陆运网处理能力 3482 万件，航空网处理能力 1994 万件。（信息科技与建设部）

【22 个“邮件处理中心工艺改造工程可行性研究报告和初步设计”通过评审】 8 月 9—11 日，邮政科学研究规划院设计中心承担的南昌、鹰潭、郑州、武汉、成都、济南、杭州、湖州 8 个邮件处理中心工艺改造工程可行性研究报告和赣州、重庆、沈阳、锦州、太原、侯马、襄阳、信阳、潍坊、济宁、长沙、安庆、临沂、青岛 14 个邮件处理中心工艺改造工程初步设计项目通过集团公司的评审。（邮政科学研究规划院）

【浦东邮件处理中心（北楼）工艺改造工程竣工】 浦东邮件处理中心（北楼）工艺改造工程于 2016 年 7 月 8 日进场施工，10 月 15 日投入试生产。4 月 27 日通过初步验收，10 月 26 日通过集团公司组织的竣工验收。该工程包括 1 套环形双层包件分拣机、1 套胶带传输系统、41 台伸缩胶带机等工艺设备，同时配套安排现场管理系统等信息化改造。工程总投资 7421.07 万元，试生产期间单日最高分拣量 38.2 万件，平均识别率 95%。工程投入使用后，浦东邮件处理中心实现全流水化作业，并通过散件卸车、直连发运等形式，实现出口、转口包裹邮件“不落地”，邮件处理速度进一步加快。（上海市分公司　陆怡琼）

【湖南省分公司星沙邮件处理中心新增邮件处理场地运行】 11 月 6 日，星沙邮件处理中心新增邮件处理场地正式运行。新增处理场地设垛口 30 个，其中 15 个直连装车垛口、3 个非直连装车垛口，负责省际出口邮件发运。18 个垛口中有两个实行复用。直连卸车垛口的卸车效率 2000 件 / 小时；日作业时长 22 小时；日卸车能力 35.2 万件。其他 14 个省际出口邮件和省内互寄、长沙同城互寄邮件盘驳至北车间发运。按照省际出口邮件流量流向，以及南、北两车间的省际垛口布局，环形邮件处理线日均处理 19 个路向 10.67 万件邮件（未包含省内互寄 6 万件）。“双十一”期间，湖南邮政同时运行星沙邮件处理中心南北两车间，实现日均处理邮件量 110 万件、峰值 130 万件的目标。在前台收寄上，采取错峰收寄和 24 小时滚动收寄方式，方便客户寄递；在运输环节上，严格按照“够量直达”原则，实现点对点运输、减少经转层次。集散模式上，启用 3 个区域中心出口分流，充分发挥 3 个区域中心出口分流，均衡全网生产压力；要提前做好生产用车的调拨以及员工私家车借用、社会车辆租用、场地安排应急准备等方面的工作；要提前精心策划内部处理流程，全环节、全流程统筹安排，确保邮件处理顺畅、快速、高效。（湖南省分公司　王俊）

【银川邮件处理中心工程开工建设】 3 月 28 日，银川邮件处理中心工程正式开工。该中心是宁夏邮政网络转型升级的重要节点工程，工程规划总建筑面积 22 万平方米，预计于 2018 年 9 月投入运营。（宁夏分公司　白振峰）

【邮政东盟跨境电商监管中心项目竣工运营】 2 月 28 日，

合肥中心局智能分拣系统。（网路运行部 / 提供）

邮政东盟跨境电商监管中心项目竣工仪式在南宁综合保税区举行。南宁市副市长伍娟出席仪式并宣布项目竣工。12月11日，广西凭祥综合保税区跨境电商监管中心暨邮政（凭祥）跨境电商监管中心正式运营仪式在凭祥举行。这是西南地区第一家沿边跨境电商监管中心。（广西分公司 蒙淋芳）

运 行

【全国邮政网路运行工作会】 3月23—24日，2017年全国邮政网路运行工作会议在陕西省西安市召开。会议总结2016年网路运行工作，分析当前形势，部署2017年工作，动员全国邮政网运干部员工继续深化转型改革，提升运营“三效”，聚焦管理创新，推动服务升级，加快建成“国内领先、世界一流”的陆运网，助力中国邮政做大做强“寄递翼”。集团公司副总经理康宁做工作报告。（陕西省分公司 常雅楠）

【运行维护全面化】 信息技术局推进业技融合的应用运维保障模式，初步建立“大运维”体系。广泛建立基层联系点，打通生产一线与技术部门的沟通渠道，实行技术人员驻点制度，制作了营业、报刊、报销报账等重要系统视频课件，掌握应用系统在一线的使用情况，加强应用系统的使用辅导；先后召开三次信息技术主题研讨会，进一步加强了对各省信息局应用运维工作的统一部署，充分发挥各省信息局的主观能动性；量化系统性能指标，如快递包裹业务旺季保障期间，为相关业务部门提供单小时订单收寄能力、单小时网运处理能力等量化指标，为业务部门安排生产作业提供数据支撑。完成十九大、“两会”、建军90周年等重要政治事件的运行保障工作，旺季生产保障与日常运维相结合，完成“双十一”、“邮乐9·19”、报刊大收订、新邮预订等重要保障任务。（信息技术局 秦佳）

集团公司统一采购配发电动三轮车，增强投递能力。（邮政业务局/提供）

【网运指挥调度规范化】 28个省分公司已成立省级指挥调度中心，全面对接集团指挥调度中心，全面履行“实时运行监控、动态指挥调度、重大任务组织、突发事件管理、客服工作支撑”五大功能，执行7×24小时全环节、全流程、全时段管控，集团调度权威不断彰显；通过“微信公众号+手机APP”的综合应用，陆运网指挥调度规范化、智能化、便捷化水平明显提升；推进“定制运输”项目管理，为水果等生鲜产品制定个性化运输方案，全年共开通“定制运输”邮路70条，发车218班次，覆盖全国26个省份，带运邮件总量52.3万件，平均时限缩短2—4天，为农村电商业务发展提供有力支撑；完成“双十一”和春节旺季生产管控，确保了良好的客户体验。与此同时，完成全国“两会”、金砖、十九大等重大活动期间的生产保障工作。强化重大活动和特殊灾害期间网路运行预案管理，多渠道实时向全网发布预生产预警信息，及时进行应急处置和动态调度，确保全网平稳有序。（网路运行部 曾宪京）

【网运信息化建设】 全网推广电子地图匹配应用系统，解决利用名址信息分拣的技术瓶颈，334个地市正式上线，全网进口邮件匹配率从85%提高到95%以上，匹配准确率从82%提高到92%以上。网运系统升级8次，新增服务器43台、更新服务器8台，省中心新增服务器79台、更新交换机62台，进一步优化信息系统功能和性能。（网路运行部 曾宪京）

【国际网路运营管控】 制定《出口国际小包运行质量考核办法》，完善月通报制度，加大出口国际小包考核力度。强化口岸能力建设，在上海、深圳、厦门、广州上线国际小件自动化分拣设备，大幅提升互换局处理能力。扩充航空运能运力，推进固定吨位运邮模式。严格执行订舱制度，动态调整发运计划，确保各类邮件发运顺畅。加强网运调度管理，组建国际邮件网路运行调度团队，实行“总部—省公司—口岸互换局”3级管理。推进电子预报关系统，在广州成功试点上线国际电子预报关系统和自动分拣机模块。（国际合作部）

【信息科技与建设部现场督导2017年旺季生产能力建设项目】 11月8—10日，信息科技与建设部到湖南、湖北、河南督导旺季生产能力建设项目进展。信息科技与建设部在陆运网建设和工艺改革技术路线确定后，并行、高效地开展各项审批工作，在较短的时间内完成39个项目可研和初设文件的审查和批复。同时，加强组织管理，责成建设单位成立专项工作组，按照进度目标倒排工期，制定详细的进度计划。对业务量较大、建设规模相对较大或进展相对滞后的10个省分公司所属项目，由部门领导带队进行现场督导，现场督导覆盖率53%。除潍坊以及哈尔滨、福州、上海3个规模较大项目外，其余35个项目全部按计划在业务高峰前形成能力并投入使用。（信息科技与建设部）

上海邮区中心距邮件处理中心“双十一”作业现场。（邮政报/提供）

【北京市分公司改进网运投递方式】 通过流水化改造，提前完成双层分拣机建设投产工作，包件日处理能力从2016年峰值25万件提升至63.4万件；通过分流、优化减少外包、挖潜等方式，实现中心局减员1126人；对干线邮路驾驶员、委办邮路、内部处理环节、临时邮路外包进行集中采购，重新招标，同口径比较，节约成本费用1.08亿元，降本增效成效显著；整合市内报刊订阅网与零售网“两网”运能资源，在市趟运输环节推行“发运局包装、接卸局包卸”装卸模式，取消200多名跟车押运员，在全市设立77个包裹专投部，实现区域转运分拣投递生产“三合一”生产流程；优化干线邮运资源，推行干线汽车邮路里程工资制、驾驶员业务外包等机制，使自有车辆单车日均行驶里程增长92%。（北京市分公司　陈丽涵）

【上海市分公司试推“滴滴运邮”模式】 为应对竞争性业务邮件量的几何级增长趋势与可用生产车辆结构性配置不足、老化问题突出形成的矛盾，上海市分公司试点推出“滴滴运邮”方案，以投递作业和邮政所邮件出口作业为切入点，利用滴滴打车企业版软件，通过呼叫社会车辆进行运输。在先期以金山石化支局为试点单位的基础上，年初，挑选出黄浦丽园路支局为市区试点对象。经过对郊区、市区运行特点的分析比对，根据地域特色，对“滴滴运邮”模式进行优化后，向全市推出推广标准。7月，各区分公司启动样板支局建设。使用“滴滴运邮”4126次，行驶总公里数2.43万公里。（上海市分公司　陆怡琼）

【广东省内网提前完成时限提速目标】 广东省内网核心节点由单核向多核转变、形成省内多点分流的网络布局。借助“江高本部+机场北分中心”的双核节点优势，广州中心局创造单日处理242万件的全网最高纪录，全省旺季生产顺畅有序。加强流量流向监控，对够量直达的深圳—中山、珠海、惠州等线路，逐步开通点对点直运邮路，在省内集散的同时，不断扩大网状网运输线路，进一步提升省内时限。区县网区县分拨中心流水化改造持续推进。在完成广州中心局、佛山、阳江、茂名、湛江、东莞、汕头、揭阳、潮州等省、市两级分拨中心建设项目验收的同时，加快区县分拨中心的建设速度，全面深入推进区/县节点流水化改造，强化3级节点的处理能力，逐步在省内形成省中心—地市中心—区县分拨中心的3级网络架构。通过优化，广东省248条业务量较大的省内线路全部达到菜鸟标准，其中91条高于菜鸟标准；根据集团通报，上半年广东省内互寄平均时长27.1小时，省内网提前完成集团全年时限提速目标。（广东省分公司　蔡菡）

【云南省分公司《省内干线对标提速优化方案》】 6月23日，《省内干线对标提速优化方案》出台。规定在14个州市至县的区内网路推行“全夜行”，12个州市的县至州市出口组开二频次“人休车不休”邮路，昆明至州市间干线网全面实施固定二频次邮路，实现昆明至72个县市互寄邮件全面达到次日递。压缩内部处理时长，各环节紧密配合，实施收寄、处理、运输和投递全环节提速。通过高水平的运营标准倒逼传统邮政网的转型升级和能力提升，大力提高网路全环节整体运营和管控水平，实现州市内县市互寄次日递率92%以上。（云南省分公司　崔斌）

【西藏分公司邮运班期加密】 4月1日，西藏分公司按照以快带慢，自办+委办模式（自办为主、委办为辅）加密班期。根据交通条件改善、公路里程缩短、行车速度提升等实际情况，调整运行计划，适度缩短邮运全程时间，加快进出口邮件运递速度。截至4月30日，45条汽车邮运班期加密计划执行率91.1%，65个县邮运班期1周3班及以上，邮件区内时限提速24—48小时。区内邮件运输时限在上年基础上再次提升。区邮路年发班 18807 班，年行车里程 862.8 万公里，与上年同期相比增长 29%。一级干线机要邮路 1122 班，运行里程 178.6 万公里。（西藏分公司　岳建忠）

【西藏分公司正式执行机要双押制度】 5 月 22 日，新招录的 73 名机要押运员，正式踏上押运岗位，西藏省会城市至各地市、各地市至各县自办干线汽车邮路机要邮件双人押运制度落地实施。（西藏分公司　刘萍）

【宁夏邮运网能力提升及揽投网改革成效显著】 宁夏邮政大力推进陆运网管理转型和运营升级，全力支撑“寄递翼”快速发展。进一步提升邮运能力。银川邮区中心局完成新增设备的安装，对格口分配、装发垛口、操作流程进行合理调整和优化，提升了内部作业效率和作业质量。日均处理能力从 8 万件提升至 15 万件，提高了网运环节支撑能力。“双十一”期间，处理包状类邮件 146 万件，比上年增长 52%；峰值日处理量 17.28 万件，比上年增长 49%，处理能力创历史新高。（宁夏分公司　白振峰）

【速递物流快件监管中心在乌鲁木齐正式投产运营】 3 月 17 日，首批申报来自英国不同阶段婴幼儿奶粉 50 票进口商业快件，按照海关要求在中国邮政速递物流股份有限公司快件监管中心完成进口商业快件数据申报、现场查验、实物比对及转运配送等工作。标志着新疆首家商业快件监管中心在乌鲁木齐正式投产运营，宣告结束了新疆进出口商业快件通过北京、上海和广州等异地快件口岸清关或通关时代。（新疆分公司　汪春梅）

邮政服务

◇ 网点

◇ 普遍服务

◇ 重大活动和重大事件服务

◇ 服务质量

【概述】

1. 创新管理

开展“双创”活动。7月7日，集团公司召开推进“双创”工作电视电话会，成立创新工作领导小组，设立创新管理办事机构，出台激励办法，加快云创平台建设，在全系统开展“提创意、争创新”活动，激发了全员创新活力。全国55万余员工登录云创平台，提交创新点子9万余条，评选出第一批金点子87条。同时，开展2017年度全国邮政企业科技创新成果和管理现代化创新成果评审，评选出企业科技创新成果一等奖9项、二等奖20项、三等奖30项，小技改、小发明30项；企业管理现代化创新成果一等成果10项、二等成果20项、三等成果30项。

2. 业务协同

（1）落实日常协同制度。深入执行金融板块协调发展领导小组会议制度，梳理总结13项2017年重点协同项目，并组织6个成员单位对9项协同新议题进行6轮51人次的日常协同会议，协同解决金融板块各单位在产业基金、金融市场通道业务合作、托管业务互换等项目上存在的难点问题；强化对国内包裹快递业务资费政策管控，下发资费优惠协议客户量收达标情况的通报，研究制定资费优惠审批办法和优化流程通知，开展快递包裹特殊资费政策试；将各控股子公司战略协同情况、包裹快递资费优惠客户达标及政策执行情况，专项纳入集团公司战略绩效考核体系。

（2）切实做好重点协同工作。牵头组织、邮储银行A股上市同业竞争方面的重点工作，完成3轮93家相关单位的同业竞争调查工作，并对邮储银行上市不竞争承诺函、招股说明书等重要文件提出修改意见，确保各项工作的顺利推进；协同邮储银行和速递物流公司，共同完成对北京、河南、安徽、四川和广东5省的调研工作，初步完成《关于加快推动邮政、速递物流和金融板块网点资源复用的指导意见》；整合集团各板块的产品和服务资源，在吉林试点实施转介销售汽车成功，一汽集团将3大自主品牌、8款车型纳入试点合作范围的基础上，在全国发起了汽车产业链集群市场开发项目；梳理了在线业务相关业务平台关系，明确建设原则及建设目标，协同推进平台2017年工程建设。

3. 客户管理

（1）强力推进战略合作。4月24日，与中国盐业总公司在北京签订战略合作协议；5月18日，与中国建材集团在北京签署《战略合作协议》；6月6日，与中国烟草总公司在北京签署《战略合作协议》；9月11日，与东方航空在上海签订战略合作协议；11月25日，与中国铁路总公司签署战略合作协议。同时，23个省完成中石化项目省级战略合作协议签署工作，推动9个省完成省级盐业战略合作协议签署。

（2）全面启动和推进CRM系统建设。6月16日，中国邮政集团公司CRM项目启动会。会议对项目组织架构、实施路径、未来蓝图、工作计划以进行了部署，进一步明确了实施阶段建设内容、工作进度、项目组织架构以及各单位职责。11月15日，完成中国邮政CRM项目一阶段需求规格说明书评审。

4. 普遍服务

（1）组织宣贯新《邮政普遍服务标准》。一是联合国家邮政局召开全国邮政政企双方4级机构专题电视电话会，对贯标工作进行动员部署。同时，组织开展全国贯标情况专项检查，检查营业网点25432个、投递网点18260个、邮件处理中心201个，汇总自查平均得分94.29分，取得国家邮政局的肯定。

（2）促进全国邮政普服管理队伍建设。推进省、市、县三级普遍服务管理体系建设，设置普遍服务专门管理机构；举办两期普服管理政策法规培训班，明确各省普遍服务归口管理的11项主要工作职责；甄选111部各级邮政普遍服务管理法律、法规和规范性文件，编印《邮政普遍服务管理政策法规汇编》4700套，并发放给全国各省、市、县邮政企业，为基层企业依法履行普遍服务提供了支持。

（3）强化普服归口管理。及时组织对落实国家邮政局2017年度的20项重点监管工作，普服标准贯标、县及县以上城市党报当日见报和建制村直接通邮等工作得到了国家邮政局充分肯定；按季度编发全国邮政企业履行普遍服务管理情况通报，总结推广普遍服务管理好的经验做法，警示和责令整改存在的问题，推动督导了重点工作项目的落实；组织对上一年受邮政行政处罚较多的12个省开展行政处罚专题调研，走访当地邮政管理局，增强政企合力。

（4）积极争取普遍服务保障政策。对形成于50多年前的普通包裹计费结构和20年前的资费标准进行改革，得到了政府主管部门和社会各界的好评，普通包裹收入止跌回升；会同集团公司有关部门向财政部申报争取新增建制村直接通邮财政补贴项目获得成功，浙江、广东、安徽、云南等省份分别在运输、投递、基础设施建设等方面得到了地方政府政策支持；积极参与国家财政部和交通运输部交付邮政集团公司的“邮政领域中央与地方财政事权划分”的改革研究，对国家邮政局提交的《推进“十三五”时期建制村直接通邮工作方案》《关于加快推进邮政业供给侧结构性改革的意见》《仿印邮票图案管理办法（修订草案）》等多个征求意见稿提出修改意见，大部分意见得到主办部门采纳，从制度建设源头维护企业利益。

5. 服务质量管控

（1）深入开展客服管理工作。优化客户体验调查方式，加大电话、短信调查力度，共缮发测评函20万件，拨打测评电话 20 万个，发送短信 30 万条；加强邮政申诉指标的监控和督导，申诉处理满意率 98.1%，超国家局达标值 4.1%；做好日常普邮赔偿协调仲裁工作，组织开展邮件赔偿积案清理工作，共仲裁清理赔偿积案 268 件，合计金额 55 万元；扎实开展“提升无着邮件管理”专项活动，加强督导通报，开展检查验收和“回头看”，开发应用无着邮件管理系统，无着邮件存量和增量较活动前分别下降 56% 和 62%，新增无着包裹发生率下降 67%。

（2）加强三大板块协同管控。制定《邮政服务质量监督检查管理办法》，完善服务质量监督检查体系；组织召开板块服务质量协调会议，开展金融客户投诉整治活动，取得明显效果，金融客户投诉量下降 30%；开展明查和暗访，保障“十九大”“两会”和“金砖会晤”等重大活动期间邮政服务和安全；加大丢失邮件问题调查力度，开展 RFID 和百城邮件测试，发寄 RFID 测试邮件 10.2 万件，平信和各类给据测试邮件 4.95 万件，邮件时限基本达到普遍服务标准；开展“扫黄打非 · 清源 2017、固边 2017、秋风 2017、护苗 2017”等专项整治行动，各级邮政企业查堵非法出版物 1.26 万册，防止非法出版物通过邮政渠道传播。

6. 品牌建设

（1）开展 2017 年“校园邮乐场”品牌推广活动。活动涵盖三大板块的 19 项产品与服务，创新“邮政进校园 + 学生进企业”模式，线下走进 60 所重点高校实地路演，举行 9 期“邮政体验日”，直接参与活动人数超过 480 万；线上集中在搜狐、凤凰、爱奇艺、微信平台进行投放，媒体曝光达 11 亿次，有效强化中国邮政母品牌现代化、多元化品牌形象。2016 年“校园邮乐场”品牌推广活动获 2016—2017 年度中国杰出品牌营销奖“杰出品牌创新奖”。

（2）围绕国家首个“中国品牌日”展开主题宣传。主题宣传以产品服务创新、服务质量提升和品牌影响力塑造为内容，集中展示集团及板块品牌发展成就。同时，以“增品种、提品质、创品牌”为主题开展中国邮政首届品牌建设征文活动，收到推荐作品 1400 余篇，实现 3 大板块各专业和全国 31 个省份全覆盖，形成为品牌建设建言献策良好氛围。中国邮政品牌影响力进一步彰显：中国邮政在 2017 年世界 500 强中位列 119 位、中国 500 强中第 25 位、中国服务业 500 强中第 13 位；位列新华网点赞中国品牌百强第 7 位，首次入选权威品牌排行榜前 10 名；“随手拍邮筒”活动获得第八届金鼠标数字营销大赛社会化营销类金奖。（市场协同部）

网　点

【中国邮政便民服务品牌网点建设】 2016—2017 连续两年在全国范围内选取 200 个地市分公司和 2000 个县（区）分公司开展“百千工程”活动，加快全国“中国邮政便民服务”（含“邮乐购”）品牌统一。截至 12 月 31 日，累计全国统一品牌站点 16.2 万个，完成率 35% 以上。（邮政业务局　刘佳）

【自提网络建设及应用】 全国布放邮政智能包裹柜 2.5 万台，控股收购“速递易”后，“中邮速递易”智能包裹柜 8.3 万台，人工自提点 25.8 万个，全国包裹快递自提量占比 12.7%，山东、宁夏、河北、河南、江苏、安徽、重庆、四川等 8 个省自提量占比超过 20%。（邮政业务局　刘佳）

【世界海拔最高主题邮局开业】 6 月 6 日，世界上海拔最高的邮局，天上西藏——珠峰主题邮局在珠峰大本营落成并投入使用。天上西藏——珠峰主题邮局占地 24 平方米，海拔 5200 米，与珠峰顶的直线距离约 19 公里。营业时间 4 月 15 日—10 月 15 日，售卖各种珠峰及地方特色的明信片、邮品、纪念品等产品，开办函件、快递包裹等业务。免费为游客提供饮水、休息等服务。日均接待游客 230 余人次，日均收入 500 余元，现售的邮资封片有 10 余种、邮品 20 余种，并免费为游客加盖带有“珠穆朗玛”“扎西德勒”等字样的纪念戳。珠峰主题邮局的建设与经营围绕“生态环保”，所用建设材料全部是节能环保易拆卸材料。珠峰主题邮局通过向游客介绍珠峰的自然风光、历史文化、生态保护、气象信息等知识，倡议保护最后一片净土。（西藏分公司　刘菊）

邮政快递员使用“E 邮柜”投递。（邮政报 / 提供）

5 月 11 日，坐落于北京市朝阳区亚运村邮局的“一带一路”文化主题邮局正式营业。著名歌唱家、国家一级演员戴玉强受聘为该邮局名誉局长。（邮政报 / 提供）

【新疆分公司开设全国首家“火车邮局”】 6 月 15 日 20 点 35 分，新疆铁路部门开行的“坐着火车游新疆——环北疆‘金三角’旅游专列”Y951 次列车在新疆乌鲁木齐高铁站首发开行。新疆分公司深化“邮铁”合作，开设全国首家“火车邮局”，为旅客提供贴心、细致、周到的服务。累计代售铁路客票 134.6 万张。（新疆分公司　汪春梅）

【广东省分公司网点结对帮扶活动】 持续推进“勇夺 700 亿”市、县、网点 3 级对标比赛活动。地市与省外标杆、全省分组单位、竞争对手等开展 3 个维度的对标；县域和网点与全省分组单位、竞争对手开展对标。每周通过微信企业号对县域、网点进行组内排名通报，并在微信企业号上设置快牛榜、慢牛榜。组织网点结对帮扶活动，在全省建立 160 组结对帮扶网点群，每组由 1 个导师网点帮扶 3—5 个后进网点，全省 156 个导师网点、525 个帮扶网点参与其中，网点覆盖率 45%，推动网点结对帮扶活动落地实施。开展代理金融低效网点产能提升活动，通过“创高减低”打造网点均衡、持续、快速增长的能力，拟在 3 年内稳步提升低效网点产能、逐步消灭低效网点。（广东省分公司　蔡菡）

【日喀则营业厅改造项目投入使用】 3 月 19 日，山东省分公司援建的重点项目、日喀则山东路支局营业厅改造工程完工并正式营业，成为日喀则第一个标准化、示范化的城市精品网点。网点融合藏地及山东特色，增设自助设备预留机位，增加产品展示区（便民区）及 VIP 客户等候区面积。产品展示区设置东特色产品展销区，通过实物摆放、宣传图册及电视广告展示等手段实现产品线下销售，利用互联网平台，搭建线上营销和销售渠道，实现与消费者的交流互动，构建线上线下联合服务营销模式。山东和西藏两地邮政业务通过此平台实现对接。（西藏分公司　张莉、李富银）

普遍服务

【新《邮政普遍服务标准》宣传贯彻】 集团公司联合国家邮政局召开全国邮政政企双方 4 级机构专题电视电话会，对贯标进行动员部署。与国家邮政局沟通协调，争取到安全监控设备安装、新邮件全程时限等涉及全国的重要指标缓冲过渡期。组织开展全国贯标情况专项检查，检查营业网点 25432 个、投递网点 18260 个、邮件处理中心 201 个，汇总自查平均得分 94.29 分，取得国家邮政局的肯定。（市场协同部）

【开展普遍服务标准达标活动】 按照新的《普遍服务标准》的相关要求，邮政营业网点对照开展达标活动，截至 2017 年底，全国邮政普遍服务网点已经基本达标。（邮政业务局　刘佳）

【争取普遍服务保障政策】 市场协同部会同集团公司有关部门向财政部申报争取新增建制村直接通邮财政补贴项目获得成功。鼓励基层邮政企业积极争取地方政策初见成效，浙江、广东、安徽、云南等省份分别在运输、投递、基础设施建设等方面得到了地方政府政策支持。（市场协同部）

【普遍服务提速】 制定信函、印刷品和普通包裹运营标准，完成普遍服务全程时限标准库建设，推动各省优化信函、印刷品和普通包裹的生产作业组织，狠抓运营标准落实，时限水平持续改善，北京、天津、山西、辽宁、上海、山东、江苏、浙江、安徽、福建、江西、河南、湖南、广东、海南、重庆、贵州、宁夏 18 个省份县及以上城市党政机关党报党刊实现当日见报，超额完成交通运输部和国家邮政局提出的全国 1/3 以上省（区、市）达标的任务。（网路运行部　曾宪京）

【全国开展建制村直接通邮工作】 集团公司与国家邮政局联合下发《推进“十三五”时期建制村直接通邮工作方案》，在内蒙古、湖南、广西、云南、甘肃、青海等 6 个省（区）先行试点的基础上，组织全国开展建制村直接通邮工作。各省通过联合调查，建立建制村通邮台账，梳理出未直接通邮建制村台账，制定了具体工作方案和分年度工作计划。至 12 月底，全国建制村直接通邮率达 96%。（邮政业务局　刘佳）

【南沙群岛邮政局正式列为邮政普遍服务营业场所】 海南邮政将南沙群岛邮政局列为邮政普遍服务营业场所，向省邮政管理局进行报备。南沙群岛邮政局正式列为邮政普遍服务营业场所运营，是海南邮政为彰显国家主权，服务海南海洋强省战略，完善三沙市邮政服务网络布局，所采取的的一项重要举措。（海南省分公司 洪文娴）

【安徽省分公司服务质量提升】 一是普遍服务新标准全面落实。县城及以上城区重点党政机关《人民日报》《安徽日报》当日见报率、建制村通邮率均为100%；城市区域20公斤以下和农村区域5公斤以下普通包裹投递到户；乡镇以下农村地区，投递周五班由60%提升至90%以上。争取到邮政普遍服务运邮车辆省内免通行费政策，年节约成本约500万元。二是客户服务水平稳步提升。无着邮件管理成效显著，无着邮件发生率比上年下降54.19%。建立快速理赔机制，理赔时限大大缩短，有效支撑电话营销。11185话务接通率、满意率、工单办结率等指标均居全国前列。（安徽省分公司 陈晶晶）

【重庆市分公司推动普遍服务水平提升】 按照新《邮政普遍服务标准》要求，重庆邮政从落实空白乡镇网点补建、优化物流配送体系、提升建制村通邮达标率等着手，持续推动普遍服务水平提升。投入普遍服务基础设施建设资金33276万元，改造普遍服务网点131个、邮件处理中心26处、“三农”和农村电商仓配中心12处，同步配置18处仓配中心装卸皮带机和分拣皮带机，更新和新增普遍服务邮运车辆229台，按计划进度推进重庆第三邮件处理中心建设项目。同时，按照“快包和电商一个网，普服和运钞一个网”的原则逐步推进钞邮分离工作，以“私车公助”方式解决末端投递车辆缺口103辆，实现县级以上城市党政机关党报党刊当日见报，提前完成监管部门提出的党报党刊提速目标。全市用户申诉处理满意率100%，全国排名第一，被重庆市邮政业消费者申诉中心授予2017年申诉处理工作先进集体称号；普邮综合时限达标率97.6%，全国排名第一；用户满意度86.7分，高于集团公司要求的75分的标准。（重庆市分公司 兰英）

黑龙江投递员顶风冒雪投递邮件。（邮政报/提供）

【海南省分公司首次机要通信工作会议在琼海召开】 12月13日，海南建省以来首次全省性邮政机要通信工作会议召开。海南省邮政机要通信工作连续实现21年零11个月“机要通信质量零事故”，会上对邮政机要通信工作提出要求，以确保机要通信安全畅通和万无一失，努力开创邮政机要通信工作新局面。（海南省分公司 洪文娴）

【新疆分公司保障暴雪期间邮运畅通】 2月19—20日，19个气象站出现暴雪。乌鲁木齐市城区累计降雪量25.3毫米，新增积雪29厘米。暴雪天气对区邮运生产造成不同程度的影响。乌鲁木齐邮区中心局针对干线车辆受高速公路因雪大路滑相继封闭、吐乌大高等级公路发生路阻等不良影响，迅速启动应急预案。生产指挥调度中心与在途的驾押人员保持随时联络，同时加强与公路、铁路部门的沟通联系，严格24小时值班预警、突发事件处置、报告制度，通过QQ和电话的方式即时告知相关地面局和生产部门，确保了信息沟通和调度指令传递顺畅。各地州市分公司亦迅速启动强降温降雪天气防范应对应急预案，时刻准备地面服务和救援工作；内部处理部门根据干线车辆达到情况及时调整班务，邮件集中到达后生产有序运行；外勤部门做好各类邮件的揽收投递工作；全网同心同力，确保了特殊天气人员、邮件和行车的正常运行与安全。（新疆分公司 汪春梅）

重大活动和重大事件服务

【天津邮政服务第十三届全运会】 8月27日第十三届全运会的开幕，天津邮政在比赛场馆、全运村、酒店、主新闻中心开办的近140处特许商品专卖点，提供全方位邮政服务。服务人员约600人，70余辆车。其中，全运村设立3个临时邮局和3家特许商品专卖店，展卖全运会相关邮品等五大类69种特许商品，提供纪念邮戳加盖服务和包裹寄递服务。此外，为服务此次盛会，天津分公司参与火炬传递活动，为全运会13个群众比赛场馆及46个竞技赛场馆提供进驻服务；选择63个网点开设全运会特许商品专柜；设置了10个邮政网点代售全运会比赛门票，方便市民就近购票。（天津市分公司 刘丽、魏普金）

【内蒙古分公司服务“中国人民解放军建军90周年”阅兵】 7月30日，庆祝“中国人民解放军建军90周年”阅兵在

5 月 14 日，"一带一路"国际合作高峰论坛开幕。北京市朝阳区公司亚运村邮局在国家会议中心设立临时邮局，开展驻点服务。（邮政报／提供）

朱日和联合训练基地举行。7 月 31 日，在受阅将士撤出训练基地第一天，苏尼特右旗邮政分公司第一时间组织服务小分队入驻训练基地，依托基地邮政营业所开展主题邮局包裹寄递服务，截至 8 月 3 日，累计寄递包裹 10693 件。为全力做好此次受阅将士交寄包裹服务工作，苏尼特右旗分公司专门选派业务素质高、工作责任心强的 15 名人员组成 6 个服务小分队，提供验视、封包、称重、填单、收款、开票、装袋、封袋等"一条龙"优质服务。为缩短寄递时限，做好寄递发运工作，赶发邮运频次，苏尼特右旗分公司各服务小分队吃住在基地营业所，确保当日寄递的 600 余件包裹的录入、封发、装车，以最快的速度全部出口。（内蒙古分公司　李斌）

【新疆分公司第四批"访惠聚"驻村工作队驻村工作】 2 月 27 日，新疆分公司党组召开新疆邮政第四批"访惠聚"驻村工作座谈会。按照区党委的调整部署，确定 2015 个重点村（社区）、4960 个一般村、2615 个放心村。新疆分公司机关的驻村数由两个调整增加到 3 个村，分别是原有的巴什阔尕其村和新增的托乐干吉村、依米西里村，新增两个村均为重点村。面对维护社会稳定的严峻复杂形势、脱贫攻坚的艰巨任务和各族群众对"访民情惠民生聚民心"驻村工作的新期待，新疆区分公司党组成员、副总经理、工会主席阿不都西库带领工作队人员 17 人，在完成自治区集中培训、"双语"培训、工作队集体培训等内容之后，分为三个工作队，于 3 月 1 日分别进驻 3 个村。截至 12 月 31 日，驻村工作队发挥邮政作为社会公用基础行业植根社会和群众的优势，统一思想、统一步调、统一行动，坚持不懈、坚定不移地做好各项工作，确保"访惠聚"驻村工作无缝衔接。（新疆分公司　汪春梅）

服务质量

【服务质量监督检查体系建设】

1. 开展提升无着邮件管理专项活动。精心安排部署、加强督导通报，开展检查验收和"回头看"，开发应用无着邮件管理系统，活动取得显著效果，无着邮件管理机制更加完善，邮件寄递质量进一步提高，无着邮件存量和增量较活动前分别下降 56% 和 62%，新增无着包裹发生率下降 67%。

2. 深入开展客服管理工作。优化客户体验调查方式，加大电话、短信调查力度，缮发测评函 20 万件，拨打测评电话 20 万个，发送短信 30 万条。邮政客户满意度测评得分 82.2，稳步提升。加强邮政申诉指标的监控和督导。申诉处理满意率 98.1%，超国家局达标值 4.1%。

3. 做好日常普邮赔偿协调仲裁工作，组织开展邮件赔偿积案清理工作，仲裁清理赔偿积案 268 件，合计金额 55 万元。

4. 加强三大板块协同管控。制定《邮政服务质量监督检查管理办法》，完善服务质量监督检查体系。组织召开板块服务质量协调会议，开展金融客户投诉整治活动，金融客户投诉量下降 30%。开展明查和暗访，保障"十九大""两会"和"金砖会晤"等重大活动期间邮政服务和安全。加大丢失邮件问题调查力度，开展 RFID 和百城邮件测试，发寄 RFID 测试邮件 10.2 万件，平信和各类给据测试邮件 4.95 万件，邮件时限基本达到普遍服务标准。开展"扫黄打非·清源 2017、固边 2017、秋风 2017、护苗 2017"等专项整治行动，各级邮政企业共查堵非法出版物 1.26 万册，防止非法出版物通过邮政渠道传播。（市场协同部）

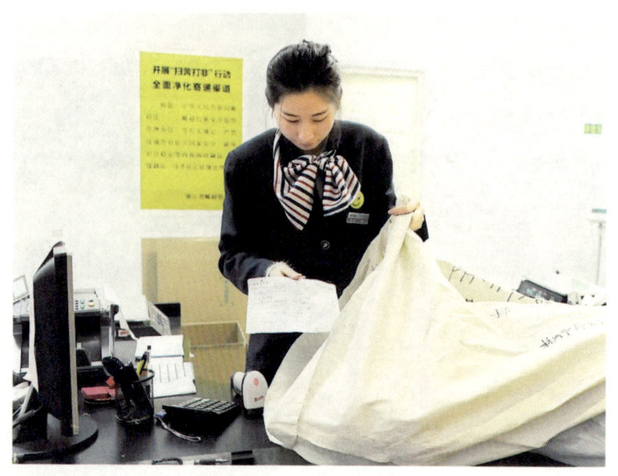

营业员将客户复写好的包裹详情单放到包装袋中。（邮政报／提供）

【青海省分公司非现场检查提升工作质效】 青海省分公司创新检查方式，利用青海邮政远程集中监控管理系统实施非现场检查管理，对营业、投递、分拣、运输各环节进行实时、动态的监督及检查。为提升各专业部门对全省邮政企业各生产经营和邮政代理金融机构检查管理工作的质量和效率，修订和完善《全省邮政通信质量、服务质量考核办法》《全省邮政业务视察和检查管理办法（试行）》，制定《中国邮政集团公司青海省分公司非现场检查办法（试行）》。非现场检查将有效发挥全省邮政指挥调度及代理金融集中监控平台的作用，最大限度地发挥远程集中监控平台的及时管控作用，对出现的不合规现象及时告知、及时纠正，确保全省邮政各网点、各环节规范操作，有效控制各类风险，全面提升全省邮政服务质量和水平。（青海省分公司　韩建）

【邮储银行服务质量提升】 邮储银行受理客户投诉比上年下降 37%，客户投诉处理及时率 99.13%，投诉处理满意度 97.32%。进一步完善消费者权益保护制度体系，健全工作机制，推进消费者权益保护工作的系统化与规范化运作。加大事前、事中、事后全流程消费者权益保护工作力度，从消费者保护视角完善金融产品和服务，推动业务经营与消费者保护协调发展。坚持“普之城乡，惠之于民”的服务理念，充分发挥地域广、网点多的宣传优势，持续开展金融消费者权益保护宣传教育活动，向广大消费者和本行员工普及金融基础知识、金融安全防范和法律知识。强化客户投诉管理，注重通过源头治理提升客户体验。（邮储银行）

业务发展

◇ 邮政业务

◇ 邮政金融业务

◇ 速递物流业务

◇ 中邮保险

◇ 中邮证券

邮政业务

【概述】

1. 业务发展。邮政业务收入1529.2亿元，增幅10.7%。广东、江苏、河南、山东省分公司收入规模过百亿元。规模大省中，湖北、安徽省分公司收入规模分别提升1位，分别列第6位、第9位。安徽（19.7%）、重庆（18.2%）、广西（16.9%）分公司收入增幅位居前三名。全国邮政包裹快递业务收入247.5亿元，增幅32.5%；代理金融业务收入890亿元，增幅8.8%；函件传媒业务收入65.6亿元，增幅1.2%；报刊发行业务收入82亿元，增幅1.8%；集邮业务收入99亿元，增幅2.4%；增值业务收入78.3亿元，降幅4.4%；分销业务收入63.8亿元，增幅30.1%。

2. 服务能力水平。认真落实新普遍服务标准的相关要求，考核指标全部达标；18个省（区、市）实现县级以上城市党政机关党报党刊当日见报，超额完成任务目标；通信机要保证各类国家秘密载体传递的安全畅通和万无一失；“预防邮路”覆盖全国28个省、153个地市，组建近4万人的志愿者队伍，累计开展宣传活动3000余场；公益包裹累计募集金额7.4亿元，全国2.5万所学校和538万名学生受益，惠及77万贫困母亲；投递配送能力增强，新增PDA 4.4万台、电动三轮车1.28万辆、投递汽车3233辆，采取“私车公助”等方式配备农村投递汽车达到6592辆；邮政普遍服务消费者满意度达到82.2分，申诉处理满意率98.1%；包裹快递城市当日妥投率提高到95%、农村及时妥投率提高到97%，城市、农村妥投信息实时反馈率分别提高到98.9%、96.3%，有责工单率比上年下降48%；代理金融全面落实监管要求，案防形势基本平稳，银监会给予正向评价与充分肯定。

从10月15日凌晨3点开始，北京报刊发行局全面启动十九大会议用报服务工作，专门抽调精兵强将，组建大会报分发班组，来自全国青年文明号市内发行科西部早报班的6名党员和生产骨干担当重任。（邮政报／提供）

3. 包裹快递业务。电商快包业务份额翻番，量收增幅分别高于行业136.4和69.6%，市场占有率翻番增长，达到6.7%。新百团大战对全国整体增量贡献率77%；专线营销效果明显，标准箱项目加速推进，电子面单使用率领先行业11%，达91.2%，仓储服务有效推进，“双十一”旺季业务规模翻番增长。行业地位大幅提升，阿里平台规模排名升至第6位。国内标快业务平稳发展，业务量增幅15.4%，收入增幅1.1%。深入拓展政务、商务、高端农产品市场，推广投递PDA揽收，协议客户和散件收入比上年增长37%，占比54%，比上年提高14%。国际小包业务稳定增长，业务收入规模过百亿，开通10个路向跟踪小包和16个路向增强挂号小包业务，解决普通挂号小包跟踪信息不全的问题。平台对接城市增加至110个，累计服务客户24.5万家，客户比上年增长33%。组织质量提升专项工作，旺季运行质量好于往年。

4. 代理金融业务。坚持低成本发展，存款规模再创新高，余额规模5.2万亿元，年新增5874亿元，占邮银新增的90%，新增市场占有率15.94%，比上年提高3.4%；坚持资产配置理念，中间业务加快发展，新单保费3342亿元，5年期趸交及期交比上年增长1.7倍，人民币理财保有量3608亿元，增幅26%，基金销量比上年增长1.4倍；坚持深化网点转型，渠道经营成效明显。全年压降现金台席3785个，余额亿元以上网点新增2153个，达到22279个。持有4种产品的客户覆盖率33.6%，提升14%。手机银行客户规模突破1.1亿户，布放ATM等现金及非现金自助设备2.1万余台；坚持强化协同发展，业务联动有效推进。提前5个月完成中邮期交“双百亿工程”目标，江苏、浙江超10亿元。中邮证券年新增有效账户8.8万户。

5. 农村电商。渠道建设量质提升，新增“邮乐购”店12.5万个，累计建成46.4万个。“邮乐9·19”以后，重点省批销活跃度保持在40%以上，零售活跃度30%以上；业务发展实现突破，实现批销额107亿元，比上年增长189%，自营批销额28亿元，比上年增长216%；注册激活“邮乐小店”697万个，实现零售订单1870万单，比上年增长650%。自营农产品销售额13.5亿元，比上年增长86%。全国开通邮乐地方馆1044个，扶贫地方馆549个。“邮掌柜”使用手机银行11.5万人，使用扫码支付8.8万人。“掌柜贷”发放2.6亿元，形成包裹近千万件。县及县以下便民服务站和邮乐购店实现收入4亿元，带动车险、简易险、乡村旅游等高效便民服务快速发展，实现收入5.5亿元；仓配能力建设不断加强，建成仓储配送中心1837处，面积115万平方米，13个批销重点省实现“一县一仓”，邮仓储系统应用率60%以上。

6. 文化传媒业务。函件传媒创新转型，互联网媒体实现收入6.4亿元，“点赞十九大”“来自2018的新年祝福”等活动广受好评。策划二十四节气、“一带一路”、“撸起袖子加油干”等系列宣传戳，引起较大社会反响。账单业务比上年增长0.1%。约投挂号业务保持高速增长，比上年增长48.7%。报刊业务稳步发展。实现流转额209.1亿元，比上年增长3.8%，28个省超额完成目标，其中在线订阅流转额8亿元，比上年增长166.7%。日常收订流转额首次突破10亿元。新接办品种170种，新增流转额6亿元。集订分送流转额12亿元，比上年增长11%。图书收入比上年增长56%，码洋近7000万元。集邮业务健康发展。推出《中国恐龙》《儿童游戏》《凤（文物）》等一系列选题时尚、工艺高超的高品质邮票。《丁酉年》生肖贺岁季比上年净增3.4亿元。签订北京冬奥会项目特许协议，推出首批会徽产品。成功举办“驿路丝路复兴路”集邮巡展、2017集邮周、第三届集藏博览会等活动，政府支撑力度和群众参与程度实现双提高。（邮政业务局　刘佳）

【邮资类产品图稿审核】 邮资机宣传戳图稿审核755枚，封片卡图稿11.4万稿，审核及时率99.99%。严格把控十九大、淞沪会战等政治、历史题材产品，杜绝敏感题材稿件问题的发生。12月，组织开展全国广告业务相关法律法规远程培训。（中邮传媒　郑凌燕）

【第二届中国明信片文化创意设计大赛】 7月，大赛启动，招商总冠名赞助费200万元，其他赞助费40万元。各省在分赛区组织各具特色的主题推广活动。大赛计划于2018年4月完成作品征集，并进入评选、颁奖阶段。（中邮传媒　郑凌燕）

【2017年中国邮政明信片第一期开奖活动】 3月10—11日，“我爱明信片 · 舞动彩云南　牵手春之城”大型公益宣传暨2017年中国邮政明信片第一期开奖活动在昆明市举行。集团公司副总经理张荣林出席活动并致辞。云南省分公司将明信片开奖活动与七彩云南、美丽春城的旅游文化宣传相结合，将传统书信文化与现代科技互为融合，启动“书信中国 · 把美丽昆明寄出去”青少年书信文化传承公益活动、举办珍邮展、主题邮局文化展等，展现邮政的文化传媒新形象。活动期间，举办2017年首届中国邮政明信片文化创意设计大赛终极PK赛、腾邮赢客中国行峰会。（云南省分公司　崔斌）

【全国首套藏文化全景明信片发行】 6月13日，西藏分公司开发、全国首套VR360°藏文化全景明信片在贵州遵义全国主题邮局文化展上首发。该套明信片采用互联网+VR技术，展现西藏独具特色的自然风光和人文风貌，包括省版及阿里地方版两种。省版全景明信片展现布达拉宫、林芝桃花、羊卓雍措、江孜宗山古堡等地美景。阿里地方版以阿里高原最壮观、最古老、最神圣、最虔诚、最星空等“七宗最”为主题。（西藏分公司　陈登豫）

9月20至24日，广东省湛江市举办“南国书香节”。湛江市分公司为该活动提供服务，并举办“我是小小报童”体验活动，组织一批小朋友在展会上推介邮发报刊。（邮政报 / 提供）

【《大昭寺》普通邮资明信片首发】 12月13日，《大昭寺》普通邮资明信片在西藏大昭寺首发。《大昭寺》普通邮资明信片规格148×100毫米，面值80分，采用鸟瞰式构图，横长版式设计，大昭寺的意境和空间在画面外得到延展，棕色的色条和橙色的面值衬托出大昭寺恢宏的气势和厚重的底蕴。（西藏分公司　魏成康）

【上海市分公司拓展微信订报功能】 上海市分公司拓宽微信订报功能，推出全国首创的订阅服务创新载体——订阅通知单，方便用户了解当年订过的各类报刊并提供扫码支付一键续订，免去重复填单等烦琐流程，借助这个创新手段实现报刊收订模式转型。订阅通知单全市投放量约200万张左右。（上海市分公司　陆怡琼）

【《快递封装用品》系列国家标准通过审查】 8月9日，全国邮政业标准化技术委员会在内蒙古自治区巴彦淖尔市组织召开《快递封装用品》系列国家标准的修订项目（送审稿）审查会，该标准由邮政科学研究规划院检测中心承担修订。来自全国邮政业标准化技术委员会22名委员参加会议。全国邮政业标准化技术委员会主任委员、国家邮政局邢小江副局长参加会议，并作出重要指示。（邮政科学研究规划院）

浙江省安吉县分公司工作人员将《人民日报》装入无人机，向山区乡村投递，运用现代科技手段将十九大精神及时传达到山区。（邮政报／提供）

【国内普通包裹资费体系结构调整】 4月20日，集团公司完成10千克以内国内普通包裹资费体系结构调整，将216个计费区86档资费另加收3元挂号费的计费方式，简化为31个计费区6档资费不再收取挂号费。7月1日，集团公司完成10千克以上国内普通包裹资费调整，圆满完成与10千克以下普包资费体系调整有效衔接。（邮政业务局　刘佳）

【中国邮政国际小包运营服务中心成立】 11月3日，中国邮政国际小包运营服务中心在广东省深圳市揭牌。该中心从账务核对结算、客服对接、跟踪信息补充等方面推动中国邮政跨境电商服务再升级，推动平台对接总对总合作模式的健康快速发展。（邮政业务局　刘佳）

【国际小包质量提升工作启动】 5月17日，邮务局、网运部、财务部、国际部、国际寄递工作组、速递物流总公司、信息技术局等部门共同成立国际小包质量提升联合工作组。工作组以问题为导向，以质量为核心，理顺了生产机构、整理下发了生产作业制度规范、完善了信息系统功能、优化了航空运能、启动了质量考核等相关工作，全面推动国际小包质量提升，成效显著。（邮政业务局　刘佳）

【西藏分公司开展“巾帼心向党　喜迎十九大”母亲邮包捐赠活动】 10月9日，西藏妇联与西藏分公司联合发起以“巾帼心向党　喜迎十九大”为主题的母亲邮包捐赠活动。区妇联主席江措拉姆，区分公司党组书记、总经理李柏平为母亲邮包公益项目启动仪式揭幕。截至12月31日，累计募集善款28.04万元，捐赠物品主要包括洗护、卫生、保暖品、家用等四大类。（西藏分公司　李锋、颜海燕）

【新疆分公司“邮从心生”公益包裹启动】 4月26日，新疆分公司“邮从心生”公益包裹新闻发布会召开，在全疆启动为期一年的“邮从心生”公益包裹活动。该项目是新疆分公司为贯彻落实自治区党委、自治区人民政府的安排部署，积极履行社会责任，动员全社会力量助力南疆地区扶贫脱困，加强全区各族人民群众与南疆地区人民群众交流的爱心项目。为南疆五地州乡村贫困农牧民及全区爱心企事业单位和群众等搭建公益包裹绿色通道，开通优惠资费政策，受到新疆维吾尔自治区扶贫办、自治区“访惠聚”驻村工作领导小组办公室、自治区“民族团结一家亲”活动领导小组办公室、自治区直属机关工委的大力支持。发布会当天，乌鲁木齐市分公司收集到1200余箱超2万件爱心物品，通过绿色通道寄往南疆五地州。新疆小飞虎国际篮球俱乐部将价值7万余元的CBA限量版运动服和运动鞋捐赠给和田、喀什、克孜勒苏柯尔克孜自治州、阿克苏、巴音郭楞蒙古自治州5地州爱好体育运动的贫困儿童。至12月31日，新疆分公司收寄“邮从心生”公益包裹5853件。（新疆分公司　汪春梅）

【黑龙江省分公司实施快递包裹等时限对标管控】 一是重新制定快递包裹、普遍服务邮件运营标准，在完成集团公司标准基础上，将省内各局投递截止时间由14：30延长至17：00。二是完成省内互寄快递包裹、普遍服务产品全程作业计划和时限标准的编审工作，对全省80个市、县之间6400个局对逐一测算，进一步完善快递包裹省内运输计划。省内互寄与同城次日递局对数3217对，占全省总局对数的50.27%；其中第一批新增省内互寄次日递局对数750对，共2688对，占省内互寄局对数的46.5%；省内大同城次日递局对数529对，占大同城局对数的85.05%。3—6月，快递包裹省内互寄平均时长23.7小时，比年初集团公司制定目标值32小时提速8.3小时，提前完成集团公司提速目标，提速排名全国第1位；快递包裹出口平均时长58.4小时，比年初集团公司制定目标值提前9.3小时，提前完成集团公司提速目标，提速排名全国第4位；省内县及县以上互寄快递包裹平均次日递率86.31%，高于集团公司达标值6.31%；同城邮件次日递指标上半年连续多月位于全国前3位。3、4季度受国家重大会议及极端天气等因素影响，指标略有下降。三是提升一、二级干线汽车邮路运输效率，通过实施哈尔滨—长春（黑2）一级干线汽车邮路与哈尔滨—大庆（哈1）二级干线汽车邮路全程甩挂套开，调整各级干线汽车邮路车辆配置，提高一、二级干线汽车邮路邮车里程利用率。一级干线邮车里程利用率稳定在900公里以上，二级干线邮车里程利用率在370公里左右。（黑龙江省分公司　时波）

【广西分公司推出区内快包时限承诺业务】 6月13日，区分公司在南宁召开发布会，推出“桂邮速”区内快包时限承诺业务，来自广西各地的80多名大客户代表及新闻媒体朋友参加会议。当日，广西分公司与数家企业签订了合作协议，并启动“招募桂优速业务千人体验团”活动。（广西分公司　蒙淋芳）

【上海市分公司“花+”同城邮件配送业务】 上海市分公司聚焦花卉配送市场，以同城业务为切入点，发展花卉客户。6月3日，“花+”同城鲜花配送业务正式上线，首先从配送周边产品开始，逐步推广至全线产品。“花+”配送的特点是频次少、数量多，特别强调时限要求，是对短时间投递能力的一种考验。业务上线当天，上海市分公司3家试点单位投递数量3043件，妥投率99.05%，并于12点前将数据全部反馈至商家，得到商家好评。在此基础上，继续开发“爱尚鲜花”等花卉客户，业务量逐步攀升。（上海市分公司　陆怡琼）

【贵州邮政黔茶寄递项目】 3月22日，2017年中国湄潭“鲜茗速递　邮我护航”黔茶项目启动仪式在湄潭茶城广场举行。贵州邮政主动承担央企的责任与担当，充分发挥资源优势，在积极服务“三农”、服务地方经济社会的同时，邮速齐心协力，进一步做大做强“黔茶出山”项目，全力服务好地方茶企，从服务时限、产品价格、服务质量等方面为茶企提供服务新体验，确保茶叶邮件当日发运，并按规定时间送达，真正实现助力黔茶远销四海、走进千家万户的服务目标。（贵州省分公司　李一鸣）

【2017年“双十一”电商快包业务】 “双十一”10天，全国收寄电商快包1.13亿件，比上年增长112.7%，11、12日连续两天超过1800万件，有效应对生产经营能力考验，顺利实现“保平稳、保畅通、保客户体验”目标。（邮政业务局　刘佳）

11月11—20日，甘肃省分公司处理包件邮件482.5万件、比上年增幅54.69%，日均处理48.2万件。11月15日峰值处理邮件65.2万件，比上年峰值增长60.91%。“双十一”旺季期间发运一干汽车邮路515趟次，接卸一干汽车邮路802趟次；发运二干汽车邮路1100趟次，其中加班302趟次，带运邮件1535081袋件；接卸二干汽车邮路1268趟次，其中加班418趟次，带运邮件1378591袋件。投递快递包裹、标准快递邮件2336560件，平均当日妥投率93.44%，全面达标。（甘肃省分公司　李凯）

新疆邮政精心组织，密切配合、强化管控，直面挑战，累计处理包件1035万件，比上年增幅72.5%；累计投递包件613.6万件，比上年增幅74%。乌鲁木齐邮区中心局连续9天包件日处理量突破30万件。确保邮运生产安全平稳、顺畅有序。（新疆分公司　汪春梅）

【江苏省分公司推进代理金融转型发展】 策划“夏收会战”“多赢理财”等专项营销活动。巩固网点转型成果，打造“以客户体验为中心，以效能提升为内容”的网点经营管理体系。发展电子渠道业务，推广“聚合支付”“邮惠付”业务，新增手机银行客户215.4万户。全累计代理金融收入83.4亿元，比上年增长9.38%。新增金融总资产1071亿元，其中，储蓄余额净增416.4亿元，净增额市场占有率27.25%，比上年提高10.1%；完成保险新保销量516.3亿元，新增理财146亿元。（江苏省分公司　吉克）

【云南省分公司开展代理金融劳动竞赛】 4月7日，省分公司组织代理金融“雄鸡报晓　五力争先”和“星光璀璨”劳动竞赛，周期为全年，以全面提升代理金融转型发展能力为目标，通过社会服务力、网点经营力、市场竞争力、均衡发展力、交叉营销力等5类10个指标的综合评比，促进各州、市分公司代理金融综合经营能力不断提升；通过塑造“对标文化”和“对标意识”，实现新增储蓄存款余额140亿元的目标；通过代理金融内控管理效能提升、网点转型“管理提质　产能增效”、代理保险转型发展、代理金融优秀项目、电子银行提升等活动，促进全省的风险内控管理、网点转型、保险转型发展、项目开发、电子银行等业务发展工作。（云南省分公司　崔斌）

【西藏邮政票务窗口提供代理金融服务】 3月8日，西藏邮政票务窗口提供代理金融服务。该项服务利用移动展业终端优势，依托代售火车票、飞机票窗口的客户资源，开展客户邮政储蓄卡开卡、储蓄短信业务加办、电子银行加办和激活等工作，拓展支付商户、扩大个人客户绑定邮储卡支付规模。（西藏分公司　张莉）

国庆期间，陕西省铜川市分公司普惠金融流动服务车开进全市各区（县）的苹果产业村，提供邮政金融服务。（邮政报/提供）

山东省济南市分公司举办“邮乐9·19购物狂欢节”点爆日活动，推介邮乐商品。图为帮助客户扫码关注电商节。（邮政报/提供）

【中国邮政首届“邮乐9·19购物狂欢节”】 9月1—19日，中国邮政举办首届“邮乐9·19购物狂欢节”。活动期间，批销业务实现交易额27.3亿元，完成目标的182%，参与掌柜数量超过25万个，实现邮政业务收入4.38亿元；零售业务实现订单549万单，完成目标的275%，产生快递包裹440万件，邮乐小店新增激活开通量487万个，完成目标的162%。（电商分销局）

9月1日，浙江邮政助推“农产品进城 工业品下乡”新闻通气会暨中国邮政“邮乐9·19购物狂欢节”浙江启动仪式在浙江省分公司举行。浙江省分公司陈清总经理、杨嘉树副总经理、省民政厅江宇副厅长，省就业管理服务局陈根元副局长、省邮政管理局王德奔副局长等相关单位代表，《浙江日报》、浙江卫视、浙江经视、浙江在线、浙江之声等新闻媒体，以及邮政农村电商邮掌柜代表、农户代表、供应商代表等出席启动仪式。（浙江省分公司 周静）

截至9月19日，山东邮政批销交易额6.36亿元，完成集团公司任务，规模居全国邮政系统第1位。其中19日完成批销额1.77亿元。山东邮政动销供应商2079家，动销商品数2.13万个，动销零售商2.74万个，订单数超过10万笔。（山东省分公司 赵军泰）

活动期间，海南分会场订单笔数7828单，销售商品数量9667件，实现销售额23.08万元，累计开发邮乐小店27932家。（海南省分公司 洪文娴）

【中国邮政“邮乐爽11”活动】 11月5—11日，电商分销局举办以“邮乐爽11，一爽到家——寻找家香的味道”为主题的邮乐“双十一”活动。活动期间累计实现批销额6.34亿元，完成计划的126.8%，下单邮乐购店16万个；实现零售订单216.9万单，完成计划的108.5%，邮乐小店累计下载806.5万个，完成计划的101%。11月11日单日订单59.1万单，比上年增长151.5%。（电商分销局）

【邮政互联网媒体商业模式】 中邮传媒业务平台投入使用，引入今日头条、新浪、百度等36家社会资源商，形成广告、全案策划、文化衍生等100多个产品，形成广告传媒收入，并有效带动邮政其他业务收入增长。全国举办227场腾邮峰会，向超过5万名客户推介邮政互联网媒体业务，签约意向金额4.2亿元。（中邮传媒 郑凌燕）

【邮政电商平台首次售卖藏北草原特色产品】 7月3日，西藏那曲野生黄蘑菇在天上西藏E邮电商平台线上销售。当日网上下订单17笔，销售36斤。截至7月5日，销售96斤，销售金额8640元。（西藏分公司 玉珍）

【“邮善邮乐”网上慈善超市项目】 浙江省分公司与省民政厅联合打造“邮善邮乐”线上平台启动。“邮善邮乐”是由浙江省分公司和省民政厅联手共建的网上慈善超市，通过线上“慈善超市”+线下“邮政站点”模式，为广大困难群众和爱心人士搭建双向互通、精准便捷的网络慈善捐赠平台。截至12月31日，建成服务点120个，服务困难群众4.8万余人。7月，浙江省副省长熊建平、高兴夫在《浙江政务信息（专报）》861期“景宁县率先试点‘邮善邮乐’网上慈善超市建设打造全省示范样板”上作出批示，对“邮善邮乐”项目给予充分肯定。（浙江省分公司 周静）

【山西省分公司“吉县苹果·邮您尊享”全国邮政订货会暨“一县一品”推介上线活动】 10月12日，由省分公司、临汾市委市政府主办，省速递物流分公司协办，临汾市分公司、吉县县委县政府承办的“吉县苹果·邮您尊享”全国邮政订货会暨“一县一品”推介上线活动在吉县东城乡隆重举办。来自全国18个省市邮政分公司、8个省市邮政速递物流分公司代表，全国电商平台客户代表、果商代表，临汾各地土特产、农产品参展商等200余人参加盛会。集团公司电商分销局副总经理方红雨、临汾市委副书记雷健坤、吉县县委书记郝忠祥等领导出席活动。订购会订购吉县苹果200余万斤，寄递收入100余万元，形成渠道分销收入200余万元，拉动金融存款余额1000余万元。（山西省分公司 王二平）

【四川省分公司发起助销九寨沟灾区脆红李活动】 8月22日，由四川省分公司发起助销九寨沟灾区脆红李推介会，全国15家电商平台响应。截至9月13日活动结束，邮政平台销售脆红李3.67万件，收入160.86万元。（四川省分公司 钟劲、周蓉）

【海南省分公司与陕西省分公司“点对点”助推昌江芒果销售】 为解决海南果农销售“最初一公里”和“最后一

公里”问题，助力海南热带高效农特产品销售和精准扶贫工作，海南省分公司紧抓芒果生产旺季，通过“邮乐购”平台发布芒果销售信息。陕西省分公司签订5万斤芒果直销协议。这是海南邮政和陕西邮政联手，利用邮政全程全网的资源优势，开展“点对点”水果直运落地配的首次尝试。（海南省分公司 洪文娴）

【黑龙江省分公司农产品返城、精准扶贫站点建设工作】 黑龙江省分公司以“精准扶贫”为出发点，开展农产品返城、精准扶贫站点建设工作。借助“邮乐”“邮乐农品”等全国平台，在本地组建“易利通”公司，开发“龙邮农品”等本地平台，打造“智慧农村电商+智慧城乡物流配送+原产地直供”的农产品品牌，以市、县分公司代运营的模式，为农民提供商品组织、包装、配送、上线、推广、销售、结算、售后等“一体化”电商解决方案，期间富锦毛葱（菇娘）、饶河蜂蜜、穆棱粉条、桦南干菜、密山“七哥辣酱”等多个扶贫助农项目得到政府及农民认可。以密山金沙、甘南兴十四、虎林卫星等邮政局所为试点，将邮政乡镇自有网点打造升级为本地农产品挖掘、上线、推广平台以及当地村民电商知识的培训基地。注册“邮选”作为邮政打造扶贫助农产品的统一品牌，推出各类农户自种产品的选种、品控、包装、定价等标准，为初级农产品实现“品牌化、标准化、规范化”销售奠定基础，上线20余种邮选产品，并将五常、宁安、青冈等六个合作社和农户自种稻田升级为邮选大米基地。其间重点利用线上平台及产品追溯系统，以众筹预售的方式，打造推广“邮选”大米品牌，在全省范围内打造邮选小园地项目。截至9月，龙邮农品微信公众平台拥有粉丝58410人，注册会员10.16万人，各平台在线商品数1223个，通过销售产生订单62358个，带动包裹量133.28万件，销售金额60.78万元。（黑龙江省分公司 时波）

【安徽省分公司“两中心一站点”电商扶贫项目】 “两中心一站点”助力农村物流基础能力提升获政府肯定。县域物流网纳入政府发展规划。帮助巢湖、霍山、绩溪等地通过国家商务部首批农村综合示范县（市）验收。38个县（市）将邮政农村电商服务体系纳入发展规划，明确支持邮政牵头主导县域物流网建设。开展38期“定时递”精准扶贫活动，运作岳西红心猕猴桃、六安蓝莓等近百款产品，销售额1709.71万元。邮乐农品网助推安徽土特产品销往全国。建成邮乐农品地方馆73个，提前完成20个贫困县邮乐农品地方馆建设目标。（安徽省分公司 陈晶晶）

【河南省分公司“六改一增”援建精准扶贫工作】 10月25日，河南省分公司党组书记、总经理温少祺，带领省分公司各部门党支部书记赴鲁山县尧山镇下沟村开展精准扶贫工作，举办“六改一增”援建仪式，实地了解各项帮扶措施的落实情况，调研指导驻村帮扶工作，深入贫困群众家中慰问，送去党和邮政企业的关爱。2015年以来，河南省分公司积极响应中央、省委号召，迅速成立脱贫攻坚工作领导小组，安排部署精准扶贫工作，选派第一书记驻村帮扶，先后投入50万元、协调争取地方专项资金260余万元，改善下沟村的基础设施、教育、卫生等条件和发展集体经济。省分公司各部门党支部与26户贫困户开展结对帮扶。正在推进的改水、改电、改厨、改厕、改院墙、增加必要生活设施的“六改一增”援建得到当地群众的热烈欢迎。（河南省分公司 张伟坤）

【甘肃省分公司助推农产品进城】 甘肃邮政启动樱桃、李广杏、药材、牛羊肉、花椒、杂粮等20多种特色农产品寄递项目，寄递业务资费收入2106万元。其中，天水樱桃累计实现发运量6.5万件，实现寄递标快收入201.78万元，业务量收分别比上年增长234.71%和144.28%；寄递敦煌李广杏1.72万件，实现寄递收入101.15万元，业务量收分别比上年增102.14%和133.06%。甘肃邮政打造“绿色无公害、原产地发货、质量有保证”的知名土特

11月2日，浙江省义乌市分公司举行“双十一”服务誓师会。“双十一”期间，全力做好网运车辆运能到位、营揽部能力提升到位、安全生产措施到位、后勤保障支撑到位等“11个到位”。（邮政报/提供）

四川南充市分公司商投部作业区内，揽投员们分排待投包裹。（邮政报／提供）

产寄递品牌，针对各类时令农产品的寄递特点，制定包装指导、仓储管理、专线运输等定制化服务方案，通过线上线下联动，打造产、运、销一体化服务模式，主动贴近客户，提供全环节服务，努力推进土特产寄递项目的快速发展。（甘肃省分公司　李凯）

【黑龙江省分公司代收代缴业务】 一是继续叠加代收费业务种类。指导各地市、县（市）分公司积极与当地公共事业单位接触，开发代收水费、燃气、有线电视、公交IC卡充值等区域性业务。截至12月31日，自有网点渠道实现代收哈尔滨市政垃圾处理费，代收额219万元；实现鹤岗代收热费项目，代收额6165.4万元。二是提高业务收益，落实渠道管理。在自有网点叠加新项目的基础上，拓展便民服务渠道（综合服务平台、国通EPOS、哈尔滨小月亮等）代收业务，同时增强渠道管理，完善中心支局管理体系，实现建设、管理无空白。三是稳抓核心业务，推进税邮合作。快速推广省国、地税委托邮政代开发票代征税款业务，落实三方联合发文内容、设备采购及线路联调，与哈尔滨市国、地税对接，细化业财流程，解决存在问题，确定在道里区进行试点启动工作，试点运行良好后全省同步推广。四是洽谈行业客户及连锁机构，以接口对接的形式进一步开放缴费平台，扩充缴费渠道，通过利润分成的形式增加收益。代收代缴业务累计收入5005.8万元，比上年减少546.2万元，降幅9.8%；截至12月31日，新增便民服务站1143处，完成计划目标（1000处）的114.3%，累计数量11700处。（黑龙江省分公司　时波）

【浙江省分公司助力“警医邮”政务服务改革】 浙江省分公司充分利用遍布城乡的邮政网点资源，在警邮合作的基础上，创新引入医院资源，全国首创“远程体检”模式，打破系统壁垒，为客户提供“警医邮”服务，实现交管业务“一站式”办理，“让数据多跑腿，让群众少跑路”，助力浙江省“最多跑一次”政务服务改革。5月18日，该项目在金华站前支局试点启动。截至12月31日，301个邮政网点开通“警医邮”服务，业务量累计9.5万笔，占全国此项目总量的92.9%。（浙江省分公司　周静）

【速递物流新疆分公司税邮合作开启发票速递服务】 5月25日，乌鲁木齐市国家税务局与速递物流乌鲁木齐市分公司就网上请领空白发票邮政速递寄递便民利企服务召开“发票速递　E路领先”新闻发布会。双方正式签署相关合作协议，共同开启乌鲁木齐市国税发票速递的“惠民大餐”。此项服务是由纳税人通过“新疆12366网上办税服务厅”，在线向国税机关申请领用发票。国税局完成审批后，由邮政速递按规定时间取件，主城区实现13点前完成审批的当日达，13点后完成审批的次晨达。纳税人通过收件到付方式支付邮政快递费用，可以选择支付宝、微信等多种支付方式。“线上申请，线下配送”业务，打破纳税人在办税服务大厅窗口叫号排队等候和领票时间、地域、场所等物理形态的局限性。近8万余户纳税人能享受到发票邮递业务带来的便利。（新疆分公司　汪春梅）

【山西省分公司“万人返乡专车”营销活动】 1月20—26日，山西省邮政分公司开展“山西邮政送你回家”——春节万人返乡专车营销活动。活动历时7天，辐射全省11个市，48个县区，组织返乡专车134个车次，4100多名务工人员实现了轻松返乡，面对面建立“返乡客户微信群”70余个，新增储蓄存款1600多万元、保险270多万元。（山西省分公司　王二平）

【上海市分公司新增东方购物服务项目】 东方购物项目运营规模持续稳定，日均配送量在1.2万件左右，妥投率稳定在96%左右。在原有的东方购物同城配送服务基础上，

江苏交警与江苏邮政代办公安交管业务试点在无锡开通。（邮政报／提供）

上海市分公司根据客户需求，探索延伸服务范围，新增贵金属配送、次日达、交换回收件等业务，不断总结服务经验，规范服务标准，进一步提升用户体验。（上海市分公司　陆怡琼）

【上海市分公司联合 ofo 小黄车举办“侬好上海”主题活动】 8 月 9 日，上海分公司与 ofo 小黄车联合开展“侬好上海”主题活动，同步上线 ofo 小黄车空中邮局。上海分公司为此次活动特别发行 ofo 小黄车主题个性化邮票与明信片，市民在龙门路支局领取明信片后，可免费邮寄，同时可以“侬好上海”为主题，写下对上海这座城市的寄语，用传统的书信文化，拉近人与人之间的距离。此外，上海分公司与 ofo 小黄车在线上同步开启 ofo 空中邮局，全市市民都可以通过空中邮局寄出一份电子明信片。双方通过此次合作，旨在向社会推广绿色共享、传递正能量的理念。（上海市分公司　陆怡琼）

【“海南邮政服务号”整合升级便民服务】 9 月 1 日“海南邮政服务号”整合升级上线，为用户提供报刊订阅等邮政业务办理、微商城购物、邮件查询等一站式线上服务。同时，为“思乡月”、“9 · 19 购物狂欢节”、邮政好声音 3 个活动提供如线上销售、投票互动等便捷服务，上线 1 周关注量即突破 3 万。（海南省分公司　洪文娴）

【手机银行专项营销活动】 8 月 1 日邮银联合召开会议，启动手机银行专项营销活动，部署手机银行行动方案。联合工会开展手机银行发展劳动竞赛，推广二维码推荐获客模式，通过快捷支付客户、邮掌柜客户等数据分析实现精准营销，聚焦获客活客，手机银行规模大幅提升。截至 12 月 31 日，客户规模 1.1 亿户，比上年末增长 2877.8 万户，增幅 35.7%。（邮政业务局　刘佳）

【“腾邮赢客中国行”营销峰会在多省举办】 5 月 26 日，由集团公司、腾讯公司和新疆区互联网协会联合主办的“互联网 +”腾邮赢客中国行营销峰会在新疆乌鲁木齐举办。来自新疆 12 个地州市及县的政界、商界代表和企事业单位负责人 300 余名嘉宾参加峰会，现场感受“腾邮”双方整合线上线下资源达成的精准数据服务能力，以及“互联网 + 邮政传媒”合作模式孵化下的更具本地优势的行业解决方案，共同分享“腾邮”合作助力不同行业广告推广的成功经验。会上有 7 家客户进行现场签约。（新疆分公司　汪春梅）

6 月 13 日，由青海省经济和信息化委员会、邮政业务局和腾讯社交广告联合主办，青海省分公司承办的“腾邮赢客中国行”营销峰会—西宁站在西宁索菲特大酒店启动。近 500 名来自省内旅游、金融、保险和服务等行业的嘉宾参加。启动仪式上，青海省经济和信息化委员会、省国资委副巡视员元乃光、青海省分公司副总经理王树桥分别致辞。腾讯社交与效果广告部渠道总监马丽深度解析腾讯、邮政线上线下资源优势，以及联动合作达成更精准的数据服务能力。广东邮政腾邮合作事业部总监梁畅鳄充分展示“互联网 + 邮政传媒”合作模式孵化出的更具本地优势的行业解决方案，分享腾讯社交广告的成功经验。峰会现场，客户咨询洽谈，省内多家企业与西宁市、海东市、黄南州和格尔木市邮政分公司签订朋友圈广告营销合作意向书，签约金额 194.1 万元。（青海省分公司　韩建）

江西邮政电商精准脱贫果蔬收寄点以电商服务站为中心，对接贫困户，采取“果蔬进城 + 乡村旅游 + 电商脱贫”的模式，带动华屋贫困户实现脱贫致富。（邮政报 / 提供）

邮政金融业务

【邮储银行个人银行业务】 个人客户 5.53 亿户，其中个人 VIP 客户 2523.96 万户。

1. 个人贷款。个人贷款余额 19464.73 亿元，比上年末增长 3642.98 亿元，增幅 23.03%，个人贷款占总贷款的 53.62%。个人消费贷款余额 14113.61 亿元，占个人贷款总额的 72.51%；其中，个人住房贷款余额 11551.76 亿元，占个人消费贷款总额的 81.85%，个人其他消费贷款余额 2561.85 亿元，占个人消费贷款总额的 18.15%。个人商务贷款余额 3009.90 亿元，占个人贷款总额的 15.46%。个人小额贷款余额 1564.27 亿元，占个人贷款总额的 8.04%，个人小额贷款平均利率水平 8.65%。

2. 个人存款。个人存款余额 68614.04 亿元，比上年末增长 6512.38 亿元，增幅 10.49%；其中，县域地区个人存款增长 5246.19 亿元，年增幅 12.25%。优化调整个人存款定价政策，引导分支机构按区域和客户进行差异化定价，实现个人存款付息率的持续下降，全年个人存款付息率 1.42%，比上年下降 12 个基点。

3. 银行卡业务。借记卡结存卡量 91642.64 万张，比上年末增长 6763.41 万张，增幅 7.97%；借记卡消费金额 43534.16 亿元，比上年增长 52.77%。新增信用卡 687.16 万张，比上年增长 83.91%，结存卡量 1705.49 万张，信用卡消费金额 5699.46 亿元，比上年增长 24.80%，新增分期金额 271.73 亿元，比上年增长 43.46%。推出银联二维码支付、聚合支付服务等新兴支付方式，丰富云闪付卡产品种类；推进借记卡持卡人权益建设，推出 VIP 卡选号、绿卡通换卡不换号服务及交易安全锁功能。发行高等级信用卡产品“鼎致白金卡”；开展品牌营销活动，与知名电商合作，加快在线商圈建设，拓展境外消费市场。

4. 个人结算业务。邮储银行向个人客户提供多种代收付服务及各类结算服务。截至年末，代收金额 7590.66 亿元，代付金额 32086.45 亿元。其中，代收养老金 6357.76 万笔，交易金额 469.64 亿元；代付养老金 66896.28 万笔，交易金额 7964.93 亿元；代收“新农保”1355.95 万笔，交易金额 63.39 亿元；代付“新农保”24403.04 万笔，交易金额 304.16 亿元。个人国际汇款业务交易笔数 249.68 万笔，交易金额 35.49 亿美元。

5. 个人投资理财服务。

（1）个人理财。个人客户人民币理财余额 6745.12 亿元，比上年末增长 1324.95 亿元，增幅 24.44%。推出节日专属理财产品以及针对小微企业客户、代发工资客户、新客户等客群的专属理财产品，满足客户投资需求。

（2）代理保险。代理保险新单保费 3747.09 亿元，比上年增长 1.73%，银保市场份额居银行业前列，其中期交业务规模 363.84 亿元，比上年增长 10.32%。大力拓展网上银行及手机银行销售渠道，重点发展具有内含价值的风险保障型产品和长期储蓄型产品，推动期交保险业务，与 60 家保险公司签订保险业务相关协议。

（3）代销基金。通过多渠道代理销售各类基金产品，代销基金总额 889.31 亿元，比上年增长 132.26%。

（4）代销国债。代销储蓄国债（凭证式）8 期，实际销售金额 102.71 亿元；代销储蓄国债（电子式）10 期，实际销售金额 218.66 亿元。

（5）代销证券公司客户资产管理计划业务。通过营业网点、网上银行渠道代理销售证券公司资产管理计划产品，代销金额 264.41 亿元，比上年增长 525.23%。

（6）贵金属业务。贵金属业务交易金额 336.79 亿元。代理上海黄金交易所多种交易合约，代销专业合作机构的金银币、金银投资产品、金银工艺产品等，销售自有品牌贵金属产品“邮储金”。推出黄金定投业务，客户数 32.20 万户。（邮储银行）

【邮储银行公司银行业务】 公司客户 63.66 万户，比上年末增长 1.38 万户。

1. 公司贷款业务。公司贷款余额 13919.01 亿元，比上年末增长 3125.09 亿元，增幅 28.95%，增速位于银行业前列。集中优势资源助推国家战略布局实施和经济结构转型升级，为棚户区改造、保障性住房、供热供水、城市建设等重点民生工程和涉农行业发展提供大力支持。助力国家战略性新兴产业发展，重点支持新能源和高端装备制造业等行业。聚焦传统、政银合作、民生和“双创”四大领域中小企业客户，加快传统业务转型和结构调整。创新小微金融服务模式，推进小微金融与“互联网 +”相融合，加强大数据技术的应用，着力开发健康医疗、节能环保、清洁能源等民生类行业。小企业法人贷款业务结余 1830.71 亿元。

2. 公司存款业务。公司存款余额 11997.81 亿元，比上年末增长 1247.57 亿元，增幅 11.61%。向公司客户提供人民币及其他主要外币的定期和活期存款服务，不断提升现金管理、资金托管、公司理财等综合金融服务水平。

3. 结算与现金管理业务。现金管理业务签约客户数 168026 户，比上年末增长 19364 户，增幅 13.03%。发挥交易结算网络优势，为客户设计全面个性化的现金管理服务解决方案，帮助客户科学合理地管理资金、提高资金利用率、降低财务风险。

4. 贸易融资与国际结算业务。国际结算业务结算量 235.80 亿美元，贸易融资业务新发放金额 4363.22 亿元。加大对“一带一路”项目的投入，成功落地跨境流动资金贷款、境外主权贷款、跨境项目贷款等重点项目。围绕行业龙头企业，深度挖掘产业链金融价值，推进云链、在线供应链业务模式。国内信用证、融资性和非融资性保函等重点产品规模快速增长。

5. 投资银行业务。承销债券 329.20 亿元，比上年增长 166.20%；并购贷款业务余额 47.70 亿元，签约合同金额 97.70 亿元，立项 157 亿元，储备项目超 200 亿元。将发展投资银行业务作为强化公司业务竞争力、提高手续费及佣金收入的重要手段，通过项目融资、并购贷款等助推财务顾问业务的发展。

6. 托管业务。资产托管总规模 4.39 万亿元，近三年复合增长率 39.59%；公募基金托管规模 1318.03 亿元，较上年增长 40.21%；保险资金托管规模 4663.54 亿元，较上年增长 35.93%；产业基金托管规模 1.92 万亿元。加快托管业务结构调整，大力发展公募基金、保险资金等托管领域。完善托管业务内部控制体系，通过托管业务 ISAE 3402 内部控制国际认证；深化“1+5”运营服务体系建设，为 541 家客户提供资产保管、估值核算、资金清算、投资监督及信息披露等托管服务；以区块链技术为突破口，完成托管客户服务平台推广、中港互认基金及 FOF 基金托管服务功能的上线应用，设计推出“U+”托管的服务品牌。（邮储银行）

【邮储银行资金业务】

1. 金融市场业务

（1）市场交易业务。本外币交易规模 64.97 万亿元，交易笔数 11.35 万笔，业务种类包括货币市场、固定收益、外汇、衍生品、贵金属等五大类，涵盖 11 个币种的 20 个交易品种。具备银行间本外币市场主要产品的交易资质及能力，承担一级交易商、做市商、SHIBOR 报价行等多项重要角色，向境内货币、债券、外汇等市场提供报价及流动性支持。

（2）投资业务。一是债券及同业存单投资，余额 2.40 万亿元。新增债券投资主要以低风险利率债、高评级信用债和银行间公募资产支持证券为主，在风险可控前提下，提高组合资产中信用债占比。二是同业投资，投资（或委托其他金融机构投资）的商业银行理财产品、信托投资计划、资产管理计划及证券投资基金的余额 7198.32 亿元。同业投资业务按照监管要求，以合规、稳健为业务经营原则，严格合作机构名单制管理，制定审慎投资策略。

（3）同业融资业务。存放同业及其他金融机构款项和拆放同业及其他金融机构款项合计余额 6127.57 亿元，同业及其他金融机构存放款项和同业及其他金融机构拆入款项合计余额 1220.71 亿元。作为传统优势业务，与各类金融机构建立紧密的合作关系，形成较为完善的同业客户体系。

2. 资产管理业务

发行理财产品 22450.60 亿元，较上年增长 2239.03 亿元，增幅 11.08%。资产管理规模 8113.09 亿元，比上年末下降 483.28 亿元，小幅下降 5.62%。资产管理业务坚持回归本源，立足服务实体经济，合规稳健经营。探索净值型产品转型，调整产品创设策略，加大长期限产品投放；着力优化业务系统，加强风险管控，提升运营及管理质量。（邮储银行）

【“三农”金融业务】 涉农贷款余额 10542.08 亿元，比上年末增长 1367.64 亿元，增幅 14.91%；其中，农户贷款余额 8635.20 亿元，比上年末增长 1064.29 亿元，增幅 14.06%。

（1）加大产品创新。上线小额 E 捷贷，开办银联 POS 流水贷和税贷通业务，升级纯线上贷款“掌柜贷”，新增批销支用功能，形成资金闭环。

（2）应用新技术。推行移动展业，通过移动智能终端进行信息上传核查；开展零售信贷工厂建设，嵌入评分模型，利用大数据识别风险，上线商户保证贷款、再就业贷款、个商快捷贷。

（3）“三农”金融事业部改革。推进“三农”事业部在全国范围内推广，总行确定的 27 家分行全部完成“三农”金融事业部省、市、县各级机构事业部组建工作，完善运行管理机制。（邮储银行）

邮储银行广东省分行坚持“价值导向”，引导资源投向“三农”领域。（邮政报 / 提供）

【绿色金融】 绿色信贷余额 1766.31 亿元，比上年增长 134.78%。创新金融实践，成立绿色银行建设领导小组，制定实施绿色信贷发展规划，健全绿色治理机制。

（1）健全绿色金融政策支持体系，引入差别化风险定价机制，将绿色金融纳入绩效考核范围，设置绿色信贷专项额度。

（2）提高绿色金融服务能力，创新绿色金融产品与服务，重点支持绿色交通运输、可再生能源及清洁能源、工业节能节水环保等 10 大绿色领域。

（3）防范环境、社会与治理风险，严格“两高一剩”等敏感性领域差异化准入标准、审批流程及授权安排，坚持“环保一票否决制”，控制“两高一剩”等敏感性行业增速和占比。（邮储银行）

【邮储银行业务渠道建设】

1. 营业网点

邮储银行营业网点 39798 个，其中：自营网点 8040 个，占比 20.20%；代理网点 31758 个，占比 79.80%。营业网点覆盖中国大陆所有城市和 98.90% 的县域地区，均可提供小微企业金融服务。

2. 电子银行

（1）业务规模。电子银行客户规模突破 2.34 亿户；其中，手机银行客户数 1.75 亿户，个人网银客户 1.84 亿户，微信银行签约客户数 522.77 万户，微信公众号关注用户规模 1317.95 万户。电子银行实现交易笔数 200.75 亿笔，比上年增长 64.91%，交易金额 14.12 万亿元，比上年增长 35.38%；其中，手机银行交易笔数 40.70 亿笔，交易金额 3.75 万亿元；个人网银实现交易笔数 6.11 亿笔，交易金额 2.15 万亿元。电子银行交易替代率 86.97%，比上年末提升 5.19%。

（2）产品创新。推出手机银行 3.0 版本，应用人脸识别、指纹识别技术，推广二维码应用；搭建、推广微信银行平台，开创客户经理在线触达、维系和联动客户的全新营销模式；移动展业推出一体化签约服务；升级企业网银系统，完善业务处理流程。

（3）网点智能化。推广应用智慧柜员机（ITM），增强柜面替代能力。调整 ATM 操作界面和交易流程，推出 ATM 二维码取款、储蓄短信加办等功能。制定自助设备配备标准及退网标准，建立全国集中的自助设备运行监控中心。存量自助设备数量 11.92 万台，较上年新增 6000 台；其中，新型智能设备 6100 台。自助设备实现交易笔数 50.61 亿笔，交易金额 4.95 万亿元。现金受理设备中，存取款一体机占比由 56% 提升至 64%。

（4）互联网金融生态圈。依托内外部资源，着力构建开放式互联网金融生态圈。加强与邮政集团联动，强化全国性邮政特色移动场景建设。与全国大型知名商户开展合作，开展邮 e 付（聚合支付）合作，加快邮 e 付产品在重点行业领域的推广。合作商户 1016 家，实现交易笔数 103.33 亿笔，交易金额 3.27 万亿元。（邮储银行）

速递物流业务

【国内标准特快邮件业务】 开展“提质增量”和“决战航空产品”活动，省际标快业务收入增幅同比提高了 13%，业务量增幅连续 5 个月超过 30%；强化航空产品运营，12 个核心城市 2 至 4 季度航空标快业务量增长 20% 左右。商务市场有所突破，开发维护商企大客户 26 万个，比上年增长 13%。升级政务市场发展模式，与 20 个省（区、市）政府网上平台对接，进驻 600 多个市县行政服务中心、超过 200 个地市公安车管所。生鲜业务增长翻番，运行总部级项目近 100 个，业务收入比上年增长 120%。电子渠道发展迅速，净增粉丝近 1500 万人，总订单量突破 460 万单；电子支付量突破 1200 万单。（速递物流）

【国内物流业务】 聚焦重点行业、重点客户，新增亿元级客户 3 家，5000 万级客户 3 家，千万元级客户 25 家，其中，高科技规模项目收入比上年增长 35%，汽车行业规模项目收入比上年增长 43%。参与雅戈尔、华为等行业龙头企业全国供应链的整合优化方案，仓配一体化综合物流服务占比提升至 25%。启动“中邮快运”业务，搭建智慧物流信息平台，实现无现金交易、无纸化作业、智能结算的新运作模式。（速递物流）

【国际物流业务】 e 特快新增美国等通达路向，打造高端跨境电商寄递产品。e 邮宝继续巩固美向优势，拓展日本、德国等路向，覆盖近 40 个跨境电商活跃国家和地区。

EMS 揽投员收寄查干湖鱼。（邮政报 / 提供）

中速 –DHL 实现全国开办，业务规模增长近 10 倍；试点上线中速 –FedEx，非邮优质渠道持续拓宽。e 速宝开通英国、法国等重点线路，增加日本海外购海运线路，新增 13 个商业口岸运营进口商业快件，进出口商业渠道业务形成完整体系。新开通捷克、印度海外仓，总数达 11 个，全球布局框架基本完成。（速递物流）

【电子商务业务】 全国仓储面积突破 360 万平方米，7 大枢纽城市均建成具备百万单发货能力的规模仓，业务量比上年增长 362%。电商专线拓展至 13 个省、35 个重点城市 136 条。菜鸟仓配一体项目业务规模快速拓展，日均业务量增至 20 万单，培养一批“懂仓储、精营销、善管理”的仓配专业化实体团队。重点客户拓展取得 10 年来最佳成绩，新增亿元级客户 2 家，千万元级客户 4 家，百万元级客户 296 家。（速递物流）

【速递物流北京市分公司“跨境电子商务产业园北京 EMS 园区”获选示范案例】 北京国际服务贸易交易会于 5 月 28 日至 6 月 1 日在北京国家会议中心举行。服务示范案例评选活动中，北京市分公司的“跨境电子商务产业园北京 EMS 园区”入选模式创新服务示范案例。

“跨境电子商务产业园北京 EMS 园区”，本着打造符合跨境电商发展的现代化、信息化的综合服务的物流园区，实现海关监管下的智能集货仓储、阳光化快速通关、高端精品化线路扩充。通过优化业务流程，国际邮件 24 小时内收寄，准点封发、交航，并对客户提供个性化增值服务，保障入驻园区客户体验到优质的快递物流服务，打造北京“全球买，全球卖，进出口两翼齐飞 以出口为主”的物流管家式服务。（速递物流北京市分公司）

【速递物流浙江省分公司“政务行动”】 4 月，浙江省分公司针对省政府互联网 + 政务“最多跑一次”目标，部署开展“政务行动”，提出行政中心准点率、项目签约率“两个100%”目标，行动开展以来，至年底进驻107个市、县（区）行政服务中心和104个基层法院，“互联网+政务服务+快递送达”项目签约41个厅（局），60个市、县（区）实现快递费“政府买单”，取得在政务市场的竞争优势，实现收入2.13亿元，其中法院项目收入5796万元，增长42.73%，身份证项目突破2000万元，增长47.1%。（速递物流浙江省分公司）

【速递物流浙江省分公司省内时限专项提升工程】 3月，浙江省分公司在全国率先推行用户实际感知为标准的省内时限质量衡量体系，实施“全范围、24小时”的时限质量监控考核，持续优化省内网布局，省内时限水平连续多月保持全国第一，次日递率最高达到95.17%，带动省内业务量累计达8051.3万件，增长66.2%，量收分列全国第2、第3位。（速递物流浙江省分公司）

【浙江中邮海外仓业务规模居全国第一】 全省中邮海外仓业务收入1501.3万元，实现利润141.68万元，有效客户109个，全国排名第一。（速递物流浙江省分公司）

中邮保险

【中邮保险团个险业务】 团险保费收入2.02亿元，外拓团险客户431家，比上年增长84.2%，团险兼业代理范围扩展到开业全部省份。团个险和新业务渠道取得新进展，完成与集团电商全国简易险系统对接，广东、江苏试点开展简易险业务。官方微信服务号正式上线，初步搭建互联网业务自营平台。（中邮人寿保险股份有限公司）

【中邮保险小额保险业务】 加快推动小额保险业务发展，拓展“三农”保险服务广度，覆盖客户26.77万人，提供风险保障227.51亿元。创新小额保险销售渠道，积极开展与邮政电子商务代理渠道销售简易险合作，在广东、江苏、陕西、重庆等4省试点组织销售，销售区域覆盖56个地市、287个县市和6646个网点；组织开发符合普惠金融的简易险产品项目，针对广大低收入人群，专门研发3款小额简易险产品，通过责任简单、投保灵活、价格低廉的简易险产品，提高对低收入人群保险服务的深度和广度；扎实做好小额保险理赔服务，在做好日常小额保险客户的理赔服务基础上，专门为扶贫项目的建档立卡贫困人口开通理赔服务绿色通道、协助办理理赔事宜，扶贫项目赔付6人次，赔付保险金46万元。（中邮人寿保险股份有限公司）

【明晰金融板块关联交易关系】 根据金融板块协同工作“风险可控、互惠互利、内部优先”的总体要求，在成功推进邮储银行H股上市的基础上，市场协同部牵头组织邮储银行A股上市同业竞争方面的相关工作，完成邮储银行A股上市3轮93家单位的同业竞争调查工作，并对邮储银行上市不竞争承诺函、招股说明书等重要文件提出修改意见，进一步理顺金融板块各单位间关联交易的关系。（市场协同部）

【北京中邮保险荣誉体系建立】 12月21日，邮银保三方联合下发《关于建立北京中邮保险荣誉体系的通知》（京邮分联〔2017〕67号），建立长效激励机制，助力北京中邮保险业务发展。设立“金长城”系列奖项，涵盖经营发展、业务管理、队伍建设3个方面共计10个奖项，参评范围为邮银经营单位、中邮保险局及专兼职人员、网点及一线人员。每年召开中邮保险高峰会，对在邮政自办保险业务上表现突出的单位和个人给予精神奖励及物质奖励。（中邮保险北京市分公司）

【中邮保险简易险业务在陕电商平台成功对接】 11月22日，中国邮政简易险系统上线，中邮保险简易险业务在陕电商平台成功对接。上午8点35分，全国首张简易险保单在西安市小寨邮政支局电子商务平台出单。简易保险作为集团重点项目，是一项效益较高、潜力较大的业务，它的上线不仅进一步完善了中邮保险产品销售体系，也丰富了邮政代理保险的种类和形式，为邮保双方更好地共享资源、板块联动夯实了基础。（陕西省分公司　常雅楠）

【中邮保险辽宁省分公司开展第二期旗舰网点打造工程】 7月，围绕一线网点能力提升，加快推进中邮期交常态化、规模化发展，发挥标杆的示范带头作用，开展旗舰网

5月16日，中邮保险江苏省分公司和淮安市邮政分公司召开中邮保险现场理赔会。图为现场为客户发放理赔款。（邮政报/提供）

点打造二期工程。制定并下发《中邮保险期交旗舰网点打造工程方案》，优选全省70个城镇地区中心网点，配硬件，提产能，调结构，分层打造总、省两级旗舰网点。将旗舰网点作为城市区域发展主阵地，发挥中心辐射作用。（中邮保险辽宁省分公司）

【中邮保险浙江省分公司西溪花朝节“花朝骑游”品牌宣传】 3月25日，杭州西溪花朝节正式启幕，中邮保险浙江分公司除顺利承保开幕式“花朝骑游”活动的团体意外伤害险及意外医疗险项目外，还主动承担花朝节的志愿服务工作。活动当天，分公司在3条骑行路线的沿途站点及终点站设立中邮保险咨询服务站，将象征美丽与幸福的花籽送到沿途的市民游客手中，并向群众传递健康保险理念，大力宣传邮政自办保险。（中邮保险浙江省分公司）

中邮证券

【中邮证券经纪业务】 收入1.49亿元，优于行业19.3个百分点。有效户13.4万户，比上年增长107.9%；客户资产259.9亿元，比年初增长22亿元；销售金融产品25.8亿元，比上年增长1171%，创公司总量和单只产品销售纪录；机构两融业务实现突破，融资规模1.9亿元，业务交易量提升。开展“精英擂台”活动，引导分支机构加快经纪人队伍、市场化团队建设。24家分支机构实行经纪人制度，引进客户2122户，资产6.36亿元。四川、湖北、山东等分公司市场化团队引入资产11.9亿元。举办第二届“智赢杯”投顾精英大赛，提升投顾专业水平。举办半年度、年度投资策略报告会，覆盖全国上千个会场，单次受众最高2万人次。（中邮证券）

【中邮证券资产管理业务】 收入1.34亿元，比上年增长12.3%，利润率80.5%。资管业务总规模1401亿元，主动管理规模431亿元，持续保持在行业中上游。市场化产品18只，收入3989万元，比上年增长106.9%，占总收入的29.8%；与多家银行建立合作，积累一批优质项目和股权质押客户，进一步打开了市场化发展空间。加强产品设计、投后管理等能力建设，与合作银行一起探索投资顾问发展模式，推进市场化转型。理顺分支机构支持中心对接机制，支撑效率显著提升。出台融资业务发展意见，开展培训和帮扶活动，引导分支机构拓展股票质押、信托受益权转让、股质集合计划等高效业务。14家分公司完成资管项目70余个，规模447亿元，收入1863万元，比上年增长752%；其中江苏、陕西、四川、山东等分公司收入超两百万元。（中邮证券）

【中邮证券自营业务】 自营固收业务稳健操作，投资收益大幅提高。面对不利环境，固收团队加强市场研判，坚持稳健投资，成功规避了债券市场风险；开展同业拆解业务，增强了流动性管理；开通固收平台业务，拓宽债券交易渠道。自营业务收入5198万元，比上年增长1161%。（中邮证券）

【中邮证券信用交易业务】 信用交易业务收入6471.6万元，比上年增长26.7%；融资余额8.3亿元，比上年增长53.6%。股票质押回购业务实现突破，融资余额10.7亿元，收入1961万元。（中邮证券）

【中邮证券投资银行业务】 一是投行新三板业务初显成效，发展根基不断夯实。投行业务收入1018万元，比上年增长8.5%。跟进和推动项目45个，涵盖债券发行、资产重组、新三板挂牌、IPO等，其中IPO承揽、承做实现突破。组建新三板业务团队，建章立制，奠定业务发展和风险防控的制度基础，落地项目22单，收入817万元。明确业务重点，划分业务团队，对口负责集团、总行和分支机构项目，提高工作效率。全年参与集团公司、邮储银行项目6个；评审分支机构项目91个，立项15个。二是以项目为中心，实施大部制与团队的矩阵式管理，细化责任，全面管控时间、质量及成本，提高项目质效。三是完善多项制度，健全立项及内核组织体系，切实保障投行业务规范开展。（中邮证券）

【中邮证券新疆分公司正式开业】 7月21日，中邮证券新疆分公司开业仪式举行，集团公司张荣林副总经理、中邮证券丁奇文总经理、李跃副总经理、原集团公司新疆分公司王俭总经理共同为中邮证券有限责任公司新疆分公司开业揭牌。（新疆分公司　汪春梅）

邮票发行及集邮

【邮票发行概述】

1. 邮票发行情况

发行纪特邮票30套，其中纪念邮票14套，特种邮票16套。配合党和国家重大活动宣传，发行《中国共产党第十九次全国代表大会》《中国人民解放军建军九十周年》《“一带一路”国际合作高峰论坛》《香港回归祖国二十周年》《金砖国家领导人厦门会晤》《中国高速铁路发展成就》《河北雄安新区设立纪念》《北京2022年冬奥会和冬残奥会会徽》等重大题材邮票。中国传统文化题材的邮票有《丁酉年》《拜年》《红山玉器》《凤（文物）》《中国古典文学名著——〈西游记〉（二）》《春夏秋冬》《粤剧》《喜鹊》等，题材涵盖面广，设计精美典雅。《丁酉年》生肖票特邀著名艺术家韩美林先生担纲设计，并通过举办邮票印刷开机仪式等系列活动、出版纪实文学作品等多种形式宣传，再次引发全社会生肖邮票热。为配合国家“一带一路”宣传，安排发行《张骞》特种邮票。发行《京津冀协调发展》《中国恐龙》《儿童游戏（一）》《科技创新》《记者节》等题材邮票特邀新锐设计师担纲设计，邮票绘画精美、设计新颖，受到广大邮迷的好评。与柬埔寨邮政联合发行《沧州铁狮子和巴肯寺狮子》特种邮票。为配合集邮业务发展，12套邮票设计小版，11套邮票设计大版边饰，丰富邮票的内涵与外延。

2. 个性化邮票和邮资封片发行情况

发行个性化邮票3套3枚。发行纪念邮资信封4套4枚，纪念邮资明信片11套11枚；发行普通邮资信封1枚，普通邮资明信片15枚；发行中国邮政贺年有奖系列产品8个品种。作为纪特邮票选题的重要补充，配合重要国际会议会展活动，发行《2017世界城市峰会》《第五届世界摄影大会》《〈联合国防治荒漠化公约〉第十三次缔约方大会》等纪念邮资封片，特别是配合化邮票等系列邮资票品。发行《C919大型客机首飞》《我国首次海域天然气水合物试采成功》等表现经济建设成就的纪念邮资封片。配合中国邮政与最高人民检察院反贪局“预防职务犯罪邮路”专项活动，发行《预防职务犯罪邮路》普通邮资封片。

3. 优化邮票生产组织

（1）结合图稿特点和发行时限，根据三个印制企业各自优势合理安排生产，既做到生产资源的合理利用，又有效提升邮票印制效果。发行纪特邮票30套，96个图（含5枚小型张），3个小全张，1个小本票，11个版式二，1个版式三，2个本票册，1个四方连型张，1个四方连折，1个长卷。其中，邮票印制局印制邮票18套；河南厂印制7套；沈阳厂印制5套。

（2）克服临时增加计划、生产周期紧张等各项困难，完成《中国人民解放军建军九十周年》《中国共产党第十九次全国代表大会》《中国高铁发展成就》《河北雄安新区设立纪念》《北京2022年冬奥会会徽及冬残奥会会徽》等重点邮票印制任务，确保邮票发行日的用票需求。

4. 提升邮票工艺水平

（1）印制工艺多样化。发行的30套纪特邮票中：影写邮票15套，占比50.00%；雕刻邮票6.5套，占比21.67%；胶印邮票8.5套，占比28.33%。影写邮票占比稳中有升，充分发挥了印制周期短、产品质量稳定的优势，同时提升邮票整体防伪性能。

（2）印制技术艺术化，邮票印制亮点频出。《商务印书馆》首次使用人民币防伪工艺。《中国恐龙》邮票首次采用柔印光变油墨印刷工艺，首次使用动物造型异形齿孔，首次采用无墨雕刻印制厂铭，以无色荧光油墨印制的恐龙骨架，打造方寸上的恐龙博物馆。《儿童游戏（一）》在邮票方寸的空间内隐藏图案，将邮票的鉴赏性、趣味性、互动性有机融为一体。《凤（文物）》6枚邮票组合运用6种工艺，采用玉石粉、雕刻、压凸、烫金、冷烫、光油等特殊材料和工艺，凸显邮票中文物风采。

（3）精雕细琢，合理提高雕刻邮票比例。《丁酉年》继续延续第四轮生肖邮票雕刻的印制工艺，为生肖系列再添精品。《喜鹊》邮票细腻地刻画出了喜鹊的生动传神，升华了工笔画的意境。《外国音乐家（二）》是丹麦著名雕刻师——马丁·莫克又一部作品，刀尖上的精彩技艺，展现了4位音乐大师的风采。

5. 扩展邮票趣味性

面对集邮大版时代，增加大版趣味内容，增添邮票印制的话题性。一是改造印刷色标圆点的不变性，《儿童游戏》版式一下方动感身影色标、《内蒙古七十周年》版式一下方鲜花色标都令人耳目一新。二是拓展故事性，利用邮票大版边饰延展邮票选题，《红山玉器》《粤剧》《沧州铁狮子与巴肯寺狮子》的过桥，丰富邮票内容。三是丰富喷码内容增加趣味性，《恐龙》邮票喷码中出现生动有趣的小恐龙，集齐不同恐龙造型喷码版张成为集邮爱好者的新兴趣点。（邮票发行部）

【集邮业务概述】

1. 市场开发

（1）重点营销项目再创新高。一是丁酉年生肖贺岁季收入39.23亿元，比上年增长8.75%，比上年净增3.43亿元。二是组织全国范围的戊戌年生肖贺岁季线上线下预销售，取得较好的营收规模。

（2）集邮文化传播影响力进一步提升。一是2017集邮周的规模和影响进一步扩大。二是完成“驿路丝路复兴路——行走新丝路　喜迎十九大”集邮巡展。三是举办第三届集藏文化博览会。四是加大青少年集邮社会化培养力度。

（3）推动区域联动发展模式，解决发展不平衡问题。

一是确定全国十个小组联动机制，明确工作任务，设置激励机制。二是推进广东、江苏、北京等重点组的联动活动，形成区域间长效联动机制。三是推广线上线下联动营销、店长制、微营销、利用邮储渠道发展集邮业务等经营模式。

（4）深化与邮储银行战略合作，实现双方共赢。一是集邮网厅全面进驻邮储银行的 PC 端、APP 端和微信端，实现双方客户资源的引流。二是推出“一生所爱”主题礼仪存单，实现产品共融、活动共办、客户共享。

（5）强化营销项目宣贯力度，加强对重点地市的服务支撑。一是优化产品征订模式，召开多个营销项目和产品推介电视电话会议，探索解决盲目征订产品等问题。二是利用中国集邮企业号开展集邮业务微培训，面向综合营销人员开展集邮基础知识和邮票故事的全面宣贯。三是通过建立微信群、QQ 群、企业号通讯录标签等方式为 60 个重点搭建沟通交流的渠道，开展 45 场次对标交流活动，形成交流经验 125 篇，试点地市经验 16 篇。

（6）邮票个性化业务发挥资源优势，助力业务发展。一是结合社会热点，共发行个性化邮资主图 3 枚，为各省开发产品做有效支撑。二是适应市场新形势，推出创新产品，打造省通用本票册、年度个性化通用版本票册等新产品类型。三是巩固渠道建设，加大跨界融合。中国邮政与华特迪士尼（上海）公司通力合作，完成迪士尼主题第二枚个性化邮资主图的发行。四是坚持规划引领，梳理规范业务管理，印发《2017 年邮票个性化服务业务转型发展指导意见》。五是加强业务培训与宣贯，加大业务宣传与推广，扩大集邮社会影响力，提升集邮文化传播能力。

（7）夯实基础、加强统筹，进一步支撑和保障仿印业务发展。一是出台仿印邮票业务管理办法，为业务发展夯实基础。二是通过对仿印审批的流程再造，对全环节进行重新的设计优化，大幅减少了申报的工作量，减少审批冗余环节，提高申报的效率。三是强化重点项目的全国统筹，完善预审制度。四是做好仿印产品宣传风险的防控和正面引导。

（8）特许商品经营项目正式启动。申报产品 114 款，实际制作产品 77 款，申请防伪标签 7.8 万枚，特许商品零售总额 1566 万元，特许权费 55 万元。

（9）强化中国集邮微营销平台的应用推广。一是注册营销员增加到 35 万人，年度净增 11 万人，实名认证营销员 20 万人；二是向全国营销员推送业务培训信息和新邮预订、形象年册、生肖贺岁季等重点项目、政策的解读信息，支撑重大项目开展；三是开展集邮微信营销劳动竞赛。

（10）完成北京冬奥会特许项目的前期准备工作。一是完成与国际奥委会和北京冬奥组委的前期谈判，争取到较优惠的特许权率以及贵金属仿印邮票权利。二是完成未来 5 年冬奥会系列邮票发行计划安排。三是完成冬奥会会徽邮票与邮品申报审批工作。

7 月 7 日是全民族抗战爆发 80 周年纪念日，中国邮政发行《全民族抗战爆发 80 周年》纪念邮资封一枚，用卢沟桥石狮、飘扬的红旗、人民英雄纪念碑、敌后抗日根据地上的人民武装自卫队以及守卫卢沟桥的第 29 军将士等元素缅怀全民族抗战英雄。（邮政报 / 提供）

2. 信息化支撑业务发展

（1）组建集邮 O2O 运营团队。提升供货时限、客服应答、产品质量、资金清分结算、店铺运营质量考核、用户投诉处理效率，支撑全网 O2O 营销和实现敏捷化开发。

（2）完成新一代集邮系统需求编制和立项。

（3）完成个性化在线定制，全国商品统一寄递，邮储手机银行渠道互联、省自营平台对接和微营销平台功能优化等工作。

3. 经营管理基础工作

（1）合理配置新老票资源。调减部分邮票发行量、调减形象年册和 2018 年新邮预订计划量。

（2）集邮专业 ERP 核心模块在全国上线应用初显成效。

（3）开展 2014 年度库存邮品计提减值和消减工作，推动了常态化消减库存的制度落地。

（4）加强与财务部门的有效沟通，减少长期用户欠费。

（5）推进集邮专卖店及预备制网点建设，55 个网点升级为集邮专卖店，至此全国集邮专卖店数量达到 175 家。

（6）加强集邮专业库存邮品管理和库房管理工作。

（7）推进集邮产品条码化项目。（邮票发行部）

【《中国人民解放军建军九十周年》纪念邮票在南昌首发】

8 月 1 日，由集团公司、中华全国集邮联合会、南昌市人民政府联合主办，《中国人民解放军建军九十周年》纪念邮票首发仪式在南昌新四军军部旧址陈列馆隆重举行。江西省委常委、宣传部部长赵力平，省军区副政委李晓亮；

集团公司党组成员、副总经理张荣林，中华全国集邮联合会副会长兼秘书长张玉虎，中国集邮总公司总经理邓慧国，集团公司邮票发行部副总经理赵爱国；南昌市委副书记、市长郭安，南昌市委常委、宣传部长龙和南，南昌市警备区政委王宗军；江西省分公司党组书记、总经理李金良，江西省分公司副总经理、江西省集邮协会会长戴书华；江西省邮政管理局副局长周慧锋，以及军队代表，省、市邮政部门相关人员，集邮爱好人士和媒体记者400多人参加活动。（江西省分公司　叶金平）

【《中华人民共和国第十三届运动会》纪念邮票在天津首发】 8月27日，中华人民共和国第十三届运动会在天津隆重开幕。当日上午，市分公司联合市人民政府、全运会组委会在和平区民园体育场举办“全运惠民，健康中国”《中华人民共和国第十三届运动会》纪念邮票首发活动。全运村运动员村临时邮局同步举办首发式。中国邮政集团公司邮票发行部曲雅南处长宣读邮票发行公告；市交通运输委员会副主任郝学华与天津美术学院副院长、第十三届全运会吉祥物、邮票设计者郭振山先生共同为《中华人民共和国第十三届运动会》纪念邮票揭幕。市分公司总经理陆学鹏主持仪式。《中华人民共和国第十三届运动会》纪念邮票1套2枚，小全张1枚，图案为竞技体育和群众体育两种。该套邮票以来源天津杨柳青木版年画人物的本届全运会吉祥物“津娃”为主体，“全运惠民　健康中国”的口号点出了本届运动会的主题。（天津市分公司　刘丽、魏普金）

【《金砖国家领导人厦门会晤》纪念邮票在厦门首发】 8月19日，《金砖国家领导人厦门会晤》纪念邮票在厦门首发。该套邮票以2017金砖国家领导人厦门会晤标识为主要设计元素，结合了鼓浪屿、厦门大学、集美学村等最具有厦门特点的风光和人文标志，整幅画面视野开阔，色调雅致。前景以“海上花园”鼓浪屿的日光岩、建筑群和翩翩飞翔的白鹭以及厦门大学的建筑为主要元素；远处的城市风光、集美学村等，充分展现厦门特色与风貌，既体现了厦门的战略地位、经济建设成就，又寓意金砖国家以厦门会晤为新的起点，面向大海，扬帆起航，携手未来的美好前景。该邮票面值为1.20元。（福建省分公司　杨文振）

【《内蒙古自治区成立七十周年》纪念邮票首发】 5月1日，“喜迎十九大　同庆内蒙古自治区成立七十周年华诞”《内蒙古自治区成立七十周年》纪念邮票首发式暨集邮展览，在呼和浩特市隆重举行，集团公司康宁副总经理出席活动。以“守望相助”“亮丽北疆”“民族和谐”为主题的内蒙古自治区成立七十周年纪念邮票正式公开亮相，草原特色与现代文明在方寸之间碰撞出了极具地域特点的艺术火花，满足了众多邮迷的审美期待。《内蒙古自治区成立七十周年》纪念邮票的发行，以方寸窗口精彩展现内蒙古自治区70年来的风雨历程和辉煌成就，成为增进我区对外文化交流的桥梁纽带，有力助推内蒙古经济社会发展。活动现场还设置了集邮展览，从全区12个盟市以及集邮协会优选出66部200框集邮精品，涵盖了历史、经济、政治、文化等各方面的发展面貌，以国企的责任担当，为内蒙古自治区成立七十周年华诞献礼喝彩。（内蒙古分公司　李斌）

【第四轮生肖狗票开机印刷】 8月2日，作为2017集邮周“乐邮戊戌”生肖主题日的重点活动，集团公司在邮票印制局举办《戊戌年》特种邮票印刷开机仪式。采用网络视频直播的方式与全国集邮爱好者共同揭晓生肖邮票的设计者和邮票图稿。该套邮票设计者、99岁高龄的著名艺术家周令钊先生，集团公司相关领导等嘉宾参加开机仪式。开机仪式由著名主持人陈铎主持。经集团公司慎重研究决定，为提振市场信心，戊戌年邮票发行量是第四轮发行生肖邮票中最低的。（邮票发行部）

【《中国共产党第十九次全国代表大会》纪念邮票验收与发运仪式】 10月9日，《中国共产党第十九次全国代表大会》纪念邮票验收与发运仪式在邮票印制局隆重举行。集团公司相关领导出席仪式。仪式由邮票印制局马丕中总经理主持。中共十九大代表、质量管理部副主任郭恩娟代表邮票印制局一线员工做表态发言。（邮票印制局）

【《中国恐龙》特种邮票首发式在四川省自贡恐龙博物馆广场举行】 5月19日，《中国恐龙》特种邮票首发式活动在自贡恐龙博物馆广场举行，四川省分公司党组书记、总经理杜卫红与自贡市委常委、副市长李红强为《中国恐龙》特种邮票揭幕。（四川省分公司　钟劲、周蓉）

【《中国共产党第十九次全国代表大会》纪念邮票首发仪式在嘉兴市南湖革命纪念馆举行】 10月18日，《中国共产党第十九次全国代表大会》纪念邮票首发仪式在嘉兴市南湖革命纪念馆举行。同日，红船邮局在浙江嘉兴南湖革命纪念馆开业。红船邮局是由嘉兴南湖革命纪念馆与浙江省分公司嘉兴市分公司共同创办，致力于弘扬“红船精神”，传播红色文化。（浙江省分公司　周静）

【“2017浙江省集邮展览”暨《浙江大学建校一百二十周年》纪念邮票首发式在浙江大学举行】 5月21日，《浙江大学建校一百二十周年》纪念邮票首发仪式在浙江大学（紫金港校区）举行，“2017浙江省集邮展览”同时开幕。浙江大学常务副校长任少波，集邮总公司总经理邓慧国，浙江省分公司总经理陈清、浙江省集邮协会副会长王玮以及省内外嘉宾2000余人出席首发式并参观邮展。《浙江大学建校一百二十周年》纪念邮票全套邮票1枚，在构图上充分利用了菱形邮票的几何特性，以浙江大学120周年校庆标志中的“七彩求是鹰”作为邮票的中心，置于校训“求是创新”之中。（浙江省分公司　周静）

【《河北雄安新区设立纪念》邮票首发式在河北省安新县举行】 12月22日，集团公司发行《河北雄安新区设立纪念》纪念邮票1套2枚，在河北省安新县白洋淀文化广场举行首发式。河北雄安新区临时党委副书记党晓龙参加首发式并表示，发行《河北雄安新区设立纪念》纪念邮票，与雄安新区在中国特色社会主义新时代大背景下，聚全国之力，办国家大事，集全球智慧，建千秋之城的理念高度契合，对提升雄安新区的品牌形象具有重要历史意义。（河北省分公司　程钰）

【中国集邮总公司举办2017（第三届）中国国际集藏文化博览会】 9月8—11日，2017（第三届）中国国际集藏文化博览会举办。作为第一次在京外举办的博览会，展会主题突出、活动精彩纷呈、安全保障到位，很好地体现出博览会的品质、文化、国际性，提升了中国邮政的品牌形象，促进了中国集邮向社会化迈进，获得了经济效益和社会效益的双丰收。（中国集邮总公司）

【中国集邮总公司举办“走进一带一路”主题集邮文化活动】 6月6日，“走进一带一路”主题集邮文化活动在总公司正式启动。中国集邮总公司主办中外联合发行邮票及首日封、外交封、“一带一路”邮品展览，邮展生动展现中国与“一带一路”沿线各国的文化交流成果。此次活动旨在贯彻习近平总书记关于“一带一路”建设的重要指示精神，发挥集邮特色优势，宣传“一带一路”发展战略，打造中国集邮总公司精神文明创建特色品牌；促进集邮领域国际间的合作交流，推进我国文化事业和邮政事业不断向前发展。活动充分展现了集邮文化在展现国家大事、要事，呈现优秀文明成果方面发挥的巨大作用。在中央国家机关工委、中国邮政集团公司和社会各界团体的大力支持下，中国集邮总公司发挥文化资源优势，通过邮品在青年群体和社会公众之间广泛传播社会主义核心价值观，展现“一带一路”建设成果，成为国家“一带一路”倡议的宣传者。（中国集邮总公司）

【“驿路·丝路·复兴路——行走新丝路喜迎十九大”全国集邮巡展】 5月14日，由集团公司、中华全国集邮联合会联合主办的“驿路·丝路·复兴路”——“行走新丝路，喜迎十九大”2017全国集邮巡展活动（泉州首站）

7月29日，“驿路·丝路·复兴路——行走新丝路喜迎十九大”全国集邮巡展2017全国集邮巡回展览广东梅州站开幕。（邮政报/提供）

暨《“一带一路”国际合作高峰论坛》纪念邮票首发式在泉州中国闽台缘博物馆隆重举行。此次泉州首站集邮展览展出邮集83部200框，配合活动设立“海丝”主题邮局，举办“海上丝绸之路”集邮大讲堂、七闽书画展等相关集邮文化活动，以集邮的名义，助力泉州“古泉州（刺桐）史迹”申报世界文化遗产。此外，泉州将在海上丝绸之路国际艺术公园·亚洲园设立永久邮票墙，展示泉州题材邮票的风采。巡展期间还举行摄影展、书画展、书信比赛等系列活动。（福建省分公司　杨文振）

5月14日，由集团公司、中华全国集邮联合会联合主办的“驿路·丝路·复兴路——行走新丝路喜迎十九大”2017全国集邮巡回展览启动暨《“一带一路”国际合作高峰论坛》纪念邮票首发仪式在新疆举行。展览展出邮集54部154框。（新疆分公司　汪春梅）

6月26日，“驿路·丝路·复兴路——行走新丝路喜迎十九大”全国集邮巡展西藏站活动在拉萨正启动。巡展由9个部分组成，汇集百余幅集邮票品等文化产品，分别从地理位置、历史沿革、名胜古迹、本地物产、文化民俗、建设发展等方面，反映西藏特有的人文地理、历史传承、民俗民风及发展成就等内容。其中，史海钩沉篇着重介绍西藏从史前文化到和平解放、民主改革、区域自治等重要发展历程，通过历史、文物等图片雄辩地证明西藏是祖国不可分割的一部分。文化探秘篇展现几千年历史长河里，藏族人民在与恶劣自然环境作斗争的过程中，创造和积累的宝贵的科学技术和文化艺术。巡展分为8个阶段，至11月30日结束，由西藏分公司集邮与文化传媒部和各地（市）分公司共同完成。依次是：6月26—28日，拉萨市——《国际禁毒日》首发式+集邮巡展+集邮品鉴会；7月，阿里地区——结合“象雄文化节”+《凤（文物）》邮票首发式+集邮巡展；8月，日喀则市——《中国人民解放军建军九十周年》邮票首发式＋集邮巡展＋品鉴会＋摄影比赛、山南市——“雅砻文化艺术节”＋集邮巡展＋徒步走活动＋品鉴会、昌都市——《外国音乐家》邮票首发式＋集邮巡展＋“茶马文化艺术节”＋推出《茶马古道》藏茶集邮品、林芝市——《喜鹊》邮票首发式＋集邮巡展进校园＋品鉴会；9月，那曲地区——赛马节＋《中华人民共和国第十三届运动会》邮票首发式＋集邮巡展；10—11月，拉萨市——《中国共产党第十九次全国代表大会》邮票首发式＋集邮网厅活动。（西藏分公司　张莉）

8月15—16日，“丝路研学行”全国青少年集邮夏令营活动暨“驿路·丝路·复兴路——行走新丝路，喜迎十九大”2017全国集邮巡展在陕西汉中举办。夏令营由集团公司、中华全国集邮联合会主办，省分公司、省集邮协会承办。中华全国集邮联合会常务副会长徐建洲、副会长兼秘书长张玉虎、副会长焦晓光、副秘书长潘勇华，省分公司党组书记、总经理张晓阳，党组成员、副总经理李爱军，汉中市人民政府副市长何俊杰，省人大常委会原秘书长岳松华等领导现场出席活动。来自全国26个省（市、区）集邮协会选送的48名中小学生优秀选手和辅导员、家长以及众多集邮爱好者参加此次活动。（陕西省分公司　常雅楠）

8月18日，该巡展暨四川省第十三届集邮展览在四川省泸州举行。从不同的角度表现古代丝绸之路的历史贡献，讴歌中国共产党带领全国人民在全面深化改革，推进“五个建设”、实施“一带一路”建设征程上的伟大成就。（四川省分公司　钟劲、周蓉）

9月20日，该集邮巡展在平遥古城举办。全国集邮联办公室主任何冬立，集邮联调研员邢跃进，山西省委宣传部副部长董晓林，省委宣传部宣传处处长李立平，山西省集邮协会名誉会长吕日周出席邮展开幕式。邮展开幕式上举行邮展纪念封、邮资明信片、《张骞》特种邮票揭幕仪式，并进行全省青少年校园集邮文化活动启动仪式，向青少年集邮示范基地平遥第四小学赠送了集邮图书及集邮品。（山西省分公司　王二平）

【中华全国专项邮展在四川省绵阳市举行】 12月8—10日，由中华全国集邮联合会主办，集邮总公司、绵阳市人民政府、四川省分公司、四川省集邮协会承办，绵阳市分公司等单位协办的2017中华全国专项邮展在绵阳市举行。展出优秀邮集作品500框，涵盖传统集邮类、邮政历史类、现代集邮类、开放类等邮集作品。中华全国集邮联合会会长杨利民、国家邮政局副局长赵晓光、集团公司副总经理张荣林等领导共同启动邮展。（四川省分公司　钟劲、周蓉）

【第四届海峡两岸珍邮特展在天津举行】 9月15日，以“回顾历史　面向未来”为主题的第四届海峡两岸珍邮特展在天津邮政博物馆开幕。国家邮政局、中国邮政集团公司、中华全国集邮联合会、天津市邮政管理局以及集团公司天津市分公司的相关领导出席开幕式。展出由中国邮政邮票博物馆、台湾中华邮政公司邮政博物馆提供的1949年以前的16件珍邮藏品。包括费拉尔手绘稿，大清邮政明信片，海关小龙邮票伍分银，慈禧寿辰纪念邮票，伦敦版帆船、农获、辟雍邮票，上海版飞雁无面值邮票等。为配合展览，天津邮政博物馆同时展出大龙邮票、赫德天津寄北京实寄封、总理衙门电报封、宫门倒印邮票等一批珍邮佳品；天津分公司特发行《第四届海峡两岸珍邮特展纪念封》及纪念邮戳，天津邮政博物馆还同步展出了珍宝馆展品。（天津市分公司　刘丽、魏普全）

【邮票印制局参展第三届集藏展】 9月8日，第三届中国国际集藏文化博览会在南京国际展览中心开幕，邮票印制局应邀参展。邮票印制局以“集藏——走进邮票的源头”为主题参展，从外观设计上对北京邮票厂进行“神还原”。在博览会的展商评选环节中，邮票印制局展位以独特的创意和超高的人气，获得展会“最佳展商银奖”。（邮票印制局）

【通辽2017中华全国税票集邮展览】 8月25日，“通辽2017中华全国税票集邮展览”在通辽市博物馆开幕。活动为期3天，陆续开展“旅游文化活动日”“集邮知识互动日”“税收知识宣传活动日”“青少年主题活动日”等主题活动。中华全国集邮联合会会长杨利民，国家邮政局副局长赵晓光，集团公司副总经理张荣林，内蒙古自治区政协原副主席杨成旺，中华全国集邮联合会常务副会长徐建洲为此次展览启动水晶球。活动现场布置税票集邮竞赛展览区和税票史料精品区，49部200框税票集邮作品，参展范围覆盖全国23个省市。此外，活动现场设置独具蒙古族特色的“科尔沁部落”主题邮局，因其精美的场景布置和丰富的集邮票品，吸引众多邮迷驻足，集团公司党组成员、副总经理张荣林参观现场设置的“科尔沁部落”主题邮局并亲笔题写局名。（内蒙古分公司　李斌）

【邮票印制局获第三十七届全国最佳邮票评选“最佳印刷奖”】 4月22日，第三十七届全国最佳邮票评选颁奖大会在深圳举行。由邮票印制局印制的《上海迪士尼》邮票获得“最佳印刷奖”。集团公司副总经理李丕征亲自为邮票印制局颁奖。邮票印制局除获得“最佳印刷奖”，由邮票印制局编辑设计部年轻的邮票设计师原艺珊参与设计的《玄奘》也获得“最佳设计奖”的提名。《丙申年》邮票获得“最佳邮票奖”，局副总设计师王虎鸣受黄永玉

老先生委托上台领奖。《全民阅读》邮票获得“最佳设计奖”，《长城》和《长征》邮票获得“优秀邮票奖”。（邮票印制局）

【甘肃省分公司获首届中国明信片文化创意设计大赛铜奖】 3月10日，由集团公司主办、中国邮政广告有限责任公司承办的首届中国明信片文化创意设计大赛终级PK赛暨颁奖典礼举行，甘肃省分公司选送的“定时递”生肖贺岁明信片荣获铜奖（专业组）。大赛收到10143套明信片作品。甘肃省分公司参与并整理历年优秀作品，按照参赛要求评审作品，选出设计作品100余幅，上报参与评选。（甘肃省分公司　李凯）

【上海市分公司恢复开办集邮收藏品寄售业务】 12月12日起，集邮收藏品寄售业务在上海市邮政大楼营业厅恢复开办，为广大市民对集邮收藏品鉴评、封装、评估、保管和交易提供专业化、平台化的一条龙服务。上海市分公司推出的寄售业务，以委托代售方式为集邮收藏品交易打造全新模式，避免市民在社会其他渠道交易时产生真假品相无保障、买卖价格不透明、流通渠道不规范等后顾之忧。（上海市分公司　陆怡琼）

【集邮会展经济】 集团公司对各类集邮展会进行全面统筹和规划，加强与有关部门的协调和配合，重点支撑参展组织、产品销售、宣传推广、票源。5—10月，由集团公司和全国集邮联联合主办“驿路·丝路·复兴路——行走新丝路　喜迎十九大”全国集邮巡展，覆盖29个省的114个城市和1个行业集邮协会，宣传“一带一路”倡议和迎接十九大胜利召开。通过开展主题邮展和地方建设成就图片展、集邮文化大讲堂、集邮学术研讨等多种形式的群众性集邮文化活动，重温历史上丝绸之路的伟大功绩。引发了广泛的社会关注，吸引数百万人次参与。媒体报道达数千篇。中国邮政报微信公众号开辟了《集邮巡展》专栏进行连续报道，总阅读量4.3万人次，总点赞数超过6000人次。2017（第三届）中国国际集藏文化博览会于9月8—11日在南京国际展览中心举办。围绕“传承　交流　合作　发展”的主题，设置了“中国梦”“方寸世界璀璨华章”“珍贵邮票图稿”“2017中国邮票设计名家邀请展”“纸之为物——纸文化”5大主题展，用邮票展现新中国建设成就；安排了《外国音乐家（二）》邮票首发式、2015—2016年度全国最佳集邮品评选颁奖典礼、保利专场拍卖会、名家讲座、鉴宝等多场精彩纷呈的活动；围绕特供资源产品以及老票资源，结合江苏省的人文特色，集邮总公司开发博览会相关产品14款。总公司各产品收入3909.06万元，各省收入5209.2万元，全网9115万元。总公司现场销售邮品55万元。通过整合集邮文化产业链资源，招展商126家包括各省（市）分公司31家，社会展商70家，海外展商25家。9万余人次参观博览会。博览会现场的7场重大活动在在艺直播、天猫直播、新华社视频直播3个频道全程直播，累计10万余人观看。新媒体平台累计推送现场报道的消息近200条。“中国集邮”微信平台在博览会现场举办140余场活动，近3万人参与，新增粉丝12924人。（邮票发行部）

【丁酉年生肖贺岁季】 2016年12月1日—2017年3月31日，在全国范围内开展以“吉年酉福　欢喜迎春”为主题的丁酉年中国集邮生肖贺岁季活动。线下全网联动开展生肖贺岁季启动仪式、原地邮局和祈福邮局发布仪式、《丁酉年》邮票和《拜年》邮票发行仪式4个活动；重点推广仿印为主的生肖产品预售、对外联合为突破点的品鉴会、文化下乡为目标的县域巡展和宣传集邮文化、提供优质服务为导向的微营销等4大模式；创新完善生肖邮品预售、特供产品预约摇号、《丁酉年》邮票销售和《拜年》邮票销售等4个客户到店的关键营销时点创新完善服务流程；全面提升针对集邮认证会员和集邮协会会员的专属服务；积极拓展“集邮+跨专业联动”的内部渠道和“集邮+社会平台”的外部渠道。通过微信等新媒体渠道推出拜年娃娃、生肖鸡表情包，加大对年轻群体的品牌和形象渗透。通过微营销渠道推出“中国集邮年度系列海报”和“生肖产品系列海报”，加载营销员二维码，由营销员广泛转发朋友圈，营造生肖氛围，带动产品推广和销售。丁酉年生肖贺岁季收入39.23亿元，比上年增长8.75%，比上年净增3.43亿元。各省开展活动2500余场，开展线上营销，实现与用户的良性互动。（邮票发行部）

春节期间，陕西省分公司开展“温暖在春运·问候带回家”活动。陕西省委宣传部、省委外宣办、省交通厅联合陕西省分公司制作50万枚明信片，在返乡高峰和春节后出行高峰两个时段进行集中发放。这是“把美丽陕西寄出去”活动内容之一。（邮政报/提供）

海南省昌江黎族自治县木棉花爱情邮局开业，为广大游客提供DIY明信片打印、农特产品销售寄递、旅游咨询等服务。（邮政报／提供）

【戊戌年生肖贺岁季启动】 12月1日，集团公司在北京举行戊戌年中国集邮生肖贺岁季发布会。正式揭幕《戊戌年》生肖邮票版式一、版式二图稿，全面介绍《戊戌年》生肖常规邮品、贵金属邮品以及2017年邮票年册，并正式揭晓《戊戌年》生肖原地邮局名单。中国集邮总公司与京东集团，共同推出中国集邮总公司第一个IP互联网化产品——《十全十美》金红包和《十全十美》银镶金红包。发布会结合邀请嘉宾以主旨演讲的形式介绍生肖贺岁季活动的内容，通过网络直播让更多邮迷、文化爱好者和收藏爱好者同步观看，实现直播观看30余万人。（邮票发行部）

【2017年集邮周】 7月29日—8月3日，以“中国梦、集邮情”为主题的2017年集邮周，设6个主题日，分别是：集邮与收藏（邮藏古今）、集邮与少年（少邮所学）、集邮与冬奥（畅邮冬奥）、集邮与建军（拥军邮情）、集邮与生肖（乐邮戊戌）、集邮会员日（全民邮玩）。继续秉持了“天天有活动、处处有看点、人人有收获”的活动理念，在6天活动期间，31个省的290个重点地市，举办1900余场不同形式和规模的文化活动。参与活动的渠道从互联网线上平台到线下实体场馆，参与活动的人群，覆盖老、中、青年群体，超过百万人次参与活动。全国各级邮政经营部门和各级集邮协会充分联动，通过有效发动政府、院校、部队等单位群体，切实对推广集邮文化、发展集邮会员、营造集邮氛围起到了积极作用，创造出集邮者自己的节日。（邮票发行部）

【重点地市引领集邮专业发展】 集团公司以“地市集邮专业支撑模式、贵金属仿印产品营销推广模式、重点项目营销推广模式、微信营销模式、县域集邮业务发展模式”5大试点任务为切入点，为60个重点搭建沟通交流的渠道，将重点地市分为15个小组，安排小组季度优秀重点地市牵头按季开展一次对标交流活动，累计开展3个季度45场次对标交流活动，形成交流经验125篇，试点地市经验32篇。集团从3月开始连续发布重点地市经营通报10篇，评选出前3季度及年度优秀重点地市60家、从303家重点县（区）分公司评选出60家年度优秀重点县，并为优秀重点地市、县（区）给予了资源型产品支撑。重点地市形成的经验材料已经通过OA、QQ群、企业号等渠道向全国做了推广。（邮票发行部）

【集邮微营销工作】 中国集邮微营销工作从2016年5月在全国推开，帮助集邮业务在破解线下网点少、营销能力弱、受众群体窄等问题方面发挥出积极作用。邮票发行部发挥微营销平台中国集邮企业号在信息发布、经营管理、营销推广和培训支撑方面的优势，进一步深化和拓展了微营销平台的推广渠道和应用范围，主要体现在：一是稳步推进集邮微信营销平台建设，使注册营销员从2016年的24万人增加到40万人，年度累计净增16万人，实名认证营销员23万人；二是通过集邮微信营销平台向全国营销员推送业务培训信息和新邮预订、形象年册、生肖贺岁季等重点项目、政策的解读信息，支撑重大项目开展；三是推出集邮微信营销劳动竞赛，提升全国微营销发展理念助推集邮业务转型发展，并主动为各省自营微营销平台接入集团生产系统以及微营销平台提供技术支撑，使各级营销人员都能享受集团各项发展政策支撑；四是利用微营销平台分级授权功能和通讯录标签化管理功能，为集邮总公司及各省市分公司开放自主的运营维护微营销平台提供支撑，进一步拓展微营销平台的应用渠道和服务范围，使之成为助力整个邮政业务发展的高效服务平台。（邮票发行部）

【中国集邮专卖店扩店55家】 根据《关于调研专卖店扩店需求的通知》（集邮字〔2017〕18号）要求，各省183家集邮网点申请增扩成为集邮专卖店。邮票发行部和集邮总公司结合集邮专卖店发展要求及星级考评标准，对省内申报的扩店资料进行审核，其中，26个省（区、市）55个集邮网点符合中国集邮专卖店设置标准。6月，邮票发行部下发《关于2017年中国集邮专卖店增扩店请示的批复》（邮票函〔2017〕124号），将55个集邮网点增设为中国集邮专卖店，并在集邮业务管理系统进行相应设置调整。（邮票发行部）

企业管理

◇ 综合管理

◇ 人力资源管理

◇ 战略规划

◇ 财务管理

◇ 采购管理

◇ 审计监督

◇ 纪检监察

综合管理

【机关事务部管理概述】

1. 创新工作思路

（1）工程管控创新——实现“管办”职能分离。机关事务部以“管办分离、阶段分开”为抓手，建立新建、装修、改造、维修、维护等职责分明的工程管理制度体系。利用集团干部交流借调平台，成立“亦庄信息中心”项目部，将“管”的工作上收、“办”的工作下放。针对总部及在京直属单位基本建设项目与其他部门工作界面不清晰、工作职责不明确等问题，主动与信建部、采购部、审计局积极沟通，列出关键点、划出流程图，使部门职责更加清晰，提高了工作效率。

（2）管理方法创新——健全制度和优化流程。出台总部驾驶员考核管理办法，考核内容包括工作任务饱满程度、安全达标、服从工作安排等，进一步规范了总部公务用车管理，调动了驾驶员积极性。起草了《机关事务部房建类小型项目供应商管理实施细则》，为本部门所管小型项目高效低耗开展工作提供依据。建立金鼎大厦物业例会制度，协调和指导物业管理服务工作中存在的问题，减少扯皮推诿现象发生，大厦物业管理水平得到明显提高。

（3）机关服务创新——开展了“开门评议”活动。机关事务部分别于6月、10月、12月3次召开金鼎大厦各单位（部门）综合处长会议，广泛征求对餐饮、车场、保洁、安保、客服、工程维修等方面的意见和建议，随后将意见和建议逐条梳理、逐条整改、逐条落实。例如，针对外卖价格贵的问题与物业公司沟通，要求外卖食品明码标价、结账时必须打印价格明细、外卖价格只能低于周边商业同类食品售价等，受到了员工们的好评。

（4）财务管控创新——全面加强预算定额管理。通过加强预算定额管理，理顺流程，完善制度，减少集团总部“三公”经费支出、差旅费、会议费、业务招待费等各项日常行政费用支出，从而实现总部成本的有效控制，实现增收节支。

（5）安全管控创新——建立大楼安全管控体系。在严格执行《金鼎大楼安全综合应急预案》的基础上，逐步建立金鼎大楼紧急情况下快速、有效地组织事故抢险、救援和应急机制。要求楼内各单位设立安全员，全面落实集团制定的各项安全制度、组织配合消防演练等。

2. 推进各项工程建设

（1）推进总部“民生工程”职工住宅项目建设。3月，取得《建设用地规划许可证》；4月，发布设计和地勘中标通知书；8月，取得《建设项目设计方案审查意见》，这是北京市规土委当年批复的第一个方案审查意见；9月，取得国家机关事务管理局人防工程建设规划审核意见书、园林局关于绿化审查意见的复函；10—11月，协调文史中心完成档案搬迁相关工作；协调邮科院完成建设用地范围内建筑的拆除工作，取得人防工程设计审核批准通知单；12月，多次拜访北京市规土委、国管局，完成划拨用地批前公示，下一步提交市政府审批，为争取2018年动工打下坚实基础。

（2）继续大力推进亦庄信息中心工程项目建设。二期主体楼等三项工程配合审计局完成收尾工程决算审计和工程终验工作。二期主体楼设备扩建工程完成批复中的电扩容工程、消防工程、建筑智能化工程决算审计工作。机电设备安装工程已完成第一阶段结算审计。三期运维楼及扩建动力楼工程完成消防设计审查、合同备案等手续，协调信建部调整概算批复并缴纳扬尘排污费，完成基坑及水土保持监测单位的采购工作，4月正式开工建设。四期工程就容积率相关事宜多次赴发改委协调，最终确保项目容积率维持在1.5，并取得立项备案；就用电问题想方设法与通州区供电分公司沟通并达成共识，按需求供电，为本项目解决了后顾之忧。

（3）认真做好鸿雁苑宾馆项目改扩建工程收尾工作。在前期完成宾馆设备设施交接和试运行、梳理宾馆管理模式和组建管理团队的基础上，完成集团公司2017年工作会的承办工作。梳理宾馆试运营期间存在的问题，确定改造方案并抓好督促整改；开展采购项目竣工收尾工作；积极协调集团财务部、战略部、北京分公司、首邮实业、石邮院等单位，完成宾馆营业执照、公章和财务账目交接工作；捋顺石邮院和北邮物业的工作范围、职责分工，协调解决两家垫付的前期筹备费用；动员各单位在宾馆开会和培训，5月对邮政员工开放。

（4）做好“集团档案馆新馆”——长阳镇悦都新苑四区2号楼装修改造工程。该项目于2016年11月批复立项，上半年完成工程设计采购、编制和报审初步设计方案及概算、施工图设计和审图工作，组织完成施工招标技术文件、清单和控制价的编制和审核工作，下半年大力配合采购部开展施工总承包招标采购工作，完成了监理招标采购工作、消防设计审核报批手续、工程施工许可证手续等，12月开工建设。

（5）推进“珍品邮票库房”工程项目建设。在不超过集团投资估算的前提下，完成工艺、土建改造方案的优化设计工作；完成消防、装修等单位的采购工作；就本项目的消防设计备案问题，与北京市消防局反复协调，做了大量的工作，取得了一定进展。

（6）完成邮票印制局消防设施升级改造工作。按照西城消防局的要求，对容灾中心楼的消防设施更新工程进行了设计，并相继完成供应商采购、工程施工和竣工移交等工作；对印制局办公楼配电箱火灾监控系统进行设计，完成供应商采购，年末投入使用。

（7）做好邮政科学研究规划院办公楼改造工程。5月，邮科院要求启动该项目并对平面布置进行调整。为保证工程质量和进度，机关事务部主动征求使用单位意见，在有限资金内尽可能使用名优品牌，及时完成装修材料的选样封样工作，积极满足使用单位提出的新需求，按计划完成装修改造工程，12月组织竣工验收。

（8）认真完成其他各项工程建设和维修项目。推进长阳项目电力增容和室外工程、西便门办公楼热力及电力改造工程电力改造、宣武门西大街131号办公楼配电改造等工程项目进度。完成监察局北京分组局谈话室装修、CRM系统工程建设开发测试场地装修、信访接待室装修、档案搬迁场地改造、金鼎大厦局部改造、信访接待室装修、周转房维修等相关小型维修项目。

3. 做好机关财务工作

（1）做好总部机关财务报销报账创新工作。机关事务部结合ERP系统，研究和创新更适合总部机关员工报销的新方法，例如设计启用电子差旅报销单，既方便员工填写，又解决员工计算和书写金额错误问题；根据总部业务部门经常出差、员工垫付旅费金额较大的情况，合理分配岗位职责，使ERP各环节衔接更紧密高效，提高了付款时效，保证3天内到账，得到了员工一致好评。

（2）推广住房公积金公众号。为方便员工及时提取住房公积金，向员工推广公积金公众号，为员工提供网上办理公积金提取业务，受到了员工们的好评。

4. 认真做好机关服务工作

（1）加强办公用房的集中管理和统一调配。为缓解大厦B座办公用房紧张状况，优化办公用房资源配置，机关事务部多措并举加强管理：派专人对大厦办公用房和工位使用情况进行现场调研；下发通知，明确B座办公用房归口管理部门为集团公司机关事务部；联合纪检组监察局、直属机关纪委，对大厦B座各单位（部门）办公用房清理整改情况进行现场检查，集中清理了各楼层闲置独立办公室和会议室，取消部门独占会议室现象；加强与人力资源部的沟通，实时掌握集团总部领导干部和员工流动情况，据此统计绘制出各楼层的办公用房和工位分布图，为办公用房分配决策提供合理方案。

（2）认真做好北京邮政封存车辆的调剂工作。根据集团领导指示和文件精神，机关事务部安排专人做好并完成18家北京地区邮政单位封存公务用车的移交和调剂工作，包括办理移交手续、检查车辆、登记归档车辆、对调剂出去领导用车进行维修清洗等，共封存公车63辆，其中可用公车24辆全部调剂至相关需求单位，不可用公车39辆划拨北京市分公司盘活使用，高质量完成了该项工作。

（3）主动解决协议酒店问题。为解决临时性和突发性的出差人员住宿难问题，机关事务部积极行动，多次外出实地考察，新增6家酒店作为集团公司协议酒店（包括西苑饭店、新世纪日航酒店、新疆大厦、中国员工之家、北京世纪华天大酒店、倪氏海泰大酒店等），由此集团公司协议酒店增加到10家，有效解决了酒店房间难预订的问题，确保集团各部门工作顺利开展。

（4）主动解决交流干部宿舍上网问题。为解决集团交流干部公寓太平湖东里14号楼上网难问题，机关事务部多次与通信运营商沟通协商，确定为每间客房提供100M带宽支持及有线电视的服务，整座大楼费用每年6.06万元，不仅解决交流干部上网难的问题，还节省了费用开支。

（5）主动清理食堂占座现象。由于近年来大厦办公人员激增，导致午餐占座的人员增多，影响食堂正常就餐秩序。针对该情况，机关事务部多次到食堂调查了解情况，通过制作“文明用餐，请勿占座”提示贴、悬挂横幅、发布OA通告、组织食堂管理人员持续在食堂维持秩序等措施，杜绝了食堂占座现象，得到了员工们的好评。

（6）主动做好住房补贴发放相关工作。根据总部员工反映的1999年前参加工作的无房员工不享受住房补贴等情况，机关事务部及时与人力部门沟通并向集团领导汇报，按照国管政策依据，拟对1999年前参加工作的总部员工进行初步筛查，确定筛查人员范围，准备对员工及其配偶原住房情况核查，确保在原单位没有享受实物分房的前提下，按照每人现有职级补发金额。

（7）进一步加强停车场管理。为维护好停车场秩序，在早高峰时间在地下三、四层分设车场管理员，疏导指挥车辆停放；在车库悬挂和张贴宣传标语，提醒员工自觉遵守停车秩序；加强地下四层充电桩管理服务工作，建立电动车充电管理办法，并设专人进行管理，加强了停车场管理。

（8）做好各项人性化服务工作。解决餐厅蟑螂问题，每周1次进行灭蟑行动。加强食品安全，定期对餐厅所有蔬菜进行定期检测；定期对餐厅进行环境卫生、食品卫生检查。针对楼内吸烟问题，对重点区域重点人员加强监管与提示，严禁楼内吸烟。在西广场两侧增设吸烟区，安置园林椅子，创造人性化的休息与吸烟环境。根据党建部关于设立哺乳室要求，将三层瑜伽室设备间拆除改造，配置沙发、冰箱等设备设施，给妈妈同事们创造舒适的哺乳环境。

（9）做好集团各项会务保障工作。做好集团公司工作会议、《丁酉年》邮票首发活动、机关离退休干部迎春茶话会、“砥砺奋进的五年”中国邮政发展成就报告会、十九大精神辅导报告会、中国建材与中国邮政战略签约仪式等19项集团大型活动的相关后勤保障工作。

5. 认真做好大厦安全工作

（1）认真执行例检和不定期巡视制度。每个节假日前夕，机关事务部牵头集团安保部、邮储银行对各楼层办公区、餐厅、员工宿舍、重点设备间、消防疏散通道、大厦周边等进行例行安全检查，把一切不安全因素控制在萌芽状态。不定期对监控室、配电室、安保等值班情况进行巡视，并将查出的问题要求立即整改，及时排除各项安全隐患，确保大厦安全平稳运行。

（2）组织清理地下室留宿人员。为严防火灾事故发生，根据北京市安委会要求，机关事务部认真完成地下室留宿人员清理工作，大厦内只保留安保部备勤室、工程值班室、电梯消防值班室等相关人员。

（3）建立部门安全员制度。为更好地提高大厦人员的安全意识，机关事务部在大厦选聘安全员，聘请专业机构进行培训，培训内容包括消防知识讲座、自救逃生技能、消防设施等，并带领安全员参观消防中控室等相关设施设备，有效提高了大家的安全消防意识。

（4）设立微型消防站。为确保消防安全，成立了由北邮物业保安为主的义务消防队，并为消防站配置了消防器材、消防服装、防毒面具等，定期进行消防演练，有效防范安全事故的发生。

6. 全面加强支部党建工作

（1）认真抓好十九大精神学习。通过三会一课等形式，组织部门全体人员学习贯彻党的十九大精神，认真学习习近平在中国共产党第十九次全国代表大会上的报告、国华书记宣贯党的十九大精神动员部署会上的讲话精神、人民日报评论员文章、《中国共产党章程（修正案）》等。

（2）认真开展总部作风建设活动。在总部作风建设活动中，机关事务部围绕国华书记提出的8方面问题，查摆个人问题74条，形成部门6方面问题、15个具体问题，所有问题按时限要求逐一销号完成。机关事务部部门领导叶军同志被选派在总部作风建设总结代表大会上作典型发言。整改具体效果如下：一在抓思想上实现“服务好”到“服好务”的转变，部门全体人员主动服务能力得到进一步加强。二在抓落实上实现“求花开”到“重结果”的转变，比如针对“大厦安保管理不够人性化问题”，取消西门查证安保岗，仅对可疑人员核实排查；在前台设立沙发休息区；对大门出入口设置进行改造，实行人车分离，有效加强车辆和人员进出安全管理。三在抓服务上实现“粗放式”到“精细化”的转变，对员工意见和建议做到件件有研究和回复。为推动作风建设长效化，向全系统作出了“总部新报到员工门禁卡承诺3个工作日内办理完毕”等8条郑重承诺，得到了总部员工的一致好评。（机关事务部　张明凯）

【全国邮政经营服务工作会议等重要会议召开】 2月23—25日，在聊城、济南召开重点省份农村电商批销业务现场推进会；2月25—27日在济南召开全国邮政经营服务工作会；2月28日—3月1日在江苏泰州与最高检联合召开全国“预防邮路”活动推进会。

集团公司相关领导，集团公司市场协同部、邮政业务局、网路运行部、邮票发行部、集团工会、国际寄递业务工作组，邮储银行、中邮保险公司、中邮证券公司、数据中心、电子商务局、广告传媒公司负责人，各省（区、市）分公司分管经营服务工作的副总经理、市场经营部经理，包裹快递、代理金融、电商分销专业负责人，部分省投递管理、函件专业、报刊专业部门负责人等出席全国邮政经营服务工作会议。会议总结2016年邮政经营服务工作，明确发展目标，全面部署2017年工作。2016年，各级邮政企业认真贯彻落实集团公司工作部署，加快推进邮政业务转型发展，平台基础不断夯实，发展速度、质量和效益稳步提升。邮政业务收入1384.8亿元，增幅13.3%，完成预算的106%。

2017年要贯彻落实“一体两翼”经营发展战略，加快打造“三大新增长极”。以扩大市场份额为目标，加大重点城市开发力度，加快发展包裹快递业务；以储蓄余额发展为重点，加快代理保险转型，提升代理金融经营管理水平；以强化平台优势为核心，加快基础业务创新，推进农村电商突破性发展；进一步健全营销体系，加大能力支撑，提升服务品质，加强成本管控，推进邮政业务持续快速健康发展。（邮政业务局　刘佳）

【全国零售信贷工作会议暨信贷工厂试点推动启动会在湖南召开】 3月16—19日，2017年度零售信贷工作会议暨信贷工厂试点推动启动会在湖南召开。会议总结2016年零售信贷业务的经验和成绩，部署2017年零售信贷业务的重点工作。总行及各一级分行负责人就零售业务的发展提出建设性指导意见。（邮储银行湖南省分行）

【首次全媒体报道全国“两会”和全国邮政工作会议】 1月，第一次全媒体报道全国邮政工作会议。新闻宣传中心组成报道团队，前方、后方密切配合，“纸媒”“数媒”协同作战，及时对会议宣传报道。其中，首次尝试对参会代表进行视频采访，引起了业内外的积极反响。3月，第一次全媒体报道全国“两会”。全媒体团队首次采用直播的方式报道“两会”。（新闻宣传中心）

【首次全方位策划、全媒体执行“砥砺奋进的五年”报道任务】 8—10月，新闻宣传中心第一次全方位策划、全媒体执行“砥砺奋进的五年”大规模政治题材报道任务。其中包括反映邮政实现新跨越的7篇综述、22个典型人物的采访报道、基层员工微视频大赛、中国邮政发展成就图片展等。高质高效地完成了宣传任务，充分展示中国邮政的良好形象和取得的辉煌成就，得到基层企业、集团公

司党组、中国记协的充分肯定。（新闻宣传中心）

【首次与中国青年报合作融媒体报道】 7月，新闻宣传中心首次与中国青年报合作推出的《一张明信片搅动的国企转型实验》融媒体报道，为集团专项业务开展探索了新的宣传模式和传播路径。（新闻宣传中心）

【围绕国家首个“中国品牌日”主题宣传】 宣传以产品服务创新、服务质量提升和品牌影响力塑造为主要内容，集中展示集团及板块品牌发展成就。以“增品种、提品质、创品牌”为主题开展中国邮政首届品牌建设征文活动，收到推荐作品1400余篇，实现3大板块各专业和全国31个省份全覆盖，形成为品牌建设建言献策良好氛围。中国邮政品牌影响力进一步彰显：中国邮政在2017年世界500强中位列119位、中国500强中第25位、中国服务业500强中第13位；位列新华网点赞中国品牌百强第7位，首次入选权威品牌排行榜前10名；“随手拍邮筒”活动获得第八届金鼠标数字营销大赛社会化营销类金奖。（市场协同部）

【“E网邮情”官方微博】 微博粉丝总量294万。发布博文4070条，阅读总数7804.5万次。组织线上活动12次，线下活动11次，累计8.6万人次参与。11月，成立“E网邮情邮文化体验中心”，开展“厉害了我的大邮政”“校园邮乐场”“邮乐9·19”等专题推广。（中邮传媒　郑凌燕）

【“校园邮乐场”品牌推广活动】 涵盖3大板块的19项产品与服务，创新“邮政进校园+学生进企业”模式，线下走进60所重点高校实地路演，举行9期“邮政体验日”，直接参与活动人数超过480万；线上集中在搜狐、凤凰、爱奇艺、微信平台进行投放，媒体曝光达11亿次，有效强化了中国邮政母品牌现代化、多元化品牌形象。2016年校园邮乐场品牌推广活动获2016—2017年度中国杰出品牌营销奖“杰出品牌创新奖”。（市场协同部）

【集团公司创新管理活动】 7月7日，集团公司召开推进“双创”工作电视电话会，成立创新工作领导小组，设立创新管理办事机构，出台激励办法，加快云创平台建设，在全系统开展“提创意、争创新”活动，激发全员创新活力，55万多人登录云创平台，提交创新点子9万余条，评选出第一批金点子87条。开展2017年度全国邮政企业科技创新成果和管理现代化创新成果评审，评选出企业科技创新成果一等奖9项、二等奖20项、三等奖30项，小技改、小发明30项；企业管理现代化创新成果一等成果10项、二等成果20项、三等成果30项。“双创”工作有力推进中国邮政转型升级、提质增效。（市场协同部）

【机关事务部开展金鼎大厦“开门评议”活动】 机关事务部分别于6月、10月、12月召开金鼎大厦各单位（部门）综合处长会议，广泛征求大家对餐饮、车场、保洁、安保、客服、工程维修等方面的意见和建议，随后将各部门提交的意见和建议逐条梳理、逐条整改、逐条落实。例如，针对外卖价格贵的问题与物业公司沟通，要求外卖食品明码标价、结账时必须打印价格明细、外卖价格只能低于周边商业同类食品售价等，受到员工们的好评。（机关事务部　张明凯）

【金鼎大厦办公用房管理】 为缓解大厦B座办公用房紧张状况，优化办公用房资源配置，机关事务部多措并举加强管理。主要措施如下：派专人对大厦办公用房和工位使用情况进行现场调研；下发通知，明确B座办公用房归口管理部门为集团公司机关事务部；联合纪检组监察局、直属机关纪委，对大厦B座各单位（部门）办公用房清理整改情况进行现场检查，集中清理了各楼层闲置独立办公室和会议室，取消了部门独占会议室现象；加强与人力资源部的沟通，实时掌握集团总部领导干部和员工流动情况，据此统计绘制出各楼层、各部门的办公用房和工位分布图，为办公用房分配决策提供合理方案。（机关事务部　张明凯）

【“集团档案馆新馆”——长阳镇悦都新苑四区2号楼装修改造工程】 该项目于2016年11月批复立项，上半年完成工程设计采购、编制和报审初步设计方案及概算、施工图设计和审图工作，组织完成施工招标技术文件、清单和控制价的编制和审核工作，下半年配合采购部开展施工总承包招标采购工作，完成监理招标采购工作、消防设计审核报批手续、工程施工许可证手续等，12月开工建设。（机关事务部　张明凯）

【昌平区建材城西路65号院职工住宅项目】 3月，取得《建设用地规划许可证》；4月，发布设计和地勘中标通知书；8月，取得《建设项目设计方案审查意见》，这是北京市规土委2017年批复的第一个设计方案审查意见；9月，取得国家机关事务管理局人防工程建设规划审核意见书、园林局关于绿化审查意见的复函；10—11月，协调文史中心完成档案搬迁相关工作；协调邮科院完成建设用地范围内建筑的拆除工作，取得人防工程设计审核批准通知单；12月，多次拜访北京市规土委、国管局，完成划拨用地批前公示，下一步提交市政府审批，为争取2018年动工打下坚实基础。（机关事务部　张明凯）

【亦庄信息中心工程项目建设】 二期主体楼等三项工程配合审计局完成收尾工程决算审计和工程终验工作。二期主体楼设备扩建工程完成批复中的电扩容工程、消防工程、建筑智能化工程决算审计工作。机电设备安装工程已完成第一阶段结算审计。三期运维楼及扩建动力楼工程完成消防设计审查、合同备案等手续，协调信建部调整概算批复并缴纳扬尘排污费，完成基坑及水土保持监测单位的采购工作，4月正式开工建设。四期工程就容积率相关事宜多次赴发改委协调，最终确保了项目容积率维持1.5，并取得立项备案；就用电问题想方设法与通州区供电分公司沟通并达成共识，按需求供电，为此项目解决后顾之忧。（机关事务部　张明凯）

【鸿雁苑宾馆项目改扩建工程完成收尾工作】 在前期完成宾馆设备设施交接和试运行、梳理宾馆管理模式和组建管理团队的基础上，完成集团公司2017年工作会的承办工作。此外，梳理宾馆试运营期间存在的问题，确定改造方案并抓好督促整改；开展采购项目竣工收尾工作；协调集团财务部、战略部、北京分公司、首邮实业、石邮院等单位，完成宾馆营业执照、公章和财务账目交接工作；捋顺石邮院和北邮物业的工作范围、职责分工，协调解决两家垫付的前期筹备费用；动员各单位在宾馆开会和培训，5月对邮政员工开放。（机关事务部　张明凯）

【北京地区邮政单位封存公务用车调剂和移交工作完成】 根据集团领导指示和相关文件精神，机关事务部安排专人认真做好并完成18家北京地区邮政单位封存公务用车的移交和调剂工作，包括办理移交手续、检查车辆、登记归档车辆、对调剂出去领导用车进行维修清洗等，封存公车63辆，其中可用公车24辆全部调剂至相关需求单位，不可用公车39辆划拨北京市分公司盘活使用。（机关事务部　张明凯）

人力资源管理

【概述】

1. 干部人才工作

（1）加强领导班子建设。严格落实中央和集团公司党组各项干部管理制度规定，坚持德才兼备、以德为先的用人导向，按照“五好”干部标准和习总书记对国企领导人员提出的“二十字”新要求，自觉做到坚持原则不动摇，执行标准不走样，履行程序不变通，遵守纪律不放松。将一批基层工作经验丰富、能力素质过硬、群众信得过的优秀干部充实到领导岗位，持续优化领导班子结构。开展了二级单位领导班子和领导人员综合测评。启动了二级单位领导班子情况无任用调研。加强后备干部队伍建设，形成培养锻炼、适时使用、定期调整、有进有出的后备干部工作机制。

（2）从严干部监督管理。坚持抓早抓小、防微杜渐，严格制度规范，从严开展工作，落实监督执纪“四种形态”，提升干部监督工作有效性。提升提醒、函询和诫勉工作的针对性，制定《关于组织人事部门对领导干部进行提醒、函询和诫勉的实施办法》。提升个人有关事项报告工作的准确性，深入贯彻“两项法规”精神，严格开展查核处理，对相关问题依规进行处理。加强“一报告两评议”工作成果的有效运用。严格管控领导干部因私出国（境）管理。加大选人用人工作专项检查整改力度，就相关问题进行严肃处理和整改。

（3）强化干部教育培训。落实从严治党要求，围绕企业改革发展需要，进一步完善干部教育制度体系，发挥邮政党校干部教育主渠道作用，聚焦政治素质、党性修养、领导能力持续加强干部教育培训。加强干部教育制度建设，研究制定《中国邮政集团公司干部教育培训工作规定》，下发集团公司干部教育培训工作要点，加强了对全系统干部教育培训工作的指导。强化党校教育，深入开展党的十八届六中全会和十九大精神教育培训，举办春季、秋季中央党校分校班和第一、二期中青年干部培训班。抓好领导力提升培训，组织开展省级邮政企业主要负责人、省级邮政企业分管经营副职以及县分公司总经理培训。

（4）推进人才工作。围绕落实邮政人才发展规划，完善人才工作机制，推进重点人才工程，进一步优化人才队伍结构，为企业转型发展提供人才支撑。完善专业技术职务评审机制，按照新的评审政策组织开展高级职称评审工作。组织实施“千人引进”工程，重点在“金融、物流、电子商务和信息技术”4个领域，首批引进引进企业急需的专业管理和专业技术人才近300人。开展金融专业领军人才选拔工作。组织实施第六、七批援藏干部轮换工作。

2. 人力资源配置

（1）组织架构进一步优化。推进邮务板块经营组织架构改革，按照精简、效能和扁平化的原则，调整优化省、市、县邮政分公司机构编制，统一各级机构名称、规格和领导职数设置标准，建立“以客户为中心”的经营组织架构和运行机制。调整优化集团总部及直属单位机构编制，在市场协同部增设创新管理处，积极推动集团公司创新工作开展；核增相关部门人员编制，支撑保障ERP系统运行管理；组建集团公司电商分销局，实现电商线上线下渠道的统一管理。研究制定各级寄递事业部组建方案。

（2）用工总量科学调控，围绕集团公司“一体两翼”经营发展战略，进一步完善用工总量与经济效益、效率相挂钩的动态调控办法。对各省邮政分公司建立与业务发展需要相适应的用工总量弹性调节机制，并通过盘活存量和定效配员，有效支撑三大新增长极业务发展。

3. 人工成本管控

（1）人工成本零基预算成效显现。对各省邮政分公司全面实施人工成本零基预算，提高人工成本投入产出效能。在工资总额配置上，细化预算配置项目，采取“标杆定额”与“弹性模型”相结合的方式，更加科学、直观地配置资源，加大了对重点业务的激励力度，对普遍服务进行有效支撑。同时，继续对三、四级领导人员工资总额实行单列管理。

（2）人工成本“三算”管理体系进一步完善。围绕“事前预算、事中核算、事后清算”3个环节，完善人工成本报表体系和管理机制，实现对人工成本预算编制、执行和使用的全流程管控。

（3）控股子公司负责人薪酬更加科学。按照“与市场适度接轨、突出集团战略管控、强化绩效考核应用、兼顾公平因素”的原则，研究制定控股子公司负责人市场化薪酬决定机制。

4. 规范管理

（1）劳务承揽管理持续规范。开展劳务承揽规范管理专项达标工作，各级邮政企业全面落实劳务承揽管理标准和措施，建立问题清单，实行销号整改，实现“两个达标、三个合规”阶段性目标，切实防范“假承揽、真派遣”等用工风险。

（2）绩效薪酬分配制度集中管控不断加强。组织各省分公司开展绩效薪酬分配制度逐级审核工作，对基层单位绩效薪酬分配管理的制度性文件及各类奖励办法进行全面排查。

（3）年金大集中管理加快推进。开展第一批年金资产移交单位的清理移交工作，6个省完成年金资产移交和集中管理。优化投资管理人配置，开展集团年金计划招标，新增平安养老和太平养老两家投资管理人，着力提升资产运作效益。

5. 员工队伍素质

（1）教育培训体系加快转型。按照中央有关政策要求，积极推进教育培训机构改革，加快邮政企业大学建设，明确企业大学功能定位、组织架构、运行模式和管控方式，基本完成了企业大学建设各项筹备工作。以“互联网+”思维方式推进中邮网院大数据建设，研究建立员工学习行为大数据分析模型，开发基于手机移动学习APP的培训互动平台，进一步创新培训方式。加强国开邮政学院建设，健全学院内设机构，成立12个省学习中心，开展市场营销、金融学等4个专业招生培养2035人。

（2）培训开发效能进一步提升。从严控制集中培训规模，引导一般性、普及性集中培训向远程培训转化。全面推广“知识输入+结构化研讨+成果输出”培训模式。充分发挥中邮网院远程培训平台作用，加大远程培训课程开发力度，切实降低培训成本，提高培训实效。中邮网院运行培训项目331个，培训员工250.6万人次。

（3）以竞赛带动员工技能水平提升。联合中国就业培训技术指导中心、中国国防邮电工会共同举办“2017年中国技能大赛——第五届全国邮政通信特有职业技能竞赛”。推动全员练兵，组织开展18.7万名运投员工参加的远程培训和14.4万名投递人员参加的在线考试；推进生产流程优化，围绕服务质量、操作规范、运营管理、生产安全、系统改进等方面，评选72个先进工作法。

（4）职业技能鉴定扎实开展。组织鉴定考评15.3万人次，持证率较上年提高1.6%。加强高技能人才考评，50人取得邮件分拣员、邮件转运员高级技师职业资格，653人取得技师职业资格，高技能人才占持证人员比例27.8%，比上年提高1.3%。

6. 基础管理工作

（1）邮政人才测评中心初步建成。开展人才能力素质建模工作，研究制定邮政24类人才能力素质模型。开展测评师认证工作，培训认证30名企业内部测评师。建成案例模拟舱等线下测评环境，完成在线测评平台开发及相关测评系统工具移植工作。

（2）岗位标准体系建设有序推进。完成邮政企业岗位分类、岗位设置、岗位层级设置方案编制，对6个试点测试省分公司近20万人开展了岗位试套、层级初始化和薪酬测算工作；按照统一模板组织编写了覆盖全集团的各类岗位说明书。

（3）人力资源信息系统建设统筹推进。按照“核心存储+外围应用”的模式，对人力资源管理系统进行升级改造，剥离业务处理功能，初步实现“核心存储”平台功能。开发上线人力资源业务处理系统，进一步拓展员工自助服务系统，完成全国集中工时系统建设开发，在5个省邮政分公司开始试点运行。

（4）服务支撑中心建设持续推进。进一步完善日常运行机制，各省邮政分公司人力资源服务支撑中心运行管理制度基本建立，规范化、专业化服务水平得到提升。（人力资源部）

【干部监督日常工作】 加强领导干部日常监督工作，认真贯彻落实个人有关事项“两项法规”，从严开展抽查核实工作，抽查核实707名领导干部。进一步加大提醒、函询和诫勉工作力度，综合运用领导干部年度测评、个人有关事项、选人用人“一报告两评议”、选人用人信访举报等工作成果，抓住苗头，找准“病灶”，用好提醒、函询和诫勉措施。进一步加强因私出国（境）管理，开展专项自查工作，完善因私出国（境）审批流程。（人力资源部）

【选人用人检查督导工作】 结合集团公司党组巡视工作，开展对10个省（区、市）38家单位，以及4家控股公司、4家直属单位的选人用人工作专项检查，对18家单位的组织人事部门负责人和有关人员进行批评教育，责令16家单位组织人事部门主要负责人作出书面检查。对上一年度有选人用人工作的37个单位开展“一报告两评议”工作，认真分析评议结果，做好各单位的督促整改工作。（人力资源部）

【网运职工队伍建设】 全面推行网运领导干部夜间跟班作业制度，全网各省分公司、一二级中心局、地市局的领导同志446人参加夜间跟班工作，有效强化生产问题实时管控、现场解决，提高作业现场动态管理水平。在推进集团公司双百工作中全网11个党支部、2个党委被集团公司党组授予“邮政系统基层党组织建设示范单位”称号；7个中心局、1个邮件处理中心以及中国邮政指挥调度中心被集团公司授予“邮政系统企业文化建设示范单位”称号。开展第五届邮政技能竞赛网运环节比赛，全网以赛代练，有力提升网运生产人员业务素质，加强了运投环节的协调配合；集中举办业务技术培训班3期、450人次。组织各省网运指挥调度管理人员到集团公司交流轮训，以及集团网运部与基层锻炼的双向交流人员32人次。开展“达标争先”劳动竞赛活动，评选南昌、南宁、济南、南京、长沙、广州、常州7个邮区中心局为先进单位，31个先进集体和194名先进个人。《邮政陆运网运营质量评价考核体系的构建》获得第十四届通信行业企业管理现代化创新成果一等奖。（网路运行部 曾宪京）

【重庆市分公司创新培养“6+1”业务发展能手队伍】 按照“整合现有营销资源，夯实基层营销队伍，搭建营销人才成长平台，拓宽营销人才发展通道，创新营销人才培养机制，积累推进各类人才建设经验”思路，从“选拔、培育、使用、晋升”4个方面打造一支专业化、年轻化的人才队伍，公开竞聘选拔金融专家、快递先锋、车务管家、邮保姆、邮助手、文创巧匠和金融网点转型大使“6+1”业务发展能手602人，进一步落实集团公司人才工作的方针政策，夯实重庆邮政事业发展人才基础。（重庆市分公司 兰英）

【内蒙古分公司人员优化盘活】 完成经营组织架构改革，采取公开双向选择方式，原专业部门由108人减至48人，减少56%，通过二次选择、制定退出政策，实现人员平稳分流和妥善安置。企业用工总量净减342人，连续4年保持负增长。通过实行弹性管控，核增旺季生产岗位短期承揽人员150人，支撑网运投递工作，全区劳动生产率13.83万元，增长1.3万元。发挥薪酬激励杠杆作用，一线操作序列员工收入提高5.7%，人均收入6.53万元。举办各类教育培训班830期，比上年增加234期，超过10.4万人次，增加4200人次。（内蒙古分公司 李斌）

【二级单位领导班子和领导人员综合测评工作】 集团公司首次开展对全国31个省分公司、19个直属单位以及16个集团公司总部部门的2016年度领导班子和领导人员综合测评工作，对二级单位领导班子年度履职情况和班子成员在“德、能、勤、绩、廉”方面的表现进行全面体检，为今后邮政企业干部使用提供依据。（人力资源部）

【邮储银行广东省分行“合规履职述职”考评机制】 5月9日，邮储银行广东省分行召开第二届二级分行行长“合规履职述职”大会。分支行长“合规履职述职”考评机制，通过对辖内644名分支机构负责人逐级实施合规履职考评，强化分行上下对合规价值的认同感。一方面以“一把手”岗位职责为切入点，“一把手”带头讲合规；另一方面，通过现场述职，搭建互动平台，通过覆盖各层级、各条线人员的广泛参与，强化述职内容真实性与生动性验证。广东省分行这一做法在邮储银行系统内推广，在广东银行业案防和信访专项工作会上得到广东银监局的通报表扬。（邮储银行广东省分行法律与合规部）

【邮储银行安徽省分行启动青年干部培养工作】 12月7日，邮储银行安徽省分行启动2018年全省青年干部培养工作。按照“笔试摸底，按比培训，实岗使用，跟踪管理，择优提拔”的流程，加大青年干部的选拔、培养、使用力度。12月24日，分行836名年龄在40周岁以下、具有全日制本科学历工作满5年或硕士研究生学历工作满3年的青年员工参加选拔笔试。（邮储银行安徽省分行）

【职称评审工作机制调整完善】 贯彻落实中央《关于深化职称制度改革的意见》精神，调整邮政企业专业技术职务评审申报条件，修订量化评分标准。下发《关于组建集团公司高级专业技术职务评审委员会及省级邮政企业高级专业技术职务推荐委员会的通知》，组建集团公司经济、工程系列高评委和省级邮政企业高级专业技术职务推荐委员会，明确评审程序，进一步加强高级职称评审的组织管理。（人力资源部）

【薪酬集中发放工作】 为切实加强薪酬分配管理，集团公司自2015年底开始推行薪酬集中发放工作，至年初，全面完成对集团公司党组管理的各控股子公司总部、集团公司各省分公司、直属各单位领导干部以及在京直属单位员工的薪酬集中发放工作。（人力资源部）

【邮政企业用工总量调控工作】 根据集团公司“一体两翼”经营发展战略和重点业务发展需要，制定下发《2017年邮政企业用工总量调控办法》，完善用工总量与经济效益、效率相挂钩的动态调控办法；其中，对省邮政分公司建立“基本配员＋定效配员＋弹性用工”的用工总量弹性调节机制，有效支撑“三大新增长极”业务发展。截至12月31日，邮政企业用工总量94.8万人，比上年增长0.7万人。（人力资源部）

【全面推行人工成本零基预算】 为全面推行零基预算管理，集团公司结合2016年弹性人工成本管控方案的运行情况，于8月下发《2017年中国邮政集团公司对省（区、市）邮政分公司工资总额和劳务用工劳动报酬零基预算核定办法》，通过“标杆定额”与“弹性模型”相结合的方式，实现人工成本由“弹性预算”向“零基预算”的转变，彻底消除历史因素影响，突出了对重点业务和普遍服务的支撑。同时，对三、四级领导人员工资总额继续实行单列管理，特别是对三级领导人员工资总额实行精细化管理，建立三级领导人均工资标杆，与企业经营发展状况和一线员工收入水平两项因素挂钩联动，有效调控企业内部分配差距。（人力资源部）

【省级经营组织架构改革工作】 按照省级及以下邮政分公司经营组织架构改革工作整体安排，对31个省分公司机构编制调整方案进行批复并推动实施，统一规范了省、市、县各级邮政分公司的机构设置、领导职数和人员编制，为经营组织架构改革顺利进行提供了有力保证，促进企业从“以产品为中心”向“以客户为中心”转变。（人力资源部）

【第六批总部和基层双向交流工作】 10—11月，分别组织集团公司总部各部门和相关直属单位推荐26名干部赴基层挂职锻炼，择优选拔116名基层推荐的优秀干部到集团公司总部交流工作，促进人才内部流动与成长，进一步密切集团公司总部和基层企业之间的沟通联系。组织召开2017年双向交流干部座谈会。（人力资源部）

【第六、七批援藏干部轮换工作】 8月，组织召开集团公司援藏工作座谈会，从13个对口援藏省（市）邮政企业选派26名第七批援藏干部进藏工作，江苏、湖北邮政分别组建3人团队赴受援单位协同开展工作，首次实施“组团式援藏”。在选派内地干部进藏工作的同时，实施“双向交流”，组织西藏邮政10名干部到内地邮政企业交流锻炼，实现了“输血型”援藏与“造血型”援藏的有机结合。（人力资源部）

【邮政党校干部教育培训工作】 突出政治引领，强化理论武装，坚定理想信念，积极开办中央党校分校班和邮政党校各类培训班，培训三级以上干部534人；挂牌成立邮政党校北京校区，举办党的十八届六中全会精神和十九大精神专题研讨班轮训，培训集团公司党组管理干部849人次，进一步提升了领导干部的理论素养、党性修养和领导能力。（人力资源部）

【国家开放大学邮政学院首批招生培养工作正式启动】 6月30日，集团公司人力资源部下发了《关于组织开展国家开放大学邮政学院2017年秋季招生培养工作的通知》（人部简函〔2017〕100号），标志着国家开放大学邮政学院（以下简称“国开邮政学院”）2017年秋季招生工作正式启动。面向北京、吉林等12省邮政分公司、邮储分行、邮政速递物流分公司、中邮保险分公司的基层岗位员工和业务骨干，共招生4个专业，首次招生2035人，其中本科1563人，专科472人。（石邮学院）

【集团公司所属单位纪委书记（纪检组组长）和监察室主任培训班】 4月6—12日和10月11—17日，纪检组监察局在杭州纪检监察培训中心分别举办集团公司所属单位纪委书记（纪检组组长）和监察室主任培训班，252人参加培训。集团公司党组成员、纪检组组长孙国栋同志在纪委书记（纪检组组长）培训班上与学员座谈并提出有关要求。两个培训班均被杭州纪检监察培训中心评为“优秀班级”。8月6—12日和11月5—11日，纪检组监察局在集团公司培训中心分别举办地市邮政分公司纪委书记和所属单位纪检监察干部培训班，151名重点地市邮政分公司纪委书记和115名纪检监察干部参加培训。（纪检组监察局）

【邮政企业文化内训师培训班】 3月23日，中国邮政企业文化内训师培训班（第三期）在石家庄邮电职业技术学院结业，标志着企业文化内训师培训工作圆满结束。集团公司组织举办了三期中国邮政企业文化内训师培训班。180位来自各板块专业条线的学员接受企业文化系统专业的培训，为各级单位今后开展分层次、分步骤、形式多样的邮政企业文化宣传贯彻培训推广活动奠定了基础。（党组党建工作部）

【“科技创新及新技术应用培训班”举办】 信息技术局在北京雁栖湖举办科技创新及新技术应用培训班，集团公司信息技术局三级副以上领导人员及全国各省信息技术局负责人，45名学员参加了培训。集团公司李丕征副总经理探望和勉励来自全国邮政信息技术战线的学员。此次培训班聚焦培训对象，坚持问题导向，在课程设置上既注重创新，又兼顾延续性。课程主要包括领导力、企业文化和新技术类课程，同时就2017年信息技术局开展的“转变作风，推进信息系统深入应用”方案执行情况及集团公司重点项目进展向各省做主要介绍，并组织各省就推进信息系统正确使用、完善运维模式、创新培训辅导机制、激发基层创新活力、推进党建和信息化工作有机融合等6个方面开展课题研讨。此次培训特别邀请到华为、百度、阿里、埃森哲等知名IT公司讲授包括IPD变革实践和流程与管理实践、人工智能、智慧物流、技术发展等新技术类课程，旨在开阔眼界、拓展思路的基础上，为信息技术战线的高级管理者提供一个学习新技术、顺应新趋势、树立新思维的有效途径。集团公司李丕征副总经理高度肯定了本次培训班的课程设置，还亲自听取了阿里研究院技术专家讲授的“新零售下的智慧物流”课程。李丕征副总经理指示信息技术战线的高级管理者在做好具体事情的同时更要把握“趋势”。信息化2.0时代更加强调技术和业务的相互融合、共同创新。希望信息技术战线的管理者要不断学习新业态，掌握新技术，不断思考，在企业发展趋势、发展方向上起到推动和引领作用。（信息技术局　秦佳）

【邮政审计处长培训班】 11月，审计局在南京审计大学举办2017年邮政审计处长培训班，集团公司控股子公司、直属单位、各省邮政分公司审计部门负责人以及集团公司审计局相关人员参加培训，培训课程针对性强，内容紧贴工作实际，促进审计人员开阔视野，拓展工作思路。（审计局）

【云南省分公司第一期领导干部党校教育培训班】 5月16日，云南省分公司在云南政法干部学校举办2017年云南邮政企业干部党校教育培训班，为期1个月。省分公司机关、直属单位以及部分州（市）分公司的60名领导干部参加培训。课程分为理论教育、党性教育、能力提升3个方面，围绕企业经营发展中热点、难点和焦点开设专题和专业课程进行分组研讨，形成课题研究成果。（云南省分公司　崔斌）

【陕西省分公司被省电商协会、团省委授予“农村电商培训基地”】 继陕西省电子商务行业协会4月18日批复同意省分公司在陕西省邮政培训中心设立“陕西农村电商培训基地”后，团省委于5月8日命名包括陕西省邮政培训中心在内的4家机构为首批“陕西省青年电商创业培训基地”。近年来，陕西邮政高度重视农村电商培训工作，全省各层面累计针对农村电商服务站业主、从业人员、农户培训20704人次。（陕西省分公司　常雅楠）

【第五届全国邮政通信特有职业技能竞赛】 为“提高邮政服务水平，支撑寄递翼改革发展”，集团公司与中国就业培训技术指导中心、中国国防邮电工会共同举办“2017年中国技能大赛——第五届全国邮政通信特有职业技能竞赛”。竞赛历时5个月，以推进改革创新、加快转型升级作为着力点，注重与企业发展战略、业务创新发展、员工素质提升“三结合”。7月31日，决赛在石邮学院举行。集团公司、中国国防邮电工会、人力资源和社会保障部职业能力建设司等领导出席。62个代表队310名选手参加决赛，是历届规模最大、最具影响力的一次竞赛。（人力资源部、石邮学院）

【云南省分公司第五届邮政特有职业技能竞赛选拔赛】 6月25—26日，云南省分公司举办第五届邮政特有职业技能竞赛云南选拔赛。17支参赛队伍、82名选手参加邮政投递员职业理论知识考试、接收开拆处理、包裹分堆排道、揽投情景模拟、投递归班处理5个项目及内部处理邮件装卸车团体项目的比赛，评选出个人全能前10名，单项竞赛前3名，以及6个团体奖和3个组织奖。省分公司将此次竞赛申报省总工会纳入“云岭职工第十四届技术技能大赛”竞赛项目，对投递类个人全能成绩排名前10名的选手，省总工会将分别授予“技术能手”和“技术状元”的称号。（云南省分公司　崔斌）

【广西分公司职业技能竞赛】 6月19—21日，2017年中国技能大赛——广西邮政投递员职业技能竞赛在南宁举行。此次竞赛由区分公司、速递物流区分公司、自治区人力资源和社会保障厅、自治区总工会共同主办。10月24—27日，2017年广西邮政信息技术岗位技能竞赛在南宁举行，旨在提高邮政技术人员的技术水平和支撑服务能力。（广西分公司　蒙淋芳）

【福建省首届邮政行业职业技能竞赛举办】 7月27日，福建省首届邮政行业职业技能竞赛在福州市举办。全省各地市9支优秀代表队36人参赛。竞赛产生个人一等奖1名、二等奖2名、三等奖3名，团体一、二、三等奖各1支代表队获得。个人一等奖获得者：陈智新，个人二等奖获得者：谢武辉、江晓红。个人三等奖获得者：林兴德、高竟攀、吴建娟；团体一等奖获得者：福州市代表队，团体二等奖获得者：莆田市代表队，团体三等奖获得者：三明市代表队。（福建省分公司　杨文振）

【四川技能大赛——第七届全省邮政特有职业技能竞赛举行】 6月7—9日，由中国邮政集团公司四川省分公司与四川省人力资源和社会保障厅、四川省总工会联合举办的四川技能大赛——第七届全省邮政特有职业技能竞赛在省邮政培训中心举行。（四川省分公司　钟劲、周蓉）

【青海省分公司举办特有职业技能竞赛】 6月9日，省分公司和邮政工会联合举办“第五届青海省邮政特有职业技能竞赛”。来自全省邮政各市（州）分公司10支代表队的57名选手分别参加邮件分拣员、邮件转运员职业团体赛和邮政投递员职业技能个人赛的竞赛。竞赛期间，参赛选手以扎实的专业技能和勇争一流的精神投入比赛，充分展现了青海邮政员工顽强拼搏、锐意进取的良好精神风貌。（青海省分公司　韩建）

8月1日，全国邮政通信特有职业技能竞赛决赛举行邮件装卸车（邮务）项目比赛。（邮政报／提供）

【2017年包裹快递发展劳动竞赛】 重点城市电商快包业务竞赛参赛圆满完成，重点城市电商快包业务量13.6亿件，比上年增长159.8%；实现收入62.4亿元，比上年增长78.8%。省际标快及非一体化地区标快劳动竞赛成效明显，邮速省际标准快递收入比上年增长8.1%；非一体化地区标准快递业务收入比上年增长15.3%。（邮政业务局　刘佳）

【“强监管、控风险”知识竞赛】 6月15日—7月20日，邮政代理金融在全国范围内组织19.54万名代理金融从业人员开展代理金融“强监管、控风险”知识竞赛活动。充分动员确保从业人员及分管金融副总经理报名率100%。强化合规经营教育，采取随机分配考题的方式，不断加大考试难度，报名率合格率均100%，从业人员合规经营意识全面提升。（邮政业务局　刘佳）

【信息网运维考核和劳动竞赛活动】 首次将速递公司、中邮保险、中邮证券纳入信息网运维考核评分体系；首次将集团公司软件开发中心纳入信息网安全运行劳动竞赛范围，新增3个控股子公司（速递物流、中邮保险、中邮证券）分支机构先进信息技术人员的评奖。信息网安全运行劳动竞赛取得明显的效果，评选出27个先进单位，152名先进个人。（信息科技与建设部）

【邮银共同举办第五届十佳理财经理大赛】 6—10月，组织31省分公司参加邮政金融第五届十佳理财经理大赛，比赛分制度学习、省内选拔、现场比赛3个阶段。通过学习、省内选拔和集中培训等方式，营造实战练兵的氛围，进一步提升全员专业水平。93名理财经理参加现场决赛，评选出10名十佳理财经理、40名优秀理财经理，江苏、山东、湖北、北京、黑龙江、河南分获团体一至三等奖。（邮政业务局　刘佳）

【消费信贷客户经理业务技能竞赛】 12月1日，由总行主办辽宁省分行承办的2017年消费信贷客户经理业务技能竞赛第二赛区现场赛正式拉开帷幕，来自辽宁、山东、吉林、大连、黑龙江、内蒙古6家省分行代表队30名选手参赛，辽宁省分行代表队以总成绩405分获分赛区第1名。（邮储银行辽宁省分行）

战略规划

【概述】

1. 深化集团公司体制机制改革

（1）上报集团公司改制方案。学习领会党中央国务院深化国企改革1+N系列文件，研究制定集团公司改制方案，相应设计改制形式、主要步骤、新公司法人治理结构等重要内容，并根据《公司法》修订公司章程草案，随改制方案上报财政部审核。同时，提早谋划全民所有制子企业和相关事业单位改制工作。

（2）研究寄递翼改革方案。在对2015年包裹快递改革后邮速两家寄递业务发展情况进行全面总结的基础上，根据集团党组进一步深化寄递翼改革的要求，按照专业化、资本化、高端化、国际化的方向，明确“整合资源、加快发展、引战上市”的总体思路和目标，研究制定邮政寄递翼改革方案。

（3）做好剥离国有企业办社会职能等配套改革工作。一是牵头组织邮政家属区“三供一业”分离移交工作。全面部署各省（区、市）范围内和各直属单位关于邮政家属区“三供一业”的清查工作，及时跟踪分离移交进展情况。二是积极稳妥地推进邮政医院改革。了解其他央企所办医院处置情况，并结合医疗及相关行业的发展趋势研究，提出中国邮政企业医院未来的改革发展“三步走”思路：即保住医疗牌照和资产、确保平稳运营——优化管理机制、加大股东投入——引入战略合作、布局医养产业。三是推进培训疗养机构改革。完成邮政集团培训机构和疗养机构全面清查工作，对集团所属疗养机构（庐山邮电疗养院）进行实地调研，并提出处置意见。

2. 着力推进资本运营

（1）建立和壮大邮政资本运营平台。一是以“提升资本运营能力，打造资本运营平台”为原则，拟订中邮资本组建方案和投融资业务分类授权暂行办法，通过资本协同、现金出资等方式提升中邮资本的资本实力；二是研究提出利用邮储银行理财资金和中邮保险保费资金，联合普洛斯共同设立和管理现代物流服务基金的方案，推动邮储银行和中邮保险完成投资决策，设立现代物流服务基金为解决邮政战略性产业投资资金需求和激活机制进行有益探索。

（2）建立内部资本协同机制，完善金融产业布局。研究提出通过中邮资本补充中邮保险和中邮证券资本金的方案，拟订设立邮政控股基金管理公司方案，与中邮保险和中邮证券共同研究提出设立保险资产管理公司和证券资产管理子公司方案；推进收购第三方支付和信托牌照，投资上海票据交易所和金融云公司，促进邮储银行完善发展布局。

（3）推进邮政寄递翼生态圈建设。一是联合菜鸟和复星两家战略投资者，收购国内最大的智能包裹柜运营商速递易公司，正继续推进邮政快递包裹柜业务整合；二是与中航集团就参与国货航混合所有制改革事宜达成合作意向；三是研究论证邮政企业与领先的充电桩企业青岛特来电公司进行资本和业务合作方案。

（4）推进邮政资产证券化。通过内外部资源整合，推进邮政市场化进程。拟订推进邮政物流设备制造业务重组整合和上市方案，推进与李嘉诚基金会共同发起设立合资证券公司，投资参股丝路金融有限公司，完成滴滴出行投资项目审批和交割工作（目前收益率33%），研究提出通过不动产证券化募集资金补充金融子公司资本金的方案。

（5）加强股权管理。一是制定集团公司《违规经营投资责任追究办法》和《股权投资管理暂行办法》；二是全面梳理对外投资和开展僵尸企业清理，已批复清理对外投资99家；三是研究提出邮政印刷企业重组整合方案；四是开通集团公司股票账户沪/深港通权限，提前谋划开展邮储银行市值管理工作；五是完善ERP股权模块机构、股权台账等信息，促进利用信息系统加强股权管理。

3. 提升战略绩效管理和法律风险防控能力

（1）加强战略绩效闭环管理。一是确定对标管理思路。以各控股子公司行业特点和发展阶段相匹配的对标管理为基础，确定将下年度考核办法调整优化为目标值考核和对标考核相结合的新模式。二是调整集邮公司、中邮实业、软开中心等直属单位年度考核办法。三是提早完成对各单位年度绩效考核结果的预评价和最终评价工作。四是建立集团公司季度绩效指标监控与分析运行机制，按季度向有关单位和部门通报，确保完成全年战略绩效目标。五是争取到交通运输部和国家邮政局对集团公司承担国家重点工作和重大任务的认可，集团公司2016年度经营业绩得分101.29分。争取到交通运输部对集团公司考核办法评分细则的修订，更加真实客观反映集团公司整体经营状况。

（2）构建法律风险防控体系。面对“子改分”后工作压力增大现实，及时调整了岗位职责，化解多起重大法律风险，取得显著成效。一是提供高效日常法律咨询服务，确保依法经营；二是为集团公司各级非法人分支机构、职能部门以及相关员工高效办理各类授权委托事项70余份，降低企业法律风险；三是督促各省根据实际情况制定省级授权委托管理办法，建立授权管理体系；四是推进合同信息化管理，提高企业风控效率；五是修订《法律纠纷工作管理办法》，尽职处理百全涉外纠纷、新世纪ATM融资租赁纠纷等，维护企业合法权益；六是积极落实商标管理保护企业无形资产。

4. 持续开展基础性和前瞻性研究

（1）配合做好邮政服务雄安新区建设规划。通过实地调研，了解雄安新区发展规划和企业运营实际情况，在邮政规划院积极配合下，就做好邮政服务保障和邮政设施布局两个方面提出中国邮政服务雄安新区建设与发展思路和对策，立项编制《中国邮政服务雄安新区发展规划（2017—2030）》。

（2）做好集团公司改革相关研究工作。一是结合物流设备制造业务重组，研究制定邮政科学研究规划院总体改制方案；二是结合国企改革精神和动向，研究申请国家对集团公司按金融控股集团进行管理；三是结合国家运钞体制改革，批复设立山西邮政保安押运公司；四是配合修订集团公司《“三重一大”管理办法》，对集团公司《违规经营投资责任追究暂行办法》提出修改建议，开展《快递暂行条例》立法、废止《仿印邮票图案管理办法》、“邮政信件专营与普遍服务保障”课题研究。

（3）做好前瞻性规划研究工作。一是编制《中国邮政集团公司三年滚动规划（2017—2019年）》（初稿）；二是对中国邮政风险管理组织体系建设、内部审计组织体系建设，推进邮政业供给侧结构性改革等专题开展研究。（战略规划部）

【集团公司制改制方案确立】 按照《中央企业公司制改制

工作实施方案的通知》(国办发〔2017〕69号)要求，集团公司依据党中央国务院深化国企改革系列文件、《中华人民共和国公司法》等法律法规和指导规范，结合自身实际，拟订由全民所有制企业改制为有限责任公司中的国有独资公司方案，以及改制后公司章程草案，并于8月22日、9月18日先后以中国邮政〔2017〕435号文、中国邮政〔2017〕527号文向财政部报送。(战略规划部)

【制定新一轮寄递翼改革方案】 7—12月，在对2015年包裹快递改革进行全面总结基础上，进一步深化寄递翼改革。集团公司根据中央对国企改革精神，顺应快递行业发展趋势，按照"整合资源、加快发展、引战上市"总体思路和目标，制定中国邮政寄递翼改革主方案：组建寄递事业部，作为寄递业务发展经营管理责任主体；整合邮速双方寄递业务资源，承担寄递业务发展损益责任。相关配套实施方案已得到完善，将择机启动改革。(战略规划部)

【集团公司功能分类界定确立】 为深入贯彻落实党中央、国务院深化国有企业改革有关要求，确定下一阶段改革路径和方向，集团公司于2016年10月27日向财政部提交《中国邮政集团公司关于企业功能分类意见的报告》(中国邮政〔2016〕419号)。8月14日，财政部印发《财政部关于明确中国邮政集团公司企业功能界定和分类意见的通知》(财建〔2017〕556号)，将集团公司功能分类界定为"主业处于关系国家安全、经济命脉的重要行业和关键领域、主要承担重大专项任务的商业类国有企业"。(战略规划部)

【集团公司参与《快递暂行条例》立法】 7月26日，国务院法制办牵头制定《快递暂行条例》并向社会公开征求意见。集团公司立即下文向31个省(区、市)分公司及速递物流公司征询意见，经汇总研究形成多条书面立法建议。国务院法制办收到反馈意见后高度重视，特别邀请集团公司赴会参与立法讨论。(战略规划部)

【全系统合同管理检查】 10月，针对集团公司巡视组发现的合同管理方面的问题，集团公司抽调全国邮政企业法务工作经验丰富的精干人员，分4个片区，开展合同管理交叉检查，督促落实整改要求，确保集团公司合同管理等重大相关制度得到认真贯彻落实。(战略规划部)

【推进合同管理信息化建设】 10月30日—11月2日，集团公司举办"合同管理系统上线暨年度企业法律顾问培训班"，一方面加快推进合同管理信息化建设；另一方面进一步提高全邮政系统法律工作人员专业水平。(战略规划部)

【集团公司成功注册境外商标】 为配合集团公司"走出去"战略和海外布局需要，集团公司聘请中介机构于10月通过马德里国际商标注册体系提交在美国、英国、日本和欧盟4个国家或地区注册"中国邮政双飞燕"文字和图形商标。(战略规划部)

【修订《法律纠纷工作管理办法》】 4月27日，为适应"子改分"后集团公司法律纠纷管理工作需要，加强"大法人"体制下的法律风险防控工作，集团公司大幅度修订并颁布《法律纠纷工作管理办法》(中国邮政〔2017〕215号)，扩展法律纠纷管理工作的范围，加强对下属单位法律纠纷工作的指导，更加契合诉讼活动通过严格周密的程序设计维护实体权益的内在要求。(战略规划部)

【中国邮政集团公司电商分销局成立】 为更好地整合线上线下渠道优势，促进邮政电子商务和分销业务的快速发展，中国邮政集团公司机构编制委员会办公室于2017年4月27日下发《关于成立中国邮政集团公司电商分销局的通知》(集团编〔2017〕2号)，撤销中国邮政电子商务局和挂靠邮政业务局的分销业务局，成立中国邮政集团公司电商分销局。(电商分销局)

【物流设备制造业务重组】 为整合资源、增强实力、做大做强，6月开始至年底，集团公司将邮政科学研究规划院、上海邮政科学研究院、上海邮政通用技术设备公司和广东信源物流设备有限公司4家单位与物流设备制造业务相关的业务、人员和资产重组整合到中邮科技有限责任公司(简称中邮科技)。重组整合后，中邮科技重新定位。集团公司将其作为邮政物流科技板块的主体，定位为集咨询、研发、设计、制造、集成等功能于一体的物流自动化、智能化解决方案提供商。下一步，中邮科技拟通过引入战略投资者和员工持股计划，实行混合所有制改革，并继续推进发行上市。(战略规划部)

【中邮资本管理有限公司控股收购速递易】 7月，中邮资本联合菜鸟网络和复星集团两家战略投资者，与国内最大的智能包裹柜运营商速递易公司达成控股收购协议。速递易进入全国79个城市、5.5万个小区，累计派送快件10亿件，客户总数超过5000万人，在商业模式探索上具有先发优势。交易完成后，中邮资本、菜鸟网络、复星集团将分别持有速递易50%、10%、6%的股权，原股东三泰控股保留34%股权，集团公司获得速递易的控股权。收购速递易，使中国邮政快速实现物流智能化终端的战略布局，提升中国邮政寄递翼的核心竞争力。(中邮资本管理有限公司)

财务管理

【概述】

1. 推进零基预算管理。经过各级财务人员的努力，零基预算理念不断深化，重点成本费用得到有效控制，进一步完善以利润为导向的财务管理体系，企业效益得到显著提升。

2. 深化资金管理。财务部进一步深化全网资金收支两条线集中管理，重点解决了部分省分公司资金池外资金存量大、银行账户管理不规范、资金支付控制不科学、个别单位出现顶点账户透支、风险防控意识薄弱等问题。集团公司强化资金需求预测，努力拓宽融资渠道，确保经营发展、能力建设和集团战略对资金的需求。

3. 深化集中核算。结合省分公司推进集中核算存在的问题，集团公司印发《关于进一步完善和深化省级会计集中核算的通知》（中国邮政〔2017〕268号），从实现集中核算全覆盖、实行自动派单、强化会计监督、加强队伍建设等方面，对完善和深化省级会计集中核算提出了具体要求，并进一步完善了报销报账系统功能。省分公司基本实现“核算人员项目化、派单随机化、流程标准化”的要求，核算中心集中管控作用愈发明显，深入业务前端，把控风险前移成为常态。

4. 加强资产管理，防止国有资产流失。

（1）加强邮政企业房屋土地资产出租管理。财务部组织开展了全系统房屋土地资产出租自查自纠工作。下发了《关于进一步加强邮政企业房屋土地资产出租管理的通知》（中国邮政〔2017〕674号），要求各单位要进一步重视房屋土地资产出租管理工作，明确机构和人员职责，严管出租行为，防范廉政风险。

（2）开展在建工程清理及转固工作。印发《关于督促做好在建工程转列固定资产工作的通知》（中国邮政〔2017〕263号），进一步明确建设项目的转固时点及条件，要求各单位对在建工程开展集中清理，符合转固条件项目加紧进行转固，并对在建项目规范管理及停缓建项目清理提出了要求。

（3）强化资产处置评估结果的审核。先后印发《中国邮政集团公司资产评估管理办法》（中国邮政〔2014〕292号）、《中国邮政集团公司资产盘活管理办法》（中国邮政〔2015〕318号）、《关于进一步加强邮政企业资产处置管理工作的通知》（中国邮政〔2015〕646号）等管理规定，在规范各单位资产处置管理的基础上，集团公司加强了对各单位上报处置资产评估结果的备案审核。

5. 推进ERP建设。财务部集中力量推进ERP财务相关模块建设，强化ERP应用。基本完成ERP全模块建设，ERP系统覆盖的财务管理范围继续扩大。建立配套的ERP应用管理制度，主动引领ERP应用。各级财务部门利用ERP数据集成优势，进行了多方面的积极尝试。

6. 完善结算体系，推进责任中心损益核算。财务部一方面调整优化了责任中心专业属性划分方案。另一方面完善包裹快递业务结算政策。此外，探索推进中心局向利润中心转型。财务部门会同网运部门共同推进了中心局向利润中心转型工作。一是在现有结算体系基础上构建中心局利润模型，用于各中心局间横向比较评价；二是探索以边际成本为基础，构建中心局利润改善评价模型，主要用于评价某个中心局自身纵向比较利润改善情况。

7. 强化经营分析。按照集团公司领导有关要求，财务部门不断强化经营分析，特别是对重点事项和突出问题进行专项剖析，2017年重点对营销费用标杆变动情况和部分省公司利润异常波动进行了持续关注。完成了一系列的经营分析报告，同时强化与业务部门的协作，梳理统计指标取数口径和流程，夯实了统计数据基础。

8. 加强直属机关财务管理。集团公司在设立直属单位会计处的基础上，按照“接收—规范—管控”分阶段重点实施、分步骤有序推进的部署，明确集团公司财务部与相关直属单位的财务管理和会计核算职责划分，稳步推进对费用型直属单位的财务集中管理工作，顺利完成了文史中心、信息技术局等6个费用型直属单位的财务管理和会计核算职能的移交。

9. 配合国家有关部门完成重点工作。集团公司配合国家有关部门完成了以下几项重点工作。一是积极配合审计署对中央预算内资金审计，对存在的问题做到了即查即改、建章立制，审计部门较为认可。二是强化与交通运输部、国家邮政局沟通，就邮政领域主要事权划分事项取得一致意见，完成了财政部委托的《邮政领域中央与地方财政事权和支出责任划分改革方案》。三是积极向财政部、国税总局、工商总局等国家管理部门汇报，就财政补贴、公司制改制、免税政策等具体事项充分进行沟通，取得理解。四是配合财政部预算评审中心对邮政普遍服务补贴项目中期评估和建制村直接通邮项目评审，财务部牵头，市场部和邮政业务局共同配合，做了大量的解释沟通工作，得到相关专家和领导的理解，取得了较好效果。

10. 强化党风廉政建设，提升财会队伍素质。各级邮政企业财务部门按照本单位党组（党委）对党建工作的总体部署，认真组织开展各项活动、各项工作，落实推进“两学一做”学习教育常态化、制度化，组织开展“党风廉政宣传教育月”活动，着力改进财务部门工作作风，较好地完成了各项党建工作任务。党的十九大召开后，各级财务人员深入学习贯彻习近平新时代中国特色社会主义思想和新党章，全体同志的思想素质和政治素质进一步提升，规矩意识和严格执纪意识进一步提高，廉洁自律的自觉性进一步增强。同时，财务部十分注重财会人员业务素质提升，组织了全国邮政高级财务管理人员培训班、会计领军人才培训班，以及多项具体业务培训班；组织会计领军人才对企业改革与创新中的热点问题进行了研讨，采取多种方式开展财务会计人员学习交流。（财务部　鲁韶菲）

【强化经营分析和统计基础管理】 财务部相继完成《2016年世界前5位邮政公司经营发展基本情况分析》《2017年财富世界500强情况暨中国邮政位次变化情况简要分析》《快递行业50强城市发展情况分析》等，为集团公司领导提供决策支持。强化与业务部门的沟通协作，梳理了统计指标取数口径和流程，统一组织开展统计检查，加大对邮路、道段、网点、通邮率等重点指标核查力度，进一步夯实了统计数据基础。（财务部　鲁韶菲）

【ERP财务模块建设】 基本完成ERP全模块建设，ERP系统覆盖的财务管理范围继续扩大。在总账、资金、资产等模块已上线应用的基础上，全力推进了管理会计分摊、业务资金清分、预算控制及分析、合并报表和统计等管理分析类模块功能的上线应用，同步推进了各业务生产系统收入、成本、资金、应收、应付、内部往来和业务量的业财集成，初步构建起投资到资产、采购到付款、销售到收款、核算到报告四大流程体系。建立配套的ERP应用管理制度，主动引领ERP应用。配合ERP各模块的建设和业财一体化工作的开展，同步制定《ERP财务应用指引》《ERP财务数据分析指引和ERP财务系统操作规范》《ERP预算应用指引》等一批制度规范，为各级业务部门和财务部门规范应用ERP开展生产和管理活动提供了制度保障。各级财务部门利用ERP数据集成优势，在分析应用、服务经营管理等方面进行了积极探索尝试。（财务部　鲁韶菲）

【调整优化责任中心专业属性方案】 适应经营组织架构改革需要，调整优化责任中心专业属性划分方案。集中组织对机构、人员、资产等主数据的专业属性信息进行了重新标识；对与管理会计系统相关的22个外围业务系统数据接口规范进行了更新维护；对管理会计系统的分摊流程进行了完善调整，增加了“国际终端费、广告费、业务宣传费、客户服务费”等核算科目的专业、环节校验规则；搭建由业务到具体专业的两级分析体系，有效支撑了省分公司按照新的经营组织架构进行业务分析和考核工作。（财务部　鲁韶菲）

【拓宽融资渠道】 财务部强化资金需求预测，努力拓宽融资渠道，确保经营发展、能力建设和集团战略对资金的需求。一是进一步密切与商业银行合作，全年新增商业银行授信额度超千亿元；二是择机发行了公司债券和超短期融资券，每期价格均为同期市场最低水平，为集团公司树立了良好的资本市场形象，并荣获2017年度上海证券交易所“公司债券优秀发行人”奖；三是积极开展企业债券融资研究，经国家发改委核准，集团公司可在2018年和2019年发行中长期企业债券，此事项在多个方面获得突破，被誉为国家发改委贯彻十九大精神支持实体经济首单创新企业债。（财务部　鲁韶菲）

【零基预算方式核定邮政公司利润目标】 按照《关于推进零基预算工作的指导意见》（中国邮政〔2016〕533号），以收入预算为起点，采用业务事项驱动的零基预算模型和成本费用标杆体系，遵循保持先进、对标优化原则安排各项成本费用预算，集团公司依此核定下达年度各省分公司利润预算目标。同时，与零基预算配套，集团公司出台了利润上缴政策、工资激励政策，以及领导班子成员效益贡献奖管理办法。（财务部　鲁韶菲）

【营销费管控】 财务部印发《关于加强营销费用核算和管控有关问题的通知》（中国邮政〔2017〕365号）和《关于明确营销费用上限控制标准的通知》（中国邮政〔2017〕659号）等文件，进一步明确营销费用核算内容和各类业务营销费用上限控制标准，要求各单位准确清分归集专业营销费用，强化营销费用管控，加强营销费用检查和分析评价，引导基层单位规范、合理、高效地配置营销费用资源，促进业务发展提质增效。各省分公司积极采取有效措施，营销费用持续增长的态势得到了遏制。（财务部　鲁韶菲）

【完善包裹快递业务结算政策】 结合新《邮政普遍服务标准》实施和资费政策变化情况，调整了国内普通包裹省际处理费的结算价格；结合运行成本的季节性因素，调整了寄往西北和东北地区快递包裹冬季结算价格；结合北京投递人员阶段性紧缺等因素，调整寄往北京地区的快递包裹结算价格；同时，优化集包分送结算数据计算办法，增加分客户结算支出的统计功能，为经营发展提供了有力支撑。（财务部　鲁韶菲）

【邮储银行河北省分行自主研发上线会计稽核报表管理系统】 3月16日，秦皇岛市分行自主创新开发并上线会计稽核报表管理系统。该系统根据会计稽核积分考核评分标准实际操作需求，通过对公司、个人以及机构原始报表数据管理、原始报表的导入、系统数据分析，进而将考核指标相关数据按照需求自动生成报表。此系统的成功上线，

使稽核报表生成由 1 周缩短到 5 分钟，会计稽核报表准确率得以保证。（邮储银行河北省分行）

采购管理

【概述】 全网采购项目 7419 个，合同金额 176.03 亿元，资金节约率 8.60%，其中集团项目 59 项，合同金额 31.63 亿元，资金节约率 12.24%。

1. 全网采购组织体系建设取得重要进展。集团公司两次下发文件推动各省分公司贯彻集团经营组织架构改革精神，落实机构设置和人员配置要求。截至 12 月 31 日，31 个省分公司全部设立挂靠办公室的采购中心，配置专兼职人员 126 人，工作关系进一步理顺，管理力量得到加强。

2. 采购管理规范化水平得到提升。

（1）完善规章制度。围绕科学合理、务实管用、便于执行的目标，全面启动了制度办法和流程的修订工作，启动《中国邮政集团公司采购管理办法》等 3 项制度修订工作，拟定了采购文件和合同模板。

（2）实现采购需求归口管理。建立 ERP 线上线下相结合的采购需求提报和审批流程，与信建部密切沟通配合，共同规范需求提报和技术规范审核等，消除了采购需求多头提报、重复提报、内容不完整和漏报等现象，促进了技术规范质量的提升。

3. 采购工作效率稳步提高。

（1）加强各环节监控管理。与有关部门密切协同，把控需求计划、技术规范、会签审批、实施执行、供应验收、财务结算等主要节点时限，主动沟通，前置服务，压茬进行，项目实施时间得到缩短。

（2）开展作风建设活动。通过对采购全环节全流程的剖析诊断，在相关部门的支持配合下，对影响效率的采前采后审批流程、合同审批流程、统谈分签统付流程等进行整合优化，减少部分采后结果的总经理专题会议，取消部分重复的采后签报，缩短采后审批时间 1 周以上，部门权责更加清晰，采购流程更加高效。

4. 采购信息平台建设有序推进。

（1）组织针对 ERP 系统采购模块的功能完善和流程优化，加强日常系统运行监控和应用数据分析，提高了系统应用水平。

（2）按照“互联网 +”招标采购与供应理念，推进电子采购与供应平台建设研究，形成建设包含门户网站、电子招标、采购与供应等功能的建设方案，将实现各类采购方式的在线交易，提供在线监督，实现低值 / 标准化消耗品线上供应。

5. 全网采购管理培训与监督检查工作深入开展。集团公司组织开展专项检查、专题调研以及全国采购中心负责人与供应管理培训等活动，形成了加强直属单位采购管理工作的思路举措，促进巡视反馈等问题的整改。邮储银行完成 36 家分行的轮训，并实现业务检查的全覆盖；中邮保险对 19 家分公司开展赴总部跟岗培训。通过多措并举，提升各级采购部门和人员的规范意识和实操水平。（采购管理部　杨天志）

【集团公司对各省（区、市）分公司采购中心人员配备作出规定】 为进一步加强集中采购管理，切实保障工作开展，8 月，集团公司印发《关于进一步做好省（区、市）分公司采购中心人员配备的通知》（集团编办〔2017〕11 号），决定根据经营规模，统一明确省分公司采购中心人员编制标准下限，即年业务收入规模 40 亿元及以上的不少于 5 人，年业务收入规模不足 40 亿元的原则上不少于 3 人。各分公司可根据本单位实际，在此基础上适当调增采购中心人员编制，保障全省集中采购工作力量。同时，要求集团各控股子公司，参照集团公司关于省分公司采购人员配备的要求，明确所属省级分支机构采购人员配备标准，进一步加强集中采购管理力量。（采购管理部　杨天志）

【邮储银行供应商后评估工作】 2015—2017 年，邮储银行通过建立供应商后评估管理机制，组织供应商后评估 1072 家次、涉及供应商 540 家，初步形成供应商闭环管理体系。一是梳理供应商分类，制定后评估标准。按照采购内容将供应商分 26 大类、109 个小类，对应编制 26 类考评细则，组织需求等相关部门进行评估。并广泛征求意见逐年进行后评估标准的修订。二是开发建设供应商后评估系统。将供应商信息、供应商分类、考评细则等内容导入到系统中，参与评分的单位在系统中对本部门涉及的供应商以及评分项进行后评估评分。系统对后评估评分的结果进行汇总、排名等分析统计。三是推进后评估结果应用。将供应商后评估的结果应用于采购项目评标打分、合同执行等环节。比如，评估评分的结果应用于 IT 及网络设备集中采购、全行 PC 电脑集中等采购项目；在 IT 及网络设备订单执行过程中，根据后评估结果动态调整入围厂商的订单份额。四是组织供应商整改，提高供应商服务质量。召集相关问题供应商及相关使用单位举行整改工作会，向供应商提出整改要求，3 年整改供应商 79 家。通过供应商后评估工作的开展，真实、客观地掌握供应商履约情况，督促问题供应商及时整改，为业务的快速发展提供强有力的支撑和保障。（采购管理部　杨天志）

审计监督

【概述】

1. 印发全国邮政审计工作要点。对全国邮政审计工作进行安排部署，明确年度审计工作内容和要求，对重点开展的各类审计项目、ERP 审计系统运用，以及队伍建设、审计整改督办机制等审计管理工作进行了具体部署。

2. 开展财务收支审计。完成 5 个省邮政分公司和 6 个省速递物流分公司财务收支审计，发现收入、成本计列不真实、不准确等问题，有效支撑集团公司利润为导向的激励和绩效评价机制。

3. 开展成本费用审计及调研。对中邮证券总部，以及 6 个省邮政分公司开展成本费用审计，对 9 个省（市）邮政分公司 2016 年成本费用列支情况进行实地调研，揭示核算和管理中存在的突出问题。

4. 开展经济责任审计。组织完成 9 个单位领导人员经济责任审计，重点关注领导人员执行“三重一大”集体决策制度、中央八项规定精神及集团公司党组二十条实施意见等方面的情况，切实强化权力监督、推动履职尽责。

5. 开展工程审计。继续加强集团直管工程决算审计，完成集团直管基建和技改类工程项目决算审计 44 个，结算审减率 14.74%。对 11 个邮件处理中心工程开展全过程跟踪审计，对 11 个省分公司中央预算内资金项目工程审计质量进行抽查，对委托中介机构审计的 3 个集团直管项目的审计质量进行检查。

6. 开展业务审计和专项审计调查。

（1）围绕重点费用，组织各省邮政分公司、邮储银行、速递物流、中邮保险和中邮证券，对 2017 年营销费开展专项审计。进一步严肃财经纪律，规范营销行为，促进企业提质增效。

（2）联合邮储银行审计局，对邮储银行总行金融市场部和资产管理部的投融资业务进行审计，指明风险隐患，推动业务合规管理。

（3）对 3 个省邮政分公司开展代理金融业务风险防控审计，提出审计建议，促进代理金融业务健康发展。

（4）对 5 个省邮政分公司开展“两包”业务效益调查，为领导决策提供依据。

（5）联合财务部、邮务局、国际寄递业务组，完成对国际函件业务收寄、封发、转运、出口以及航空运费采购、审核、结算等环节的审计工作。

（6）对信息技术局 2016 年 66 个运行维护外包项目和 25 个系统建设项目的采购、合同、实施进行审计，对 2016—2017 年完成的 31 个决算审计项目进行检查，推动信息局科技外包项目规范管理。

（7）开展集团公司培训中心技能竞赛等 5 项工作经费补贴审计，确保补贴资金使用真实合规。

7. ERP 审计系统推广上线。ERP 审计系统于 2 月在全国推广上线。审计项目组多措并举积极推广，及时收集使用中存在的问题，持续优化和完善系统功能。

8. 参加各类专项工作。选派业务骨干 17 人次，参加集团公司党组 3 批巡视工作。派专人全程参与文史中心资料票专项检查。配合邮票发行部、监察局等部门参加稽核检查工作。配合审计署做好 2016 年度预算执行等情况审计工作。抽调业务骨干参加审计署审计项目。

9. 树立内部审计良好形象。在中国内审协会开展的“2014 年至 2016 年全国内部审计先进集体和先进工作者评选表彰工作”中，邮储银行审计局等 5 家单位、集团公司审计局贺玉焕等 5 名同志，分别荣获“全国内部审计先进集体”和“全国内部审计先进工作者”荣誉称号。参加中国内审协会组织的审计理论研讨，向中国内审协会推荐 5 篇参加评选，其中 3 篇获得提名奖。

10. 打造高质量审计队伍。在南京审计大学举办 2017 年邮政审计处长培训班，促进审计领导人员开阔视野，拓展工作思路。选派部分省分公司审计业务骨干参加中国内审协会、国家会计学院等外部机构组织的培训班，拓展视野、提升技能，逐步培养审计内训师队伍，带动提高邮政内部审计人员业务水平。建立工程审计、经济责任审计和财务收支审计业务研讨群，引导审计人员进行业务研究，提高专业水平，将能力提升渗透始终。

11. 强化党支部建设，充分发挥战斗堡垒作用。建立健全规章制度，深入推进“两学一做”学习教育常态化制度化。按照集团公司党组统一安排，开展加强和改进总部机关作风建设专题活动。认真学习贯彻党的十九大精神，组织专题学习，邀请党校讲师解读党的十九大精神，以“每日问答”方式学习新党章。严格和规范党内生活，不断加强和改进支部党的建设，开展“一名党员、一面旗帜”评优争先活动，用身边事教育身边人，发挥党支部战斗堡垒作用和党员先锋模范作用。丰富学习宣传手段，打造支部党建工作品牌。（审计局）

【开展跨年财务收支审计】 审计局对 5 个省邮政分公司和 6 个省速递物流分公司开展财务收支审计，揭示管理中的薄弱环节。通过 4 年连续开展跨年财务收支审计，各单位财务状况得到较大改善，各级领导对收支真实性重视程度越来越高。（审计局）

【开展 2017 年成本费用审计】 10 月，审计局对中邮证券总部，以及 6 个省邮政分公司开展成本费用审计。重点关注广告费、客户维护费、业务宣传费和代办费、外包费、

业务材料用品等重点成本项目，促进各单位规范核算，真实反映企业经营成果。（审计局）

【经济责任审计深度加大】 审计局完成9个单位领导人员经济责任审计，重点关注执行“三重一大”集体决策制度、中央八项规定精神及集团公司党组二十条实施意见情况，落实巡视发现问题整改情况，着重检查领导人员薪酬发放、“三公”经费使用及以往审计发现问题整改落实等方面的情况，切实强化权力监督、推动履职尽责。（审计局）

【工程审计力度加大】 审计局在4个方面持续加大工程审计力度，一是继续加强集团直管工程决算审计，完成集团直管基建和技改类工程项目决算审计44个，结算审减率14.74%。二是对11个邮件处理中心工程开展全过程跟踪审计，审计覆盖建设项目全过程，及时纠正偏差，有效控制工程造价。三是对11个省分公司中央预算内资金项目工程审计质量进行抽查，对3个集团直管项目的中介机构审计质量进行检查，规范委托中介机构审计工作。（审计局）

【组织开展邮政全行业营销费专项审计】 10月起，审计局组织各省邮政分公司、邮储银行、速递物流、中邮保险和中邮证券，对营销费用开展专项审计。各单位自审的同时，审计局及各板块总部同步开展抽审工作，进一步严肃财经纪律，规范营销行为。（审计局）

【对净利润下降较大省份展开联合调研】 2月，审计局与财务部、邮务局组成联合调研组，对9个省分公司成本费用列支情况进行实地调研，重点关注工资、业务宣传费、修理费、资产报废损失、劳务承揽和外包费等方面，纠正核算和管理中存在的突出问题。（审计局）

【2016年快递包裹和国际小包损益审计调查】 2016年10月至2017年1月，审计局对5个省邮政分公司开展“两包”业务效益调查，重点关注提供增值服务、支付国际小包预处理费、提供资费优惠等方面，基本弄清“两包”业务效益状况，为领导决策提供依据。（审计局）

【开展信息科技外包管理审计】 1—4月，审计局对信息技术局2016年66个运行维护外包项目和25个系统建设项目的采购、合同、实施进行审计，对2016—2017年完成的31个决算审计项目进行检查，推动信息局科技外包项目规范管理。（审计局）

【集团公司培训中心技能竞赛等5项工作经费补贴审计】 11月，审计局联合人力资源部及机关服务中心，对集团公司培训中心5项工作的经费补贴进行审计，确保补贴资金使用真实合规。（审计局）

【邮储银行总行投融资业务合规性审计】 3—5月，审计局联合邮储银行审计局，对邮储银行总行金融市场部和资产管理部的投融资业务进行审计，揭示未建立部门用印管理制度、未及时修改完善授信额度占用、合同法审、划款操作、利息调整、档案资料留存等相关业务制度、未制定投后管理考核办法、未集中管理账户资料等方面的问题，指明风险隐患，推动业务合规管理。（审计局）

【审计局建立审计业务研讨群】 审计局建立工程审计、经济责任审计和财务收支审计业务研讨群，由局内业务骨干担任群主，引导全国邮政审计人员进行业务研究，提高专业水平。围绕内部审计工作实际，累计编发《邮政审计信息》5期。天津、山西、内蒙古、黑龙江、江西、山东、河南、湖北、湖南、海南、重庆、贵州、陕西等省分公司撰写并提供优秀素材，展示审计风采，交流审计经验，为各单位审计工作提供借鉴。（审计局）

纪检监察

【概述】

1. 从严治党。深入学习贯彻党的十九大精神和习近平总书记系列重要讲话精神，在思想上政治上行动上同以习近平同志为核心的党中央保持高度一致，做到融会贯通、知行合一。认真贯彻落实十八届中央纪委七次全会精神和集团公司党建工作会议精神，召开集团公司2017年纪检监察工作会议，对邮政系统纪检监察重点工作进行部署，与二级单位纪检组组长（纪委书记）签订落实全面从严治党专责监督责任书。党组纪检组现场听取41个二级单位的纪检组组长（纪委书记）述职。

2. 加强教育监督。坚持逢提必谈、逢提必考，党组纪检组对33名新提任二级领导进行任前廉政谈话同时开展廉政考试。按照中央纪委要求，严把政治关和廉洁关，回复地方人大、政协征求领导干部廉政情况意见21件，征求领导干部廉政情况意见201件，机关党委换届、支部改选征求意见260件，领导人员因私出国征求意见31件。组织开展“党风廉政宣传教育月”活动，进一步强化党员干部党性观念和纪律规矩意识。坚持用“身边事”“身边案”教育身边人，编印《邮政案例教育读本（五）》，充分发挥反面教材的警示教育作用。

3. 持续深入抓好中央八项规定精神落实。在重要时间节点不松劲、不懈怠，向全系统印发通知，严查隐形变异

"四风"问题，防止反弹回潮。认真落实中央八项规定及实施细则精神，将系统内公务接待不喝酒作为铁的纪律和规矩，严格执行落实。7月，在全国各级邮政企业开展违规公款购买消费高档白酒问题集中排查整治工作，全系统排查问题线索1523件（含中央纪委转来的262件），给予党政纪处分3人，通报批评4人。全系统给予违反中央八项规定精神责任人员党政纪处分40人，组织处理50人，对11起违反中央八项规定精神典型问题进行通报曝光。

4. 实现"三年巡视全覆盖"目标。党组纪检组协助党组分3批对10个省（区、市）邮政单位、4个控股子公司总部和4个直属单位46个邮政企业单位开展巡视监督，并对广西区、云南省6个邮政企业单位开展巡视"回头看"。

5. 对违反党规党纪和腐败问题"零容忍"。全系统纪检监察机构收到来信3365件（其中业务范围内3063件，初次举报2095件），查处各类违规违纪案件187件，给予党政纪处分351人。其中，党组纪检组直接初核95件，约谈3人，函询26人，诫勉谈话1人，提醒谈话11人，对10名领导人员的违纪问题立案调查，责成相关单位对8名领导人员的违纪问题立案调查，给予相应党政纪处分。全年通报违纪案件13起，涉及领导人员17人，其中二级领导人员3人。

6. 强化监督检查。参与"三重一大"决策制度的修订，并对二级单位的"三重一大"决策制度审核把关，强化监督检查，督促基层单位严格执行落实。认真开展采购监督，修订《邮政企业监察机构采购监督办法》，对集团公司62个采购项目、380份合同实施程序监督，提出流程改进意见及优化方案。开展效能监察，督导全系统开展房屋土地资产租入租出效能监察工作，收回欠缴租金、押金、保证金等7067万多元，调整不合理价格避免损失602万多元，规范合同文本8679个，完善制度208个。推进廉洁风险防控，实现管理岗位全覆盖，开展对河北等10省（市）62家邮政企业单位的调研督导，编制《廉洁风险防控知识手册》，指导推进基层廉洁风险防控工作。

7. 加强自身建设。邮政企业各级纪检监察干部积极参加"两学一做"学习教育，践行"打铁必须自身硬"要求。落实提名考察制度规定。党组纪检组会同党组组织部对新提任4名纪检组组长（纪委书记）、6名纪检组副组长（纪委副书记）进行了提名考察。发挥派驻派出机构监督作用。派驻控股子公司纪检组认真发挥监督职责，完善工作流程和内控制度建设。北京、南京、成都3个分组（局）选派49人次参加集团公司巡视，多次参与信访核查，同时加强对联系单位的检查指导。加强制度机制建设。研究制定集团公司所属单位纪检组组长（纪委书记）履职专项考核办法，结合邮政企业实际编印《信访和纪律审查工作手册》。提高纪检监察干部政治素质和业务能力。对省级邮政单位纪检组组长（纪委书记）、监察室主任、纪检监察干部、地市邮政分公司纪委书记520人进行了集中培训，15人次参加中央纪委举办的培训班。（纪检组监察局）

【纪检监察工作会议】 2月16—17日，集团公司召开2017年党的建设暨纪检监察工作会议，深入学习贯彻习近平总书记系列重要讲话精神，全面贯彻落实十八届六中全会和中央纪委七次全会精神，总结2016年邮政系统党的建设主要工作，部署2017年邮政企业全面从严治党工作。（纪检组监察局）

【巡视工作】 按照集团公司党组工作部署，分三批对北京市、天津市等10个省（区、市），邮储银行、速递物流、中邮保险、中邮证券4个控股子公司总部和邮票印制局、广告传媒、数据中心、软件开发中心4个直属单位46个邮政企业单位开展为期40天的巡视工作，并对广西区、云南省6个邮政企业单位开展了巡视"回头看"。3批巡视向被巡视单位反馈主要问题702个，清退各类资金1133.35万元；给予党政纪处分66人次，诫勉谈话72人次。（纪检组监察局）

【纪检组监察局下发《关于深入开展"党风廉政宣传教育月"活动的通知》】 5月15日，纪检组监察局下发《关于深入开展"党风廉政宣传教育月"活动的通知》（中国邮政党组办发〔2017〕19号），要求各级党委（党组）以"学《准则》《条例》，推动全面从严治党向纵深发展"为主题，通过集中开展党风廉政宣传教育活动，发挥宣传引导和警示教育作用，增强广大党员干部的纪律规矩意识和廉洁从业意识，巩固"不敢腐"、深化"不能腐"、营造"不想腐"，推动全面从严治党各项要求落到实处。（纪检组监察局）

【纪检组监察局印发《关于开展问题线索"大起底"工作的通知》】 5月31日，纪检组监察局印发《关于开展问题线索"大起底"工作的通知》（纪监函〔2017〕6号），对党的十八大以来反映领导人员问题线索的处置情况进行再次梳理，重点是"暂存类"问题线索，对已经具备初核条件的应尽快开展初核，对带有苗头性、倾向性、一般性的问题及时谈话函询，对反映的问题失实或无可能开展核查工作的及时予以了结，力争做到"零暂存"。（纪检组监察局）

【纪检组监察局下发《关于开展房屋土地资产租入、租出效能监察工作的通知》】 7月3日，纪检组监察局下发《关于开展房屋土地资产租入、租出效能监察工作的通知》

（监察简函〔2017〕2号），要求各单位在开展房屋土地资产出租自查自纠的同时，举一反三，对租入情况同时进行清查，发现问题及时纠正，防范廉洁风险。（纪检组监察局）

【违规公款购买消费高档白酒问题集中排查整治工作】 7月31日，集团公司党组召开违规公款购买消费高档白酒问题集中排查整治工作电视电话会议。集团公司党组成员、副总经理李丕征讲话，集团公司党组成员、纪检组组长孙国栋就违规公款购买消费高档白酒问题集中排查整治工作进行安排部署，集团公司党组成员、副总经理张荣林主持会议。8月14日，纪检组监察局印发《关于开展违规公款购买消费高档白酒集中排查整治抽查工作的通知》（纪监函〔2017〕11号），派出2个检查组，对河北、上海、江西、山东省（市）邮政企业和石邮学院、上海研究院等34个单位贯彻落实集中排查整治工作的情况进行抽查。9月18日，纪检组监察局向中央纪委党风政风监督室报送《关于开展违规公款购买消费高档白酒问题集中排查整治工作情况的报告》。全国邮政企业排查问题线索1523件，查实或基本查实51件，查否1472件，给予处理人数（含单位数）12人，给予党政纪处分3人。8—9月，纪检组监察局对中央纪委转办有关违规公款购买消费高档白酒问题线索的初核情况进行复核，发现邮储银行浙江省分行存在违规购买消费茅台酒的问题，且在自查和调查过程中弄虚作假、隐瞒事实等问题。11月，经报请集团公司党组研究同意，责成邮储银行党委给予浙江省分行党委书记、行长马洪宁党内严重警告处分，给予该行党委委员、纪委书记陈雪华党内警告处分，责成邮储银行浙江省分行给予直接责任人办公室主任赵啸红党内严重警告、行政记大过处分，并免去其党内外职务。（纪检组监察局）

邮政科技

【概述】

1. 固定资产投资管理水平

（1）邮政固定资产投资管理工作水平提升。固定资产投资预算213亿元，实际安排188亿元。其中集团总部和省分公司预算84.2亿元，实际安排84亿元。

（2）争取中央预算资金支持。邮政普遍服务项目总投资12亿元，争取到中央预算内资金5亿元。邮政服务“三农”项目继续争取国家财政资金支持，总投资2亿元，争取到中央财政资金1.5亿元。

（3）全国中央预算内资金项目管控能力。一是做好项目建设条件预先核实审定。二是对进展相对落后的十个省分公司实现了专项现场督导全覆盖。三是加强考核，将项目执行情况纳入对地市分公司领导班子绩效考核指标，层层传导压力。四是完善投资闭环管理机制。“十二五”期间普遍服务、机要通信和邮政服务“三农”项目基本完成；2016年普遍服务和邮政服务“三农”项目开工率均在90%以上，完工率在80%左右；2017年普遍服务和邮政服务“三农”项目开工率均在70%以上。

2. 加强新技术的应用研究

（1）开展科技表彰活动，营造良好科技创新氛围。组织召开中国邮政科技表彰大会，表彰中国邮政集团公司科学技术奖“逻辑集中工程”等44个获奖项目，30个优秀科技团队、30名突出贡献科技工作者、120名优秀科技工作者。组织2017年集团科技创新成果评选工作，评选出科技创新成果奖一等奖9项、二等奖20项、三等奖30项，小技改、小发明奖30项。

（2）建设创新平台，推进基层创新。牵头组织“双创”体系构建，组织制定相关方案及办法，完成集团公司“云创平台”的搭建。

（3）加强新技术和软科学应用研究。加强新技术的应用研究。自主研发的AGV包件分拣系统、矩阵式分拣、摆臂分拣等科技成果已在武汉、浙江、青岛等邮政处理中心应用；自动卸车技术、供件机械臂、单件分离技术、摆轮转向技术等项目取得阶段性研发成果；邮政自助收寄设备等终端设备研制成果并试点应用。开展“中国邮政干线网和投递网发展与建设规划”“邮政专营和普遍服务保障性研究”等软科学项目的立项研究。

（4）加强顶层设计，完善科技创新的长效机制。编制《“十三五”科技创新发展规划》；推进集团公司科技创新实验室的建设。

3. 实物网建设

（1）强化统筹规划，网络布局更加合理。寄递网骨干节点在资源整合的基础上布局进一步优化。征地和土建工作持续推进。立项建设了西安、合肥、哈尔滨陆运中心、哈尔滨航空中心、苏州、南通、沈阳等7个新型模块化、标准化的邮件处理中心。确定兰州、锦州、徐州、成都航空、潍坊、烟台等6个处理中心征地地块，开展可研编制工作。启动长沙、东莞、连云港等3个项目征地。

（2）强化处理能力建设，寄递网能力提升进一步加速。推进重点项目工艺系统建设，寄递网处理能力大幅提升。立项建设40个陆运网处理中心工艺项目，其中省会城市（含直辖市）邮件处理中心19个，非省会二级邮件处理中心21个。共配备2套双层分拣机、1套单层+小件分拣机、2套矩阵+简易分拣机、35套胶带处理系统。陆运网新增日处理能力1121万件，航空网新增处理能力216万件，全面超过2015年、2016年两年能力增加的总和即1008万件。经过近几年的建设，寄递网总处理能力日均3653万件，其中陆运网处理能力2289万件，航空网处理能力1364万件。

（3）优化建设理念，改善全网运行弹性。2017年建设的中心局不仅重视省会中心局建设，而且对浙江、山东等重点地区的非省会二级局加大建设投入。

（4）优化工艺流程，处理效率大幅提升。提出网络组织扁平化、小件集包作业、增强进口分拣深度的流程优化改进措施。增加矩阵分拣、小件分拣机等多种工艺流程方案。

（5）优化设备配置，投资效益进一步提高。增加了矩阵和胶带分拣、集包处理分拣等多种工艺方案。13个非省会中心局处理能力要求超过每天30万件。节省工艺系统投资约6亿元。

（6）优化建设管理，建设效率进一步提高。在陆运网建设和工艺改革技术路线确定后，并行、高效地开展各阶段可研和建设审批工作。除潍坊（场地未租）以及哈尔滨、福州、上海3个规模较大项目外，其余35个项目全部按计划在业务高峰前形成能力并投入使用。

（7）强化终端设备能力建设，保障业务和生产需要。继续强化终端设备能力建设，统筹审定全国终端设备配置需求。完成8144台ATM/CRS等自助存取款设备、308台邮资机、50739台WIN终端、17003台代理金融自助设备、22327台商易通、2894台POS机、3602台纸币清分机、12445辆电动三轮车、1991辆区内邮路及投递车辆、686辆干线车辆、2848辆普服车辆、489辆“三农”车辆的集中采购。

（8）加强组织保障，确保旺季生产顺利进行。针对“双十一”生产高峰期，建立应急预案和保障制度。组织邮政、速递相关部门制定应急预案和保障措施，确保旺季高峰期间全网生产顺畅运行。“双十一”期间分拣设备、信息系统运行情况整体良好，无停机故障、数据延误。

4. 信息化平台建设

（1）全力推进新一代寄递类平台、云平台等核心平台建设。新一代寄递平台。10月在安徽、江苏、陕西完成试点，实现一阶段揽投生产等功能上线，并通过“双十一”旺季高峰考验。12月完成其余28个省的全面推广上线。年初初步完成邮政私有云平台搭建，至12月邮政私有云接近2800台服务器规模。完成CRM实施项目客户管理、客户视图、客户洞察三个模块功能的一阶段开发测试工作。大数据平台工程按期完成平台上线。在线业务平台工程采用外部高水平咨询+自主研发模式建设，按计划完成咨询设计工作。远程集中监控工程实现视频监控、报警联动、应急指挥、值班交接、巡检管理等功能全国推广上线工作。

（2）重点信息系统建设。协同业务平台系统及一体化信息平台中21个信息化项目批复立项，ERP新增功能、OA升级改造等12个项目建设方案通过评审。

（3）加快信息中心机房基础设施改造。完成北京、上海、安徽、广东等8个省（市）中心机房建设改造工程可研；批复河南、福建等8省中心机房工程一阶段设计。从2015年起，安排19个省中心机房改造工程，其中完成15个省工程一阶段设计，5个省中心完成初步验收。

5. 数据管理工作

（1）ERP项目建设。三大板块ERP功能进一步丰富，系统应用全面铺开，截至10月，邮务板块集成收入占总收入比重95%以上，集成的成本费用（含报销报账）占比82%。推进运维体系建设，实现ERP运行管理常态化。建立全国ERP三级运行支持体系。配套集团经营机构改革整体安排，组织完成全国7.5万余机构变更和账务调整，确保数据准确、系统平稳过渡。夯实数据基础，深化数据应用。ERP系统用户数和业务量继续稳步增加，注册用户数达到15万，报销报账用户数46万。截至10月，邮务板块总账凭证量314万张，报销单325.15万张，付款115.83万笔。

（2）强化企业主数据治理。提升主数据管控能力，设置主数据管理岗，建立集团公司和省两级主数据管理体系，确保企业核心数据长期有效。主数据广泛应用于三大板块24个业务系统：组织机构27.9万、客户126万、产品分类285个、供应商38.1万、员工87.4万，建立邮银机构主数据应用索引，实现产品主数据和业务系统明细产品的一致性管理，主数据标准化、一致性逐步得到认可，有效提升系统互联互通效率和数据共享能力。

6. 运维管理工作

（1）运行质量。1—10月，全网故障停机总时长1518分钟，比上年下降74.8%，通过补天平台公布的邮政互联网网站安全漏洞149个，比上年下降18%，及时预警并有效处置2次危害极高的安全风险（Struts2远程执行漏洞和WannaCry勒索病毒），完成“两会”、“一带一路”高峰论坛、党的十九大、“双十一”等重要时期的信息网安全保障工作。

（2）健全运维工作协同机制。梳理各板块信息系统的总部层面管理职责和现场维护职责，明确报告流程、指挥协调和责任担当，重点解决代理金融系统运维管理职责交叉问题。

（3）加强维保服务管理。组织相关专家完成99项维保需求的评审，核减维保需求费用估算1089万元，审减率11.9%。

（4）开展信息网运维考核和劳动竞赛活动。

（5）加大信息安全投入。开展超期服役网络设备更新工程，更换全网228台老旧网络设备。建设集团公司办公网敏感信息识别监控系统。完成27个网站的网页防篡改软件的部署工作。

7. 加强标准化指导

（1）组织审查集团公司技术规范书等工作。归口管理审查技术规范书，审查230项。完成83项集团公司集中采购设备用技术规范书审查工作；组织完成对80项工程建设方面技术规范书、67项运行维护方面技术规范书的评审。

（2）加强制修订标准和标准化指导。组织研究制修订并发布集团公司标准67项。

（3）完成集团公司定额站设立工作。

（4）参与标准制修订，推进标准化技术交流工作。积极参与国家和行业标准的制修订。组织推动制修订《快递封装用品　封套、包装箱、包装袋》等24项国家标准、行业标准化文件；参与邮联信息技术合作机构及.Post工作组相关管理工作。

8. 邮政精准扶贫工作

建设邮乐购站点近200个，投放“三农”类贷款和扶贫担保贷款13866万元。向6352位产业扶贫对象赠送一份“三农”小额保险，提供总保额2.8亿元的人身意外伤害保障、1000万元意外伤害医疗保障。向360户贫困家庭定制发放医疗包。捐资153万元，成立5个专业合作社，带动299户955人增收。开展以干部培训和技术培训为主要内容的多项科技扶贫项目。捐赠45万元，在洛南县的罗坡村等4处建成邮政文化广场，实施基础设施扶贫。

9. 强化基础管理

（1）持续优化建设管理流程，提高工作效率和管理水平。发布《信息系统软件零星维护管理暂行办法》，发布《集团公司直管工程实施细则》，编制邮政信息网省中心机房和实物网邮件处理中心工艺工程的工程设计概要。发布《数据申请管理规范》，编制《知识产权管理办法》，编制《专利管理办法》。

（2）强化监督检查工作。组织开展邮政企业网点形象、便民服务加盟网点形象、快递包裹标签等标准全网执行情况检查工作，组织各板块完成本板块标准执行情况自查工作；组织开展信息安全检查，对邮政重要信息系统开展等保测评和风险评估工作。迎接公安部、银监会、国家邮政局等相关机构检查。加强ERP应用深度，下发《关于促进业财一体化加强在建工程项目数据清理的通知》，梳理在建项目3291项，组织安排全国各单位进行在建工程项目清理。各省平均进度75%。（信息科技与建设部）

【调整机构改革配套系统】 根据集团公司《关于印发省（区、市）分公司经营组织架构改革机构编制设置方案的通知》精神，配合经营机构改革整体工作安排，信息科技建设部组织集团相关部门、ERP项目办公室、集团信息技术局研究制定信息系统配套调整方案。6月14日启动并分三个批次开展全国30省（市、区）的ERP和各生产系统配套调整工作，实施全国7.5万余机构变更和业务、账务调整，信息系统按时、准确完成所有调整工作，系统平稳过渡。（信息科技与建设部）

【CRM系统建设】 6月16日，集团公司CRM项目启动会召开。会议对项目组织架构、实施路径、未来蓝图、工作计划进行部署，明确实施阶段建设内容、工作进度、项目组织架构以及各单位职责。11月15日，完成中国邮政CRM项目一阶段需求规格说明书评审。（市场协同部）

【CRM项目一阶段试点上线准备】 CRM（Customer Relationship Management，客户关系管理）系统整合邮政三大板块五大专业数据，构建统一的客户管理、营销管理、销售管理、积分管理、客户服务等功能，不断促进板块联动，支撑交叉营销，实现集团公司整体价值最大化。对标国内国际一流企业，陆续完成了总体技术架构、一阶段需求规格说明书的确定及评审，组织制定了客户主数据解决方案、金融数据安全解决方案，为各板块客户资源整合，推进客户资源共享和精准营销打下坚实基础。一阶段包括客户管理、客户视图和客户洞察三大模块已在山东开展试点工作，将实施唯一识别三大板块个人和机构客户，构建板块内以及板块间客户画像和客户资源共享能力，为实现邮政业务“以客户为中心、以市场为导向”转型发展奠定基础。（信息技术局　秦佳）

【大数据平台建设】 6月30日大数据平台主体功能上线，平台初步建成。实现23个业务系统3442个接口的每日接入，形成以数据目录为核心的平台数据管理体系；搭建数据分析实验室和省分集群租户环境，为各省大数据分析提供支撑；采用“数据加工流水线”的思路，开展邮件主题集市建设，形成85亿邮件基本信息和810亿邮件处理信息的数据集。（信息科技与建设部）

【大数据分析项目】 完成农村电商、速递极速鲜业务专题对标分析、北上广深航空运载分析等14个大数据分析项目，服务、支撑集团多个板块、单位的生产经营管理。

1. 分析成果落地应用。寄递翼和农村电商的系列分析项目，得到了相关业务部门及集团公司领导的肯定。对跨境包裹KPI指标分析及固化、跨境时限预警专题分析项目作了重要批示，并指出要持续加大对重点业务的数据支撑力度，建立一系列的大数据模型，用数据驱动邮政业务的创新发展。极速鲜大樱桃和北上广深航空运载项目分析成果，得到速递物流公司的高度认可。各相关部门基于专题项目的分析成果，针对存在问题和重点线路，逐项对照数据提出优化改进措施，指导业务的健康发展。此外，快递包裹逾限理赔分析、电商平台卖家信息获取、农村电商热销商品分析等多个专题分析项目均得到了邮政业务局等相关单位的认可，成果已运用于实际经营管理过程，取得了显著的成效。农村电商分析、快递包裹客户分析等5个项目在大数据平台实现固化。业务部门可随时查看分析结果，从而满足不同层面的业务发展需要，持续为经营管理和各级领导决策提供数据支撑。

2. 大数据分析技术。实现多种数据、多种方式的快速获取，获取速度比上年提升至少5倍，获取的数据总量比上年增长10倍。分析技术从描述性分析、诊断性分析为主，逐步向更高阶段的预测性分析、规范性分析转变。同时在自然语言处理、无监督机器学习等前沿热门技术领域均取得创新应用。可视化方式从单机环境下的可视化开发，向基于平台的可视化页面开发转变。运用可视化及开发工具将分析成果直接部署到大数据平台应用页面，实现对外部用户持续访问的服务支持。（数据中心）

【大数据平台工程搭建及主体功能上线】 利用Hadoop技术取代传统数仓，大数据平台实现PB级数据存储，陆续接入网运、邮乐、报刊、投递等22个业务系统数据，不但为数据分析提供了基础平台条件，也为提升数字邮政时代精细化管理和风险管控能力奠定了良好的基础。平台投产运行，实现量收系统从传统数据仓库向Hadoop平台迁移，初步完成领导驾驶舱业务看板的开发，支撑网运时限及作业质量KPI应用，开始向各业务系统提供数据服务。（信息技术局　秦佳）

【中国邮政私有云平台】 在前期与知名IT公司广泛充分交流、研究论证和测试验证的基础上搭建中国邮政私有云平台。云平台采用互联网分布式云计算架构，为中国邮政IT架构由传统架构向云计算架构转变，实现信息资源动态调度和集约化管理打下了坚实的基础。部署2000多个物理节点，有力支撑了新一代寄递业务信息平台全国上线，为CRM等系统建设打下基础，在传统企业关键业务大规模应用云技术方面国内领先。（信息技术局　秦佳）

【主数据广泛应用3大板块】 主数据从数据标准化和一

致性角度对信息系统的主数据进行支撑和约束，保障主数据信息在各个信息系统的一致性。完成新一代寄递类平台、CRM 平台、大数据平台 3 个新建信息系统的部分主数据上线工作，完成对已建信息系统电商平台的客户及机构两项主数据清理上线工作。截至 12 月 31 日，主数据在 3 大板块 23 个业务系统得到应用。（信息科技与建设部）

【ERP 系统一期工程进入扫尾阶段并建立运行支持体系】 加快对财务管理、审计、采购 3 个模块的工程实施，完成财务管理模块预算编制、预算额度管理、管理会计分摊、合并报表等功能的试点及全国应用推广，完成审计模块全国推广及总部上线、完成采购模块计划采购需求功能上线以及建设工程采购管理方案制定和实施，截至 12 月 31 日，一期工程进入扫尾阶段。同时，开展 ERP 运行支持体系建设，6 月 19 日完成《中国邮政 ERP 系统运行支持体系建设方案》制定并印发，根据方案思路，逐步建立 ERP 全国跨板块、跨部门的集团、板块、省三级运行支持体系，截至 12 月 31 日，完成集团 ERP 运行支持中心及 27 省 ERP 运行支持中心架构建设，人员逐步到位，集团 ERP 运行管理常态化。（信息科技与建设部）

【新一代寄递业务信息平台陆续上线】 新一代寄递业务信息平台完成揽收、投递等一阶段功能的全国推广，上线邮政和速递机构 52004 个，机构覆盖率 100%，支撑 1.4 亿邮件的处理，接入移动设备峰值 23 万台，邮务、速递两个板块的核心业务流程基本实现统一，提高寄递业务的核心竞争力，被列入 2017 年中国邮政十件大事。（信息技术局　秦佳）

5 月 30 日，新一代寄递业务信息平台第一阶段功能在安徽省试点上线，11 月份开始全国推广，12 月 30 日完成全国 31 个省份的推广工作。（邮政业务局　刘佳）

10 月 10 日，新一代寄递业务信息平台在陕西省全面上线，该平台上线后会提高邮件处理效率，处理能力将超老系统 10 倍以上，它替换或整合原有邮政的 12 个系统及速递的 18 个系统，实现了系统性能的无限扩展，提升了系统的安全性和可靠性。（陕西省分公司　常雅楠）

甘肃省分公司于 10 月 13 日正式启动该项目，截至 11 月 24 日，该平台一阶段省内上线前期准备工作基本完成。该平台使揽收及投递各环节信息高度统一，客户服务与生产作业无缝衔接，实现邮务速递两个板块使用同一信息系统进行产品、资费、机构、客户、资源同步管理的目标。新平台在操作界面方面更加智能化，操作流程方面更加人性化，为打造甘肃邮政“一体两翼”之寄递翼，引领业务的创新和变革，推动信息技术与企业生产管理和服务的有机融合，全面提升寄递业务信息化水平提供了强大的助力。（甘肃省分公司　李凯）

10 月 18 日，集团公司组织召开了中国邮政新一代寄递业务信息平台一阶段功能上线推广部署动员电视电话会议。集团公司李丕征副总经理，邮政邮务局、网路运行部、信息科技与建设部、国际寄递业务工作组、信息技术局、中国邮政速递物流公司等部门和单位负责人及相关人员在主会场参加会议。（信息科技与建设部）

【省级大数据分析应用落地】 一是注重双向互动，跟进并推动省级大数据工作。截至 10 月，26 个省完成数据中心机构调整工作。调研各省大数据工作开展情况，按照“锻炼队伍、提升能力、量力而行、因地制宜”的实施原则，从决策支持、流程优化、交叉营销、风险管控等四个方面对省开展指导应用工作。收集整理省内数据分析案例，形成案例目录，收集 138 个案例（包含 114 个代理金融案例和 24 个邮务类案例），实现大数据分析应用在全国各省的逐步铺开。二是推进省级成果落地应用工作。调研各省大数据工作开展情况，编制项目复制模板，收集各省自行开展的分析项目，基于业务范畴、分析维度、应用价值等方面，筛选出 7 个分析项目（集团公司邮政快递包裹分析项目、广东保险客户挖掘、四川金融风险排查项目、安徽柜面分流及自助设备布放项目、河南重点报刊项目、广西邮政代理金融余额流失客户分析项目、黑龙江邮政网点道段投递量分析项目）形成模板，在全国范围内推广。（数据中心）

【全国邮政大数据工作研讨会召开】 8 月 10—11 日，全国邮政大数据工作研讨会在北京召开，集团公司李丕征副总经理出席会议。集团公司相关部门和直属单位、各板块（公司）以及数据分析工作开展比较好的省邮政分公司和邮储分行等单位主管领导及部门主要负责同志参加了会议。会议重点围绕大数据发展趋势、工作经验和成果、存在的问题等方面进行专题发言和交流讨论，共同谋划中国邮政大数据的发展蓝图。数据中心介绍《实践承载梦想、创新引领未来，用大数据工作助力邮政企业转型发展》

最大可承重 100 公斤的“橙色金刚”在速递物流华中（武汉）陆运中心正式亮相。（邮政报 / 提供）

《邮政地理信息资源库建设实施方案》；信建部就《集团大数据安全管控与数据协同》进行专题发言；信息技术局介绍《大数据平台的整体建设情况》。邮储银行、速递物流公司、报刊发行局以及北京、四川等省（市、区）就大数据的应用及思考进行专题发言。各单位就大数据工作应用和发展方向、当前迫切的需求、存在的问题和下一步工作建议进行了热烈讨论。李丕征副总经理概括了中国邮政大数据发展情况，分析了当前大数据面临的社会环境形势，指出大数据工作如何把握趋势，用新思维考虑问题，信息化系统建设如何围绕数据为先的理念统筹实施。（信息科技与建设部、数据中心）

【中国邮政参展第四届世界互联网大会】 12月3—5日，第四届世界互联网大会在浙江乌镇举行。会议期间，中国邮政作为参展单位，在博览会现场开设以“中国邮政——线上线下综合服务提供商”为主题的展厅，多媒体全方位展示中国邮政“一体两翼”战略布局中的现代邮政服务。（浙江省分公司　周静）

【首次建立集团公司邮务类信息系统维保审核工作机制】 集团公司下发《关于印发〈中国邮政集团公司信息系统维保需求审核和服务质量评价管理办法〉的通知》（中国邮政〔2017〕260号）。5月22日，首次建立集团公司邮务类信息系统维保审核工作机制，确立维保审核原则，理顺维保审核流程，严格审核维保服务工作量和费用估算，解决维保服务先实施、后采购、再签合同的逆流程问题。（信息科技与建设部）

【开展邮政快递包裹业务和陆运网规划建设研究】 7月，集团公司针对邮政快递包裹业务发展定位和业务模式开展研究，并委托上海研究院软科学中心承担此项目。项目组多渠道收集行业及竞争对手资料数据，深入实地开展调研，在分析现状、对比行业的基础上，采取定性和定量的方法进行研究论证，于10月完成研究报告，成果得到集团公司邮务局肯定。在此基础上，集团公司继续委托上海研究院开展邮政陆运网规划建设研究，项目涉及具体干线网和投递网。项目组通过与高校产学研力量合作，增强网络规划设计的科学性。该项目提出总体思路，制定出网路优化方案和优化作业模式，为陆运网能力提升提供新方案。（上海研究院　龙潜）

【邮政远程集中监控系统在陕西省推广上线】 5月31日，邮政远程集中监控系统在陕西省推广上线。该系统是集团公司重点信息化建设项目，陕西作为全国第一批推广上线省份，通过该系统一方面能够大大满足监管部门的合规监管要求，另一方面将整体提升全省安防的信息化水平，管理效率和管理能力再上新台阶。系统建设将增强企业安全防控与合规管理手段，提高企业安全运营监控、服务质量监督以及突发事件应急处置能力，有效落实安全生产管理责任制，提升客户服务质量水平。于5月8—15日在铜川完成该系统试点工作。（陕西省分公司　常雅楠）

【北京邮政网运和投递转型升级研究】 3月，集团公司委派上海研究院承担北京邮政网运和投递转型升级这一重点研究项目。集团公司领导亲临指挥，网路运行部直接督办和全过程指导。项目组经过深入调研，在对北京网运和投递现状进行认真分析后，对北京市内转趟网、投递网及同城网进行创新构建，突破传统网络组织方式，实行不同业务种类的分网、分层作业，最大程度实现全环节邮件不落地，保证干线与投递环节的紧密衔接，最终研究制定系统方案。6月，该研究方案得到集团公司网路运行部和北京市分公司肯定，并予以实施。新方案为北京邮政网运和投递的未来发展提供有力支撑。（上海研究院　龙潜）

【甘肃省分公司信息网省中心机房搬迁工程提前完成】 3月31日，甘肃邮政信息网省中心机房搬迁工程提前完成，新机房运行平稳。此次省中心机房搬迁工程，完成省中心局域网、省中心广域网割接以及邮政储蓄、网运信息系统、营业、投递、电商、报刊等63个业务系统、353台设备的搬迁。搬迁过程中，累计5000余人进行14轮次搬迁测试，测试内容涵盖省、市、县、网点所有生产、管理系统，完成测试案例近4000条。（甘肃省分公司　李凯）

【上海研究院软科学实现金融项目零突破】 3月，上海研究院软科学中心承接邮储银行上海市分行网点转型和消费金融两个项目的研究。网点转型策略研究项目主要有两个目标：一是弥补“不同地区、同一要求”的不适应性：根据上海分行特点，结合集团公司要求，量身定制整体解决方案，创新提出综合型、社区型、价值型和简易型四种网点复合布局方式，通过创新商业模式，推动上海分行向“邮储城市商业银行”转型；同时，还提出零售事业部制的试点改革方案，这是其他省市邮储分行尚未提出的解决思路。二是从顶层设计的角度，为上海分行提出系统转型策略，弥补单纯由网点出发转型造成的缺陷，通过“治本又治标”来完成转型目标。11月，相关报告形成最终成果，并得到客户认可。使用单位认为报告具有较高的指导作用，助力邮储银行上海分行发展。（上海研究院　龙潜）

【上海研究院承接AGV分拣系统项目】 2月22日，上海研究院与集团公司签署AGV分拣系统技术开发合同，并将此研发项目在武汉邮区中心局进行应用试点。武汉项目包含7个直连格口，上海研究院为其配备研发1台顶升式

AGV 和 4 台交叉带式 AGV，为武汉邮区中心局解决不可上机件的自动化处理难题及笼车驳运难题，属国内首创。7 月 1 日，完成安装调试，每辆 AGV 小车处理能力 63 件 / 小时。9 月 12 日，集团公司网路运行部、信息科技与建设部以及湖北省分公司等 10 家单位共同对项目进行初验，对 AGV 用于异形件分拣的能力表示肯定，并于 11 月 28 日完成终验。在此基础上，11 月 1 日，上海研究院承接速递物流公司上海分公司洞泾项目。项目配置 350 台翻板式 AGV、12 个供件台、40 个充电桩和 255 个格口。通过集成 AGV 小车、模组网带等新技术以及摆臂等传统技术，显著提高分拣效率，中小件分拣效率达 1.5 万件 / 小时，分拣准确率达 99.99%。11 月 10 日，项目顺利投产应用。11 月 11—18 日，AGV 系统平均日处理包裹 98940 件，单位小时最高处理量 12348 件。“双十一”期间，中央电视台、上海电视台等多家媒体对此新技术进行报道。12 月 13 日，项目完成初验。（上海研究院　龙潜）

【石邮学院支撑云创平台建设】 云创平台建设是石邮学院继中邮网院平台之后承接的另一项长期性大型科技支撑工作。石邮学院支撑完成的中国邮政企业文化体系建设项目成果，荣获“第二十四届国家级企业管理现代化创新成果二等奖”“2016—2017 全国企业文化优秀成果奖”“第十三届全国邮政企业管理现代化创新成果一等奖”和“中国邮政集团公司科学技术奖二等奖”等大奖，其顶层设计的科学性先进性，在全国层面专业领域获得肯定。（石邮学院）

【云南省分公司自主研发代征税款代开发票管理系统】 3 月 16 日，代征税款代开发票管理系统正式上线，并在保山市隆阳区下巷街、泰龙、西邑 3 个邮政所试运行，上线当日开出发票 30 多份。该系统软件由云南省分公司信息技术团队自主研发，通过创新搭建 VPN 实现全省网点互联网接入，并按照省国税、地税时限及业务技术要求按时保质完成。3 月 20 日在大理、昆明两市上线，4 月 1 日在全省推广使用，惠及网点 400 余个。（云南省分公司　崔斌）

【邮政科学研究规划院海关物联网试点科技项目】 5 月 9 日，国家海关总署组织召开天津海关、广州海关等全国 8 个海关 17 个物联网试点项目的初步验收会，邮政科学研究规划院承建的天津海关物联网试点项目得到海关总署领导和专家们的高度赞誉，对工程技术的先进性、规范性和设备运行的稳定性提出表扬，并提出要作为全国海关其他物联网项目的建设范本来推广。在全部 17 个参加评审的项目中，唯有邮政科学研究规划院承担的天津海关物联网项目获此殊荣。（邮政科学研究规划院）

【德邦物流武汉矩阵分拣线项目通过验收】 4 月 1 日，上海研究院中标德邦物流武汉矩阵分拣线项目。该项目是德邦物流和上海研究院在规划设计、系统集成、工程总包、项目实施多方面深度合作的标杆性项目，合同总额 3890 万元，是上海研究院承接民营快递的项目中单个最大项目。武汉中转场是德邦物流在全国和华中区域重要的集散和分拣中心，其辐射的发出和到达路向超过 200 个，整场占地面积约 6 万平方米，总货台面积约 3.76 万平方米，工艺钢平台面积约 1.2 万平方米，该项目是德邦物流迄今为止最大规模的工艺工程项目。矩阵分拣流水线主体布局在工艺平台上方，整场作业功能区分为卸车、初分矩阵、干 / 支线装车、小件处理、零担和大货处理等区域，工程包括皮带机线体总长达 3638 米、伸缩机 60 台、滑槽 148 套。7 月 25 日项目完成所有安装调试，交付使用，并于 8 月 1 日正式投产。“双十一”期间，日均处理能力 10 万票，最高峰值 18 万票，每小时最高处理能力 16208 票。12 月 5 日，项目通过验收。（上海研究院　龙潜）

【海南省分公司金融网核心网络设备国产化试点暨海南邮政信息网扁平化改造工程完成】 6 月 30 日，海南省分公司成为全国首个完成邮政金融网核心设备国产化项目和率先进行省内网络扁平化改造的省分公司。海南邮政实现三大板块营业、生产、管理资源直联省中心，提高网络传输效率、省内网可扩容性，提升安全运行效能。实现全省网络统一管理维护，解放市县运维技术人员，每年可为企业节约运营等成本近 300 万元。（海南省分公司　洪文娴）

【南京航空速递物流集散中心陆侧流水化改造设备购置项目完成初步验收】 12 月 27 日，南京航空速递物流集散中心陆侧流水化改造设备购置项目通过初步验收。该项目将全面实现陆侧生产作业流程的自动化、机械化，提高生产作业效率和人员利用率。目前在减少 8 个卸车人员的情况下，人员效率比上年提升 33%，日均卸车效率提升 16%，过检效率提升 21%。（南京航空速递物流集散中心）

【南京航空速递物流集散中心扁平件扩容项目完成初步验收】 南京航空速递物流集散中心扁平件扩容项目通过初步验收。该项目采取“总体规划，分期建设”的原则，本期扩容三台塑封机及北侧一条下楼传输线，并对现有信盒传输线进行优化改造。扁平件分拣机的效率峰值在 9.5 万件 / 时，塑封机的塑封效率峰值可达到 10.8 万件 / 时。（南京航空速递物流集散中心）

【速递物流湖北省分公司智能机器人投产使用】 11 月 6 日，中国邮政速递物流华中（武汉）陆路邮件处理中心智能机器人项目正式投产，80 台大件机器人、240 台小件机

器人迎战“双十一”。（湖北省分公司　王春瑞）

【邮票印制局受邀担任“中国国际科技促进会证卡票签产业联盟理事长单位”】 10月24—25日，由中国国际科技促进会、中国国际科技促进会证卡票签产业联盟共同主办，公安部第一研究所协办的第十二届证卡票签安全技术展览会暨高峰论坛在北京国家会议中心举办。邮票印制局受邀加入中国国际科技促进会证卡票签产业联盟并担任理事长单位，马丕中总经理担任联盟名誉理事长。马丕中总经理出席开幕式并致辞。他表示，邮票印制局将通过与业界同行切磋交流，精诚合作，共同探讨证卡票签产业的发展趋势，共同做大做强证卡票签产业市场。（邮票印制局）

【邮票印制局获得“中国邮政优秀科技团队”和“中国邮政优秀科技工作者”荣誉称号】 4月25日，集团公司科技表彰大会隆重举行。邮票印制局物资供应部新型生肖专用防伪胶雕邮票纸开发项目组和邮票印制局副总工程师张曙明同志分别获得“中国邮政优秀科技团队”和“中国邮政优秀科技工作者”荣誉称号，受到集团公司的表彰。邮票印制局马丕中总经理及局工会梁伟主席出席此次颁奖典礼。（邮票印制局）

【邮政科学研究规划院5项成果获全国邮政科技创新成果小技改小发明奖】 邮政科学研究规划院推荐的托盘式分拣小车技术研究、供包机三角段技术优化、盛装邮件摞的信盒进行翻转与分离的设备、一种速递文件类邮件摞无损整理装置、智能包裹柜视频广告播放工具等5项科技成果荣获邮政集团公司组织的2017年全国邮政企业科技创新成果小技改小发明奖。（邮政科学研究规划院）

【邮政科学研究规划院获“物流技术创新奖”及“物流技术匠心奖”】 3月27日，“第二届全球物流技术大会”在四川省成都市开幕。来自中国、德国、日本等国的物流技术装备、物流、制造等企业，以及政府、科研、高校、协会等近430家企事业单位的900余名代表共同出席大会。会上，邮政科学研究规划院的“智能化海关监管快件分拣系统关键技术研究”项目获得“2017年度物流技术创新奖”，院科研技术专家代铁山获得“2017年度物流技术匠心奖”。（邮政科学研究规划院）

【邮政科学研究规划院“国际小包自动收寄系统”获创新成果奖】 6月15日，“2017全国交通运输行业设备管理创新大会”在北京召开。邮政科学研究规划院终端设备公司申报的“国际小包自动收寄系统”获得全国交通运输行业设备管理创新成果二等奖。（邮政科学研究规划院）

【软件开发中心“基于Hybrid APP技术的企业移动应用开发平台”获得全国邮政企业科技创新成果奖】 为更好地支持邮政“互联网+”转型实践，采用开源技术路线，软件开发中心研发基于H5的Hybrid APP移动应用开发平台。该平台具备强大的系统资源和外设调用能力、出色的平台兼容性和良好的用户体验，很好地解决了移动终端碎片化带来的开发复杂性，符合移动应用轻量化发展趋势，能够满足邮政智能手机、PDA等应用开发需求。目前，该平台已成功应用于新一代寄递业务信息平台的移动应用开发，并于12月20日获得2017年度全国邮政企业科技创新成果二等奖。（软件开发中心　吴俊华）

【“邮政审计信息系统V1.0”获得软件著作权】 6月19日，由软件开发中心承担的“邮政审计信息系统V1.0”获得国家版权局颁发的计算机软件著作权登记证书。邮政审计信息系统的主要功能包括：1. 审计计划录入、调整及审批；2. 审计作业流程实现；3. 审计报表的自动生成、钻取及实时查询；4. 审计监控预警、逐月自动获取财务月报、年报数据并进行分析，图表展示分析结果。该系统采用B/S结构，开发框架基于SSM结构（SpringMvc+Spring+MyBatis），对SSM结构做了适当的封装，系统界面采用JQuery EasyUI框架，保证了界面美观、操作方便。（软件开发中心　吴俊华）

【软件开发中心获颁计算机信息系统集成资质（四级）】 4月1日，中邮信息科技（北京）有限公司通过中国电子信息行业联合会审查，获得“信息系统集成及服务资质（四级）”证书。该资质的取得，对于增强公司信息系统集成及服务业务的承揽能力，进一步增强公司的核心竞争力和品牌优势，具有重要意义。（软件开发中心　吴俊华）

【软件开发中心获颁北京市软件企业证书】 11月30日，中邮信息科技（北京）有限公司通过北京市软件和信息服务业协会评估，获得软件企业证书，对于展示公司的技术实力，提升公司形象和市场竞争力，具有重要意义。（软件开发中心　吴俊华）

【软件开发中心获颁ISO9001：2015版认证证书】 11月30日，公司顺利通过北京新世纪检验认证股份有限公司的质量管理体系转版监督审核。12月25日，获得新版质量管理体系认证证书，标志着公司按照ISO9001：2015标准要求建立ISO9001质量管理体系并有效运行，在建立质量管理体系持续改进、过程质量控制等方面再上新台阶。（软件开发中心　吴俊华）

党群工作和精神文明建设

党建工作

【概述】

1. 党建工作机制不断完善

（1）健全责任机制。制定出台《邮政企业党建工作责任制实施办法》；层层签订落实全面从严治党要求主体责任书和专责监督责任书，建立了各级党组织和党员领导干部抓党建工作的责任体系。

（2）健全制度保障机制。集团公司制定和修订党建工作制度文件 35 个，各单位相应跟进，基本形成邮政系统党建工作制度体系。

（3）健全考核评价机制。坚持述职述党建、评议评党建、考核考党建、干部任用看党建，组织开展基层党组织书记抓党建述职评议考核，基本完成各二级单位党组织书记现场述职全覆盖。

2. 国企党建会重点任务落地见效

围绕国企党建工作会 30 项重点任务，制定 4 个方面、29 项重点任务、102 项具体措施有序推进。全系统各级党组织合力推动各项任务措施，把党建工作要求纳入了章程；按照“四同步、四对接”要求，推进党建工作与企业经营发展深度融合；省级和 55.8% 的市（地）邮政企业党建工作部门实现单设，增加专兼职党务干部；党建工作正式纳入企业战略绩效考核；规范党费收缴制度办法，按照中央要求把党组织工作经费按上年度企业工资总额的 1% 纳入企业财务预算。

3. 党的思想理论武装工作深入开展

各级党组织把学习宣传贯彻习近平新时代中国特色社会主义思想和党的十九大精神作为首要政治任务。

（1）发挥党员领导干部示范带动作用。集团公司党组出台《贯彻〈中国共产党党委（党组）理论学习中心组学习规则〉实施办法》，制订全年学习计划，编发中心组学习参考。各单位通过集中研讨、主题联学、带头宣讲、调查研究、交叉党课等形式组织中心组学习，领导带头宣讲党的十九大精神，示范带动各基层党组织和党员干部学习。

（2）多形式组织学习培训。集团公司先后组织开展学习宣传贯彻国企党建会、十八届六中全会精神专题轮训。特别是党的十九大召开后，及时进行党的十九大精神学习动员部署，印发学习宣传贯彻党的十九大精神的《通知》和《工作方案》，举办多场全系统专题辅导报告会，组织所有二级干部开展集中轮训。同时，在《中国邮政报》、“两微一端”、《党建工作信息》等平台开设了学习专栏，系统宣传解读党的十九大精神。

（3）多种形式推动学习宣传贯彻党的十九大精神进支局、进支行、进网点、进班组，把思想理论武装覆盖到基层干部党员。全系统近百万人次参加中国邮政微信公众号答题活动。

（4）抓好宣传思想和意识形态工作。坚持团结、稳定、鼓劲的宣传方针，坚持正确的舆论导向，加强网络舆情管理。开展“砥砺奋进的五年”、学习宣传贯彻党的十九大精神系列宣传活动。宣传贯彻中央精神，弘扬邮政系统先进典型，传播正能量，展示了中国邮政良好形象。

4. “两学一做”学习教育常态化制度化扎实推进

（1）制定方案，细化实施。集团成立指导协调小组，印发指导意见，制订工作计划，明确规定动作。

（2）真“学”实“做”，深化拓展。各级党组织普遍加强党委（党组）理论学习中心组学习，认真落实“三会一课”等基本制度。推动党员干部联系实际学理论，对照先进找差距，在促进邮政改革发展各项工作中当先锋、作表率。

（3）开展总部机关作风建设专题活动。聚焦“八个方面”突出问题，查摆问题 169 条，制定整改措施 208 项，提出公开承诺 96 条，推动立行立改，加强指导督导，接受全系统干部职工的监督。各二级单位也普遍开展了作风建设专题活动。

5. 基层党组织建设取得新进展

（1）开展基层党组织示范点建设。印发指导意见，提出了“组织建设到位、制度机制健全、内容方法务实、党员队伍过硬、团结群众有力、堡垒作用突出”的六项建设标准，以支部为重点，以创建促规范，以示范带全局，全面提高基层党建工作的规范化、制度化、科学化水平。

（2）加强组织建设和工作体系建设，夯实基层基础。根据企业机构设立和调整变化，同步建立和动态调整党的基层组织设置，配齐配强党组织书记，加大党务干部培训力度，认真抓好基层党组织换届。发挥基层党组织功能作用，促进企业改革发展。

6. 企业文化宣传贯彻落地工作广泛深入开展，推动党的建设与企业文化与经营发展同频共振，助力文化建设、文化管理与战略落地融合推进

（1）开展企业文化示范点建设。印发指导意见，确立了“组织领导有力、方法措施具体、理念贯彻到位、行为实践规范、企业传播科学、文化融入管理”六项建设标准，各单位细化落实，深入实施。

（2）全面系统开展宣传贯彻培训，初步建立了省市县三级内训师队伍。各企业单位通过多种形式促进企业文化理念入脑入心。

（3）通过员工喜闻乐见的形式，引导员工把企业文化理念转化为员工个人的实践行动。邮政企业文化建设先后获得全国交通运输文化建设优秀单位、全国企业文化优秀成果奖、第二十四届全国企业管理现代化创新成果二等奖等多项荣誉。

7. 精神文明建设、党的群团工作和离退休干部工作全面深化

（1）扎实开展企业精神文明创建工作。全系统获得第五届全国文明单位称号 17 个，“感动交通年度人物”1 个。

（2）认真做好党的群团工作。如期完成职工小家三年建设目标，创新开展劳动竞赛，深入落实关爱工程，营造了和谐稳定的企业发展氛围。

（3）认真做好离退休干部服务管理工作。制定出台《实施意见》，抓好待遇落实和服务保障工作，组织开展“畅谈展望”“建言十九大”正能量活动。

（4）认真做好统战、民族、宗教和扶贫工作。贯彻落实党的民族、宗教政策和中央统战工作会议精神。（党组党建工作部）

【集团公司开展党的十九大精神学习宣传贯彻】 11 月 6 日，集团公司党组召开全系统电视电话会议，对学习宣传贯彻党的十九大精神进行部署；下发了《中国邮政集团公司党组关于邮政系统认真学习宣传贯彻党的十九大精神的通知》和《邮政系统学习宣传贯彻党的十九大精神工作方案》，组织和动员各级党组织和广大党员干部，深入学习贯彻党的十九大精神，以习近平新时代中国特色社会主义思想为指导，不忘初心，牢记使命，始终以永不懈怠的精神状态和一往无前的奋斗姿态，开创新时代中国邮政改革发展的新局面，在服务党和国家事业发展大局中作出新贡献。（党组党建工作部）

【集团公司召开全系统贯彻落实十九大精神暨加强基层党建工作推进会】 11 月 22—24 日，集团公司在北京召开贯彻落实十九大精神暨加强基层党建工作推进会，认真学习贯彻落实党的十九大精神，汇报交流“双百示范点”建设工作经验，研究部署中国邮政基层党的建设重点工作。集团公司党建工作领导小组领导出席会议。会议肯定了近年来邮政系统党建工作以及推进基层党组织示范点、企业文化示范点建设工作的成效。强调，当前邮政系统党建工作与新时代党的建设总要求相比还有不少差距，必须拿出有效管用的硬措施。围绕学习贯彻落实十九大精神，加强邮政系统党建工作，集团党组要求，全体邮政党员干部要深入学习领会、全面准确把握党的十九大精神的丰富内涵，做到学深悟透，自觉成为学习贯彻十九大精神的先行者、担当者。各级党组织要以党的十九大精神为指引，推动邮政系统党的建设向纵深发展，突出党的政治建设的首要地位；着力抓好习近平新时代中国特色社会主义思想的学习宣传贯彻工作；不断强化和提升基层党组织的政治功能和组织力；持之以恒推进作风建设和纪律建设，认真贯彻中央政治局新修订的八项规定实施细则精神；把制度建设和抓好制度落实贯穿各项工作之中；坚持以严的要求实的作风推动邮政企业党的建设各项工作；切实把邮政企业党建工作责任制落到实处；深入推进企业文化建设工作。全体党务工作者要提高政治站位，政治上要强，业务上要精，作风上要硬，方法上要新，工作上要实，打造过硬的党务干部队伍。会议期间，还组织召开了邮政企业文化宣贯座谈会，举办了党的十九大精神辅导报告会和邮政系统党建工作实务培训。集团公司党建工作领导小组成员单位、各控股子公司、各省（区、市）分公司、直属各单位党建工作部门负责人参加了会议。（党组党建工作部）

10 月 18 日，集团公司通过中国邮政官方微信订阅号组织开展的“喜迎十九大　看成就展览”答题活动结束。8 天时间里，参与答题人数 225454 人，答题通过人数 217460 人。（邮政报 / 提供）

【集团公司党组扎实推动“两学一做”学习教育常态化制度化】 中央推进“两学一做”学习教育常态化制度化工作座谈会召开后，集团公司党组高度重视，迅速行动，于 4 月 18 日召开党组理论学习中心组（扩大）学习会议，传达会议精神，学习中央要求，研究贯彻落实措施。5 月 9 日，集团公司党组印发《关于邮政系统推进“两学一做”学习教育常态化制度化的指导意见》，要求全系统各级党组织从讲政治的高度，充分认识推进“两学一做”学习教育常态化制度化的重大意义，深入贯彻落实党的十八届六中全会精神，坚持全覆盖、常态化、重创新、求实效，持续推动全系统党员教育从“关键少数”向广大党员拓展、从集中性教育向经常性教育延伸，确保全系统各级党组织充分履行职能、发挥核心和战斗堡垒作用，确保党员领导干部忠诚干净担当、发挥表率作用，确保广大党员以身作则、发挥先锋模范作用，为做强做优做大中国邮政、建成世界一流邮政企业提供坚强政治保证。（党组党建工作部）

【集团公司党组召开 2016 年度民主生活会】 1 月 18 日，集团公司党组召开 2016 年度民主生活会。中央纪委机关、中央组织部、中央国家机关工委有关负责同志到会指导。

党的十九大召开之际，速递物流新疆乌鲁木齐市分公司党委组织机关全体党员和入党积极分子，参观在乌鲁木齐市中级人民法院举办的中国共产党光辉历程主题教育展。（邮政报／提供）

会前，党组组织4次中心组学习，研究制定民主生活会方案。向全系统征求六个方面意见建议34条，对班子成员的意见建议13条。按照“四必谈”的要求，开展谈心谈话。在此基础上，党组书记主持起草党组班子对照检查材料。各位党组成员自己动手撰写发言提纲，并经党组书记同志逐一审核把关。会上，党组以学习贯彻党的十八届六中全会精神为主题，围绕“两学一做”学习教育要求，对照《关于新形势下党内政治生活的若干准则》和《中国共产党党内监督条例》，聚焦政治合格、执行纪律合格、品德合格、发挥作用合格，从理想信念、政治纪律和政治规矩、作风、担当作为、组织生活、落实全面从严治党责任六个方面查摆存在的14个突出问题，深刻剖析产生问题的根源，提出了整改措施。党组成员从自身出发，结合分管工作和思想实际作个人对照检查和党性分析，深入查摆问题、分析原因、提出整改措施。党组成员之间开展开诚布公、深入思想的相互批评。（党组党建工作部）

【集团公司组织开展全系统“双百”示范点建设工作】 为深入贯彻落实全面从严治党要求，进一步加强邮政系统基层党组织建设，推动统一的中国邮政企业文化落地生根，集团公司党组印发《关于开展邮政系统基层党组织示范点建设的指导意见》（中国邮政党组〔2017〕23号）、《关于开展企业文化示范点建设工作的实施意见》（中国邮政党组〔2017〕25号），在全系统开展“双百示范点”建设工作。根据“双百示范点”建设的标准和要求，各二级单位开展示范点建设争创工作，涌现出一大批时代特色鲜明、工作成绩显著、标杆作用突出的基层党组织和企业文化建设单位。经集团公司“双百示范点”评选委员会评选审核，208个基层党组织被授予“邮政系统基层党组织建设示范单位”称号，139个单位被授予“邮政系统企业文化建设示范单位”称号。通过“双百示范点”建设争创工作，系统基层党组织建设得到了全面加强，广大党员的“四个意识”和“四个自信”进一步强化，“两学一做”学习教育常态化制度化进一步深化，基层党组织的战斗堡垒作用和党员的先锋模范作用充分发挥，进一步推动了党建工作、邮政企业文化与企业经营管理的深度融合。（党组党建工作部）

【中国邮政集团公司直属机关党委举办“青春助力邮政梦·岗位建功争先锋”先进青年集体事迹报告会】 5月4日，集团公司直属机关党委举办“青春助力邮政梦·岗位建功争先锋”先进青年集体事迹报告会。会上，宣读了《中国邮政集团公司关于表彰2015—2016年度邮政系统全国“青年文明号”的决定》，6个先进集体代表报告先进事迹。获得中央国家机关“青年文明号”荣誉称号的中国邮政速递物流股份有限公司电商与物流业务部代表向邮政系统全体青年发出倡议。（党组党建工作部）

【集团公司在京召开总部机关离退休老干部迎新春茶话会】 1月19日，集团公司召开总部机关离退休老干部迎新春茶话会，慰问总部机关离退休老干部。会上，向离退休老干部介绍过去一年中国邮政取得的丰硕发展成果，并祝所有邮政离退休老干部家庭幸福、身体健康。茶话会现场还播放了2016年中国邮政10件大事视频短片。集团公司老干部合唱团也带来了精彩的文艺演出。（党组党建工作部）

【总部机关开展作风建设专题活动】 7—10月，集团公司总部机关全体员工范围内以党支部为单位开展加强和改进总部机关作风建设专题活动。专题活动以“讲政治、守纪律、敢担当、有作为”为主题，聚焦“八个方面”突出问题，查摆问题169条，制定整改措施208项，提出公开承诺96条，并推动立行立改，接受全系统干部职工的监督。通过活动，总部机关弘扬进取精神，提升学习能力方面得到强化；主动深入基层，增强服务意识方面有了转变；建立督办机制，推动工作落实方面取得进展；敢于担当负责，直面问题矛盾方面有了进步；夯实业务能力，提高履职水平方面有了提高；树立全局观念，协同推进发展方面有了改进；强化规矩意识，从严遵规守纪方面得到提升；增强干事活力，解决作风顽疾方面取得进展。（党组党建工作部）

【集团公司直属机关党委举行专题党课】 为落实中央国家机关工委关于开展中央国家机关“党课月”活动的有关要求和集团公司党组在总部机关全体员工中开展加强和改进机关作风建设专题活动的要求，8月3日，集团公司直属机关党委邀请集团公司党组成员、纪检组组长孙国栋以《加强党的纪律建设是全面从严治党的重中之重——学习〈习近平总书记关于严明党的纪律和规矩论述摘编〉的体会》为题，为集团公司直属机关党员干部讲授专题党课。

通过活动进一步推动了集团公司直属机关学习宣传贯彻习近平总书记系列重要讲话精神向纵深发展。（党组党建工作部）

【党建理论研究、企业文化建设研究成果获奖】 5月9日，集团公司直属机关党委课题组的《在深化改革中加强国有企业党的建设问题研究》在中央国家机关各部门报送的320篇研究成果中，被评为中央国家机关党建研究会2016年度党建课题研究成果一等奖。

7月22日，由中国企业联合会、中国企业家协会主办的“2017全国企业文化年会”在京举行。大会对2016—2017年度全国企业文化优秀成果、优秀案例和突出贡献人物进行了表彰。其中，中国邮政集团公司荣获全国企业文化优秀成果奖，江苏省邮政分公司荣获全国企业文化优秀案例奖。（党组党建工作部）

【中共中国邮政党校北京校区揭牌】 1月11日，中共中国邮政党校北京校区揭牌仪式在新改建完成的北京鸿雁苑宾馆举行，邮政党校北京校区的建成使用，对改善办学条件、提升培训质量具有重要意义。（石邮学院）

【软件开发中心建立党员活动室】 为进一步深化党建工作，充分发挥党员表率作用，增强党员的归属感荣誉感，为党员开辟政治学习、组织和宣传活动的阵地，中心党总支因地制宜，将会议室打造成基层党员活动室，并于9月28日正式落成启用。（软件开发中心　吴俊华）

【邮政科学研究规划院策划举办迎十九大图片展】 10月，邮政科学研究规划院在科研楼一楼大厅举办迎接十九大图片展。图片展按照院党委的统一部署，为迎接党的十九大胜利召开而特别制作，主题为“科技兴邮　砥砺奋进”，旨在向党、向集团公司党组、向全院干部职工汇报十八大以来邮政科学研究规划院全体干部职工在集团公司党组的领导下，着力科技研发，勇于开拓创新，顽强拼搏，锐意进取，无私奉献，在各个方面取得的令人瞩目、鼓舞和振奋的成绩，进一步坚定全体员工信心，不忘初心，砥砺奋进。（邮政科学研究规划院）

工会工作

【概述】

1. 带领职工开展建功活动

（1）创新开展劳动竞赛。集团工会紧紧围绕集团公司“一体两翼”的经营发展战略和年度发展目标，针对发展重点、业务难点和薄弱环节，开展了营销争先、农村电商、重点城市电商快包、速递标准快递、手机银行、微信平台、网运达标、信息网安全等八项劳动竞赛。

积极参与经济技术创新活动。集团工会积极配合集团公司开展“双创”工作，参与云创平台建设，助力“金点子”推荐与评选工作。收集创新点子9万余条，评选出首批金点子87条，有效推动全系统创新发展。

（2）开展岗位练兵和技术比赛活动。集团工会配合集团公司人力资源部成功举办“2017年中国技能大赛——第五届全国邮政通信特有职业技能竞赛”。

2. 维护职工合法权益

（1）推进落实职工权益，民主管理发挥实效。不断规范民主管理工作，落实职代会审议建议、审议通过和民主评议等重要职权，积极开展闭会期间提案征集、联席会议、代表巡视、代表培训等各项工作，职代会质量得到了进一步提升。职代会民主评议工作得到有效推进。工资集体协商工作不断完善，制度化、规范化水平有所提高。局务公开工作持续推进，积极拓展了企业网站、微信公众号等网络公开渠道，丰富公开内容，落实了职工的知情权。

（2）扎实调研倾听呼声，把握职工思想动态。集团工会深入14省（区、市）分公司进行职工思想动态专题调研。发放315份问卷，围绕职工生产生活各个方面的问题展开调查，对调查结果进行汇总分析，向集团公司领导提交《2017年全国邮政职工思想动态报告》。

（3）认真对待来信来访，畅通诉求表达渠道。集团工会做好邮政工会网站“主席信箱”的管理，及时妥善处理职工来信来电。收到来自17个省（区、市）的“主席信箱”来邮39件，来信3封，集团公司“总经理信箱”转办来信4封，经过集团工会的督促和相关基层工会的细致工作，所有来信均已及时妥善处理。

3. 深入实施关爱工程

（1）完成职工小家三年规划目标。集团工会深入广东、安徽、湖南、河南、黑龙江等省对职工小家建设工作进行调研，编辑下发职工小家建设动态，加大建家推进力度。全年对革命老区、边远艰苦地区拨付46万元的建家补贴资金。截至11月30日，全国邮政系统建成职工小家3.9万个，受益职工65万人，职工覆盖面94%，职工满意率97%。三年来，行政累计投入建家资金13.5亿元，工会投入2.79亿元。国防邮电工会在河南省召开推介邮政系统职工小家建设经验会议，全国总工会副主席、书记处书记尹德明出席会议并对邮政职工小家建设的做法和成效给予高度称赞。

（2）深入实施关爱工程，健全帮扶救助长效机制。集团工会在“两节”期间，组织安排集团公司领导深入八省（区、市）基层慰问一线各板块职工，慰问资金261万元，比上年增加66万元。全国邮政系统“两节”期间共慰问劳模、困难职工、受灾职工、困难职工家庭学生共 4 万余人，慰问集体 18808 个，发放慰问金 1.55 亿元。此外，集团工会还及时了解各地职工受灾情况，组织专项慰问，全年共向受灾严重省份拨付专项救灾慰问金 41 万元。

加强人文关怀，促进职工身心健康。各级邮政工会针对邮政职工生活节奏快、工作压力大等情况，采用多种形式开展人文关怀活动，推动带薪休假的落实，组织职工体检，开展职工疗休养，保障职工的身心健康。深化女职工工作，女职工推动和谐发展作用更加彰显。集团工会开展了全国邮政系统女职工生产生活问卷调查，全面了解女职工生产生活状况和思想动态。

4. 开展职工文化活动

（1）加强典型选树，营造良好氛围。集团工会下发《关于在全国邮政系统开展学习“大国工匠”精神　选树“邮政工匠”活动的通知》（中邮工〔2017〕20 号），在全系统启动开展学习“大国工匠”精神、选树“邮政工匠”活动。集团工会与联合集团公司共同下发了《中国邮政集团公司　中国集团工会关于开展 2014—2017 年度全国邮政系统先进集体、先进个人评选表彰活动的通知》（中国邮政联〔2017〕660 号），启动评优选先活动，在 2018 年度开展“双先”表彰。

（2）全国邮政系统有 5 名职工荣获全国“五一劳动奖章”；9 个集体被评为全国“工人先锋号”。至 12 月 31 日，全国邮政系统累计建成 145 个创新工作室。其中江苏省泰兴市分公司“何健忠创新工作室”荣获“全国示范性劳模和工匠人才创新工作室”称号。

（3）集团工会按照《中国邮政集团工会关于下发〈中国邮政集团工会在两节期间慰问邮政系统全国劳动模范实施办法（暂行）〉的通知》（中邮工〔2016〕53 号）要求，对 179 名全国劳模拨款慰问，慰问金 35.8 万元。

（4）开展丰富多彩文体活动，满足职工多层次文化需求。6 月，集团公司和集团工会在江苏南京举办第二届“和谐企业杯”邮政职工羽毛球比赛，来自 31 个省（区、市）分公司，银行、速递、保险、证券 4 个总部单位，以及台湾、香港、澳门邮政的共 40 支代表队、386 名队员参加比赛。集团工会积极组织邮政职工参加了第八届“理士杯”全国通信职工桥牌比赛，中国通信职工气排球比赛，中国通信职工羽毛球比赛，中国国防邮电产业在京单位工会干部羽毛球比赛等。此外，集团工会还承办了第二届中国通信摄影协会摄影艺术展览。

5. 加强工会自身建设

（1）完成换届工作，开创工会工作新篇章。6 月，在北京召开中国邮政集团工会第二次代表大会，选举产生了中国集团工会第二届委员会、第二届经费审查委员会，协商产生了第二届女职工委员会。

（2）加强工会小组建设，夯实基层工会组织基础。集团工会引导各省加强工会小组建设，取得了良好的效果。

（3）加强工会干部培训，提高服务职工能力。集团工会通过邮政网络培训学院，继续对全国邮政系统的专兼职工会干部进行网络培训，开设“如何破解当前工会工作的重点与难点问题”等六门课程，实际参加人数 8694 人。11 月，集团工会在北京举办了全国省级工会干部培训班。

（4）利用互联网手段，提高工会组织服务能力。集团工会通过调整“信息考核和奖励办法”，并对各省级工会报送的信息进行具体指导，使工会信息工作水平进一步提高，信息上报数量比上年增长 84%，信息质量普遍提高。集团工会为适应移动互联网的快速发展，开发了邮政工会网站的手机版。广东、云南、广西和江西邮政工会开发建设“邮政工会工作综合信息平台”。（集团公司工会）

【集团公司服装系列标准发布】 12 月 28 日，集团公司以中国邮政〔2017〕735 号文形式下发该系列标准。该标准包括 12 项服装面料标准和 49 项服装服饰标准；规定内在质量、外观质量、安全性等一般要求与国家标准一致，规格、内在质量（色牢度）等邮政企业特殊要求高于国家标准。（信息科技与建设部）

【开展“双创”工作】 集团工会配合集团公司开展“双创”工作，参与云创平台建设，助力“金点子”推荐与评选工作。收集创新点子 9 万余条，评选出首批金点子 87 条。（集团公司工会）

【全国邮政企业获中国内审协会“双先”评比奖】 全国邮政企业在 2017 年中国内部审计协会开展的“2014 至 2016 年全国内部审计先进集体和先进工作者评选表彰工作”中，荣获先进集体 5 个、先进工作者 5 名。具体获奖情况：

全国内部审计先进集体：

中国邮政储蓄银行股份有限公司审计局

中国邮政储蓄银行股份有限公司黑龙江省分行审计部

中国邮政储蓄银行股份有限公司安徽省分行审计部

中国邮政集团公司安徽省分公司审计部

中国邮政集团公司湖北省分公司审计部

全国内部审计先进工作者：

中国邮政集团公司审计局贺玉焕（女）

中国邮政储蓄银行股份有限公司审计局曾鹏宇

中国邮政集团公司黑龙江省分公司审计部于庆平（女）

中国邮政集团公司内蒙古自治区分公司审计部李永胜

中国邮政集团公司云南省分公司审计部马国政。（审计局）

【全国邮政企业科技创新成果评审会议召开】 10 月 27

日，对推荐成果进行评审。此次评审委员会由35位专家组成，评审会主任委员由信建部副总经理高军担任。评审委员会对科技创新成果进行认真的评议，通过无记名投票的方式评选出科技创新成果奖一等奖9项、二等奖20项、三等奖30项，小技改、小发明奖30项。（信息科技与建设部）

【纪念邮政机要通信事业60周年暨先进集体、先进个人表彰会在北京召开】 12月22日，国家邮政局和集团公司联合召开电视电话会议，隆重纪念邮政机要通信事业60周年，并对全国邮政机要通信工作先进集体、先进个人进行表彰。国家邮政与集团公司领导分别发表讲话，高度肯定机要通信60年来取得的成就，向受到表彰的先进集体和先进个人表示热烈祝贺。（邮政业务局　刘佳）

【中国邮政优秀科技人员表彰大会】 4月25日，中国邮政优秀科技人员表彰大会在中国政协礼堂召开。表彰全国邮政系统内的优秀科技工作者和优秀科技团队以及荣获2016年集团公司科学技术奖的优秀科技成果。大会通过中国邮政网、中国邮政微信订阅号、中国邮政“鹏博的家”微博向全社会进行直播互动。（信息科技与建设部）

软件开发中心软件开发三部ERP技术支撑团队获得2017年中国邮政集团公司优秀科技团队称号；软件开发二部宋远越获得2017年中国邮政集团公司突出贡献科技工作者称号；秦永叶、冯俊、李传波、李洋等4人分别获得2017年中国邮政集团公司优秀科技工作者称号。（软件开发中心　吴俊华）

邮政科学研究规划院承担的“中国邮政集团公司‘十三五’规划研究及编制”项目荣获“2016年度中国邮政集团公司科学技术奖”一等奖，“新型双层包件分拣系统”“广州、南京等19个中心局转型升级处理能力建设方案”项目荣获二等奖；“智能化电商物流拣选分配系统”“标准化处理中心生产服务、自动化分拣系统开发及集成实施”“世界一流邮政企业内涵研究”等5个项目荣获三等奖。设计中心副总经理魏俊荣获得“2017年中国邮政集团公司突出贡献科技工作者”称号，物流公司新型交叉带分拣机研发团队获得“2017年中国邮政集团公司优秀科技团队”称号，史林、代铁山、朱晓忠、闫英伟、孙倩、竺维燕、孟硕7人获得“2017年中国邮政集团公司优秀科技工作者”称号。（邮政科学研究规划院）

【四川省甘孜县邮运驾驶组班组长其美多吉入选2016年“感动交通十大年度人物”和“中国好人榜”】 4月25日，甘孜县邮运驾驶组班组长其美多吉成功入选2016年“感动交通十大年度人物”，是中国邮政集团公司和四川省唯一入选的候选人。8月31日，其美多吉继7月荣登“四川好人榜”后，再次荣登“中国好人榜”，成为四川邮政获此殊荣的首位员工。（四川省分公司　钟劲、周蓉）

10月31日，中央文明办在四川成都举办10月“中国好人榜”发布仪式暨全国道德模范与身边好人现场交流活动。四川省甘孜县分公司邮运驾驶组组长其美多吉28年穿行“川藏第一险”雪线邮路成就英雄信使，被评为敬业奉献类“中国好人”，也是首位登上“中国好人榜”的四川邮政员工。（邮政报／提供）

【《雪线邮路》纪录片获“2017年‘弘扬社会主义核心价值观，共筑中国梦’主题原创网络视听节目优秀作品奖”】 11月，《雪线邮路》电视纪录片获“2017年‘弘扬社会主义核心价值观，共筑中国梦’主题原创网络视听节目推选展播活动”非剧情类优秀作品奖。此项活动由国家新闻出版广电总局主办。（四川省分公司　钟劲、周蓉）

【纪录片《坚守》获优秀作品奖】 由新闻宣传中心摄制的，反映驻守海岛30年的邮递员谢坚的纪录片《坚守》获得新闻出版广电总局主办的“2017年‘弘扬社会主义核心价值观，共筑中国梦’主题原创网络视听节目推选展播活动”非剧情类优秀作品奖。（新闻宣传中心）

【中国集邮总公司获第五届全国文明单位】 2016年，中国集邮总公司提出了创建全国精神文明单位的目标，并以此为推动，全方位加强公司精神文明建设。9月，中国集邮总公司完成现场汇报和实地考察工作，荣获全国文明单位称号。在全国文明单位的申报过程中，全体员工提升主人翁意识，不遗余力推进精神文明创建工作。员工思想道德提升，企业办公环境优化，广泛宣传并践行社会主义核心价值观，社会效益明显，展现了总公司作为文化创意企业在社会主义精神文明建设中的引领作用。（中国集邮总公司）

【青海省分公司获“全国职工教育培训示范点”奖牌】 3月22日，青海省总工会党组成员、经审会主任韩生华到青海省邮政职工培训中心，代表中华全国总工会授予青海省邮政职工培训中心“全国职工教育培训示范点”奖牌，并给予20万元专项奖励资金。韩生华充分肯定青海省邮政职工培训中心在职工教育培训方面取得的成果，对新形势下的职工培训工作提出要求。（青海省分公司　韩建）

【新闻宣传中心策划湖南邮政人抗洪抢险专题】 6月底，湖南持续暴雨，新闻宣传中心策划湖南邮政人抗洪抢险的专题，其中《暴雨中，湖南邮政在行动!》阅读量10万+。跟进策划《心系灾区，邮政人爱心行动大接力!》，号召网友们为灾区奉献爱心，4222人参与，筹集购水款46145元。（新闻宣传中心）

【国防邮电工会推介邮政职工小家建设经验会在河南召开】 12月12日，中国国防邮电工会推介集团公司职工小家建设经验会议在郑州市召开。中华全国总工会副主席、书记处书记、党组成员尹德明出席会议并讲话，中国国防邮电工会主席杨军日，河南省总工会党组书记、常务副主席李建庄，中国国防邮电工会副主席黄敬平，集团公司副总经理、中国邮政集团工会主席康宁，河南省邮政分公司总经理温少祺等出席会议。尹德明充分肯定了国防邮电系统及邮政集团公司职工小家建设取得的成绩，指出邮政职工小家建设坚持把习近平总书记“以人民为中心”的思想作为逻辑起点，把习近平总书记“让人民拥有更多获得感”作为着力点，把贯彻落实习近平总书记“三个着力”重要指示作为根本遵循，很好地回答了企业发展“依靠谁和为了谁”的问题，保证了职工小家建设正确的政治方向。他强调，要坚持以党的十九大精神和习近平新时代中国特色社会主义思想指导职工之家建设，通过深化职工之家建设，充分彰显基层工会在新时代的新作为，不断适应职工群众的新期待、新要求，努力开创职工之家建设工作的新局面。（河南省分公司　张伟坤）

【全国总工会调研河南省分行职工小家建设工作】 12月12日，全国总工会副主席、书记处书记、党组成员尹德明一行赴新乡县青年路支行，现场调研河南省分行职工小家建设工作，对河南省分行以职工小家建设为切入点和重要抓手，与职工共享银行经营成果，不断提升职工幸福指数，营造和谐企业氛围，给予肯定。河南省分行建成标准化职工小家580个，所辖网点职工小家覆盖率100%。（邮储银行河南省分行）

【第二届“和谐企业杯”邮政职工羽毛球比赛举办】 6月，集团公司和集团工会在江苏南京举办第二届“和谐企业杯”邮政职工羽毛球比赛，来自31个省（区、市）分公司，银行、速递、保险、证券4个总部单位，以及台湾、香港、澳门邮政的40支代表队、386名队员参加比赛。（集团公司工会）

“和谐企业杯”羽毛球赛开幕。（集团公司工会／提供）

【西藏分公司“幸福返乡路　邮政伴你行”大型公益活动】 11月16日至12月25日，西藏分公司联合自治区党委宣传部、总工会、区妇联、扶贫办和青藏铁路公司举办以“幸福返乡路　邮政伴你行”为主题的免费赠送火车票大型公益活动。西藏分公司筹集资金60余万元，免费提供拉萨至成都、拉萨至重庆火车票各882张，1764个硬座坐席。12月20日，西藏分公司在拉萨火车站举行“幸福返乡路　邮政伴你行”送站仪式，为部分外来务工人员代表现场赠票。考虑到务工人员携带行李较多，西藏分公司特邀请青藏铁路公司拉萨站开设“务工人员专用安检通道”“务工人员候车专区”，方便务工人员进站。（西藏分公司　魏婷）

交流与合作

◇ 国内交流合作

◇ 国际交流合作

国内交流合作

【集团公司协同项目开发】 市场协同部整合集团公司各板块的产品和服务资源，协同开发汽车产业链集群市场。在吉林试点实施，自6月试点以来累计转介销售汽车50台。一汽集团确定将3大自主品牌、8款车型纳入试点合作范围。协同集团各板块与单位，推动中石化及中盐项目落地。制定《中石化项目合作指导意见》，初步完成盐业物流配送体系标准的撰写。（市场协同部）

【集团公司与多个企业签订战略合作协议】 4月24日，集团公司与中国盐业总公司在北京签订战略合作协议；5月18日，集团公司与中国建材集团在北京签署《战略合作协议》；6月6日，集团公司与中国烟草总公司在北京签署《战略合作协议》；9月11日，集团公司与东方航空在上海签订战略合作协议；11月25日，与中国铁路总公司签署战略合作协议。在23个省完成了中石化项目省级战略合作协议签署工作，推动9个省完成省级盐业战略合作协议签署工作。（市场协同部）

【集团公司与拼多多平台签署物流业务合作框架协议】 9月，集团公司与拼多多平台签署物流业务合作框架协议，双方在系统对接、物流（快递）服务、宣传招商等方面达成共识，共同推进物流业务深度合作，提升客户体验，中国邮政发展为拼多多平台主要寄递服务商。（邮政业务局 刘佳）

【邮储银行亮相第十四届“中国—东盟博览会”】 9月12—15日，第十四届中国—东盟博览会、中国—东盟商务与投资峰会在南宁举办。邮储银行以“普惠万家 成就梦想”为主题亮相南宁国际会展中心B1展厅，在展示企业形象、介绍金融产品及服务的同时，设置自助设备体验区、贵金属展示区等，并开展“关注邮礼”“开卡邮礼”等活动。邮储银行自2010年以来多次参展东盟博览会，通过东盟博览会的平台，展示自身在面向东盟、服务广西、支持地方经济建设方面所取得的成效。（邮储银行广西分行）

【中国邮政储蓄银行与天津市人民政府签署战略合作协议】 8月9日，天津市人民政府与中国邮政储蓄银行举行全面战略合作协议签约仪式。协议旨在通过深化双方合作，共同推动京津冀协同发展、自贸区建设，及滨海新区的开发开放等国家战略，服务天津市全国先进制造研发基地、北方国际航运核心区，金融创新示范区及改革开放先行区，促进金融与实地经济深度融合，实现优势互补，互惠互利，共同发展。邮储银行将把天津市作为重要战略合作伙伴和业务发展的重点支持区域，围绕京津冀协同发展、“一带一路”等国家战略，在轨道交通、现代农业、民营企业等领域加强合作，并在今后5年内向天津提供累计总额不低于1000亿元人民币的贷款投放。天津市政府将从政策制定、完善金融体制等方面，营造良好的政银合作环境。仪式中，宗庆丰行长代表邮储银行天津市分行分别与天津经济技术开发区管委会、天津轨道交通集团有限公司、天津港（集团）有限公司、天津滨海新区建设投资集团有限公司签订战略合作协议。（天津市分公司 刘丽、魏普全）

【邮政科学研究规划院检测中心与阿里巴巴集团签署物料检测合作框架协议】 9月，邮政科学研究规划院与阿里巴巴集团共同签署《物料检测合作框架协议》，邮政科学研究规划院检测中心成为阿里巴巴检测领域合作供应商，意味着双方将在未来一段时间内，围绕电商采购平台物料检测及质量管控方面展开多维度地密切合作。（邮政科学研究规划院）

【电商分销局公安交管合作项目】 1月，公安部交通管理局下发《关于开展中国邮政集团公司营业网点代办交通管理业务试点工作的通知》（公交管〔2017〕38号），确定在江苏省无锡市、浙江省金华市、四川省成都市进行试点，后续增加了广东省珠海市和湖北省武汉市作为试点地市。截至12月31日，5个试点城市开办警邮合作网点230个，办理交管业务10.2万余笔。（电商分销局）

【电商分销局国税合作项目】 22个省11258个邮政网点开办代开税票业务，代征税额145.6亿元，收入4.3亿元，比增109.8%。（电商分销局）

【电商分销局国电合作】 全国线下代收电费网点近40万处，基本实现“东部到村，西部到镇”，现金代收规模842亿元，服务5.5亿人次，在河北、河南等省代收规模超过50%，成为线下缴费主要渠道。（电商分销局）

【天津市分公司与长芦盐业签署战略合作协议】 11月21日，天津市分公司与中盐天津市长芦盐业有限公司签署战略合作协议，双方将进一步整合资源，共同向社会提供更优质便利的服务和更安全的食品，打造盐业新的生态圈。市分公司总经理陆学鹏、副总经理张瑞，中盐天津市长芦盐业有限公司副总经理刘洪毅、高伯等领导出席签约仪式。双方将在渠道平台、金融服务、寄递物流、宣传推广等方面开展广泛合作。在渠道平台方面，天津邮政将依托线上、线下平台，销售“中盐”“长芦”等品牌盐业制品，助力其提升品牌知名度和市场占有率。在金融服务方面，天津邮政将为天津长芦盐业制定员工代发工资专属服务方案，同时提供资金归集、保险理财、支付渠道等综合金融产品和服务等。在寄递物流方面，天津邮政将发挥遍布城乡的网络、运输优势，为天津长芦盐业提供包括但不限于仓储运营、物流配送、国内国际寄递等服务，支持其业务运作。在宣传推广方面，天津邮政将利用新媒体广告、商函、明信片、邮乐网等，为天津长芦盐业的品牌宣传、业务推介等提供支持。（天津市分公司　刘丽、魏普全）

【浙江省分公司与省国家税务局签订《邮政同城寄递服务合作协议》】 3月21日，浙江省分公司李革平副总经理与省国家税务局范国丰副局长出席签约仪式。此次合作是在全省范围内，为纳税人提供国税机关明确的网上申请代开发票、网上申请领购的空白发票和有关涉税业务文书等资料的寄递服务。省国税局提供场地设立邮件集中收寄点，税邮双方指派专人进行邮件交寄、封装、分拣、信息录入及反馈。浙江省邮政分公司负责邮件收寄、转运、封发、投递、签收和提供邮寄费发票。税邮双方还将在代开发票等其他相关领域扩宽合作范围。（浙江省分公司　周静）

【浙江省分公司与省日报报业集团深化全面战略合作】 8月16日，浙江省分公司与省日报报业集团深化全面战略合作关系签约仪式在浙江省分公司举行。浙江省分公司陈清总经理、严明副总经理，浙报集团副总编辑、《钱江晚报》总编辑李杲，浙报控股副总经理、《钱江晚报》总经理何锋等出席签约仪式。双方就进一步推动邮报合作向纵深发展展开交流商讨。根据合作协议，浙江省分公司与浙报集团充分发挥双方资源优势，在邮发合作、宣传报道、日常沟通等方面进一步深化战略合作关系。（浙江省分公司　周静）

【河南省分公司与中盐国本开展战略合作】 11月9日，河南省分公司与中盐国本盐业有限公司签署战略合作协议。根据协议，河南省分公司将充分发挥线上线下渠道优势，为中盐国本提供各类盐产品的分销服务。同时将依托自身仓储配送能力，为中盐国本提供仓储运营、物流配送、国内国际寄递等服务，支持其业务运作。在金融领域，河南邮政将通过代收营业款、设立对公账户等，为中盐国本统一归集企业往来资金，并将为其员工提供专业化、多品类的金融产品及服务。双方还将在企业形象宣传、品牌维护、电子商务及慈善领域展开合作。（河南省分公司　张伟坤）

【湖南省分公司与中粮可口可乐华中饮料有限公司签订战略合作框架协议】 7月11日，湖南省分公司与中粮可口可乐华中饮料有限公司在长沙市正式签订战略合作框架协议。双方通过优势互补、强强联合，搭建合作平台，推动渠道平台、物流配送、宣传推广、公益活动、金融服务等方面的全面合作。根据协议，双方在渠道平台合作方面将发挥各自资产、物理网络和零售终端渠道优势，合作开展“可口可乐”系列产品在湖南省内的销售、配送，实现在产品销售、市场拓展等方面的共赢；双方将进行物流仓储配送和电商快包寄递服务合作，湖南邮政将为中粮可口可乐华中公司提供优质的寄递、仓储、配送服务；在宣传推广合作上，湖南邮政利用主题邮局建设运营、专属文创产品设计制作、传媒广告宣传服务等邮政独有的文化传媒多种传媒方式，为中粮可口可乐华中公司提供企业宣传及营销推广服务；在公益合作方面，双方将利用湖南邮政彩虹包裹等，开展公益项目的合作；在金融服务合作方面，双方将加大储蓄、贷款、保险等项目合作和金融管理服务合作。本次协议的签订，标志着湖南邮政、中粮可口可乐华中公司双方优势互补、信息共享、互利双赢的开始，双方将努力构建合作发展的新平台、新机制，进一步深化资源利用、业务整合、全流程服务等全方位的合作与交流，提升战略协同层次和水平，提升创新能力，实现战略发展中新的跨越。（湖南省分公司　王俊）

【湖南省分公司与省新闻出版广电局签订战略合作框架协议】 12月5日，湖南省分公司与省新闻出版广电局在长沙市正式签约，达成战略合作框架协议。协议规定，省新闻出版广电局将通过政府采购等方式，鼓励邮政文化服务设施建设和运行，支持邮政系统参与公共文化服务，提高公共文化服务设施网络覆盖面。支持湖南邮政在数字出版内容投送方面发挥重要渠道作用，将报刊亭升级改造为配备数字媒体显示屏的多功能智慧便民亭，并依法为其办理相关行政许可事项。湖南邮政将利用四流合一、点多面广触角深的行业优势，不断改造升级全省报刊图书发行网络，增强面向农村、社区的发行服务能力；构建立体化的公共文化服务平台；支持各级新闻出版广电部门“送电影下乡”的放映需求；共同探索我省农家书屋管理新模式；承接新闻出版领域的政府采购、报刊图书发行等重大项目；帮助传统出版单位搭建数字平台，推广高品质的“数字阅读”；积极推动传统出版与新兴出版的融合发展。另外，双方还将协同做好全省“扫黄打非”工作。双方将努力构建合作发展的新平台、新机制，进一步深化资源利用、业务整合、全流程服务等全方位的合作与交流，提升战略协同层次和水平，提升创新能力，实现战略发展中新的跨越。（湖南省分公司　王俊）

【湖南省分公司与湖南快乐老人产业经营有限公司签约】 11月1日，湖南省分公司与湖南快乐老人产业经营有限公司签约仪式在快乐老人大学总部举行，双方就共同开办中国邮政·快乐老人大学，推进老年文化、老年教育和银龄经济的发展达成协议，将在湖南省内长沙、邵阳、常德、永州、衡阳、怀化、株洲、岳阳8个市开办首批中国邮政·快乐老人大学，把学校办到老年人家门口。老年人产业将迎来发展的黄金期。积极主动应对人口老龄化趋势，立足为老龄社会提供解决方案，满足老年人由“生存型”向“文化休闲型”转变的消费需求。根据协议，双方将利用各自的资源优势，共同开办中国邮政·快乐老人大学，将为老年群体提供文化和教育服务场所，开设琴棋书画、烹饪、舞蹈、养生、摄影、互联网、智能手机、集邮鉴赏等兴趣教学课程。在办学过程中，提供免费的教学场地，配置先进的教学设施，设置规范的教学大纲，建立专家教师团队，做到严格教学管理与温馨服务相结合。坚持走公益模式，每学期仅收取一两百元的学费，约10元一课时。同时，双方还将开展多品种多业务合作，为老年人朋友提供更多形式的服务，包括金融理财、保险代理、旅游产品、票务、出版发行、物流配送等等。快乐老人大学是由快乐老人报社于2016年发起创办，前身是老年人的书法、声乐等兴趣爱好小组，后来应广大老年人的请求，才逐步试水开办老年大学课程，并计划通过走进社区的形式，把快乐老人大学开到学员家门口去，更好地方便他们上学。长沙九大校区开设20多门课程，累计招收学员数千人。（湖南省分公司　王俊）

【海南省分公司与中盐集团天津市长芦盐业有限公司签订战略合作协议】 9月21日，海南省分公司与中盐集团天津市长芦盐业有限公司签订战略合作协议。省分公司裴英杰总经理、陈运和副总经理、陈奋副总经理，中盐天津长芦盐业有限公司高伯副总经理等领导出席签约仪式。这是双方主动适应新常态，落实双方集团公司战略决策，加快与第三方融合，创新发展的重要举措。（海南省分公司　洪文娴）

【海南省分公司与省政务中心达成“不见面审批”邮政寄达战略合作】 10月10日，为加快落实省委省政府关于推行全流程互联网“不见面审批”的决策部署，发挥好邮政企业“通政、通商、通民”的作用，省分公司裴英杰总经理与省政务中心王静主任、马万荣副主任进行座谈交流，双方达成全省全流程互联网“不见面审批”邮政寄达的战略合作。全省各市县邮政分公司将全面对接当地政务中心，为包括“不见面审批”在内的各类行政公文的寄递提供服务。（海南省分公司　洪文娴）

【海南省分公司与中国石化销售有限公司海南石油分公司签订战略合作框架协议】 12月5日，海南省分公司与中国石化销售有限公司海南石油分公司签订战略合作框架协议。这是双方主动落实集团公司战略决策，以进一步深化合作，充分利用各自的资源优势，不断提升双方核心竞争力，实现共同发展的重要举措。省分公司裴英杰总经理、陈运和副总经理、杨泉鸣纪检组长，中国石化海南石油公司杨惠明总经理、彭彬副总经理等领导出席签约仪式。（海南省分公司　洪文娴）

【四川省总工会、四川省分公司、邮储银行四川省分行签订工会普惠性服务工作合作框架协议】 6月23日，四川省总工会、四川省分公司、邮储银行四川省分行签订工会普惠性服务工作合作框架协议，携手打造覆盖全省的工会会员普惠性服务平台。（四川省分公司　钟劲、周蓉）

【四川省分公司与四川长虹电子控股集团有限公司签署战略合作协议】 1月18日，四川省分公司与长虹电子控股集团有限公司在成都市签署战略合作协议。双方发挥各自在电商平台、物流配送、综合金融和家电制造等方面的突出优势，做强做大“四川造”，实现从车间直接到用户，打造工业品线上直销新模式。（四川省分公司　周蓉）

【贵州省分公司与省国家税务局、省地方税务局签订战略合作框架协议】 1月25日，贵州省分公司与省国家税务局、省地方税务局签订战略合作框架协议，将开办代征税款、代开发票服务，为纳税人提供便捷的办税绿色通道。协议规定，省国税局和省地税局委托省分公司开办代征税款、代开发票业务。三方建立联席会议机制，沟通重大合作项目，及时给予相应的政策支持及意见，及时协调解决合作中出现的问题，并发挥双方的业务优势，不断创新合作的内容和形式。邮政部门根据税务部门税收宣传安排，制作发放税收宣传册，协助收集纳税人办税需求和建议等。税务部门在同等条件下优先使用邮政金融产品、物流业务以及其他业务。省分公司将发挥邮政综合业务资源和9042个遍及乡镇的服务网点优势，为纳税人临时经营、就近开票创造良好条件，最大限度地方便纳税人办理涉税业务，助力税务部门解决广大零散、临时纳税人开具发票和缴纳税款不方便的问题。（贵州省分公司　韩静桦）

【云南省分公司与省盐业有限公司签署战略合作协议】 2月28日，云南省分公司与省盐业有限公司在昆明市举行盐邮合作战略协议签约仪式。双方围绕“资源共享、互惠互利、战略联盟、长远发展”合作的原则，在线上线下销售渠道建设、仓储、物流、配送及金融服务等方面开展深入合作，推进资源共享，推动业务创新，为双方在全省战略布局、健康快速发展奠定良好基础。同时，通过整合资源，发挥邮政渠道和平台的最大效能，创新发展适应新体制、新形势的盐业销售模式和服务模式。（云南省分公司　崔斌）

【云南省分公司与省交通运输厅签订《电商扶贫战略合作协议》】 3月1日，云南分公司与省交通运输厅签订《电商扶贫战略合作协议》，针对省交通运输厅牵头"挂包帮"的兰坪县营盘镇凤塔村的农产品销售难、运输难等问题，双方以"互联网＋扶贫"模式深入合作，开展电商扶贫。省分公司利用"优帮帮"平台，联合线上线下推广渠道，发挥物流配送体系，促进凤塔村农特产品进城，同时构建"镇—村"两级供应链式的运输网络布局，推动工业品下乡，为贫困户增收致富；利用农村电商综合服务平台，提供无差异化的公共服务（如电费、税费代征、飞机票、汽车票、火车票代购、车险代办等便民服务）；加强邮政金融产品创新，提供贫困户所需要的一揽子金融服务，实现"普惠金融"。（云南省分公司　崔斌）

【云南省"税邮促民生"战略合作】 4月10日，云南省分公司和省国家税务局、地方税务局签订三方合作框架协议，开展"税邮促民生"战略合作。本着"政企联动、优势互补、合作共赢"的原则，依托邮政便民服务体系和物流体系，三方在代开增值税普通发票、代征税款、发票寄递、媒体宣传、电子商务等综合性服务方面开展合作。通过充分整合三方资源，拓展便民办税渠道，共同打造省、市、县三级联动、覆盖城乡的涉税便民服务民生典范工程，实现税收服务管理能力延伸最大化，税收服务质量和效率最优化，为云南税收现代化建设夯实社会共治基础。（云南省分公司　崔斌）

【云南省分公司与省供销社签订战略合作协议】 6月6日，云南省分公司与省供销合作社联合社签订战略合作框架协议。双方都具有长期扎根农村、服务农民的历史传承，在网络布局、农产品返城等方面契合度高、互补性强，合作空间和发展潜力巨大，双方开展合作既符合服务"三农"需要，又能实现互利共赢。双方整合全省农村电子商务领域的资源，在农村综合服务渠道建设、电商平台资源共享、产品服务、仓储物流配送、金融服务、人才队伍建设等方面开展诚信合作。（云南省分公司　崔斌）

【西藏昌都市分公司税邮合作】 5月18日，昌都市分公司与市国税局签订"代开普通发票、代征税款"合作框架协议。根据协议，双方本着遵章守法、创新服务、优势互补、平等合作、互利共赢的原则，以减轻纳税人办税负担，降低征收成本为目的，建立合作关系。昌都国税局以邮政点多面广的优势为依托，逐步委托邮政网点代开普通发票、代征税款、涉税文书及宣传品邮寄送达等业务并在邮政网点设置自助办税设备，方便纳税人就近办税，有效解决纳税人办理涉税业务跑远路、排长队等问题，降低纳税人办税成本，使广大纳税人真切感受到创新服务带来的便利。邮政公司各网点严格按照《委托代征协议书》执行代征工作。（西藏分公司　张莉、颜粲晴）

【西藏分公司与中石化西藏石油分公司签订战略合作协议】 11月8日，西藏分公司党组书记、总经理李柏平，西藏中石化销售有限公司总经理、党组副书记王飞，分公司党组成员、纪检组长吴登寿，西藏中石化副总经理方向明，及双方相关部室负责人出席签约仪式。双方在四个方面展开战略合作：一是市场拓展合作。双方利用各自网点优势和产品优势，互为供应商，将双方产品引入各自网点、邮乐网及易捷便利店，实现资源共享，互惠互利。二是金融业务合作。西藏邮政为西藏中石化提供全方位综合金融服务。三是寄递物流合作。四是宣传推广合作。西藏邮政为西藏中石化量身定制企业形象年册、个性化邮票、个性邮资明信片、定向企业邮品等专属文创产品。利用西藏邮政发行的畅销报刊提供西藏中石化企业专属商务报刊定制服务。双方利用自身的传媒项目、文化活动、网点广告、智慧报刊亭、微信平台和媒体资源，提供广告、赞助等具有市场竞争力的优质媒体资源。（西藏分公司　刘杰）

【西藏分公司与《西藏日报》社签订战略合作协议】 12月27日，西藏分公司与《西藏日报》社在拉萨举行战略合作协议签订仪式，标志着双方开拓创新、共促发展、合作共赢的新局面正式开启。西藏分公司党组书记、总经理李柏平，《西藏日报》社党委书记王能生代表双方签订合作协议。西藏分公司为《西藏日报》及其旗下系列报刊提供发行一条龙服务；利用点多面广的优势和网络资源，共同为双方打造良好的品牌形象。在同等条件下，西藏邮政优先选择《西藏日报》社的媒体或网络载体进行业务宣传和推广，进一步深化资源利用。《西藏日报》社利用报社在传播领域的优势地位和条件，加大对人民邮政事业的宣传力度，提升人民邮政品牌传播力、影响力；同时借助邮政企业物流渠道和用户规模等优势，扩大党报覆盖面。通过合作弥补报社发行渠道单一、发展资金欠缺、印刷市场狭小、市场经营经验不足等短板，实现党报发行覆盖、报业经营管理等方面创新发展。（西藏分公司　刘德立）

【陕西省分公司与陕西传媒网签订战略合作协议】 1月6日，陕西省分公司党组成员、副总经理强国茂与陕西日报传媒集团副总编辑、陕西日报新媒体发展有限责任公司董事长王欢院等领导共同出席省分公司与陕西日报新媒体发展有限责任公司签约仪式。仪式由陕西传媒网总编辑、陕西日报新媒体发展有限责任公司总经理孙文生主持。双方达成多项战略合作意向，就联手做强跨境电商等业务进行了磋商，将发挥多渠道优势让优质的国际产品进入三秦百姓的生活，也让更多陕西名优特产走出国门。（陕西省分公司　常雅楠）

【陕西省分公司与中信银行西安市分行签订战略合作协议】 5月8日，陕西省分公司与中信银行股份有限公司西安分行战略合作协议签约仪式在陕西邮政大厦举办。这是自集团公司与中国中信集团公司签署战略合作协议以来，全国首家签订的省级战略合作协议。双方将在银行、证券、保险、资产管理、租赁、基金等金融业务领域开展广泛合作；积极开展邮政业务、物流快递、品牌宣传、渠道资源、客户维护等非金融业务领域合作。（陕西省分公司　常雅楠）

【陕西省分公司与中国石化陕西分公司签订战略合作协议】 11月6日，中国石化销售有限公司陕西石油分公司与陕西省分公司战略合作协议签约仪式在陕西邮政大厦举行。中国石化陕西分公司总经理谭莫羡、省邮政分公司党组书记、总经理张晓阳发表致辞，中国石化陕西分公司副总经理匡新红与省邮政分公司党组成员、副总经理强国茂代表双方签署战略合作框架协议，省邮政分公司副总经理张琳等领导出席签约仪式。协议约定，双方将在金融服务、产品代理、渠道平台、业务宣传与客户维护、高端客户资源共享等领域开展广泛合作。利用各自渠道和产品优势，精选、采购双方自有品牌或合作品牌商品互为供应商；互为对方业务发展提供支持；积极开展积分互换活动等。（陕西省分公司　常雅楠）

【甘肃省分公司与省盐业公司签订战略合作协议】 8月23日，甘肃省分公司与中盐甘肃省盐业（集团）有限责任公司在兰州签订战略合作签约。根据协议，甘肃省分公司将通过1.4万个便民服务站、4000个邮乐购站点等邮政网络为中盐甘肃省盐业（集团）有限责任公司提供省内食盐及非盐产品物流配送，搭建物流体系，实现省内服务全覆盖，并立足甘肃逐步向全国延伸。同时，甘肃邮政将利用线上“邮乐网”和线下物流配送网络、金融服务、寄递物流、宣传推广等综合优势，为中盐提供配送寄递、资金结算、品牌形象升级等综合服务。（甘肃省分公司　李凯）

【青海省分公司与省盐业股份有限公司签订战略合作协议】 3月2日，省分公司与省盐业股份有限公司举行战略合作签约仪式。根据协议，公司将为青海盐业公司提供青海省内食盐物流配送，通过邮政遍布城乡的网络优势，为茶卡盐在省内建起完善的物流体系，实现省内全覆盖，并立足青海逐步向全国延伸。同时，青海邮政将利用“邮掌柜”电商平台、仓储、金融等综合优势，提供全程订货、配送和资金结算业务。（青海省分公司　韩建）

【青海省分公司与省公安厅出入境管理局签订战略合作协议】 7月28日，省分公司与省公安厅出入境管理局举行战略合作签约协议。青海邮政企业将全面受理全省范围内在“互联网＋青海公安出入境公众服务平台”申请办理的港澳通行证再次签注、申请办理护照等证件寄递服务以及出入境办证大厅完成制作的护照、港澳通行证和台湾通行证等证件寄递服务。同时，提供上门收取申请资料、证件上门揽收、代收证件办理工本费、资料信息核对和证件按址寄递等服务。协议的签订将全面开创青海“互联网＋公安政务服务＋邮政服务”工作的新局面，全面打造邮政便民、利民综合服务平台，让群众足不出户就能充分享受网上服务带来的便利和实惠。（青海省分公司　韩建）

【台湾“中华邮政”代表团访问邮政科学研究规划院】 4月19日，“中华邮政”代表团一行15人到邮政科学研究规划院交流访问，双方就邮政业务、电子商务和快递物流的发展进行探讨，集团公司国际合作部朱凯、武洪斌参加会见。邮政科学研究规划院科技管理部负责人主持召开与“中华邮政”代表团的技术交流会；会后，中华邮政代表团一行参观仿真中心、电商小包自助收寄设备和智能包裹柜等。（邮政科学研究规划院）

国际交流合作

【概述】

1. 落实国际邮政业务发展战略

（1）推进国际铁路运邮工作。协调海关总署、铁路总公司，理顺铁路运邮国内监管手续和发运流程，开展9次运邮测试，新增义乌、东莞两个运邮试点城市，开办中欧班列专线小包和包裹产品，实现义乌、杭州、东莞、广州、深圳等城市收寄的中欧班列专线产品跨关区集结发运，使中欧班列初步具备常态化运邮的基本条件。与波兰邮政签署《中波邮政陆路转运服务初步协议草案》，解决中欧班列境外运输的关键节点。抓住担任万国邮联铁路运邮特设工作组主席机遇，与世界海关组织、铁路协会充分沟通，推动国际铁路运邮相关规则与标准的制定，增强在中欧班列运邮项目中的话语权。10月21日中欧班列正式开展常态化运邮，截至11月25日向欧洲发运8个集装箱，47.67吨，2818袋邮件。在前期K19和K3国际旅客列车运邮测试的基础上，经过中俄两国海关、铁路、邮政多次沟通，中国铁路总公司商海关总署制定《中俄间客运班列常态化运作方案（草案）》，并与俄铁沟通相关操作事宜，计划出台正式方案，开展常态化运作。

（2）构建服务"一带一路"建设新思路。围绕服务"一带一路"建设，加强与东南亚国家邮政合作的研究，形成以云南、广西地方邮政与东南亚国家邮政合作为切入点、搭建连接东南亚与欧洲的铁路运邮渠道、构建中欧班列国际大通道的战略思路。加强围绕"服务跨境电商"这一核心的研究，充分利用"一带一路"有利契机及相关政策，加强与电商企业以及"一带一路"沿线邮政的合作，不断增强竞争力。

2. 开展多边合作

（1）参与万国邮联事务。履行万国邮联经营理事会二委主席职责，深入参与各工作组的研究，推动实施邮联产品第一步改革，研究产品改革第二步架构初步方案，明确邮联费率体系整合的重点研究方向，确定中国邮政加入国际函件质量挂钩体系后的挂钩质量标准。我们参与万国邮联经营理事会一委工作，对实施邮联产品改革第一步涉及的运营和账务流程变化进行法规转化与落地。深入参与亚太邮联、亚太邮政合作机构事务，担任实物寄递和电子商务工作组联合主席，参与对中国邮政有重大影响的业务法规、产品开发和质量提升项目的研究，重点跟进研究电商亚太小包项目。

（2）加强与Prime平台的深度合作。签署Prime跟踪协议，提交协议修改提案，获得一致通过，实现Prime跟踪业务和Prime优先业务并存，确保e邮宝业务开办不受影响，从而形成完整的产品体系，为跨境电商业务发展提供丰富的产品对接渠道。设计双边Prime业务量和质量报告模板，用于与所有Prime成员邮政间双边跟踪小包产品，确保了质量监控有手段、账务结算有依据。认真分析Prime各项业务的质量报告，针对进出口质量问题，加强内外沟通，确保质量提升。

（3）开展与国际邮政公司合作。开展美国、西班牙等9个路向的无源RFID小包单件测试，启动法国、挪威路向的无源RFID邮袋测试，为开发"平＋小包"业务做好技术准备。

（4）推动国际规则的内部转化与应用。一是针对2018年起进口函件的终端费费率将与国内优先函件资费水平挂钩的情况，考虑到目前尚未开办国内优先函件，且国内信函普遍服务资费过低，国际合作部协助邮政业务局研究开办国内优先函件产品。二是修订《国际及台港澳邮件处理规则》工作，吸收万国邮联对国际函件按状分拣、平常函件抽样统计、查询补偿等环节的最新规定，更新附录部分规定和业务单式。三是建立万国邮联全球函件质量监控系统（GMS），2018年起监控进口函件的处理质量。四是确定2016年IPK数值，并通知30个国家邮政结算部门，进行终端费结算。

3. 开展双多边合作与交流

（1）开展双边谈判，推进跟踪小包业务。一是12个路向正式运行或试运行跟踪小包业务。与英国邮政签署一揽子函件合作协议并开办简易跟踪小包业务；与德国、澳大利亚和挪威邮政签署协议并开办跟踪小包业务；与加拿大邮政、中欧六国邮政开始试运行跟踪小包业务。二是6个路向有实质性进展。与加拿大、美国、以色列、西班牙、乌克兰和巴西路向商谈跟踪小包协议。

（2）承办多边邮政合作会议。一是5月在上海举办卡哈拉BOD会议，与会代表就卡哈拉邮政组织伙伴扩展目标、地服工作组工作安排和要求、海关预报关数据质量监控需求、卡哈拉CEO会议内容和准备工作等议题达成一致。二是6月在北京举办亚太邮政合作机构管理委员会会议，明确重新调整亚太邮政组织机构的必要性，确定了亚太邮政轻小件业务共同发展目标和计划。三是12月在成都召开第十八届中日韩邮政峰会，进一步推动深化中日韩业务合作。

（3）加强台港澳邮政合作与交流。组织人员赴台参加"2017两岸邮政发展研讨会"，在天津举办第四届海峡两岸珍邮特展，接待台湾邮政青年团的参访和业务交流，邀请中华邮政参加全国邮政系统羽毛球比赛，与中华邮政在厦门、福州、南京、上海进行业务会谈，增加两岸邮政e小包福州口岸封发功能，启用两岸邮政速递厦门封发局。加强与香港邮政的合作，洽谈开办双向Prime跟踪业务，重启粤港邮政合作交流机制。

4. 提升国际业务管理能力

（1）加强国际小包质量管控。制定《出口国际小包运行质量考核办法》，改造生产系统和数据展示系统，完善月通报制度，加大了出口国际小包考核力度，督促各生产单位整改问题。

（2）强化国际网路运营管控。一是强化口岸能力建设。在上海、深圳、厦门、广州上线国际小件自动化分拣设备，大幅提升互换局处理能力。二是扩充航空运能运力。推进固定吨位运邮模式，与汉莎航空首次实现国际邮件包板运邮方式，预定美线、欧线货运包机。三是严格执行订舱制度。根据业务发展情况，并结合集采续签及补充运能情况，与承运商不定期进行订舱，动态调整发运计划，确保各类邮件发运顺畅。四是加强网运调度管理，组建国际邮件网路运行调度团队，实行"总部—省公司—口岸互换局"三级管理；根据各省分公司需求和国际邮件业务量发展状况，减少国内处理环节，减轻北京、上海等口岸处理压力；要求各口岸梳理进出口国际邮件发运计划及交邮流程，对存在的问题进行整改解决。

（3）缴纳国际组织会费及业务平台费用。根据账单，

9 月 12—15 日，第十四届中国—东盟博览会、中国—东盟商务与投资峰会在广西南宁市举行。广西区分公司在博览会现场设置展位，全面展示邮政在电子商务综合服务体系建设方面所取得的成就。（邮政报 / 提供）

及时缴纳国际组织年度会费和业务平台服务及信息传输费用，妥善解决部分会费涉税问题。

（4）推进电子预报关系统。在广州成功试点上线国际电子预报关系统和自动分拣机模块，与国外邮政联系测试互传 ITMATT 报文，实现卡哈拉 10 个国家和地区的进出口 EMS、E 特快、e 邮宝邮件，以及部分邮联成员国 e 邮宝邮件 ITMATT 报文传输功能。

5. 严格管理外事工作

拟定下发《关于进一步加强因公出国（境）证照管理的通知》，细化因公护照的管理、收缴等相关规定。认真落实中央对外事工作的要求，做好来访接待工作，安排来自 27 个国家（地区）和国际组织的代表团来访。在出访工作方面，组织集团领导参加卡哈拉邮政组织 CEO 大会、万国邮联世界总裁论坛、中俄通信与信息技术分委会第十六次会议等国际会议，安排赴相关国家进行双边高层会谈。进一步严格因公出国团组审核，坚持按照“活动实、日程满、安排细”的原则组织安排团组出访，保证了团组出访质量。办结出访团组 136 批，办理因公证照 153 本，出访人员 791 人。（国际合作部）

【完善“一带一路”建设战略】 围绕服务“一带一路”建设，加强与东南亚国家邮政合作的研究，形成以云南、广西地方邮政与东南亚国家邮政合作为切入点、搭建连接东南亚与欧洲的铁路运邮渠道、构建中欧班列国际大通道的战略思路。加强围绕“服务跨境电商”这一核心的研究，充分利用“一带一路”有利契机及相关政策，加强与电商企业以及“一带一路”沿线邮政的合作，不断增强竞争力。（国际合作部）

【推进中欧铁路运邮】 协调海关总署、铁路总公司，理顺铁路运邮国内监管手续和发运流程，开展 9 次运邮测试，新增义乌、东莞两个运邮试点城市，开办中欧班列专线小包和包裹产品，实现义乌、杭州、东莞、广州、深圳等城市收寄的中欧班列专线产品跨关区集结发运，使中欧班列初步具备常态化运邮的基本条件。与波兰邮政签署《中波邮政陆路转运服务初步协议草案》，解决中欧班列境外运输的关键节点。利用担任万国邮联铁路运邮特设工作组主席机遇，与世界海关组织、铁路协会充分沟通，推动了国际铁路运邮相关规则与标准的制定，增强了在中欧班列运邮项目中的话语权。（国际合作部）

【参与国际组织事务】 履行万国邮联经营理事会二委主席职责，推动实施邮联产品第一步改革，研究产品改革第二步架构初步方案，明确了邮联费率体系整合的重点研究方向，确定了中国邮政加入国际函件质量挂钩体系后的挂钩质量标准。深入参与亚太邮联、亚太邮政合作机构事务，担任实物寄递和电子商务工作组联合主席，参与对中国邮政有重大影响的业务法规、产品开发和质量提升项目的研究，重点跟进研究电商亚太小包项目。（国际合作部）

【广西分公司与马来西亚贸工部战略合作推进东盟跨境电商】 9 月 12 日，第十四届中国—东盟博览会之 2017 中国—东盟信息港论坛 · 电子商务峰会在南宁举办。区分公司、马来西亚贸工部下属的马来西亚对外贸易发展局、马来西亚 KCO 国际物流公司共同签署合作协议备忘录，推进东盟跨境电商。峰会现场同期举办中国邮政邮乐网马来西亚馆开馆仪式。集团公司副总经理张荣林，会见出席签约仪式的马来西亚贸工部第二部长黄家泉一行。（广西分公司　蒙淋芳）

控股子公司及直属单位

【中国邮政储蓄银行股份有限公司】

下辖一级分行36家，二级分行322家，拥有营业网点近4万个，全职员工171551人，服务个人客户5.53亿人。营业收入2248.64亿元，比上年增长18.60%；实现净利润477.09亿元，比上年增长79.33亿元，增幅19.94%；基本每股盈利0.59元，比上年增长7.27%；存贷比提升至45.02%。资产总额90125.51亿元，比上年增长7469.29亿元，增幅9.04%。从结构上看，客户贷款净额占资产总额的39.30%，投资证券及其他金融资产占资产总额的35.14%，现金及存放中央银行款项占资产总额的15.67%，存拆放同业及买入返售金融资产占资产总额的8.38%。各项存款余额80626.59亿元，较上年末增长7763.48亿元，增幅10.65%，其中个人存款余额68614.04亿元，占比85.10%。各项贷款总额36301.35亿元，较上年末增长6194.87亿元，增幅20.58%，其中个人贷款余额19464.73亿元，占比53.62%。邮储银行不良贷款率0.75%，比上年下降0.12%；关注及不良贷款总额占总贷款的1.43%，比上年下降25个基点；拨备覆盖率324.77%，始终处于同业领先水平。

1. 深化改革

（1）资本融资管理。在通过利润留存补充资本的基础上，合理运用外部融资手段补充外源性资本，发行“一股一债”。3月在全国银行间债券市场发行200亿元人民币的二级资本债券。9月27日在境外市场非公开发行72.5亿美元境外优先股，系2010年以来全球最大的金融机构优先股发行，亦是迄今为止亚洲最大的金融机构优先股发行。按照当日汇率中间价折算，此次境外优先股发行募集资金总额约为人民币480亿元。审议通过关于邮储银行首次公开发行人民币普通股（A股）股票并上市方案的议案，有序推进A股上市工作。邮储银行资本充足率、一级资本充足率和核心一级资本充足率分别为12.51%、9.67%和8.60%。

（2）机构改革。持续推动零售银行战略落地，全面完成“三农”金融事业部组建工作，推动小企业“三化”建设，试点推广零售信贷工厂。深化市、县级分支行机构改革，搭建重点城市行工作机制，试点支行营业主管派驻制。优化调整小企业金融、信用卡等条线机构设置。挂牌成立35家营运中心，基本形成集中营运格局。综合化经营布局，推进中邮金融租赁公司筹建。

2. 风险防控

（1）深入落实“三三四十”等监管专项治理工作，扎实开展各类检查和专项整改活动。通过政策引导、督导检查、风险提示、动态监测预警、风险清理整顿等措施，强化重点领域风险管控。

（2）以“内控优化年”活动为主线，深化内控体系建设，夯实内控合规管理基础。推进全流程授信管理，健全

9月8日，邮储银行宁波市分行参与支持宁波象山开渔节。（邮储银行宁波市分行/提供）

审查审批机制，正式实施非信贷审查审批机制，提升授信管理能力。

（3）发挥审计监督作用，揭示管理中的问题，完成审计项目1159个，审计金额5548亿元。

（4）保全条线工作，加大保全清收力度，创新不良贷款处置方式，是利润完成较好的因素之一。

（5）强化安全保卫措施，推进营业场所和联网监控中心安全管理标准化达标建设。

（6）拓展集中作业、集中授权、稽核监督业务范围，优化管理流程及系统，形成多岗位之间、前后台之间的制约机制，提升营运风险控制能力。

3. 管理能力建设

（1）调整绩效考核体系，突出战略导向，强化价值创造，对分行加大经济增加值、经济资本回报率考核权重，初步构建总行部门定量考核体系。

（2）推进网点转型工作，加强网点智能化建设，试点无现金柜台的轻型网点，治理低效网点，启动网点布局规划。

（3）加强集约营运能力，深化营运体系改革，优化业务处理流程和柜面作业组织，启动统一柜面平台建设，电子印章接入全部交易。

（4）以提效益、控成本为核心，建立成本费用标杆体系，加快推进成本费用零基预算，从严细化管控各项费用。

（5）加强人才队伍建设，持续深化人才开发与培养，管控用工总量，完善以岗位价值为基础、以绩效为导向的薪酬分配体系，完善中长期激励机制，不断提升人工成本效能。

（6）品牌影响力提升，承办“世界储协第一届农村普惠金融研讨会”。首次入选《福布斯》全球上市公司2000强排名，列第55位；英国《银行家》“2017年全球银行1000强排名”，以总资产列第21位；首登《财富》中国

500强，列第34位。现代公司治理机制运行良好，荣获“2017年度香港公司管治卓越奖”“最佳投资者关系管理上市公司”“2017年最佳普惠金融银行”等奖项。

4. 信息科技建设

（1）信息科技能力加强。推进“十三五”IT规划，持续深化IT治理，开展“九大平台、九大项目群和两总线”建设，手机银行3.0版本、新一代自助银行系统、内部评级平台（对公客户）、大数据平台二期等111项工程上线。初步形成跨条线共享的需求管控模式，推动数据标准化管控系统建设，建立信息化工程质量跟踪机制。

（2）科技创新能力增强。基于科技创新实验室、互联网金融创新实验室，开展云计算、区块链、大数据、人工智能、生物识别等技术研究和应用。构建具有邮储银行特色的云平台，全行60%的交易通过云平台完成。构建“1+N+36”大数据应用组织管理体系，建立数据实验室，发布高端客户分析、贷款担保网络分析等7款数据产品，推进数据分析模式转型升级。应用深度学习技术，推出人工智能客服问答系统，提高问答正确率。在手机银行中实现指纹、人脸识别技术应用，在移动展业中实现电子签名和人脸识别应用。

（3）科技风险管控能力提升。深化“两地三中心”一体化运维管理，加强信息科技外包管理。信息系统安全平稳运行，未发生网络安全责任事故，储蓄逻辑集中系统成功率99.88%，跨行交易成功率继续保持在银行业前列，开展各类业务连续性演练187次。

（4）互联网金融转型。制定《中国邮政储蓄银行互联网金融发展规划报告》，按照规划要求，推进互联网金融平台建设，尝试推出直销银行服务，在互联网金融转型方面作出探索。将依托网点规模优势、客户基础优势、资金优势、股东优势，立足“三农”客户、小微客户，通过在线线下一体化，打造“开放、融合”的互联网金融云平台，围绕产业金融和消费金融两大场景主线构建场景化的金融生态体系。大力发展支付类、融资类、投资类三大互联网金融产品体系，以产融结合为特色，建设跨界融合的邮政特色移动互联网生态圈。充分运用互联网技术，从数字化银行向敏捷型银行、智能型银行转变，构建面向未来的、可持续的发展模式。

5. 党建工作

深入学习贯彻党的十九大精神，学懂、弄通、做实；结合自身开展“两学一做”学习教育、“强基固本2.0”工程和党员承诺践诺主题教育活动；强化总行机关作风建设。增强主动监督意识，充分运用监督执纪“四种形态”，保持正风肃纪高压态势；按照新形势下全面从严治党的要求，完成集团巡视整改任务，强化巡视成果运用，推动一级分行探索开展巡察工作，形成巡视巡察联动格局。（邮储银行　杨征）

【中国邮政速递物流股份有限公司】

1. 基础建设

（1）实物网建设优化快速推进。廊坊等6个国内重点项目如期投产；广州、厦门、深圳、杭州4个国际业务生产处理场地上线自动化分拣设备；义乌、武汉等关键节点投产AGV，形成业内最大机器人分拣规模；全网日均处理能力提升至1200万件，较上年提升33%。东北、中南、西北等7大区域集散网组建完成，无锡长三角邮件集散中心单日处理量突破140万件。组织开展省内网建设达标验收工作，通过加密频次、优化组织、强化管控等措施，省内邮件时限质量显著提升。各省邮政速递物流多管齐下克服投递用工问题，新增揽投网点近160个、道段近2500条，新建社会合作代办点1.75万个，使用快递柜9.4万组。完成菜鸟、云集，以及广东、上海等十余个仓储场地的改造建设工作。

（2）信息化支撑作用凸显。新一代寄递平台揽投功能全面上线，完成ERP一期功能推广上线工作。岗位任务看板系统全面应用至速递物流总部和各省邮政速递物流经营部门，将关键指标和关键任务落实到关键人；基于销售、生产、处理三岗联席设计的实时监控看板系统，构建了新型的监控调度机制。升级国际发运系统架构，支撑出口订单快速增长；启动海关总署“金关工程”，有效提升通关效率。优化标准化处理中心系统，实现快包邮件同机分拣。全面完成统版系统安全改造，建设基于大数据的信息安全风险管防控体系，敏感数据泄露恶性事件零发生。

（3）网络运行稳定性提升。在业务量高速增长的情况下，实现网络运行质量稳中有升，重点城市标快次日递率达到78%，进口及时妥投率达到85%。完善时限监控系统的全国标快时限计划，不断改善衔接时限，实施按时限计划管控作业组织。自主航空网应对客观不利条件，保障重点航线、重点城市时限质量不降低。通过建立民航台账制度、规范民航专用封装容器等措施，民航运邮稳定性大幅提升。建立每日调度会制度，强化区域和省调度职能，

速递物流首个全功能智能机器人项目在湖北EMS试行。（速递物流湖北省分公司/提供）

区域间运行协同性明显增强；省内互寄邮件次日递率稳定在90%以上，省内邮件全程时限准时率超过98%。全国揽投机构电子围栏维护工作深入推进，三级码应用普及率在60%以上。通过改革国际运邮模式、加强境外口岸派驻巡场、强化调度和协商机制，邮件时限质量稳步上升，取得良好效果。逐步完善多部门联动运营模式，苹果项目两次新品首发均取得新品发售当天及时投递率100%的优异成绩；“双十一”旺季经受住收寄总量破亿件、峰值1700万件的考验。

（4）服务质量保障水平稳步提升。进一步完善速递物流质效考核体系，关键信息采集扫描率、跟单内部调度率等多个指标明显改善。时限质量分析会制度不断深入，强化网运和运控联动机制。标快智能跟单系统全网上线，普通跟单系统推广至国际EMS、e标准和快递包裹，全面实现速递业务质量管控。客服深度不断拓展，内部客服升级为揽投部主动客服，政务、贵品、时限承诺邮件等纳入主动客服。客服质量管控持续增强，实施全网统一质检，国际客服各项指标均领先邮联。视察检查深入开展“两规两治”和问题机构精准整改工作，基本消除妥投信息虚假问题和收寄安全案件。

2. 人力资源

（1）建立“双定”落实评价积分体系。人员配置比例更加合理，揽投人员新增1.5万人，一线人员占全口径用工总量的56%，比上年高7.3%；营业部人均日揽投量121件，比上年升51%；处理中心第四季度人均日处理量777件，比上年升37%；全口径用工总量人均劳产率超过30.7万元，比上年高22%。

（2）提升人才队伍素质。对总部机关部门正副职、省分公司领导班子副职、重点县营业部经理、百名优秀营销人员进行各类针对性的总部级培训78场次，受训人员4300人次；对一线技能人才进行线上远程培训13个班次，培训近15万人次。编写《揽投员入职培训读本》，实现全网培训课件、服务规范和操作标准“三统一”。（速递物流）

【中国邮政南京航空速递物流集散中心】

处理邮件1.56亿件，比上年增长18.74%；日均处理46.6万件，比上年增长23.3%；最高处理日处理71.7万件，创中心邮件处理历史新高。

1. 运行管理。通过加强旺季期间的发运计划及仓位管理，进一步提升动态调度能力；对有进无出邮件进行专项整治，降低有进无出率；通过执法记录仪等技术手段，加强对全环节内部处理重要岗位的全过程监控作业；全力支撑“高考录取通知书”“学生档案”“极速鲜”等不同专项类重点业务发展；多措并举，提升文件型邮件赶发率。

2. 设备维护。通过落实首问责任制，细化内部责任分工，明确任务、时限、责任人，强化故障解决检查考核机制；建立“技保在线”微信群，简化设备报修流程，提高设备维护及时响应度。设备完好率达99.4%。

3. 安全管理。通过“一签二查三紧抓”的防查工作切实抓好安全工作；设计并开发独立式烟雾报警系统；完成新增监控项目、隐蔽式监控项目，实现“人防”向“技防”模式的转变。监控探头1174个，基本实现分拣主楼办公区和生产现场100%全方面覆盖。

4. 资源配置。深入推进财务对标，对人工成本、运输费、结算收入等重点费用进行综合对比分析。调整财务资源，进行三次财务预算调整。通过寻找优质供应商、制定切实有效的采购方案等措施，降低企业采购成本。完成采购项目71项，比上年采购预算节约772.59万元，节约率为14.1%。

5. 盈利模式。对标系统内先进标杆，分析差距，找出问题点；划小经营、核算单元，推进部门损益核算。以各生产部门为独立核算单元，以重点费用为突破口，进一步优化作业流程和资源配置，减少低效开支。

6. 队伍建设。不断优化员工队伍，日人均邮件处理量达到377件，比上年增长29.1%；实行“线长负责制”，在计件工资制基础上创新性引入“阿米巴管理模式”；创新非全日制用工模式，日均约226人次；加大分级培训力度，为员工提供多元化学习晋升渠道。

7. 企业形象。改善门卫室、企业名牌、形象墙，采用车牌识别系统，引进洗地车、吸尘器等设备，营造安全、有序、文明的6S

哈尔滨至俄罗斯叶卡捷琳堡航空邮路打造对俄跨境电商的“空中走廊”。（邮政报/提供）

场区环境；在主楼入口制作彰显“邮政品牌”企业实力的航线图、沙盘模型，成为展示中心形象的示范窗口。

8. 和谐企业。完成职工小家建设，荣获2017年中国邮政全国模范职工之家荣誉称号；通过制作企业宣传片、文化长廊、微信公众号，宣传企业发展历程和业务规模；进一步规范接待流程、完善接待工作。年接待人数780人。（中国邮政南京航空速递物流集散中心）

【中国邮政航空有限责任公司】

1. 安全基础

（1）强化安全责任意识。始终坚持安全生产是第一要务，遵循平稳有序的生产原则，加强安全管理，传达全国民航航空安全电视电话会议精神。公司组织召开安全运行工作会议、飞行作风建设专题会、航空安全工作专题会，飞行专业召开安全工作会议，机务专业召开安全整顿动员会，通过公司层面和专业层面安全工作会议，强化安全责任意识。接受民航局SMS审核，学习先进安全管理方法，完善安全管理体系，提高风险控制质量，把握安全发展主动权。通过IOSA审核及注册，建立符合国际标准的运行质量管理体系。

（2）排查治理安全隐患。以安全生产运行为核心，落实安全生产“四个责任”，通过抓基层、打基础、苦练基本功，夯实安全生产基础。建立安全隐患排查制度，对各系统安全管理工作进行专项检查，每月定期向局方报送安全隐患排查情况；开展安全管理责任巡查工作，制定巡查实施方案和检查单，率先在机务系统试点，聚焦安全责任落实情况，全面排查安全风险环节；深入开展以“全面落实企业安全生产主体责任”为主题的“安全生产月”“安全大检查”活动。

（3）开展空防安全工作。全面落实民航局“空防安全隐患治理、平安货运”等专项工作部署，完成“一带一路”“金砖国家会议”“党的十九大”等会议期间各项安保工作。升级南京自主机坪安保设备，加大危险品管控力度，加强锂电池运输和邮件运输治理，开展危险品运输安全宣教活动，实现从业人员全覆盖。

2. 运行质量

（1）提高航班正常率。多次召开提升航班正点率专题研讨会，详细分析影响航班运行的主客观因素，统筹协调飞机、机组、航班时刻等资源；加强对天气的研判，制定绕飞雷雨、台风等航线变更方案；重点研究乌鲁木齐、京沪穗等低正常率航线解决方案。运用信息技术进行运行大数据统计分析，为提高航班正常率提供支撑。

（2）坚持领导干部夜航值班制度。健全完善公司领导干部值班制度和专业部门值班制度，将三级副领导干部纳入值班体系，加强对生产运行的有效管理，发挥领导干部现场决策指挥的作用，及时解决生产运行中的突发事件和疑难问题，在保障生产运行、增强发展信心、促进队伍稳定、密切干群关系、锻炼干部队伍等方面取得良好效果。

（3）加强运控能力建设。强化各席位代表的资质认证工作和培训工作，提高值班经理和各席位代表的业务水平和综合能力，提升AOC的预判能力、决策能力和非正常情况下的指挥控制能力。稳步推进AOC系统建设，北京、南京通过人员交流值班，突出运行节点管理，实现资源共享、优势互补、能力互备，公司整体运行指挥调度水平逐步提升。

3. 经营工作

（1）支撑EMS业务发展。助力EMS推出全国重点城市“次日递”时限承诺服务；支持速递“极速鲜”特色业务，通过调整航线和增开包机，完成“大樱桃”和“大闸蟹”运输保障任务。

（2）开展货运补舱业务。加强每日航班经营品质管理，及时与地面局沟通邮件量情况，最大限度提高航班载运率；召开首届航线推介会；加强与FedEx合作，增加货物运输种类及高附加值航空货物产品。

（3）加大货运市场开发力度。走访市场，加强与大型代理公司及包机人的联系；主动与各地政府沟通，利用相关政策支持，执行西安—首尔、石家庄—首尔等定期货运包机航线；开展商业包机运输工作。

4. 能力建设

（1）B757改装投产稳步推进。根据B757客改货进度计划，邮航持续抓好B757飞机投产运行工作，5架B757飞机投入航线运行，第六架、第七架B757飞机基本完成客改货工作。相关专业队伍培养工作稳步推进。

（2）航空专业能力不断提升。飞行专业新聘机长7名、副驾驶20名，机务专业培养发动机试车人员5名、整机放行人员11名、二类机型维修人员33名，签派专业培养FAA执照签派员3名、签派放行人员8名。

（3）信息化建设力度加大。公司服务器有82台，数据专线有25条，应用系统及子系统数量有35个；启动航班运行节点管控系统建设，开发完成财务单机成本核算系统，完成公司风险控制系统信息化建设、飞行专业信息系统升级等工作。

5. 基础管理

（1）基础管理制度更趋完善。印发《中国邮政航空公司采购管理办法》，完善采购管理制度体系；修订《中国邮政航空公司飞行运行管理规定》；完善公司运行值班管理体系，提高航班运行指挥协调效率。

（2）人力资源管理持续优化。完成公司各级领导干部上年总结述职和考评工作，建立健全选人用人制度，修订完善选人用人管理办法；修订公司绩效工资考核管理规定，制定公司员工年度考核管理办法；完成空勤人员年度晋档工作和签派专业人员技术晋级工作；编制2017年人

邮航战略投送支援机队战备演练现场。(邮政报/提供)

工成本预算月度分解表；建立人员结构配置模型，启动飞行、机务、签派专业人才“十三五”发展规划编制工作；举办中高层领导干部培训班和班组长管理技能培训班；完成民航国际货运员、安全检查员等岗位人员职业技能鉴定工作。

(3) 财务管理水平稳步提高。持续加强成本管控，继续推行成本费用定额管理和零基预算管理，不断优化资产管理，提高资金使用效率；单机单航线损益核算系统投入运行，财务工作效率大幅提升；拓宽开源节流渠道，与相关政府部门沟通协调，争取各类补贴及奖励款。

6. 从严治党

(1) 企业党建工作扎实推进。认真学习贯彻党的十九大精神，推进“两学一做”学习教育常态化制度化，将党建工作纳入公司章程，认真抓好“三会一课”等制度落实，规范党费收缴管理；组织公司485名党员参加党的十八届六中全会精神网上学习；举办党委书记示范专题党课，组织基层党建暨纪检工作培训班；开展基层党组织规范工作示范点建设，组织“两优一先”表彰活动。

(2) 党风廉政建设持续加强。落实集团党组巡视整改工作，围绕巡视反馈意见和具体要求，制定巡视整改方案，明确责任部门、整改措施和完成时限；建立健全党委工作规则、纪委工作实施细则、领导人员任免工作程序、“三重一大”决策制度实施办法等规章制度；开展巡察试点、效能监察、廉洁风险防控，推动作风建设抓常抓细抓实，有效防止“四风”问题反弹；开展加强和改进机关作风建设专题活动。

(3)“互相尊重、积极向上”企业文化氛围逐步形成。重视企业文化和精神文明建设，加强基层一线调研，关心关爱员工，努力改善员工工作条件，为家庭困难职工发放特困帮扶款；做好飞行员思想教育工作，保持空勤队伍稳定。开展夏季“送清凉”、冬季“送温暖”活动，组织健步走、书画展、京宁杯对抗赛等文体活动，陶冶职工情操，营造出“互相尊重、积极向上”的企业文化氛围。加强宣传工作，扩大邮航社会影响力。(中国邮政航空有限责任公司)

【中邮人寿保险股份有限公司】

总资产941.89亿元，比上年增长19.67%。营业收入451.62亿元，比上年增长34.9%。预算完成率112.34%，集团增收贡献率22%。完成利润总额3.72亿元，连续第四年保持盈利。吉林分公司获批筹建，展业范围扩展至19省、271地市、1404县(市)、29939个网点，服务客户数742.05万人。获评“年度最具竞争力保险公司”“最具社会责任保险公司”等荣誉称号。连续三年荣获全国交通企业管理现代化创新成果一等奖。

1. 党的建设

全面落实中央关于全面从严治党的工作要求和安排部署，中邮保险党委深入学习贯彻习近平新时代中国特色社会主义思想和党的十九大精神，切实发挥党委把方向、管大局、保落实的核心作用。

(1) 加强党的建设，将党建工作要求写进公司章程，党委在公司治理结构中的地位得以明确。

(2) 加强思想建设，从党委理论中心组学习、干部理论学习和“三会一课”多个层面入手，深入学习党的十九大精神和习近平总书记系列重要讲话，党员领导干部党性修养和“四个意识”显著增强。

（3）强化主体责任，落实“一岗双责”，签订全面从严治党主体责任书和专责责任书，不断夯实管党治党政治责任。

（4）加强党的作风建设，坚决落实中央八项规定精神，加强源头治理，坚决反对“四风”问题，持续开展党风廉政宣传教育月活动，严肃执纪问责。

（5）加强基层党组织建设，将“两学一做”学习教育常态化制度化与基层党组织示范点创建有机结合，基层党组织功能作用和党员先锋模范作用有效发挥。

2. 经营发展

（1）转型规划稳步推进。立足新增长极战略部署，结合经营实际，深入研究转型发展、“自营＋代管”模式深化等重点工作，初步形成“转型发展实施方案”，确定“期交翻番”计划、建设自营队伍等转型目标，明确转型发展实施路径。

（2）期交业务提速发展。提前完成期交“双百亿工程”，实现期交保费收入236.62亿元，比上年增长72.28%。实现期交新单保费120.89亿元，比上年增长35.31%，期交新单保费规模连续三年列银行系寿险公司首位。长期期交新单保费9.47亿元，比上年增长57.77%。续期保费115.73亿元，占保费收入28.17%，提高12%。

（3）投资收益平稳增长。积极应对市场变化，科学制定投资策略，优化资产结构，实现投资收益41.22亿元，比上年增长7.83%。

3. 风险防控全面强化

（1）健全风险防控管理机制。贯彻落实保监会“1+4”风险防控要求，编印400份“1+4”系列文件汇编，强化风险防控宣传，提升全员风险意识。针对资金运用、销售管理、产品管理等19个方面开展专项自查，跟踪督导17项问题整改情况。综合评级连续4个季度保持A类。

（2）强化满期给付、流动性、资金运用、关联交易等重点风险防控。开展“防范满期给付与退保风险”专项检查，覆盖12个省分公司，满期给付和退保工作应对有序，未发生一起群体性风险事件。完善流动性风险管理办法，强化风险预警和动态监测，确保流动性安全。修订市场风险、信用风险等相关管理制度，升级资金运用风险管控体系。制定实施关联交易管理办法等3项制度，夯实合规基础。

（3）强化合规检查与违规问责。强化合规日常监测与月度联席会议，监控提示合规风险。总省开展合规培训308场，合规理念进一步增强。强化合规检查，下发整改通知书377份，整改率92%。完成制度、合同及关联交易审核1703件。加强反洗钱管理，开展非法集资风险排查，未发生资金案件。

4. 专业支撑能力

（1）运营管理能力。新单承保163万件，核保4.8万件，回执回销完成率100%；保全105万件，时效缩短0.46天；个银理赔5732件，申请支付时效缩短1.25天；团险理赔3.7万件，比上年增长38.61%。完成邮储网银和手机银行系统对接，丰富出单方式，提升承保效率，邮银渠道线上实现率45.36%。灵活运用“集中＋外包”模式，高效应对多个业务高峰。作业中心实施精细化管理，人均作业能力提升17%，差错率下降到2%以内。妥善应对九寨沟地震、北京大兴火灾等46起重大突发事件，得到社会和客户的肯定与认可。

（2）客户服务水平有效提升。上线呼叫中心（IVR）自助语音系统，呼入接通率提升到93%。开通微信在线查询、报案、客服等功能，丰富服务触点。成功举办首届中邮保险客户服务季，共开展各类现场活动321场，参与和关注人群550万人。亿元保费投诉量0.24件，继续保持行业优异水平。

（3）信息化建设加速推进。持续优化核心系统120余项功能，完成19款产品系统开发，有力支撑业务发展。建成第三方渠道接入平台，对接邮政简易险、邮保通、邮储网销和手机银行等系统，提高交易并发承载能力。建设数据分析应用平台，实现业务系统数据的实时归集清洗。启动客户信息管理平台（ECIF）建设，为对接集团和自建客户关系管理系统（CRM）提供数据基础。推广运维管理系统和监控平台，保障系统安全稳定运行。

5. 企业管理水平

（1）财务管控有效加强。预算管理更加精准，年度偏差率控制在10%以内。资金管理更加精细，按日计算头寸，按月滚动预测，提高资金周转效率。采购管理进一步规范，采购人员跟岗培训覆盖面100%。费用管控不断完善，加大培训费投入，压缩宣传费支出，严控福利费、招待费等开支。开展团险业务损益核算。完成资金管理系统和费用管理平台开发。

（2）人力资源管理不断深化。初步构建员工职级晋升、内部分配、业绩考核、正常退出等机制紧密衔接的激

中邮保险“7·8”保险公众宣传日活动。（中邮保险／提供）

励约束体系。初步制定员工发展管理办法、薪酬制度调整优化方案。实行高管人员薪酬延期支付，出台精算、投资专业岗位津贴及考试管理办法，推进关键岗位人才薪酬逐步与市场接轨。员工绩效管理持续完善。统筹兼顾突出重点，积极落实总省机构编制调整方案，稳步推进人员配备调整优化工作，有力支撑各项重点和急需工作。完成分类名录、说明书等岗位标准体系建设基础工作。实施分级分类培训，组织员工培训 936 场、培训 3.7 万人次。

（3）审计监督职能有效发挥。组织开展高管审计、内控评估、风险管理评估、资金运用、关联交易、总省营销费用等各类审计项目 78 项，配合集团审计局进行成本费用审计。审计覆盖面 100%，审计发现问题 361 个，督促整改落实 329 个，节约建设资金 58.1 万元。

6. 保险扶贫工作

中邮保险精准聚焦，扎实推进河南光山、陕西商洛、湖南永顺、四川仪陇等地区的中邮保险精准扶贫工作，针对建档立卡贫困人群定制开发专属产品，持续做好理赔服务工作。覆盖贫困人口 7 万余人，合计风险保额 86.65 亿元，有效缓解出险贫困家庭的实际困难，得到了当地政府和广大群众的高度肯定与认可。

7. 企业文化建设稳步开展

明确国家、行业、省级文明单位争创要求，加强总省经验交流，开展精神文明创建工作。通过网络学院进行中国邮政企业文化培训，参与率 100%。开展基层企业文化示范点建设工作，通过重点培育，以点带面，提升公司企业文化建设水平。深入推进建家工作、手拉手基金救助等员工幸福工程，加大对集团级模范职工之家、邮保工匠、陶遂工作室、青年标兵选树工作；举办职工羽毛球、工间操等丰富多彩的文体活动。（中邮人寿保险股份有限公司）

【中邮证券有限责任公司】

收入 3.6 亿元，比上年增长 26.6%，优于行业 32%（行业增长 -5.1%），收入排名前移了 12 位；利润完成 1.5 亿元，比上年增长 26.9%，优于行业 35%（行业增长 -8.2%），利润排名前移 15 位，实现平稳健康发展。

1. 企业管理

（1）风控管理。一是建立全面风险管理体系，在制度保障、组织架构和系统建设等方面，初步达到“六个一”要求，实现风险管理对公司业务的全覆盖；二是成立债券信用风险管理委员会，防范投行业务在债券存续期的风险；三是扎实落实《客户适当性管理办法》《金融机构大额交易和可疑交易报告管理办法》，严格管控流程，降低操作风险；四是多措并举提高全员合规风控意识，对资管、投行等重点业务加大检查力度，通过问题整改和建立长效机制，保障业务规范开展。

（2）经营支撑。为弥补人才短板，支撑业务发展，引入市场化人才 121 人，组织各类培训 87 场，提升干部员工专业化水平。对各业务线、分支机构实施分类财务管理，引导资金向高效、可持续业务倾斜，优化资源配置。

（3）安全管理。成立安全生产委员会，明确组织机构及职责；修订安全管理办法等系列制度；按照集团要求组织开展平安创建活动；召开安全生产联席会议，开展安全大检查和应急演练，成功完成十九大期间安全和维稳工作。全年保持安全平稳运营，未发生营业、资金、信息系统等重大安全事故。

2. 能力建设

（1）“总对总”协同。过户工作，累计为公司引进资产 67.3 亿元，托管股票 4.5 亿股。承销集团公司债、中邮资产公司债 39 亿元。承接邮储银行委外投资、非标资产投资 1700 亿元，发行两期二级资本债项目合计 46.2 亿元，承销邮储家美 ABS 项目 6000 万元。公司资管产品获得邮储银行代销准入资格，新三板业务与邮储银行开展协同试点。同时，在集团组织下，各省（区、市）邮政企业和邮储银行协助开发账户累计 81 万户，单只基金销售 11.7 亿元。

（2）邮政特色分支机构经营。分支机构新开 6 家，累计 30 家。其中，省、市级分公司 19 家，营业部 11 家。通过完善分支机构支持中心管理机制、开展多层级培训、下发运营指南、项目指导、跟岗展业等方式，大幅提升分公司规范运营和市场竞争能力。开业分公司占分支机构总收入的比重，由 2016 年的不足 10% 提升到 40% 以上。四川省分公司收入逾千万，率先落地股票质押业务；江苏省分公司有效户 3 万户，率先实现新三板业务挂牌；广东分公司产品销售 5.5 亿元，率先落地亿元股票质押项目；山东省分公司首单开发资管对接股票质押项目；湖北省分公司率先突破机构两融业务。

（3）运营支撑能力。一是推进亦庄数据中心建设。完成一期核心交易系统上线及 30 个子系统升级，并建成客

中邮证券多措并举提高全员合规风控意识，建立长效机制保障业务规范开展。（中邮证券／提供）

户适当性管理等3个系统，采用超融合和云计算技术投产设备500台，实现亦庄主中心、丰台辅中心、西安灾备中心和南方行情委托中心“三地四中心”总体布局，可满足500万账户容量需求。二是信息系统全年稳定运行，未发生较大及以上信息安全事件。公司信息技术工作获得集团表彰。同时，清算业务不断完善管理制度，强化交叉复核机制，确保客户资金安全、完整、无挪用。在中登公司评级中，连续12个月被评为A类结算参与人。

3. 党建纪检工作

（1）认真落实党建工作责任制，推进全面从严治党，践行“一岗双责”，坚持党建工作与经营管理同部署、同落实；在新设分支机构成立党组织，实现党组织的全覆盖；加大对党建工作的管理力度，将党建指标纳入年度绩效考核。

（2）认真做好巡视整改工作，制定完善涉及集中采购、固定资产管理、工程建设、费用管理等多个方面的制度。

（3）加强思想建设，通过中心组扩大会议、专题研讨会、辅导报告会等多种形式学习十九大精神，确保全体党员干部在思想上与党中央保持高度一致。

（4）加强作风建设，按照集团要求组织开展总部机关作风建设活动。

（5）加强党风廉政建设和反腐败工作，坚持挺纪在前，层层压实监督执纪问责重任，深入开展党风廉政宣传教育，驰而不息正风肃纪，持续推进廉洁风险防控体系建设，推进从严治党向纵深发展。

（6）加强群团工作，企业凝聚力不断提升。

4. 和谐企业

公司聘请外部咨询机构设计薪酬体系，使薪酬与市场逐步接轨；为员工办理意外伤害保险、补充医疗保险、企业年金、生日慰问、健康体检等，全面提高员工福利水平；为员工提供专业机构培训164次，网上培训常规化、制度化，增强员工综合素质和从业技能。基于对发展前景的信心、对公司文化的认可，员工干事创业的积极性显著提高，获得感和归属感不断增强。（中邮证券）

【中邮资本管理有限公司】

2月，集团公司总经理办公会通过中邮资本组建方案。中邮资本公司按照“提升资本运营能力，打造资本运营平台”的总体思路，边组建边发展，建立满足初期运行的组织架构和制度体系，开展战略投资业务，开展量化投资业务，培育商业保理业务；中邮资产调整业务范围，专注推进不动产盘活。累计投资61亿元，管理资产规模超过400亿元，收入2.19亿元，投项目综合收益12.88亿元。

1. 开展投资

（1）开展战略股权投资。一是致力打造寄递翼生态圈。控股收购速递易。实现中国邮政在快递物流终端的战略布局。发起设立现代物流产业基金。联合普洛斯共同设立现代物流服务基金，利用社会资本进行现代物流产业战略布局。研究现代物流产业投资机会。对普菲斯冷链、运满满、立镖分拣机器人等物流产业链新模式、新技术、新业态等进行了研究。二是致力完善金融产业布局。推进收购信托牌照。先后就收购山西信托、泛亚信托控股权，参股中建投信托、中航信托开展了多轮谈判和交流，完成对山西信托的尽调工作。研究收购第三方支付牌照。与腾邦国际腾付通、中国支付通、中国电信翼支付、中交金卡、汇元科技等潜在第三方支付收购目标展开接洽。三是深入研究医养产业布局。研究集团所属医疗机构的改革方式及集团布局医养健康产业的战略机会，设计了医养投资平台架构，积极寻找、探索合作模式。四是积极开拓境外投资业务。研究了丝路金融公司，投资了易鑫车贷IPO。

（2）稳健运营量化投资业务。一是根据资金属性，遴选中低风险、中高收益的量化对冲以及套利类策略作为基金配置的主要策略。二是创新运用期权替代股指期货进行风险对冲，为母基金收益超越市场同类策略起到重要作用。三是丰富母基金配置，研究市场中股票多头、量化对冲、债券、商品期货、期权、国债利率期货套利等策略，拉动净值快速上涨。四是与中信、国信、国泰君安及光大证券在产品托管、市场交易以及资金进行深度合作。

（3）稳步推进保理业务。完成保理公司注册。就邮政集中采购项目应付账款保理确定合作机制。与国核商业保理、中林集团、中国供销集团开展业务沟通。

2. 推进不动产盘活

（1）开展全面调研。中邮资产公司以“建队伍、攻专业、寻突破、扩规模”为总体工作思路，对内完成10个邮区中心局23宗不动产的实地调研，对外与房地产开发商接洽，建立5家央企地产合作平台。走访国企资产盘活机构，吸取专业地产开发知识和先进管理经验，提炼出符合邮政实际、具有邮政特色的资产盘活路径。

（2）明确四个开发方向。结合市场发展趋势和邮政不动产特点，深入调查和论证、明确物流仓储、医养健康、商业综合体、创意空间和长租公寓四个开发方向。

（3）重点标杆项目。以长邮火车站大院项目作为重点打造全国性标杆项目，在资金、审批、沟通协调等各方面给予大力支持，公司上下全力配合项目快速有序推进。

3. 拓展融资渠道

（1）拓展商业银行业务合作。取得浙商银行15亿元一般授信额度；取得厦门国际银行两年期3亿元信用贷款额度；与多家商业银行建立授信、表内外资金等交流机制。

（2）深化与保险资产管理公司业务合作。与泰康资产达成初步授信额度50亿元，为后续投资业务开展储备资金渠道。

（3）利用资本市场融资工具优化资本结构。获得证监会正式批复注册发行8亿元公司债券，展示公司的市场形象，为后续开展更大规模的投融资奠定基础。

4. 促进集团业务板块协同发展

（1）以股权投资促进战略协同。一是速递易全面实现与快递包裹业务协同，并协调环宇租赁为速递易提供6.23亿元融资租赁服务。二是普洛斯现代物流产业基金既协同了邮储银行和中邮保险资金运用，又协同速递物流产业布局和战略卡位。三是协同邮储银行投资东风井关等项目。四是研究网易考拉和中粮我买网等项目，协调导入速递物流、邮乐网业务合作资源。

（2）利用私募基金牌照实现业务协同。与邮储银行、中邮证券开展密切合作，在邮储银行资管、PPP基金管理、对外直投管理等领域合作。与邮储银行资产管理部探讨量化投资母基金主动管理，服务邮储资金投资量化基金。

5. 加强投资风险管控

（1）做好投资项目风控审查。一是开展平行作业，风控人员深入项目现场参与投资尽调，提高风控管理效率。二是设置量化投资准入标准，把好入门关。三是运用风控系统对风控要素进行实时监控，做好事中风控。四是持续跟踪国家产业政策和监管政策变化，做好投后风险管理工作。

（2）完善风控管理制度。制定《投融资决策委员会工作规则》《内幕信息知情人员保密制度》《投融资业务分类授权管理办法》《合同管理办法》《风险合规管理办法》《中邮鸿信量化委托业务投资顾问准入管理办法》。

（3）做好日常法律审核。围绕投融资项目，严格落实投审会决议；引入外部法务力量参与复杂项目把关。

6. 强化公司基础管理

（1）持续做好财务管理。一是加强预算管理。制定经营预算、资金预算、现金支出预算，把控公司全年财务管理工作。二是加强流动性管理。在风险测评基础上，甄选合作机构和配置产品，科学配置短期资金，流动性管理收益率超过4%。

（2）规范人力资源管理。一是完善人力资源管理制度。编制公司各岗位的岗位说明书，据以实施绩效考核。二是加强人才队伍建设。通过集团“千人引进”、社招、系统内调配、毕业生招录等16名（资产公司5名）员工，弥补人员缺口。（中邮资本管理有限公司）

【中国集邮总公司】

累计收入27.5亿元，完成全年预算的102.44%，比上年增长7.47%；利润总额13.81亿元，完成全年预算的109%。

1. 企业生产经营工作

（1）重点项目开发。围绕30个新邮题材，以生肖贺岁季、千里江山图、中国恐龙、西游记（二）、“十九大”等重点项目为抓手，深挖项目文化内涵，做大做优规模和质量。2017年生肖贺岁季项目，在产品、渠道、营销及合作模式等多方面创新，开发120款产品，收入10.5亿元，比上年增加95%。西游记（二）项目，延续第一组产品的系列性。项目开发紧扣邮票主题，深挖文化内涵，广泛听取各方面专家学者的建议。收入1543万元，全网实现收入4015万元。“十九大”项目，开发7款全网产品，收入4014万元。为“有关机构”定向制作产品两款，完成服务与会代表的政治任务，体现总公司服务国家大事要事的能力，并获得大会秘书处总务组方面的来信感谢。此外，“千里江山图”“一带一路”“张骞”等一系列项目都取得较好的经济效益和社会效益。加大个性化邮票业务服务支撑力度。结合新邮发行和社会热点，推出一系列通用版和专题服务项目，满足基层业务需求。推进“迪士尼”线上业务，认真做好“建军90周年”等项目的支撑与服务。

（2）支撑服务能力。加强与各省业务往来与合作，根据各省不同经营特点、不同发展需求提供与之相适应的服务措施和内容，实实在在为各省解难题、办实事。完善信息沟通渠道，开展有针对性的调研指导，针对产品策划、库存情况、专卖店发展、个性化业务等一系列关系各省经营发展的重要议题进行了实地调研和培训。以项目、活动为支撑手段，持续为集团公司组织的“生肖贺岁季”、“集邮文化季”、文化品鉴会、佳邮评选和各类巡展等营销活动提供支持，创造了良好的经营氛围。配合集团开展各省集邮品库存计提减值工作，协助清理消化库存。加大产品支撑力度，加大对各省产品让利幅度，帮助各省扩大收入规模。与11个省联合开发全网产品33款，为各省实现收入约1.04亿元，为各省定向开发产品73款，为各省实现收入约1亿元。

（3）产品结构优化。针对消费需求日益多元化的趋势，不断扩充和丰富产品，进一步加大了以贵金属仿印类产品为代表的集邮商品的开发力度，持续推动产品结构的优化升级，取得了良好的社会反响和经济效益，产品竞争力和市场影响力持续增强。集邮商品收入9.74亿元，比上年增加2.15亿元，增长28.53%，占总收入的35.41%，比上年提升5%，集邮商品收入超过年册，成为总公司最大的收入来源。

（4）渠道建设。加强对传统邮政渠道的支撑和调控力度。依据政策和市场环境的变化，不断调整销售措施，在支撑各省实现收入的同时，有效避免了库存积压。加强中国集邮专卖店建设，完成新增55家专卖店的扩店工作，全国专卖店数量175家。加大专卖店营销活动创新力度，生肖贺岁营销活动全国销售收入5.01亿元，比上年增长14%。继续强化与社会企业的合作，努力拓展更多优质社会渠道。与平安银行、上海自贸区、周大福等知名企业确立了战略合作伙伴关系。针对不同合作伙伴的特点，整合资源，优势互补，开拓了更为广阔的发展空间。按照集团公司要求部署，做好集邮网厅运营工作。结合生肖文化季等社会热点，整合全网资源开展邮品定时抢购、摇号、满额购等活动，创新推出总公司店铺“品牌日”，定期举办相关活动吸引用户关注。推出13款预售自提产品，10款摇号产品，全网收入8454.37万元。正式开办“中国集邮”天猫旗舰店，丰富自有线上营销服务体系，拓展消费群体的覆盖范围。

（5）宣传推广工作成效显著。自媒体建设稳步发展。积极探索新形势下信息传播策略，围绕新邮发行和社会热点开展一系列与粉丝的互动活动，《中国恐龙》《凤（文物）》等项目的微信推广内容多次被各省转载并作为营销范本被集团下发各地要求转发。微信、微博、头条等自媒体粉丝量累计140万余人次，各平台累计阅读量突破1300余万次，形成对外宣传的强大声势。广告投放更加精准有效，首次尝试了朋友圈、今日头条等可选择人群属性的广告，博览会宣传预热期间，在中央电视台《一槌定音》栏目针对集藏爱好者进行宣传，并通过高铁车厢海报、《环球时报》博览会专刊等媒介在以南京为中心的长三角地区进行精准投放。拍摄了多款主题宣传片，利用感性视角展现邮票的文化艺术魅力，吸引更多的人关注集邮热爱集邮，在品牌宣传、产品推广和集邮文化传播方面发挥了重要作用。

（6）品牌建设迈出重要步伐。成功注册“中国集邮”商标，将使用了几十年的中国集邮注册成我们邮政和集邮行业的品牌形象，在法律上形成保护，并将进一步推动中国集邮事业的发展。中国集邮总公司拥有不同类别注册商标28个，为进一步实施走出去发展战略，不断拓展对外合作打下坚实基础。与依文·中国手工坊及国金黄金股份有限公司共同打造的“黄金岁月”主题时装秀亮相中国国际时装周，通过跨界合作，将邮票文化与时尚服饰紧密联合，这一尝试取得了较好的宣传效果，包括中央电视台新闻频道、新华社、《人民日报》等在内的150余家媒体对此次活动累计报道200余次，新华网进行全程直播，向大众展示“中国集邮”的品牌形象。授权内外部企业使用“中国集邮总公司”品牌产品230余万件，品牌费收入8296万元。

（7）举办“2017（第三届）中国国际集藏文化博览会”，为集邮文化产业转型发展做出有益的探索和实践。博览会吸引国内外超过126家单位、企业和个人进场参展，约10万人次参观博览会。通过有效整合资源，为全国集邮业务发展提供有力支撑，开拓对外合作新模式。总公司收入4326万元，全网收入9115万元。

1月5日，江苏省徐州市《丁酉年》特种邮票首发现场，祖孙三代正共同欣赏刚买到的鸡年生肖邮票。（邮政报/提供）

2. 企业内部管理水平

（1）建立内控体系，保障企业合规经营。在完成巡视整改任务的基础上，进一步夯实基础管理，正式成立内控体系建设领导小组及办公室，印发内控诊断报告、内控管理手册、内控评价手册和内控试运行方案等成果性文件，修订、出台24项制度，内控体系建设顺利完成并开始试运行。进一步规范合同管理，确保合同条款符合法律规范和企业规章制度的有效落实。开展8次经营风险联合大检查，重点检查邮资票品和材料库存管理、生肖及量小品种的管理、集邮品项目完工情况等。进一步加强工程项目的审计力度，规范工程项目管理；加强对外联合开发项目的审计检查，开展收入规模8000万元以上项目专项审计。加大效能监察力度，切实解决企业发展中的难点、热点问题。对发现的问题及时督促整改，堵塞漏洞、完善制度、优化流程，提高企业管理效能和经济效益。

（2）强化财务管理，保障企业经营效益的提升。深化预算管理，修订完善全面预算管理办法，对经营部门加大经营自主权配套政策，推动市场应变能力的提升，完善了预算管控流程。借力集团公司ERP系统应用，优化业务流程，大幅度缩短集邮产品完工时限，确保及时计列收入成本。加强资金资产管理，修订完善货币资金管理办法和资产管理办法，加强支付审核把关，确保资金资产安全。加强采购管理，有效节约成本费用。集中采购金额7.84亿元，比预算节支9.49%。

（3）完善人力资源管理，保障转型发展人才需要。加强人事管理的基础工作，及时进行部门职责和岗位调整，保证相关部门的工作需要。完善战略绩效考核办法，传导压力，使之更符合总公司实际。做好员工薪酬、福利发放，加强劳动、保险管理工作。加大正向引导激励作用，拓展培训渠道和平台，1500余人次职工参加各类、各层次培训。加强干部管理和干部监督工作，修订和严格落实各项干部管理制度，加强对登记备案人员因私出国（境）的日常监督管理。

（4）强化生产及发运管理，保障产品质量和到货时限。坚持“标准化”“信息化”“规范化”生产，实行精细化管理，强化质量和时限管控，不断完善生产信息管理系统建设。统筹兼顾、科学安排各项生产及发运工作，完成30个大项目、440种产品、近2180万件邮品的生产发运任务。组织协调和应急能力不断增强，克服时间紧、任务重等多重压力，完成年册、生肖、“十九大”等重大项目的生产组织和运输。正式启动标准化体系建设，完成一卡通项目的部署应用，邮票库房搬迁、职工食堂晚餐外卖服务等工作，为公司生产经营和职工工作生活等方面提供了必要保障。

3. 党的建设

（1）扎实推进巡视整改工作的落实。按照集团公司党组要求部署有计划有步骤地开展工作，认真对待巡视组反馈的问题，建立整改台账，立行立改。以巡视整改为契机对公司工作进行全面深入梳理，查找各项制度及业务环节中的漏洞并及时补充完善，形成相互衔接、相互配套的长效工作机制，有效防范了经营风险，促进采购、联合开发等各项重要工作的顺利开展。

（2）推进“两学一做”学习教育常态化制度化。领导带头发挥中心组示范作用。支部组织党课学习和主题党日，创新学习方法。通过电子大屏、党建时空微信版等多媒体渠道建设“两学一做”宣传阵地。积极学习宣传贯彻十九大精神，将全员的思想、行动统一到十九大精神上来，促进经营发展。

（3）建设基层党组织和企业文化示范点。对照集团公司“两个示范点”建设标准，逐项落实，发挥支部战斗堡垒作用。支部落实“八个一”组织生活，创新提炼计财部党支部“创先真优”和常规部党支部“1+1+1”等服务经营发展的工作方法。加强入党积极分子的培养和考核，从政治素质高、业务能力强的青年员工中择优发展6名党员，并有4名预备党员转正，继续在中心工作中发挥先锋模范作用。规范补缴党费的使用，支持支部活动和党员学习，推进示范点建设。开展邮政企业文化培训，广泛宣传推进文化“上墙”，使企业文化入脑入心，指导总公司各项工作。

（4）开展加强和改进作风建设专题活动。结合“八个着力”，领导班子征集意见建议16项，各支部查找问题111项，形成整改措施123条。各部门各支部以问题为导向，推进各项措施长效化。在集藏文化博览会、“十九大”项目等中心工作中，总公司各部门强化责任担当，提升服务意识，凝聚全员合力，以强烈的责任心和紧迫感圆满完成了任务。

（5）持续推进党风廉政建设工作。组织党风廉政宣传教育月活动，通过了解反面典型、参观廉政教育基地、召开组织生活会、参加党规党纪知识测试等多样的学习方法提升党性修养和纪律规矩意识。严格落实中央八项规定精神和集团党组20条意见，年节时加强反腐倡廉教育。组织廉洁风险防控大检查，各岗位全体人员认真筛查工作流程中可能存在的风险点，制定防控措施，合规开展经营工作。

（6）精神文明创建工作取得新突破，群团工作取得新进展。喜获全国文明单位和首都文明单位标兵荣誉称号。在全国文明单位的申报过程中，全体员工提升主人翁意识，不遗余力推进精神文明创建工作。员工思想道德提升，企业办公环境优化，广泛宣传并践行社会主义核心价值观，社会效益明显。开展“送温暖”及丰富多彩的文体活动，鼓励青年发挥生产经营突击队和学雷锋志愿服务生力军的作用，“方寸邮爱”志愿服务队荣获东城区委“古韵前门　奉献最美”优秀组织奖。关心离退休职工，组织适合老同志特点的参观学习活动。（中国集邮总公司）

【邮政科学研究规划院】

1. 科研创新

新立科研项目30项，实际投入研发经费3794万元。

（1）物流装备研发实现“一新二全三突破”。一新是AGV技术新，首次创新快递行业全功能智能分拣机器人；二全是包裹分拣设备产品系列全、功能全，能够满足寄递网不同业务需求；三突破是超高速交叉带分拣系统和扁平件分拣系统的主线速度、整机分拣效率、一车多件、智能供件等功能实现突破。同时，供件机械臂、单件分离、摆轮式分向和无人机等技术研究取得阶段性进展，媒体联网服务平台在8个省试点应用。

（2）前瞻性战略性科学研究再上新台阶。按集团要求的进度完成雄安新区发展规划，得到集团党组的认可；“一带一路”、京津冀协同等发展规划有序推进；完成邮政陆运网全流程优化建设方案；创新地市处理中心分拣流程；完成了系列国家标准《快递封装用品》和交通运输部行业标准《邮件民航运输操作要求》的制定工作，开展了邮政速递贵重物品包装标准研究。

（3）科研成果再获新佳绩。7项获省部级奖项，13项获得集团公司奖项；1个团队和10人次获得表彰。取得授权专利13项。院内评出年度科技进步奖8项、优秀论文4篇；开展“双创”活动，评上集团金点子1个，院内金点子11个。

（4）获批“北京市邮政智能装备工程技术研究中心”。邮政科学研究规划院被北京市科委认定为“北京市邮政智能装备工程技术研究中心”，此次认定申请参与的单位近百余家，市科委通过严格的申报材料及资质审核、专家评审、现场评审和市科委主任办公会讨论，最终认定33家单位为北京市工程技术研究中心，邮政科学研究规划院为其中唯一一所涉及邮政智能装备领域的工程技术中心，同时也是邮政系统内唯一一所工程技术中心。工程技术中心主要涵盖四个研究方向，分别是：现代邮政智能装备技术研究及应用；全局网络动态优化与邮政处理中心规划设计；现代邮政信息技术研究及应用；邮政装备检测技术与标准研究。

2. 经营发展

（1）经营收入再创新高。收入4亿元，完成集团下达预算的155.04%，比上年增长14.4%；实现盈利4003万元，其中3794万元用于自主研发投入，上缴利润209万元，完成集团下达利润的116.76%，比上年增长26.9%。新签合同额3.83亿元，完成目标的130.3%，比上年增长15.02%。取得当年速递物流总公司的全部分拣机项目，行业外部市场新签合同11项，合同额2074万元，是上年的3倍，烟草和机场行业也有新的突破。

（2）工程项目建设和运维保障再创佳绩。持续推行设计标准化，全年完成三大板块工程设计项目200多个；以两个多月时间完成北京综合邮件处理中心项目的施工试运行；首都机场跨境电商监管中心、武汉AGV项目被媒体争相报道；天津海关物联网项目被评为海关物联网项目建设的范本；安装布放智能包裹柜633台。“双十一”旺季生产保障期间，面对前所未有的建设和保障压力，按时完成武汉AGV、深圳航空等5个项目建设，保障33个处理中心和10个信息系统的稳定运行。同时，“双十一”期间应收账款催收和项目验收双管齐下：责任到人、实现回款1.69亿元，超额完成1.3亿元目标，完成8个工程项目验收。整体实现“二优三保三满意”预期目标。

3. 改革推进

（1）完成物流装备北京分部剥离重组、走向市场。完成中邮科技的业务、资产、人员、财务、资格资质等五个方面重组工作，新中邮科技计划2018年1月1日正式顺利运行。

（2）邮科院改革实施方案顺利完成。以集团党组确定的新定位和总体方案为蓝本，在战略部的指导下，与战略部、信建部等相关部门和专家深入调研中国移动研究院等部委、央企、民营三类9家知名研究机构，以问题导向和对标分析，提出了改革实施方案，已得到集团公司总经理办公会认可，即日起将开始全面组织实施。

4. 服务水平

（1）制度体系更健全。结合集团公司巡视整改，修订《党委工作规则》《院长办公会议事规则》《“三重一大”决策事项管理办法》等行政、财务、人力、采购、党建、监察等制度40多项。

（2）集中管控更严格。市场、科技、财务、采购等部门关口前移、强化合规管理，严把费用报销、销售合同、采购合同三关，并加强了工程及科研项目全程预算管控。

（3）财务管理更精细。完善财务分析方法，科学反映经营指标，提高成本费用和预算规划的控制能力；建立资金监控预警机制，强化流动资金监控，有效提升资金管理水平。

（4）科研管理更高效。成立科研项目管理委员会和项目经费预算委员会；下达3批科研项目计划，更具前瞻性

广州邮区中心局邮件处理场地。（邮政报 / 提供）

和实用性。改版质量管理体系，现场巡检了重点项目，质量管理更深入；技术专家做了大量科研攻关、技术审查和技术交流工作，发挥了积极作用。

（5）人力资源配置更优化。结合改革发展需求开展经济、金融、物流等专业人才的招聘工作。开展 53 个主题 446 人次员工培训；32 人取得工程师任职资格，推荐 10 人参加集团公司高级专业技术资格评审。

（6）支撑服务更有力。支撑集团公司职工住宅建设项目。解决职工房租补贴，10 天内完成单身职工宿舍腾退；做过细的交流工作、拆除小白楼；抢时间外租实验场地，解决科研问题；仅用 11 天完成全部拆迁遗留工程。

（7）5 月 16 日，邮政科学研究规划院受中国快递协会邀请，加入“中国快递绿色包装联盟”。“中国快递绿色包装联盟”是在国家邮政局指导下，由中国快递协会提议，与中国包装联合会等相关协会共同发起，相关协会、企业、院校、科研等部门共同参与的联合组织。

“中国快递绿色包装联盟”是为进一步贯彻党和国家关于绿色环保建设的重大战略决策而成立的，以落实邮政行业“打通上下游、形成产业链、画大同心圆、构建生态圈”为战略方针，以实现“绿色化、减量化、可循环化”为战略目标，以“开放包容、优势互补、整合资源、共建共享、服务企业、奉献社会，打造快递绿色包装全产业链的合作平台”为宗旨。

5. 党建工作

（1）按照学懂弄通做实要求，认真学习贯彻习近平新时代中国特色社会主义思想和党的十九大精神。全体党员干部参观了“砥砺奋进的五年”大型成就展和中国邮政发展成就展，举办了院迎接十九大图片展。召开中心组学习扩大会议、学习动员大会，讲党课、邀请十九大代表和发改委专家作辅导报告，举办院领导、职能部门务虚会和技术专家骨干座谈会。

（2）落实“一岗双责”，全面从严治党不断深入。制定“党委七个工作原则”等 17 项党建制度。认真落实集团公司巡视意见整改，制定 78 项整改措施，基本全部整改落实。深入推进“两学一做”学习教育常态化制度化，认真落实中心组学习、“三会一课”等制度，开展了“两优一先”评选、“七一”主题党日活动。开展了咨询联合和设计中心党支部“双百示范点”建设。针对“创新意识与专业能力不强”等七个方面问题开展作风建设专题活动。切实加强纪律建设。创新开展党风廉政宣传月 9 项系列活动。扎实做好廉洁风险防控工作，梳理风险点及完善措施 74 项。开展全面从严治党责任监督检查 53 项，促进管党治党责任落实。

（3）加强干部队伍管理和人才队伍建设。健全完善并严格执行干部管理制度；加强中层干部后备人员建设。制定专家考核管理办法，探索专业技术人才双轨制。

6. 企业文化建设

邀请集团公司企业文化专家来院宣讲邮政企业文化；结合院的改革修订企业形象 VI 设计。广大干部职工通过“双创”、座谈会等形式为院发展献计献策。为员工办实事，颁发了职工在院工作 20 年荣誉证书，设立了医务室，发放了无房职工住房补贴，提高了食堂餐标，提供加班免费工作餐。组织开展了职工登山、健步走，以及兴趣小组等活动；荣获了集团公司直属机关篮球友谊赛冠军；开展“五四”青年节系列活动。督办工作实现信息化，法务工作稳健开展，为离退休老同志提供了更加贴心温暖的服务和关怀。（邮政科学研究规划院）

【中国邮政文史中心（中国邮政邮票博物馆）】

1. 学术研究工作

（1）《通史》编撰工作全面推进。文史中心拓宽邮政历史研究渠道，调整工作机制，充实外聘专家队伍，编撰进度明显加快。截至 12 月 31 日，完成总任务的 1/3，各卷样章完成撰写，形成 100 多万字的文字初稿，收集 2000 多张图片资料。

（2）《年鉴》《大百科全书》编纂工作。《年鉴》《中国大百科全书 · 交通运输卷（邮政学科）》的编纂工作是学术研究的组成部分，承载着文化历史传承的现实和历史意义。67 万字的《中国邮政集团公司 2016 年年鉴》出版工作完成，《中国邮政集团公司 2017 年年鉴》基本完成 62 万字的审稿和定稿工作，此外，文史中心还完成《中国交通年鉴 2017》的组稿工作；中心在与国家邮政局、集团公司信建部深入沟通的基础上，组织专家力量，厘定编写条目，完成《中国大百科全书 · 交通运输卷（邮政学科）》165 个词条、16 万余字的撰写任务，有效推进我国邮政文化软实力建设的进程。

（3）学术委员会。一是开展邮政学术大讲堂活动，邀请阎崇年、毛佩琦等著名专家学者、故宫博物院单霁翔院长以文史研究和博物馆建设为专题，进行学术讲座；二是主动服务邮政，为集团公司党校学员开设邮政史讲座，为集团公司直属单位新入职员工开办 6 次专题讲座，普及邮政历史知识，增强企业自豪感，树立为邮政奋斗的信念；三是组织《通史》专家进行实地考察，召开学术研讨会；四是联合行业博物馆筹划大龙邮票发行 140 周年学术活动。

（4）学术成果。文史中心加大学术成果奖励力度，鼓励员工自觉开展学术研究，颇具成效。员工发表学术论文和文章 27 篇，其中国家级刊物收录 3 篇，省部级刊物收录 14 篇，既提升了中心学术研究质量，又增强了学术研究氛围。推进《通史》影视卷、《口述邮政历史》等专题片的前期拍摄工作，出色完成《在路上》《身边的榜样》《博物致知　邮史薪传》《启航》《旗帜》等多部影视作品。

2. 藏品数字化有序推进

（1）票品清点工作高效完成。文史中心配合集团公司审计局、邮票发行部、邮票印制局，历时8个多月时间，完成4400多万枚邮票的清点和账簿审核工作，博物馆同志恪尽职守，认真负责，为博物馆馆藏数字化奠定扎实的基础。

（2）藏品数字化工作有效推进。博物馆勇于创新，推进《藏品信息化管理系统》建设进程。多次开会研究讨论藏品数字化的工作方案，认真梳理藏品数字化的工作流程，整理撰写《藏品信息化管理系统》字段；通过对藏品的清点，馆藏基础数据进一步完善，为下一步藏品全面数字化打下坚实的基础。

（3）文物征集工作有效，馆藏资源得到扩充。博物馆推进文物征集工作，进馆文物600多件，接收并整理万国邮政联盟交换邮票5000余枚。

（4）邮票司法鉴定无差错、零投诉。鉴定室严格按照司法鉴定机构工作流程和技术标准，从事司法鉴定活动。一年来，先后完成邮政企业、公检法机关、社会各界送鉴的44起、4600余枚，2.76万多次的邮票鉴定工作，形成鉴定档案资料1万多张；邮票鉴定工作做到全年无差错、零投诉，维护了集团公司和集邮市场的利益，受到北京市司法局的充分肯定。

3. 档案中转搬迁工作

（1）档案中转搬迁任务完成。根据集团公司整体部署，成立26人搬迁小组，组建临时党支部，历时13天，24小时连续奋战，完成打包、装箱近6000箱，调用邮政运输专车近百车次，提前一天完成档案馆中转搬迁任务。

（2）档案业务管理工作。档案馆以服务邮政主业发展为主旨，累计接待调档人数145人次，查阅2200多卷（件），扫描2100页档案，接收档案8300多件；完成移交档案近9000卷，数字化图像60多万页，为多家单位提供档案整理指导服务，以专业的态度和热情的服务赢得广泛认可。

（3）房山长阳新馆建设。文史中心领导班子多次参加集团公司召开的部署会、专题协调会、项目评审会等，研究上报档案馆搬迁方案、新馆设计方案、需求方案等多份文件，稳步推进长阳新馆建设项目。

4. 宣传形式丰富创新

博物馆自2007年开馆以来，年参观人数首次突破4万人次，年巡展参观人数累计10万人次。

（1）突出展览特色。博物馆以社会需求为导向，制作精品展览。中国邮政邮票博物馆“首个馆日”——8月22日当天，（1931年）“赣西南赤色邮政邮票实寄封”、（1932年）“苏维埃邮政邮票”等八件军事题材的珍邮首次亮相，参观人数创2017年日参观人数新高；遴选田世光、范曾、刘旦宅等知名大家设计的16幅邮票原图参加第三届国际集藏博览会，名家真迹令观众流连忘返；结合社会热点，举办“铁血铸军魂　方寸映丹心——纪念中国人民解放军建军90周年邮票展”，为集邮周活动增添了亮点。以上特色主题展览得到各界观众的好评，切实提升了博物馆的社会美誉度。

（2）加大两岸交流。博物馆以历史珍贵票品为纽带，积极深化两岸文化交流。9月，博物馆携费拉尔手绘稿、大清邮政明信片（未用图）等8种23件珍品赴天津参加第四届海峡两岸珍邮特展。

（3）宣传作用。博物馆紧紧抓住“一带一路”国际合作高峰论坛的契机，策划推出“‘一带一路’中国梦”专题邮展，联合集团公司、集邮联举办“驿路·丝路·复兴路——行走新丝路，喜迎十九大”2017年全国集邮巡回展览，找准文化定位，传播多元文化，有效扩大博物馆宣传作用。

（4）社教活动锐意创新，文化传播窗口不断扩大。博物馆积极探索社教形式，创办“青少年书信屋”，精心组织“致敬最可爱的人”绘画比赛、“小小讲解员”等活动，充分激发了青少年的集邮热情；自觉践行“无边界博物馆”理念，走进校园，举办邮政邮票专题讲座，丰富青少年的集邮知识，对外文化传播窗口不断扩大，荣获“第十二届（2017）北京阳光少年活动”优秀组织奖。

5. 利用全媒体平台资源优势

《集邮博览》杂志社开展集邮文化宣传，传播集邮文化知识，荣获中华全国集邮联合会颁发的“新闻宣传工作先进单位”的称号。

（1）结合年度集邮宣传重点，出版发行特色期刊。一是结合社会热点和行业热点，出版了《八一礼赞学术论文集》和《第三届国际集藏文化博览会专号》；二是出版发行被广大集邮爱好者誉为“集邮年鉴”的《2017版中国集邮年刊》；三是《集邮博览》自2007年复刊以来，发行月刊125期，有效树立集邮界专业权威期刊的地位。

（2）紧跟集邮时事热点，提升微信公众号知名度。“集邮博览”微信公众号创新开辟“新邮开讲”“新邮讲坛”等多个热点栏目，发布信息1000多条，开展互动活动40余次，配合集团公司进行新邮宣传，开展中国集邮手机报等多个线上媒体的维护和推广工作，形成期刊线上品牌，取得良好社会效益。

（3）举办特色“邮”活动，塑造公益形象品牌。杂志社通过策划“爱满金陵”公益活动，积极探索集邮文化公益宣传，将拍卖所得的5万多元捐赠给南京特教学院，发展校园集邮文化；通过深入陕西汉中等地市开展集邮图书捐赠、座谈会等活动，主动传播集邮文化，有效提升集邮公益形象和社会影响力。

（4）积极开拓杂志社业务，完成全年经营指标。博览杂志社全体员工齐心协力，集思广益，抓契机，为北京实验中学建校百年策划专题纪念册；找平台，加大与集邮总公司等单位的合作力度，依托期刊发行渠道销售《中国集邮年刊》、洽商部分邮品经销权、拓展广告宣传等，有效增加杂志社的收入，完成中心首次下达的357万元年度经营指标。

6. 服务意识有效增强

（1）"双创"工作显著推进。创新是一个企业赖以生存的动力。文史中心成立创新领导小组，制定"双创"工作实施方案，扎实推进创新工作。截至12月31日，动员率上升至集团公司总部19家单位中的第8位，点赞和评论累计2000人次，荣获集团公司"先进单位"称号。

（2）安全工作全面展开。文史中心认真落实集团公司关于创建"平安邮政"的各项工作部署，确保安全工作万无一失。一是明确责任，强化安全意识，完成《安全责任书》的签订工作。二是严格执行安全制度和值班制度，有效利用人防技防，切实达到相互监督和相互检查的目的。三是加强节假日期间、国家重大会议期间的消防安全检查。四是将不定期抽查与定期巡查相结合，把安全隐患的排查与整治工作不折不扣地落到实处。五是修订《公车管理办法》，加强车队管理，组织驾驶员学习交通法规，熟悉车辆性能，确保全年安全行车无事故。

（3）财务流程强化管理。按照集团公司对直属单位财务集中管理的要求，中心第一时间转变观念，一是克服困难，完成财务上交工作；二是熟练掌握ERP系统、银企直联系统、报销报账系统和固定资产系统；三是各部门报账员边学边干，全年累计完成一千多笔报销报账业务的推送，上传报销单据影像近万张；四是根据中心党委要求，对《集邮博览》杂志社的年度经营指标完成情况进行全程了解，对财务凭证等进行检查与指导，助推杂志社财务工作更加规范化。

（4）后勤保障作用凸显。中心后勤保障工作取得显著成绩。一是加强对大楼消防设施的检查和维护力度，完好率100%；二是人防技防相结合，定期对楼宇自控设备和监控设备进行巡检，确保有效率98%以上；三是实施精细化管理，坚持每周巡查，及时对水暖电设备进行检修；四是确保大型活动和重要会议的服务工作责任到人，流程清晰；五是加大办公家具等固定资产的科学管理，员工住房信息登记实现计算机管理；六是加大展厅维修保护力度；七是成立中心伙食管理委员会，切实提高员工饮食的科学性与营养性。

（5）采购工作取得效益。文史中心加大采购工作规范管理力度，按照集团公司的采购管理要求，制定管理办法并指导采购工作的实施。完成体检项目、火灾报警监控项目、博物馆二层展厅设计施工项目等近20项采购招标任务，为集团公司和文史中心节省资金10万余元，取得采购效益。

7. 干部人才队伍建设

（1）绩效考核更加科学，激励效果得到深化。在充分调研的基础上，从严修订绩效考核管理办法。评选出17名先进员工都是遵章守纪、工作成绩突出的代表。

（2）教育培训更加有效，综合素养得到提升。文史中心采取分层分类的方式开展教育培训工作。一是充分挖掘中心人才资源，以"历史的回响"为主题，分享四次学术调研成果，拓宽了员工的视野；二是组织中层干部集中培训，有效地提升了管理干部的综合素质和管理水平；三是选派20余人次参加集团公司的专业培训，以点带面，提升员工工作水平，推动中心工作规范开展。

（3）队伍建设更加扎实，专业人才得到培养。中心为建设学术重镇积极储备人才，培养人才，一是鼓励员工参加专业技术职务申评，二是对56名员工进行专业技术职务的聘任，三是对21位优秀的年轻员工进行了职务调整，切实调动了员工工作积极性，有效推进了人才队伍建设。

8. 从严治党

（1）党的建设工作成效显著提升。文史中心党委高度重视，严格党的组织生活，组织召开领导班子及成员年度民主生活会、党员民主评议会、党风廉政建设联席会，提高了组织生活质量；签订了《文史中心党委落实全面从严治党要求2017年责任书》，建立班子成员"两个责任台账"，进一步强化了从严治党的责任要求；制定《文史中心党的工作任务分解表》，进一步推动了党建工作任务的有效落实；建章立制和强化监督检查，推进《党务公开实施意见》等制度共20项；8篇党建信息得到直属机关党委微信公众号的选用。文史中心党委在"畅谈十八大以来变化 展望十九大胜利召开"和"建言十九大"正能量活动中，获得优秀组织奖。

（2）邮政内部巡视整改工作全面完成。文史中心党委按照集团公司党组巡视组反馈意见，迅速成立巡视整改领导小组，多次召开专题会议，制定整改台账，聚焦重点问题，制定整改方案，全面落实整改工作，达到了举措扎实有序，管长远、治根本的效果。

（3）党的支部建设切实有力。文史中心党委以中心组理论学习为主要抓手，各党支部以"三会一课"为基本制度，把"两学一做"作为党员教育的基本内容，长期坚持、形成常态；坚持学习党内法规，自查解决问题，集中解决"灯下黑"问题，引导党员做到"四个合格"。

（4）党风廉洁建设工作全面深化。一年来，中心党委严格执行中央八项规定和实施细则要求，坚持不懈转作风，驰而不息反"四风"。贯彻落实集团公司党建纪检精神，制定改进工作作风和廉洁风险防控实施方案；围绕"党风廉政教育宣传月"活动，制定活动方案；开展"讲担当、见行动"教育活动，涌现出赵强等7名爱岗敬业标杆；全年组织阅读廉政书籍等廉洁教育活动共10项，切实推进党风廉洁建设和反腐败斗争，营造了文史中心风清气正的工作氛围。

（5）工团桥梁与纽带作用得到发挥。文史中心工团积极发挥桥梁和纽带作用，通过开展“传递爱心、贡献爱心”义务劳动、组织爱心捐助活动、举办“健身月”比赛等，进一步激发了员工间的团结与互助，有效地调动了员工的正能量，助力员工以更加饱满的热情投入到工作中，工作的成就感与生活的幸福感显著增强。（中国邮政文史中心）

【新闻宣传中心】

1. 做好十九大宣传报道。主动承担集团公司党的十九大宣传的主要任务，包括以“砥砺奋进的五年”为主题，反映邮政实现新跨越的7篇综述、22个典型人物的采访报道、基层员工微视频大赛、中国邮政发展成就图片展等。推出了“喜迎十九大”“十九大时光”“学习贯彻党的十九大精神·优秀记者走基层”“新时代　新邮政　新征程”等专栏、《砥砺奋进的五年》系列报道。

2. 主动服务集团中心工作。组成报道团队，前方、后方密切配合，“纸媒”“数媒”协同作战，对全国邮政工作会议和各专业总部工作会议、中国邮政科技表彰大会、首届“邮乐9·19购物狂欢节”、第三届集藏博览会今年在南京举办等活动进行报道和宣传，受到集团公司领导的表扬。

3. 丰富宣传报道手段。《邮来友往》杂志编辑部由季刊改为双月刊；内容上，聚焦时政热点、社会生活、文化休闲等领域，精选好看耐看有趣的新闻事件、人物故事、生活资讯等题材。《中国邮政》杂志编辑部与集团公司市场协同部品牌管理处联合开展“中国邮政品牌建设征文活动”，收到征文作品1400余篇。

4. 发挥新媒体传播优势。新媒体策划并发布各类专题20多个，《春节，邮政尽显国家队的责任与担当》系列报道，“两微”各发送21条、集团官网发布2万余字，微信阅读总量30万人次。大年三十推送的视频《回家》单条阅读3.4万次。《年的味道》策划每天一个专题，连续7天总阅读量超过了10万次。“为全能王加油”“最喜爱的邮乐馆评选”“喜迎十九大观展答题”等活动，线上吸引超过千万人次的关注；与中国青年报合作推出的《一张明信片搅动的国企转型实验》融媒体报道，为集团专项业务开展探索了新的宣传模式和传播路径。系列策划文章：《未来快递就两家，京东和顺丰？消息一出却火了EMS》《网友点赞是中国邮政速递前行的动力》《因为我们是中国邮政速递！》《致敬——中国邮递员！》。该选题系列文章总阅读量达20.29万，点赞超千人，网友评论达千条。湖南邮政人抗洪抢险的专题《暴雨中，湖南邮政在行动！》阅读量10万以上。跟进策划《心系灾区，邮政人爱心行动大接力！》，号召4222人参与，筹集购水款46145元。

2月22日，纪念北京邮政开办120周年，北京市邮政分公司表彰京邮榜样。（邮政报/提供）

5. 影视创作。组织完成丁酉年生肖票首发式、总公司天猫上线、《戊戌年》生肖邮票印刷开机仪式等直播活动；拍摄制作《2017中国邮政》中、英文宣传片，《坚守》《小康路上》《大开方便之门》等党员教育专题片，《主题邮局》《国内包裹》《以百姓之心为心》等业务广告片，《中国邮政十件大事》《速递物流365天》《邮储银行系列业务》专题片等40余部影视作品。其中，反映驻守海岛30年的邮递员谢坚的纪录片《坚守》获得非剧情类优秀作品奖，作品在全国45家网站上展播，播放次数3316.6万次，获得良好的社会效益。

6. 激发全员活力。

（1）科学管控。完成新一届中层领导干部的选任工作、职工薪酬集中发放的相关对接工作、全国邮政新闻战线上19名同志的职称评审工作。

（2）记者站和记者队伍建设。黑龙江、吉林、甘肃、海南、贵州、河南等全媒体示范记者站挂牌成立。对于本部记者，切实办好《社内大讲堂》。对于全国记者站记者，举办记者培训会，三大板块的104位记者参加会议，28位优秀记者受到表彰。（新闻宣传中心）

【邮票印制局（北京邮票厂）】

1. 确保邮资票品生产按时足量。承印60%的邮票印量，按时足量、安全高效地完成各项生产任务。《中国共产党第十九次全国代表大会》纪念邮票生产高峰贯穿国庆、中秋长假，邮票印制局近百名干部员工一天未休，7×24小时奋战在生产一线，保证邮品按时发往全国各地。《北京2022年冬奥会会徽和冬残奥会会徽》邮票连夜打样批样，印制速度刷新近年来邮票印制周期最短纪录，仅用5天时间就完成首批印制任务。

2. 编辑设计任务完成。纪特邮票30套108幅图稿，其他选题47套129幅图稿，以及相关边饰的设计等。在完成2017年纪特邮票发行计划全部组稿工作的基础上，邮票印制局完成追加发行的《中国高速铁路发展成就》《河北雄安新区设立纪念》《北京2022年冬奥会会徽和冬残奥会会徽》等重要题材邮票的设计任务。在集团公司邮票发行部的大力支持下，邮票印制局还陆续选派4名优秀编辑到集团发行部进行交流，进一步提升沟通效率和工作衔接，有效地提高了邮票印制局编辑队伍的工作水平。

3. 邮票质量管理。邮票印制局出台《生产运行及质量控制责任追究办法》《产品质量追溯管理办法》《邮票印制局质量控制责任划分及追责规定》等管理制度，明确每个部门、每道工序、每个人员的具体责任，充分发挥质量控制责任追究的约束作用。针对重点难点邮票，制定重点产品质量控制计划和在线产品质量控制要点，明确控制方法，加强全程管控，针对各种产品梳理质量监控流程，梳理巡检点30多道。同时，加大主力印刷设备维修资金的投入，从源头上提高质量控制水平。增加质量抽查小组的力量，实现纪特邮票抽查全覆盖，确保出厂产品质量和客户满意度。坚持每周全局质量情况通报和处罚情况通报，通过多种手段，宣传邮票印制局质量管理的理念、做法、措施，进一步强化职工责任意识。

4. 生产能力建设。

（1）实行车间主任轮岗，进一步明确工作重点，理顺生产作业流程，使一线生产组织管理水平有所提高。

（2）不断完善工效挂钩考核办法，全年共四次提请总经理办公会出台九项新制度，使工效挂钩体系运行越来越合理有效。

（3）全力加强生产体系内人员流动，提高一线人力的使用效率，先后在不同车间、不同工序间组织百余人次借用及流动，解决生产瞬时人员不足、产能不足问题，为缓解通用技术岗位劳动力不足进行了有益尝试和经验积累。

（4）邮票工艺不断推陈出新。《丁酉年》邮票进一步完善了第四轮生肖邮票的印制工艺，无墨雕刻、新一代邮票防伪纸张、特种油墨已经成熟运用，印刷稳定性进一步提升，打样、批样速度明显提高；《中国恐龙》邮票更是运用多重印制技术，汇集七大工艺亮点，实现多个“第一”，将“恐龙博物馆”搬上了邮票。

1月6日，邮票印制局当选“中国防伪行业协会第四届理事会副理事长单位”。（邮票印制局／提供）

5. 重点项目建设。一是5台新喷码设备投产，在试运行期的6个月中完成6600余万版喷码生产任务，成为生产主力。二是VOC废气收集治理工程已经成为北京市工业企业环境治理的典范工程，并获得北京市政府环保专项补贴资金105万元。三是新电雕机、车磨抛一体机、凹印打样机、裁切生产线、直接制版机等设备陆续到货，新电雕机投入生产后已肩负起《中国高速铁路发展成就》等邮票的制版任务。四是完成了凹印机大修工作，维修后的设备恢复精度，为提高印刷产品合格率提供了保障。

6. 企业品牌形象。邮票印制局质量管理部的郭恩娟同志高票当选十九大代表，成为印制局全体职工的骄傲。邮票印制局原副总工程师张曙明同志和物资供应部新型生肖专用防伪胶雕邮票纸开发项目组，分别获得“中国邮政优秀科技工作者”和“中国邮政优秀科技团队”荣誉称号，掀起印制局学习先进、创新创业的热潮。《戊戌年》生肖邮票开机仪式、《中国共产党第十九次全国代表大会》邮票验收发运仪式在邮票印制局生产现场隆重举行。北京邮票厂的百年老店风采，在第三届集藏文化博览会上精彩重现。邮票印制局印制的《丙申年》邮票获得第三十七届全国最佳邮票评选“最佳邮票奖”，《上海迪士尼》赢得“最佳印刷奖”的桂冠。邮票印制局的防伪技术在同行业中处于领先地位，当选“全国防伪行业协会第四届理事会副理事长单位”，并应邀担任“中国国际科技促进会证卡票签产业联盟理事长单位”。（邮票印制局）

【上海研究院】

新增合同2.22亿元，业务收入2.03亿万元，利润1443万元，全面超额完成集团公司下达的经营发展目标。

1. 软科学研究。围绕邮政“一体两翼”战略，聚焦寄递翼发展，做好战略研究支撑。配合集团公司开展邮政快递包裹业务和陆运网规划建设研究。服务北京邮政网运和投递转型升级研究。承接上海邮储银行两项研究任务。

2. 科技创新。

（1）承接一批邮政重点科研项目。如武汉中心局AGV智能导引小车项目、转盘式邮件自动分向技术项目等，为邮政的改革发展提供了科研服务支撑。

（2）开展多项技术优化升级的项目。如邮件图像服务平台、激光扫描测体积辨别异形件等，对现有的包分机和扁平件分拣机进行了优化升级。

（3）加强低成本分拣项目的实施。加强低成本包分机的研发，同时实施产品的全过程管理，在各环节全面改进，实现了降本增效。

（4）设立科技创新奖激励科研创新。对科技创新和工艺创新方面的成果进行奖励。

（5）一个团队获邮政优秀科技团队称号，一人获邮政突出贡献科技工作者称号，三人获优秀科技工作者称号。

（6）一人获上海市青年拔尖人才，两人获普陀区拔尖人才、青年英才。荣获“上海市专利工作示范企业”称号。“MPF 混合分拣系统”荣获上海市高新技术成果转化百佳项目。

3. 业务拓展。承接杭州、湖州邮政分拣设备、南京集散信盒传输系统改造以及北京邮政挂号信分拣机改造项目。为速递提供上海洞泾 AGV 以及无锡长三角集散中心 C 区溢出线项目。中标京东西安分拣中心自动分拣机系统、德邦物流武汉矩阵分拣线、圆通北京南法信交叉带、韵达昆明包件分拣机等。参与泰国邮政的包分机招标，承揽马来西亚 DGEX 公司处理场地设计，为大型设备未来再次进军海外市场奠定了良好的基础。

4. 工程生产组织水平。基本完成 2016 年前邮政包分机项目终验。在上海速递洞泾项目中集成 AGV 小车、模组网带等新技术以及摆臂等传统技术。建立制定分级管理模式、日常维护保养制度和故障解决流程的运维保障机制。设立包分机故障诊断库，分享传递经验；参加邮政、速递组织的设备巡检；加强“双十一”等高峰期的维保力量，确保设备的安全稳定运行；承办包分机培训班；加强备品备件库建设。

5. 企业管理水平。加强制度建设，修订《差旅管理办法》《业务招待管理办法》等制度办法；加强项目全过程管理，对项目的立项审核、生产加工、建设实施等实行全过程管理，强化质量监督把关；组织了全院职工团队凝聚力建设培训活动，增强了团队凝聚力，同时积极联系外部专家做好院层面的研发和工程技术人员专业能力培训。

6. 党风廉政建设。

（1）党的建设工作。深化落实“两个责任”的要求。党委与各部门签订党风廉政建设责任书，定期检查总结党建纪检工作，强化责任落实。加强党的组织建设。设置了党建工作部，加强基层党组织示范点建设，开展“党员示范岗”等活动。推进“两学一做”学习教育常态化制度化。党委定期组织中心组学习扩大会议。各支部通过开展书记讲党课、纪录片观摩、参观教育基地等活动，及时学习宣贯重要会议、讲话和先进人物事迹。加强企业文化建设。制定了企业文化示范点建设实施方案，结合集团“双创”要求和科研企业特点，突出实践“创新”文化。

（2）纪检监察。认真做好巡视“回头看”整改工作。根据集团公司党组巡视组反馈的整改意见，认真组织开展了巡视“回头看”整改工作，对责任落实不到位的干部进行提醒谈话或给予党纪处分，完善了规章制度，加强了操作流程的规范管理。强化监督检查和执纪问责。纪委按照集团公司要求开展了违规公款购买消费高档白酒问题集中排查整治工作和房屋出租效能监察工作，对业务招待费用和审批流程做了全面细致的排查，对院内重点部门采购加工部和计划财务部开展专项检查和整改督办。

11 月 9 日，上海电视台采访上海研究院承接的速递物流上海分公司洞泾 AGV 项目。（上海研究院 / 提供）

（3）精神文明建设。获上海市文明单位、上海市五星级诚信创建单位、上海市平安示范单位等荣誉称号。院积极开展与社区党建共建联建工作，参加街道区域化党建联盟各项工作；参加了上海邮政第八届员工运动会的各项体育比赛，并荣获多项奖励。（上海研究院　龙潜）

【石家庄邮电职业技术学院（中国邮政集团公司培训中心）】

1. 邮政党校工作。开展党校培训 13 期，18 个班，培训学员 1383 人次。1 月 11 日，中共中国邮政党校北京校区揭牌成立，并首次在北京校区举办“党的十八届六中全会精神”和“党的十九大精神”专题研讨班，形成集团党组管理干部每年集中轮训学习党的重大思想理论的新机制。

2. 高职教育工作。招生 2705 人，其中订单生 1055 人，占比近 40%，在校订单生 3115 人。2017 届毕业生就业率 97.7%，为邮政企业基层一线培养输送基层骨干 1338 人，就业率及就业质量在全国同类院校中名列前茅。深入推动现代学徒制试点工作，形成了特色邮政类专业现代学徒制模式，在教育部中期检查中获得专家好评。学院被全国电子商务行指委批准为全国电子商务职业教育“双师型”教师培训基地，邮政通信管理专业和快递运营专业被教育部等五部委确定为全国职业院校邮政和快递类示范专业。强化学生“双创”教育，全国“互联网 +”快递创新创业大赛 6 个项目全部名列前茅，学院获优秀组织奖。学院被教育部授予“国防教育特色学校”，获批成为“河北省深化创新创业教育改革示范高校”。

3. 继续教育工作。支撑企业完成业务、技术、管理等集中培训 298 个班次，培训学员 3 万余人次，应用结构化研讨技术产生解决方案 300 余项，有力支撑中国邮政

9月9日，商洛贫困生圆梦石邮学院。（石邮学院／提供）

人力资源开发建设；加强全网内训师队伍建设，举办内训师培养项目13期，培养师资857名，启动全网219门远程课件的评优。作为中国邮政网络学院，大力开展远程教育，访问量5264万人次，在线运行培训项目331个，培训员工250万人次，开展网上考试竞赛2650个，参加考试272万人次，有力支撑企业业务发展和员工素质能力提升。国家开放大学邮政学院实现首次招生2035人，其中本科1563人；积极推动继续教育学习成果认证、积累与转换项目研究，教育部职成司专程调研听取学院汇报并给予肯定，提高了学院社会影响力。

4. 科研与服务支撑工作。支撑第五届全国邮政通信特有职业技能竞赛决赛，得到集团公司和各级邮政企业高度评价，学院被授予“特殊贡献奖”。学院支撑完成的中国邮政企业文化体系建设，荣获四项大奖。获得集团公司、省社科基金等外部科研立项62项，发表论文286篇，论文数量比上年增长55%。支撑集团“双创”工作，取得阶段性成果。支撑集团公司开展中国邮政企业文化体系建设项目并完成20个省邮政公司面向管理干部企业文化宣贯。学院获批建设河北省首个以服务邮政行业为特色的邮政应用技术协同创新中心。

5. 基础能力建设工作。启动对规章制度的全面梳理和修订工作，优化了公务接待、公文管理、会议管理、合同管理等标准与流程，加强了预算精细化管理和绩效管理，完成了公务用车改革。正定新校区建设稳步推进，数字校园信息平台正式上线。初步建立了集中采购体系，加强了对工程项目、经济活动的审计监督，开展了专项效能监察，推动了内控风险整改，提升了规范化办学水平。稳步开启“三供一业”改革，推进培训保障服务体系化和标准化建设。以创建平安校园为抓手，强化消防基础设施建设、安全教育培训和校园综合治理，实现了学院全年安全无事故的工作目标，学院获评“河北省2017年度学校安全稳定工作先进集体”。

6. 党建工作。学院把学习宣传贯彻习近平新时代中国特色社会主义思想和党的十九大精神作为首要政治任务，充分发挥党委理论学习中心组学习的示范作用，扎实推进十九大精神入脑入心。按照中央和集团党组要求，推动“两学一做”学习教育常态化制度化，持续加强基层组织建设，严格党的组织生活，坚持和创新“三会一课”、组织生活会、民主评议党员等制度。全面落实高校思想政治工作会议精神，强化思想宣传和意识形态工作，加强师德师风建设。加强纪律教育，多种形式组织党员、干部认真学习党内法规，开展“党风廉政宣传教育月”主题活动，进一步增强纪律规矩意识。（石邮学院）

【信息技术局】

1. 平台化建设

（1）新一代寄递业务信息平台一阶段功能全国推广上线。通过近两年的建设，新一代寄递业务信息平台完成试点上线目标，在安徽、江苏和陕西成功试点的基础上，12月27日完成揽收、投递等一阶段功能的全国推广上线工作，实现机构覆盖率100%，上线邮政和速递机构52004个，收寄峰值1645万件左右，投递峰值2079万件左右，接入移动设备峰值23万台左右。

（2）大数据平台工程完成平台搭建以及主体功能上线，基本达到“国内领先、世界一流”的建设要求。大数据平台陆续接入网运、邮乐、报刊、投递等22个业务系统数据，实现集团业务数据的归集整合，支持数据管控和分析需要；实现跨境电商包裹、农村电商邮掌柜、陆运网考核指标等数据服务功能的发布上线，积累“厚平台、薄应用”建设模式的宝贵经验；在大型央企中率先使用Hadoop取代传统数仓，实现TB级数据的快速处理，在数据分析和管理中得到很好的应用。

（3）全面建成中国邮政私有云平台。搭建完成采用互联网分布式架构的邮政私有云平台，平台规模2029个物理节点。经7个月试运行，云平台整体平稳，支撑新一代寄递业务信息平台全国推广上线，并为CRM等系统建设打下基础，实现了邮政信息化技术路线的成功转型，在传统企业关键业务大规模应用云技术方面国内领先。

（4）CRM项目完成一阶段试点上线准备。对标国内国际一流企业，完成总体技术架构、一阶段需求规格说明书的确定及评审，组织制定客户主数据解决方案、金融数据安全解决方案，为各板块客户资源整合，推进客户资源共享和精准营销打下坚实基础。一阶段包括客户管理、360视图和客户洞察三大模块即将开展试点工作，将实施唯一识别三大板块个人和机构客户，构建板块内以及板块间客户画像和客户资源共享能力，为实现交叉营销、数字化营销奠定基础。

（5）推动在线业务平台咨询设计工作。运用互联网技术推动邮政线上线下业务一体化融合发展，驱动在线产品和服务的创新发展，在线业务平台全力支撑邮政业务数字化转型发展。先后开展了对集团总部、邮务、速递、金融三大板块及部分省业务、技术专家超百场的访谈与沟通，从客户关系、营收能力、产品服务等6方面10个维度对邮政6大产品线进行了现状评估。编制完成邮政在线业务现状分析、业务需求、平台速赢方案、运营方案等。

（6）全面启动移动应用平台、统一支付平台的工程建设工作。11月启动移动应用平台建设，完成了基础框架搭建。11月28日，统一支付平台项目正式启动工程建设有序推进。

2. 信息化引领能力

（1）信息化服务能力。一是提前完成邮政远程集中监控系统全部功能在全国推广上线任务，与邮政金融合规管理系统对接，全国中心接入推送网点28150个，接入各省推送85万余路视频监控点位，视频成功调阅率提升至85%以上，系统提供的精准视频资源，为代理金融合规稽核提供了强有力的保证。二是电子地图分拣应用系统在351个地市上线，邮件进口分拣匹配率由81%提高到92%，准确率由80%提高到95%。三是国际小包订单仓储及收寄系统于2月在全国正式上线，接入客户12475个，累计业务量5177万多件，业务收入9.91亿元。四是新增指挥调度中心工程对外查询合作平台84家，实现与远程集中监控大屏复用对接。五是完成营销报价及成本核算系统全国31个省直辖市344个地市的上线推广。

（2）电子邮政类工程支撑能力。一是完成电子商务信息平台新增体彩即开型彩票功能、新增简易险等功能的开发上线，并完成与实体渠道、大数据平台、ERP对接等相关系统配套改造功能的上线。机票系统累计交易金额3.71亿元，公益包裹累计募集捐赠2392.90万元，航意险累计销售1187.14万元，比上年增长38.16%。二是完成便民服务站系统18省前端Web升级工作，电商便民渠道支撑效果显著。三是邮政11185客户服务中心系统年内陆续对全国31省（市、区）进行全国范围业务运营调整，完成对“邮乐9·19活动”和“邮乐双十一”活动的客服支撑和技术保障工作。

（3）集邮O2O运营支撑团队开启“开发+运营”模式新探索。一是保障集邮业务的有效开展。通过压力点分析、预案制定、组织系统监控检查等手段，完成基于集邮网厅的26套计划内邮票和1套计划外邮票的发行，有力保障生肖邮票、拜年邮票的发售高峰。二是成立集邮O2O运营团队。运营团队采用业务和技术人员联合办公模式，对邮政线上业务的运营体系及机制构建进行了积极探索，以问题为导向，启用敏捷化开发模式，快速解决网上集邮业务生命周期全流程中的痛点问题，全面提升线上线下用户体验；以客户为中心，快速迭代，不断优化业务流程，策划和提供丰富的线上集邮产品营销活动，进一步提升了集邮网厅流量和收入规模。

3. 信息网安全运行水平

（1）不断增强IT基础能力建设。一是通过省际骨干网络和31个省中心局域网扩容改造工程的建设，优化了网络架构、提升了网络容量，网络基础设施安全运行能力得以增加。二是通过硬件资源池、超期服役网络设备更新、数据备份隐患整改等工程的实施，2017年以来安装部署信息设备3000多台套（全国中心各类设备装机总量8100余台套），提升了基础运行平台的处理能力，解决了设备老化导致业务受损和数据丢失的安全隐患。三是通过实施西站机房UPS系统2N改造工程，提高了设备供电安全性和信息系统运行可靠性。

（2）扎实开展信息网运维工作。全国中心坚持24小时不间断运维值守，持续开展隐患排查、预检预修和应急演练等工作。全国中心完成机房和设备巡检2万次、处理系统告警1.86万次、维修硬件设备1035次、实施网络和系统变更867次、支撑和保障全国性电视会议召开176次。全国中心故障历时比上年下降93%，全国中心和全网各系统平均可用率99.998%以上。

（3）持续推进信息安全防范能力。一是完成ERP等9个重要系统的等级保护测评、66个系统86次渗透测试和整改工作，配合完成全网信息安全检查，提高信息系统安全防范能力和管理水平。二是为27个重要网站部署网页防篡改系统，在办公网和生产网部署敏感信息识别监控系统，促进了邮政关键信息基础设施综合防护和管控能力的提升。三是坚持网站漏洞监测和扫描、系统上线前安全检测工作常态化。在全网的共同努力下，网站漏洞事件数量比上年下降34%，有效保障邮政信息资产安全和客户信息安全。

（4）全面保障“双十一”期间信息系统的稳定运行。信息技术局以问题为导向，召开三次研讨会，梳理问题200多个，优化功能86项，扩容设备400多台。在沿用跨区域、跨业务的联合保障机制基础上，以“业技协同”“上下联动”的形式进一步加强指挥调度。在前期充分准备和现场联合保障的情况下，“双十一”期间快递包裹单日订单接入量、处理量比上年增加120%以上，网运、投递、指调系统日处理峰值均比上年翻番，新一代寄递平台

信息技术局获得多项信息科技集体奖项。（信息技术局 / 提供）

也平稳运行。

4. 信息系统正确应用

（1）深入一线发现和解决系统问题。一是建立全网一盘棋的大运维体系。及时制定了《转变作风深入一线　推动信息系统深入应用》行动方案，要求集团和各省信息技术局严格执行。信息技术局赴基层调研 70 余次，帮助基层解决系统使用、工程实施、数据库等方面问题 500 多个。二是创新培训辅导机制。联合业务部门录制了网运、营业、投递等 9 个系统生产操作课件，引导用户全面掌握和正确使用信息系统。

（2）召开三次信息网专题研讨会。在新疆、贵州和湖北举办三次信息网专题研讨会，总结分析生产一线的信息化应用情况，分享基层服务的先进经验，督导各省加强对基层的服务支撑力度。梳理信息化问题 300 余个，解决 200 多个，并不断跟进解决其余问题，明确职责、制定措施、落实行动，深化了系统应用效果。

5. 企业管理

（1）不断规范项目管理。一是加强工程管理力度。组织完成中国邮政信息中心网络系统工程等 17 个项目的初步验收，配合完成高速公路电子不停车收费联网数据容灾备份系统等 33 个项目的竣工验收，完成 2017 年各项工程建设目标任务。二是继续完善制度建设。下发《信息技术局技术产品和服务采购实施流程》、《建设方案编制上报流程》、《信息化工程项目验收流程》、性能测试管理等办法，进一步规范了工程管理工作。三是加快工程建设进度。编制上报建设方案和建设需求 29 份、技术规范书 347 份。建设方案、技术规范书上报时做到了内部环节不过夜，基本做到规范书上报与立项批复同步。落实集团转变工作作风活动要求，完成合同报审 400 多份，报审流程在 2016 年提升近一倍的基础上，效率再次提升，报审时间基本控制在 25 个工作日以内。

（2）考核和激励并重。一是鼓励学习和进步。为员工报销与工作相关的 PMP、OCP 的考级、考试费用累计近 3 万元。二是制定信息技术局重点工作考核办法、部门绩效考核办法并严格执行。考核结果与奖惩相挂钩，明确了各部门的职责定位，建立了有效的约束机制。

（3）信息化成果屡获殊荣。集团公司科技表彰大会上，云计算技术创新应用团队获得团队荣誉称号，9 项工程获得 2016 年度中国邮政集团公司科学技术奖，5 人获得优秀科技工作者称号。申报的《以信息化引领的财务管理》荣获第十三届（2017 年）全国邮政企业管理现代化创新成果一等奖、第十六届全国交通企业管理现代化创新成果一等奖；《电子地图分拣应用系统》荣获 2017 年度全国邮政企业科技创新成果一等奖，邮政网上营业厅、电子发票等两项成果分获二等奖。

6. 从严治党

（1）推进学习型党组织建设。一是不断提升政治理论水平。组织全局党员深入学习党章党规、习总书记系列讲话精神、党的十八届六中全会精神。二是掀起学习宣贯十九大精神新高潮。及时组织开展党总支中心组学习和党支部十九大精神学习宣传贯彻工作，参观“砥砺奋进的五年”大型成就展，召开十九大精神动员部署会、务虚会等。三是推进企业文化宣贯落地。采用座谈、培训、知识竞赛等形式，推进企业文化的宣贯落地，努力使广大员工“内化于心，外化于行”，不断提炼信息化 2.0 的“精气神”。

（2）作风建设取得实效。一是召开党建述职、民主生活会和组织生活会、民主评议党员等活动。认真开展批评与自我批评，广泛听取意见和建议，树立讲党性、重品行、作表率的良好氛围。二是认真开展“作风建设”活动。紧密联系实际深入查找思想、工作、生活作风等方面存在的突出问题，推动作风建设与“两学一做”常态化制度化的深度融合、与推进信息化建设深度融合。三是推动党建工作与中心工作相结合。党总支下辖两党支部在基层建立了 3 个联络点，积极推动解决信息化推广应用的热点、难点和痛点问题。

（3）切实将全面从严治党落到实处。认真落实党风廉政建设“两个责任”，强化“一岗双责”，自觉践行“三严三实”。完成集团党组巡视、选人用人专项检查、驻场外包审计工作，组织开展了整改工作，制定和完善了 7 项规章制度，建立了一级抓一级、层层抓落实的常态化工作机制。（信息技术局　秦佳）

【数据中心】

以“规划布局、平台建设、分析应用、场景研发”为全年工作主线，不断加强邮政大数据战略顶层设计研究，扎实推进平台建设及数据治理，持续深化大数据分析和应用推广，积极探索大数据应用模式与应用场景，大数据能力明显加强，《以提升管理方式为目标的邮政各专业客户关系管理体系建设》荣获第十六届全国效能企业管理现代化创新成果暨全国交通企业管理现代化创新成果二等奖、全国邮政管理现代化创新成果二等奖，《跨境电商包裹大数据运营管理体系建设》荣获第十四届通信行业企业管理现代化创新成果二等奖、全国邮政管理现代化创新成果二等奖；相关分析团队及人员分别荣获全国邮政系统“优秀科技团队”“突出贡献科技工作者”及“优秀科技工作者”称号，服务中国邮政转型发展取得成效。

1. 大数据分析工作成效显著

（1）集团数据中心按照“一体两翼”战略开展分析项目。紧紧围绕企业发展的痛点、难点，深入开展决策支持、产品创新、流程优化、服务支撑等方面的专题分析。完成农村电商、速递极速鲜业务专题对标分析、北上广深航空运载分析等 14 个大数据分析项目，实现了农村电商分析、快递包裹客户分析等 5 个项目已在大数据平台的固化，服务、支撑了集团多个板块、单位的生产经营管理，得到了相关业务部门及集团公司领导的肯定。

（2）推动各省开展大数据工作。开展典型分析项目在全国的复制推广工作，紧扣集团公司“一体两翼、三个增长极”的发展战略，筛选出 6 个具有较高推广价值的分析项目，下发模板在全国范围内推广。复制 19 次；推动有技术能力的省自主开展分析项目。27 个省自行开展数据分析项目 186 个。其中 87 个项目实现落地应用，17 个项目固化到相关省自行开发的系统中。实现大数据分析应用在全国各省的逐步铺开。

2. 开展大数据战略顶层设计研究

（1）启动中国邮政大数据战略规划研究。深入研究大数据工作在邮政各板块、各专业、各信息系统的战略布局，制定《关于进一步推进中国邮政大数据工作的思路》，为中国邮政大数据工作的长远发展谋篇布局。

（2）中国邮政地理信息资源平台建设研究获批准立项。制定《中国邮政地理信息资源库建设实施方案》，开展了“中国邮政地理信息资源平台”的总体规划和设计。

（3）省级大数据工作思路更加清晰。制定《关于开展 2017 年省级大数据工作的指导意见》，为各省大数据工作提供指导。

（4）进一步思考邮政编码的应用。针对新形势下邮政编码的发展进行了深入的研究，形成《关于邮政编码应用思考的汇报》。

（5）开展数字邮政的相关研究。结合大数据工作，研究数字邮政在当前中国邮政转型升级中的作用、实现的路径、工作难点和关键等，《对建立数据驱动的数字邮政的思考》研究报告得到集团领导及相关部门的高度认可。

3. 推进平台建设及数据治理工作

（1）扎实推进大数据平台建设。完成大数据平台二、三次迭代需求讨论、评审、验收测试、上线等工作，大力推进平台建设。

（2）参与新一代寄递平台建设。撰写名址维护、匹配及 GIS 应用业务需求，参与上线实施组和数据迁移组的数据架构、实施方案等讨论，参加技术方案、整体架构等设计与评审，配合完成地图与匹配等功能的开发。

（3）依托大数据平台开展数据整合。采用“数据加工流水线”的思路，针对邮政邮件全业务流程数据进行整合，构建主题数据集市。加工整理订单、营业等 6 个业务系统超过 4T 的数据源数据，形成 71 亿邮件基本信息和 452 亿邮件处理信息的数据集。

（4）持续强化数据安全管控。从制度、环境、管理、检查等方面多措并举，持续强化数据安全管控。上报《关于加强中国邮政数据安全管控的建议》，严格执行《信息安全管理暂行办法》《数据安全工作指引》等制度，切实做好安全管理工作。

4. 推进“双创”工作

成立创新工作领导小组，下设数据中心创新办公室，制定《数据中心创新管理办法》，充分激发中心员工干事创业的积极性、主动性和创造性，营造了浓厚的创新氛围。数据中心员工共在云创平台发布点子 47 个，员工参与率 98.36%。数据中心被评为集团公司“提创意、争创新”活动组织先进单位，中心员工发布的点子在集团金点子评选中获奖。

5. 做好数据服务支撑

（1）推进两库维护转型发展。利用电子地图 + 图数据库的方式，以“客户疑难地址中街道元素自动化抽取核实的全国落地推广”项目为抓手，利用公开位置数据，对全国未匹配成功的用户地址进行解析，自动发现基础地址中缺失的街道数据；开发“三图定位软件”，帮助维护人员迅速定位缺失数据，大幅减少基层维护工作量，实现了数据的精准维护；持续强化了分拣资料库对快递包裹的支撑作用。

（2）数据服务直接助力集团和省分两级的生产运营管理工作。为集团市场协同部、邮政业务局等相关专业提供

9 月，数据中心研讨大数据工作。（数据中心 / 提供　梅冬琳 / 摄）

数据下载、匹配和清洗3378.33万条；为上海、天津等市提供基础地址及相关业务数据约136.7万条，满足了集团和省分公司对数据的需求；配合集团信建部完成2016年代理金融案例评选。

6. 持续加强大数据技术学习交流

（1）对外技术交流方面。参加2017年中国国际大数据产业博览会、SAS中国用户大会暨商业分析领袖峰会、2017年全球智能机器峰会等活动，还与高德纳咨询公司（Gartner）开展大数据技术交流。

（2）内部培训方面。组织“人工智能技术”“中国邮政农村电商”“冷链物流”等系列专题培训，在《中国邮政》期刊发表《数据引领助力邮政新发展》等5篇文章，鼓励技术人员以网络课程、读书等方式自主学习。

（3）省分公司培训方面。举办中国邮政大数据工作研讨会、直邮协会大数据分会2017年会暨“地理信息大数据在邮政的实践”论坛。对赴中心专程学习的湖南、浙江、江西、天津等省（市）数据中心骨干分别进行了为期3—10天的系统的业务、技术培训；派员赴吉林、山东、湖北等省进行大数据工作专题培训；对山东、江苏、河南、湖北等省进行实地调研。

7. 科学管理水平不断提升

（1）制定《数据中心2017年项目绩效考核暂行办法》。完善以目标结果为评价指标的全员项目绩效考核机制，进一步突出激励作用，向突出时效、效果的月度绩效倾斜，鼓励员工积极投入到中心应用、研究探索类项目，有效保障了中心重点工作的推进。

（2）人力资源配置效率进一步提高。按照“精简、统一、效能”的原则，核定中心岗位名称及标准，初步建立中心岗位标准体系。完成年度中心大数据技术及专业人才的招聘工作，选拔应届硕士毕业生6名、社会专业技术人才1名，进一步充实了中心的大数据分析技术力量。

（3）配合集团公司做好财务管理工作。按集团公司要求，积极配合集团公司财务部圆满完成财务管理和会计核算职能的移交工作。

8. 扎实抓好党建工作

（1）配合集团公司党组第三巡视组完成巡视工作。进一步完善内控机制，严格企业管理，强化监管意识，全面推进从严治党，为数据中心创新发展提供坚强的政治保证和纪律保证。

（2）认真落实“两个责任”。把党建工作和业务工作同部署、同检查、同考核。签订全面从严治党主体责任书、党风廉政建设责任书。成立数据中心党总支，设立四个党支部，配备一名专职党建工作人员，坚持“三会一课”、民主评议党员等制度，完成全部党员党费补缴及收缴等工作。

（3）深入推进“两学一做”学习教育。共组织理论学习中心组（扩大）11次、全体党员大会7次、总支委会议11次，中心总支书记以《全面从严治党》等为题带头讲党课；把深入学习党的十九大精神作为“两学一做”学习教育常态化制度化的重要内容，迅速掀起学习十九大精神热潮；组织“红色之旅”主题党日活动，赴冉庄地道战抗日纪念馆参观学习；采取网上学习、QQ群、微信群交流等方式，营造了浓厚的学习宣传氛围。

（4）创新党建工作方法，讲求工作实效。组织“党员合唱团”活动24次，有效提升了中心员工的党员身份意识；制定“党员考核评价积分模型”，细化评价属性20余项，强化对党员的考核与评价工作；成立“地址库专项研究”等多批党员突击队，切实发挥了党员骨干的示范带动作用。

（5）加强机关作风建设。成立机关作风建设专题活动工作组，制定工作方案；组织全体党员参观北京市廉政教育基地——孔庙和国子监博物馆，切身感受古代官德文化，为党员干部提供历史借鉴和从政警示。

（6）扎实推进基层党组织建设和企业文化建设。通过“三会一课”制度、主题党日和主题教育实践活动制度，扎实推进中心党组织建设；以党建带动团建，由团支部组建大数据技术兴趣小组，定期举办讲座，利用业余时间探讨前沿技术，并在中心分析项目中得到应用；弘扬工匠精神，努力打造健康文明、昂扬向上的职工文化，扎实推进中国邮政企业文化宣贯工作，组织开展体育比赛、魅力女性修炼培训、“用心生活、幸福人生”心理健康培训等活动，在读书角增设自助饮料设备，切实把关心关爱员工落到实处。（数据中心）

【电商分销局】

为更好地整合线上线下渠道优势，促进邮政电子商务和分销业务的快速发展，集团公司机构编制委员会办公室4月27日下发《关于成立中国邮政集团公司电商分销局的通知》（集团编〔2017〕2号），撤销中国邮政单子商务局和挂靠邮政业务局的分销业务局，成立中国邮政集团公司电商分销局。12月12日下发《关于电商分销局调整内设机构的批复》（集团编办〔2017〕18号），撤销综合部，职能并入运营支撑部，电商运营部更名为电商渠道部。

收入142.1亿元，比上年增长8%，完成预算目标的115.2%，超序时进度15.2%，收入占邮政业务总收入的9.7%。

1. 农村电商

（1）渠道建设。推进线上渠道资源整合，夯实线下渠道基础，实现线上线下融合发展。实现交易额840亿元，线下新增邮乐购站点12.3万个，累计46.2万个，山东、河南、湖南、河北、浙江累计站点数量排名前列。

（2）批销业务。全国邮政累计实现批销额107.2亿元，比上年增长188.5%，其中自营批销额27.1亿元，比上年增长93.3%。13个重点省分公司完成批销额103亿元，占全国批销额的96.1%。累计运作农资89.8万吨，实现销售额20.1亿元，组织全国市、县级订货会2200余场，预收资金11亿元。13个重点省引入商家1.43万家，批销商品47.2万个，县均商品数达497个。累计批销额前三名的省份是山东（34.5亿元）、湖南（14亿元）、浙江（10.8亿元）；累计自营批销额（DMS和买卖惠数据）前三名的省份是山东（7亿元）、河南（4.5亿元）、湖北（3亿元）。

（3）代购业务。线上注册激活邮乐小店超700万个，实现订单2000万笔。

（4）农产品进城。农产品累计实现交易额68.8亿元。其中自营农产品销售收入13.7亿元，比上年增长53%。邮乐农品网累计实现交易额55.1亿元，比上年上升92.6%。自营农产品收入规模前三名的是山东（1.8亿元）、江苏（1.6亿元）、辽宁（1.4亿元）。通过组织"一月一品类""同唱一首歌——走进系列"等活动，培育一批有较大影响力的"大单品"。如安徽砀山梨销售70万件、1048万元，吉林"一黑一白"销售额600万元。

（5）培训工作。针对邮助手、邮乐小店、邮看板、扫码移动支付、掌柜贷等工具和业务的管理运用进行了全国重点培训，举办了多次电视电话培训会，并在全国邮政渠道平台运营管理培训班上进行强化培训。

（6）业务联动情况。全国开通并使用掌柜贷业务的邮乐购站点3711个，累计贷款金额2.6亿元。使用扫码支付的邮乐购店累计10万个，累计扫码支付金额1.2亿元，有效提升站点绿卡绑定率，增强掌柜黏性。带动包裹业务960万件，推动寄递业务发展。

2. 增值业务

全国邮政增值业务累计收入78.3亿元，比上年下降4.4%，完成年度收入计划114.5%，超序时进度14.5%。其中短信业务收入51.5亿元，比上年下降8.7%，占增值业务收入的66%；便民业务收入16.6亿元，比上年增长5.4%，收入占比21%；车务代办收入7.2亿元，比上年下降1%，收入占比9%；与中国人保、中国平安、太平洋开展"总对总"层面的简易保险业务合作，简易险保费规模6亿元，收入1.6亿元；代理车险项目实现保费49亿元，比增12.5%，实现收入6.4亿元，比增11.3%；商旅业务实现收入0.7亿元，比上年下降28.3%，售机票、火车票、汽车票、门票超过550万张，获得2017年度南航最佳销售奖。承接税务、交管、电力等百余种政企公共服务，交易规模超1700亿元，收入16.6亿元。

3. 运营支撑

（1）构建中国邮政微营销体系。大微信系统绑定邮政企业公众号近500个，覆盖粉丝数超过1000万人。在

9月1日，首届"邮乐9·19购物狂欢节"全网首单包裹仅用31分钟顺利送达。（邮政报／提供）

"邮乐9·19购物狂欢节""世界邮政日""双十一"等大型活动时集中推送宣传消息，平均粉丝送达率超过65%。

（2）打造中国邮政统一支付平台。支付网关累计达成近5亿元交易额，完成200余万笔交易，全面实现邮储银行、支付宝、微信支付、汇付天下等网银、手机支付、快捷支付等产品接入，并全力支撑集邮、报刊、函件、增值等专业的网站、手机APP及微信公众号等渠道的支付清算服务。

（3）中国邮政三大在线渠道健康发展。中国邮政网上营业厅累计注册用户1200万，本年新增用户近200万。中国邮政APP实现注册用户、安装量双翻倍，新增安装量200余万，新增注册用户49.5万，日均活跃用户2.8万，新增交易额200余万元；中国邮政官方服务号粉丝数超260万人，实现交易额5500万元，累计订单量62万笔。中国邮政三大在线渠道实现快速健康发展。

（4）推进邮政业务互联网渠道快速发展。在线订阅累计流转金额8亿元，比上年增长207%，累计订单150笔，比上年增长150%；简易险、车险：实现16个省公司接入简易险微商城，接入保险公司9家，上线产品套餐200个，累计订单量16.7万单，保费641.4万元；185爱车开通省份19个，接入保险公司4家，累计投保车辆8000辆，实现保费规模2500万元，为各省提供业务受理平台。（电商分销局）

【中国邮政广告传媒公司】

全国邮政媒体业务收入11.8亿元，比上年增长136.4%。其中：互联网媒体业务收入6.4亿元，线下媒体业务收入5.4亿元。邮政互联网媒体商业模式形成。一是中邮传媒业务平台投入使用。引入今日头条、新浪、百度等36家社会资源商，形成广告、全案策划、文化衍生等上百个产品，形成广告传媒收入，并带动其他业务增长。二是全国举办227场腾邮峰会，向5万余名客户推介邮政互联网媒体业务，签约意向金额4.2亿元。线下媒体联网

在德州、通化、株洲等七地分公司试点运营。视频联播网合作项目在山东、黑龙江等省试点安装设备1100台，黑龙江省视频联播网并入社区电梯屏850块。中国明信片文化创意设计大赛启动，招商总冠名赞助费200万，其他赞助费40万元，收集作品3000余幅。举办4期明信片开奖活动，收入4024万元。结合集邮巡展、精准扶贫、慈善竞拍，实现规模与效益双赢。指导全国文化惠民活动1810余场，收入2.3亿元。策划“绿水青山 · 最美邮路”系列主题赛，首站活动在海南省海口市举办。与数十家社会文创公司达成战略合作，推进创意成果、文创平台及专业团队等领域深度合作。

封片卡图稿完成11.4万稿，邮资机宣传戳审核755枚，审核及时率99.99%。组织全国广告业务法律法规远程培训。创新运营集团公司“E网邮情”官方微博。粉丝总量294万。发布博文4070条，阅读总数7804.5万次。组织线上活动12次，线下活动11次，8.6万人次参与。成立“E网邮情邮文化体验中心”，开展“厉害了我的大邮政”“校园邮乐场”“邮乐9 · 19”等专题推广。2016—2017年度报刊发行网上征订广宣服务收入150万元。策划执行迪士尼图书项目收入68万元。推进2018年报刊大收订广宣项目和微信运营项目。参与中国大学生广告艺术节学院奖秋季赛活动。配合集团公司相关部门完成邮政内部评奖、获奖作品策划布展以及奖品发放等工作。收到来自全国1200多所高校为邮政创作的作品14762件。

策划执行中国邮政参展第二十四届中国国际广告节。以“智慧邮政 · 传媒视界”为主题，推广传媒功能，融入“一体两翼”经营发展战略和湖湘文化元素，展示中国邮政现代企业形象。

支撑“创新与协同”企业号及期刊运营。创建并完成5期《创新与协同》杂志编发印制工作。

修订“三重一大”决策制度、政务公开、领导人员管理、采购等14项制度。完善ERP上线运行工作，配合完成财务上收移交工作，严格执行年度财务预算。落实选人用人、干部管理、职工教育、薪酬规范等工作。完成办公用房扩充，做好日常网络通信和基础设备维护，保障公司业务发展。开展多种形式的职工教育、慰问和文体活动。

8月24日—9月30日，集团公司党组第四巡视组开展巡视。针对巡视反馈四个方面9类13个主要问题24个具体问题，逐项进行整改落实。扎实推进“两学一做”学习教育常态化制度化，深入学习宣传贯彻党的十九大精神。完善组织建设，规范党内政治生活。开展廉洁风险防控、党风廉政宣传教育月及作风建设等专题活动。获得集团公司基层党组织示范单位；直属机关先进集体1个、先进个人1名；公司内部先进集体2个、先进个人3名。（中邮传媒　郑凌燕）

10月，中邮传媒成功策划并执行中国邮政参展第二十四届中国国际广告节项目。（中邮传媒/提供）

【软件开发中心】

1. 党建工作

（1）思想建设方面。一是坚持中心组学习、“三会一课”等制度，以党章党规、习近平系列重要讲话、十八届六中全会和十九大精神为重点内容，推进领导干部和广大党员的理论学习，切实增强“四个意识”。二是坚持问题导向，强化使命担当。

（2）组织建设方面。一是针对党员工作地点分散、集中学习难的实际情况，在党支部下设立党小组，做好上传下达，有效激发党建工作内在活力。二是积极吸引青年科研骨干，参加听党课、主题实践教育和交流学习等活动。

（3）纪律建设方面。一是认真开展对党支部书记、纪检委员和部门主要负责人的廉政谈话。二是加大党内监督力度，开展廉洁风险防控工作，增强纪律规矩意识。三是严肃执纪，抓早抓小，强化担当，层层传导压力。

（4）制度建设方面。一是完成“中心关于贯彻《中国共产党党委（党组）理论学习中心组学习规则》实施细则（试行）”等6项制度编印。二是编印了《软件开发中心入职及交流借调人员中党员和入党积极分子管理细则》，实现党员管理的规范化、制度化。

（5）作风建设方面。以“八个方面”突出问题为导向，开展自查整改。针对排查出的49个问题，制定了针对性整改措施，包括39条立行立改和58条长效机制；公示各部门公开承诺清单，接受群众监督检查。

（6）党建宣传方面。一是加强对集团公司、直属机关党委和中心重大决策、重要会议、热点问题的宣传工作，加强对党员干部在科研工作中勇于担当、努力拼搏精神的弘扬。二是积极推进“双百”示范点建设。三是积极推进企业文化建设。以“支部推动、部门主动、员工联动”的方式，通过办公网、微信、QQ群、在办公区域张贴企业文化核心理念等形式，提升员工对邮政企业文化的认知度和认同度。

（7）工会建设方面。一是完善民主建设。成立中心职工代表大会，设立工会主席信箱。二是加强职工文体活动，增强中心员工的向心力和凝聚力。三是主动为员工送温暖、送关怀，包括对重点项目在攻坚时期开展慰问，对困难职工申请补助进行帮扶。四是弘扬雷锋精神，组织全体员工为甘肃灾区捐献爱心。五是加强工会干部培训，不断提高专业素质。

在团组织建设方面。组织团员理论学习；参加直属机关团委组织的“青春助力邮政梦　岗位建功争先锋”主题报告会；积极响应“邮政集团青年”公众号，扩大网络宣传的活跃度、传播力和影响力；深入践行社会主义核心价值观，在项目工作中突出共青团员的模范带头作用，激励青年成长成才。

（8）配合集团公司党组巡视和推进巡视整改工作。集团公司党组第三巡视组于8月23日至9月30日到中心开展巡视工作。中心全力配合巡视组开展听取汇报、与相关人员谈话、民主测评等工作；按要求完成一汇报六报告及各类文件的整理报送，及时提供各种说明文件，保障了巡视工作的顺利开展。针对巡视反馈问题，中心成立巡视整改工作领导小组，第一时间研究整改方案，制定整改措施，落实销号制度。

2. 综合管理

（1）推进制度建设。完成采购管理、后备干部管理、绩效考核实施细则等34项制度的制修订工作。成立软件过程改进工作小组，采用敏捷迭代和循序渐进的方法，致力于科学、有效的软件过程方法在中心的建立和落地。引入CMMI、敏捷、DevOps、SAFe等先进理念和技术，搭建了包括策划、分析、设计、构建、测试、交付、运维等7个循环往复过程的总体框架，从过程活动、活动流程、活动方法、模板、工具五个方面进行了描述。聚焦软件的入口（软件需求），完成分析过程的定义，并结合在线业务平台项目的开展落地实施。制定“中心信息安全管理办法”“中心软件安全编码规范”。

（2）加强基础管理。初步建成开发测试服务器、数据库系统、配置管理系统、项目管理系统、开发工具共享服务器等环境，基本满足开发测试需求。基于MediaWiki开源软件搭建了知识管理系统。针对主机系统、网络、数据库、信息安全等方面的能力需求，建立专业化的共享技术支持中心，集中响应和支持各部门在项目推进和系统运行中对公共技术类资源的需求。获颁计算机信息系统集成资质（四级）；获颁北京市软件企业证书；完成质量管理体系换版，获颁ISO9001：2015版认证证书；“邮政审计信息系统V1.0”获得软件著作权。

（3）推进能力建设。配合软件过程体系建设，基于业界主流的持续集成管理工具、项目管理工具、代码质量检测工具，初步建成具备配置管理、需求管理、缺陷管理、代码检查、知识管理等功能的自动化软件过程工具链平台，提高了代码构建、单元测试、代码检测等软件过程的自动化水平。该平台在新一代寄递业务信息平台、ERP系统、在线业务平台等项目中投入使用，为大型软件项目实施持续构建的敏捷化开发提供手段。移动应用开发平台建设方面，采用开源技术路线，研发了基于H5的Hybrid APP移动应用开发平台。该平台具备强大的系统资源和外设调用能力，具有出色的平台兼容性和良好的用户体验，很好地解决了移动终端碎片化带来的开发复杂性，符合移动应用轻量化发展趋势，能够很好满足邮政智能手机、PDA等应用开发需求。该平台应用于新一代寄递业务信息平台的移动应用开发，并获得2017年度全国邮政企业科技创新成果二等奖。

3. 队伍建设

（1）持续推进人才队伍建设。一是多渠道、广范围引进优质人才，中心员工199人。二是整合省级邮政企业信息技术队伍160余人，参与到新一代寄递业务信息平台、在线业务平台和CRM等项目，缓解中心人员不足问题，提高了省级队伍参与集团项目的积极性，推进了省级队伍能力的同步提升。

（2）推进中心干部队伍建设。完成一名部门正职领导的任命和一名部门副职领导的试用期满考核，完成2016年度“一报告两评议”结果的综合分析和整改落实工作，完成后备干部的选拔工作，有序开展干部监督工作。

（3）推进员工培训工作。完成培训29项，培训总时长976学时，参训人数425人次；培训内容涉及党建纪检、需求分析、测试、技术架构、质量管理等多方面。坚持实施“工作导师制”，对新入职员工，指定导师指导日常工作、帮助学习成长。持续加强内部交流，拓宽交流渠道，重点就邮政业务、设计思维、精益看板、自动化测试等进行专题交流，学习型团队氛围初步形成。

（4）加强中心人才管理。完成9名员工2016年度集团公司初级人才专家职务聘任，完成集团公司高级专业技术职务任职资格评委库成员推荐。

4. 项目进展

（1）新一代寄递业务信息平台。自主投入101人，在深度参与平台咨询设计任务基础上，作为责任主体积极承担软件开发、系统测试、运行支持及持续优化工作，5月30日完成系统第一批次功能试点上线，10月15日完成安徽、江苏、陕西三个试点省推广，经受住“双十一”高峰的考验。全国推广工作按期完成，系统运行总体平稳。

（2）邮政ERP系统。自主投入45人，推进ERP系统的运行支持、维护性开发、优化提升和新增需求开发工作。项目实施模式，总体上已由“埃森哲主导，软开中心参与”，成功转向“埃森哲咨询设计，软开中心落地实

9月23日，软件开发中心在怀柔水长城举办秋游拓展活动。（软件开发中心／提供）

施”。开发实施方面，对于EBS应用10个模块的扫尾实施，中心主体承担90%以上的开发任务；对于海波龙应用4个模块的扫尾实施，承担60%的开发任务。采用敏捷模式主动启动尚未正式立项的审计系统新增需求开发，并于12月初全部上线。运行支持方面，以软开中心为主体组建集团ERP运行支持中心，主体承担ERP和省集中核算平台的系统管理工作，负责系统版本升级发布、系统监控与调优、例行维护等日常保障工作，承担并圆满完成了全国经营组织架构调整ERP相关配套实施工作。优化提升方面，推进ERP系统性能优化工作，推进《ERP系统集成外围系统统一接口规范》的制定工作，ERP系统的稳定性、可靠性和处理能力显著提升。

（3）在线业务平台。自主投入13人，深度参与咨询设计阶段的各项工作，包括现状调研、需求分析、现状能力评估、需求规格说明书编写、概要设计、UI/UX设计等，为衔接后续开发实施阶段工作积极准备。在项目开展中，学习埃森哲咨询设计和项目管理中的先进理念和方法，积极试点中心软件过程改进的初步成果，推进软件过程能力的提升。

（4）大数据平台。自主投入7人，继续深度参与大数据平台建设工作，完成第二次迭代功能上线、原有量收系统迁移，以及数据湖、数据分析实验室、数据仓库三大集群域的安装部署及版本升级。通过项目参建，积累企业级大数据平台数据抽取、系统架构设计、算法模型设计及应用开发等方面能力，形成并输出宝贵的项目实践和知识，包括参加网运KPI指标计算、国际小包时效性分析、新一代寄递平台邮件时限分析及CRM客户分析等工作，有力促进自主、专业的大数据解决能力的形成。

（5）邮政CRM系统。自主投入6人，参与包括客户管理、客户洞察、360视图等3个模块的需求梳理和系统设计工作，掌握CRM各模块在集团公司及各板块中的功能细节，掌握总体方案设计、外围系统接口以及相关开发技术，为后期深度参与项目和形成自主运行支持团队做好积极准备。

（6）国际业务相关信息系统。优化国际结算相关系统，重构结算模型，支持据实结算功能；针对国际函件处理新规则、邮联新接口规范、“一带一路”渝新欧新业务等任务，对国际业务综合信息平台进行了改造；推进“金关工程”，完成与海关总对总对接，实现高效绿色通关；增加了与指调系统接口，完善了客户查询功能，全力支撑集团公司国际小包质量提升工作。

（7）应用软件测试。先后承接新一代寄递业务信息平台系统测试、ERP性能测试、网运信息系统新交换库性能测试、“邮乐9·19”网站活动性能测试等测试任务。在新一代寄递业务信息平台系统测试中，测试团队借鉴敏捷团队的工作方法，坚持将每日站会与精益看板相结合，及时跟踪测试进展、聚焦解决重难点问题，及时发布当日测试总结，有效地推进了测试工作；引入了自动化测试方法，并在订单产品线应用于构建版本验证，提高了测试效率，成效初显；启动生产发版全流程测试，为“双十一”期间系统运行正常及平台的全国成功推广，提供了有力的保障。

（8）其他应用软件项目。承担速递系统与国家邮政局安监系统传输数据脱敏改造、报刊网上订阅系统、中邮证券相关信息系统及中邮保险门户网站迁移等项目的软件开发工作。对于报刊网上订阅系统，中心成立了运维保障专门小组，为报刊网上订阅业务收入“冲刺10亿”的目标，保驾护航。

5. 科技创新

（1）响应集团公司“双创”工作。在集团公司“金点子”活动中率先达到动员率100%的指标。向集团公司提出统版信息系统支撑基层创新的建议实施方案，推动“双创”工作在基层的深化与落地。参与集团公司科技创新实验室相关筹备工作，参与相关实验室的建设思路研讨和建设方案编写工作，初步确定了创新实验室的定位、研究内容、职责和相关流程。

（2）私有云平台研发方面。在对领先企业云计算平台实践充分调研的基础上，结合邮政实际，确定以容器模式为主的新一代云计算技术路线。经过近5个月的研究，经历无数次方案推演和可行性测试，基本实现基于Docker开源容器引擎、Harbor镜像仓库、K8s容器集群管理系统、ceph分布式文件系统、Traefik负载均衡与服务发现系统等多个开源系统的私有云集成平台原型，初步完成了基于容器技术和分布式文件系统的云计算环境，为邮政企业进行自主私有云建设开展了有益尝试。

（3）新技术预研方面。对人工智能、区块链、物联网等新兴技术在邮政行业的应用场景、应用方式进行了深入分析和探讨，并与邮务局、信建部、速递公司等单位进行交流，初步确定了AR穿戴式设备在揽投作业中的应用和窄带物联网在邮政企业的应用等研究场景，完成部分产品原型的总体设计，初步确定了可供实验的硬件产品与开发平台。

（4）对外技术交流方面，密切关注行业中与邮政相关的技术和产品，针对基于桌面云系统的云开发环境解决方案、企业安全防护解决方案、应用系统性能监控工具软件和SQL审核工具软件产品等，与相关厂商进行了交流、试用与评测。积极参加质量竞争力大会、系统架构师大会、数据技术嘉年华、百度人工智能大会等业界比较有影响力的技术峰会，了解新技术发展动态，启发邮政企业应用创新方向思考。（软件开发中心　吴俊华）

【中邮信通实业投资有限公司】

1. 业务水平

（1）采购支撑服务保障有力。对24个省（区、市）邮政分公司的面料、代工服务、服饰类、成衣类的271份、889条采购订单审核；在订单核对分发、发货监控、物流跟踪、产品检验、资金结算等各环节提供有效服务与支撑；协助集团公司采购管理部完善评审专家库建设和管理，逐一录入系统库内的合格专家1000余人，确保评审专家信息的合规性与完整性；完成集团统谈分签统付项目及部分统付项目的付款结算工作和“2013年邮件容器集中采购项目”等9个项目的付款报销流程；制定《中国邮政电子采购与供应平台服务支撑方案》。

（2）市场经营工作稳中求进。深入市场调研，努力拓宽市场，创造销售新收入。实业公司多渠道开发业务新的增长点，中标“天津邮政包裹业务局EMS大学生高校毕业生档案袋及机用打包带的采购”项目、集邮总公司“机用打包带”的采购项目；加强联系协调，维护稳定老客户，确保减少业务流失。通过与用户间的信息沟通、改进工作服务质量，有效保持原有销售市场的份额。

（3）物业服务与管理水平显著提升。中标邮储银行北京分行、软件研发中心及信用卡中心的物业服务采购项目；与中国电子进出口总公司签订招标代理协议，有效提升供货商资源合理统筹和规划管理工作，实现资源优化调整战略，依靠代理资源和市场前期的周密调研工作，通过各原材料市场考察取样，形成真实可支撑的市场调研报告，有力降低运营成本，同时规范招标采购流程；不断提升质量管理对内部管理的支撑力度，重点加强日常质量检查，发现问题及时整改；建立健全公司重要业务类、管理类、服务类等多种类型服务质量标准，优化公司业务管理服务水平；建立有效的内外部沟通渠道，及时收集客户意见；公司将提高服务品质的转型发展作为提升总体经济效益的重要发展战略，努力探索从劳动密集型企业向信息化创新服务型企业的转型发展道路；玺萌项目作为2017年物业标杆项目，制定多种特色服务方案，积极有效地结合客户需求，努力完成入驻前期沟通准备工作；物业公司始终将安全生产视为所有工作的重中之重，持续完善安全生产管理制度，打好全年安全攻坚战。完成各项目部《项目经理安全生产责任书》签订工作，坚持落实“层层负责”传导责任制。建立督导检查机制、安全隐患台账常态化管理机制，日常安全记录日志管理等综合安全检查机制。做到边检查，边整改，及时更新台账，落实安全人员职责。

2. 企业管理

（1）建立健全企业内控制度。制定执行《领导人员职务消费管理暂行办法》《固定资产管理办法》等20余项管理制度，修订完善《“三重一大”决策制度》《差旅费管理办法》《会议管理制度》。

（2）财务管控力度不断加大。对各子公司进行集中核算，对财务各岗位职责进行梳理明确，实现财务集中管理；配合集团公司审计局，开展离任审计相关工作并及时制定并严格执行整改方案；出台《用户欠费管理办法》《固定资产管理办法》等一系列财务制度。

（3）人力资源管理进一步加强。研究制定《三级领导人员管理暂行办法》《三级及以下非领导职务管理暂行办法》，强化选人用人制度化、规范化水平；出台《员工年度考核办法（试行）》，有效发挥考核对实现年度经营管理目标和加强内控管理的促进作用；为使企业发展成果惠及员工，提升员工的幸福感、获得感，公司对员工薪酬进行了调整；开展干部员工的档案整理工作，通过系统化、精细化、规范化的整理，使实业公司管理的干部员工档案

中邮信通实业投资有限公司参观“砥砺奋进的五年”大型展览。（中邮信通实业投资有限公司／提供）

与集团公司档案管理形成了统一标准。

（4）安全生产管理得到强化。十九大期间，公司及物业公司开展为期一个月的“安全生产月”活动，逐一对实业公司总部和物业公司所服务的各甲方单位物业项目部进行安全专项巡视督察，并及时落实隐患整改，有效保障实业公司和邮政系统各单位在十九大期间的安全生产；集中开展大排查、大清理、大整顿消防安全隐患专项活动，排查问题隐患、及时整改完善，确保各项目日常消防安全万无一失；严格落实安全生产责任制，始终对资金、互联网、消防、交通和员工等安全管理方面工作保持高压态势，全年未出现重大安全事故。

（5）信息化建设初现成效。对“中国邮政集团公司采购供应管理信息系统”进行升级改造，实现了采购管理部的采购目录管理、采购合同管理、采购订单和订单实施进度、评审专家库管理和供应商管理五大功能板块的线上管理；完成工程服务信息化系统的建设和上线运行。通过以上两项信息化建设的不断推进，有效增强了实业公司及物业公司在采购服务支撑和物业服务水平的全面提升。

3. 全面落实从严治党

（1）研学十九大精神，党群全覆盖宣传贯彻。支委会研讨部署，支部书记讲党课，全员集中学习，持续研究自学新精神、新理念、新思想，组织开展专题研学座谈、知识答题、开辟专题学习园地、运用“互联网＋”开设每日一学小讲堂、拟写心得体会交流思想，化整为零、化繁为简地渗透式推进全员学习十九大精神。

（2）推进“两学一做”，强化政治引领。推进“两学一做”学习教育常态化制度化，制定实施办法、工作计划。组织全体党员开展学习会21次，支委研学会24次，主题党日1次，专题参观3次，主题观影2次。通过丰富多彩、形式多样的学习教育活动，强化党员干部政治意识、大局观念。

（3）加强作风建设，提升综合素质。开展“加强和改进机关作风”专题活动；制定执行专题活动实施方案，提出“一重视、二确保、三提升”的活动目标，指导公司全员公开承诺、接受监督。

（4）全面落实从严治党，着力强化组织生活。落实主体责任，党支部书记与各主要负责人逐一签订《全面从严治党主体责任书》，确保层层压实责任、传导压力。全体党员以“四讲四有”为标尺开展组织生活会进行民主评议。

（5）做好党风廉政教育，强化风险防控机制。开展“党风廉政宣传教育月”专题活动，制定并逐项落实活动方案。通过廉政专题参观、主题视频学习、案例分析借鉴等形式开展宣传教育。强化廉洁风险防控工作，成立专项工作小组，全方位梳理自查风险点，制定廉洁风险防控长效监督机制工作方案。

（6）坚持问题导向，建立健全机制。根据集团公司党组第二巡视组对公司巡视反馈的意见，公司制定34项巡视整改措施。修订出台《“三重一大”决策制度暂行办法》《廉洁风险防控长效机制》等28项党、政制度办法，建立健全机制，强化党对一切工作的领导作用。

（7）看齐示范标准，宣介企业文化。组织全员对“中国邮政企业文化手册微信书”进行学习，指导进行扫码观看、转发推介、答题测试，感悟企业精神、弘扬邮政文化。（中邮信通实业投资有限公司）

各省、自治区、直辖市分公司工作

北京市

【北京市分公司】 从业人员 16824 人，全部用工总量 20924 人。全部业务收入 46.39 亿元，比上年下降 1.42%；利润总额 -6.46 亿元；邮政业务总量 44.86 亿元，比上年下降 11.37%。北京市分公司举办“北京邮政开办 120 周年”系列纪念活动；完成全国“两会”、“一带一路”国际合作高峰论坛、党的十九大、世界政党大会等各项重大特殊服务保障任务；召开市分公司第一次党代会，完成党委换届选举工作；接受集团公司的巡视，梳理党建、纪律、作风及经营管理中的问题，按时按要求高质量完成了整改任务，企业步入良性发展轨道；应对春节、“双十一”、整治消防隐患等多个邮运高峰考验，发挥邮政点多面广线长的优势，以共产党员邮路、共产党员先锋岗为主体，走千家、入万户，深入宣传党的十九大精神，得到社会的广泛关注，中央电视台、《光明日报》、人民网和新华网等主流媒体进行了多角度报道，赢得了中国邮政的良好形象。

1. 企业经营稳步发展。寄递业务实现业务量 1662 万件，比上年增长 46.17%，完成业务收入（含结算收入）3.35 亿元，比上年增长 15.82%，增收 4573 万元；函件传媒专业业务收入 4.73 亿元，其中媒体业务 3163 万元，比上年增幅 30%；国际函件专业业务收入 4.22 亿元；分销业务跨越发展，业务收入 1.89 亿元，完成预算进度 277.39%，比上年增幅 233.07%；机要专业保持稳定，业务收入 8781 万元，专业毛利 8747 万元，收入和利润均保持全国第一，完成各项机要服务任务，实现通信质量连续 28 年无事故。发行专业业务收入 6.35 亿元，比上年增幅 3.84%。集邮专业业务收入 7.25 亿元，完成预算进度 104.35%，比上年增幅 14.89%。农村电商业务有所突破，打造“一区一品”生态服务项目，与 20 余家农业合作社签订京郊农品销售协议，农产品项目累计销售额 1386 万元；“双十一”期间电商快包实现业务量 107 万件，比上年增长 486%，完成业务收入 511 万元，比上年增长 357%。依托微信平台，基于互联网地图围栏创新研发的同城信筒快件、同城物品类快件和全国通产品市场反响良好，客户认可度较高，累计销售 12 万件，收入 91 万元。金融业务业务收入 15.4 亿元，代理金融收入占比 33.18%，新增个金总资产 111 亿元；储蓄余额市场年累计净增市场占有率 28.91%；金融营销项目累计成单 205 个，金额 12.7 亿元；人民币理财累计实现销量 140.23 亿元，比上年增幅 11.36%。

围绕文化和创新主线，推出京津冀协同发展、“一带一路”、青少年驿站、绿色骑行等主题邮局，开展主题营销活动 70 余次，收入 3776.5 万元，比上年增幅 14.8%；全市联动开展《丁酉年》生肖文化季主题营销活动，收入 2 亿元，比上年增加 3528 万元；年内“ILOVE 邮”微信服务号关注人数达 41 万人，累计办理各类业务 30.2 万笔，商城销售收入 2008 万元，实现新增储蓄余额 2.04 亿元；开展北京邮政 120 周年客户回馈活动，2.5 万人参与，实现关联保险收入 9.54 亿元，储蓄余额 2.61 亿元；开展“驿路 · 丝路 · 复兴路——行走新丝路　喜迎十九大”2017 全国集邮北京站巡回展览活动以及“‘一带一路’　方寸筑梦”集邮专业主题营销活动，创收 1.28 亿元；首次举办“邮乐 9 · 19 购物狂欢节”，累计创收 3000 万元，线上形成订单 5 万余单。与创维集团合作开展家电联动营销活动，实现销售额 2200 万元，形成批销额 800 万元；贯彻落实京津冀一体化国家发展战略，联合天津、河北举办《京津冀协同发展》特种邮票首发式，牵头组织京津冀辽四省市集邮专业推进会；与北京市委社工委签订战略合作协议，全面融入首都“一刻钟社区服务圈”，推行“邮乐社区之家”服务项目，实现惠民电商、普惠金融、报刊订阅、智能包裹柜、集邮文化等邮政特色服务首次全面进驻社区服务中心，建成 6 个标准化的邮政惠民生活驿站；与中国儿童少年基金会、中国人寿北京市分公司、中盐北京市盐业公司等 6 家单位签订战略合作协议。

2. 企业建设能力提升。将北京邮政设施规划纳入北京城市建设总体规划，推动北京城市副中心配套邮政设施规划逐步落实；投入 3172 万元，接收统建配套邮政局所 16 处，总面积 8807 平方米；投入资金 1946 万元，装修改造 27 处金融网点；投入 2859 万元，对 5 处邮政网点、4 处局房、2 处区域“三农”仓储以及 7 处生产场地基础设施进行改造。建成 2000 平方米具有冷冻、冷藏和保鲜功能的仓储配送中心，高峰时总库存超过 300 吨；加大投递终端渠道建设力度，建设代投点 531 个，安装邮政智能包裹柜 221 台，累计建设自提点 2442 个；新购置电动车辆 147 辆、电动三轮车 983 辆，增加网点终端类设备约 6200 台套；全市新开通 ATM、CRS、电子银行体验终端等自助设备 107 台，保有量 853 台，试点布放自助发卡机 3 台，布放厅堂智能机器人 2 台；287 家营业网点开通微信支付，有效支付 13.23 万笔，收款额 2145 万元。ERP 项目有序推进，管理会计、预算控制、资金等多个模块上线运行；新一代寄递业务信息平台的揽收和投递模块正式推广上线；在“ILOVE 邮”微信服务号叠加寄快递、代缴费等业务模块，开通微信支付功能；自主研发的电子地图围栏应用系统、滴滴打车模式包裹主动预约揽收服务系统、同城信筒快件系统、一卡通系统等十余项科技项目投入使用，其中电子地图围栏应用系统已被全国 308 个城市推广应用。

3. 企业基础管理持续加强。在提升财务支撑效果、

12月4日，北京邮政首次无人机投递邮件测试完成，旨在解决山区投递“最后一公里”难题。（北京市分公司/提供）

优化人力资源管理和深化风险防控的同时，深入开展“平安邮政”建设，首次推行分组考评、限分评选考评办法，强化安全督导作用；深化安全管理“网格化”监管机制体制建设，确保安全责任严格落实；强化寄递渠道安全管理，严格执行《禁止寄递物品管理规定》；贯彻落实新修订的《安全生产法》，开展安全教育辅导培训；开展安全隐患大排查大清理大整治专项行动，检查290处生产生活办公场所，对北京东站和北京西站混合职工宿舍全部清退，完成大兴仓库、邮袋厂等重点部位安全隐患的整改，严格落实电动车充电安全规定，构建安全稳定的发展环境。

4. 精神文明建设取得显著成果。石景山区分公司和东四支局副支局长樊洁同志分别被授予“首都劳动奖状”和“首都劳动奖章”荣誉称号；发行局市内发行科荣获全国“青年文明号”称号；企业管理获北京市企业管理现代化创新成果二等奖两项，全国邮政企业管理现代化创新成果三等奖三项；市分公司红十字会荣获北京市第一届“人道奖”先进集体；获市国资委首都国企职工宣讲“优秀组织奖”；实施2017年度劳模创新项目助推计划，组织开展“最美支行长、最美营业员、最美投递员”评选表彰、“纪念北京邮政开办120周年”图片展和书画摄影展等系列活动；组织职工参与首都职工文化艺术节，举办羽毛球、摄影比赛、健步走等职工文化活动；社会主要媒体共刊播北京邮政新闻稿件3000余篇（条）；太空邮局“家书载梦”公众活动荣获全国邮政新闻宣传活动创新奖，被中央电视台新闻联播、各大门户网站等媒体多次报道；北京邮政微视传媒荣获全国邮政新闻宣传最佳新媒体传播奖。（北京市分公司　陈丽涵）

【邮储银行北京市分行】 设置一级部门23个、二级部门8个、直属单位1个，下辖一级支行19个。邮政金融网点571个，其中银行自营138个、代理433个。员工3509人，其中本科及以上学历员工2258人，占比64.35%。

总资产3918.82亿元，实现净利润26.97亿元。本外币各项存款余额2761.38亿元，比上年增长583.98亿元，增幅26.82%；各项贷款余额1355.89亿元，比上年增长279.30亿元，增幅25.94%。不良贷款率0.21%。

1. 业务发展。

（1）“大零售”业务。一是个人金融业务。个人储蓄存款余额1406.62亿元。通过细分市场、细分客户、细分需求带动个人金融业发展。新发放地铁商圈主题“DO卡”和亲子主题“BO”卡25.30万张，总量106.04万张，比上年增长31.20%。二是小微金融业务。出台邮储银行北京分行小企业授信业务发展三年规划，发放小企业贷款32.74亿元，贷款余额35.10亿元，比上年增长39.22%。三是消费金融业务。以优享贷、信用卡为拉动，线上线下协同发展，消费信贷净增26.36亿元，其中非房消费贷净增10.06亿元，比上年增长183.06%。四是信用卡业务。信用卡新增发卡8.82万张，比上年增长40%，其中创新产品养老金主题“YO”卡发卡9669张。

（2）“大公司”业务。一是国际业务。挖掘“一带一路”倡议下跨境投融资需求，办理境外主权贷款等多项国际金融新业务。国际业务收入3.02亿元，比上年增长80.51%；外汇融资余额24.26亿美元，比上年增长35.93%；国内贸易融资余额71.98亿元，比上年增长10.44%。二是公司贷款。公司贷款余额792.79亿元，比上年增长188.54亿元，增幅31.20%。统筹运用信贷与非信贷融资，全力支持京津冀协同发展、北京城市副中心建设等重点项目和实体经济发展。三是投行业务。债券承销规模68.50亿元。做强交易类、资管类、托管类业务。开展加强版交易银行竞赛，新增交易银行客户108户，户均存款1.41亿元。四是公司存款。加强交易银行、信贷、理财、票据、投行、托管等多维联动，对公存款余额643.39亿元。

（3）中间业务。走资本节约型发展道路，非利息收入对营业收入的新增贡献占比67%。电子银行客户总数495万户，比上年增长79万户，增幅15.10%。其中，手机银行客户321万户，比上年增长46万户，增幅21.20%。实现电子及网上支付业务收入3910万元，比上年增长48.60%。电子银行交易替代率87%，比上年提升4.7%。

2. 智慧银行建设。打造新型网点服务平台，将网点创建成“四大平台”，即吸引客户、市场的引流平台，“虚拟＋物理”的多元平台，线上线下的交汇平台，精细化管理的基层平台。北京分行首家智慧银行——石景山区玲珑路支行，设有大堂引导智能机器人、智能导览台、智慧柜台等20余种智能设备，实现理财业务99%在线购买，电子银行交易替代率97%，交易分流率91%。

3. 风险防控。

（1）加强全面风险管理体系建设，运用临期管控、保全清收、呆账核销等手段做好资产质量管控，不良贷款额和不良贷款率实现“双降”。

（2）加强内控管理，发挥前台业务团队、风险管理团队、内部审计团队、党建监察团队“四道防线”的作用，实现全年安全营运无事故，无重大案件，无重大声誉风险事件。

（3）营造风险合规文化，开展“制度执行年”“内控优化年”“合规示范岗、执规示范网点双建双评”等子活动。

4. 改革创新。6月22日，成立信用卡部，以机构设置创新促进信用卡业务发展。创新零售信贷审查审批模式，开通“信贷工厂”。调整公司授信审查审批流程，推行限时服务，开展平行作业，前移风控关口。调整会计营运体系，推进反洗钱、监控预警、代理保险稽核等集中处理，推进电子印章系统等12项重点流程优化项目。增强科技支撑，投产“事中监控与信息推送平台”等应用创新项目28项。

5. 队伍建设。

（1）完善职级晋升实施细则，开展岗位交流。

（2）完成人才梯队建设三年规划，打造一支占分行人数20%的“金种子”团队。

（3）培育先进典型，14个集体、15名个人获省部级、总行级（含）以上荣誉。

（4）推进员工关爱“四大工程”：幸福指数工程、健康保障工程、环境改善工程、小家建设工程，新建职工之家4个。

6. 品牌建设。北京市分行在中央、省级重点主流媒体发稿700余篇。香山支行手语特色服务亮相中央电视台《厉害了，我的国》节目。举办资本市场开放日北京分行分场。开展网点“6S服务管理”，8家网点获评中国银行业星级网点，3家网点获评北京银行业百佳特色网点。在“砥砺奋进的五年”中国邮政发展成就报告会上，北京分行作题为《砥砺奋进创佳绩　五载华章谱新篇》的典型发言。

7. 党建工作。北京市分行把全面学习宣传贯彻党的十九大精神作为首要政治任务，以习近平新时代中国特色社会主义思想为指引，增强分行党建工作的引领性。一是开展党建“促转型、促服务、促发展”的“三促”主题活动，连续五年开展“挂行蹲点”，分行机关累计下基层1108天，解决问题479个。二是开展“进地方、进社区、进社会、进企业、进基层、进家庭”的“六进”活动，与北京市和各区政府、企事业单位、社区等党组织加强联系，为经营发展搭建平台。三是开展“三廉三树”廉洁教育活动，即“廉洁进支行，树行风；廉洁进岗位，树新风；廉洁进家庭，树家风”，增强员工廉洁从业意识。（邮储银行北京市分行）

【速递物流北京市分公司】 以“转型增效、增收增效、降本增效”为抓手，通过细化落实增收和降本两大核心战术，确立两年内实现日出口邮件量50万件。完成总收入18.5亿元，比上年增幅24.1%。

1. 做大异地标快业务。以“促标准快递、增利润”为目标，启动异地标准快递“提质增量”专项竞赛，按规模对118个经营单元进行分组和组内对标。所有参评单位完成异地标准快递收入4.2亿元，增收4187万元，增幅11%。

2. 做强航空产品。通过研究邮航搭载情况、客户异地标准快递实际流量流向，以市场竞争对手资费为参考，5月底推出江、浙、沪、皖、闽、粤6条邮航线路特惠产品。促销期间，六条线路业务量月均超过百万件，比上年增幅29%，业务收入达到9932万元，比上年增幅13%。

3. 做大快包产品。立足电商轻小件、落地配、仓配一体化三类产品和服务，准确定位集群市场和批量市场，建立电商协调发展机制，用好特色市场奖励政策和调整后的电商轻小件政策，快包业务全年累计完成8885万元，增幅为24.5%。

4. 做强绿色同城产品。发挥同城专网作用，提升个性化、差异化和特色化服务；推广同城业务发展协调机制，加强与分公司的横向联系和协同开发力度；探索合作农产品进京项目，加强总对总项目和行业大客户开发；瞄准高端客户市场，将重点政务类项目运营模式转向至高端网。同城业务累计收入1.34亿元，比上年增幅10.7%。

5. 拓展国际产品市场。补充处理能力，完善协调开发机制，扩大业务范围；e特快开通美国路向，促进国际标快业务发展；4月上线电子产品寄递项目，及时丰富业务种类；引入15家自有非邮渠道供应商，拓展非邮业务。国际专业完成收入7.6亿元，增幅92.7%，增收3.7亿元，增幅达到历史最高值。

6. 加快商企类项目开发力度。制定《十二大行业策划书》，梳理行业市场需求，定位产品推介和项目运作要点；强化业务培训，先后组织各种形式的业务培训和经验分享会30余次；实施销号式开发，由公司商企中心牵头，制定营销方案，制订开发计划。商企板块完成收入4.76亿元，比上年增幅4%，新开客户731户，创收9775万元。

7. 加大政务类项目开发力度。以便民为民、服务政府、服务社会为原则，以法院专递、高招邮件、便民医药等为切入点，拓宽合作领域，拓深业务产品，建立专职营销团队。政务板块完成收入1.82亿元，比上年增幅29%；新开客户262户，新增收入1327.25万元。

8. 春雷行动储备能量。以“62个城市时限承诺服务”为切入点，通过与客户签订承诺卡，与竞争对手争夺中小客户市场。“春雷行动”签约承诺卡4.2万份，签约率106%。通过体验试发，与2261户客户签署用邮协议，产生业务收入4464万元。

9. 收复失地扎实开展。每月对流失客户梳理汇总，分析原因，并下发收复清单，制定措施，建立可监控、可跟踪的清单。成功收复客户149户，收复转化率16%。

10. 夏季雷霆行动不停歇。以争抢主要标准快递竞争对手为目标，立足核心区域，制作营销作战图，建立客户清单，确定开发责任人和完成时间，插红旗、攻山头，有计划地推进。夏日雷霆行动开发客户659户，其中万元规模以上58户，形成收入973万元。

11. 稳步推进众创众享工程。36家众创众享营业部完成业务收入1.6亿元，进度完成96%。

12. 提速挺进“三进工程”。深挖商厦写字楼、校区园区、产业集群市场潜能，按照“标杆、骨干、成长”的标准对网格进行分级管理，建立203个网格，特色网格创收1.1亿元。

13. 网运流程再优化。7月1日完成100个营业部建设。及时调整网运计划，省内次日递率达到92.6%，高于全国平均水平2.4%。内部处理大优化，实现快包出口部分外包费用降低40%。

14. 加强质量管理。建立日监控、周通报、月考核及落后单位质询制度；强化视察检查，加强事中监控力度，全面提升客户体验。（速递物流北京市分公司）

【中邮保险北京市分公司】

1. 经营管理。累计实现中邮保费11.08亿元，比上年增长78.3%，完成预算目标的103%。其中：新单期交保费3.16亿元，比上年增长18.3%，规模、进度均创历史新高；实现续期保费27879万元，完成计划的108%；实现团险保费5798万元，完成预算目标的263%，规模及进度均列全国第一。

（1）全面落实“双百亿”工程。成立北京中邮保险“双百亿工程”领导小组，邮银保三方联合出台“双百亿工程”实施方案，明确工作目标和要求，细化落实举措。2月8日召开北京邮政中邮保险期交业务“双百亿工程”启动会，5月3日召开北京中邮保险期交业务“双百亿工程”领导小组会，通过定期召开会议强化工作推动力度，提前27天完成“双百亿工程”目标。

（2）建立北京中邮保险荣誉体系。12月21日，邮银保三方联合下发《关于建立北京中邮保险荣誉体系的通知》（京邮分联〔2017〕67号），建立长效激励机制，助力北京中邮保险业务发展。设立“金长城”系列奖项，涵盖经营发展、业务管理、队伍建设三个方面10个奖项，参评范围为邮银经营单位、中邮保险局及专兼职人员、网点及一线人员。每年召开中邮保险高峰会，对在邮政自办保险业务上表现突出的单位和个人给予精神奖励及物质奖励。

（3）平稳度过满期给付业务高峰。年初成立满期应急小组，优化作业流程，确保当日业务当日录入，处理满期业务6302件，给付满期金2.06亿元；有效管控非正常满期业务的备用金使用，未超过总部1%的控制线，未发生因满期给付而导致的群体性事件。

（4）风险排查做细做实。依照监管部门与总公司工作部署，6月至7月，在分公司内部开展全面风险排查与专项整治，各部门对照风险自查表查找漏洞、分析原因并制定整改措施，明确责任人及完成时间，对风险点持续管控，筑牢合规防线。

2. 业务品质稳步提升。人核件全流程时效14.23天，达到监管要求；保全资料流转时效0.86天，高于全国平均水平；25个月保费继续率95.86%，超过总公司的考核标准；新契约回访成功率92.12%，达到总公司考核标准。期交保费网点出单率全国排名第六，网均产能全国排名第三。

3. 专业引领作用不断加强。产品不断优化，基本满足客户储蓄理财、健康意外、养老教育等需求；组织开展全员参加的中邮保险大练兵活动，全年组织各层级培训1102场，专兼职讲师队伍123人；客户服务不断深化，有效支撑基层的销售工作。

4. 队伍建设持续加强。

（1）兼职讲师大比武。为提高兼职讲师授课水平，打造勇争一流的兼职讲师队伍，6月7日，北京邮保共同举办第二届北京中邮保险兼职讲师大比武活动决赛。邀请业内专家担任比赛评委，并结合比赛内容为选手进行赛前培训，丰台区分公司路广凯等10名兼职讲师荣获“北京中邮保险十佳讲师”称号。

（2）举办营销精英高峰会。1月10日，北京邮保共同举办“携手奋进　共创辉煌”2017年北京中邮保险营销精英高峰会，表彰2016年中邮保险工作中表现突出先进单位及营销精英。朝阳区等9个分公司荣获“先进单位奖”；92名营销精英分获“中邮保险精英奖”和“中邮保险争先奖”称号；1人荣获“中邮保险卓越奖”称号，充分调动了一线人员发展中邮业务的积极性。

（3）中邮保险大练兵。11月6日启动2017年北京中邮保险大练兵活动，2500余名金融从业人员参加。竞赛分为初赛、复赛和决赛三个阶段，持续近两个月的时间。竞赛形式打破以往常规模式，初赛利用官方微信公众号平台进行网上答题，决赛邮政、银行各4个单位同台竞技、同场比拼，达到了“以赛代练”“以赛促学”的效果。

（4）与北京邮政建立学习交流机制。北京分公司与北京邮政建立定期交流学习机制，6—10 月，选派部分员工分批次到北京市邮政分公司基层单位开展为期两个月的交流学习，每批 3 人，6 人次参与，提高分公司员工履职能力和支撑服务水平。

（5）赴外省交流学习。10 月 17—20 日组织北京中邮保险十佳兼职讲师赴浙江交流，11 月 20—25 日组织 16 个中邮保险局局长和北京市邮政分公司代理金融局人员赴江苏、江西交流，学习先进理念和方法，促进北京中邮业务发展。

5. 服务能力。参加“7 · 8 全国保险公众宣传日”。7 月 8 日公众宣传日期间，分公司通过在网点张贴海报、播放视频宣传片、发放《图说保险》漫画册、制作大型填色墙、绘制填色卡、参加公益跑等活动为“7 · 8 全国保险公众宣传日”活动助力，积极宣传保险行业正能量。公众宣传日活动现场，分公司人员积极做好服务，详细解答市民咨询，扩大中邮保险良好品牌形象。组织第七届客服节。6—12 月组织北京中邮保险第七届客服节，举办“方寸世界放飞梦想”画邮票讲故事大赛、“您的健康邮我保障”高端客户体检活动、“送健康到四方”客户回馈活动、“续期邮礼中邮相伴”续期客户答谢活动等丰富的客服活动，提升客户体验，增强客户黏性，助力业务发展。

6. 党建与企业文化建设。

（1）落实巡视整改工作。3 月 16 日至 4 月 24 日，分公司接受集团公司巡视，巡视组反馈 4 方面 10 个问题。分公司党委高度重视巡，成立巡视整改工作领导小组，将整改工作细化。针对 4 方面 10 个问题制定 29 项整改措施，建立工作台账，扎实推进巡视整改落实工作，目前已全部整改完毕。

（2）举办党性修养培训班。为贯彻落实全面从严治党要求，4 月 14—16 日，分公司在集团党校北京分校区举办党性修养培训班，中层干部、全体党员及入党积极分子共 33 人参加培训。通过专题授课及影像教学相结合的方式，进一步明确身份定位，树立“四个意识”，强化责任担当。

（3）组织邮保共建活动。分公司与北京门头沟区邮政分公司于 9 月 27 日联合开展“门邮奋战大步走　邮保联动向前冲”健步走活动，激发员工的工作热情和斗志，提升门头沟区销售人员的士气。10 月开展“金融共建促转型”素质提升培训班，分层级开展专项培训，提升一线人员销售能力，助力门头沟邮政中邮保险业务发展。

（4）举办秋季运动会。10 月 20 日开展北京中邮保险第四届秋季运动会，除分公司员工外，北京中邮保险局业务人员及各单位销售精英受邀参加。运动会包含了趣味运动、取物折返跑、实心球、跳绳、乒乓球等多个项目，强健体魄的同时进一步增强了凝聚力，展现出北京中邮保险一家亲的和谐氛围。（中邮保险北京市分公司）

【中邮证券北京市分公司】 新开户 10800 户；总收入 1903.5 万元，利润 1653.31 万元，完成总公司下达目标，且利润超基本目标的 43.76%。

1. 重点工作完成情况

（1）推进两融、金鸿小贷业务。上、下半年分别开展三次的专项业务回访和推介，对营业部 50 万元以上没有办理两融业务、开通信用账户但未交易的客户进行筛选，安排专人分步骤对客户进行两融业务讲解。第一步，提示两融业务的风险，详细介绍如何利用好融资工具在市场向好的情况下，可带来的超额收益；第二步，向客户分析市场趋势和特征，让客户明确操作的方向和思路，增加把握市场机会的自信心；第三步，给客户讲解过往开通两融客户的成功和失败案例，让客户避免在行情大涨时急于申请开通两融业务，在高位融资造成不必要的损失。建议客户在没有行情或行情启动初期申请开通业务，熟悉交易规则，提前做好各种准备。在市场出现交易机会的时候，可以利用融资工具直接参与，避免由于申请流程的时间、不熟悉交易规则而带来交易风险和损失。对融资金额或交易金额较大客户、合约或合同将到期客户及维保比例较低客户，提前做好相关业务规则、投资风险的提示工作。每日实时盯盘，对触及严重关注线、触及追保线、触及平仓线的客户进行特别关注，及时通知客户登录三方邮箱查阅预警邮件，指导客户主动降低负债金额、提高维保比例，避免强制平仓的情况出现。截至 12 月 31 日，两融开户 12 户，累计融资融券客户 159 户，户均资产 350 万元，日均融资余额 12802 万元。根据客户资产、交易换手率、盈利状况等数据进行电话沟通，以服务为切入点，建立全面的服务体系。重点抓好信用高净值核心客户服务，建立营业部自有的推荐—跟踪—提醒的服务体系。在熟练掌握业务规则、系统设置的前提下，结合客户需求、持有股票的特性、操作意向以及融资需求，协助客户制定、调整融资方案和操作策略。对达不到两融门槛要求的客户进行“金鸿小贷”业务推介。金鸿小贷客户 347 户，融资余额 836.98 万元。

（2）网下 IPO 申购业务推广。营业部在客户网下 IPO 申购协会和深沪交易所成功申请 7 人上海交易所资格，9 人深圳交易所资格。安排专人认真研读和讨论网下 IPO 申购业务办理的条件、流程和用户平台操作手册，对取得资格的高端客户开展网下申购的咨询和业务指导。指导 3 位符合条件的客户进行网下申购工作。其中材料申报 92 笔，询价 81 笔，申购 72 笔，缴款成功 72 笔。

2. 党风廉政工作

（1）认真开展“不忘初心、牢记使命”主题教育，扎实推进“两学一做”学习教育常态化制度化。深刻领悟我党面临的“四大考验”“四种危险”，深刻领悟新时代党的建设总要求，结合营业部实际，聚焦主业、忠实履职，加强学习贯彻党的十九大精神情况的政治监督。在政治立场、政治方向、政治原则、政治道路上同党中央保持高度一致。持续净化党内政治生态，对“七个有之”问题高度警觉，自觉加强党性锻炼，采取有效措施加强对党内政治生活状况、路线方针政策执行情况、重大决策部署落实情况监督检查，巩固拓展中央八项规定精神成果，持之以恒正风肃纪，坚决纠正“四风”不止步，坚决防止违规公款吃喝、公车私用、公款旅游等享乐主义、奢靡之风反弹。对职工群众反映强烈、造成严重后果的形式主义、官僚主义，抓住典型、坚决问责、形成震慑，坚决打赢作风建设持久战；教育引导党员领导干部增强群众感情，督促党员干部经常回顾建党历史、重温入党誓词，坚定理想信念，时刻保持党同人民群众血肉联系。驰而不息加强作风建设、防止“四风”反弹，以实际行动让利剑高悬、震慑常在。

（2）开展“党风廉政宣传月”活动。就以《以习近平新时代中国特色社会主义思想为指引坚决落实管党治党政治责任推动中邮证券全面从严治党向纵深发展》为重点进行了学习。通过廉政专题讲座、讲党课、发布廉政宣传海报等多种形式，营造风清气正、积极向上的浓厚氛围；学好用好《邮政企业案例教育读本》等宣传资料，将案例分析与廉洁风险防控工作相结合，与证券行业廉洁从业的形势和要求相结合，从思想、制度、落实等方面深入查找分析原因、堵塞漏洞，进一步增强员工廉洁从业意识。实现廉政宣传教育常态化。（中邮证券北京市分公司）

天津市

【天津市分公司】

1. 业务发展持续向好

（1）邮务业务结构优化。邮务业务收入5.17亿元。集邮业务收入2.18亿元，函件业务收入6566万元，报刊发行业务收入8776万元，增幅2.6%。2018年报刊大收订实现流转额2.15亿元，完成集团计划的100.7%，增幅3.56%。分销业务收入8259万元，完成预算103.2%，增幅10.8%。

（2）金融业务追赶式发展。面对年初保险停售的不利影响，追赶发展金融业务，收入9.4亿元。新增储蓄余额48.8亿元，累计余额560亿元。新增保费35亿元，中邮期交保费1.92亿元，完成进度101%。收集客户信息5.7万条，新增价值客户1.4万户。

（3）包裹业务增速明显。包裹快递收入2.29亿元，快递包裹收入9588万元，比上年增加42.5%，标准快递收入1618万元。强化包裹数据应用，整理和下发客户数据3300条。加强客户走访见成效，新增协议客户166户，客户总规模592户。“双十一”期间，新增协议客户128户。

（4）渠道作用逐步显现。建设邮乐小店4.2万个，实现批销440万元，代购超过10.6万笔。推进了300个邮乐购示范店建设，实现邮掌柜系统100%安装，月均活跃度33%。借助渠道平台优势，以西青沙窝萝卜为重点，加快农村电商发展。在金融网点推行“两险”业务，销售车险9476笔，收入952万元，销售简易险2.28万笔，销售额105.9万元。

（5）社会影响力不断提高。推进与中国盐业战略合作，高标准完成全运会服务保障工作，举办全运会邮票首发、海峡两岸珍邮特展、中国邮政明信片第三期开奖和跨年音乐会等大型活动。《天津日报》、天津电视台等主流媒体全年宣传报道邮政超过200篇次。

2. 发展活力逐步激发

（1）经营架构改革完成。成立市场营销部，将“四大专业局”调整为“四大支撑部门”，推进以客户为中心的营销体系建设。成立服务质量部和运营管理部，实现对重点环节的统一调度和集中监控。完善机关职能部门设置，优化岗位和人员。

（2）管理机制不断完善。制定区分公司战略绩效考核办法，出台专业机关、直属单位绩效考核办法。实行网运成本内部结算，推进中心局实体化运营，促进成本中心向利润中心转化。营销费用核定方式由按月核定变为年度一次核定，明确市区两级项目投资管理权限，将四级干部选拔由报审制调整为报备制，增强各单位经营管理自主权。

（3）经营竞赛初见成效。“海燕行动”取得实效，净增余额超过36亿元，23个网点完成余额净增目标，64个网点净增超过3000万元，247个网点实现余额正增长。“进位争先”彰显能力，在173个金融类支局和35个邮务类支局中，评选出20强支局17个和进位支局21个。“营销创优”再创佳绩，涌现出优秀营销团队8个，营销标兵3人，营销能手30人，优秀项目9个，评选出营销状元、榜眼和探花，营销创收近3亿元。

（4）学习对标作用凸显。开展学习山东李红玉活动，组织专题培训3次，累计参训332人。通过典型引路，涌现出河北大江里、红桥咸阳北路等一大批优秀网点。加强了对标管理，开展了各区分公司与武汉市各区分公司对标，营造浓厚的“比、学、赶、帮、超”的良好氛围。

3. 能力建设步伐加快

（1）网点改造加快推进。实施局所改造工程33个，粉刷营业厅118处，自助银行墙面改造133处，更新店招99处。新增ATM/CRS机具28台，存折机25台，自助发卡机20台。在全市网点开展优化布局、提升面貌专项整治活动，18个局所获得标杆示范网点称号。为154处网

1 月 10 日，天津市和平区分公司开展"年货节"活动。（邮政报 / 提供）

点更新上墙公示资料，200 余处邮政支局安装业绩展板。

（2）信息化建设成效明显。完成金融邮惠购、金融员工积分、结算清分等多个系统建设，推进了新一代寄递平台、EDMS 等系统的上线工作。完成邮件段道分拣、安检信息报送、国际小包运营等多个自主研发项目。对 452 条城域网线路进行升级改造。实现 285 个金融网点、邮政营投网点和邮区中心局的集中监控。建成全市高清视频会议系统，提高了会议效率和质量。完了 ERP 外围业务系统数据清理以及审计、预算和资金模块功能上线。

（3）网运能力稳步提升。新增省内邮路 25 条，开通国际直航 3 条，完成邮件处理中心改造竣工验收。中心局包分机能力有效发挥，"双十一"单日最高处理量超过 50 万件。进出口时限达标率等集团重点考核指标运行良好。整合邮速场地资源，新增仓储面积 8300 平方米。优化网运生产作业流程，省内汽车邮路下行邮件全部实施逐件扫描。

（4）投递能力不断加强。撤销市邮政投递局，将城区投递调整到区分公司。装修改造投递场地 8 处，新增、更新投递车辆 250 辆，电动自行车 822 辆。完成第二批 68 处快递服务中心建设。发展社会自提点 1276 处，新增速递易包裹柜 1206 台，53 处报刊亭叠加了投递功能。

4. 管理水平不断提高

（1）财务管理持续加强。贯彻零基预算管理模式，推行利润摘档机制，强化对标提升。优化成本使用，严控非生产性支出，强化了资金预算管理，进一步加大业务运营质效分析，对内部产品结算、网点、责任中心、一干邮路等开展专题效益剖析，引导业务有效发展。

（2）人力资源优化提升。修订和完善 4 项干部相关管理办法。加强干部培养选拔，调整 15 个单位主要领导，优化班子结构。选派 5 名干部赴集团公司党校培训，4 名干部赴集团学习交流。制定预备干部制度，建立起 40 余人的预备支局长队伍。研究完备大学生职业生涯规划，新招录大学生 150 人。组织专题研讨、营销策划、支局（行）长等各类培训班，共计培训 1100 人次。在全国职业技能竞赛、理财经理大赛中，获得团体组织、个人全能等多项荣誉。

（3）运营管理明显好转。加大通信质量检查，开展邮件丢失专项整治巡查。11185 客服中心呼入 29.96 万次，客户满意度 99.3%。强化机要通信管理，机要通信连续 25 年无事故。成立采购中心，规范采购流程，集中采购项目 106 项，采购金额 3500 万元。

（4）审计监督作用强化。对 12 个单位领导干部进行经济责任审计，提出审计意见 72 条，全部落实整改。开展财务收支实时审计和营销费用专项审计，审计覆盖率 100%。完成工程建设审计项目 350 个，审减金额 641.53 万元。修订《项目审计管理办法》《项目竣工决算审计实施办法》，进一步规范审计程序。

（5）安全生产形势稳定。确保"两会"、全运会、十九大期间的生产安全；加强资金、人身、车辆、消防安全管理和安全隐患排查；开展代理金融"飞行检查""换防检查""十风险"专项自查等活动。

5. 党的建设深入推进

（1）党建工作扎实开展。深入学习贯彻党的十九大精神，组织宣讲团开展主题宣讲 30 场，实现 26 个二级单位、130 个基层党支部全覆盖。推进"两学一做"学习教育制度化常态化，开展主题教育实践活动，组织"五大发展理念"专题学习。培训基层支部书记、党务工作者 326 人次。发展预备党员 26 名，39 名预备党员转为正式党员。制定和完善《中心组学习规则》等多项制度。推动党建示范点及企业文化示范点创建工作。建设党员学习园地 43 个，组织了党（团）员挂牌亮身份活动。落实扶贫工作要求，组织开展机关深挂。

（2）反腐倡廉筑牢防线。落实全面从严治党要求，纪委专责监督全面推进，与二级单位签订专责监督责任书。对 8 个二级单位 17 名领导干部就"两个责任"落实情况进行检查和约谈，实现三年全覆盖。对 10 名领导人员进行提任前廉政谈话，组织 21 个单位纪委书记现场述职和书面述职。通过信访举报、案件追责和专项检查，对相关单位和责任人员进行处理。制度建设不断完善，完善修订相关制度 3 个。落实集团巡视整改要求，完善"三重一大"、资金支付、采购管理、选人用人等 29 项制度。通过培训教育助推专项工作不断深化。组织开展廉洁风险防控自查，梳理廉洁风险点 1114 个。加大对二级单位"三重一大"制度执行的监督检查，审核各类合同 62 份。

（3）更加关注员工生活。坚持以人为本，持续推进职工小家建设。建设"五小"样板小家 21 处、改善支局所食堂 11 个、休息室 56 个、厕所 8 个，为员工营造了整洁、干净、舒适的生产生活环境。对 30 个单位进行"两节"慰问，发放慰问金 16 万元，为 416 名职工办理困难补助41万元，为7500余名职工缴纳工会卡保障金3万元，为12名重病职工办理补助12万元。发放高龄补贴46.2万元、医疗救助金82.2万元、祝寿金18.3万元，组织离退休老同志参加书画展、观影等活动。（天津市分公司　刘丽、魏普金）

【邮储银行天津市分行】 下设5个委员会，部门20个、直属单位1个，下辖一级支行19个。网点405个，其中银行自营120个、代理285个，乡镇网点87个。从业人员2694人，其中本科及以上学历人员2008人，占比74.54%。

总资产963.35亿元，比上年增长21.79亿元。各项存款余额914.98亿元，其中自营存款351.19亿元；各项贷款余额376.04亿元，比上年增长53.9亿元。实现自营收入13.47亿元，比上年增长1.42%。实现考核利润5.06亿元，比上年增长6.28%。收入利润率36.69%，比上年增长1.12%。网均利润394.1万元，比上年增长33.6万元；人均利润18.2万元，比上年增长0.4万元。

1. 业务发展

（1）个人金融业务。个人储蓄存款规模198.2亿元。人民币理财规模86.2亿元，净增13.2亿元；保险销量9.7亿元。

（2）零售信贷业务。零售信贷业务净增20.22亿元，贷款结余129.73亿元。其中，小额贷款净增4352万元；个人商务贷款业务净增9065.38万元；个人住房贷款业务净增18.03亿元；非住房消费贷款净增8500.53万元。不良贷款3693.11万元，比上年减少634.52万元，不良贷款率0.28%。“三农”金融加强银政、银保、银担合作，拓宽抵押担保途径，实现首笔农民住房财产权抵押贷款放款。消费贷款业务，推出纯信用额度消费类贷款产品“优享贷”，累计授信2.36亿元，实现放款8349万元。

（3）小企业业务。小企业信贷放款11.37亿元，贷款结余11.44亿元，净增2亿元。其中快捷贷放款2.60亿元，净增1.91亿元。发放首笔新民营医院贷、三板挂牌贷、政采贷、排污贷和首笔国际信用证业务。首次办理分行国内信用证项下议付业务2.14亿元。通过大走访活动拓展获客平台，开发新客户117户。

（4）公司业务。收入5.94亿元，比上年增长7.55%。全口径本外币公司存款年日均余额199.1亿元，比上年增长5.75%。资产业务余额175.76亿元，比上年增长27.12%。本外币结算与票据承兑业务发生额4042.63亿元，比上年增长16.65%。推广“银企直联+中间业务”的支付结算模式。

（5）金融市场业务。同业融资业务，营销四家法人机构，放款139亿元，结存余额149亿元。资产管理业务，对接天津泰达投资控股有限公司融资项目10亿元；营销机构理财15亿元；与渤海银行开展理财对接非银同存业务13亿元。托管业务，新增纯托管规模36.68亿元，排名系统内第11位。票据业务，实现转贴现买断交易5.21亿元；在回购业务方面成功竞标2.81亿元。贴现1368张票，交易金额81.14亿元。

（6）信用卡业务。条线净收入664.1万元，增幅5.61%。发卡30950张，新增客户6358户；存量激活卡30969张，卡片激活率36.92%，比上年增长9.1%。响应“悦享”品牌活动，首次尝试在区域内开展加油、餐饮、商超刷卡立减活动。

（7）电子银行业务。电子银行客户数83.5万户，其中手机银行客户数45.6万户，比上年增长26.3%，手机银行激活客户净增9万户。电子银行交易替代率81.4%，比上年提升6.1%。

2. 改革转型

（1）调整组织架构，完成信用卡一级部门机构调整，组建分行机关部门内设团队，设置信用卡、公司客户营销、消费信贷及小企业金融等专营团队14个。

（2）调整绩效考核机制，推行统一的业务激励政策，直接奖励到人，奖励1282人次。制定员工绩效薪酬考核方案、员工晋升管理方案，制定一级支行人工成本零基预算核算方案。

（3）扁平化管理，将一级支行选人用人管理、绩效管理、反洗钱、监控预警和部分支行现金管理职能，集中上收至分行及营运中心。

（4）网点转型，配置更新自助设备122台，缩减台席54个，压降比例为14.36%，增加个金客户经理和理财经理配备，推进网点向“营销平台和复杂交易平台”转型。

（5）完善服务模式，落实小企业综合金融服务新职能，建立“1+N”营销服务模式。小企业客户公司存款余额2.52亿元，公司理财余额2.5亿元，引致个人存款2090万元，个人理财1615万元，新增代发工资2018户。

3. 风险合规管理

（1）风险管理，深入落实“三三四十”等监管专项治理工作，对65名相关责任人进行经济处罚3.96万元。处置不良资产（含信用卡）8600余万元，其中现金清收4280余万元，核销不良资产4320余万元。核销后不良贷款金额1.93亿元，不良贷款率0.51%。

（2）授信管理，强化政策预判和分析，严控“两高一剩”，落实绿色信贷发展要求，规范征信管理。

（3）案防合规管理，开展48项案件风险排查项目，排查业务笔数8.07万笔，涉及金额934亿元。

（4）审计工作，发现问题532个，整改495项。针对金库管理、信用卡管理、住房消费贷款等突出问题，印发9项审计风险提示。

（5）安全保卫，完成视频监控中心标准化建设目标，拦截劝阻电信诈骗 11 起，避免客户直接经济损失 19.18 万元。

4. 能力建设

（1）资产负债管理，对贷款总量、结构和节奏动态调整，实体贷款占各项贷款比重 79.19%，比上年提高 2.94%。净息差水平 2.87%，比上年提高 13.4 个 BP。

（2）人力资源管理，调整干部队伍结构，选拔 40 名机关优秀人员作为团队负责人，组织各类培训 1462 期，创新开展“共享课堂”活动。

（3）采购管理，率先建立电商采购平台运行机制，作为优秀案例系统内推广。

（4）信息化建设，大总账、生产网桌面管控等 34 个项目上线升级，准确、合规提取数据 495 批次。

（5）开展“服务品质提升年”活动，服务类投诉量比上年下降 29.3%，客服投诉处理及时率和满意度均为 100%。

（6）品牌宣传，加强媒体合作，发布正面报道 636 篇，专题策划 14 次。

5. 党建工作

分行党委落实全面从严治党各项要求，深入学习、宣传贯彻党的十九大精神。围绕改革转型，调整党支部组织方式，将支部党建与经营发展相结合。深入开展党员承诺践诺主题教育活动，参与“微党课”征集、“迎接十九大 永远跟党走”等主题活动。以党建带团建，开展“送金融知识下乡、进校园”“邮储十周年摄影展”，创建“青年文明号”等活动，为青年员工搭建展示平台。在精神文明创建评比中，获市级“文明单位”称号。

履行监督专责，完成中国邮政集团巡视反馈问题整改工作，组织巡视自查整改 5 次。查找廉洁风险点 247 项，制定防控措施 523 项，完善措施 370 项。开展任职廉政谈话 173 人次，任前考廉 33 人次。加强作风建设，加大重要时间节点明察暗访力度，严防“四风”反弹。严肃查处违规违纪行为，给予党政纪处分 3 人，通报典型违纪问题。（邮储银行天津市分行）

【速递物流天津市分公司】 收入 45738 万元，增长 25.92%。

1. 标快业务。开展省际标快“提质增量”营销竞赛活动，促进揽投平台中小客户的开发。推进“三进工程”，狠抓商务客户省际标快业务发展。开展“增户增收”活动，配套相关奖励办法，调动营销积极性。开展“分组竞赛”评比活动，加大新客户的开发力度，推动整体经营工作发展。推进极速鲜项目上线，带动标快业务发展。设置总经理奖励基金“两标”业务季度奖，调动标快业务增收创收的积极性。通过对政务实行项目管理，出入境、身份证、居住证、社保、交管、国税、工商、司法、国家机关公文等“9+X”重点项目得到进一步拓展。通过国际代收代缴业务“关邮—津城通”的上线，带动国际标准业务的发展。省际标准快递增长 8.04%；同城标准快递增长 25.68%；国际标准业务增长 4.8%。

2. 电商物流业务。挖潜、开发三只松鼠、联合网通、金红叶、小米科技、鑫新网、老美华、禧天龙、康婷等大中型电商项目，国内快递包裹业务及国内 E 标准业务实现较快发展。电商业务收入突破 4600 万元，增长 83.05%。物流专业通过提升运营服务质量，拓宽三星电子、天士力、权健、王朝集团的业务合作；通过专职营销团队营销，新开发美克美家、大陆电子、三星 SDS 国际运输、博洛尼家居等优质项目；通过强化业务风险管控，主动放弃损益核算亏损的项目，推进物流板块业务转型发展。物流收入 1.59 亿元，增长 36.19%。

3. 国际业务。携手 eBay 平台、电商协会和支付企业北贸通举办跨境电商峰会，签订 2 家成长型跨境客户，开发 1 家海外仓跨境电商客户；新开办权建国际业务，新开发海淘物流、汇葆物流等 5 家国际新客户，签约新锦东、宁波瀚联等 5 家国际货代客户；尝试“一带一路”中欧铁路专列运输业务，开发大港油田项目；利用中远内贸海运电子定舱平台，开拓内贸海运业务。国际业务增长 9.15%，其中国际 e 邮宝业务增长 26.53%。

4. 时限质量管控。每周召开总经理参加的运行质量周例会，针对关键指标、落后指标进行督办、整改。开展“阻击 731，时限质量誓达标”活动及重点指标专项整治活动，强化问题导向，严格落实考核。全面实现客服质量指标分层级管理，分环节跟进。73 城市及时妥投率一直保持在 85% 以上；同城邮件次日递率 93.42%；问题邮件一次解决率提升近 6%，48 小时及时解决率提升 17.35%。

5. 优化网运组织和作业流程。通过将天津—南京邮航飞机机型调整为 757，邮航运能增加 8 吨，大幅提升邮件全程时限水平。重新梳理和编制民航航班计划，建立配套考核管控措施。通过充分利用晚班民航航班，加快邮件传递速度，降低民航运费支出。优化省内、省际邮路，开通内蒙古呼和浩特专线，支撑电商业务发展。结合陆运网整合契机，对处理中心以及干线邮路各项功能环节进行分析，对处理中心进行标准化作业流程改造优化。

6. 运营机制。不断完善“众创众享”领创人的薪酬分配制度，43 个众创众享单位，20 个单位超序时进度，31 个单位业务收入比上年正增长。进一步压缩机关编制，扩充分公司规模，在分公司成立“一部一室”、2—3 个营销中心，实行实体化运作。进一步深化和完善区分公司及专业公司经营管理职能，使经营管理更加贴近一线，提高管理效能。完善绩效考核和分配机制，出台一系列向一线倾斜的政策，鼓励机关人员到基层工作、历练。

7. 精细化管理。完善损益核算职能，从单位月度损益向产品损益、项目损益和效能指标分析等延展。强化欠费管理，开展超期欠费大清缴活动，完善并落实欠费管理及考核，严格控制超账期欠费。强化资费管理，成立资费管控领导小组，多部门齐抓共管、联动治理，强化事前损益、事后管控，对无利润客户一律清退。强化人力资源管理，按照股份公司要求完成双定测算，加大培训力度，开展培训班 14 个，累计培训 1036 人次。加强网点建设，推进营业部《快递营业场所星级服务窗口达标评定工作》。加强信息化建设，完成代征税系统与天津海关系统接口开发及测试，实现进口邮件关税及投递服务费的网上支付，税单在线核销；启动国际出口邮件电子报关系统建设；实现热敏标签三级码打印，推进处理中心二码合一应用。

8. 和谐企业。

（1）按照集团公司党组要求，上半年开展巡视整改工作，聚焦反馈的主要问题，建立问题清单，梳理出 4 大方面、13 个类别、21 个具体问题整改点，制定 45 项制度和举措，建立深化巡视整改的长效机制。

（2）强化思想理论武装，增强“四个意识”，坚定“四个自信”，推动全公司认真学习宣传贯彻党的十九大精神。

（3）扎实推进“两学一做”学习教育常态化制度化，开展“维护核心、铸就忠诚、担当作为、抓实支部”主题教育实践活动。

（4）进一步落实全面从严治党“两个责任”。

（5）开展廉洁风险防控工作，强化效能监察工作。（速递物流天津市分公司）

【中邮保险天津市分公司】

1. 经营发展。天津市分公司实现总保费 76402 万元，完成全年计划的 101%，比上年增幅 47.8%，居全国第 7 位；期交新单保费 22196 万元，完成全年计划的 100.9%，比上年增幅 37.7%，居全国第 8 位；团险保费 234.9 万元，完成全年计划的 117.5%，比上年增幅 5.6%，居全国第 10 位；其他趸交 7374 万元，完成全年计划的 104.5%。

2. 板块联动。

（1）高层对接，达成发展共识。自 2016 年 11 月起，天津市分公司与邮银高层召开联席会、座谈会，参加天津邮政工作会议，传达集团公司的发展战略，就优先发展中邮保险、加快转型发展等系列议题达成共识，为完成开门红以及全年计划目标奠定了坚实基础，并逐步构建起天津分公司与邮银板块不同层级领导的沟通机制，形成邮银保三方融合发展、优先发展、和谐发展的良好局面。

（2）区局调研，夯实发展基础。分公司领导班子、各部门全员下沉，深入全市 18 个区邮银渠道与负责人交流探讨，把集团公司对中邮保险发展要求和天津邮银保三方领导层所达成的发展共识传达贯彻落实，就各区局 2018 年开门红工作的安排和部署深入了解，为切实提升分公司整体服务支撑渠道水平和能力奠定了基础。

3. 落实集团巡视反馈问题整改。分公司领导班子对集团巡视工作高度重视，成立由党委书记任组长，纪委书记任副组长的领导小组。提高政治站位，围绕管党治党方面存在的薄弱环节，把全面从严管党治党贯穿到落实整改工作的全过程。针对巡视中发现的问题，班子成员及时与相关人员提醒谈话，批评教育。对发现的问题即知即改、立查立改，在思想认识、责任担当、方法举措上严格按照集团公司和总公司要求，不推脱、不敷衍，确保做到件件有着落、事事有回音，并以巡视为契机，真正把整改过程变成促进工作的过程，变成促进干部作风转变的过程，积极营造分公司风清气正的良好氛围，使天津分公司各项工作迈上新台阶。

4. 专业引领能力。

（1）渠道服务支撑持续强化。一是营销培训支撑有力。培训场次累计 112 场，参训人员 3754 人次，6 名专业讲师全力支撑。二是配合渠道策划主题营销活动。在开门红阶段、春节、元宵节、第二季度长期险发等主要节日期间和发展节点积极策划主题营销活动。三是全员下沉服务渠道。分公司先后成立大学生突击队、骨干先锋队、党群攻坚队、讲师特战队、开拓者联盟、团险自营梦之队、共青同盟、党群先锋队、护航者运营支撑团队等队伍与原有的部门包联组一道，深入全市各邮银网点开展服务支撑。

（2）自营能力持续增强。一方面培育扩充专兼职讲师队伍。另一方面成立“开拓者联盟”和“团险攻坚梦之队”，“开拓者联盟”以邮保安康专题特训营的形式为分公司营业部的设立不断培育积累自营领军人才。“团险攻坚梦之队”充分依托现有邮政客户资源深入挖掘中高端客户团险业务，同时充分发挥团队成员及员工的人脉优势开拓系统外部客户。

（3）城市业务特色逐步显现。在打造标杆区局方面，通过差异化的政策分配策略，给予试点区局倾斜政策和重点支持，实现期交规模化的突破性发展；在打造标杆网点方面，通过一点一策、主题营销的方式，以长期期交产品为切入点，协助试点网点开展客户沙龙、答谢会等活动，通过面向全市推广打造标杆区局网点的优秀经验，从而形成“以点带面、强力示范，以面带全、全市共进”的具有城市化特色的发展局面。分公司银保新单保费城市区域保费占比 76.5%；银保期交新单保费城市区域保费占比 80.6%，均列全国第 3 位。

（4）运营客服水平。各项关键指标保持较好水平，新契约抽检合格率 99.7%，比上年提高 0.9%；13 个月保费继续率 94.49%，续期达成率 98.1%；保全资料流转时效 1.05 天，比上年缩短 0.98 天；理赔服务时效 2 天，比上年缩短 1.6 天，理赔 5 日结案率 100%；新契约回访成功率 94.41%，继续保持行业较优水平；问题件占比率管控良好，在全国开业省份中名列前茅。

（5）风险防范。做好板块联动合规内控检查、专业培训和违规处理；完成总公司网点检查要求覆盖率的502%，位列全国第一；开展合规培训17场；制定分公司风险管理基金考核管理办法，建立风险基金，与全体员工签订风险与合规管理责任书；开展反洗钱自查及防范和处置非法集资宣传教育活动，编制《监管近期制度汇编》。

5. 基础管理能力。

（1）人力资源。加强分公司干部队伍建设，提任四级领导干部和四级及以下非领导职务。完善机构建设，成立续期业务部和邮银业务部。强化干部监督，规范中层干部因私出国（境）管理。壮大专业人才队伍，通过2017年度千人引进招聘同业培训讲师1人。

（2）制度建设。对原有制度进行梳理完善，制定完善干部管理规定、干部选拔任用纪实工作实施办法等40余项制度，为各项工作开展提供制度保障。

（3）财务管控。强化零基预算宣导，增强全体员工的投入产出意识。建立全员的大成本理念，科学估算经营活动的成本。编制年度采购计划，强化采购过程管控。

（4）信息技术建设。完成运维系统、网银系统上线测试工作；开展电力中断应急演练，对全市区分公司开展设备巡检工作。

（5）安全工作。按照监管要求开展金融单位内部治安保卫工作；成立分公司安全生产委员会，与各部门签订《安全生产责任书》，制定分公司人员24小时值班制度。

6. 从严治党。与各部门签订落实全面从严治党要求年度责任书，落实“一岗双责”。召开分公司党的建设暨纪检监察工作会议，制定分公司党建工作要点和纪检监察工作要点。及时调整党风廉政建设领导小组。制定2017年度党风廉政建设责任制检查考核方案。实行经常性、制度化的廉政教育，制作《纪检监察学习专刊》12期，开展纪委委员每月一学、每月一讲，全体党员撰写心得体会。通过各项工作的扎实推进，增强党员干部的党性意识和廉政意识，做到了经营发展和党风廉政建设工作“两手抓、两手硬”。在集团公司党组关于基层党组织建设、企业文化建设示范单位“双百示范点”评选中，分公司市场部合规部信息部联合党支部荣获“邮政系统基层党组织建设示范单位”称号。

7. 关心员工生活。关注员工的实际困难和需求，定期为员工进行体检、办理互助基金、亲情慰问。丰富员工业余生活，开展了庆“三八”趣味活动、“天分成长我献策”合理化建议征集、“我为团险出一单”及“中邮相伴，守护一生长期期交专题营销”倡议等活动。积极组织并参加各类文体比赛，并屡获佳绩，天津市保险业职工运动会荣获团队“拼搏敢斗奖”及8个单项奖；中邮保险工间操健美操比赛荣获团体及工间操季军；2017年天津市保险短、微视频大赛被推荐为“7·8全国保险公众宣传日”系列活动——天津市保险业“五进入”宣传视频，并在腾讯网、北方网推送播出，营造了个人与公司同发展、同进步、同成长的和谐氛围。（中邮保险天津市分公司）

河北省

【河北省分公司】 收入54.88亿元，比上年增长7.37%，完成集团公司预算的100.81%；实现利润总额9992万元，完成年度预算的118%。再次超额完成集团公司下达的收入和利润预算目标。

1. 转型发展步伐进一步加快

（1）代理金融业务健康发展。累计实现代理金融收入32.4亿元。全省余额总规模1788亿元。中邮保险提前一个季度完成年度保费计划。中邮证券河北省分公司进入筹备建设阶段。

（2）包裹快递业务快速发展。累计业务收入6.16亿元，比上年增长69.8%，增幅列全国第3位。电商快包业务规模和市场占有率大幅提升，收入增幅119.8%，高于全国平均水平20%；市场占有率达到10.7%，高于全国平均水平4.2%。石家庄、邢台、廊坊、保定、邯郸等5个市分公司和望都等72个县分公司的电商快包收入实现翻番。

（3）农村电商平台建设粗具规模。累计建成县级运营中心133处、邮乐购店2.84万处，上线邮乐网地方特色馆26个。累计批销额6.94亿元，完成集团公司计划的173.46%。举办首届“邮乐9·19”电商节，批销额完成进度和掌柜参与率两项核心指标均列全国第1位。邮政电商助力精准扶贫工作得到了省委、省政府领导的充分肯定，《河北日报》和新华社对此项工作进行了深入报道。

（4）邮政基础业务创新发展。举办“腾邮赢客中国行”论坛峰会，收入1.61亿元。集邮业务收入3.77亿元，比上年增长17.35%，举办邮票首发式、品鉴会等活动150余场。分销业务收入4.13亿元，比上年增长146.2%，列全国第3位。报刊发行业务由传统报刊发行向新型综合文化服务平台转型，累计业务收入2.97亿元。

（5）对外合作领域不断拓展。与省国税局、省移动公司、盐业部门、中石化河北分公司签订了战略合作协议。推进与公安交管部门合作。

2. 改革创新逐步深化

（1）制订省分公司“十三五”发展规划。编制省分公司“十三五”发展规划，提出“十三五”时期全省邮政发展思路和总体目标，明确重点业务发展路径。

（2）推进经营组织架构改革。调整优化各级分公司机构编制，设置市场经营、经营支撑和综合职能部门，促进企业从“以产品为中心”向“以客户为中心”转型。

（3）进一步完善激励约束机制。优化战略绩效考核体系，更加关注增收、提效、减员等重点指标完成情况。明确省、市两级企业的投资管理关系，确定固定资产投资承担主体和资金分摊比例。

（4）开展“双创”活动。推进青年员工创新实践活动，参与员工1200人，产生课题215个。通过云创平台发布创意点子2271个，列全国第6位。

3. 企业管理水平不断提升

（1）财务管控持续加强。全面实施零基预算管理，压缩低效业务成本投入和非生产性支出。强化营销费用管控，营销费用比上年下降1.58亿元。强化以资金为主线的运行质量分析。资金集中支付力度不断加大，成本类资金集中支付比例86%。开展资产盘活，启动“三供一业”分离移交工作。

（2）人力资源管理不断优化。持续调整优化用工结构，加大人才引进力度，人工成本实现全过程管控。省分公司组织各类培训班65期，培训员工3842人次。

（3）运营管理水平有效提升。成立全省邮政网络指挥调度中心。与省速递分公司共同制定陆运网资源整合方案，实现对网络资源的统一整合。修订快递包裹运营标准，快递包裹平均寄递时长缩短2.67小时。

（4）服务管理得到加强。加大服务质量监督检查工作力度，做好新邮政普遍服务标准贯标工作，全省邮政服务综合满意度89.8分。机要通信连续20年质量全红。

（5）风险防控和安全生产工作进一步强化。完善四级案防责任制度，强化合规管理系统应用。启动“平安邮政”创建活动，切实推进各项安全防范制度落实。开展财务收支、经济责任、工程建设等审计项目243项，审减金额1367.17万元，提出审计建议193条。

4. 能力建设稳步增强

（1）基础能力建设持续推进。完成石家庄等7个市分公司网运场地改造及设备配套工作。对62个网点进行装修改造。启动省集邮大楼、秦皇岛火车站邮政枢纽楼等综合性项目的建设。与石家庄邮电职业技术学院签订关于在新校区建设中统筹安排河北邮政教育培训等功能的谅解备忘录。

（2）寄递类业务支撑能力不断提升。加快推进“带车创业”工作，累计新增投递车辆688辆。加强自提网络建设，累计建设自提点3.8万个，邮件自提率28.04%。

（3）信息化建设步伐加快。推广应用集中采购和营销积分系统，完成国税发票投递、电商平台代收费等业务系统开发。

5. 全面从严治党向纵深推进

（1）强化思想理论武装。认真学习习近平总书记系列

河北省邯郸市大名邮政精准扶贫。（河北省分公司／提供）

重要讲话精神，深入开展学习贯彻习近平新时代中国特色社会主义思想和党的十九大精神系列活动，牢固树立“四个意识”，强化“四个自信”。

（2）推进“两学一做”常态化、制度化。制定实施方案，制订学习计划，从领导带头、支部引领和督察考核三个方面着力，坚持学有所得、突出合格标准，层层传导压力，积极引导广大党员做到“四个合格”。

（3）深入开展基层党组织建设和企业文化宣传贯彻工作。通过“三三机制”和“四有四抓”，创新开展“两个示范点”建设。建成基层党支部示范点43个，企业文化建设示范点41个。沧州市分公司被集团公司党建部确定为“全国邮政企业文化建设实践教育基地”。

（4）党风廉政建设进一步深化。高标准完成了集团公司党组巡视“回头看”整改任务。对邯郸、保定、廊坊、沧州市分公司开展省内巡察工作。制定《贯彻中国共产党问责条例实施细则》，着力推进企业管党治党责任落实。

（5）干部队伍建设不断加强。提任调整三级副以上领导人员18名，优化领导班子的年龄结构和专业结构。深入开展选人用人专项检查，严格落实领导干部个人事项报告制度。实施对三级领导人员薪酬、福利等项目的集中管控。

6. 和谐企业建设取得新进展

建立省级职代会民主评议领导干部、工资集体协商等制度，推进了企业民主管理。继续深化“关爱工程”，扎实开展慰问劳模、困难职工和支局班组活动。召开职工小家建设现场会，推动职工小家标准化建设。河北省分公司和张家口市分公司被授予省“五一劳动奖状”，沧州市分公司被评为“全国工会职工书屋品牌建设示范单位”，唐山市分公司建设路支局、邢台市分公司火车站投递部获省“工人先锋号”。（河北省分公司　程钰）

【邮储银行河北省分行】 下设资产负债管理委员会、授信

审议委员会、风险与内控委员会、产品创新与科技管理委员会、"三农"金融服务管理委员会、消费者权益保护工作委员会等6个委员会；设置一级部门22个、二级部门7个、直属单位1个；下辖二级分行11个，县城服务覆盖率100%，乡镇网点623个。员工9535人，其中本科及以上学历员工5805人，占比60.88%。

总资产3186.62亿元，比上年增长10.13%，列河北省同业第6位。各项存款余额3044.74亿元，比上年增长8.57%，列河北省同业第5位；各项贷款余额1565.16亿元，新增贷款232.61亿元，新增存贷比98.52%，贷款增速17.46%，贷款增速列河北省国有商业银行首位。不良贷款率1.35%，低于河北省同业0.94%。

1. 业务发展。

（1）负债业务。一是个人储蓄业务，个人储蓄自营存款余额657.63亿元，净增19.88亿元，均列系统内第10位，活期占比49.89%，高于邮储系统平均水平5.26%；自营VIP客户47.34万户，比上年增长10.76%。二是公司负债业务，公司存款时点余额净增58.43亿元、结余610.38亿元，均列系统内第6位，开立省直住房公积金中心结算账户，省本级国库集中支付实现"零"突破。

（2）资产业务。小额贷款放款83.88亿元，列系统内第7位，结余63.99亿元；个人商务贷款放款96.63亿元，列系统内第10位，结余107.82亿元；小企业法人贷款放款117.15亿元、结余111.85亿元，分列系统内第4位、第5位；消费贷款净增198.60亿元、结余760亿元，分列系统内第3位、第6位。新获批授信项目11个，金额1145亿元，公司贷款发放213.18亿元、结余294.28亿元，比上年增长47.95%；办理票据承兑业务75.16亿元，保证金日均余额6.22亿元，均列系统内第1位。办理贸易融资161笔、金额16.60亿元，通过结算和贸易融资派生人民币存款34.50亿元。金融市场开展"跑客户、跑地市、跑总行"三跑活动，金融市场业务运营总规模159.74亿元，实现收入2.65亿元，比上年增长11.81%。

（3）中间业务。中间业务收入5.22亿元，比上年增长23.46%。信用卡业务实现收入2.29亿元，比上年增长105%，列系统内第3位，新增收入占分行新增收入的23.95%，占中间业务收入的49.42%；结存客户78.24万户，列系统内第2位；实现消费金额389.60亿元，比上年增长28.82%，列系统内第3位；线上发卡量和客户量均列系统内第1位。手机银行新增客户87.60万户，列系统内第4位，激活率65.90%，柜面小额现金分流率30%，列系统内第1位。

2. 风险管控。开展营业网点安全管理标准化达标试点工作，堵截各类诈骗风险事件81起，挽回经济损失124.24万元。审计项目32个，计划完成率152.38%，审计金额7.68亿元，发现问题1014个，提出审计建议165条。不良贷款率保持稳定，退出各类高风险客户227户、退出金额11.65亿元。将资产保全作为重点，组建问题资产管理团队，采取"自主、司法、委外"三位一体清收措施。处置不良资产10.85亿元，其中清收7.03亿元，比上年增长54.85%，核销呆账3.82亿元，带动不良率降低0.66%。

3. 品牌建设。发布新闻宣传稿件2100余篇。开展"2017中国·廊坊国际经济贸易洽谈会"宣传活动，冠名河北省2017年安全知识竞赛活动。借助《金融时报》等央级媒体和《河北日报》、《河北经济日报》、《河北工人报》、河北新闻网等省级媒体，围绕普惠金融、精准扶贫、供给侧结构性改革等新闻热点和转型发展中心任务，加强新闻宣传策划。保定七一路支行被中国银行业协会授予"文明规范服务百佳示范单位"称号。

4. 党建工作。深入学习党的十九大精神，通过中心组带动、专题辅导、基层调研等形式进行全面宣贯，与"两学一做"教育常态化制度化相结合。做实规定动作，创新自选动作，打造示范工作体系。机关作风建设持续开展，设置"行长专用邮箱"，监察部门专此进行效能监察。精神文明建设方面，省级以上文明单位占比58%。开展"党风廉政宣传教育"活动，受理信访件比上年下降23%。深化企业民主管理，落实职工代表提案及合理化建议，对在职职工教育奖励政策等涉及员工利益的事项公开征求意见，立案结案率100%。完善职工服务体系，开展星级模范职工之家评比活动，推进职工小家提档升级。（邮储银行河北省分行）

【速递物流河北省分公司】 累计业务收入96337万元，比上年增长25.97%。

1. 标快业务。业务收入2.4亿元，比上年增长13.5%。开展"提质增量"和扭负脱困"百团大战"活动，省际标快业务收入增幅比上年提高16.6%。全面推进"三进工程"，商务市场有所突破，实现业务收入1亿余元，比上年增长9.48%。升级政务市场发展模式，狠抓"互联网+政务"服务，集中精力抓好"两证一牌"量收翻番工程以及身份证、法院专递、社保卡、护照等优势项目，政务收入9195万元，比上年增长70.67%。

2. 物流业务。物流业务收入2.85亿元，比上年增长27.56%。新开发合同物流客户11个，百万元级以上规模合同物流客户46个。中标长城汽车物流运输业务，牵手国网冀北电力有限公司，拓展好丽友广州自动化仓储管理项目及广西、海南、内蒙古、广东省内配送和廊坊至成都的干线运输业务；启动中邮快运业务，搭建物流网络平台，完成省内业务测试上线工作。

3. 国际业务。扩大发运渠道，增开中速DHL、百特渠道，开通苏迈克斯、宜港国际货代及深圳出口路向，基本满足通过北京、天津、上海、深圳等多地出口不同产品的需求；分析客户邮件流向，引导本地客户回流，从当地发运；在正定机场建立跨境关口；与eBay公司联合召开全省跨境电商推介会；以国际EMS标准快递、国际e系列业务为核心，调整业务结构，推广总部打造的10个路向精品线路，做好国际电商客户培育，扩大跨境电商业务规模。国际业务收入完成1.38亿元，比上年增长15.19%。

4. 电商业务。电商业务收入2.36亿元，比上年增长60.65%。围绕"拓市场、增客户、抓项目、提收益"进行电商专业运营，新增电商客户702家，其中百万级客户8家，新增客户形成收入4574万元。引进云集微店、聚米、祥隆等项目，并组建省内落地配网络，电商业务收入8526.42万元。

5. 服务质量。调整扩大自主代理民航发运范围，通航省份从17个扩大到20个，发运海航自主代理航空邮路邮件465吨，节省航空结算运费140万元。推进两网整合，完成部分出口快递包裹分拣、运输、投递整合，提高资源利用率。建设代办点1107个，完成总部下达计划的184%。

6. 体制机制改革。推行五大营销中心实体化专业化运作，组建省电商分公司、省政务分公司，激活发展内生动力；将"众创众享"的经营单元再细化，在营业部推行"团队协同作战"模式，建立揽收团队346个；以"创业计划"模式启动菜鸟落地配项目，尝试开办"创业计划"网点7个。

7. 企业管理。成立资费管控办公室，进一步规范客户资费审批流程，扎实推进"三费"整治工作；优化用工结构，一线人员占比67.49%；揽投人数比上年提高16%，揽投人员占比53.99%，比上年提高4.8%。扎实推进双定工作，全口径年化劳产率21.41万元/人，比上年提高22%，揽投部全员人均揽投量95件，处理中心全员人均处理量657件。

8. 对外合作。开展对外合作，与秦皇岛山海关区政府、中邮人寿河北公司签订战略合作协议，与廊坊公安局出入境管理支队签订"双向速递"港澳通行证协议，与中石化衡水公司签订战略合作协议，携手邯郸交运集团汽车东站，开展仓储配送项目；争取政策支持。在石家庄设立国际邮件互换局获得河北省政府的支持，出台互换局建设及国际业务发展的支持政策。实现与省委、省政府工作的正常沟通对接。

9. 和谐企业。强化思想引领，认真学习宣传贯彻党的十九大精神。加强党性教育，深入推进"两学一做"学习教育常态化制度化。注重党建基础工作规范化建设，创新开展"党建+""5+X"等主题特色活动；严格落实"两个责任"和"一岗双责"要求，强化监督执纪问责，把管党治党责任落到实处；全省职工年人均薪酬比上年提高14%。（速递物流河北省分公司）

【中邮保险河北省分公司】

1. 企业架构。11月23日，中邮保险河北省分公司开业满一年。按照集团公司关于中邮人寿保险省分公司开业满一年应预算分立的要求，在中邮总部和省邮政分公司的支持下，分公司于12月完成薪酬预算分立工作，同时完成人事关系、人员档案、五险一金等转接工作。

2. 运营质量。保费收入9.77亿元，完成总部下达计划的103%；实现期交新单保费3.6亿元，完成总部期交"双百亿工程"保费计划的109%。运营质量品质良好。关键运营指标全部达标，保全两日结案率、保全差错率、保全质押贷款逾期率、保全退撤率、犹豫期内电话回访成功率、理赔差错率、理赔申请支付时效等指标位居全国前列，理赔出险支付时效列全国第1名。理赔服务评价在全省37家人身保险公司中名列第一；客户投诉实现"零"投诉，在全省同业保险公司中名列第一。未发生违规经营事项、诉讼案件、损失事件，未出现重大负面新闻，未受到监管处罚或通报批评。合规风险管控综合评比列全国第7位。在河北保监局开展的2016年度分类监管评级中，河北分公司被评定为A类。综合实力明显增强。组织开展多项客服、公益、宣传活动，社会知名度明显提升。分公司保费规模跻身全省寿险公司中等行列，在37家寿险公司中列第21位，市场占有率0.82%，成为全省市场份额上升最快的4家寿险公司之一。

3. 邮银保三方建立长效发展机制。邮银保三方密切沟通，成立中邮保险联合领导小组，负责落实集团公司自办保险发展要求，组织和协调全省中邮保险业务发展与管理工作。建立协同发展机制，邮银渠道将中邮保险发展纳入工作日程和基本业务，与代理保险业务同研究、同部署、同落实。并建立沟通机制和交流平台，督促指导全方位实施。

4. 中邮保险实现在河北全覆盖。中邮保险河北分公司与首批市县机构步展业后，继续积极推进机构建设，提升发展能力。在监管部门及中邮总部的大力支持和各市县邮政企业的积极配合下，后续市、县机构顺利获批展业，到9月20日，中邮保险销售实现在河北市、县全覆盖，展业范围扩展至11个市、145个县（市、区）、1448个金融网点。

5. 做好邮银渠道营销培训支撑。中邮保险河北分公司发挥专职讲师作用，帮助邮银渠道网点人员快速掌握中邮产品形态，理清产品卖点，增强销售信心，提升营销能力。应用技术手段，开展QQ群、微信群视频培训，拓展培训方式。组织专题培训，提升关键岗位人员期交产品销售能力。组织现场培训211场次，网络培训2次，累计培训10000余人次。

6. 运营管理。加强市、县单证、印章和系统操作权限管理工作，防范业务风险。规范操作行为，修订下发《运营专岗市县操作手册》《网点规范操作手册》，组织市、县专岗营运业务培训，提高机构人员实战技巧，规范操作行为。加强客户信息真实性管理。明确客户信息管理要求和“系统录入差错”“代签名、代抄录”问题处理流程，客户信息真实性明显改进。加强业务指标管控。定期开展运营指标分析，开展业务质量监督和考评，有效提升了运营质量。

7. 合规防控体系。河北分公司深刻领会、认真落实中邮保险总部“先基础、再发展，先合规、再发展”的工作要求，秉持“合规创造价值”的工作理念，认真抓好合规与风险管理工作。构建了风险防控和风险管控两个体系。初步建立了岗位自律、风险控制、审计监督的三道防线，形成以岗位自律为基础、以风险控制为关键、以审计监督为保障的风险防控体系。协同省邮政分公司、邮储银行省分行，构建中邮保险业务运行风险三方联动管控体系。健全规章制度，夯实制度化管理。建立内控制度191项，初步构建了分公司制度体系。在建立健全规章制度的基础上，组织开展了全面合规管理“筑基行动”，提高了全员合规意识，实现了全员对规章制度的熟练掌握、规范执行。营造“大合规”理念。组织市县专兼岗、网点销售人员及分公司本部员工合规与反洗钱知识培训8次，累计受训人员566人次，增强各级机构人员的合规与风险防控意识。防范洗钱风险。联合邮银组织开展反洗钱宣传月活动，提高了公众预防和打击洗钱意识。甄别系统抓取及人工识别可疑交易90余笔，防范了洗钱风险。开展合规现场检查。对4个市20个县26个网点进行了现场检查，纠正不规范行为，提高渠道合规操作水平。开展非法集资排查活动。非现场监测各类广告和资讯信息6024条，有效保护消费者合法权益。

8. 建立健全基层党组织体系。在总部党委和省邮政分公司党组的指导下，8月成立党委、纪委。在此基础上，成立五个党支部，保障和加强党员队伍教育管理和服务工作的开展，充分发挥了党支部战斗堡垒作用。建立健全党委、纪委工作制度，构建全面从严治党长效机制。认真组织开展“两学一做”“三会一课”等活动，以基层党支部为单位，认真学习贯彻党的十八届六中全会和十九大精神，深刻领会习近平新时代中国特色社会主义思想，通过多种形式教育引导党员干部增强“四个意识”。积极加强党风廉政建设工作，党建和党风廉政建设扎实推进，组织开展了警示教育，重温了八项规定、六项禁令和反“四风”内容，切实提高党员干部的廉洁自律意识。（中邮保险河北省分公司）

山西省

【山西省分公司】

1. 推进经营转型，发展方式创新

业务收入34.59亿元，完成集团公司预算目标的100.69%；比上年增长5.82%，增幅列全国第24位，比上年提升4个位次。

（1）代理金融业务。打造“借力·引流”示范代理金融网点262个、产能提升网点670个、老年特色服务网点22个。建立山西邮政数据实验室，从1370万代理金融客户数据中，分析提取白名单380万。新增金融总资产218.18亿元，排全国第18位。金融板块业务收入235638万元，完成集团公司收入计划的100.22%，绝对值排名列全国第16位，比上年增长6.53%，列全国第20位。

（2）集邮与文化传媒业务。微信订阅实现流转额1545.76万元。实施“游戏规则”电影票务合作项目，举办首届“阅读童年　晋邮筑梦”阅读之星评选大赛，链接点击量超过200万人次，报名3000多人，吸粉近22万人。集邮与文化传媒板块业务收入50709万元，完成集团公司收入计划的97.07%。

（3）寄递业务以实现加速发展为目标，强化“尖刀排”“阿米巴”等营销团队发展活力和内生动力，加大红色市场、农产品集群市场开发，推行“以仓转包”、电商造包和省内采购、省外落地配等发展模式，实施农产品返城、“樱桃”寄递、保单配送等项目。寄递板块业务收入235638万元，完成集团公司收入计划的100.22%，绝对值排名列全国第16位，比上年增长6.53%，列全国第20位。

（4）渠道平台业务。代收税款收入880.46万元，增幅193.4%，车险业务收入1295.7万元；组建邮农合作社107个，累计发展会员162158个，累计建成“邮乐购”店15663个，新增注册邮乐小店22万个，建成9个市分邮乐地方馆；批销业务全面启动，家电下乡展销活动累计实现交易额4132.08万元；农产品进城持续推进，运作新绛油桃、娄烦土豆、原平小米等项目，举办吉县苹果全国邮政订货会。渠道平台板块业务收入25729万元，完成集团公司收入计划的102.15%。

2. 推进企业改革，创新经营管理模式

（1）推进机制改革。3月底前，完成全省邮政包裹快递业务经营组织架构，8月全省经营组织机构编制调整全部到位。侯马邮区中心局交由太原邮区中心局统一管理。12月13日，中邮证券山西分公司挂牌运营展业，12月20日，中邮消费金融山西营销中心成立。持续推进山西邮速合体经营，深化36个一体化县域托管机制。建立零基预算核算体系。推行扁平化管理模式，组建“尖刀排”“阿米巴”等项目营销团队，引入社会化薪酬考核机制，赋予人财物与权责利对等的激励考核政策，极大调动和激发了发展活力。80个尖刀排的310名专兼职营销人员，完成60%多的电商快包收入。实施代理金融网点和邮区中心局损益核算，推动网运单位由成本中心向利润中心转型，打造1个市级、10个县级、219个金融网点损益核算示范基地。推行支局内部双向选择机制。

（2）强化企业管理。围绕“利润元年”目标，按照零基预算管理要求，编制下达经营单位成本费用预算，加强人工成本弹性管控和用工总量调控力度，邮政从业人员比年初减少202人。省市县三级领导班子成员薪酬实现集中管理，代理金融网点内部分配办法进一步完善。加强业务外包管理，在全省范围内对业务外包清查清理，实现省分公司对业务外包的准入统谈、业务统控、费用统付。推行市分财务负责人派驻制，向2个市分公司派驻财务部负责人。扩大审计监督范围，加强审计结果监督应用，以经济责任、任前审计、集采和工程项目建设等为重点，年内对77个单位、272项内容开展审计。推进实施“2+1”电商平台集中采购。逐级压实安全生产主体责任，全省安全生产形势平稳，员工合规意识得到提升，未有较大以上事故和案件发生。

3. 加大建设投入，服务能力得到提升

（1）加大基础能力建设投入。固定资产投资1.52亿元，完成太原和侯马邮件处理中心工艺改造工程，为各市分邮件处理场地配备伸缩皮带机。装修改造金融网点67处，新增自助填单机400台、UPS电源191台、清分机300台、叫号机50余台。加大安防保障投入，完成949个金融网点视频监控联网、网点四类库报警系统升级改造、消防设施改造建设等工程，两年更新运钞车49辆。对62处普遍服务营业网点实施装修改造。持续加大寄递网转型升级建设力度，近年改扩建县级邮件处理中心场地96处，新增邮路汽车154辆、投递汽车192辆、三轮摩托车和电动车1435辆、PDA 2599部、图形终端945部；建设智能信包箱155组。

（2）寄递网络服务能力和普遍服务、特殊服务能力显著提升。快递包裹省内互寄次日递率95%以上，当日妥投率96%以上，妥投信息实时反馈率98%以上。开展服务质量专项检查和无着邮件清理整治活动，用户服务满意度94.67分，比上年增加0.71分。加强寄递渠道服务安全工作，完成“两会”“一带一路”高峰论坛以及党的十九大等国家重大活动的服务保障任务。机要通信质量继续保持全红，实现“十一连冠”。全部县区实现《人民日报》《山西日报》等重点党报“当日见报”，县域以下党报党刊投递全面提速。

4. 践行“员工至上”理念，从严加强干部管理

（1）践行“员工至上”理念。设立总经理创新发展基金100万—200万元/年，面向全省邮政职工开展“提创意，争创新”活动，鼓励员工创意和创新项目孵化。自主开发“金融从业人员轮岗管理系统”，优化作业组织，提高工时利用率，员工休息休假问题得到有效解决。在“山西邮政员工宝”中增加员工贴吧、调查问卷、员工打卡等模块，员工贴吧日均访问量842人次，4次会议对“员工贴吧”所反映的事项进行研究，“匿名发帖、实名回复”的模式为员工打开建言献策和反映问题的通道。进一步提升“恳谈会”组织水平，召开“恳谈会”500余次，万余名一线员工参加。省分党组为太原邮区中心局分拣封发、邮件装卸人员和太原市分公司网点员工分别量身打造预防腰椎疾病和颈肩腰腿部疾病的健身操。各级邮政工会累计发放各类慰问救助款211万元，受益职工近800人，21名职工获得医疗互助，205名劳模先进参加疗休养，91名困难职工子女获得资助进入大学深造，为21046名在职员工增投团体疾病身故险。

（2）持续加强干部队伍管理和人才队伍建设。在干部评议过程中，以“开放+闭环”为总要求，领导干部述职评议报告、评议结果、整改计划一律公开。加强干部监督管理，对32名三级领导、98名四级领导提醒谈话，对2名四级领导函询，对1名三级领导、1名四级领导诫勉谈话。进一步严格选人用人程序，在坚持“四凡四必”的基础上，新增“干部考察下沉一级”和“任前审计”规定，廉政考试由开卷变为闭卷。加强干部培养，选派12名三级副以上领导参加各类培训，安排4名交流干部扎根基层单位。实施完成“千人引进”工程，引进5名专业人才。组织840名员工参加第二期“千名理财师”培训认证、997人参加理财产品销售资格考试、6000余人参与技能鉴定、3795人参与全国邮政特有职业技能竞赛。

党的十九大代表、山西省壶关县分公司投递员赵月芳宣传党的十九大精神。（山西省分公司／提供）

5. 加强党的建设，积极践行国企责任

（1）认真学习习近平新时代中国特色社会主义思想和党的十九大精神。按照党中央“十个深刻领会”和“六个聚集”要求，参加集团公司党组两次电视电话宣讲会议，两次召开党组中心组学习会议，专题学习研讨党的十九大精神，组织全省邮政三级领导人员十九大精神集中轮训。全省邮政各级党组织共组织各种形式的辅导报告会13次，参加人数4500余人次，印制十九大主题明信片13万枚。

（2）忠实践行国企社会责任。以网点“暖冬暖心”活动为切入点，组织开展“幸福生活在三晋”广场舞大赛、联合百圆裤业给留守老人送爱心裤、“万人专车返乡”、“爱心包裹”、“爱心驿站”、健康大讲堂等公益活动；延伸助农惠农领域，邀请专家举办“邮农惠民”技术讲座；对外开放网点卫生间，打造“老年服务专家”；助推山西“农村电商精准扶贫”战略落地，策划十余个农产品返城项目。

（3）贯彻全面从严治党要求，认真履行主体责任。扎实推动“两学一做”学习教育常态化制度化，开展“亮身份、树标杆、作表率”等主题活动。以问题为导向，制定出台《加强基层党组织建设的实施意见》《山西邮政党员发展五年规划指导意见》，打造基层党组织示范点13个、企业文化示范点20个，发展预备党员和入党积极分子321人。构建党建工作责任体系，省市县逐级签订从严治党要求主体责任书。坚持民主集中制，严格按照“三重一大”决策制度规定，召开党组会31次、总经理办会议16次，所有“三重一大”事项集体研究决策。坚持“开门议事”，省分总办会邀请29名基层员工参加，落实员工的知情权、参与权、表达权、监督权。

（4）深入推进党风廉政建设和反腐败工作。坚持“严”字当头，坚决打击基层“微腐败”现象，对违规违纪的人和事“露头就打”。按照“3年全覆盖”的总体目标，派出3个巡察组，分两批对3个单位进行了巡察，8名三级人员、32名四级干部、9名一般人员被问责追责，调整一个市分领导班子，对两个市分领导班子进行了问责。支持纪检部门监督执纪问责，主持召开5次党组会听取纪检工作情况汇报。受理各类信访76件，比上年下降20.83%，累计办结71件，办结率93.42%。累计处理违规违纪人员107人（含2016年度违规违纪人员50名），发现违规违纪线索移交省监委1人，退缴各类款项12.06万元。（山西省分公司　王二平）

【邮储银行山西省分行】 内设20个一级部门、8个二级部门，下辖11个二级分行、2个直属单位及96个一级支行。邮政金融网点1213个，其中自营网点264个、代理网点949个。

总资产2436.51亿元，净增122.96亿元，增幅5.31%。实现收入25.95亿元，比上年增长1.85%；实现利润5.95亿元，比上年增长4.8%。各项存款规模2345.6亿元，净增102.12亿元，增幅4.55%。各项贷款余额627.94亿元，净增107.81亿元，增幅20.73%。新生成不良贷款余额1.96亿元，不良率0.72%。2013年来首次实现县域机构整体盈利，实现利润8657万元。

1. 业务发展。

（1）个人金融业务。个人储蓄存款2067.5亿元，列系统内第14位，比上年增长91.01亿元，市场占有率11.11%，省内金融机构排名第4位，其中自营储蓄存款518.71亿元，净增11.84亿元。新增代发户5.1万户，月新增代发金额2.2亿元。拓展聚合支付商户5.3万户，沉淀资金2.4亿元。信用卡发卡27.2万张，完成总行发卡计划110%，列系统内第2位；实现收入1.2亿元，比上年增长6057万元，增幅97.6%。销售保险、基金、国债、人民币理财348亿元，比上年增长42%，其中自营网点销量占比44%。

（2）零售信贷业务。开展零售信贷“能力提升年”活动，零售贷款余额205.96亿元，净增51.58亿元。小额贷款业务，创新推广产品和模式，净增8.3亿元，余额32.92亿元。履行社会责任，投放扶贫小额贷款7.8亿元，列系统内第2位、山西省金融同业第2位。个人商务贷款业务，余额27.96亿元，净增7978万元，2014年来首次实现正增长。小企业贷款业务，落实客户名单制和营销责任制，余额20.38亿元，净增4.3亿元。消费贷款业务规模突破124.7亿元，净增38.2亿元，净增和余额规模均创历史新高。

（3）公司业务。公司存款余额277.56亿元，比上年增长11.11亿元，市场占有率2.01%。公司贷款规模253.31亿元，比上年增长54.06亿元，增幅27.13%。实现国内保函、议付、卖方押汇等贸易金融业务突破。办理票据贴现187.93亿元，贴现余额96.08亿元，下降9.5亿元，其中电票贴现量占比83%。办理票据承兑15.57亿元，结余6.97亿元，比上年增长2.48亿元。

（4）金融市场业务。金融市场业务收入2.57亿元，列系统内第15位。债券业务，首次主承销永泰能源债券20亿元，联动投债5亿元；投资债券13.5亿元，办理同业融出39亿元。创新业务品种，办理晋城银行车贷资产证券化7.44亿元。中间业务，营销公募基金托管22亿元、票据再贴现2亿元。发挥表外优势，办理公司客户融资业务5亿元。

2. 渠道建设。

（1）网点建设。推进网点轻型化、智能化，加大新型自助设备的投放，新增智能柜员机107台，完成柜员出纳机试点工作。分两个阶段在25个网点试点推进营业网点综合化产能提升项目，通过将信贷业务下沉至二级支行，形成资产业务、负债业务联动经营模式，带动二级支行综合化产能提升。完成全辖243个“名行实所”代理营业机构变更。

（2）电子银行。电子银行客户新增106万户，总量702万户，渗透率列系统内第8位，其中自营机构占比62%，列系统内第6位；交易替代率92%，邮银合计89%，列系统内第9位。手机银行客户突破500万户，新增手机银行客户102万户。丰富线上场景，上线微信银行，拓宽获客渠道。

3. 科技支撑。数据整合和挖掘取得成果，清洗客户信息数据超过1.5亿条，形成自有客户信息库。生产经营信息发布平台、营销小秘书系统向全景式迈进，新增信贷业务、信用卡、银企对账等功能模块，定向增加报表，满足基层营销和统计需求。开展综合化产能提升等5项主题数据分析。

4. 营运管理。调整网点台席150个，压降柜员206人。信用卡预审、银企对账集中省分行处理，网点预警、集中监控上收工作准备到位。推进电子印章系统上线工作，上收省分行2262枚业务专用章。资金管理方面，备付金率平均控制在0.56%，在系统内排第4位；假币浓度控制达到历史最好水平，受到人民银行太原中心支行的通报表扬。

5. 风险防控。调整风险管理履职评价指标体系，评价结果纳入绩效考核。构建覆盖各专业风险领域的限额管理指标体系。调整区域授信政策指引，纳入2018年全国小微企业重点行业（绿色）授信政策指引。推行小企业授信省行集中审查审批，小企业授信实现线上线下省分行集中审查审批，统一授信标准。加强合规管理，制度废止104项、新建43项、修订45项，内外部检查问题整改率91.7%。组建监控预警专业化团队，强化重点业务领域的风险管控，未发生资金案件和重大风险事件。技防改造44个网点，建成22个安全管理标准化达标网点。视频监控和预报警设备在线率提高至99.5%，处理客户远程求助262个，驱离可疑人员20余次，处理预报警信息1195个。

6. 党建工作。推进基层党组织“强基固本2.0”建设工程，全辖166个支部全部达标，基层党支部完成换届选举。完善领导班子成员党风廉洁建设责任制分工，细化廉政建设的宣传教育、评议、考核、监督、检查、责任追究，压实责任。开展承诺践诺主题教育活动，以“改进作风、提高效能、服务客户、廉洁自律”为主要内容，全体党员干部做出具体承诺，张贴在行内专题公告栏进行公示。严格贯彻执行中央八项规定及实施细则，完成领导公务用车改革，建立职务消费台账。开展巡视反馈问题整改自查抽查。党委、纪委双线层层签订责任书，党风廉政考核与绩效挂钩。建立廉洁风险防控长效机制，梳理完善廉洁风险点418个，制定针对性防控措施397项。（邮储银行山西省分行）

【速递物流山西省分公司】 总收入3.15亿元，比上年增长25.86%。

1. 项目发展。线下车牌照业务寄递转化率78.16%，创收1243万元。身份证项目寄递转化率由2016年6月业务开办初期的2.77%提升到16.18%，创收965万元。法院专递项目实现业务量37.8万件，业务收入776万元。出入境项目打通邮政速递便民通的信息通道，拓展出入境新证办理、续签等寄递增量，创收191万元。校园包裹寄递项目，部分院校市场占有率保持在70%左右，实现收入508万元，比上年增长23%。合同物流项目，山西合同物流规模客户50户，收入1.39亿元。物流仓储规模20.8万平方米，电商孵化园和五号物流园区投入运营，开始定位六大园区专业运营和管理，实现仓储收入2106万元。

2. 网络运行。标快及时妥投率81.42%；省内次日递率93.07%，比上年增长3.18%，列全国第2位；出口段时限准时率91.58%，比年初提升7.83%。

3. 客服能力。协查工单48小时及时回复率95.29%，协查工单一次性解决率85.76%，直派调度2小时及时回复率99.39%，上门揽收及时成功率96.72%，客户申诉有责率百万分之4.73，客户投诉有责率万分之5.04，各项重点指标均达到目标要求。

4. 企业发展。人均劳产率15.7万元；职工个人年均工资性收入比上年提高10.96%，实现企业发展惠及员工的目标。（速递物流山西省分公司）

内蒙古自治区

【内蒙古分公司】

1. 企业运行

（1）业务收入20.07亿元，绝对值全国排名由26位移至第25位；增长7.06%，全国排22位；完成集团公司预算101.8%，全国排21位。其中，金融业务收入11.17亿元，增长5.1%，实现新增总资产125亿元，连续三年破百亿；包裹快递业务收入1.77亿元，增长27.2%，全国排20位；渠道平台业务收入2.2亿元，增长13.5%，全国排第6位；集邮与文化传媒业务收入3.9亿元，增长2.96%。

（2）财务运行持续向好。营运资金 −6.14亿元，增加2694万元；资产负债率70.32%，下降2.23%；流动比率提高0.05；货币资金12539万元，增加6416万元；实物存货10400万元，减少1192万元；收入利润率提高

0.36%。全年安排预算外成本近 4500 万元，年末利润较预算节约 100 余万元。

（3）服务质量不断提升。客服质量方面，48 小时回复率、直派 2 小时处理率等 6 项主要指标均超过集团公司标准，1—12 月全国邮政服务申诉率 2.1%，全国倒排第 9 位。客群分类更加精细，到期提醒、电话邀约等维护活动有效性明显提升。绿卡活动卡占比 75%，提升 2%，全国排第 3 位。金融业务万元以上客户数 95.2 万户，占非零客户比重 15.57%，提升 0.18%，全国排第 8 位。包裹快递业务推进客户走访开发常态化，加强客户及时响应率；在旺季前期组织开展“电商客户大走访、备战旺季抢市场”活动。月交寄 100 件以上协议客户数量增加 270 户，规模客户占比 13.8%，提升 5.5%；协议客户实现收入 6084 万元，占总收入 51%，提升 17.7%。运营质量方面，省际出口时限达标率提高 3.32%，省际进口时限达标率提高 6.09%，同城次日递率提高 19.94%，二级干线准点率提高 7.52%，实现全面达标。投递质量方面，城市当日妥投率提高 5.2%，农村及时妥投率提高 3.9%，城市实时反馈率提高 12.7%，农村实时反馈率提高 29.9%，均在集团公司达标值以上。

（4）能力投入不断夯实。投资 6250 万元购置网点 1 处、整修翻建网点 133 处、改造生产投递场地 20 处、改造危旧县局房 10 处；投资 2730 万元购置 CRS 80 台、ITM 10 台、自助填单机 20 台、纸币清分机 276 台、云平台专用话机 646 部，改造金融网点监控 180 余处；投资 2560 万元购置邮运投递汽车 92 台、电动三轮车 230 台、胶带分拣和传输设备 32 套、网运及投递 PDA 1055 台、折叠式笼车 600 台、图形终端 1324 台；完成全国统建信息技术项目 12 个，区内自建应用系统项目 13 个，完成 4 个盟市中心机房的改造，开发和优化软件系统 7 个，开展数据分析课题研究 4 个，为 12 个单位和部门提取数据信息 347 批次，搭建并推广全金融客户管理云平台，上线金融网点视频监控系统。

2. 经营转型

（1）金融业务。组织开展各层面竞赛活动 12 次，新增综合资产 124.9 亿元，其中余额新增 42.3 亿元；理财保有量新增 48.5 亿元，全国排第 8 位；保费新增 34.1 亿元。渠道业务发展势头迅猛，二维码业务交易 13.6 亿元，POS 机具累计结存 4.6 万台，刷入资金 106.9 亿元，手机银行交易替代率 22.39%，全国排第 3 位，提升 8.7%，全国排第 1 位。线上销售渠道份额不断提升，网销保险 4.96 亿元，占可网销总保费 22.9%；网销理财 228.5 亿元，占理财总销额 51.8%。厅堂主题活动举办 5134 场，参与客户 25.7 万人次，新增资产 50 亿元。

（2）包裹快递业务。电商快包平均单价 10.23 元 / 件，全国排第 7 位；标准快递平均单价 20.98 元 / 件，全国排第 6 位；平均重量 2.83 公斤 / 件，3 公斤以下占比 71%；电商快包市场占有率提高 2.55%；电子面单使用率提升 31%，节约业务直接成本近 20 万元。实施标准快递项目 81 项，收入 1430 万元，标准快递整体收入增长 3.3%，其中非一体化地区增长 8.75%。“9 · 19 购物狂欢节”造包 5.41 万单，“双十一”电商快包业务量增长 121%，电商快包收入 4502 万元，增长 90%。

（3）渠道平台业务。短信业务新增储蓄短信账户 137 万户，累计加办率 39%，全国排第 3 位，收入 10685 万元，增长 3%，全国排第 4 位。双代业务提前 4 个月完成全年目标，代征税额 10.56 亿元，增长 91%，市场占有率提高 12%，收入 5458 万元，增长 112%。“双代”国税 2016 年欠费全部结清，地税欠费回收率提升 30%。全部盟市开办简易险业务，利润率 40% 以上。邮乐小店在网人数从不足 400 户增至 6.4 万户，实现代购订单量 11 万单，拉动出口快递包裹 7 万件；上线运营的邮乐地方馆从 5 个增至 10 个，新增邮乐购实体店 685 处。

“双十一”业务高峰期，内蒙古包头市分公司针对现有分拣场地狭小的问题，对场地进行改造，去繁就简，进一步优化内部处理作业流程，提高生产作业效率。（内蒙古分公司 / 提供　许冰奇 / 摄）

（4）集邮与文化传媒业务。集邮业务组织展销活动 230 余场，收入 6073 万元，占专业收入 38.4%；微营销线上收入 973 万元，全国排第 8 位；压缩贵金属等低毛利率产品，在专业收入下降 1% 的情况下，毛利润增长 3.86%，全国排第 3 位，集邮产品毛利率 47%，提高 2%，全国排第 14 位。报刊文创产品《盛世大检阅》《亮丽内蒙古》发行 2.6 万册，排全国第 2 位；以五种高费率报刊为主打的“大健康”项目流转额1680万元，增长47%，其中《健康时报》增量排全国首位，规模排第2位。函件业务召开“腾邮赢客中国行”峰会5场，线上新媒体实现收入832万元，全国排第9位；线下媒体收入3234万元，全国排第5位，其中政讯通新建宣传栏2702块，收入1393万元，迎春纳福项目引进374款产品，申报收入3312万元，全国排第2位。

3. 党的建设

（1）党建核心工作更加突出。加强“两学一做”学习教育常态化制度化，学懂弄通做实党的十九大精神，组织各级党组（党委）中心组理论学习209次，邀请党校专家举办专题辅导讲座4场，召开专题研讨会304次，开展党组织书记讲专题党课286次。夯实党的基层组织建设，建成基层党组织示范点30余个，健全完善基层党组织议事规则，落实“三会一课”、组织生活会等制度，规范基层党建管理。创新开展“党建+”活动，推进党建与中心工作有机融合，启动机关帮扶基层活动，4名党组成员走访帮扶17次，36名三级干部深入73个联系点进行帮扶；开展“加强和改进机关作风建设”专题活动，机关办事效率明显提升。

（2）党风廉政建设不断强化。强化党内监督，对赤峰、鄂尔多斯分公司开展巡察，反馈问题86条，提出整改意见43条。对10个盟市开展落实党的建设暨纪检监察工作会议精神督促检查，发现问题242条，提出整改意见95条。强化风险防控，对新提拔或调整的三级领导33人进行任前廉政谈话；对各单位、部门主要负责人和纪委书记21人进行廉政约谈；组织基层四级副以上人员及新提拔三级领导351人进行廉政法规考试；开展效能监察13项，监督44个项目工作。准确运用“四种形态”，提醒谈话21人，诫勉谈话6人，批评教育5人，通报批评30人次，岗位调整2人，党纪处分2人；受理信访问题线索37件，直接核查14件、函询1件，全部办结。

（3）干部队伍建设更加扎实。严格选人用人程序，开展选人用人专项检查，对14个单位的领导班子成员进行调整，提拔三级干部28人次，调整补充三级后备干部和中长期培养对象52人。重点抽查核实11名干部个人有关事项，对发现的问题进行督促整改；对5名三级干部、42名四级干部进行委托审计。

4. 和谐企业

严格推行职代会制度，收集整理职工提案19件；做好扶危济困工作，筹集送温暖资金202.8万元，慰问劳模先进19人、困难员工1110人，开展金秋助学活动，筹集31.5万元资助员工子女110人，为3名特病女员工发放保障金6万元，为50名重病员工补偿99.5万元，对特殊困难员工给予专项帮扶；推进小家建设，筹集193万元建设职工小家95个，总面积6479平方米，受益500人。党政工团推进文化建设，举办“最美转型邮政人”事迹报告会，并在全区巡回演讲；“翰墨赞邮政　丹青颂转型”活动展出员工作品560余件。新闻宣传讲述转型故事，独立拍摄首部微电影，在自治区总工会微电影大赛中斩获二等奖，15篇作品获自治区党委宣传部“宣传内蒙古奖”，内蒙古记者站连续四年蝉联“先进记者站”。（内蒙古分公司　李斌）

【邮储银行内蒙古分行】 设置18个一级部门，9个二级部门（含一个直属单位），下辖12个二级分行、20个一级支行。员工3842人，其中合同用工3658人，劳务用工184人，本科及以上学历员工占比63.64%。

资产规模887亿元，负债规模876亿元，存款余额875亿元，贷款余额475亿元。实现收入21.25亿元，实现利润6.37亿元。分行经济增加值1.78亿元，成本收入比54.21%，劳动生产率55.43万元，信贷资产不良率1.23%。

1. 业务发展

（1）个人金融业务。个人客户资产规模1091亿元，新增126.51亿元，比上年增长13.11%；全区个人储蓄余额690.23亿元，新增44.1亿元。理财销售实现616.7亿元。信用卡新增发卡16.41万张，卡片激活率77.42%，系统内排名第2位；账户活跃率51.48%，系统内排名第2位；客户额度利用率38.52%，系统内排名第1位。

（2）零售业务。个人零售贷款结余276亿元，净增53.17亿元。加大“三农三牧”贷款投放力度，小额贷款结余46.42亿元，净增11.5亿元，比上年增长135%，其中，传统农贷净增3.45亿元；扩大平台合作，与蒙羊、内蒙古农资公司等国家级龙头企业开展产业链贷款项目；针对农业供给侧结构性改革需求，在呼伦贝尔市首创落地土地轮作贷款，实现放款1亿元。小企业贷款年净增4.2亿元，逾期、不良率实现双降。发展消费金融，消费信贷净增43亿元。

（3）公司业务。公司存款余额147亿元，放款67亿元，年净增17.5亿元，增幅38%。福费廷、保函等贸易金融产品实现破冰。票据直贴交易金额32亿元，增幅19%。借助ETC项目综合开发交通客户，沉淀公司存款4亿元，拓展客户26万户，联动营销比例从2016年的45%提升到55%；营销理财投资包头鹿城产业基金项目23亿元；投资同业机构12.5亿元信用卡分期资产证券化业务，投资同业机构规模52亿元同业融出业务。

2. 渠道建设

（1）网点建设。推进网点轻型化建设，合理压降台席44个，分流人员至营销和风控等关键岗位，科学配置自助设备；6家支行实现扭亏。打造“七横一纵”营运管理体系，完成辖内80个银行网点的营业主管派驻工作。建成达标网点33个，完成自营网点的监控录像改造，未发生重大安全生产事件。开展服务类投诉整治，网点服务类投诉压降43.35%。

（2）电子银行。创新支付结算方式，聚合支付商户20.78万户，电子银行替代率84.42%，比上年增长8.95%；电子银行客户数283.95万户，净增73.33万户；手机银行客户数195.43万户，净增70.23万户。

3. 改革创新

推进“三年发展目标”“创建西部模范行实施方案”“十三五规划”等重点工作。完成内设机构、营运中心、“三农”金融事业部等的改革工作，逐步释放改革红利，以建设“邮储特征　草原特色”大型零售商业银行为远景目标，推进“嵌入式发展”、“强支行”战略、“精细化管理”等一系列发展新理念。

4. 风险管控

（1）深入落实监管要求，扎实开展“三三四十”等系列专项整治工作。

（2）加大案件风险排查力度，开展整体接管式检查及“两加强　两遏制”整改问责回头看工作。

（3）坚守零售战略定位分散风险，不良率控制在1.23%，资产质量保持较好水平。

（4）有序推进“走支行、宣风险”活动，开展现场宣讲130次。

（5）开展“合规经营建设”年活动，扎实推动“六道风险网格”建设，有效夯实内控管理基础。

5. 信息科技支撑

加快IT规划实施落地，完成大总账系统、新一代自助银行等38个系统推广上线工作。加强创新升级能力，建设国库集中支付电子化系统等8个省内自主信息化项目，完成VIP潜在流失客户预警分析等4个分析项目。完成十九大、国庆等重要时期的网络安全保障工作，未发生信息系统风险和安全事件。

6. 党建工作

坚持以习近平新时代中国特色社会主义思想为指导，深入贯彻落实党的十九大精神。通过两级分行党委中心组学习、专题研讨、辅导讲座等形式，扎实搞好各级党员干部的培训轮训和面向基层员工的宣传宣讲。围绕服务实体经济、防控金融风险、深化金融改革三大任务，深入落实中央关于加强国有金融企业党建工作的各项要求。着力加强党的政治建设、思想建设、组织建设、作风建设和纪律建设，把党的领导融入到经营管理各项工作中，发挥各级党组织的领导作用。

7. 支持实体经济

投放贷款和资金350亿元，成立以来累计投放贷款和资金近3000亿元。

（1）支持重点项目建设。内蒙古分行为自治区交通基础设施建设、棚户区改造投放贷款26.5亿元，为农村电网改造、能源基地建设项目投放贷款36.72亿元，以PPP模式为新农村建设投放资金105亿元。

（2）践行普惠金融，助推精准扶贫。以“产业”扶贫为抓手，开发新产品，首创“带资入股”金融扶贫模式。分行成立以来，在57个贫困旗县信贷投放380亿元，与35个旗县扶贫办签署合作协议，发放扶贫小额贷款12亿元，支持贫困农牧户、新型农业经营主体2万多户。

（3）加大对“三农三牧”支持力度。首创“土地轮作”贷款，助力农村供给侧改革；建设信用村591处，评定信用用户超过3.36万户，分行成立以来累计发放涉农贷款378亿元，解决近50万农牧、商户的资金需求。（邮储银行内蒙古分行）

【速递物流内蒙古分公司】 业务收入4.56亿元，比上年增长20.48%。

1. 营销体系建设。基本完成营销体系实体化运行架构，设立政务、商企、电商三个基本中心，按行业和项目对市场进行细分，成立通讯卡、法院专递、金融等子中心，把营销能力较强的人员充实到相应的营销中心。全区营销中心开发国税、积分兑换、车牌照等项目，收入500多万元。组建全区邮政速递物流核心营销团队，加强分公司与各盟市分公司间的营销互动，经验共享，联动开发。创新“三个维度”营销战略，梳理12个特定节假日营销项目，切入假日市场。完善营销体系考评机制、效能监察。

2. 标快业务。以抓标快市场、抢标快客户为主线，以抢商务、打政务、进校园、进商场、扫楼宇为战术，商务市场、政务市场、增值业务、生鲜特产、现费客户五大重点市场多管齐下，全面加速标快市场的抢夺和开发。开展省际标快“提质增量”赛、盟市间省际标快PK赛，标快收入纯增2065万元，客户纯增121户，省际标快纯增262万元，客户纯增64户。国际业务多措并举，争取政府口岸办给予邮件监管场所的改造补贴，确定邮政EMS为满洲里国际邮件互换站的独家运营单位，配合总部开办中速敦豪业务，形成收入59万元。开发卖丰乐等亚马逊客户，促进国际e邮宝业务健康发展。开办国际e特快业务。电商业务以打响快包突围战为切入点，深挖本地电商市场，搜索开发高效“淘宝客户”，以提升售前、售后服务为手段，赢得客户。新开发大千羊绒、牧晟羊绒、蒙清农业等176家电商客户，实现快包业务跳跃发展，快包业务纯增1335万元。物流业务发展迅速，将优势资源投入到重点合同物流项目中，在稳固现有邮件运输的同时，拓展深圳、武汉、南昌等线路，冷链项目新增羊羊牧业、蒙羊集团冷链业务。运输公司纯增收入4618万元，实现利润909万元。

3.“十千工程”等项目解码落地。电商专线项目工程新增收入836万元，法院专递及政务类项目工程新增收入1485万元。启动“菜鸟”、中视、央广、家有落地配项目，发运邮件216万件，菜鸟等国内落地配项目工程新增收入1877万元。通信增值业务项目工程新增收入720万元。形象封等载体广告项目工程，实现收入119万元。商品销售项目工程新增1683万元。“1+5”项目工程每人每天揽收达到6件，散户增收约700万元。以校园为主题的项目营销活动形成收入400万元。

4. “众创众享工程”。从利润分成、限时承诺、限时赔偿、化小经营承包单元、全环节清分结算五个方面，对“众创众享工程”实施指导意见进行完善修正，进一步推进“众创众享工程”，确保实施效果。

5. “三进工程”和代办点建设。实现65处楼宇商厦的驻点工作，月收入55万元，拉动商务市场的业务收入。为弥补网点揽收和投递能力不足，延伸市场触角，应对市场竞争，加快代办网点的建设，建成448处，月投递邮件12万件，月揽收18万元。（速递物流内蒙古分公司）

辽宁省

【辽宁省分公司】 业务收入45.8亿元，增幅9.9%；完成利润1.51亿元；收入利润率3.3%，优于全国平均水平；企业劳动生产率22.8万元/人，增幅10.7%；员工收入稳步增长。成绩来之不易。

1. 深化经营转型

（1）金融翼收入32亿元，增幅5.3%；金融客户1677万户，比上年末提升3.8%，其中价值客户310万户，比上年末提升2.7%。储蓄业务奋力克难，全年新增余额94.2亿元，新增市场占有率6.5%，规模突破1700亿元。树立客群经营理念，建立秋粮、特色种养殖等9大客群。新综管系统上线，网点实现分户管理。走访、电联、活动形成“组合拳”，优惠购、大抽奖、“爱心医疗”等客户福利更具吸引力。保险业务保费137.2亿元，其中中邮保费11.9亿元。保险平均手续费率提高0.81%，达到4.7%。保险抱团保费79.3亿元，占保费比重57.3%。推动期交业务常态化发展，实现保费23.7亿元，列全国第3位，保险业务结构得到优化。新增理财保有量24.2亿元。新增手机银行客户82.9万户，电子银行交易替代率81.1%，比上年末提升6.5%。中邮证券新增客户8849户，资产规模5.6亿元。

（2）寄递翼收入3.27亿元，增幅57.8%，实现增量升位。包件业务量3211万件，增幅132%。快包业务业务量突破2600万件，增幅154%；市场占有率7.3%，比上年末提升4.1%。“双十一”期间，全省电商快包日出口峰值23.9万件。“仓储+寄递+金融”一体化模式全面推广，建仓78处，引进客户216家，寄递量684万件，收入3285万元。国际业务收入8900万元。

（3）集邮与文化传媒业务增进融合。经营组织架构调整推动函件、报刊、集邮专业资源整合，实现收入6亿元，3个专业均实现增量升位。函件业务加快发展。信函、封片、账单等传统业务实现收入5540万元。新开发邮储银行、新华人寿、中国人寿账单项目。媒体业务快速发展，举办“腾邮峰会”、开发朋友圈广告，发展政讯通、视频联播、户外广告牌，收入1530万元。报刊发行业务规模发展。形成报刊大收订流转额6.2亿元，增幅6%。拓展微信订阅等线上渠道，形成流转额2770万元。零售业务实现收入2170万元。集邮业务创新发展。实现新邮预订收入7551万元。开展首发式、品鉴会、巡展等集邮文化季活动，实现收入近5000万元。启动集邮微营销工作，认证人数17.5万人，销售额突破300万元。

（4）农村电商粗具规模。分销与增值业务收入3.66亿元。“邮乐购”店1.42万处，活跃度列全国第4位，发展邮乐小店46.7万户；建成“邮农丰”农民专业合作社1253处、农产品返城直营店77家，邮政渠道优势更加明显。发展“平台+自营”批销模式，引进商家422个，批销额2.35亿元。开展“一村一会”5592场，销售大化肥4.5万吨，实现收入1.14亿元，列全国第3位，预收资金4277万元。推进农产品进城，运作农产品230种，销量1.43万吨、增幅85.1%。盘锦大米、大连樱桃等12种重点农产品销售额超千万。发展果蔬包棚模式，累计包棚114个，销售额207.8万元，回馈客户23.6万人。辽宁邮政农村电商发展模式得到多方肯定。《国内动态清样》以《盘活农村小店　打通物资“下乡进城”梗阻》为题进行报道。《辽宁日报》《沈阳日报》对沈阳法库“邮乐购—超市发”模式进行报道。“两险”营销扎实开展，车险保费突破亿元，窗口简易险销售实现常态化，形成保费1121万元，彩票业务实现销售额550万元。

2. 全面从严治党

（1）党建工作扎实开展。坚持党建与经营“双挂钩双考核”，压紧压实党委纪委“两个责任”。省分公司党组带头，组织理论中心组学习11次、专题研讨5次、三级副及以上干部集中学习17次，组织党的十九大精神专题学习，推进“两学一做”学习教育制度化常态化。深化基层党组织建设，17个市、县分公司党委完成换届改选。扎实推进“双百示范点”建设，开展“共产党员先锋工程”，基层党组织战斗堡垒作用得到更好发挥。

（2）党风廉政建设有效推进。通过抓教育、明制度、强监督、严执纪，运用“四种形态”教育引导干部增强规矩纪律意识。针对各类问题开除党籍1人、党内警告1人、诫勉谈话1人、提醒谈话9人、批评教育1人、函询

辽宁省沈阳邮件处理场地投产。（辽宁省分公司 / 提供）

1人，对9名领导人员集体谈话，给予13名领导人员通报批评。严格执行中央八项规定，驰而不息整治“四风”，营造风清气正的发展氛围。全面推行工程建设和采购招投标代理制，对400多个招投标项目进行过程监督，竖起了权力运行的“防火墙”。

（3）执行力建设常抓不懈。坚持从严选拔、教育、管理和监督干部，优化调整领导人员综合考评指标权重，突出工作实绩，激励领导干部履职尽责。建立优秀青年人才选拔培养机制，为企业发展储备力量。完善省市县三级督导包挂机制，省分公司党组成员带头，全省各级领导干部累计督导超过3万次，推动作风转变，密切干群关系。组织开展专项督察，保证真监督、真通报、真考核。

3. 共建幸福邮政

（1）爱心工程增添新内容。继创建“爱心邮路”“爱心驿站”后，在全省推广“爱心医疗”，开放远程服务点860处，建成健康小屋1000余处，举办各类活动7265场，服务人口超过16万人，受到了国务院、省委省政府和集团公司领导批示肯定，得到了新华社、中央电视台报道。省分公司与省卫计委、省扶贫办联合发文，启动了爱心健康扶贫工作。辽宁邮政“三爱工程”深入人心，实现了经济效益和社会效益“双丰收”。

（2）精神文明建设取得新成果。省分公司和朝阳公司继续保留“全国文明单位”称号；2个集体荣获“全国巾帼建功先进集体”“全国五一巾帼标兵岗”称号；20个单位荣获“辽宁省文明单位标兵”“辽宁省文明单位”称号；4人被评为“辽宁省劳动模范”；省分公司荣获“全国敬老文明号”“辽宁省思想政治工作先进单位”称号。组织“促转型发展　学身边典型”先进事迹巡回宣讲15场，激励干部员工立足岗位、创先争优。组建企业文化内训师队伍，推动中国邮政企业文化在辽宁落地生根。

（3）职工幸福感实现新提升。省分公司党组把职工冷暖放在心上，一件接着一件为职工办实事。深入开展职工精准扶贫，105名邮政和速递特困职工生活有了托底保障；“献爱心重病医疗基金会”帮扶职工66名；“金秋助学”资助67名困难职工子女顺利入学。职工“两险”累计出险59起，理赔金额429万元。落实女职工采暖费报销政策，满足职工的殷切期盼。送温暖、送清凉、旺季生产慰问为广大一线职工送去关怀。关心职工身心健康，组织职工体检和心理疏导，组建业余文工团和体育队，引导大家快乐工作、健康生活。开展“孝心行动”，为857名70岁以上无收入来源的职工父母过生日。职工小家、食堂和宿舍建设改造扎实推进。44个县全部开办食堂，为有需求的网点和投递站送餐，保证让职工都能吃上午饭。（辽宁省分公司　王欣）

【邮储银行辽宁省分行】 内置一级部门22个、二级部门7个、直属单位3个，下辖二级分行13个，县城网点283个，农村网点546个。员工8409人，其中本科及以上学历员工5161人，占比61.3%。

资产规模2103亿元，存款规模2002亿元，贷款业务余额1182亿元。实现收入36.91亿元，列系统内第15位，实现利润4.42亿元，列系统内第25位。不良贷款率1.04%，比上年提高0.18%，其中，鞍山、辽阳、盘锦市分行不良率控制在1%以下。清收回款3.9亿元，完成年度清收计划的126%。

1. 业务发展

（1）个人金融业务。储蓄存款余额规模492.25亿元，列系统内第16位，其中活期占比44.65%，比上年提高2.24%。国际汇款交易量6.33万笔，交易金额1.25亿美元，均列系统内第6位，外币储蓄余额3842万美元，列系统内第2位。销售国债19.87亿元，比上年增长8.4%，列系统内第3位。销售理财产品258.8亿元，列全国第10位。贵金属业务，销售实物金产品3617.9万元，列全国第11位，比上年增长122.9%。实现代理金交易量6.75亿元；黄金定投结存户数35915户，列系统内第3位，扣款量462.74万元，列系统内第4位。

（2）“三农”金融业务。建立健全“三农”金融事业部经营管理机制。加强平台建设和项目开发，与省政府相关部门、单位签署合作协议，开发“牧担贷”“渔船改造抵押”等省级重点合作项目18项，实现放款7.53亿元。批复“三农”新产品110项，实现放款6.4亿元，抚顺“惠农贷”、朝阳产业扶贫等重点项目落地。推进信用村建设，完成109个信用村挂牌授信，评定信用户2885户。

（3）公司存贷款业务。公司存款日均余额187亿元，时点余额151亿元，列系统内19位，公司存款业务收入3.43亿元。公司信贷发放266.36亿元，列系统内第2位，净增52.36亿元，结余269.46亿元，列系统内第12位。

（4）小微企业金融业务。小企业不良贷款余额16095

万元，比上年增长 1579 万元，不良率 6.76%。

（5）信用卡业务。2017 年是辽宁省分行信用卡三年发展战略规划落地的首年。信用卡营业净收入 1.02 亿元，比上年增长 31%；发卡 20.7 万张，结存卡量 53.2 万张；不良率 1.58%，优质以上特惠商户 98 家。

（6）国际业务。福费廷放款 347 亿元，结余 199 亿元，交易 678 笔，比上年增长 11%，列系统内第 1 位。贸易融资业务交易金额 7.5 亿元，营口、沈阳市分行入驻自贸区服务大厅，为 190 户企业开立账户。

（7）金融市场业务。金融市场业务实现收入 2.43 亿元。其中，同业业务收入 1.39 亿元，业务余额 381 亿元；托管业务收入 0.19 亿元，业务余额 263 亿元；资管业务收入 0.26 亿元；票据转贴现业务收入 0.59 亿元，转贴现买断余额 42 亿元，买入返售余额 7.3 亿元。票据业务交易 175 笔，交易金额 376 亿元，买断规模新增 36 亿元，列系统内第 1 位。

2. 渠道建设

（1）机构管理。辖内机构数量 1457 个，其中包括一级分行 1 个，二级分行 13 个（含二级分行营业部 11 个），一级支行 40 个，二级支行 259 个，代理营业机构 1144 个。

（2）电子银行。工作重心由规模扩张向量质并重转变。新增电子银行客户 41 万户，比上年增长 13.9%，列系统内第 12 位。其中，手机银行净增激活客户 41 万户，列系统内第 13 位。交易替代率 88.1%，比上年提升 2.9%。手机银行结存激活率 58.12%，比上年增长 11.7%，列系统内第 14 位。个人网银结存激活率 62.27%，列系统内第 15 位。自助设备单台日均交易 153 笔，列系统内第 13 位，台均收入 1145 元，列系统内第 22 位。

3. 信息科技

研究编写《中国邮政储蓄银行辽宁省分行科技创新项目管理办法》，首次将创新项目纳入制度管理，使创新项目建设有据可依。开展创新项目建设 14 项，覆盖管理、风险、业务多个方面。其中，通过人工智能、面部识别、视频压缩与窄带传输等新技术研发的信贷远程集中管理系统，实现信贷业务流程改造、风险管控，促进降本增效。

4. 风险管理

（1）风控措施。一是加强风险限额管理，根据省内经济形势，合理确定风险政策与限额。二是调整辖内机构风险管理体系。三是加强风险管理考核与评价运用。四是加强风险产品信息建设。

（2）不良贷款清收。累计回收现金 3.9 亿元，完成总行清收计划的 126%。其中，核销后回收 9318 万元，移交后回收 2.97 亿元。小额贷款回收 1.99 亿元，个人消费贷款回收 6168 万元，个人商务贷款回收 1.18 万元，小企业回收 1104 万元。

（3）呆账核销。组织开展 13 批呆账核销审核工作，审核档案审核呆账 4116 笔、52173.46 万元，审核通过 4065 笔、49571.73 万元，通过率 98.76%，系统审批 3714 笔、33432.77 万元，本金 32632.52 万元，利息 675.94 万元，费用 124.31 万元。其中，小额贷款核销 2763 笔、18486.59 万元，个人商务贷款核销 105 笔、4338.45 万元，小企业贷款核销 18 笔、3524.87 万元，消费贷款核销 214 笔、6386.62 万元，信用卡核销 614 笔、696.24 万元。

5. 党建工作

出台全面从严治党责任清单，覆盖 10 类群体，提出 212 项具体要求；召开党建暨纪检监察工作会议，签订落实全面从严治党要求主体责任书与专责监督责任书。认真学习宣贯党的十九大精神，组织专题宣讲、知识竞答活动 4 次。加强思想政治宣传工作，“两学一做”学习教育常态化、制度化，先后向总行报送信息 40 余篇，其中 4 篇在《中国邮政报》发表。启动“强基固本 2.0”建设工程，打造“党建红色动力”品牌，葫芦岛市分行创建全国基层党组织示范区，建设经验得到推广。推动党建工作与经营发展深度融合，党员参与发放信用卡 5.7 万张，占发卡总量的 27%；35 岁以下青年发展手机银行 14.2 万户，占总量的 75%。（邮储银行辽宁省分行）

【邮储银行大连市分行】 内设 7 个专门委员会；19 个一级部门，1 个直属单位，8 个二级部门；下辖 13 个一级支行。网点 275 个，其中自营网点 50 个、代理网点 225 个，邮政金融乡镇服务覆盖率 100%。员工 1240 人，其中本科及以上学历员工占比 75.38%，35 周岁以下（含 35 周岁）员工占比 67.10%。

大连分行资产总额 507.81 亿元，比上年增长 5.9%。实现收入 6.21 亿元，比上年增长 2.24%，完成计划 101.79%；利润完成 5713 万元，比上年下降 41.88%。各项存款余额 488.9 亿元，比上年增长 22.96 亿元，增幅 4.93%；本外币各项贷款余额 233.63 亿元，比上年增长 39.43 亿元，增幅 20.3%。分行成本收入比 67.07%，比上年下降 0.39%；不良贷款余额 2.01 亿元，比上年增加 0.27 亿元，不良率 0.86%，比上年下降 0.04%；拨备覆盖率 181.69%。未发生资金案件及重大责任事故。

1. 业务发展

（1）个人金融业务。稳固个人存款规模，转变单一成本拉动的储蓄发展模式，制定重点业务和重点产品推广激励政策，年末自营个人存款余额 125.54 亿元。运用大数据展开手机银行精准营销，自营手机银行新增激活客户 7.87 万户，完成年度计划指标的 169.09%。信用卡新增发卡 2.3 万张，比上年增长 105.39%。大理财业务自营总体销售量 70.2 亿元，比上年增长 40.4%，完成年度计划的 135%。

（2）零售信贷与小微信贷。零售贷款余额 96 亿元，新增 11.4 亿元；小企业贷款余额 10.15 亿元，新增 2.06 亿元。深入对接乡村建设和现代农业产业链融资需求，推进再就业小额贷款业务以及政府电商平台合作。推进小企业金融“三化”建设工作，开展“大走访”活动，与金普新区签署全面战略合作协议，与大连市经信委签署中小企业金融服务合作协议。

（3）公司金融业务。公司贷款余额 63.82 亿元，新增 31.59 亿元；票据、福费廷余额 57.71 亿元，合理压降 11.47 亿元。与大连地铁集团、大连装备公司等多家大型企业达成业务合作意向；因地制宜发展票据业务，调整信贷资源转向实体经济；国际业务，成功推动买方付息国内信用证议付、外币跨境贷款等一批新业务落地；与大商所开展合作，成为系统内首家获得期货交易所保证金存管银行资格的分行。

2. 党建工作

（1）认真开展十九大精神学习贯彻活动，党委书记结合分行实际准备十九大专题党课。

（2）从严治党，加强制度约束，将作风建设、工作督办、干部约谈、职能考评、激励政策等有机结合，打造突出强调工作效率和执行力水平的制度体系。

（3）队伍建设，创新党委理论中心组学习形式，扎实落实各项学习任务，研究出台中长期青年骨干专项培养计划。

（4）发挥纪检监察的执纪监督问责职能，从选人用人监督、“三重一大”决策事项监督、重要时间节点作风监督、工作效能监督四个方面加强履职监督。

3. 运营管理

（1）确立亏损网点治理专题任务，形成一点一策的整治方案，出台压降网点房租台席设置等优化成本举措，量化业绩类和行为类的提升指标，5 家亏损网点成功扭亏为盈。

（2）推进业务库集中管理，实现地区缴拨款流程一体化；实现分行对账工作全流程集中化管理，完成开发区现金业务库上收工作。

（3）加强采购管理合规性和操作流程效率性，组织实施采购项目 220 个，有效发挥支撑服务作用。

（4）信息化建设，完成自助银行系统、内部评级平台等 12 个信息化项目推广建设，完成万达银企直联等 11 项区域性业务系统开发上线，数据提取 147 次、主题分析 6 项，实现统计报表展示功能。

4. 风险管控

（1）落实监管要求，搭建内控合规管理奖惩机制。启动员工违规积分管理制度制定工作；组织落实对公重点业务风险专项排查，排查发现问题 147 条，下发整改通知书 17 份；开展“三违反”“三套利”“四不当”“市场乱象”等系列专项治理工作。

（2）加强授信管理，统一前中台授信发展共识、风险偏好和管理理念，调整授信管理评价指标，开展信贷业务全流程授信监督。前移风险控制关口，加强重点企业风险监测，及时冻结风险客户额度并与前台随时共享风险信息。

（3）加强信贷资产质量风险把控，通过严把客户筛选、资产保全关口前移、稳定清收队伍、实行委外清收、优化激励机制等措施，管控资产质量。

（4）加强安防能力建设，加强尽职检查力度，成功处置迎客路支行歹徒“持枪”抢劫事件。（邮储银行大连市分行）

【速递物流辽宁省分公司】 辽宁省分公司累计完成速递物流业务量 2448 万件，增长 27%，实现收入 5.26 亿元，增长 26%，整体发展态势达到近年来最好水平。

1. 四大板块业务提速发展

（1）国内标快业务。国内标快业务收入 2.38 亿元，增长 10.5%。开展政务“亿元工程”，加强身份证、出入境、法院等项目的挖潜拓展，累计实现业务收入 8084 万元，增长 11.7%。商务市场份额较快提升，确立通信、银行、保险三大行业、12 个重点营销项目为主攻目标，累计形成收入 4666 万元。“极速鲜”收入再创新高，实现销售、寄递双向发力，累计形成寄递收入 2306 万元。

（2）国际业务。国际速递业务收入 1.23 亿元，增长 35%。组织开展散户市场大拼抢、休眠客户走访、分流客户回流等活动，累计实现国际标快收入 4492 万元，增长 22%。开展中速 TNT“实惠欧洲”重货促销活动，着力推出重货上海口岸专线产品，累计抢夺国际非邮重货 253.8 吨，创收 1033 万元。推出“逆向海淘”和“跨境校企”两大创新项目，e 邮宝业务累计实现收入 5618.4 万元，增长 98.4%。商业渠道业务实现零突破，累计开发海外仓客户 6 户。

（3）电商业务。电商业务收入 5699.7 万元，增长 28.6%。老板电器、康恩贝等仓储项目长期落户沈阳，并借助“菜鸟短租节”活动，引入妙绝伦、金红叶项目，仓储项目累计形成收入 516.1 万元。

（4）物流业务。物流业务收入 6268.5 万元，基本实现收入翻番，合同物流规模客户增加 22 户。中邮快运网建设稳步推进，以省内功能性运输项目为基础，逐步搭建省内快运产品运输渠道。物流运输资源有效整合，组建集散大运输中心，鼓励各单位充分利用干线余载和现有车辆资源发展物流业务。

2. 核心能力建设

（1）市场化经营机制。完成省商企中心、省政务中心、极速鲜事业部省市一体化建设，推进全省各营销实体化运作，专业营销能力逐步增强，累计实现收入 2.63 亿元。同时，开展众创众享示范点建设工作，全员创收热情高涨，全省 206 个众创单元累计收入增幅 23.5%。

（2）网运支撑能力。省内网络持续优化，进一步压缩省内干线运行时长，省内标准快递次日妥投率 89.41%，高于总部考核标准。东北区域快速集散网完成搭建，沈阳发长春特快邮件实现次日上午递，沈阳—长春、沈阳—哈尔滨次日递率分别提高 13% 和 9%。

（3）网运服务质量。稳步推进跟单系统上线，落实运营质量周例会制度，强化质效问责、考核和监督，质效水平不断改善。全省质效考核得分 90.6 分，较第一季度显著提高。客服体系建设深入推进，重新梳理主动客服流程，加快提升国际客服工单处理水平。将内部客服升级为主动客服，加强市公司客服、协同客服能力，省、市、生产机构三级客服体系得到完善，12 月份问题邮件一次解决率、标快 36 小时及时回复率分别完成 90.69% 和 94.28%，均排名全国前列。

3. 企业管理效能

（1）财务管控。扎实推进零基预算工作，企业利润水平有效改善。推行省内邮航包舱计划，合理调整发运次序，邮航空舱费用比上年减少 1193.7 万元。增开 26 条经济航线，在全程时限水平基本相同的情况下，发运经济航邮件 1150 吨，比标准航节省航空运费 474 万元。

（2）人力资源。将人工成本继续与投递量、处理量和标快、非标快收入挂钩，鼓励各单位通过业务发展解决人工成本不足问题，全省人事外包费用率连续两年分别减少 9% 和 10%。

（3）“两费一款”专项整治活动扎实开展。成立专项工作领导小组，明确部门职责分工，制定时间进度表，相继完善资费管理、欠费管理、合同管理、视察检查管理等配套制度，实现了日常操作、监督检查制度化、规范化。

4. 全面从严治党工作

（1）党建工作水平持续提升。深入学习贯彻党的十九大精神和习近平新时代中国特色社会主义思想，进一步完善了党建工作考核机制，党内政治生活进一步规范。

（2）党风廉政建设深入推进。逐步完善廉洁风险防控机制，建立风险防控“问题库”，开展党风廉政建设教育宣传月、机关转作风活动。

（3）企业精神文明建设取得新成效。沈阳市分公司铁西广场营业部荣获全国“青年文明号”称号，大连市分公司荣获全国邮政用户满意企业称号。（速递物流辽宁省分公司）

【中邮证券辽宁省分公司】

1. 业务情况

（1）经纪业务。截至 10 月 31 日，新开户 8849 户，累计开户 66552 户。其中，新增有效户 80 户，累计有效户 623 户。新增资产规模 2806 万元，累计资产规模 5206 万元。开立信用账户 2 户；金鸿小贷结存账户 173 户，融资余额 22.5 万元。

（2）资管投行。与省邮储银行合作，开展通道业务 2 笔，累计存量规模 5 亿元，期限一年。截至 9 月 30 日，资产管理业务形成收入 4.6 万元。

（3）风控管理。客户投诉实现“零”目标。经分公司与辽宁证券业协会沟通，分公司成功升格为协会理事单位。

2. 发展举措

（1）以板块联动为核心推进业务发展。一是业务推动方面。首先是与省邮政公司、省邮储银行制定全省《关于进一步加快中邮证券业务发展的实施意见》，意见中明确以省邮政公司谷德凯总经理和省邮储银行韩四喜行长为组长的证券发展协调领导小组，落实了证券业务的发展目标并制定了相关措施，同时，证券业务发展情况纳入全省的绩效考评。其次是督导通报，每天金融业务人员通报业务发展情况，每周在全省市县领导层面通报业务发展情况，同时借助转型督导的机会，分公司员工深入基层网点，现场培训授课，讲解证券基本知识，示范国债逆回购等业务流程。二是邮政全力支撑。首先是制作《中邮证券知识读本》电子书。将中邮证券的主要业务流程、营销宣传话术、交易软件下载使用、证券市场的基本术语解释、业务概念及业务种类解读、合规注意事项等内容，制作成 APP 电子书，下发给邮政员工使用。其次是配备宣传材料和微信宣传链接，提升公司品牌知名度。三是加强业务培训。组织培训 17 场，参与人次 2000 以上。其中全省视频培训一次，14 个地市现场组织培训各一次，县局培训 2 次。四是加强邮储银行渠道拓展。10 月开始洽谈经纪业务合作，分公司制定业务合作方案初稿。五是加强市场调研，招聘市场化团队。首先通过调研摸清辽宁证券市场营销人员的薪酬情况，并形成报告提交总部，其次是制作 5 期经纪人招聘微信宣传（微信 + 沈阳生活论坛等地方性网站），沟通 15 名意向人员，入职 1 位经纪人。在市场化团队建设方面，沈阳团队洽谈 3 轮，大连团队洽谈 2 轮，均达成初步合作意向。

（2）以信息系统为抓手加强客户服务。一是北京账户回迁前回访工作。自 2 月中旬开始，利用两个月的时间对经过总部及辽宁分公司整理确认账户开立在北京的 4717 名辽宁客户进行了累计四轮的电话录音回访，征求客户账户回迁意愿，最终回访成功 3357 户，回访成功率 71%。二是回迁账户的质检工作。经总部信息技术部处理后回迁至辽宁的账户各项信息、交易数据、中登使用信息进行逐户检查，对发现的 900 余户使用信息有问题的账户及时反馈总部继续处理，确保回迁账户使用正常。三是全力支持见证工作。分公司执行每周七天见证机制，每天见证时间 8：30—17：00，和邮政代理金融网点营业时间保持一致，周末专人见证值班，全力保障客户的见证需求。四是中签客户电话通知服务。为确保客户了解中签情况，保证自身利益不受损害，运营服务人员2017年累计电话通知新股中签客户113户。五是完成系统测试。累计完成总部安排的各项系统测试14次，及时反馈测试结果和报告。六是存量账户回访。协助市场部对2016年存量客户进行常规电话回访500户，回访成功277户，对分级基金持有人电话回访12户，对金鸿小贷履约担保比例预警短信回访120人次，电话回访6人次，及时登记风险预警台账和回访台账。

3. 加强企业合规风控建设

（1）加强内部合规管理。累计组织9次全员合规制度、监管案例的专项培训，提高分公司员工合规意识，避免执业风险。对员工执业行为管理、客户回访、产品营销等内容组织了10次常规自查并形成自查报告，如实反映分公司经营及员工合规执业情况、合规风险的发现及整改情况。

（2）加强反洗钱管理。每日登录公司内控平台对新开账户进行反洗钱等级人工复评，累计评级8849户，处理系统预警可疑交易4条，均形成客户洗钱和恐怖融资风险分析评价报告反馈总部。通过账户系统对身份证过期的账户进行反洗钱标识修改4556户，并全部发送短信提示及时更新身份证件。

（3）加强监管协同工作。积极参与监管部门组织召开的会议、培训、活动，了解监管动向及行业动态。根据辽宁证监局的监管要求，开展了分公司风险排查和合规自查、《证券期货投资者适当性管理办法》实施准备工作情况自查并及时反馈自查报告。通过积极与辽宁证券业协会沟通，分公司成功升格为协会理事单位。

4. 强化企业内部管理

（1）加强人力管理工作。完善分公司机构设置，设立了综合部、市场部、运营风控部和资管投行部。在合规经营的前提下，整合人力资源，鼓励一人多岗、合理兼职，设置分公司AB角岗位设置，细化人员分工。

（2）加强人才引进。分公司积极与总部人力部负责招聘人员沟通，通过猎聘网、智联网登记分公司招聘人员信息，同时与省邮政公司人力合作在省邮政内部发布招聘信息。

（3）加强信息系统管理。按照监管要求，营业厅单独开通了外网宽带，按月对网络、终端设备和移动存储设备进行检查，对PC机进行病毒扫描，及时更新防病毒软件，全年未发生信息安全事件。

（4）分公司负责人变更工作。配合总部，完成原负责人张研的离任审计工作。并在税务、社保机关完成分公司负责人变更，及时完成了分公司营业执照变更，确保分公司合规有序经营。

5. 加强分公司队伍建设

（1）成立分公司党支部。11月16日，分公司党支部正式成立，会议投票选举党支部书记1名，党委委员2名。

（2）加强队伍专业能力建设。以集中学习、自学为主要方式，提升员工的专业能力。参加总部培训36期、230余人次，着力打造“学习型”队伍，3人次借调总部进行交流学习。

（3）加强队伍综合能力建设。通过每日晨会、周总结计划、月总结计划，实现计划、过程、总结的闭环式管理，确保每名员工计划有方向、过程有管控、总结有效果。（中邮证券辽宁省分公司）

【中邮保险辽宁省分公司】

1. 推进规模发展

（1）保费收入。累计实现新单总保费18.1亿元，达成总保费预算进度113%，提前96天完成全年总保费目标，银保渠道新单总保费市场占有率4.4%，列全省第7位。其中，累计实现新单趸交保费8亿元，达成公司规模发展要求。实现非高现价趸交保费3.1亿元，达成预算进度142%。主要营运指标保持良好。

（2）期交业务。累计实现中邮期交保费4.7亿元，比上年增长11%，达成预算目标115%，提前163天完成“双百亿工程”目标；期交月均出单率63.7%，高于全国平均水平10.4%，列全国第4位；实现长期期交保费4156万元，比上年增长213%，列全国第5位；银保渠道新单期交市场占有率11.3%，列全省第3位。

（3）期交规模。迅速下发落实“双百亿工程”方案文件，明确以落实“双百亿工程”贯穿全年的期交业务发展导向。邮、保联合组织开展“金鸡贺岁迎新春，中邮抱团争霸赛”，累计实现新单保费10亿元，期交保费2.49亿元，在总公司第一季度“开门红”活动中荣获三奖（新单期交规模领先奖、新单期交进度领先奖、趸交保费目标达成奖）。提前163天达成“双百亿工程”期交保费目标。

2. 经营组织和运营支撑体系建设

（1）推进城市和团险业务发展。制定《中邮保险辽宁分公司城市业务发展实施意见》，统筹规划城市业务发展。实现营业部快速展业，强化团险、自营业务发展职能，累计完成团险保费665.94万元。全力深化团险兼业代理，印发《关于印发兼业代理中邮保险团险业务发展实施意见的通知》，成立以省邮政分公司总经理为组长的业务发展领导小组，在沈阳、鞍山全力开展试点工作。

（2）开展营销活动组织。深入分析重疾险市场客群，将邮保安康作为开拓市场“主力军”，迅速抢占渠道重疾险市场，8—9月实现邮保安康保费617万元，列全国第2位。根据银行渠道客群需求，联合银行渠道开展45场“中邮邀您来，保障带回家”客户答谢活动，累计销售长险保费 330 万元，完成银行渠道长险保费目标。

（3）营销服务载体。与 72 个经营单位领导、业务员建立沟通渠道，设立业务发展热线，搭建基层网点沟通平台，建立值守机制，实时解决基层一线中邮保险发展难题。创新营销宣传形式，结合重点节日开展微信营销，制作主销产品宣传视频和 6 款销售辅助工具，下发全省 1100 个网点。立足客户差异化需求，打造“嘉财万贯保障计划”“人财两顺组合计划”“中邮宝贝计划”三款产品组合，提升一线网点综合金融服务能力。开展网点新产品、期交特训营等多层次培训 11163 人次。

（4）推进运营流程再优化。对标一流寿险公司，结合邮政特色，提升全流程运营效率。优化承保档案流转流程，取消市中邮保险局对所辖县市局档案二次整理，进一步缩短承保档案流转时效。制作《邮保通操作流程及投保单填写》指导视频，实现基层可以教、自己可以学、随时可以用。引入市场化外包处理模式，优化新契约回访和档案流转处理流程。

（5）搭建靠前运营支撑服务平台。抓住理赔、满期给付等基层难点问题，主动出击、牵头处理，减轻基层工作压力。组建新契约审核支撑组，对常见问题向全省重点岗位人员开展集中培训 4000 人次。开展“三清四服”赔案清理百日战役，组织上门理赔和省市联动理赔，提高赔案处理速率，在总公司理赔考核评比中，列全国第 2 位。妥善做好满期给付处理工作。

3. 创新发展

（1）探索板块协同、省市联动新模式。打造长期期交示范区，以丹东、辽阳、铁岭为试点，加强一线网点支撑帮扶，开展中邮专职讲师定期走访，“一点一策”定制发展计划，支撑示范区网点微沙、产说会等活动。实施旗舰网点建设，制定下发《中邮保险期交旗舰网点打造工程方案》，优选全省 70 个城镇地区中心网点，分层打造总、省两级旗舰网点。深入组织开展交叉营销，结合邮政农产品返城项目，开展“保障系万家，品味辽河情”客户回馈活动；结合邮政爱心医疗项目，在丹东凤城开展保障进农村活动。

（2）发挥信息技术引领作用。加快信息化系统建设，充分利用“互联网 +”技术，增强客户体验式开发理念，优化微信平台和移动服务客户端。推动电子化填单系统建设，完成 14 家试点网点系统测试及人员培训工作，具备出单条件。

（3）深化邮银保风险联防、联控机制整合。加大联合巡查力度，累计检查 9 市、19 县、77 网点，帮助市县梳理重要制度 80 余个，发现问题 17 类、34 个，下发整改通知 19 份。建立投诉动态协作处理机制，联动处理客户投诉，确保第一时间消除隐患。在辽宁保监局保险消费者投诉处理工作考核中，在全省 40 家寿险公司中列第 1 位。（中邮保险辽宁省分公司）

吉 林 省

【吉林省分公司】 业务收入 30.73 亿元，比上年增长 4.75%，完成集团计划 100.3%，实现经营利润 5130 万元。

1. 强化效益导向

（1）代理金融。业务收入累计 21.73 亿元，列全国第 19 位。“挑战不可能　勇攀新高峰”跨赛活动成效显著，“价值余额”理念有效落实，一阶段新增储蓄余额 85 亿元。手机银行业务井喷式发展，完成计划比例列全国第 4 位。金融资产总量 1382 亿元，列全国第 18 位。中邮保险吉林省分公司筹建工作全面通过总部和监管单位验收。

（2）包裹快递。业务收入累计 1.79 亿元，列全国第 26 位；比上年增长 46.62%，列全国第 11 位。包裹快递经营收入 1.48 亿元，比上年增长 37.7%；业务量 1285.3 万件，比上年增长 104.6%。电商快包收入 8560 万元，增幅 115.5%，列全国第 7 位；电商快包市场占有率 7.3%，比上年提高 3.2%，提升率为 78%，远超集团公司 15% 的提升率标准。

（3）农村电商。累计建成“邮乐购”店 1.25 万个，月活跃度 62.5%；实现批销额 1.86 亿元，增幅列全国第 3 位。分销业务实现收入 2.05 亿元，列全国第 10 位，比上年增长 13.6%。打造“吉林一黑一白”“延边苹果梨”等多个“万斤”项目，农产品交易额 3660 万元。代购订单 54 万单，注册邮乐小店 15 万个。5 家单位入选 2017—2018 年吉林省电子商务示范企业。

（4）邮政基础性业务。累计业务收入 3.95 亿元。其中，函件业务实现收入 9723 万元，列全国第 22 位，比上年增幅 2.8%，列全国第 8 位；发行业务实现收入 1.2 亿元，完成计划 100.8%，比上年增幅 2.22%；集邮业务实现收入 1.78 亿元，列全国第 18 位。

（5）项目营销实现创新发展。重点大客户开发成绩喜人，累计开发 10 万元以上营销项目 205 个，收入 1.5 亿元。创新开展创维县域拓展，与省检察院成功开展“预防邮路”活动，开创腾邮赢客中国行营销峰会业务推广模式，警邮、税邮等合作领域不断深化。

2. 强化能力建设，综合实力有效增强

（1）寄递网能力得到新提升。优化调整省内干线网，增加省内干线汽车频次。省内互寄次日递率等多项指标超过集团公司标准，陆运网质量指标列全国前 10 位。实现《人民日报》《吉林日报》在全省县级以上党政机关当日见报，得到省委省政府的高度赞扬。

（2）信息化建设取得新进展。重点做好支撑“三个一把手工程”信息系统的开发上线工作，完成重点工程建

10 月 13 日，吉林邮政在第四届中国（长春）电子商务博览会上展出特色农产品。（吉林省分公司 / 提供　向天明 / 摄）

设任务 12 项，优化平台系统功能 22 项，自主完成软件开发 5 项，信息安全工作有效增强。省分公司主创的“金融积分互联网实用项目”荣获全国邮政企业科技创新成果三等奖。

（3）基础能力建设不断夯实。累计投入建设资金 1.75 亿元，其中，基本建设资金 0.88 亿元，技术改造资金 0.87 亿元。改造和翻建局所 92 处，安排工艺改造项目 13 项，累计布放 CRS 等自助设备 180 台，自助化水平有效提升，邮政网点面貌大幅改观。成立工程建设管理领导小组，全省工程建设项目统筹管理进一步强化。

（4）综合便民服务平台功能更加完善。自营渠道建设上，邮政网点总数 1276 处；社会渠道建设上，综合便民服务平台累计建成社会站点 1.61 万处，平台业务种类达 40 多种。代办车险累计 2.4 万单，实现收入 807 万元，增幅 57%；代收税款累计 1.08 亿元，实现收入 540 万元，增幅 158%。

3. 强化管理创新，运营效能全面提高

（1）财务管控水平明显提升。不断完善以效益为导向的资源配置机制，加大对“三个一把手工程”和网运投递升级的财务支撑力度。健全以利润为核心的绩效考核评价体系，推进财务标杆对标管理。严格执行预算管理和对标管控，深化 ERP 成本费用预算额度管理模块应用，优化省级集中核算流程。

（2）人力资源配置持续优化。全面推进机构编制调整，组织架构更加精简高效。多措并举优化人力资源配置，金融网点和包裹揽投净增 783 人，转招 57 人。举办培训班 117 期，培训 2.1 万人日，中邮网院远程培训 2.3 万人次。

（3）服务质量水平有效提高。开展“无着邮件提升专项活动”，无着包裹比上年减少 619 件。快包客户投诉升级数量下降 2343 人次，服务申诉处理满意率 99.1%，高于集团标准 5.1%。客户服务社会满意度 85.35 分，超过集团目标 8.35 分。

（4）企业基础管理切实加强。严格落实“三重一大”事项集体决策制度。修订各类规章制度 20 余项，完成公务用车改革和“三供一业”分离移交等工作。强化审计监督，实施工程审计项目 658 项，审减节省工程费用 1214 万元。完成全省性集采项目 34 个，节约资金 271 万元，占计划投资预算 14.66%。全面落实安全生产责任制，平安邮政建设有效推进。全省机要通信连续 30 年保持质量全红，省机要通信局、珲春市分公司荣获“全国机要通信先进集体”称号。

4. 强化党建工作，和谐企业建设成果丰硕

（1）企业党建工作全面深化。全省邮政以深入学习宣传贯彻党的十九大精神作为首要政治任务，迅速掀起学习党的十九大精神热潮。全面落实从严治党主体责任，按照“四个同步、四个对接”要求，推进“两学一做”学习教育常态化制度化。评定基层党组织示范点 10 个、企业文化示范点 10 个。践行“三上、三入、三会、三结合”企业文化宣传贯彻法，得到集团公司的高度肯定。

（2）党风廉政建设深入推进。全面推进“两个责任”落实，签订专责监督责任书 50 份，约谈市州分公司党委书记、总经理，听取纪委书记述职述廉报告。全省组织开展任前廉政谈话 110 人次，约谈 193 人。对市州分公司落实党风廉政建设责任制情况进行检查考核，发现问题 102 项，提出整改建议 65 条。强化责任追究，函询 10 人，提醒谈话 1 人，诫勉谈话 1 人，对 5 名三级领导人员进行问责。

（3）精神文明建设成绩斐然。国家级文明单位 7 个，省级文明单位 39 个，省级及以上文明单位占比 90%，吉林市分公司晋级第五届全国文明单位。在全国率先启动以劳模为引领的科技创新工作室建设。省分公司荣获“第十五届全国职工职业道德建设标兵单位”称号，是吉林省也是全国邮政唯一获此殊荣的单位。

（4）和谐企业建设不断深入。以职工小家建设为重点，扎实推进员工关爱工程，3 个农村支局荣获全国邮政系统“模范职工小家”称号。扩大重大疾病保险、意外伤害保险投保范围和投保份额，员工福利保障体系进一步完善。（吉林省分公司　蔡敏杰）

【邮储银行吉林省分行】 内设 22 个部门（8 个二级部门）、2 个直属单位，下辖 9 个二级分行、40 个县（市）支行。网点 1065 个，其中银行自营 164 个、代理 901 个，实现城乡全覆盖。从业人员 4516 人，平均年龄 35 岁，其中本科以上学历员工 3252 人，占比 72%，专业类人员 1952 人，占比 43%。

总资产 1543.8 亿元，比上年增长 7.47%。实现营业收入 21.11 亿元，排系统内第 23 位，比上年增长 5.10%；

实现净利润 5.18 亿元，排系统内第 22 位。各项存款余额 1483.59 亿元，比上年增长 6.07%；各项贷款余额 509.85 亿元，比上年增长 18.92%。不良贷款率 0.89%，拨备覆盖率 216.02%。

1. 业务发展

（1）个人金融业务。吉林省分行个人有效客户 415.51 万户，其中个人 VIP 客户 18.04 万户。一是个人存款业务，个人存款余额 284.09 亿元，实现资金净流入 45.2 亿元，资金净流入增长 9169 万元，排系统内第 5 位。二是理财业务，销售理财 237 亿元，比上年增长 42%。三是信用卡业务，新增发卡 13.1 万张，有效客户占比 70%，激活率 69%，消费金额 77.68 亿元，增长 56%。

（2）“三农”金融业务。小额贷款余额 32.14 亿元，排系统内第 22 位，净增 0.62 亿元，增速 9%。个商贷款 68.76 亿元，排系统内第 15 位，净增 5.66 亿元。经办邮储银行首笔涉农公司贷款。

（3）消费信贷业务。个人消费贷款余额 241.08 亿元，系统内排名第 16 位，新增 52.65 亿元，排系统内第 14 位。非购房类消费贷款余额 67.70 亿元，占消费类贷款总余额的 28.08%，系统内排名第 9 位，高出邮储系统平均水平 10.5%；年净增 11.56 亿元，占消贷总净增额的 21.97%，系统内排名第 13 位，高出邮储系统平均水平 4.65%。推进“邮享贷”“邮薪贷”“优家贷”等白名单客户业务拓展，信用消费贷款净增 2.2 亿元，是吉林省分行成立以来净增之和，余额 3.9 亿元。消费贷款新增市场占有率 9.3%，系统内排名第 2 位，高出邮储系统平均水平 4.6%，吉林省内同业机构排名第 3 位；消费贷款余额市场占有率 7.10%，系统内排名第 5 位，高出邮储系统平均水平 2.55%，吉林省内排名同业第 4 位。

（4）小企业金融业务。小企业贷款持续推进民生和数据应用类重点产品，余额 31.09 亿元，净增 6.04 亿元。医院贷、供热贷、小水电、发票贷、税贷通等重点产品余额 4.74 亿元，净增 3.78 亿元，其中供热贷和信用类产品税贷通业务净增均超亿元。

（5）公司金融业务。公司贷款余额 70.66 亿元，净增 13.66 亿元。办理系统内首批大额存单业务，两次中标吉林省国库定期存款，公司存款余额日均余额 123 亿元。

（6）金融市场业务。存放同业余额为 99 亿元；非银存款余额 13.5 亿元；同业借款余额 180 亿元；投资同业存单 10 亿元。托管业务总规模 359.12 亿元，比上年增长 25.86%，系统内排名第 19 位；托管新增规模 73.26 亿元，系统内排名第 8 位。同业融资新增交易 287.5 亿元，比上年翻 4 番。同业投资拓展理财投资非标、债券投资、资本市场类业务共 12 亿元。

2. 渠道建设

（1）网点建设。投资 2310 万元建设和改造 12 个网点，新增布放自助设备 125 台。开展网点分类管理，加强低效网点整治，3 个网点实现扭亏。推进省行本部营运用房购置项目。

（2）电子银行。手机银行实现跨越式发展，完成年度新增激活客户发展计划的 211.36%，系统内排名第 7 位。手机银行结存激活率提升 14.24%，系统内排名第 3 位。手机银行行动方案净增激活客户、净增注册客户提前 10 天完成总行第一阶段目标，系统内排名均为第 4 位。

3. 风险管理

（1）合规文化。开展一把手合规大讲堂 137 课。推进“管理示范行”建设，建立健全 397 项制度，评定 46 家合规管理示范二级支行，并开展“空降式整体接管检查”。深入开展“三三四十”等专项治理，整改问题 12 类，问责 862 人次。认真履行代为监管职责，组建专业团队强化代理营业机构管理。启动机构负责人三年轮训规划，首期培训 300 人次，形成合规运营齐抓共管局面。

（2）审计安防。完成贷后管理流程剖析等 16 类 408 个审计项目，问题整改率 97%。非现场审计深挖资产业务风险，问题整改率 100%。内控评价实现二级分行全覆盖。工程审减节支 128.49 万元。安全保卫开展“能力提升回头看”，安全管理标准化达标网点新增 33 个。

（3）信用风险。加强预警预判，印发督导函 61 份，化解 6000 万元“堰塞湖”劣变不良贷款，遏制资产质量向下迁徙。差异化明确 7 个重点行业信管要求，完善二级分行信贷策略。围绕小企业、公司信贷进行平行作业 15 次，限时服务效率提高 10%。打造资产保全利润中心，清收不良贷款 2.22 亿元。通过诉讼手段收回逾期贷款 2123 万元，起诉案件胜诉率 100%。

4. 管理创新

（1）人力资源。上派下挂 28 人，选派 27 名青年员工到县级团委挂职锻炼。通过校园招聘、盘活资源向销售类岗位充实 79 人。分层次、多形式开展各类培训 714 期、培训 2.2 万人次。

（2）运营管理。推进台席压降和一级支行会计集中，管理创效 570 万元。备付金率下降 5 个 BP，节约成本 110 万元。开展营业主管派驻、业务印章电子化，编制《二级支行长工作手册》、出台《集中营运标准化作业流程手册》。启动新一代零售信贷工厂试点，处理时长缩短至平均 4 小时。

（3）信息科技。落实邮储银行“十三五”IT 规划，落地 20 项信息化项目、5 项自主研发系统软件，在系统内推广 3 项大数据应用案例。

5. 党建工作

（1）全面从严治党。各级党组织学习贯彻十九大会议精神，通过党组织书记讲党课、支部主题生活会等方式进行专题学习近百次，创新学习方式，通过微信答题掀起学习宣贯热潮。明确“四个原则”，用“四个结合”推动“两学一做”学习教育制度化常态化，实现全面从严治党扎实开展。

（2）监察问责。压紧压实“两个责任”，对3家二级分行和7个省行部门开展巡察。扎实推进“一保双控”、储蓄余额“止跌回升”等8项效能监察，约谈问责“关键少数”。构建廉洁风险防控体系，筑牢党员干部的思想防线。

（3）工会工作。组织召开工会第二次会员代表大会，完成换届选举。稳步推进劳务工转聘、通用序列和员工职级晋升。改善员工生产生活环境，投资7378万元购置5处县（市）营运用房，职工小家建设完成三年规划。（邮储银行吉林省分行）

【速递物流吉林省分公司】 总收入39846万元，比上年增长20.03%。

1. 完成“双目标”。降本增效成果显著。全省从人工成本、处理中心和集中采购方面三管齐下，圆满完成“全年利润减亏40%”的目标。通过实施“众创”科学分配方式，严控二、三线人员绩效标准，使全省人事费用率比上年末降低5%；通过人员分流、合理匹配省内干线运力、压缩管理成本和对集中采购重大项目重新招标，节约成本约700万元。

2. 业务结构。“三箭齐发”增动力，省际标快快速增长，省际标快业务完成收入8120万元，比上年增幅21%。提“三率”扫盲专攻，政务业务强势增长，政务类客户数585个，业务收入3861.7万元，比上年增幅26.9%。拓渠道创新思维，国际业务逆势腾飞，业务实现收入5986万元，比上年增长47.6%。挖特色探新模式，“极速鲜”业务发力，实现销售+寄递收入1484万元，比上年增长135%。稳“三进”聚焦汽配，商企市场多维拓展，有效进驻商圈、写字楼80个，实现收入1874万元。强营销夯实基础，电商市场稳扎稳打，成功开发94户。物流“三大”初现成效，菜鸟下沉仓试水，业务总收入完成321万元，比上年增幅57%。

3. 运营质量。

（1）提升服务质量，加强网运效能。一是聚焦质效关键指标，进行流程再造，全面实施标快和国际EMS邮件跟单，以内部调度率、当班解决率两率“一低一高”为工作重心，定期召集未达标单位集中共同研究提升方法；二是深入推广主动客服，为特安邮件和省内重点项目提供100%主动客服。

（2）强化基础管理，支撑保障水平。一是对标行业先进水平，按相应的运行频次和时限水平组网建设，区域内重点城市互寄邮件时限质量达到81%；二是于7月末提前完成“100%完成邮航包仓任务”的目标。

（3）推进流程优化，强化技术应用。一是加强对处理中心的生产作业管理，提升上机分拣量及分拣效率；二是强化推进新技术和新设备的应用，智能手机、MPF包分机维护操作、便携式蓝牙打印机等新设备均落实到位。

4. 队伍结构。加快人员转化，优化人工成本支出。一线人员占比71.69%，支撑重点区域、重点项目的业务发展。开展双定工作，稳步提升人工效能。人均揽投量达到90件，处理中心人均处理效率700件，劳动生产率18.97万元。业务培训有序有效开展。举办培训班154个，9313人次。

5. 管理水平。纵深推进“众创众享”指导实施方案；加强营销体系建设。明责任，重落实，资费管控成绩显著。严格落实省内资费二级管控体系，强化重点指标管控。勤归集，严考核，资金管控逐步提升。加强资金收支管理，确保营收资金、业务资金及时上缴、生产性支出优先支付；加强RFS资金归集管理，三日内缴款率由52.2%提升至99.7%；加强欠费管理和增值业务管理。立实际，促发展，党建工作构建新体系。健全联动机制开展党建工作；创新形式开展纪检监察工作。（速递物流吉林省分公司）

黑龙江省

【黑龙江省分公司】 累计业务总收入49.25亿元，规模列全国第12位；比上年增长6.27%，高于集团预算增幅1.39%；完成集团公司计划101.33%，排名全国第23位；累计实现利润5152万元；全员劳动生产率19.39万元，比上年增长8.43%。代理金融业务收入32.71亿元，比上年增长5.8%；包裹快递业务收入6.25亿元，增幅23.19%，其中，对俄国际小包项目收入3.18亿元，比上年增长18.28%。

1. 持续加大邮政基础建设投入。推进哈尔滨航空和陆运邮件处理中心建设，初步完成土建和工艺改造建设任务。投入资金1.09亿元，维修改造各类网点88处、新建仓储配送中心2处。投入资金1.1亿元，提升终端服务能力，配备各类金融自助设备543台，邮资机和制签机82台，新增邮运投递生产用车119辆、电动三轮车110辆，开展20余项集团和省内信息化项目的建设推广工作。持续加大平台建设力度，新建各类综合站点1176处，累计14065处。完成“双十一”旺季生产任务，实现全网不爆仓、不瘫痪、不发生重大安全事故。

2. 持续深化体制机制改革创新。组织实施经营组织架构改革，完成对各级邮政企业机构设置、领导职数和人员编制的核定。完善财务管理体系，实行全面预算和零基预算相结合的管控模式，运用ERP系统加快集中核算进程，同步加强企业资金运行管理。深化三项制度改革，完善薪酬分配制度，合理控制用工总量，通过清理小时工和非全日制用工，规范劳务承揽和业务外包行为，提高人力资源管理效能。强化人力资源服务支撑中心和会计核算中心人员配置，为企业重点工作开展提供了基础支撑。

3. 持续推进文化素质工程建设。强化各层级人员培训，集中培训率93.84%、远程教育合格率97.03%。落实关爱工程，组织全省26924名员工参加重大疾病和意外伤害保险，分批次组织583名先优劳模开展健康休养活动，帮扶慰问劳模和困难职工1162人，新建职工小家26个、职工食堂15个，并对部分职工小家进行提档升级、环境优化和设施更新。精神文明建设成果丰硕，1个集体荣获全国“工人先锋号”称号，1个集体荣获全国用户满意企业称号，3个集体荣获全省“工人先锋号”称号；1人荣获全国“五一劳动奖章”，11人被评为省第十二届劳动模范，3人荣获省“五一劳动奖章”。

4. 持续融入地方经济社会发展。严格执行新《邮政普遍服务标准》，保证普遍服务依法合规开展。重视党报党刊寄递服务工作，加大资源投入力度，党报党刊当日见报率98.3%，得到各级党政机关的普遍认可。落实政府“扶贫攻坚”战略，销售扶贫助农产品500余万元，多个扶贫项目得到各级政府和农民的肯定。

5. 持续加大全面从严治党力度。深入宣传贯彻党的十九大精神，推进“两学一做”学习教育常态化制度化，抓党建、促发展呈现新格局。全面落实主体责任和“一岗双责”，完善党建工作责任体系，层层传导责任压力。抓党建、转作风成效显著，组织开展加强和改进机关作风专题活动，促进机关作风再提升。抓基础、促规范，基层党组织建设成果显现，严格按照建设标准，抓好示范点建设、基层组织按期换届和优秀党员联系空白网点等工作，增强基层党组织力量。巩固扩大巡察整改全覆盖成果，批评教育和提醒谈话22人次，党、政纪处分和组织处理19人次，营造“严管厚爱”的纪律氛围。（黑龙江省分公司 时波）

11月18日，凌晨1点38分，载着“双十一”网购第一批货品的邮政包机，从哈尔滨起飞，飞往俄罗斯叶卡捷琳堡。（黑龙江省分公司/提供）

【邮储银行黑龙江省分行】 内设21个一级部室，设置7个二级部室、1个直属机构；下辖地市分行13家，直属支行1家，县支行70家；员工8335人。

收入30.81亿元，比上年增长5.07%；实现利润6.52亿元，比上年增长64.9%，居系统内第4位。各类实体贷款280.6亿元，新增95.8亿元，比上年增长81亿元。收入利润率21.2%，比上年增长7.7%；实现经济增加值1.39亿元，比上年增长1.76亿元；人均经济增加值为1.66万元，比上年增长2.1万元；经济资本回报率为13.98%，比上年增长4.14%；净利差水平上升至3.87%，比上年提升40个基点。分行不良率控制在1.87%，不良额下降4.3亿元。

1. 业务发展

（1）个人金融业务。整体资金净流入97亿元，实现储蓄增额19.4亿元，日均额增长33.6亿元。实现新单保费27.8亿元，居系统内第4位，手续费收入突破1.2亿元，居系统内第3位；理财日均保有量208.2亿元，新增46.2亿元，均居系统内首位。信用卡发卡22.4万张，增幅82%，其中线上发卡1.56万张，激活超8000张，居系统内第2位。

（2）公司业务。公司存款余额152亿元，净增10.8亿元，公司贷款余额93.7亿元，净增51.9亿元。福费廷业务余额104亿元，居系统内第3位。

（3）零售信贷业务。“三农”金融业务，投放小额贷款67亿元，年日均余额68.9亿元，均居系统内第9位；年净增峰值超过32亿元，连续7个月居系统内首位。个人商务贷款投放29.7亿元，余额负增长0.8亿元，与上年相比降幅收窄。消费信贷业务，余额为200.03亿元，放款81亿元，增幅58%，净增44.2亿元，增幅54%。小企业金融业务，贷款余额为31.93亿元，年净增6亿元，比上年增长1.6亿元。

（4）金融市场业务。办理直、转贴业务860亿元，增幅12.6%，实现收入1.4亿元，增幅31.3%，其中转贴现净收入居系统内第2位。办理同业业务277亿元。托管业务规模452亿元，比上年增长47亿元。

2. 风控合规

（1）不良资产化解。加强现金清收，确立加强司法合作的工作思路，将6.5万笔不良贷款纳入司法程序，诉讼率79%，比上年提升24%，司法清收占比64%，比上年提升19%。实现清收5.3亿元，比上年增长27%，清收冲回减值拨备4.7亿元。核销不良资产超过6亿元。

（2）合规排查治理。完成一系列外部合规排查，以及对公重点业务大排查等内部检查活动，开展整治非法买卖银行卡信息等十余项案件风险专项排查。各类检查发现问题超 1.4 万个，整改完成率超过 90%，问责超过 1 万人次，连续七年保持零发案率。

（3）重点环节管控。开展低效对公账户治理，清理账户 5665 户；销毁清理各类印章 8000 余枚，在全辖范围建立印章台账；建立百人网评员队伍，处理、应对总行监测各类舆情 70 件；加强对分支机构信访受理的培训指导，完善工作流程和责任落实。

3. 渠道建设

（1）网点转型。压降台席 103 个，分流 148 人充实到网点营销等其他岗位，压降网点面积 3600 平方米，亏损网点比上年末减少 14 处。结合网点转型，探索信贷下沉，进一步叠加网点功能，推进业务发展。

（2）电子银行。电子银行客户 385 万户，居系统内第 9 位；实现交易额 2262 亿元，比上年增长 29%，居系统内第 8 位。其中，手机银行客户量比上年增长 52.9 万户。

4. 队伍建设

（1）结构调整，引入 98 名新员工，减员 128 人。

（2）干部选拔，启用多名“70 后”“80 后”的优秀年轻干部，地市分行新任用领导干部中“80 后”占比超过 30%。

（3）人才培养，启动“2017—2019 人才成长计划”，5 个地市、17 名领导干部分赴辖内优秀地市分行交流学习；127 名客户经理入围“金种子”；37 名青年骨干加入“春晖计划”挂职交流。

（4）能力打造，组织 1400 余人次的各级行管理人员、二级支行长岗位能力学习考试。连续两年获得全国“银团合作”优秀派出机构荣誉称号，获得“读者信赖金融品牌”；双鸭山分行被评为国家级文明单位，东宁、北安支行获得全国“银团合作”优秀项目，集贤锦慧支行获评全国“青年文明号”。

5. 精细管理

（1）降本增效。“五统一”财务集中管理目标基本实现，非人工成本比上年下降 5%，其中市场发展费、折旧及摊销费用、专业服务费等重点成本支出大幅下降。取得进项税 6400 万元，综合抵扣率提高到 4.13%。二级分行信用卡预审工作全面上收，拓展集中授权、会计稽核等集中营运业务，扩大业务录入、切片处理等作业外包。

（2）调整信贷作业。完成 16 个总行区域授信政策课题研究，出台授信政策报告 46 份。调整审批方式和流程，实现业务“随报随批”、贷审会“随时召开”，确保绿色审批通道畅通。强化平行作业与沟通，零售信贷工厂正式组建运行。

（3）科技支撑。实施“冠字号”等 16 个大型信息化项目的上线工作，系统内率先完成网点密码键盘国密化改造；组织完成 ETC 等 9 个中间业务项目的上线及优化改造，助推与财政及社保部门的全面合作。创新研发并推广柜面外设一体机、多媒体信息集中发布系统，助力轻型网点建设。

6. 党建工作

（1）夯实党建文化。深入学习全面贯彻十九大精神，实施“强基固本 2.0 工程”升级版，将“两学一做”制度化、常态化，探索“党建＋文化＋发展”模式，使党建工作与业务发展深度融合、同频共振。以辖内宝清、孙吴支行党建和企业文化示范区为蓝本，制作拍摄“微党课”和“微电影”。

（2）全面从严治党。组织开展全面从严治党专项大检查，针对发现的问题，约谈地市分行党委书记、纪委书记。对照集团公司巡视反馈问题库，立查立改各类问题 24 个。自上而下开展廉洁风险自查，发现风险点 91 个，对中高级风险点提出 80 条控制措施。受理信访 51 件，对相关单位负责人进行提醒谈话。（邮储银行黑龙江省分行）

【速递物流黑龙江省分公司】 自营收入完成 26895 万元，比上年增长 11.6%，增收 2791 万元。

1.“众创众享工程”。制定《关于进一步激发“最小创收单元”创收积极性的指导意见》，鼓励和支持基层单位实行“众创众享工程”。在全省经营工作会议上，对“众创众享工程”“创业计划”和“终端代办”进行重点部署，现场解答疑问。举办“挑战不可能实现新跨越 2017 创业精英培训班”。组成专题调研组，利用 100 多个小时，合计 7000 多公里，深入 7 个市公司、32 个县营业部进行政策宣讲和解读，帮助领创者树立信心。34 个营业部完成收入计划、13 个营业部完成利润计划；代办点 1402 个，比上年增加 484 个，完成收入 155 万元。

2.“标快过亿工程”。与省公安厅共同举行“互联网＋公安政务”战略协议签订仪式，为启动 352 项公安寄递业务提供政策保障。分别召开由一把手参加的政务类业务发展座谈会、培训会、推进会，进一步增强信心、凝聚共识、提高本领、加快发展。政务类项目完成收入 3300 万元，比上年增长 14%。组织各分公司开展省际标快提质增量活动，举行摘标仪式。实施“保阵地、夺失地”商务类、政务类客户大走访活动，走访商厦、写字楼 123 个，走访客户 4637 户。

3. 千万项目拉动大局。身份证项目以签订战略协议为契机，以解决公安服务中的“痛点”和“难点”问题为切入，将停办 3 年的身份证项目重新启动，身份证项目形成收入 331 万元，比上年增长 16%。将菜鸟项目列为一把手工程，召开启动会、推进会、誓师会等各部门、各分公司一把手参加的专题会，与现业沟通，提高服务水平，为项目做大、做强奠定坚实的思想基础，完成业务收入3181万元。深挖百威项目，合作种类从商超配送延伸到城市配送及干线运输，完成收入3310万元。超前谋划“思乡月”专项营销活动，提早预热，完成销售收入1102万元，比上年增长53%。

4. 特产寄递业务。将大米作为特产业务核心，将安徽黄桃罐头和宁夏枸杞金酒作为补充，实行搭配营销。同步实行“走出去”战略，向兄弟单位推介五常稻花香产品，采取分销方式拓展系统内部销售渠道。全省特色产品完成收入377万元。

5. 网运管控。围绕质效评分指标和操作质量两大核心，进行日监控、周分析、月通报。客服质效指标取得较好成绩，得分29.7分，超出标准4.7分。立足经营工作，优化东三省区域网、优化省内网、优化市趟网，并在处理中心实行流程优化改革，充分释放生产力。客服理赔时限缩短到3天，及时率95.21%，标快工单服务时限缩短至36小时。

6. 人力资源。通过多维度核定人工成本，加强人工成本月度、季度管控，较好地控制在总部核定计划内。打通青年干部晋升通道，优化干部队伍。定制1811件T恤、1400条长裤、950件棉服，满足一线标志服配备需求。投入20万元为员工办理大病保险和高危工种意外伤害险，多名职工获得保险赔付，减轻员工经济负担。

7. 财务成本管控。启动零基预算编制工作，强化项目损益分析，加强收支真实性管控。百元收入租赁费、业务费、单册耗材、管理费用等均有所下降。集中更新100台电动三轮车、291台打印机、86台电脑等设备。结合新一代寄递平台的上线，投资88万元更新用于生产的305台终端，进一步提升企业核心能力。

8. 党建工作。突出党建工作的引领作用，从学习十九大精神、巩固“两学一做”学习教育成果、强化落实“两个责任”、抓实基层党组织示范点建设、开展企业文化建设和群团工作五方面入手，强化服从服务企业发展大局的核心意识，开展“党员亮身份强责任当先锋”、“党员示范岗”创建工作、党委（党总支）书记讲党课、“弘扬铁人精神，勇担发展重任”等活动，进一步推进党建工作与中心工作的深度融合，促进企业和谐发展。（速递物流黑龙江省分公司）

【中邮保险黑龙江省分公司】

1. 业务发展

（1）超额完成全年保费计划。累计实现总保费18.5亿元，完成计划108.7%，比上年增幅15.3%，其中，新单期交保费5.45亿元，完成计划114.8%，比上年增幅20.2%，长期期交保费1103万元，比上年增幅66.8%，较历年长期期交业务发展呈现历史性突破。

（2）强化营销与培训，提升业务发展能力。通过春节主题营销活动，期交营销竞赛、长期期交营销竞赛，长期期交奋战90天专项营销竞赛等活动，推动业务实现快速发展。开展松紧有度，面授与视频会议相结合的多层次、高频率的专项提升培训、产品培训和营销技巧培训，组织培训224场，累计培训17800人次，走访网点135个。

（3）推动转型升级与价值成长，实现效益发展。城市业务发展方面，发挥资源优势，确定城市业务发展示范网点30个（含精品示范网点6个），加强对城市业务示范网点的日常监控和督导，组织专职讲师对城市业务示范网点进行包片跟踪推进和督导；团险业务发展方面，强化板块联动，做好两项保险的日常沟通和服务工作，提升客户满意度，开展员工外拓营销活动，推进团险兼业代理外拓试点，研究团险兼业代理方式；小额保险发展方面，强化银保协同，在牡丹江开展小额保险销售工作，借助全省邮储行“三农”工作会议时机，对全省地市县邮储行“三农”部进行贷贷喜二号产品的专项培训，推动业务发展。

2. 运营质量稳步提升

（1）三类指标平稳推进。对绩效考核指标、分类监管指标和服务考核指标，实施分类监控，逐项分析，对标整改，重点质量指标逐级提升。

（2）服务支撑能力不断强化。在首年满期给付工作中，及时召开邮银保三方满期给付工作会议，开展覆盖全部13个地市的培训与演练。满期给付工作平稳有序，未发生媒体、监管及群体性事件。

（3）续期业务实现新进展。建立以13/25月保费继续率，宽末达成率指标为基础的动态指标监控体系，加强指标管控，提升续期质量；利用集中、视频、送培训到地市等多种方式，提升从业人员业务能力。和11185沟通，增配专席人员拨打续期催收电话，保证电话催收时效性，实现保费应收尽收。失效保单清理工作，取得良好效果。

（4）客服活动创新开展。开展客户健康体检、VIP观影、“3·15”和“7·8”公益宣传等活动，结合地域特色，举办客服季“龙江行”活动，依照“五天、五座城市、五百名VIP客户”的规划，在五市依次开展，历时50余天，惠及客户千余人。针对续期客户开展“中邮相伴　续保有礼”期交客户专项回馈活动，组织期交客户插花活动和期交客户生日会活动，有效提高客户黏性和品牌知名度。

3. 基础管理持续加强

（1）风险防控。合规管理水平不断提升，开展内控制度梳理、合规审核流程规范、保监会“1+4”文件宣传贯彻、违规行为处理部署、洗钱风险自评估、兼职合规人员队伍组建等重点工作。开展防范和处置非法集资宣传月、金融知识普及宣传月、法律合规网络远程培训等活动。通过合规检查、合规考核，对代管机构销售运营品质进行有效监督。建立全面系统规范化的内部控制制度体系，构筑偿二代风险防控体系，紧盯关键风险指标变化情况。

（2）人力资源管理。开展职工教育培训 58 场，1929 人次，累计授课 5459 学时，人均年参加培训 81.48 小时；通过校园、同业招聘方式引进人才 12 人；优化机构配置，增设 5 个职能部门，提拔任用领导干部 5 人，平级转任领导干部 7 人，提拔非领导职务 13 人，平级转任非领导职务 1 人。

（3）财务管理。加强全面预算管理，发挥财务管理建设性作用。加强采购管理，尤其强化集采流程管控，规范采购行为。开展各类费用自查整改工作，确保各项财务支出合理规范。对方案、签报、合同等涉税风险进行评估，规避纳税风险。

（4）信息技术管理。不断加强运维管理，跟踪、研究前沿新技术，逐步提升运行维护水平和效率，深化对经营发展的技术支持。综合管理方面，规范办文、办会、公务接待、公务用车流程，加强新闻宣传、舆情监测、信访投诉、审计、信息技术系统和设备维护以及安全生产等综合管理，保证了全司有效运转。完成了营业部的筹建工作，实现如期开业。

4. 党的建设

（1）建立健全党建制度。印发《党委关于落实党风廉政建设主体责任的实施细则（试行）》等 30 余项制度规定，分公司有关党建制度规定 50 余项，各项工作有据可依、有章可循。

（2）党的基层组织建设。开展基层党组织书记党建述职评议考核工作，推动党建工作责任制落到实处；对党支部进行调整，并设立支委会；实施党员信息统计，接入黑龙江省党员电子身份管理系统；对党的建设工作进行实地调研检查和问卷调查；开展企业文化示范点建设和基层党组织示范点创建活动。

（3）强化党建学习教育。深入贯彻落实“两学一做”学习教育常态化制度化要求；收听收看各级党组织党课讲座报告会；全年组织开展 6 次党委中心组学习研讨、13 次全体党员党建理论集中学习；组织党员参加党章党规党纪知识考试和微信答题、十九大学习答题；购买、下发党员学习资料 300 余册。

（4）推进党风廉政建设。完善纪检工作制度；召开纪委向党委专题汇报会、党建暨纪检监察工作会议、党风廉政建设联席会议等；累计开展党性宗旨教育和廉政教育 16 次；开展以“五个一”为主线的党风廉政宣传教育月系列活动；加强对集中采购和招投标程序的合法合规性监督；开展“四风”专项自查整改、2016 年廉洁风险防控措施优化和 2017 年廉洁风险防控排查工作。

（5）推进和谐企业建设。切实加强民主管理，不断完善职工（代表）大会等民主管理机制，组织召开年度职工大会；深入开展员工关爱工程建设；筹建职工之家；开展丰富多彩的文体活动近 20 项；分公司获得集体和个人荣誉 39 人次。（中邮保险黑龙江省分公司）

【中邮证券黑龙江省分公司】 累计收入 159.20 万元，营业支出 269.27 万元，实现利润 –110.10 万元。在经纪业务上，累计开户 2.71 万户，客户资产 6638 万元，累计实现交易量 20.75 亿元，其中有效户 749 户，有效户资产 6488 万元，户均资产 8.66 万元。在资管业务上，发展省内、外金融机构业务通道 12 笔，总规模 55.48 亿元，存续规模 27 亿元。其中与邮储银行合作开展通道业务 11 笔，总规模 45.48 亿元，存续规模 17 亿元；开发市场化产业基金 1 笔，总规模 10 亿元，存续规模 10 亿元。投行业务向总部推荐上报项目 8 笔，过会 3 笔。

1. 合规风控工作。开展现场检查的预备工作，制定 23 项内容自查底稿，逐项对照开展自查工作。配合监管部门开展相关活动，收到外部监管发文 13 份，按发文要求上报相关资料，得到监管部门认可。开展业务宣传活动，组织宣传活动 9 次，累计发送短信 60 万余条，向特定投资者发送微信、图片授众人数 1 万人次，活动宣传授众人数 1200 余人次。根据总部的合规案例、反洗钱案例以及各业务条线的合规要求进行准备，保证全员学习次数每季度不少于一次，并安排分公司人员年度合规测试。组织合规和反洗钱培训 8 次。

2. 运营风控工作。制定整体运营工作安排方案，方案细化到运营风控各环节，进度落实到时间，责任落实到人。坚持每日开户资料的自检自查，指定专人进行账户自检的安排和统计工作，正确率 95%。

3. 规范人事管理。完成分公司现有 12 名员工调离划转手续的办理工作。进行人才招聘工作，在智联招聘和猎聘网上发布招聘公告，收到简历 30 余份，经过筛选和分公司与总部多轮面试，录取投资顾问、资管人员和大学生各 1 名。参加总部组织的各项业务学习和培训，进行“每日一训”工作，确保全体员工业务能力的提升。

4. 完善财务管理工作。在成本管理上，严格按照总部财务制度要求和批复的额度进行申请和使用，严格报账程序和标准，确保申请流程严密，成本预算进度可控，账务处理风险可控。在资金管理上，按照预算进度合理申请月度备用金额度，确保在预算范围的同时，满足业务发展的资金需要。

5. 党建纪检监察工作。日常培训工作，每月组织一次党建培训或专题讨论。安排支部书记讲党课活动。安排专人参加总部和省邮政公司组织的党建工作培训。现场观看党的十九大报告，对报告内容做到深刻理解，并在会后交流学习。在纪检监察工作上，出台《黑龙江分公司“三重一大”决策事项实施细则》《分公司领导人员廉政谈话办法》等制度，对纪检监察工作在时间上细化安排。与全体党员同志签署《落实中央八项规定、反“四风”廉洁承诺书》，督促党员同志廉洁从业。完成巡视自查自纠工作安排集体学习中国共产党廉洁自律准则和纪律处分条例，观看反腐专题纪录片，确保从思想源头上警钟长鸣。

6. 与省邮政联合活动。与省邮政公司联合组织中邮证券有效户和资管投行推介活动，下发《中邮证券2017年有效户开发活动方案》和《2017年中邮证券资管、投行业务发展方案》，协同开发经纪及资管投行业务。省邮政分公司将中邮证券第三方存管业务纳入对地市分公司绩效考核加分项。将中邮证券有效户纳入全省营销业绩积分体系中，开发中邮证券有效户可获得相应的营销积分，调动邮政员工发展业务积极性。

7. 客户服务。与哈尔滨邮政分公司合作，在其举办的“美丽中国锦绣龙江”哈尔滨邮政公司VIP客户高端品鉴会中设置咨询台，宣传中邮证券及金鸿小贷业务，解答客户关于证券投资方面的咨询。在全省支局长提升培训中，参训5期1000余人次；结合“盛夏金秋”营销活动，对全省三方存管专员和理财经理进行专项培训，参训800人次；深入地市邮政分公司，送培训到基层，参训300余人。累计培训2100人次。通过对客户的分析，对客户进行分级服务，对有申购权益的客户逐一进行回访，建立客户档案，邀请有价值客户加群，将原有的三个客户群进行优化，筛选229位价值客户组成内部客户群，进行重点维护和服务。

8. 培养经纪人队伍。制定分公司市场化营销团队建设方案，一方面，通过在相关媒体上发布招聘信息、微信推送等形式加大宣传力度，面向市场积极引入人才。一方面，在合作渠道中培养和选拔有一定客户资源，有意愿担任客户经理和经纪人的优秀人才。组织了“中邮证券先锋营”培训活动，对全省邮政推荐的39位理财经理及业务主管进行培训，双向并举，选拔组建一支有竞争力的营销团队。储备34位经纪人应聘者、1个市场化团队，并择优进行入职申请及培训，2位经纪人开始展业，激活客户21户，有效户14户。

9. 协同发展。紧密联系邮政、邮储银行。建立一把手定期沟通机制，定期通过实地拜访及电话沟通方式，向邮政、邮储银行相关领导及部门进行工作、业绩通报，获取邮政、邮储银行高管对中邮证券业务发展的重视；资管投行部每月、周与邮储银行市场金融部、中小企业部、邮政市场部、代理金融业务局进行沟通联系，反馈活动开展情况；通过紧密沟通和对接，成功转续存非银同存业务1笔，金额1亿元。通过全省邮政金融工作会议、支局所长培训会、地市行视频等会议，向全省邮政及邮储银行管理干部、营销能人、支局所长进行了专项业务培训。（中邮证券黑龙江省分公司）

上海市

【上海市分公司】 完成集团公司下达的利润目标，收入57.33亿元，为自排预算目标的100.6%，同口径比上年增幅3.4%。代理金融创收16.53亿元，比上年增长4.4%，占总收入比重由2016年的27.9%提高到2017年的28.8%；一体化物流创收19.37亿元，比上年增长10%，占总收入比重由2016年的31.1%提高到2017年的33.8%；“两翼”收入占比62.6%，比上年提升3.6%。集邮、分销、机要等重点业务均超额完成公司预算目标和集团下达指标。上海分公司连续五届蝉联上海市文明行业，获得上海市安全生产工作优胜单位“七连冠”，获2015—2016年度上海市推动厂务公开民主管理工作先进单位荣誉称号。机要通信连续第32年安全生产无重大事故，连续第26年通信质量无失密丢损事故。

1. 坚持全面从严治党

（1）推进“两学一做”学习教育常态化制度化。举办纪念建党96周年“七一”大会、纪念建团95周年汇报展示会，邀请邮政老党员讲党课，组织国歌大家唱，发动员工自编自排自演爱国爱邮政的舞台剧。举办十九大专题学习辅导报告会。

（2）严格落实中心组学习制度。编发学习材料14期，每季度开展集中研讨。推进2016年党委一号调研课题成果落地，执行6项党支部基本工作制度，基层党支部工作实现标准化。统一制作党委会、办公会、中心组学习、领导人员廉政谈话、选拔任用工作纪实五大记录模板。

（3）推进基层党组织示范点和企业文化示范点建设。对223名基层党支部书记开展集中轮训。微信推送“党建时空”46期。开展“有担当，讲奉献”党员微故事征集活动。与虹口携手开展普法共建活动，举办“邮票中的法治故事O2O法治沙龙”。组建市级、公司级“青年文明号”、青年突击队62支。

（4）开展“喜迎十九大，关注员工内心期盼”调查。收回13363份问卷，归纳出包括更高的工资待遇、更好的工作环境、更少的精神压力、更先进的邮运工具、更可口的食堂饭菜、更快的职业生涯上升通道等员工“六大期盼”。经过上下联动，每一个期盼至少有一个市分公司职能部室“认领”，各二级单位制定209条回应措施。

（5）突出政治巡察。完成对14家二级单位的巡察工作，发现存在党的领导、党的建设、全面从严治党等方面主要问题253个，通报并督促整改，对相关责任人给予党纪处分1人次，诫勉谈话9人次，提醒谈话13人次，书面检查4人次。通过巡察提高党员领导干部的政治意识，增强党员领导干部的纪律和规矩意识，规范党员领导干部的行为。连续第三年开展党委调研，确定“增强基层党组织的凝聚力 引导员工争当先锋模范”“运用互联网思维，打破部门间管理壁垒，提升企业管理效益”“一机两翼经营组织架构下的营销体系建设”“邮政营业网点经营模式研究”“立足效能监察，推动企业高效健康运行”5个调研课题，各组深入基层调查研究，发现症结，研究提出解决方案，全部结题。

2. 坚持创新突破

（1）上海市分公司获评通信行业管理创新先进单位、通信行业管理创新活动优秀组织者。双创平台关注率97%，收到点子11325条，主题征集对五个党委调研课题的建议232条，推出案例分享46条。推进上海双创平台和集团云创平台平稳衔接，双轨并行。组织员工在集团云创平台上发帖422条，在集团公司第一批金点子评选中有4条上榜。“双创”成果亮相双创周主题展。

（2）新一季“订了么”全新升级，私费订阅户可以微信“一键续订”。上海邮政B2C销售网络建设正式立项。与“ofo小黄车”合作开办临时性的“侬好上海”主题店，互助引流，开拓网点合作经营新思路。在明星鹿晗与外滩邮筒二度合影后快速反应，定制发行外滩网红邮筒《等你的507天》个性化邮票，在“上海邮政掌上营业厅”秒杀预售创收近8万元。成功策划“2017集邮周”18场活动创收400余万元，比上年增长213%；在上海书展首次推出上邮鉴评封装邮品，带“题材”的经鉴定封装的邮品广受市场关注；获得第三届中国国际集藏文化博览会最佳展商银奖。总结“滴滴运邮”经验，向全市推广复制，滴滴运邮获评“通信行业企业管理现代化创新成果”二等奖。在此基础上，试点引入“货拉拉”平台，同时探索建立自有车辆有偿使用机制。

3. 坚持效益优先

（1）政策向高效业务倾斜。年度经营预算体现利润导向，明确代理金融、同城业务、集邮品（集邮商品）等重点业务托底指标，重点业务发展专项薪酬奖励额度比上年提增30%。对重点营销项目，提高资源产品配给比率。从严考核用户欠费，修订资金尽收率考核规则，欠费余额控制效果明显。

8月9日，上海市分公司与ofo小黄车联合开展“侬好上海”主题活动。（上海市分公司/提供 任燕莉/摄）

（2）资源向重点一线聚集。坚持内培外引策略，对内加快干部能力素质提升，组织97名干部参加市分公司级领导能力提升培训，351名支局长参加支局长能力提升培训，13名支局长参加集团级战略执行与领导力培训，完成前两批82名大学生支局长培养对象的年度业绩考核和综合评估，完成第三批40名培养对象的选拔工作。对外加快人才开发引进，通过“千人引进”工程招录金融人才2人、物流人才4人，通过校招录用应届大学毕业生24人、石邮院订单生11人；在全年用工总量比上年度基本持平的情况下，整合社会劳动力资源，发挥“校企合作”和“就业创业基地”对高效业务的支撑作用，形成一支1700余人的“蓄水池”队伍；全面推进营业和投递业务外包工作；梳理市分公司外包供应商名录，整合业务外包商资源。

（3）经营向利润效益看齐。开展“大干50天，挑战900亿”等储蓄余额劳动竞赛，余额净增37.1亿元，余额920.28亿元，市场占有率提升0.44%。压降中长期储蓄15亿元，价值存款比例提升2.51%，居全国邮政首位。持续加快保险转型，连续创下“5天保费突破20亿”“45天保费超去年一季度”“一季度保费与收入超全年60%”等新纪录，提前超额完成年度中邮总保费及期缴保费目标，累计实现保费107.43亿元，其中中邮期缴新单保费1.55亿元。开展金融跨赛活动，金山、宝山两个区分公司勇夺“余额标王、超越王”“保险标王、超越王”桂冠。推出“全码付”二维码支付产品，发展中邮消费金融业务。以特色农产品等分销产品作为代理金融客户“优惠购”活动礼品，制作金融客户专属报刊抵扣券、金融客户专属集邮品、有奖信封礼仪存单等，挖掘邮电医院服务资源，为金融客户提供健康增值服务。建成同城网络，成立43个同城配送站点，重点项目日均投递1.8万件，当日妥投率身份验证项目64.11%、无须身份验证项目94.56%。深化与东方CJ的合作，开发直配送、当日达、次晨达及退换货项目；开发“花+”“花点时间”等同城鲜花配送业务，开办联通“当天件”服务，协助区分公司引进第三方供应链平台客户，开发行政中心、U掌柜、苏宁等多个总对总项目，并在仓点配、即时配等合作模式上实现新的探索。做好营销报价及毛利核算系统、国内小包综合服务平台、热敏号段跟踪系统等系统的信息对接，快包和标快业务平稳推进。

（4）生产向协同有序迈进。经营部门认真调研，做好营销方案，“双十一”前10天收寄快递包裹381.5万件，比上年增长 78%，业务收入 2309 万余元，比上年增长 47%。在连续 4 天“压力指数”位列全国中心局第一的情况下，完成生产任务。11 月 11—25 日投递进口邮件 479.5 万件，比上年增长 155%。

（5）硬件向做大做强投入。王港二期工程主体建筑竣工。新购置 4 处邮政局所房产，完成 100 个网点装修改造立项，其中营业网点 54 个，投递网点 26 个，全网点 20 个。更新高污染车 10 辆、机要投递车 10 辆，新增金融自动机具设备 138 台、更新 48 台。筹措资金建设安防集中监控系统及配套指挥中心、邮政大楼安防、消防系统的更新改造。建成集中监控指挥中心。基本完成浦东普洛斯、宝山普洛斯两处一级仓建设。深入推动代理金融网点转型，全市标准版转型网点 194 个、简化版转型网点 186 个。集团级转型示范网点 30 个，市级转型示范网点 6 个，区级转型示范网点 25 个。

（6）软件向做精做细靠拢。“无着邮件管理提升专项活动”成效得到集团公司肯定。邮政通信服务质量网格化管理工作持续推进，视察检查员职业发展管理办法得到完善。安全生产标准化建设三年规划全面达成，并有望成为上海邮政业地方标准。开展“平安邮政”建设活动，成为推广安全生产标准后的又一有力举措。制定上海分公司安全保卫工作评估办法，对安全生产要素目标进行分类量化，统一评估标准，强化过程管理。完成 203 项审计项目。工程审计 1.1 亿元，审减 1709.97 万元，业务审计 33.5 亿元，提出审计建议 37 条，促进整章建制 4 项，筑牢内控和风险防范篱笆。

4. 坚持以人为本

（1）权益保障力度更加增强。发挥三级维权组织作用，市分公司维权工作小组处理员工诉求信访共计 32 件次，处理率 100%。提高重病救助水平和日常帮扶标准，定期帮困 232 人次、临时补助困难员工 166 人次，合计 40 余万元；员工重病医疗互助保障会给付 91 人 116.4 万元，住院医疗互助保障会给付 789 人次 179.2 万元；为员工投保中邮重大疾病保险和意外伤害保险，共付保费 156.8 万元，2017 年获理赔 64 件，共 320.4 万元；组织员工参加上海市总工会会员专享基本保障计划，帮助 46 名员工申请到 46 万元保障金、13 名员工申请到大病慰问金。

（2）民主管理工作更加扎实。落实职代会制度，进一步规范程序，全面推进集体协商制度，保障员工参与企业管理和重大决策的权力。组织 168 名职工代表参加履职培训，提高代表参政议政能力；举办工会干部业务培训班，加强工会干部队伍建设。完善局务公开制度，全年各单位组织员工座谈会、民意恳谈会等 127 场，3049 名员工参加。

（3）关爱员工举措更加务实。研究探索为投递环节来沪务工人员提供临时住宿的举措。投递员工关心的雨衣雨裤问题得到实质性解决。实施年金大集中管理，加入集团公司企业年金方案。继续开展对投递、火车押运岗位连续从事满一定年限者的奖励工作。员工午餐补贴增长 20%。坚持组织员工参加体检体测。组织 50 名一线劳模先进参加休养活动。完成职工小家建设三年规划目标，全公司建成 271 个职工小家。坚持“六个老有”方针，以老同志需求为导向，积极为老同志做好事、办实事、解难事，推进“为老服务”工作迈上新台阶。

（4）劳动竞赛活动更加丰富。以上海市总工会 2017 年群众性劳动竞赛市级专项表彰活动为契机，完善上海分公司劳动竞赛组织领导机构，开展金融、投递、窗口服务等劳动竞赛，获得 1 个上海市“五一劳动奖状”、2 个上海市“五一劳动奖章”、3 个“工人先锋号”专项荣誉表彰。劳模精神引领更加有力。以弘扬劳模精神、发挥劳模作用为抓手，制定《上海邮政劳模（职工）创新工作室管理办法》，各专业板块结合实际积极探索，拓宽劳模精神传承的渠道，推进创新活动发展，创建 19 个上海分公司劳模（职工）创新工作室，董卫芳理财工作室被命名为上海市巾帼创新工作室，激发员工劳动热情和创新创造活力。

（5）群众文体活动更加精彩。突出文体活动的群众性，传统项目增设互动体验环节，遵从民意增设健身操舞、“欢乐三打一”等新项目，开通企业号“邮工社”平台网上预约报名。全年共组织开展定向越野、自行车、羽毛球、乒乓球、游泳、健身操舞、“欢乐三打一”、电子竞技等 8 大类 29 项活动比赛，32 家单位 2000 余名员工积极参与。邮政合唱团参加上海合唱节展演等。（上海市分公司　陆怡琼）

【邮储银行上海市分行】 下设资产负债管理委员会、授信审议委员会、消费者权益保护工作委员会、风险与内控委员会、产品创新与科技管理委员会等 5 个委员会；一级部门 21 个、二级部门 7 个、直属单位 1 个；下辖二级分行 2 个、一级支行 15 个、分行直属营业部 1 个。邮政金融网点 486 个，其中银行自营 106 个、代理 380 个。员工 3045 人，平均年龄 36 周岁，其中 30 周岁以下员工占比 40%，本科及以上学历员工 1969 人，占比 64.66%。

资产规模 1880.92 亿元。各项存款余额 1721.17 亿元，比上年增长 32.98 亿元，增幅 1.95%。各项贷款余额 781.40 亿元，比上年增长 101.90 亿元，增幅 15.00%。经营效益方面，实现自营业务收入 26.24 亿元，比上年增长 7.64%；实现净利润 8.01 亿元，比上年增长 20.86%。资产质量方面，不良贷款余额 3.06 亿元，比上年减少 1.1 亿元，不良贷款率 0.39%，比上年下降 0.22%。专项拨备覆盖率 318.73%，总拨备覆盖率 577.90%。

1. 业务发展

（1）负债业务。储蓄存款规模 1333.22 亿元，比上年增长 44.34 亿元，其中自营储蓄余额 412.92 亿元，比上年增长 7.22 亿元。对公存款日均余额 378.82 亿元，比上年增长 19.13 亿元。

（2）资产业务。公司贷款余额 228.37 亿元，比上年增长 86.72%。小企业贷款余额 14.5 亿元，正常类业务规模和客户数比上年实现翻番。调整零售金融业务结构，消费贷款余额 235.02 亿元，比上年增长 23.58 亿元。个人商务贷款余额 12.7 亿元，比上年增长 40%。投行业务实现收入 4722.78 万元，排名系统内第一。

（3）中间业务。实现中间业务收入 5.06 亿元，比上年增长 36.79%，占自营业务收入比重比上年提升 4.11%。电子银行自营新增手机银行激活客户 13.4 万户，比上年增长 51%；通过移动展业激活手机银行客户 2.3 万户。有效电子支付商户 28 户，排名系统内第二；商户端交易金额 426 亿元，比上年增长 40%。信用卡新增发卡 14.51 万张，比上年增长 542.03%；结存卡量 18.86 万张，比上年增长 144.30%。托管业务实现收入 2.72 亿元，比上年增长 24%。传统中间业务方面，代收保费 11.82 亿元，比上年增长 5.16%；基金销量居系统内首位，基金定投新增户数和销售金额比上年增长 579.28% 和 22.38%；上线品牌金、黄金定投等实物贵金属产品，贵金属业务收入比上年实现翻番；销售对公理财产品 83.54 亿元；票据承兑发生额 8.51 亿元。

（4）金融市场业务。实现业务收入 5.17 亿元。布局同业融资、资产证券化、资本市场、商业银行理财类等标准化产品，从传统同业投资向标准化业务转型，扩大资产交易余额。

2. 改革创新

（1）绩效考核体系。围绕流程银行建设目标，遵循“突出战略、传导责任、合规经营、差异考核”原则，重构机关部门绩效考核体系。

（2）网点转型。开展二级支行“争先创优”排序竞赛活动，改革网点考核评价体系。网点年均创收 2475.19 万元，比上年增长 175.58 万元；网点年均创利 755.95 万元，比上年增长 130.48 万元。

（3）创新成果。深入推进民生金融，中标上海市“新版社保卡”项目。与上交所合作，办理邮储银行全行首笔“上市贷”。推出聚合支付产品。恢复开办保管箱业务，成为邮储系统内第三家开办行。落地邮储银行全行首单金融债、永续债、机构财富管理业务。完成邮储银行全行首笔贸易项下同业风险参与业务。办理首笔卖方押汇业务。

3. 风险内控

（1）全面风险管理。实施风险限额管理，完成资产质量年度管控目标。加强重点领域信用风险管控，上线零售和中小企业内部评级系统，推进新产品新业务风险评估和后评价工作。开展“四不当”“十乱象”“十风险”专项治理和问题整改。

（2）案防合规管理。调整案防管理架构，完善案防工作机制，继续保持零案件态势。深化内控体系建设，围绕“制度管理”开展“内控优化”活动。成立反洗钱集中处理中心和监测预警中心，健全非现场合规管理机制。加强诉讼和授权管理，开展消保宣传教育活动，开展网点合规检查。

（3）审计监督。对标监管要求，首次开展代理营业机构内控与管理审计项目。关注重点领域，开展各类资产业务审计项目。内控评价覆盖全条线，重点关注财务、采购等非业务环节。

（4）资产保全。处置表内外不良贷款 2.61 亿元，其中现金清收占比 85.49%。核销不良贷款本金 3710.18 万元。

4. 党建工作

（1）党建基础工作。认真宣贯党的十九大精神。坚持每月党委中心组学习制度，每季开展党风廉政建设专题学习研讨。推进“两学一做”学习教育常态化制度化，开展“学习白求恩同志精神，进一步强化责任担当”大讨论活动。深化“强基固本 2.0”工程建设，创建基层党组织示范点。

（2）党风廉洁建设。推进巡视反馈问题整改工作。自上而下签订《落实全面从严治党要求监督责任书》，编印《落实全面从严治党制度学习读本》。开展“党风廉政宣传教育月”活动。梳理廉洁风险点，建立防控制度及措施。开展房屋土地资产效能监察。创建基层示范点，落实“两个责任”约谈检查。

（3）群团工作。召开分行一届四次职代会和工会第二次会员代表大会。开展“最美邮储人”评选表彰活动，开展劳动竞赛 13 项。职工小家建设工作，完成总行三年建家规划目标，建家率 100%。成立中国邮政储蓄银行公益志愿者协会上海分会。承办邮储银行第一届电子竞技比赛决赛。搭建青年评先推优和互访互学交流平台。

5. 客户服务。调整服务流程，改造服务设施，加强服务意识，提升服务技能。开展客户投诉综合整治活动，通过可量化、可改善、可追责的整改措施，整治服务中存在问题。分行各类客服工单处理及时率和满意率持续保持 100%，客户投诉综合压降率 35.2%。年度客户满意度测评为 93.11%。在中国银行业协会开展的 2017 年度星级网点评选活动中，宝山区支行被评为“银行业四星级营业网点”。（邮储银行上海市分行）

【速递物流上海市分公司】

1. 经营发展

（1）国内标快业务。收入 7.68 亿元，比上年增长 24%。省际标快收入 6.02 亿元，规模排名全国第 1 位，比上年增长21%；在“决胜5030，攻克商务楼发展难关”营销活动中，是12个核心城市中唯一达到速递业务日均50万件目标的城市；“三进工程”中，新进驻商务楼16幢，新签商务楼客户736家，形成收入5.77亿元，比上年增长15%，校园市场形成收入424万元，比上年增长22%；金融市场完成收入3.22亿元，比上年增长47%；新签政务客户120家，形成收入6957万元，比上年增长26%。

（2）国际业务。聚焦上海重要口岸优势，三大重点市场进一步挖掘存量，涉足重货和3C业务，优化调整业务结构，完成收入12.73亿元，比上年增长28%，规模排名全国第4位；开展专线营销激励，中速业务收入比上年增长近45倍。

（3）电商业务。菜鸟、云仓落地上海；灵活制定营销政策，建立对接机制及电商客户开发通报制度，新签客户484家；形成收入2.33亿元，比上年增长68%。

（4）物流项目。上海中邮快运系统达上线要求，在全国进度名列前茅；收入1.11亿元，比上年增长60%。

2. 产品创新

（1）打造“互联网+政务”平台。将警邮合作中心建设成现代化车管服务中心；建设税务发票线上寄递项目，与17家税务分局签订合作协议；开发出入境证照配送到户服务项目，日均发件量1200件。

（2）搭建“快递e哥”平台。搭建覆盖上海全境的“快递e哥”同城即时递平台，成为全国邮政第一家运作“邮政闪送”的平台；自11月开办，累计发生业务量11.3万件，业务收入96.5万元；协议用户切入平台51家，形成业务量4856件。

（3）提升冷链宅配能力。成立冷链项目实体机构；建成7个多功能冷库，总面积850平方米；服务130余家客户，承接30多个冷藏冷冻产品，日均配送量2200单，形成收入1100万元；7月与易果生鲜签署战略合作协议，巩固“极速鲜”品牌。

（4）开办员工预付卡产品。创新中小客户及道段散户开发，形成业务量55.6万件，收入942.5万元。

（5）加快终端代办点拓展。拓展人工代办点77个，形成业务量470.9万件，收入295.3万元；与中邮速递易等合作，月均投柜量48.3万件，占进口邮件6.7%。

3. 网运建设

（1）处理能力不断提升。新增洞泾邮件出口处理场地，旺季处理出口邮件81万件/天，国内进出口处理能力单日峰值140万件；投入300辆比亚迪T3新能源汽车；推广营业部道段揽投辅助分拣APP，为营业部下段提供较大帮助。

（2）监控体系。加强指调中心动态管控；省内互寄邮件次日妥投率91.82%，全国排名第1位；营业部下段邮件及时妥投率88.19%，全国排名第2位；及时妥投率85.42%，比上年上升3.73%，全国排名第6位。虚假信息比上年下降近70%；揽投环节丢失量比上年下降近20%；及时理赔率达到98%以上，排名始终列全国前5位；内部调度率指标保持在6%，异常邮件处理率比上年提升20%。

（3）作业流程优化。新增4家营业部，营业部总数达78家；完成15个营业部电子地图道段片区绘制，夯实揽投道段基础管理；增加区域汇集点功能，加快推动区域网建设；强化前置封发，优化处理中心内部操作流程，进一步提升邮航装载率。

4. 经营水平

（1）持续推进“众创众享+阿米巴”。“众创众享”工程覆盖率100%。年人均劳产率40.43万元，全国排名第1位，比上年增幅19.4%；揽投人员占全员比65%，邮件处理中心全员效率1005件/天。

（2）持续聚焦重点环节运费管控。实现一级干线汽车线路成本达到股份公司“一元工程”目标；一干正班邮路平均装载率34%；邮航包舱率92%，京穗深标快邮件全数赶发邮航；推行片区化管理及“1+N”投递模式，加大新能源汽车等使用力度。

（3）持续实行利润和成本双管齐下。引导各单位树立“向发展要效益、向管理要效益”的理念。邮件处理中心和国际邮件处理由劳务外包改为业务外包，节约外包费成本2640万元，比上年下降24.8%。

5. 企业管理

（1）坚持注重队伍建设。继续执行“红黄牌”预警退出制及“三项硬指标、一项铁规矩”，形成干部“能上能下”用人机制；聘任专技人员198人，占管理、专业技术岗位人员的46.6%。

（2）坚持加强财务管理。推进总部零基预算，对基础数据及标杆值进行分析；加强运费审核，向总部追回运费损失1729万元；资金次日缴款率98%；落实ERP单轨运行，确保各模块运行正常。

（3）坚持提升培训质量。开展集中培训62个，占年度培训班次的177%，3946人次参加；在集团组织的第五届邮政通信特有职业技能竞赛中，市分公司代表队获团体优胜奖第3名，4篇先进工作法的文章获优秀奖；一线揽投员孙敏作为上海快递行业代表队成员获全国邮政行业劳动竞赛二等奖。

（4）坚持完善信息系统。开发指调中心业务看板、商务楼系统、国际监控系统、车管到家、税务发票寄递、跨境电商平台等16个信息系统，进一步发挥信息支撑作用。

（5）坚持规范审计监督。完成97个涉及三大类采购项目，合同金额2.08亿元；完成经济责任审计27项，工程结算审计30项；开展“资费、欠费、营业款专项整治活动”和“营销费用审计专项调查”；查处问题资金4392.1万元，提出审计建议81条。

6. 党群工作

（1）党团队伍建设。学习党的十九大精神，持续推进“两学一做”学习教育向纵深发展；签订《全面从严治党主体责任书》；落实党委中心组学习制度，开展“七个一”活动；落实基层党组织示范点建设100%；开展团内“一学一做”活动。

（2）风险防控。分解工作任务，明确目标责任，将全年任务分解为6板块、23小项；签订《落实全面从严治党要求2017年度专责监督责任书》；廉洁风险防控排查96家单位，参与人数463人，排查风险点1044个，构建廉洁风险防控体系。

（3）员工队伍建设。荣获全国邮政系统及全国邮政速递物流模范职工之家称号；职工小家建家率100%，二级单位达标率100%；出台“困难员工家庭收入改善计划”和“关爱员工”工程。（速递物流上海市分公司）

【中邮保险上海市分公司】

1. 经营发展

（1）保费收入大幅增长。实现保费收入5.68亿元，增长525.21%，预算完成率101%。其中，新单保费5.28亿元，完成年度计划102.27%。中邮保险上海市分公司总保费规模在上海同业排名32位，比上年上升15位；银保渠道业务收入在上海同业排名25位，比上年上升18位。

（2）高效业务。实现期交保费收入2.09亿元，增长307.31%。其中，期交新单保费1.68亿元，增长232.95%，预算完成率102%；续期保费4038.66万元，累计13个月保费继续率77.71%，宽末综合达成率93%；长期期交新单保费415.21万元，预算完成率29.66%；全年续保“两项保险”业务保费288.2万元，覆盖邮政系统员工及家属1.9万余人。发生理赔报案128件，结案111件，赔付466.35万元。其中重大疾病44件，赔付450万元；意外伤害1件，赔付5万元；意外医疗66件，赔付11.35万元。保险保障水平受到系统内员工一致好评。

2. 专业发展能力

（1）运营能力。各项关键运营指标均符合总部考核标准，总体运营质量得到有效把控。核心运营指标，新契约合格率99.81%，高于上年0.05%，回访成功率94.89%，亿元保费投诉量零件，保全流转时效0.2天排名全国前列。一是开展多层次复合培训，加快营运队伍专业化建设；二是切实落实评价考核制度，优化邮保对接合作模式；三是落实总部客服互动要求，开展“3·15国家消费者权益日”“7·8全国保险公众宣传日”“进校园　送关怀”等专项活动，提升中邮保险在上海地区的知名度和认可度。

（2）营销培训。根据渠道需求，进一步结合实际深化上海中邮保险网格化管理模式，加强专业引领，开展各类营销培训，推动中邮保险业务发展。组织开展各类产品、营销培训38场，参训1469人次，累计培训时长52.5小时，网点面授辅导620场次，辅导1646人次，累计1070小时。

（3）信息化能力。一是完成中邮保险信息系统与上海市人身险综合信息平台对接工作，有效降低发生金融诈骗的风险；二是根据总部要求和业务需要，做好业务发展和经营管理的信息技术支撑工作；三是结合年度开展的平安邮政建设，加强分公司信息系统安全管理工作。

3. 风险防范管控

（1）为规范人身保险市场秩序，整治市场乱象，保护保险消费者合法权益，打击销售误导等违法违规行为，中邮保险上海分公司根据《关于转发保监会〈中国保监会关于进一步加强人身保险公司销售管理工作的通知〉的通知》《中邮保险风险自查和专项整治工作方案》等相关文件要求，组织开展销售管理工作的自查。通过对销售管理、营运管理、信息披露管理、应急预案管理等多方面的排查，找出自身发展存在的问题，并加以分析整改，提高业务质量和风险管控能力，促使分公司合规经营，健康发展。

（2）根据总部和监管部门规定，持续开展SARMRA和年度操作风险自评估工作。梳理、优化和建立风险管理制度66项，组织开展操作风险自评估工作，对6个主要业务流程、30项子流程和95项风险点进行评估，对固有风险、控制风险进行评估，确定剩余风险分布情况，完善内控措施，通过内部宣传贯彻和制定访谈提纲，结合现场培训、远程教育等方式，开展偿二代知识普及，进一步提升员工风险管理能力，完成总部非现场资料检查工作，并配合总部做好监管部门现场检查准备工作。

4. 科学化管理水平

（1）财务管控有序。分公司首个完整财务年度，也是总部首次实行零基预算，按照总部年度财务工作会议部署，有序推进预算体系、绩效考核、采购管理、财务信息化等重点工作，不断完善财务基础工作，促进管理和效益双提升。一是全面推行零基预算，深入领会行政费用、刚性业务费用及变动业务费用不同的使用要求；二是加强采购管理，重点加强集中采购管控，完成11个集中采购项目，金额147.39万元，采购工作效率不断提升；三是对标先进和不足不断完善会计制度，夯实基础工作，提升财务管理水平。

（2）人力资源管理高效。一是根据总部机构设置和人员编制调整方案，拟订分公司调整方案，并组织实施。二是按要求强化人工成本预算管理，夯实人力资源管理基础。三是加快急需专业人才选拔和引进力度，强化对重点专业和关键领域的人才支撑，引入大学生及专业人才4

名，校招 2 名，进一步充实人员队伍，同时加强岗位流动，年内内部跨部门调整人员 5 名，进一步优化了人员结构。四是完善员工绩效管理办法，建立激励约束机制，规范绩效薪酬考核分配管理。五是开展员工各类教育培训，提升干部员工专业素质和综合能力，组织各类培训 77 次，培训 842 人次。

（3）机构建设管理受控。渠道代理网点受到银监会“1+3”政策的限制，分公司结合业务发展需要，做好入网机构准入审核和在网机构管理工作，新增入网的网点涉及 16 个区分公司，72 个网点，累计物理在网网点数 149 个。

5. 全面从严治党

（1）2016 年 11 月 25 日—12 月 25 日，集团公司党组第二巡视组对中邮保险上海市分公司开展巡视工作，并于 2 月 23 日向分公司党委反馈巡视意见。4 月 10—12 日，中邮保险巡视整改督导组一行对中邮保险上海分公司开展巡视整改督导检查工作。中邮保险上海市分公司根据要求，针对 4 个方面的问题制定整改方案，对照销号，按期完成整改任务。同时通过对照总公司、兄弟省分巡视出的问题通报，对照自查，即查即改，建立长效机制，防止反弹回潮，确保整改取得实效。

（2）为深入推进中邮保险上海市分公司党风廉政建设和反腐败工作，以党的十八届六中、七中全会和十九大精神为指导，进一步加强全员廉洁从业教育，强化党员领导干部的党性修养，建立经常性党风廉政建设学习制度，推动分公司廉洁文化建设，分公司在年初制定纪检“每月一学”学习计划，并根据上级工作要求对学习内容及时进行更新。通过学习、宣传和教育提高思想政治觉悟，着力打造一支忠诚、干净、担当的党员干部队伍，扎实有效地推进各项工作任务的有效落实。

（3）中邮保险上海市分公司开展“党风廉政宣传教育月”活动，举办两轮学习讲座和一次专题讨论、一次廉政微视频比赛、两次典型案例分析、一次示范警示教育活动和一次廉政法规知识考试，以此深入落实全面从严治党要求，进一步加强分公司党风廉政建设和反腐败工作，深入推动“两学一做”学习教育，积极引导广大党员干部向“政治合格、执行纪律合格、品德合格、发挥作用合格”标准靠拢。

（4）为积极响应党中央对学习宣传贯彻党的十九大精神的要求，中邮保险上海市分公司第一时间组织全体员工集中收看十九大开幕式，及时制定十九大学习宣传贯彻实施方案，对学习贯彻党的十九大精神进行具体部署，将学习宣传贯彻习近平新时代中国特色社会主义思想和党的十九大精神作为首要政治任务。自十九大召开以来，分公司各级领导干部带头参加各项十九大学习培训活动，组织全体员工参加学习讲座，召开党员大会、党课专题学习十九大精神，积极参加中国邮政、中邮保险微信答题活动，兴起学习宣传贯彻党的十九大精神热潮。

6. 和谐企业建设

（1）开展“平安邮政”优秀单位的争创工作。秉持“以人为本、安全发展”的理念，坚持“安全第一、预防为主、综合治理”的方针，建立健全分公司安全生产责任体系，切实增强分公司安全防范治理能力，大力提升安全生产整体水平，为分公司健康发展提供有力保障。

（2）开展企业文化示范点创建工作。以全面宣传贯彻中国邮政企业文化体系主要内容为抓手，不断推动中国邮政企业文化体系有效落地实践、助推企业经营发展、提高企业管理水平、营造积极向上的企业文化，发挥好企业文化的凝聚作用和品牌效应，促进企业文化软实力与企业管理硬实力深度融合。

（3）持续推进员工幸福工程。以积极构建和谐向上企业为目标，进一步改善员工生产生活环境，扎实做好职工之家建设，构建“民主之家”“效益之家”“和谐之家”“文化之家”。开展好各类评先树优，营造学习先进、崇尚先进、争当先进的良好氛围；按要求开展“双创”工作，建立了分公司合理化建议评审长效机制，激发员工首创精神。深入推进精神文明建设，丰富员工文体活动，提升企业聚合力。（中邮保险上海市分公司）

江 苏 省

【江苏省分公司】

1. 经营发展

总收入 141.70 亿元，比上年增长 10.4%，规模列全国第 2 位，完成全年计划的 102.2%；累计实现有效收入 91.63 亿元，比上年增长 6.03%；完成集团口径经营净利润 8.82 亿元。中邮保险累计实现新单总保费 35.97 亿元，其中，期交新单保费 14.62 亿元，比上年增长 30.9%；长期期交新单保费 1.8 亿元，比上年增长 20.4%。中邮证券累计开户 13.54 万户，有效账户占比 23.2%。第三方存管账户 11.33 万户，客户资产总值 13.65 亿元，累计成交 140.35 亿元。存续资管项目规模达 105.1 亿元，位列全国各省分公司第一。

2. 深化改革

（1）以项目为依托，汇聚发展合力。推进“百舸争流”营销工程，以总部项目强化政企客户开发，与省移动、省烟草、团省委等企事业单位开展战略合作，实现联动项目收入 35.9 亿元。深化推进三大板块协同发展，依托邮银联动机制，拓展中邮消费金融等信贷业务，累计放款 5.8 亿元，信用卡发卡结存量 5.3 万张。邮速联手成功

12 月 8 日，党的十九大代表、江苏省扬州市邮政分公司投递员顾松学向江都区樊川镇中心小学师生们宣传党的十九大精神。（江苏省分公司 / 提供）

中标江苏联通 2017—2018 年度第三方物流项目。

（2）以客户为导向，增添发展动力。研发“六大专业资源”共享综合服务方案，实施“五大行业客户”开发综合解决方案，推进“提档升级”客户营销工程，44 个客户全部实现回归，客均收入 103.49 万元。打造品牌化客户增值服务及活动，构建“横向分层、纵向分群”的客户矩阵式管理体系，实现对 VIP 客户全方位、深层次维护。

（3）创新体制机制。强化利润导向型发展模式，设定 ABC 三档增幅标准，科学规划绩效和 KPI 杠杆，将资源政策向“突破”“提升”“培育”型项目倾斜。不断完善创新孵化机制，全省立项创新项目 18 个、孵化项目 9 个、众创众筹项目 25 个。4 项管理创新成果荣获集团公司“企业管理现代化”创新成果奖。按照集团公司统一部署，完成全省经营组织架构优化调整。

3. 能力建设

（1）提升科技引领能力。建设包裹业务营销管理系统、金融客户评估管理平台、全省统一开发框架平台等省内特色系统，参与集团信息化建设 2.0 工程。上线新一代寄递业务信息平台。

（2）加快实物网优化改造。实施全省邮运网路增强改造，提升组织承载能力和运行张力，全网日处理能力突破 350 万件，快递包裹省内互寄（全范围）次日妥投率稳定在 87% 以上。

（3）硬件基础设施投入。坚持“突出重点、效益优先”原则，强化核心能力投入，优化投资结构，购建网点 33 处，新增邮政营业面积 6359 平方米、存折取款机 114 台、智能机器人 13 台、理财通 POS 设备 2085 台，完成实施 9 个市分公司处理中心工艺改造。新增投递汽车 205 台、电动三轮车 876 台、投递 PDA 4063 台、投递用简易皮带机 51 组。

4. 管理水平

（1）人力资源管控。一是加强干部队伍选培和管理。二是注重人才队伍建设和培训。三是持续推进人力资源基础工作。

（2）打造“财务规范年”。优化资源配置，开展财务对标管理，强化系统应用，深化财务管控。

（3）审计监管和采购管理。坚持问题导向，着力揭示风险，强化权力监督，不断加大对重点领域、重点业务、重点环节的审计力度。节省采购费用 1623 万元，节省率 5.94%。

（4）服务质量管理。提高队伍履职能力，加大服务检查力度，从营业、投递、网运、普遍服务四个维度进行全面检查，覆盖代理金融网点 520 个，平均得分 93.05 分。

（5）强化安全生产和金融风险防控。组织开展平安邮政创建和邮政金融安全评估活动，推进金融安防达标“135”工程规划建设，防范电信网络诈骗案件 81 起，49 名员工受到当地见义勇为基金组织的表彰奖励。强化代理金融风险合规体系建设，创新开展“市级全覆盖”交叉检查。

5. 党的建设

（1）深入学习宣传贯彻党的十九大精神。开展“一专栏、一展示、一行动”活动，组织“砥砺奋进的五年”大型主题宣传。

（2）全面加强党建工作。健全完善党建工作组织体系，全省配备专职党务干部 38 人，兼职党务干部 84 人。推广应用“苏邮党建”信息管理系统。

（3）扎实推进党风廉政建设。首次签订全面从严治党主体责任书和专责监督责任书，完成对 13 个市分公司党风廉政建设责任制检查考核全覆盖。利用廉洁风险防控系统对近 8000 人次开展风险自查。扎实开展巡视反馈意见整改再落实工作，巩固深化巡视整改成果。

6. 和谐建设。

（1）文明创建。“预防邮路”再次被写进最高检工作报告，最高检反贪总局和集团公司在泰州联合召开推进会，将“预防邮路”推向全国。徐州分公司“环保邮路”荣获第二届江苏省志交会金奖。南京、徐州、南通三个市分公司创成第五届全国文明单位。

（2）企业文化建设工作。选拔 16 名宣讲师赴全省集中开展企业文化宣讲。开展“讲述身边文化故事”专题活动。

（3）增强员工获得感。组织开展“江苏邮政工匠”推荐评选活动，推动员工立足岗位、建功立业，沈琳等 27 位员工荣获“江苏邮政工匠”称号。何健忠创新工作室被中华全国总工会命名为“全国示范性劳模和工匠人才创新工作室”。（江苏省分公司　吉克）

【邮储银行江苏省分行】 设置一级部门20个、二级部门6个、直属单位1个，下辖13个二级分行。邮政金融网点2524个，其中银行自营425个、代理2099个；县城服务覆盖率100%，乡镇网点1320个，占比52%。员工9422人，平均年龄35.4岁，其中本科及以上学历员工6468人，占比68.65%。

总资产6848.81亿元。本外币各项存款余额6523亿元，居系统内第1位，比上年增长598亿元。本外币各项贷款余额3375亿元，比上年增长581亿元，余额及净增均居系统内第1位；年末存量贷款市场份额占3.28%，其中年末实体贷款余额3031亿元。实现收入93.6亿元，比上年增长11.72%，实现利润总额36.38亿元，比上年增长18.32%，均居系统内第2位。人均创收99.29万元、人均创利38.59万元，分别比上年增长12.78%、19.45%。成本收入比45.63%，机构运行费用比上年下降8.6%。年末不良贷款率0.46%，拨备覆盖率362.92%。

1. 业务发展

（1）"大零售"板块。自营储蓄年日均余额净增101.78亿元，比上年增长9.39%，计划完成率118.35%。理财类业务，代理保险新单保费60.1亿元，代销资管45.5亿元，基金有效销量14.4亿元。消费信贷净增466亿元，连续5年居系统内第一。小企业贷款、小额贷款与个人商务贷款合计净增74.73亿元；"三农"金融净增57亿元，贷款余额346亿元，落地快捷贷、银政类、民生类新产品17项，其中创新产品"农业保险贷"放款1.54亿元。信用卡发卡量比上年增长20.87万张，实现翻番。电子银行方面，新增手机银行激活客户66万户，存量客户427万户。

（2）"大公司"板块。公司贷款年末贷款余额488亿元，净增123亿元。向制造业行业客户投放公司信贷61亿元，比上年增长17亿元；营销拓展上市公司45户。公司存款日均余额934亿元，净增127亿元。中标烟草系统银行供应商招标项目；系统对接国土资源部门，介入国有土地拍卖保证金业务。国内贸易融资业务余额204亿元，比上年增长16%，国际结算、国内信用证、跨境项目融资等多个项目取得突破。小企业贷款2699户、余额142.9亿元，居系统内第2位，走访小企业新客户17300户。金融市场电子商业汇票贴现量占全部贴现业务的92.40%，存放同业业务新增250.5亿元。资产管理业务投资推荐项目新增43笔，金额154亿元。

2. 转型发展战略

成立转型工作领导小组，探索形成"五位一体"的总体转型布局。

（1）围绕价值增值确立1112核心目标体系，即一个根本目标——价值增值，一个战略目标——零售战略落地，一个经营目标——以客户为中心，两个控制目标——风险和成本。

（2）构建以零售业务为主体，以公司业务和金融市场业务为两翼的业务架构。

（3）建立大零售、大公司的经营格局。

（4）推进网点改造和轻型网点建设。

（5）以人为本，做好二级支行长、综合客户经理、专业客户经理及柜员四支队伍建设。

3. 风险管控与合规管理

规范风险与内控委员会运行，研究解决23项跨部门、跨条线风险议题。加强审查审批与贷后管理，年末不良贷款率0.46%，低于同业平均水平0.79%，处置不良资产8.4亿元，其中现金清收不良资产6.91亿元。开展"内控优化年"活动，实现内控案防跨部门跨层级的响应机制，合规检查覆盖全部业务领域。开展专项审计活动和系列专项治理，加强问责与考核。执行关键岗位轮岗制度，定期组织开展员工行为排查，完善员工账户监测体系。推进安全管理标准化达标工作，建成64个安全管理标准化网点。

4. 综合管理与支撑

（1）财务管理方面，树立上市银行价值回报理念，加大经济增加值、利润、风险合规指标的考核权重，出台重点业务发展促进方案，推进财务集中核算。

（2）资产负债管理方面，调整信贷资源配置，建立信贷规模转移机制，加强利率定价管理。

（3）人力资源管理方面，完善工效挂钩办法，工资总额分配向基层倾斜；招聘应届毕业生172人，转聘劳务工52人。

（4）科技支撑方面，完成2524个网点电子印章工程电子化用印交易的推广上线工作，完成自助银行系统、信用卡线上发卡系统等17个总行推广项目的变更工作，完成综合营销、历史数据集中管理平台优化等10项重点项目的建设。

（5）网点服务管理方面，细化网点服务质量检查标准，实现网点服务质量自查"点点覆盖"，加强支行客户投诉处置应对，邮银客户投诉总量比上年下降4.4%，自营网点客户投诉总量比上年下降30%。

5. 党建工作

建立基层党组织266个，其中党委15个，党总支44个，党支部207个，共产党员3404名。

（1）全面加强党的建设，组织开展党的十九大精神学习，强化"三重一大"事项制度执行，深入推进"两学一做"学习教育常态化、制度化，落实党员承诺践诺，创新党建宣传工作形式，组织开展"我为党旗添光彩"和"微党课""微电影"等创新活动。

（2）强化党风廉政建设，加强对履行"一岗双责"和落实"两个责任"情况的监督检查，组织二级支行长以上1400名管理人员签订"廉洁从业承诺书"，开展廉洁风险排查。

（3）精神文明建设，与江苏省慈善总会签署慈善精准扶贫合作协议，苏州市分行等6个集体获省部级荣誉称号，沈建平和吴晓艳分别获全国金融系统“五一劳动奖章”和江苏省“五一劳动奖章”。（邮储银行江苏省分行）

【速递物流江苏省分公司】 业务总收入41.64亿元，比上年增长29%。

1. 标快业务

国内标快业务收入突破11亿元，比上年增长17%，增速为近五年最高。

（1）政务项目。政务类项目创收2亿元，比上年增长47%。推进政府埋单模式，全省126个政务服务中心邮寄服务100%覆盖；升级政务项目发展模式，全省上线新项目17个，规模增长创历年新高。创新开发国税空白发票“仓+配”业务，与省国税局联合在盐城召开“网上批、快递送、不见面”——互联网+税收服务发布会，开启国税发票“线上申请、快递送达”服务新模式，开创全国行业先河。实现全省125家三级法院“EMS法院专递”签约服务100%覆盖，融入“智慧法院”信息化建设。

（2）重点商企客户快速发展。商企项目累计收入6.6亿元，新增商企类客户3665家。扬州工行制卡中心项目收入600万元，比上年翻番；电视“两购”项目收入超过3000万元；通信行业收入5296万元，比上年增长50%以上。

（3）“三进工程”。累计实现收入2.89亿元，比上年增长20.1%，发展态势为历年最好水平。其中，楼宇市场以“重点楼宇保增长，非重点楼宇扩规模”为目标，累计实现收入7029万元，比上年增长12.7%；校园市场上下联动发力，合作院校新增57家；园区市场销号式开发扫盲区，累计实现收入1.8亿元，比上年增长16%；散户市场累计收入超2529万元，比上年增长41.8%。

（4）极速鲜项目。极速鲜收入1.1亿元，其中，“江苏大闸蟹”项目累计收入3102.49万元，比上年增长45.35%。

2. 国际业务

国际业务收入16.8亿元，比上年增长56.9%。新开辟日本、希腊、泰国、巴西、西班牙5个路向e邮宝业务；开办南京Wish达业务，eBay平台e邮宝业务增幅超80%。中速无锡直发中心正式运行，直接运营成本下降180万元，揽收时间延长1小时，关键指标优于上海TNT操作中心10%。组建海外仓营销专家团，开展20场业务特训，海外仓实现收入350万元，新增发运客户23个。损益核算机制日趋常态化，国际业务效益水平逐步向好。探索省市一体化，成立“国际业务省市一体化推进工作组”。跨境电商政企合作进一步深化，全省运行“9610”通关模式的分公司达到10个，业务量合计200余万件，日均量达5000件以上，比上年增长30%以上。

3. 电商业务

电商业务收入6.16亿元，比上年增长12.2%。全省仓储面积突破28万平方米，仓配业务实现收入1.35亿元，比上年增长50%。项目运营水平大幅度提升，吴江宝尊、苏州金红叶、太仓新百伦等规模项目通过“总部—省分公司—市分公司”三级联动开发运营，得到客户高度评价，累计实现收入1.15亿元。“双十一”期间，全省聚焦重点客户，网业联动，实现国内速递揽收量1200万件，比上年增长25%。

4. 物流业务

物流业务多轮驱动，精准发力，业务收入突破5亿元。全省开发规模客户54个，新增合同物流规模项目21个，中标7个千万级项目、5个500万级项目、9个百万级项目；高效拓展苏州薇美姿等规模仓储高端业务，供应链管理进入“快车道”，积极探索常州奥托立夫等“入厂物流+VMI”全供应链服务。宿迁、盐城等市分公司因地制宜发展零担业务，优化社会发运渠道，拓展新增长点。

5. 众创众享工程

全省579个机构中387个实现众创众享，覆盖率67%，其中营业机构覆盖率73%，营销机构覆盖率46%，邮件处理中心覆盖率33%。同期，全省启动“创业计划”试点，宿迁市分公司在沭阳花卉市场探索，在新河、颜集设置代理点，开拓市场。（速递物流江苏省分公司）

【中邮保险江苏省分公司】

1. “双百亿工程”。实现总保费51.6亿元，比上年增长11.8%，其中，新单总保费35.9亿元（不含个团险），期交新单保费14.6亿元，比上年增长30.9%，长期期交新单保费1.8亿元，比上年增长20.4%，续期保费15.5亿元，比上年增长86.4%。上述5项保费规模均列全国中邮保险首位，长期期交率先在上半年完成全年目标。

2. 个团险业务。累计实现个团险保费收入1838.5万元，比上年增长13.5%，计划完成率129%，个团险业务保费规模排列全国中邮保险第5位；累计完成“三农”和小额保险收入429.1万元，比上年增长1279.8%，计划完成率715.2%，“三农”和小额保险保费规模排列全国中邮保险首位。

3. 运营管理。电话回访成功率（98.55%）、人核件回执回销完成率（100%）、保全资料流转时效（0.53天）、理赔服务时效（1.69天）、亿元保费投诉件数（0.078件）、13个月保费继续率（95.74%）等主要运营管理指标均居全国中邮保险前列，理赔、保全专业KPI得分列全国中邮保险第一。举办全省中邮保险运营业务技能比赛。

4. 合规与风险管控。在江苏保监局发布的2017年保险公司合规内控综合评价中，江苏分公司以108.5分列全省59家寿险公司第一；在中国人民银行南京分行发布的驻宁非法人金融机构2017年反洗钱分类评级情况通报中，江苏分公司获评A级。

5. 全面从严治党取得新成效。积极学习、宣传、贯彻党的十九大精神，持续加强党的建设。组织拍摄的廉政微视频《家风——一堂生动的党课》作品在江苏省省级机关及中邮保险总部评比中均荣获一等奖，并被江苏卫视和省委组织部微信公众号“江苏先锋”展播。江苏分公司党委第二党支部获评集团公司基层党组织建设示范单位称号。

6. 和谐企业建设开创新局面。荣获亚太顾客服务协会颁发的“中国杰出客户关系服务奖——最佳客户服务中心（2016）和最佳企业服务（2016）”荣誉奖项。运营管理部荣获“2015—2016年度省级机关青年文明号”，成为该年度唯一获评的保险行业集体。1名员工被评为中邮保险“邮保工匠”。在第二届“中邮保险杯”职工羽毛球比赛中，荣获团体、男单、女单、混双4项冠军；在中邮保险职工工间操暨健身操比赛中，荣获总冠军和女子、男子、团体健身操3个单项冠军及团体工间操亚军。（中邮保险江苏省分公司）

【中邮证券江苏省分公司】

1. 总体情况

（1）经纪业务。截至10月31日，累计开户128015户，其中有效账户23725户，占比18.5%；邮储银行第三方存管账户106472户；客户资产合计10.8亿元；累计成交114.98亿元。开户数及有效户绝对值均在分支机构中名列第一。累计开发两融客户26户，其中机构户1户，个人户25户。两融客户总资产1352万元，两融授信额度1992万元，额度使用19.5%。新增“金鸿小贷”客户185户，实现融出金额177.6万元。签约经纪人11人，经纪人累计实现资产1152.57万元。

（2）资管投行。截至10月31日，累计实现营业收入630.7万元，支出成本367万元，累计实现利润263.70万元。截至10月31日，分公司存续资管项目规模105.1亿元，位列全国分公司前列；金陵2号资管管理计划正式成立。太湖湖泊成功挂牌，为全国分公司成功挂牌新三板的首个项目；江南古运河已完成股份制改造；新增签约两单（苏阳电工、汉皇印象），拟签约一单（无锡拓普金）；与中科怡海签订IPO战略合作框架协议。截至10月31日，累计实现营业收入630.7万元，支出成本367万元，累计实现利润263.70万元。

2. 发展措施

（1）板块联动。“层级宣传贯彻→无死角培训→全覆盖活动→全方位支撑”的协同工作流程。

宣传贯彻方面。一是抓住各种会议契机，持续与省邮政、省分行主要负责人及分管总汇报并寻求支持；二是借助与省公司、省分行各级领导一同调研的机会，与地市分公司、分行负责人及分管总面对面交流，提高各地市对证券业务的重视程度；三是直接赴地市、县级单位开展调研，与邮政企业、邮储银行主要领导座谈，争取理解，打消顾虑，整合资源，积极推进经纪和资管投行业务发展，取得良好效果。

培训方面。通过全省集中培训、地市分片培训、理财经理远程培训等方式，借助全省金融转型大使、金融督训师、证券业务主管等培训班，进行不间断的业务知识宣传贯彻，包括业务办理要点、客户发展策略、营销话术演练等方式，将证券业务培训融入邮银业务体系中，逐步形成一支省、市、县多层级、全方位的证券师资力量，使全省各级邮政企业的营销人员了解和掌握证券基础知识。

活动方面。借助邮银联合开展的金融跨年度竞赛，将证券开户和资产净增指标列入邮银的发展目标进行联合推进。按照江苏邮政金融业务的发展规律，争取省邮政公司的政策支持，将证券有效户发展作为邮政金融转型的主要指标，嵌入邮政全省邮政金融“优结构　提效能”主题营销活动。在分公司和省分行高层的共同战略布局下，在常州召开了企业上市辅导及高层研讨会，会议邀请了全省有上市或新三板挂牌需求的优秀企业代表参会。

支撑方面。紧紧抓住总部理财产品销售的契机，如招商招利基金、金潮1号等，分公司全体出动，在有限的人力条件下，排除万难，不仅为地市邮政分公司提供营销指导，更是赴客户现场提供双录开户，为邮银提供策反他行客户的抓手，成为邮政系统获客引流的有效途径，实现证券和邮银系统发展的共赢。抓住常州会的东风，分公司对无锡、常州等分行对公客户经理进行资管投行业务培训，并对意向客户进行了协同营销。

（2）拓展渠道。在依托邮政企业资源发展客户的同时，立足自身努力开发客户。组建外拓业务小分队，分片挂区拓展业务。组建复合营销中心，重点关注上市公司、小微企业及各类高净值客户人群，目标业务主要为股票质押、新三板挂牌及总部的高收益产品。加大拜访潜在客户的频次和力度，拜访晟邦物流、寅盛药业、优创科技、中联鸿伟等多家企业。积累一定高净值客户，为金潮1号等资管产品销售奠定基础。

拓展经纪人渠道，并将总部经纪人招聘的APP进行全方位的宣传，截至10月31日，发展新增经纪人9名，营业部合计经纪人（含流程中）12名，经纪人供开发有效客户30名，引进证券资产约1150万元。

共享市场红利，拓宽社会机构合作渠道。在江阴市金融办、江阴临港开发区等政府部门的推动下多次与企业召开需求对接会议；与普天产业园、新三板在线、信永中和南京分所、常州金算盘等园区、行业媒体平台及中介服务机构建立客户共享机制。开辟各类商业渠道，如汽车经销商、房产经销商的合作，开发创新业务合作渠道与模式。4月，与江苏华兴深蓝汽车有限公司开展异业合作、交叉营销。

（3）创新产品。一是加强督导管控，建立“日平台”督导机制；二是加大宣传力度，主要通过群发短信、电话回访等形式开展目标客户营销工作。通过协调全省邮政资源，截至10月，发展金鸿小贷客户974户，融出余额177.6万元。推进开发其他创新业务，如“牛掌柜”“两融绕标”等业务。

（4）风险管控。3月，领取人民银行南京分行“关于2016年度驻宁非法人金融机构反洗钱工作考核评级情况的通报”文件，在2016年度评级中被评为A类。4月，配合江苏证监局成立自查工作小组，对分公司各项工作内控执行情况分项进行自查。通过自查，分公司各项主要工作在内部控制、防范风险方面无明显漏洞和失控环节，员工执业行为合规，未发现重大违规风险。未发生涉及重大诉讼、关键岗位人员涉及重大诉讼或司法调查等风险事项。5月，分公司接到合规部通知，要求对2016年5月至2017年4月反洗钱工作开展情况全面自查，并将自查情况中存在的问题、原因及整改计划进行汇报。

（5）后勤保障。

党建工作。3月21日，向总部党委提出成立中邮证券有限责任公司江苏分公司党委的请示并得到批复。4月13日，选举朱皓同志为江苏分公司党委书记。分公司党委成立两个党支部。5月底，根据集团公司巡视要求，就自查底稿开展相关自查工作，查缺补漏党建相关材料。分公司认真学习党的十八届六中全会和习近平总书记系列重要讲话精神，加强党内组织生活和党员日常教育的管理，重视制度建设和党员政治意识、组织意识、表率意识的培养，并组织分公司全体党员开展了一次党规党纪知识测试。10月初，分公司组织全体人员认真学习贯彻党的十九大精神，号召分公司全体党员观看警示教育片、学习系统内外的典型案例，并对照自身工作进行反思。

人力资源管理。分公司在册员工18人，党员12人，其中有1人的党组织关系已转至中邮证券总部。原邮政系统过来员工9人，外聘员工9人，18人中有1位员工借调到北京总部，截至1月31日，所有原邮政员工的关系均转至中邮证券江苏分公司。本科层次及以上学历员工占比94.44%。配合总部人力资源部编撰分公司人力资源岗位说明书的工作，细化分公司岗位职责明细。筹建轻型营业部，不断细化招聘工作，与相关猎头公司沟通，引进相关资管投行业务团队。

财务管理。分公司根据总部下达的收入成本目标做好全年的成本管控方案，将分公司邮寄公函等事项进行财务管控细化，并逐月加强成本管控。做好养老基数的调整录入和省公积金开户划转录入工作。根据公司要求，对从2014年11月开业截至5月31日所有的财务凭证进行清查，严格执行总部制度要求，财务账面真实、准确、完整地反映了经济事项，财务人员配备到位，财经纪律和风险意识强，财务报账规范。分公司不存在小金库、薪酬二次发放等问题，没有违反集团公司禁止类行为和违反总部经营纪律的情况发生。分公司业务招待费、业务宣传费、差旅费、职工教育经费、办公费、福利费、企业年金等均纳入总部统一管理，派车记录均登记在册，严格执行总部和省公司相关财务管理制度。

纪检监察。分公司严格贯彻落实中央八项规定精神和集团公司党组20条实施意见，紧盯“四风”问题新动向。4月，公布信访举报四种渠道，设立营业厅举报箱，充分发挥群众监督作用，提高信访举报工作水平。7月，江苏分公司根据总部要求，围绕思想道德、制度机制、岗位职责、业务流程和外部环境等五个方面，在分公司开展廉洁风险排查工作，并提出防控措施。8月中旬，分公司按照集团公司要求，组织专人对2014年11月19日至2018年7月31日期间违规公款购买消费高档白酒问题进行集中排查，经排查未发现存在违规公款购买消费高档白酒的问题。分公司纪检监察人员做好“十一”节假日期间监督检查工作，紧盯公车私用问题，认真做好节前公车封存工作，对“两节”前后资金使用和报销情况严格检查把关，通过查阅财务单据、谈话了解、信访监督等方式开展自查，做好自查记录。

综合支撑服务。日常用印流程均已登记在册，由总部和分公司相关领导批复后寄交经办人。配合总部纪检监察部门做好月度监察表上报和总结工作。4月，根据省国税要求梳理分公司所有经纪人签订的合同和承诺书，建立经纪人相关收入台账，每月做好登记工作。同时，分公司为充分提高员工学习的积极性，要求全体员工完成证券从业人员年度从业资质的继续教育工作。（中邮证券江苏省分公司）

浙 江 省

【浙江省分公司】 业务收入88.8亿元，比上年增长10.94%，完成年计划的101.7%。经营利润2680万元，比上年净增1.7亿元，完成年计划的103.1%。

1. 全面从严治党

（1）严格落实全面从严治党主体责任。高度重视学习宣传贯彻党的十九大精神，组织党员群众收看十九大开幕式、召开全省再部署再动员会议、出台《全省邮政学习宣传贯彻党的十九大精神工作方案》等。贯彻落实全国国有企业党的建设工作会议习近平总书记重要指示精神，浙江省分公司党组提出“七种招式”和“三个建在”，创新推进基层党组织建设，以党建新成效引领、推动国有企业新发展。建立并实施领导干部党建联系点制度，建成245个省、市、县三级领导班子成员党建联系点。

（2）认真落实全面从严治党监督责任。将全面从严治党落实情况纳入绩效考核。组织开展以“四个着力”为重点的内部巡察，11个市分公司巡察“全覆盖”。严纠“四风”，持之以恒抓好作风建设，下发《中国邮政集团公司浙江省分公司关于重申“十严禁”的通知》《关于加强营销费用核算和管控有关问题的通知》《关于进一步明确框架协议采购项目决策流程的通知》等系列文件、制度，规范企业经营和财务管理行为。强化监督执纪问责，积极探索运用监督执纪“四种形态”，将全面从严治党向基层延伸。

2. 打造三大新增长极

（1）金融业务。代理金融业务收入38.6亿元，比上年增长9.5%。邮政代理金融储蓄余额规模2441亿元，年净增279亿元，新增市场占有率24.2%，列行业第2位。保险业务规模突破134.5亿元，比上年增幅15.3%。其中中邮保险期交新单保费实现10.9亿元，中邮续期保费13亿元，均列全国第2位，实现“双百亿工程”目标。中邮期交点均保费规模列全国第1位。理财日均保有量、基金业务收入继续保持全国前列。中邮证券第三方存管有效户2.7万户，列全国第1位。

（2）包裹快递业务。包裹快递业务收入29.5亿元。其中国内快递包裹业务量、收入分别为3.4亿件和14.2亿元，均列全国第一。国内快递包裹业务量增幅200%以上，是其他民营快递公司增幅的6—7倍。12月国内快递包裹日均143.4万件，市占率7.11%，比上年提高3.5%。12月平均毛利率22.7%，比年初提高4.2%，每公斤资费5.9元，比年初提高1.7元。主动客服水平不断提升，主动客服248人，跟踪服务覆盖率125%。

（3）农村电商。“邮乐购”店数量2.8万个，其中社会加盟商超型1.65万个。累计批销金额10.8亿元，列全国第3位。活跃商家数576个，动销商品数7448个，均列全国第1位。零售订单152万笔，列全国第4位。运作154个农产品进城项目，将176万斤农产品送进城。邮政农村电商受到了国内外权威媒体的关注，美国探索频道出品的纪录片《习近平治国方略：中国这五年》，其中讲述浙江省绍兴市下堡村娄文娥通过“邮乐购”店为村民提供电商服务的故事，充分肯定了中国邮政农村电商对于缩小中国城乡差距、提升农村生活品质的作用。

（4）基础性邮政业务。函件业务收入4.9亿元，列全国第4位，其中支付宝约投挂号项目1.4亿元，互联网广告业务3119万元；集邮业务收入2.8亿元，毛利率54.9%，高于全国平均水平6%；报刊业务收入4.9亿元，

11月28日，浙江省临海市涌泉镇首批7500公斤蜜橘通过邮政渠道配送到全省各地。（邮政报／提供　冯珠／摄）

其中线上订阅流转额1.1亿元，占全国线上订阅总量的13.9%，列第1位；增值业务实现收入2.5亿元，其中车险收入5122.8万元，比上年增长27.1%。

3. 提升服务质量

（1）秉持“人民邮政为人民”宗旨提升服务质量。邮政服务质量综合满意度85.5分，普遍服务和特殊服务水平进一步提升，继续保持被邮政监管单位零处罚纪录；快递包裹重量稽核管控水平为全国先进；无着邮件库存量减至0.7万件，比上年下降86.4%。浙江省分公司创新开展“警医邮”项目助力浙江省“最多跑一次”政务服务改革，与浙江省民政厅联合打造“邮善邮乐”网上慈善超市项目提升邮政公益形象。

（2）提升网运组织能力。优化网运流程，首创“散件＋集包”作业模式，在全省地市、重点县域推进集包封发，前置处理能力日均100万袋／件；实施多点集散，7个二级中心局完成现代化升级改造，率先推进重点县域能力升级，新增处理场地面积合计约10.5万平方米，全网处理能力从日均6万袋／件提升到常规330万袋／件、饱和500万袋／件；实施够量直达，一级干线汽运邮路数量增加到134条，其中非省会中心局直发91条，占全省出口邮路的67.9%；服务品质不断提升，省内件T+1提升到90%以上，居全国前列，浙江出口件平均全程时限从120小时缩短到70小时左右。

（3）提升投递服务质量。新增投递车辆198辆，总数1292辆，汽车道段占比20.3%；PDA配备总数6500台；增加投递处理场地5000平方米以上。推进投递模式创新，在杭州、宁波等城市尝试“5221”投递模式，即50%由邮政投递队伍承担，20%经E邮柜进行投交，20%由各类自提点进行消化，10%的邮件由各类外包队伍承担投递。全域乡镇本街快递包裹投递由周五班提升至周七班，工作日10点前进口到农村支局的快递包裹实现当日递。

4. 优化资源配置

（1）财务管控。建立资金与工资联动机制，将企业

效益和员工收益相结合，全省货币资金同口径增加 1.8 亿元，资金状况明显改善。欠费管控成效显著，国内快递包裹欠费率 6.8%，比上年下降 4.2%，函件欠费率 4.7%，比上年下降 0.6%。

（2）人力资源。加强用工管理，推进机构编制调整工作落地。严格规范劳务承揽管理。加强薪酬福利管理，推行人工成本零基预算，坚持向一线倾斜，规范并健全员工福利体系。加强干部队伍建设，对市分公司领导班子进行补充调整，加强干部异地任职和跨地区交流，举办第三期后备领军人才培训。新增 25 名地市、县分公司领导班子成员跨地区任职，选派 9 名优秀后备领军人才和业务骨干赴基层任职锻炼。

（3）风控安全管理。开展各类审计项目 303 个，审减工程支出 1820 万元。抓好金融风险案件防控，严守案防底线，以"内控优化年"活动为主线，深入开展监管系列检查、员工行为大排查和"屡查屡犯""治顽疾，控风险"等专项整治活动，现场检查问题整改率 99% 和非现场预警核查率 100%。全年未发生邮政金融重大风险事件、风控案件，浙江省分公司被评为"第五轮浙江省银行业金融机构安全评估工作成绩突出集体"。完成党的十九大、"一带一路"国际合作高峰论坛、金砖国家领导人第九次会晤等多项重大活动邮政安全保障任务；全年未发生治安安全责任事件，省分公司被评为"2017 年度省级治安安全单位"。浙江省邮政分公司机要通信专业实现通信质量安全无失密丢损"二十四连冠"，被集团公司评为机要通信成立 60 周年全国先进集体。

（4）营造和谐企业发展氛围。1.9 万多名职工加入全省邮政职工医疗互助保障会，发放补助金 487.2 万元；1.2 万名在岗职工和 1.2 万名劳务派遣工参加地方工会的医疗互助保障，享受地方工会互助补助金 100.9 万元。举办 43 场集中培训、参培人数超 5000 人次，21 场远程培训、参培人数 2.8 万人次。在集团公司组织的"提创意、争创新"活动中，2812 名员工参与，累计发表点子 3839 条、列全国第 2 位，其中 9 条点子入选集团公司首批"金点子"、同列全国第 2 位。《邮政企业以打造新增长极为目标的快递包裹业务发展》获得第二十四届国家级企业管理现代化创新成果二等奖。在浙江省和集团公司先进劳模评选中，1 人荣获浙江省"五一劳动奖章"；浙江省邮政分公司信息技术局技术推进部被集团公司授予"中国邮政优秀科技团队"荣誉称号，2 人被授予"中国邮政优秀科技工作者"荣誉称号。（浙江省分公司　周静）

【邮储银行浙江省分行】　一级部门 20 个、二级部门 7 个、直属单位 2 个；下辖 10 家二级分行（不含宁波）、55 家一级支行，是浙江省网点数量最多的金融服务机构，其中 83% 的网点分布在县城及县以下地区；员工数量 6971 人。

资产规模 3333 亿元，比上年增长 11.21%，规模和增幅均居省内同业第 6 位。实现自营收入 58.75 亿元，实现净利润 22.24 亿元。人均创利 33.23 万元，居系统内第 6 位；人均创收 85.18 万元，居系统内第 7 位；收入利润率 39%，居系统内第 8 位；成本收入比 49.0%，居系统内第 10 位；人均经济增加值 5.47 万元，居系统内第 13 位；经济资本回报率 13.1%，居系统内第 16 位。不良贷款率 0.49%，比上年下降 0.1%，为浙江省同业最优；拨备覆盖率 325.8%。

1. 业务发展

（1）负债业务。通过退出高成本存款、调整营销模式、抓实客户维护等方式，夯实负债业务发展基础。各项存款结余 3114.6 亿元，居系统内第 10 位，自营储蓄日均净增 33.6 亿元，公司存款净增 17 亿元。个人外币存款余额居系统内第 8 位；公司外币存款余额居系统内第 3 位。

（2）资产业务。"三农"金融贷款结余 1215.81 亿元，净增 201.58 亿元，净增额居系统内第 4 位，规模消化率 144%。其中，小额贷款净增 15.02 亿元，创 2009 年以来新高；个人商务贷款净增 22.18 亿元，从上年排系统内末位提升至第 2 位。小企业贷款净增 31.53 亿元，净增居系统内第 2 位，贷款结余 203.90 亿元，连续三年居系统内第 1 位。公司贷款净增 155 亿元。消费信贷净增 164.39 亿元，居系统内第 5 位。同业融资业务落地 23 笔，新增同业存放 282.9 亿元，新增业务量居系统内第 2 位，业务收入居系统内第 1 位；同业投资业务实现收入 3.1 亿元，保持系统内第 1 位。贸易融资净增 8.27 亿元，经济资本回报率 43%。票据和福费廷业务，提高资金运用效率，分别压降 61 亿元和 13 亿元用于支持实体贷款投放。

（3）中间业务。实现中间业务收入 9.7 亿元，居系统内第 3 位，比上年增长 65.54%。中间业务收入占比 16.50%，比上年增长 6.57%。信用卡新增发卡 32 万张，比上年增长 58%，信用卡拨备后净收入首次突破亿元大关。电子银行客户突破千万，手机银行客户超过 800 万，微信银行签约客户 85 万户，居系统内第 1 位。贸易金融实现收入 1.17 亿元，比上年增长 42%。资产管理业务投放规模实现翻番，业务收入 1.1 亿元，比上年增长 30%；托管业务新增产品 87 只，规模 130 亿元，业务收入比上年增长 44%。

2. 改革创新

（1）制定三年发展目标。首次制定三年收入滚动计划，各级分支行根据辖内实际情况，制定自身的三年发展计划，将发展计划与目标分解落实到每个网点。

（2）组织架构改革。完成省市县各级"三农"金融事业部的改革与挂牌；将省分行信用卡部升格为一级部门，在杭州、温州、金华、绍兴、台州分行设立信用卡一级部门；9家市分行的小企业金融部升格为一级部门；在浙江省分行运营中心组建银企对账团队、监控预警团队、风险审查团队。

（3）机制建设。在业务经营权上，实现公司信贷对市分行、小企业信贷对县支行的合理授权；在收入分配上，遵循“谁做谁得”原则；在机构经营绩效上，以收入、利润、EVA等综合效益指标为主要评价依据，降低单项业务考核权重，给予分支行考核办法的调整权限；在员工绩效考核上，将考核权限下放到直接管理机构。

3. 风险管控

（1）信用风险管控。开展“信贷能力提升工程”，建立健全信贷风险防控体系，提升全辖信贷管理能力。修订小微企业16条负面清单，开展一级支行信贷管理“回头看”活动，规范统一授信管理。加大新增不良贷款的管控力度，加强过程和结果的双重管控，不良贷款结余9.74亿元，比上年减少808万元，不良额与不良率均比上年降低。资产保全工作，坚持现金为王的清收原则，清收金额8.29亿元，其中已核销的贷款清收金额占比18%。杭州市分行、衢州市分行、台州市分行现金清收1亿元以上。

（2）操作风险管控。组织全辖开展对公重点业务风险专项排查活动，排查范围包括所有自营网点，排查内容涉及票据和福费廷业务、单位账户、印章管理、员工排查四大方面。根据监管要求，浙江省分行联合浙江省邮政分公司启动“治顽疾、控风险”专项整治活动，划定“操作风险红线十五条”，进一步明确邮银协调沟通机制，制定代理机构操作风险防控提升工作方案。

（3）内控体系建设。分行制定“操作风险防控能力提升三年规划”，形成8本业务操作手册、1本业务政策汇编；组织全辖开展“优化制度体系”“强化合规管理”“提升合规检查”“内控知识培训及竞赛”四项活动。定期召开邮银协调会议，通报案防形势，形成内控长效机制。

4. 服务支撑

（1）信息科技。分行零售信贷工厂试点运行，实现部分业务的批量化、标准化审批。增配ATM/CRS 38台，自助发卡机65台、自助填单机51台、ITM 100台、移动展业设备359台。完成17个经营管理类项目和24个中间业务类项目的开发上线，完成自助银行系统等30个总行项目，同城支付等13个省内项目的试点及推广上线工作。

（2）安全保卫。浙江省分行自营与代理机构在浙江省银行业金融机构第五轮安全评估工作中合格率100%；全辖建成安全管理标准化达标网点91家；浙江省分行、绍兴市分行、金华市分行被省公安厅评为2017年省级治安安全单位。

（3）审计监督。完成审计项目计划，揭示薄弱环节及主要风险，提出风险管控和管理改进建议；推进问题整改及问责工作，完善工作机制。

5. 党建与纪检监察

扎实推进“两学一做”学习教育常态化、制度化，巩固“三严三实”专题教育成果，将学习教育从“关键少数”向广大党员拓展，向集中性教育、向经常性教育延伸。开展“强基固本2.0”建设工程，在全辖建立总行级示范点、省级标杆单位、市级参建单位三级体系及行领导联系点，全面加强基层党组织建设。6月30日，省分行召开纪念中国共产党成立96周年大会暨干部大会，会议表彰90名最美优秀共产党员、20名最佳优秀党务工作者和25个最强先进基层党组织。

深化廉洁风险防控，组织6621人参与廉洁风险点梳理，排查涉及岗位286个，查找廉洁风险点297个，制定防控制度及措施487项。落实整改集团公司巡视问题，首次对辖内丽水分行开展巡察工作。加大执纪监督力度，在中秋、国庆节日期间开展对落实中央八项规定情况的明察暗访，对公车使用情况进行专项检查。（邮储银行浙江省分行）

【邮储银行宁波市分行】 一级部门19个、二级部门5个、直属单位1个，下辖一级支行9个；邮政金融网点309个，其中银行自营59个、代理250个，实现城乡全覆盖。员工1231人，其中分行本部270人，本科及以上学历员工998人，占比81.07%。

宁波分行资产规模512.5亿元，比上年增长13.7%。实现邮政金融业务收入13.12亿元，其中银行自营收入8.34亿元，完成利润2.64亿元。各项存款余额483.3亿元，比上年增长11.7%；各项贷款余额322.5亿元，比上年增长19.5%。不良贷款率0.53%，低于宁波市同业平均1.27%。

1. 业务发展

（1）负债业务。一是个人储蓄业务，开展网点转型与价值提升，个人储蓄时点余额97.69亿元，比上年增长4.32亿元，日均余额95.28亿元，比上年增长7.15亿元，净增额创2013年来最高。二是公司负债业务，开展存款招标破冰行动，中标项目12个，实现公司存款3年翻番，比2015年净增32.22亿元。

（2）资产业务。一是零售信贷业务，个人贷款比上年增长27亿元，小额和个商比上年增长3.37亿元，个人商务贷款比上年增长2.44亿元，渔船抵押贷款比上年增长2.22亿元，E捷贷比上年增长5.17亿元，住房按揭贷款比上年增长16.29亿元，小企业金融增长4.35亿元，与市委农办签订《扶贫战略合作协议》，成为扶贫贷业务全面合作的唯一代理行。二是批发业务，与宁波市舟山港首次合作落地，与宁波市轨道交通、宁波市栎社机场三期扩建工程、金甬铁路项目等政府基建类项目合作，投放贷款超60亿元。三是国际业务，国际结算量、国内信用证开证金额完成率列系统内第1位，国际结算量6.89亿美元，贸易融资客户 38 家，落地宁波分行单笔金额最大的人民币融资性保函、首笔跨境人民币信用证项下的进口押汇。四是金融市场业务，新增同业投资业务 26 亿元、同业融资 11 亿元，宁波分行首单金融租赁同业借款业务落地。

（3）中间业务。人民币理财销售 23 亿元，保险业务比上年增长 2476 万元，信用卡收入比上年增长 60.8%，发行宁波行首张自主研发的汽车主题邮天下信用卡。电子银行客户 145 万户，电子银行交易替代率 87.93%，其中手机银行新增 16.6 万户，客户有效数列宁波市同业第 3 位。

2. 精细管理

（1）资产负债管理，贷款综合定价比上年提高 81 BP。

（2）财务管理，强化成本费用管控。

（3）授信管理落实限时服务机制，批发类授信业务，双签模式占比 88.8%，额度项下贸易融资类业务达到“2 小时审查审批”的时限标准。

（4）集中运营管理，完成营运中心组建工作，推进业务处理流程优化转型。

（5）信息科技支持，开发宁波市同城支付系统、信贷客户经理绩效考核系统、个人综合积分系统等项目。

3. 风险内控

（1）成功摘帽重点监管机构，落实“三三四十”等各项监管专项治理工作，开展“内控优化年”活动，完善反洗钱工作内控制度。

（2）金融消费者权益保护能力提升，获宁波市人民银行中心支行组织的“启蒙杯讲师比赛组织奖”“金融普惠校园启蒙优胜单位”“金融知识普及教育先进单位”等荣誉。

（3）加强不良清收，清收不良贷款 1.31 亿元，其中清收移交后不良贷款 1.19 亿元。

（4）开展各类审计、检查、内控评价项目 15 个，开展非现场审计监测 4 次，检查发现问题 186 个，提出审计意见及建议 78 条。

（5）完成 24 家网点的安全管理标准化达标网点建设工作。

4. 党建工作

（1）建立宁波分行机关“转变作风提效能、服务基层办实事”工作机制，确定机关各部门为基层办实事 24 件。

（2）开展“两学一做”学习教育制度化常态化、“转型提升争先锋 助推发展立新功”党员主题实践、共产党员“承诺践诺”主题教育等活动。

（3）完成“各支行年化人均 EVA”“分行机关部门服务基层办实事”“工程建设时效性和建设质量”等基层关心问题的效能监察。

（4）制定《宁波分行巡察工作方案》并巡察 5 家一级支行。

（5）实现自营网点“职工小家”100% 的建家率。（邮储银行宁波市分行）

【速递物流浙江省分公司】 业务总收入 40.66 亿元，增长 31.86%。全省邮件进出口日处理能力跨上百万件的新台阶。“双十一”完成业务量 2427 万件，日峰值 467 万件，居全国邮政系统首位。海外仓业务收入达到 1501.3 万元，实现利润 141.68 万元，有效客户数 109 个，全国排名第一。

1. “政务行动”。针对省政府互联网 + 政务“最多跑一次”目标，部署开展“政务行动”，提出行政中心准点率、项目签约率“两个 100%”目标。截至 12 月 31 日，进驻 107 个市、县（区）行政服务中心和 104 个基层法院，“互联网 + 政务服务 + 快递送达”项目已签约 41 个厅（局），60 个市、县（区）实现快递费“政府埋单”，收入 2.13 亿元，其中法院项目收入 5796 万元，增长 42.73%，身份证项目突破 2000 万元，增长 47.1%。

2. 省内时限专项提升工程。在全国率先推行用户实际感知为标准的省内时限质量衡量体系，实施“全范围、24 小时”的时限质量监控考核，持续优化省内网布局，省内时限水平连续多月保持全国第一，次日递率最高 95.17%，带动省内业务量累计 8051.3 万件，增长 66.2%，量收分列全国第 2、第 3 位。

3. 跨境电商仓配一体化。杭州市分公司与国际客户广州棒谷网络科技有限公司开展合作，为客户提供跨境电商仓储 + 配送一体化服务。截至 12 月 31 日，杭州棒谷仓配一体化项目业务收入 1.35 亿元，成为全国速递第一大客户。

4. 邮政首个机器人分拣项目投产。6 月 9 日，浙江速递义乌处理中心机器人分拣项目正式投产运行。该项目为全国邮政系统首个机器人分拣上线项目，分拣峰值 1.8 万件 / 小时，处理中心件均处理成本降到 0.3 元以内，达到行业先进水平。

5. 营业部标快化转型。召开标快化转型启动会，启动全省营业部“标快化转型”工作，委托第三方咨询公司，通过建立标准化的营业部管理模型，首批 12 个“种子营业部”转型落地，种子营业部月均开发标快客户数较转型前增加 244 户，8—12 月收入比上年增长 40.28%，高于全省平均 24.62 个百分点。综合型营业部人均揽收标快 10 件 / 天，净增收入 85 元 / 天，散户业务量收比上年增长均超过 65%。

6. 杭州—俄罗斯新西伯利亚货运包机专线开通。8 月 11 日，中国杭州—俄罗斯新西伯利亚货运专线开通，并于 8 月 10 日下午在杭州萧山国际机场举行启动仪式。截至 12 月 31 日，专线累计飞行超过 70 班，装载邮件 1413.5 吨，解决了省内及苏州互换局出口俄罗斯的运能，

俄向邮件全程时限缩短到12天以内，带动俄向国际e邮宝业务收入增长85.4%。（速递物流浙江省分公司）

【中邮保险浙江省分公司】

1. 转型升级

（1）保费收入。实现总保费40.7亿元，比上年增长47%。实现期交新单保费11.5亿元，比上年增长17.8%；续期保费13亿元，比上年增长114%；长期期交保费1.08亿元，比上年增长14.4%。总保费、新单保费、期交新单、续期、长期险等5项业务规模排名全国第二，期交新单、长期期交的点均产能位列全国第一，在浙江省寿险行业的市场占有率3.4%，排名第八；银保期交市场占有率19.7%，排名第二。

（2）持续深化板块协同。邮银保三方联合下发落实“双百亿工程”实施方案。将期交、长期期交等业务指标继续纳入年度绩效考核及季度重点工作考核，将“双百亿工程”纳入全省邮政“转作风　促实效”重点工作“7+1”专项行动中，实行月报告、季通报。建立“综合＋专项”竞赛活动体系，开展“落实双百亿　决胜2017”“奋战四个月　冲刺全年度”以及续期业务专项竞赛等活动。

（3）巩固客户群体。成立城市业务项目组，选择杭州为试点单位，以“一场专项竞赛活动、一场大型客户答谢会、一次网点主题沙龙”为抓手，汇编城市业务操作手册，探索城市业务发展范本。针对邮保安康产品卖点，打造城市业务“U健康”活动主题。通过主题宣传折页、X展架、朋友圈每日推文等方式，营造销售氛围；通过烘焙、陶艺、亲子橄榄球等特色主题沙龙活动，增强客户体验及黏性。

（4）与浙江省医保中心合作。将中邮团体A款重大疾病保险纳入首批职工医疗保险个人账户购买商业保险的产品目录。积极开展政保合作，合作对接“建德扶贫保险”“乐清工商联”等项目，承保70件团单，其中外拓项目45个，实现团险保费收入823万元，比上年增长11.5%。

2. 专业能力

累计48人取得寿险管理师中高级资格，占员工总人数的62.3%。在全省保险业专职讲师技能大赛中，分公司荣获团体第3名，3名讲师分获第4、5、6名。

针对儿童节、妇女节、父亲节等重点节假日，策划主题营销，支撑基层举办98场大型客户答谢会，预签期交保费6393万元。开展全省讲师大赛、“星火燎原”内训师全省巡回培训以及“一百零八将”表彰培训等208场，培训人数2.5万人次。协助浙江省邮政分公司举办全省市县总经理研修班、后备领军干部培训班等，全面助力队伍转型升级。

自主研发中邮保险浙江分公司业务管理平台，搭载后台管理、续期处理、满期查询、保单查询及续期回访话务处理等模块，有效简化了一线业务处理流程。

3. 营运指标

人核件回执回销率持续保持100%，全流程时效达到15.4天，比上年缩短6.92天；保全时效1.05天，比上年缩短0.69天。克服理赔案件比上年增长47%的压力，理赔服务时效达到1.76天；保全合格率98.99%，比上年提高0.92%；犹豫期内电访成功率93.1%，比上年上升9.6%。全省满期给付工作整体平稳，全年累计满期给付3.7万件，给付金额8.52亿元。

4. 客服活动

组织“美好生活　中邮相伴”客服季、春日主题沙龙以及“3·15”“7·8”公众日宣传等活动57场，惠及客户1.8万人。其中“三生三世桃花醉　一心一意中邮情”系列活动入选中邮保险企业文化远程培训课程，35篇活动信息被《中国保险报》、中国保险网等媒体报道，有效提高品牌形象。应对温州楼房倒塌、杭州古墩路煤气爆炸等突发事件，受到行业内外广泛关注。理赔团个险客户571位，收到锦旗15面。

5. 合规管控

持续加大业务风险管控力度，对25个市县、85个网点开展合规现场检查，下发整改通知书25份，风险提示函21个。开展销售误导、非法集资等风险排查，不断提高内控风险防范水平。针对全省市县中邮保险局局长、理财经理等人员组织开展4次反洗钱培训，人数2492人次。

6. 党的建设

组织6次党委中心组理论学习，深入开展党的十九大精神学习。依托“三会一课”，深入推进“两学一做”学习教育常态化制度化。组织党员干部参观南湖革命纪念馆，实地重温党的光辉历程。开展“党员在行动”、“党员示范岗”创建、“勇立潮头话担当”微型党课比赛等，充分调动和发挥党员先锋模范和党支部战斗堡垒作用。

深入推进党风廉政建设，积极开展廉政谈话，约谈中层以上领导干部82人次。排查廉洁风险点70个，制定防控措施183条。对照2014年以来中央巡视反馈意见、集团巡视反馈意见和各类检查自查中发现的问题，实现自查整改全覆盖、无死角。开展“家风助廉”系列宣传教育活动，制作清明节、中秋节等9期微杂志，1072人次访问。

7. 和谐企业

开展“两节”送温暖和高温“送清凉”慰问活动，为5名员工送上住院慰问，5名员工送上结婚祝福，2名员工送上生育慰问，1名员工送上家属慰问。通过工会主席信箱、问卷调查、青年员工座谈会等方式，进一步畅通员工诉求表达渠道。组织“踏上新征程　喜迎双百亿”健步走活动以及羽毛球比赛、工间操暨健身操比赛等，进一步活跃员工业余文化生活。年内1人荣获中邮保险“巾帼标

兵”称号，3 人获满期给付个人突出贡献奖，1 人获理赔“最美调查人”称号。（中邮保险浙江省分公司）

【中邮证券浙江省分公司】 业务收入 366 万元，其中经纪业务 230 万元（股票质押 60 万元、产品销售 90 万元）、资管业务 136 万元，完成利润 226 万元。

1. 协同发展

截至 12 月 31 日，累计开立证券账户 9.05 万户，其中有效户 1.64 万户，有效户占比 18.16%；客户资产总额 9.34 亿元。有效户的发展坚持依托邮政板块资源，抓住集团公司“营销培训活动方案”契机，争取邮政企业的有力支持，先后出台并下发《关于开展 2017 年中邮证券营销培训活动的通知》（浙邮分〔2017〕74 号）、《关于开展全省邮政中邮证券第三方存管发展劳动竞赛的通知》（浙邮分工劳〔2017〕26 号）、《关于联合开展全省邮政中邮证券投资银行业务营销活动的通知》（浙邮分〔2017〕254 号文）、《转发集团公司关于进一步加快中邮证券发展指导意见的通知》（浙邮分金协〔2017〕26 号）等系列支持证券业务发展的文件和措施；将各单位有效户完成情况纳入全省邮政工作报告重点工作细化落实方案计划表以及地市一把手季度绩效，进一步强化中邮证券业务的发展督导。

2. 资管投行业务

（1）股票质押业务。与渤海银行、南京银行、宁波银行、招商银行、华融渝富、杭州金控、万达金融等金融机构建立业务合作关系。

（2）委外业务。先后拜访台州银行、嘉兴银行、杭州联合银行、杭州银行、浦发银行、招商银行、建德农商行等 14 家股份制银行和地方农商行，开展密切的业务探讨和合作方案，与台州银行、渤海银行杭州分行、南京银行、杭州联合银行、北京银行、建德农商行 6 家银行办理了同业授信或业务准入。通道业务方面：截至 12 月，推进完成 9 单非市场化邮储银行通道业务，累计资金投放 80.32 亿元，现存量规模 69.02 亿元，实现收入 135.43 万元。

（3）投行业务方。拜访绿林工艺、大明电子、致威电子、正能空气能、永浪集团、华夏游乐等 7 家拟 IPO 企业和新三板企业，其中大明电子、永浪集团、华夏游乐均完成初次合作意向探讨。对接黑龙江完达山乳业，协同保代康威完成初次会晤。

3. 协同管理队伍

建立市县金融局长群、各级企业金融管理员群、优质客户群等 20 个，服务人数 4500 人，每天安排人员群上值班答疑，及时解决问题。坚持通过不断培训，在全省邮政企业建立一支适应证券业务发展需要的协同管理员队伍，通过开展多样化的培训，逐步提升专业化水平，以集中培训、远程培训、送培等方式共组织证券业务培训 50 余场，累计参培 8100 人次。举办两期全省证券业务管理人员集中培训，聘请证券专业讲师授课，打造证券专业队伍；对 8 个地市分公司进行现场培训，累计送培 33 场，扩大培训覆盖范围，提升基层专业营销水平；开展远程培训、参加省分公司组织的各类培训班 11 场次，积极宣传贯彻协同发展理念，提升综合营销能力。

4. 能力提升

（1）培养专业化的队伍。遵循全员投顾的理念，坚持每天早上召开投顾列会，轮流分析市场行情、形成操作建议；市场、运营人员分板块进行行业研究，并分享研究成果，整体的投顾能力得到提升。资管、投行专业队伍初步建立，共配备资管投行人员 3 名，其中 2 名是通过市场招聘的专业人员，资管、投行项目的储备、上报数量明显增多。着手市场化营销团队、经纪人队伍的组建工作，组建专业化的营销队伍。

（2）注重培育高效业务。派员到总部信用交易部跟班学习，熟悉业务流程，提升业务评判、处理能力，股票质押业务初显成效。积极培训两融业务，结合总部两融业务营销契机，出台分公司业务考核办法，引导分公司员工积极发展两融业务，两融账户的开设实现突破。

（3）着手轻型营业部建设。走访调研其他券商轻型营业部的开设、管理情况，学习先进经验，为筹建打好基础。与有意向的市场化团队接触沟通，考察比较团队的优劣，把中邮证券轻型营业部考核模式要求推向市场。确定建设计划，并上报总部。初步确定轻型营业部运营风控、财务管理、考核分配等方案。

5. 完善制度流程

（1）根据适当性新规，梳理柜面适当性业务流程。多次组织内部学习，了解监管重点，开展内部讨论，梳理了创业板、新三板、两融、分级基金等适当性投教话术、流程。

（2）根据人行反洗钱 3 号令，修订分公司实施细则。及时修订《浙江分公司反洗钱实施细则》，正式报人行杭州中心支行备案。

（3）根据业务发展需要，修订指导基层推荐人、客户经理的各类操作流程。完成《柜面业务操作手册汇编》《账户密码重置》《身份证信息网上提交》《佣金调整流程》《三方存管办理流程》《系统故障应急预案》《基金申购简易流程》等各类流程 15 项，完成运营风控的风险监控流程编制。

6. 开展合规自查

（1）开展监管自查。开展两次浙江证监局的自查，分别是 2 月证监发公司总部要求开展合规管理自查，以及分公司关于“非法证券交易场所”自查。

（2）开展反洗钱稽核自查。以风险防控为重点，认真履行金融机构义务，5 月开展 2016—2017 年度反洗钱自查，对部门调整后、新项目开展等新情况，提出反洗钱职责的补充意见加以落实。

（3）根据中登要求，开展账户实名制自查，通过账户自查对开立环节的实名制情况进行自查，通过回访对账户使用环节实名制情况进行自查。

（4）建立账户质量检查及整改制度化日常化。建立日常网上开户资料、档案检查中发现的质量问题检查制度，发现问题的进行及时修正整改。

（5）持续做好权限管理，按权限最小化原则，对员工离职、岗位调整以及新员工入职等权限进行及时调整。

（6）开展反洗钱、非法证券的宣传。根据证监局“打击非法证券”、防范非法集资等工作，开展投资者教育、宣传工作。

7. 党的建设

（1）严格落实全面从严治党主体责任。规范党内组织生活，严格落实“三会一课”制度，加强党员活动建设，确定每月20日为分公司党员活动日，并积极申报基层党组织示范点建设。通过开展“党员在行动”教育实践活动和“重读入党申请书、重温入党誓词”学习教育活动等，使“两学一做”学习教育常态化、制度化。

（2）认真落实全面从严治党监督责任。按照总部纪委的工作部署和党委的总体要求，进一步规范党内政治生活，落实党内监督职责，持续深化“三转”，强化监督执纪问责，积极配合巡视工作，持续纠正“四风”问题，大力开展廉政文化建设，建设廉洁风险防控体系，为分公司全面推进从严治党治企提供纪律保障。（中邮证券浙江省分公司）

安徽省

【安徽省分公司】 业务收入65.17亿元，居全国第9位，比上年提升1位，巩固了全国第一方阵地位；增幅19.33%，居全国第1位。完成集团公司预算进度108.96%，居全国第3位。考核口径利润完成集团公司下达目标的111.55%。收入利润率11.04%，居全国第2位。

1. 经营发展。金融、包裹快递、集邮与文化传媒、渠道平台分别收入41.97亿元、9.46亿元、7.25亿元、5.54亿元。包裹快递、集邮收入增长率分别为96.55%、15.45%，均超全国优秀水平，分居全国第1位、第4位。金融、报刊收入增长率分别为13.69%、5.32%，均超全国良好水平，分居全国第4位、第5位。16个市公司、51个县（市）公司收入增幅超全国优秀水平。新增金融总资产561.4亿元，首次突破500亿元。2016—2017金融跨年度旺季营销活动新增余额487.4亿元，居全国第2位；新增存款增幅21.53%，连续8年居全国第1位。中邮保险安徽公司首次全面完成各项指标，总保费19.71亿元。电商快包业务量1.35亿件，增长率301.8%，超行业增幅274.3%；市场占有率22.3%，居全国第1位。用户满意度89.69分，比上年提高3.84分，继续保持全国领先水平。未发生重大安全事故。机要通信连续27年保持质量全红。

2. 发展质效齐头并进。资产负债率47.16%，比上年下降6.31%。集邮商品周转天数178天，比上年快41天。分销商品周转天数88天，比上年快10天。总资产收益率、成本费用率等核心指标均处于全国优秀水平。劳动生产率30.22万元/人，比上年增长18.19%。

3. 基础支撑日益增强。一是板块协同发展深入推进。建立协同发展机制，制定多专业、分层级联动发展制度。二是能力建设助推战略目标实现。围绕安徽省分公司战略布局，着力提升省内网节点能力，加大营投网、信息网、自助设备投入，整体能力大幅提升。三是信息化引领不断深入。坚持以技术引领业务发展，完成50项省内自建信息系统开发。以信息化提升管理效能；以信息化提升生产效率；以数据分析支撑发展。四是仓配一体化持续推进。分阶段建成功能齐全、覆盖城乡、行业领先的邮政仓储网，场地达64处，总面积11万平方米，日均发货量5万件。以“预售+落地配”方式开展省际合作，成功运作“百色芒果”等“造包”项目。

4. 企业关系更加和谐。一是省级职工代表大会形成制度化。民主评议领导干部扎实有效。二是关爱工程不断深化。第五期爱心帮扶基金会入会职工14334人，入会率86%，为历次最高。修订基金会章程，降低会员住院医疗费补助门槛，提高住院医疗费补助比例和困难职工子女助学补助金，新增失独家庭、单亲困难职工家庭补助和高龄父母生日慰问。为全体从业人员、退休人员购买补充医疗保险，2088名员工获得理赔服务，金额678万元。爱心帮扶基金会会员及其家属中接受重病、大病救助和住院

安徽省亳州市分公司工程管理人员和监察员联合对各县分公司报送的工程图纸进行会审。（邮政报/提供）

医疗补助人数85人，救助金额83万元。元旦、春节期间，全省慰问特困职工、困难职工、劳模先进代表、离退休老同志、老党员1859人，慰问金额191万元。劳模先进荣誉疗休养活动等9项实事全部完成。三是员工待遇稳步提升。从业人员人均劳动报酬11.20万元，比上年增长7.09%。933名原B类合同用工转为A类合同用工。四是职工小家质量持续提升。新建“模范职工小家”103处、邮速共建职工小家（食堂）31处。阜阳、芜湖和合肥邮区中心局继续保持全国文明单位，淮南新建全国文明单位，17家单位保持省级文明单位。安徽省分公司审计部荣获“2014—2016年全国内部审计先进集体”称号。郑爱军荣获“第十五届全国职工职业道德建设先进个人”称号，8名职工荣获“安徽省劳动模范”称号；江浩、许元孝荣获“安徽省职工职业道德建设标兵个人”称号；刘艾荣获“安徽省五一巾帼标兵”称号；建成19处劳模创新工作室，其中杨兵劳模创新工作室获省总工会命名表彰。国防邮电工会总结、推广安徽邮政职工小家建设经验。（安徽省分公司　陈晶晶）

【邮储银行安徽省分行】 下辖16家市分行，62家县（市）支行；网点1762个，其中自营网点355个。员工7606人，平均年龄35周岁，其中本科及以上学历员工占比70.89%。

资产总额4276亿元，比上年增长556亿元，增幅15.22%。人民币各项存款余额4095亿元，比上年增长511亿元，增幅14.25%；人民币各项贷款余额1526亿元，比上年增长308亿元，居省内国有商业银行第2位。实现营业收入55.43亿元，比上年增长14.14%；实现利润总额24.35亿元，比上年增长25.45%。不良贷款率0.59%，拨备覆盖率294.74%。

1. 业务发展

（1）零售业务。个人存款余额3563亿元，居系统内第8位，年净增443亿元，居系统内第6位。其中，自营储蓄余额796亿元，年净增43亿元。小额、个人商务、消费、小企业贷款业务余额分别为88.48亿元、141.88亿元、713.04亿元、85.66亿元，年净增分别为9.55亿元、12.6亿元、132.7亿元、13.11亿元。信用卡结存卡数81.77万张，结存客户数69.46万户，年新增客户27.8万户。电子银行结存客户986万户，年新增客户257万户，新增手机银行激活客户218万户，居系统内第4位。

（2）公司业务。公司存款通过巩固财政性存款、拓展烟草、土地出让等资金归集项目以及公贷、棚改、债券等资金回流项目，实现净增68亿元，余额532亿元。公司贷款以政信项目及“三大一新”行业为重点，授信金额超过1500亿元，贷款余额304.8亿元，年净增180.9亿元，公司贷款业务实现16地市全覆盖，为邮储银行省级分行首例。贸易金融向信用证、押汇、保函等轻资本低消耗产品转型，压降福费廷36.29亿元，为实体贷款腾挪空间。投行业务成功破零。

（3）金融市场业务。以资产管理为突破口，票据转贴交易额884.62亿元；同业融出额86.7亿元，比上年增长181%，非银客户用信率超95%；销售机构定向专户理财256.47亿元，新增非标资产投资93.8亿元。

2. 风险内控

（1）创新风控模式，制定下发《风险管理职责进党委工作方案》。从党委责任、决策机制、体系建设、管控要求、经验学习五个方面对党委履行风险管理职责进行界定与管控。

（2）创新管理手段，编撰《内控风险手册》《风险案例汇编》《小企业贷前调查百问》《“五线”合规学习手册》《清收计》等，收集、归纳、总结市分行、同业有效风险控制手段。启动机构业务风险审计系统二期项目。

（3）开展“大力清收200天、资产质量上台阶”活动，清收6.8亿元，比上年增长1.9亿元，清收额居系统内第4位。

（4）推进安全保卫管理标准化建设，新增41个达标网点。省分行审计部被中国内审协会评为“2014—2016年度全国内部审计先进集体”。反洗钱连续两年获得监管部门“A档”评价。

3. 综合管理

（1）运营支撑。加快网点分类改革，统筹推进自助机具配备、柜面流程优化工作，压降台席73个，分流柜员85人。扩大集中运营范围，实现信用卡预审、监控预警、公司客户对账全省集中，集中后公司客户对账及时率100%，有效对账率99.43%。加强现金管理，完善备付金数据分析模型，日均现金备付率0.59%，居系统内第6位。

（2）队伍建设。推进青年干部选拔和培养，举办青年干部培训班、开展机关全体员工献计问策会、组织青年干部大选拔等。开展“五讲五见”转变机关作风活动，提高机关工作效能。

（3）信息科技。加强信息科技自主研发能力，系统内率先完成银电业务量子加密技术网络验证试点工作，完成53个开发需求、14个重点创新项目。

4. 党建工作

完善党建工作体系，建立党建指标、责任、跟踪、评价、考核“五大体系”。围绕党的十九大会议精神宣贯开展“五个一”系列活动，举办入党宣誓、红色书信朗读、微党课评比等系列活动。完成党建、行政“十件实事”。全面落实从严管党治党责任，针对巡视反馈问题进行整改。3月20日起省分行机关开展“五讲五见”转变机关作风活动。职工小家建家率、覆盖面、合格率均100%，惠及员工5100余人，职工满意率98.2%。帮扶困难职工

190人，慰问集体278个、劳模先进21人，累计发放慰问资金近百万元。安徽分行及合肥、阜阳、淮南市分行获评第十一届省级文明单位。

5. 社会责任

涉农贷款余额477亿元；棚户区改造工程授信204亿元，发放122亿元；生态环境改善项目授信超50亿元，发放24亿元；小微企业贷款发放457亿元，净增52.5亿元。反电诈工作，堵截冒名网银业务95笔，处理交易2.13万笔，止付金额687.76万余元，返还客户被骗资金202.49万元。加强品牌创新管理，围绕热点开展正面报道5252篇次，建立常态化宣传工作机制，新闻发稿量是2016年发稿量的2.68倍。（邮储银行安徽省分行）

【速递物流安徽省分公司】 收入11.19亿元，收入增幅49.6%。

1. 标快业务。业务总收入3.77亿元，比上年增长18.3%。省际标快业务收入1.30亿元，增长14.23%，比年初提升40%。

2. 政务业务。收入1.80亿元，比上年增长18%。身份证邮寄收入7638万元，比上年增长23%，比上年均提升13%；法院专递收入2631万元，比上年增长40%，为70家法院提供驻点服务；检察专递全省签约率80%；司法局项目签约率70%；国税网上办税平台项目收入增长79%。

3. 商企业务。银保项目速递业务收入3486万元，比上年增长24%。成立省汽车行业项目组，推进与江淮、奇瑞、中鼎等汽车行业的高层互动与战略合作，三大重点项目收入2638万元，比上年增长68%；实施“百楼百万工程”，全省驻点楼宇205栋，实现收入5126万元，比上年增长60%。

4. 电商业务。电商业务突破1个亿，以电商大客户为主攻方向，加快市场化运作，推进“百仓百线百万工程”，建立14个仓、18条专线。运作“双十一”菜鸟下沉仓。

5. 国际业务。国际业务收入2.03亿元，比上年增长97.8%。

6. 物流业务。实施物流“远航”“领航”规划，实施“一个平台、三大战区”的经营布局，业务收入3.52亿元，比上年增长83%。运作70个百万级以上项目，其中千万级9个，五百万级14个，一百万级47个，新增百万元以上项目31个。

7. 渠道平台基础。新增营揽人员1497人，开展自营网点标准化建设，建立代办点1168处，创业计划网点11处。推广小团队建设，全省小团队515个。电子支付应用水平继续处在全国前列，投递类电子支付率40%，热敏打印占比62%。

8. 销售+寄递业务。运作“名优特”产品200余种，思乡月、极速鲜、徽乡茶、积分换礼项目逐渐形成规模。完成思乡月项目销售额2247.5万元，比上年净增收入1000万元。承办全国“鲜茗速递，邮我护航，极速鲜茶行业解决方案发布会”，取得良好的宣传推广效果。开展移动电子券项目，收入2453万元。（速递物流安徽省分公司）

【中邮保险安徽省分公司】 总保费19.79亿元，规模排名全国第11位，完成全年预算的117.6%，在安徽寿险市场占有率为2.85%，总保费规模列省内人身险公司第9位。

1. 经营转型

（1）期交新单业务快速增长。强化与邮银战略协同，联合制定期交“双百亿工程”实施方案，明确中邮期交、续期发展目标及措施。新单期交保费6.53亿元，比上年增长95.3%。期交新单保费规模居全国第8位，完成年度预算目标137.8%。推进长期期交业务发展，长期期交新单保费4636万元，比上年增长826.7%。长期期交新单保费规模居全国第10位，完成年度预算目标107.8%。

（2）续期和团险业务稳步提升。开展续期失效保单专项清理，累计复效保单1559件、保费1210万元。举办4期续期业务提升培训班，提升续期岗位人员业务技能。续期收费69472件，续期保费4.56亿元，完成年度预算104.3%。承接安徽省分公司、速递物流安徽省公司、安徽省邮政储蓄银行的团体保险业务，团险业务累计实现保费815万元，完成全年预算的153.7%。

2. 服务能力

（1）营销培训支撑有力。邮保合作打造长期期交标杆示范网点，发挥标杆作用。深化培训支撑，打造88人的专兼职讲师队伍。开展新产品上线面授、电视电话培训、网络视频培训等培训活动204场，累计培训1.4万人次。持续开展部门分片联络，深入市县机构开展帮扶支撑。探索团险外拓和兼业代理业务，开展团险直销活动。

（2）关键指标表现良好。开展历史保单真实性专项清理活动，快速处置黄山车辆坠塘交通事故等出险事件。2017年全省主要营运业务累计发生近31.62万件次，比上年增长32.03%。营运KPI指标管控良好，其中人核件回执回销完成率100%、保全申请资料流转时效1.16天、理赔服务时效1.57天、理赔立案差错率2.11%、重空单证超期未核销率为零、犹豫期内新契约回访成功率90.57%、亿元保费投诉件数0.405件。

（3）客服能力不断提升。深入合肥市琥珀山庄社区举行现场服务咨询活动和总经理接待日活动，发放宣传资料，普及保险消费维权知识。走进合肥市稻香村小学和望湖小学开展“保险进校园”活动，深入肥西县小庙镇田间地头普及保险知识，充分履行中邮保险社会责任。举办3场“您的健康，邮我保障”主题健康体检系列活动，丰富期交客户服务体验。

3. 风控合规

（1）风险管控。做好偿二代综合评级数据报送及整改工作，按月组织部门风险自查和操作风险关键指标监测，发布《操作风险监测分析报告》。开展贯彻落实保监会“1+4”系列文件精神专项自查，开展非法集资风险等专项风险排查，以问题为导向，强力督导问题整改。开展操作风险控制与自评估工作。

（2）合规管理。持续推动制度梳理工作，新建制度111项、废止制度19项、修订制度13项。现场检查8市21县70个网点，其中邮保联合检查6市6县14个网点，查缺补漏，开展整改工作。扎实推进反洗钱工作，客户身份识别核查379件，排查可疑交易457笔，向总公司报送可疑交易1笔。受人民银行合肥中心支行邀请，参加编写《安徽保险业可疑线索识别模型指引及案例手册》。

4. 管理水平

（1）人力资源管理不断完善。引进应届毕业生5名、同业专业人才6名，提任四级副领导干部3人。建立由分公司绩效目标、部门工作目标和个人绩效组成的绩效考核体系。举办员工素质提升培训班，推进员工教育培训。持续强化干部监督管理，开展领导班子年度综合测评和选人用人“一报告两评议”工作，做好中层领导人员的述职考核测评工作。

（2）财务管控力度日益强化。优化费用开支结构，严格控制行政管理费用等非生产性费用开支水平，行政管理费用比上年下降2%。优先保障业务发展，业务发展累计投入468.54万元，其中用于基础能力提升培训246.6万元，比上年增加294%。规范集中采购管理，引入招标代理机构公开招标，组织15次集中采购，节约资金近88万元。

5. 全面从严治党

（1）党建工作持续加强。严格按照“四同步、四对接”要求，将党建指标与经营管理指标一并纳入绩效考核体系。优化基层党组织管理方法，创新支部和党员量化考核管理模式。扎实开展加强和改进作风建设专题活动，持续推进“两学一做”学习教育常态化制度化，开展“凝聚正能量，传递正能量”等主题教育活动，组织“一先两优”“青年标兵”评选，发挥党组织战斗堡垒和党员先锋模范作用。

（2）从严治党持续推进。召开分公司党的建设暨纪检监察工作会议，印发党建、纪检监察年度工作要点。制定分公司全面从严治党责任清单，与各部门主要负责人签订全面从严治党责任书。组织开展廉政谈话50人次，其中党委书记8人次、纪委书记21人次、分管领导21人次。组织开展廉洁风险防控优化和党风廉政宣传教育月“5+4”活动。开展重要节假日廉洁过节专项检查和“四风”问题专项自查，从严防范“四风”问题发生。强化对重要事项的监督，围绕物资采购、会议招待、“三重一大”决策等事项，开展日常监督和专项检查。（中邮保险安徽省分公司）

福 建 省

【福建省分公司】 业务总收入47亿元，比上年增长9.8%，完成集团公司下达收入预算目标的103.2%；规模列全国第13位，比上年提升1位。

1. 业务发展

（1）金融翼。储蓄余额净增146.7亿元，净增额列全国第13位；比上年增长10.1亿元，列全国第8位；新增市场占有率17.3%，列全省同业第2位；期缴保险收入1.1亿元，比上年增长12.7%。

（2）寄递翼。包裹快递累计收入10.8亿元，提前1个月完成集团公司收入目标任务；收入规模列全国第5位；比上年增长41.3%，高于全国平均水平9%。农村电商渠道平台效应逐步显现，借力政府补贴资金与加大投入，建成9个市级农村电商基地、12个县级服务中心、300多个乡镇服务站点、1.7万个村级“邮乐购”站点，行政村覆盖率90%以上；实现批销额5140万元，比上年增长486%。各项投入3.07亿元，持续加大二级中心局、地市邮件处理中心和县域“三合一”场地建设力度，加快干线邮路优化调整和能力提升步伐，加大代理金融机具设备投放和金融网点建设优化力度，加快渠道平台拓展搭建，为重点业务快速发展提供了有力支撑和保障。

（3）代理金融。代理金融业务收入（含短信）24.3亿元，比上年增长4.6%；余额规模1228.5亿元；余额增长带动个人储蓄利差收入年增幅12.5%，列全国第10位。加快手机银行拓展，新增手机银行激活数50.4万户，完成集团公司下达目标的144%。大理财业务进一步发展，实现人民币理财有效销量68.6亿元，列全国第9位；基金销量22.9亿元，列全国第7位。“邮享付”等金融业务创新再深入，累计发展“邮享付”商户4.8万户，累计交易笔数41.8万笔，交易金额1.4亿元。

（4）包裹快递业务。电商快包高速发展，实现业务收入3.1亿元，比上年增长141.3%，高于全国平均水平47%；国内标快业务收入4270万元，比上年增长3.7%；国际小包业务收入6.6亿元，比上年增长25.6%。

（5）农村电商。邮政农村电商平台效能持续提升，“邮乐9·19购物狂欢节”完成批销总额1671万元，完成率139%，批销规模在二类省中列第1位；物流仓储配送体系建设取得新突破。获得政府电商物流配送建设资金

5800多万元。以“邮乐购·金融专享”为抓手，金融与电商相互借力、相互促进的联动模式日益成熟。

（6）传统业务。推进报刊、函件、集邮等基础邮务类业务以及与包快、金融、农村电商的融合发展，组织架构改革后更加注重综合营销、综合协调，更加注重邮务类业务的转型发展、联动发展。报刊专业收入2.9亿元，列全国第12位；集邮专业收入2.2亿元，列全国第16位；函件专业收入2.1亿元，列全国第9位。

2. 渠道拓展

推进“邮享付”、手机银行、网银、移动展业等业务发展。开展以季度为主题的营销竞赛活动，激发发展潜力，增强发展动力，在快速发展的同时不断优化业务结构，进一步提升发展的效益。举办国内标准快递、电商快包、国际业务培训会、推进会，进一步提升包快从业人员的整体素质和综合能力。加强国际小包质量监控，在电商快包新百团重点地市开展主动客服工作，为业务发展保驾护航；线上渠道加快布局，线下渠道稳步推进，加大邮乐地方馆、农品馆建设，累计拓展邮乐购站点17460个，完成集团公司下达指标的102.7%；全省开通邮乐小店15.1万个，累计交易笔数21.6万笔，交易金额723.5万元。报刊专业加强与政府部门、重点报刊社合作力度，突出校园市场拓展，加快图书及文创项目培育，加快微信在线订阅推广，组织报刊大收订战役，人均报刊订阅23.8元/人，列全国第5位；集邮传媒专业组织开展集邮生肖贺岁季、全国集邮巡展（泉州首站）、厦门金砖会晤纪念邮票等主题活动以及电影票明信片、旅游联票、文创产品等重点项目。

3. 网路运营新模式

以提升客户体验为核心，全面开展时限提速、质量提升、生产提能、运行提效、管理提质等工作；推进陆运网管理转型和运营支撑升级，持续推进组网模式和作业流程优化工作，抓“双提升”促“三效”，网运效能、质量、时限等得到大幅提升。加大代投、自提网络建设，在地市城区推行大户、大件快递包裹汽车直接投递，县域城区全面推行分拣、转运、投递“三合一”处理模式。强化工程建设过程管控，推进福建邮政指挥调度中心、平潭对台邮件处理中心、福州旗山处理场地等工程建设以及厦门、泉州工艺改造项目。加大邮件处理能力、营投承载能力投入，加快对干线邮路、本地网市趟邮路的优化调整。新增处理场地2.5万平方米，邮件处理场地总面积10万平方米；新增伸缩及传输皮带机311台、网运和投递PDA设备998台、邮运及投递车辆140辆。加快推进了福州邮件新处理场地的租赁及建设工作，着力解决长期制约福州中心局邮件处理能力严重落后的问题。加大金融机具设备投入及网点服务能力建设力度，持续优化提升金融发展的硬能力和软实力。

福建省职工职业竞赛包裹分堆排道比赛现场。（福建省分公司/提供）

4. 企业管理

完成机构改革、编制调整、人员划转与分流安置等工作。进一步理顺企业经营组织架构设置，优化明晰各个架构的职能，规范人力资源配置。对接集团公司新的战略绩效考核，及时调整和完善绩效考核相关办法。持续强化以利润为导向的预算结算管理体系，引导各经营单位注重提高发展质量与效益，努力增收降本提效。全面建立省内内部处理及运输环节结算补偿机制，激励网运效率与效益持续提升。推行人工成本零基预算，人工成本配置机制更为精细；提升用工计划弹性调节效能，在全省用工总量基本保持零增长的同时，加强对代理金融、包裹快递和农村电商等战略性业务的人力资源配置，持续优化人员结构。建立绩效薪酬分配制度逐级审核长效机制，解决基层单位绩效考核简单化和营销费用工资化等问题，强化员工利益保障。组织开展劳务承揽管理专项整顿，加强规范用工管理；加强职业技能鉴定和岗位练兵，不断提升员工队伍素质技能。对成本费用实行分类管控、全面管理，全省生产性成本增长保持与业务发展相匹配，全省储蓄营销费用控制在储蓄利差收入4.12%以内。加强资产运营管理，租金收入2.6亿元，增收1267万元。加强财务日常管理，强化对资金、固定资产和用户欠费管理，资金资产效益不断提升。依托ERP系统，深化会计集中核算，优化完善核算流程，加强内控管理，使集中核算更加规范高效。加强运行维护，持续加强邮政信息网的自动化和信息化管理，确保信息网的运行可靠。切实加强安全生产和服务质量管理，完成厦门金砖会晤的支撑保障工作。认真履行普遍服务和特殊服务义务，实现了党报党刊发行稳中有升。高度重视机要通信基础管理，继续实现机要通信万无一失。加强工程审计、财务审计和经济责任审计，不断强化企业内控水平。建立和完善集中采购管理相关制度办法，进一步规范招投标及采购程序，提高采购效能。

5. 和谐企业

新建“职工小家”97个，累计达到303个，覆盖率

95%，完成集团工会提出的“职工小家”建设三年规划的目标任务，一线职工的生产生活条件得到不断改善。加强企业文化宣传贯彻工作，组建宣传员队伍，开展企业文化示范点建设。夯实精神文明创建工作，加强对基层单位的检查指导，不断巩固提高文明单位文明行业创建成果。（福建省分公司　杨文振）

【邮储银行福建省分行】 下设资产负债管理委员会、授信审议委员会、风险与内控委员会、不良资产处置委员会、产品创新与科技管理委员会、“三农”金融服务管理委员会、消费者权益保护工作委员会7个委员会；一级部门22个、二级部门7个、直属单位1个，省行营业部1个；下辖二级分行8个，省内县城全部设有分支机构，县城服务覆盖率100%。员工5292人，其中本科及以上学历员工4002人，占比75.62%。

总资产1764.25亿元，实现收入40.07亿元，比上年增长10.88%，高出邮储系统平均水平4.6%；实现考核利润14.82亿元，比上年增长27.9%，高出邮储系统平均水平11.81%。各项存款新增154.97亿元，余额1666.85亿元；各项贷款新增167.52亿元，余额993.46亿元。不良率0.98%，全年未发生资金案件和重大风险事件。

1. 业务发展

（1）负债业务。个人储蓄存款新增12.39亿元，余额255.74亿元；公司存款新增18.42亿元，余额231.77亿元。

（2）零售信贷。小额贷款新增12.92亿元，排名系统内第5位，余额83.08亿元，排名系统内第6位。个人商务贷款新增14.38亿元，排名系统内第4位，余额209.25亿元，排名系统内第3位。小企业贷款新增9.08亿元，排名系统内第11位，余额73.77亿元，排名系统内第9位。消费贷款新增109.25亿元，余额330.82亿元，其中非房类消费贷款新增37.64亿元，排名系统内第3位。

（3）公司金融。公司贷款余额新增69.1亿元，余额193.98亿元，放款151.83亿元，放款量实现翻番。在公积金中心、民营农业龙头企业、PPP项目等方面实现突破。

（4）中间业务。信用卡新增发卡28.5万张，结存86.49万张，排名系统内第7位，分期金额、消费金额保持系统内前2位，其中7家二级分行结存卡量突破10万张。手机银行交易替代率43.91%、动户率18.36%、结存激活率75.36%，均排名系统内第1位。贵金属TD业务交易量89.74亿元，连续六年排名系统内前2位。

2. 风险管控

健全“三个三”（信贷“三查”制度，三道防线、省市县三级联动）全面风险管控机制，建立员工、机构、条线违规积分评价办法，实现员工排查工作全覆盖，管控重点风险隐患。问责12071人次，违规积分17752分，扣发绩效工资110.54万元。完成员工排查20855人次，发现异常情况153人次，有效防控风险144人次。在全国邮储联网监控中心安全管理标准化达标工作中排名第一；实现连续五年全辖无案件和无重大风险事件的目标。处置不良贷款8.07亿元，其中清收5.32亿元，排名系统内第4位，核销后收回（含信用卡）1.4亿元。

3. 基础管理

（1）利率管理。建立利率定价目标值管理考核机制，是系统内唯一一家利率管理评价能力A档分行，存贷款利率定价模型获全国邮政企业科技创新成果一等奖。新发放实体贷款综合利率6.42%，排名系统内第4位，高于邮储系统平均水平84BP。

（2）财务管理。完善预算和绩效考核办法，成本收入比45.43%，排名系统内第6位，财务资金收益3505万元，比上年增长38.21%。

（3）工程和采购管理。实施工程建设和采购管理全省集中，全辖固定资产投资额1.75亿元，完成321项工程项目的投产、结算、竣工验收和105项集中采购工作。

（4）审计监督。完成各类审计146项，增收节支425.68万元，被评为福建省内部审计先进集体。

4. 能力建设

（1）营运管理。完成“三农”事业部改革；实现柜面小额现金可分流率压降7.3%，现金备付率降至0.65%，比上年下降20%；实现银企对账及法人类贷款放款审核一级分行集中、实物业务印章管理电子化；获得“福建省银行业金融机构人民币流通业务A类行”称号。

（2）网点转型。开展网点分类、面积集约化、综合柜员制推广、智能化建设等工作，完成170家网点分类认定，压降柜台68个，压降柜员132人，在邮储网点转型综合评价中排名第一。

（3）对外服务。按照行业最高标准，开展星级网点评定和客户投诉整治活动，创建12家中银协星级网点，7名员工被评为银行业协会“明星大堂经理”，完成客户投诉“双降”目标。

5. 党建工作

（1）党建基础。开展党的十九大精神和习近平新时代中国特色社会主义思想学习宣贯，与“两学一做”学习教育常态化制度化相结合；扎实推进“强基固本2.0”建设工程，创新“1+1”党建工作模式，开展“党建+”系列活动；不断加强班子建设、队伍建设，全辖114个党支部均建成达标单位。

（2）监督专责。做好中国邮政集团公司巡视反馈问题整改工作，制定整改任务清单72项，细化整改措施153条，完成率100%。以南平分行为试点，探索开展巡察工作。开展违规购买消费高档白酒问题集中排查整治、房屋土地租入租出效能监察。加强对“关键少数”监督管理，给予党政纪处分、诫勉谈话、提醒谈话 93 人次，约谈市分行分管领导及支行负责人 20 人次。

（3）作风建设。通过建立联系点、按季开展调研等方式，收集基层热点、难点问题，答复解决流程优化、绩效考核、检查问责等各类问题 300 多条。

6. 精神文明建设

（1）员工关怀。选举产生新一届省分行工会领导机构。完成职工小家三年规划建设任务，建成职工小家 168 家，完成率 100%。完善医疗保障等员工福利。

（2）品牌宣传。以新闻发言人身份参加银监会新闻发布会，海洋渔业特色服务得到地方政府、新闻媒体的肯定。300 多家媒体刊发福建省分行原发报道超过 5000 篇，实现重要媒体零舆情。

（3）文明创建。福建省分行机关荣获第五届全国文明单位，福建省分行荣获“2016—2017 全国金融系统思想政治工作标兵单位”称号。（邮储银行福建省支行）

【邮储银行厦门市分行】 一级部门 20 个、二级部门 7 个，直属单位 1 个，直属营业部 1 个、一级支行营业部 6 个、二级支行 25 个。邮政金融网点 81 个，其中银行自营 32 个、代理 49 个。员工 775 人，平均年龄 33 岁，其中本科及以上学历员工 665 人，占比 85.8%。

资产规模 276.42 亿元，增幅 24.57%。实现收入 6.76 亿元，其中自营收入 5.37 亿元，净利润 1.18 亿元。各项存款余额 168.63 亿元，比上年增长 5.93 亿元，增幅 3.64%；各类贷款余额 277.74 亿元，比上年增长 55.55 亿元，增幅 25.00%。不良贷款余额 1.01 亿元，比上年减少 2272.73 万元，不良贷款率 0.36%，比上年下降 0.19%。

1. 业务发展

（1）负债业务。个人储蓄存款期末余额 136.78 亿元，净增 7.65 亿元，增幅 5.93%，储蓄存款新增市场占有率 7.93%，排名厦门市同业第 4 位。公司存款期末余额 28.25 亿元，净增 1.89 亿元，增幅 7.17%；中标市级国库现金管理存款 31.13 亿元，新增一手房信贷监管资金 5.36 亿元。

（2）资产业务。公司贷款期末余额 44.07 亿元，年净增 22.47 亿元。零售信贷业务期末余额 104.71 亿元，净增 12.98 亿元，其中，个人商务贷款净增 7.78 亿元，小额贷款净增 1.49 亿元。获评“2017 年厦门市银行业金融机构小微企业金融服务优秀机构”。

（3）中间业务。信用卡年发卡 5.2 万张，点均发卡数量列系统内第 2 位；电子银行客户结存 779957 户，渗透率 61.91%，交易替代率 93.67%，列系统内第 2 位；个人网银、手机银行结存客户激活率分别为 76.55%、70.29%，排名系统内首位。

2. 风险管控

（1）风险防控。推进全面风险管理体系建设，调整风险偏好政策制定、监测、传导和执行机制，推进新准则下资产减值预算编制和预算成本管理转型；组织开展对公重点业务风险专项排查和“三违反”“四不当”“十乱象”“十风险”等专项整治活动。各类风险在可控范围内，未发生重大风险事件和资金安全事件。

（2）审计工作。开展审计与检查项目 36 个，抽查各类样本 880 笔。不断强化审计成果应用，通过跟踪督导、挂钩绩效考核、强化整改结果监督评价等手段，推进整改工作落地，开展审计整改追踪 12 次，整改反馈率 100%，审计建议采纳率 100%。

3. 管理运营

（1）网点转型。工单处理及时率和满意率 100%，服务类投诉工单比上年下降 29.4%，59 个网点实现服务“零投诉”。在中国银行业协会星级示范网点评比活动中，思明区观音山支行获评五星级示范网点，同安区西柯支行获评四星级示范网点，湖里区金尚支行获评三星级示范网点。

（2）信息科技。完成信贷流程公示系统优化、商品房预售资金监管系统和小微企业银税互联平台搭建工作；构建信用卡目标客户挖掘、零售贷款资金用途监测预警等数据模型。在全国邮政金融计算机系统运行情况考核中排名第一。

（3）授信管理。调整授信管理评价体系，创新贸易融资业务“表格化”作业模式，在风险可控的前提下，实现“房贷材料完整 3—5 天批贷、房贷一次通过率超 70%、个商一次通过率超 40%、公贷单笔支用 1 天派单”等目标。

（4）营运管理。推行营业主管派驻制，实施代收付业务集中对账外包、反洗钱集中处理等工作模式，推广对公客户身份识别一体化作业流程，完成反洗钱集中处理中心的机构设置与队伍建设，资金汇划、会计稽核、银企对账等指标保持满分，基础指标考核得分位居系统内首位。获评人民币银行结算账户及联网核查管理先进单位。

4. 党建工作

（1）党建基础工作。深入贯彻落实党的十八大、十八大历届全会精神及十九大会议精神，扎实推进“两学一做”学习教育常态化、制度化，深入开展共产党员“承诺践诺”主题教育活动，打造“微党课”学习教育平台，开展“强基固本 2.0”建设工程和基层党组织示范区建设工程，组织纪念建党 96 周年“一先两优”评先表彰活动，解决党组织关系挂靠难题，将厦门分行所属党组织和党员关系划归厦门市委市直机关工作委员会直接管理。

（2）执纪监督。深入贯彻落实从严治党要求，召开党委会议、行长办公会议研究决议的“三重一大”事项 146

项，其中重大决策103项，重要人事任免7项，重大项目安排34项，大额度资金运作2项。深化党廉考核及廉洁风险防控工作，制定党风廉政建设责任制实施细则、领导人员廉政谈话办法等制度，组织实施党风廉政建设责任制工作情况考核，推动各级领导干部认真履行“一岗双责”；按照集团党组和总行党委巡视工作部署及要求，配合做好巡视相关工作，完成31个问题的整改任务，修订完善制度21份，组织专项学习培训10次。

（3）企业文化。组织青年团员参与一系列比赛竞赛、主题活动，凝聚青年员工力量；完成32家二级支行职工小家的建设与验收工作，解决一线职工用餐难、午休难等热点问题；成立中国邮政储蓄银行志愿者协会厦门分会，公益志愿者203名。（邮储银行厦门市分行）

【速递物流福建省分公司】 收入21.37亿元，增幅27.3%。

1. 标快业务

标快业务总收入4.47亿元，比上年增长11.2%。省际标快业务收入增长17%，创近三年新高。政务业务，传统二代证和出入境项目稳定快速发展，快证率居全国前列。推动地市级法院及县市级重点法院的专人派驻工作。实现与各行政服务中心的系统对接和派驻服务。拓展居住证寄递、新车车牌寄递及六年免检业务等项目。商务类市场快速拓展。金融、通信、保险三大行业累计实现收入增幅10%。开发建发汽车等国内、省内门店调换货项目。加快“三进工程”拓展，累计实现国内标快收入1.6亿元。

2. 电商业务

业务量7925万件，业务收入4.2亿元。有用邮客户累计收入比上年增加7522万元，其中新开发客户2711户，新增收入10770万元。电商专线运营效果明显，出口重点电商8省的业务量3811万件，比上年增长62%。7月，开通远八省汽运直达专线，业务量逐月提升，下半年比上年增幅60%。仓配规模快速扩大，全省仓配面积达到10.7万平方米，实现仓储项目收入5715万元，供应链金额融资额度累计7000万元。e标准产品成为电商业务发展新增长点，e标准新增收入2449万元。

3. 国际业务

收入10.69亿元，比上年增长33.4%。

（1）e邮宝快速发展。创新校企合作模式，培育跨境优质客户，全面对接跨境电商平台。

（2）国际标快稳定增长。围绕“2—2—6”重点市场，组建国际商务寄递市场销售团队，开办中速DHL业务、美线E特快业务以及试办FBA头程业务。

（3）能力建设和质量管控。在5个重点城市建立国际邮件运营质量监控点，提升服务支撑力度。厦门国际邮件处理中心新场所投入使用，启用全自动分拣设备，扩大厦门国际邮件处理中心晋江分中心直封范围，推进泉州国际邮件互换局设立，福州和厦门互换局日均处理峰值超13万件。

4.“众创众享”工程

（1）制定全面推进实施方案。统一政策规定，确保推进工作全面有序落实。

（2）通过全省干部员工集中学习和基层单位持续宣贯相结合，统一思想，深化理解。

（3）建立督导帮扶制度。省、市层面分别组织督导帮扶小组每月深入基层单位开展结对帮扶督导活动。

（4）强化二级“众创众享”小团队建设。

（5）开展优秀基层单位经验“巡讲”，加强优秀经验推广。

5. 终端渠道建设成果初显

（1）制定全省终端代办点拓展实施方案，对全省拓展和管理工作作出全面规定和指导。

（2）强化宣贯，统一思想，提升能力，确保拓展工作顺利进行。

（3）开展短期集中拓展专项活动，做到“集中准备、集中调查、集中洽谈、集中签约、集中落实”。

（4）强化跟踪通报，强化经验推广，提升代办点的使用效能和管理质量，实现快速落实成效。

（5）加快终端代办点“最后100米”系统的推广，加强代办点信息化管理。全省终端代办点1484个，代办点日均投递量超2.93万件，占快递包裹进口量的30.2%。（速递物流福建省分公司）

【中邮证券福建省分公司】

1. 业务情况

（1）经纪业务。累计开立证券账户56619户，其中有效户2252户，累计托管资产2.98亿元，业务收入195.36万元。

（2）信用业务。融资融券累计征信28户（其中开户15户，授信待开户10户，待授信3户），信用账户资产791万元。

（3）资管投行。发展2个资管项目、上报6笔股权质押业务、上报5个投行项目，其中新武夷制药新三板投行项目获得股转公司挂牌函。资管业务创收8.02万元，投行业务创收51.9万元。

（4）基金销售。7月，“盛夏金秋”招商基金营销工作取得突破，累计销售719万元。

2. 发展举措

（1）资源共享、协同共赢。为贯彻落实《中国邮政集团公司关于进一步加快中邮证券发展的指导意见》的要求，加快完善板块协同发展机制，中国邮政福建省分公司、邮储银行福建省分行、中国邮政速递物流股份有限公司福建省分公司和中邮证券福建分公司联合下发《中国邮政福建省分公司等四个单位关于建立板块业务协同工作机制的实施意见》，省邮政分公司下发《关于进一步加快中邮证券发展的实施意见》的通知，进一步推动各板块协同发展。省邮政分公司高度重视中邮证券业务的发展，把中邮证券相关的业务指标列入年度绩效考核。中邮证券三方存管有效户指标列入《2017 年全省邮政代理金融业务发展考核办法》中，中邮证券资管投行项目列入《2017 年全省邮务业务发展考核办法》，省邮政分公司还安排 200 万专项营销费用，用于鼓励发展中邮证券业务。

（2）内引外联、重点突破。上报 5 个投行项目，其中新武夷制药新三板项目上报股转公司审核。上报的 6 笔股权质押业务，虽然没有最终落地，但是锻炼了队伍、提升了业务能力，并起到宣传中邮证券的良好效果。落地 2 个资管项目。分公司与邮储银行福建省分行协同完成通道类业务 2 项：金鼎 3 号、幸福系列 1 号定向资产管理计划、资产存量规模 8 亿元。

除内部协同，中邮证券福建分公司也重视外部资源的整合引入，促成宇鑫货币公司与福建、重庆、湖北、上海、宁波等省市速递及邮储银行签订业务合作协议。

3. 提升服务

为加深邮政及邮储银行员工对集团协同发展文件的理解，提高证券业务的知识水平和提升服务客户的能力，2017 年中邮证券针对邮储银行、邮政公司累计开展专场培训 37 场次，培训覆盖 1200 多人。同时中邮证券与省邮政分公司共同开辟“中邮网院”证券业务专栏，向邮政营销精英进行视频培训，将中邮证券业务纳入邮政的培训体系中。投顾每日为客户发送“时事热点”“板块分析”等短信讯息，并建立优质客户群，实现一对一服务，有效提升了客户忠诚度。投顾作为受邀嘉宾，每周一次参加福建省电视台经济生活频道《股市今日谈》节目。通过加大招收力度，累计发展经纪人 15 人，带来客户资产 6508 万元。

4. 合规经营

设立专职联络人员，按时报送各项材料、报表，落实监管协同工作。中邮证券福建分公司在福建证监局年度分类测评中被评为 A 级机构。

5. 党建工作

分公司党支部落实两个责任，坚持从严治党。将党建纳入年度工作计划并认真组织实施，切实推进党建基础工作，认真组织“两学一做”，落实“三会一课”教育，发展党员后备力量。通过“党员之家”建设、开辟党员学习员地，有效推进了党员示范点工作。2017 年度，福建分公司党员示范点被评为集团公司党建示范点。（中邮证券福建省分公司）

江西省

【江西省分公司】

1. 经营发展

业务收入 42.2 亿元，列全国第 17 位，比上年增长 14.6%，列全国第 6 位；实现利润 0.95 亿元，超额完成集团预算。

（1）聚焦创新转型发展。推进以“高目标牵引、高资源配置、高薪酬激励”为导向的“三包”认购经营机制改革，助推经营工作创新转型发展；确立以 20 个县分公司为主体的“省直管县”模式，树立县域邮政经济发展的“领头羊”；重点推进以“简政放权”为重要标志的损益核算工作，推进以效益为导向的自主创业、项目创新“双创”机制，推动企业增效、员工增收；完成“以客户为中心”转型的省市县三级经营组织架构改革。10 个市分公司业务收入实现两位数增长，7 个高包认领单位领跑全省，尤其是赣州市分公司继续领跑全省效益发展，收支差 1.24 亿元，在 11 个市分公司收支差总额中贡献近三分之一，超预算 1086 万元。损益核算在全国邮政实现“三个第一”，即第一个实现全网点损益核算、第一个实现网点大数据管理、第一个实现网点极简报账。网点累计实现利润 16.5 亿元，比上年增长 13%，每个网点平均新增利润 16 万元，收入利润率 56.2%。“双创”项目完成 672 个，收入 1.75 亿元，新增沉淀资金 29.46 亿元。云创平台动员率列全国第 1 位，有效点子数列全国第 2 位。批销业务销售额突破 3 亿元，进度和增幅均列全国第 2 位，“邮乐 9 · 19 购物狂欢节”销售额突破 1 亿元。函件传媒收入 1.2 亿元，比上年增长 6.97%；报刊收入 2.19 亿元，比上年增长 3.6%；集邮收入 2.29 亿元，产品毛利率 51.88%。税务“双代”业务运行良好。

（2）推进包裹快递业务改革。包裹快递业务实现收入 6.55 亿元，比上年增长 69.1%，列全国第 4 位；电商快包收入 4 亿元，比上年增长 90%，市场占有率 21.1%，其中 11 月、12 月连破 30%，列全国邮政和全省快递行业首位。包裹快递专业利润率提升 3.27%，萍乡盈利 225 万元，宜春毛利率 15%。县域速递收入连续三年保持千万元增长。

（3）以高目标引领金融业务发展。金融业务净增 361.5 亿元，比上年多增 55.3 亿元，列全国第 5 位，其中储蓄余额净增 220.9 亿元，净增市场占有率 14.52%，总余额市场占有率（9.94%）提升 0.5%。手机银行客户增幅列全国第 1 位。金融百元收入利润率 53.52%，比上年提升 6.62%。中邮保险完成 11.84 亿元，其中期交 5.33 亿元；中邮消费贷结存资金 5.68 亿元，列全国第 1 位；累计放款 9.56 亿元，列全国第 3 位。

（4）聚焦电商扶贫。农村电商建成电商扶贫站点 1403 个，覆盖近一半贫困村，争取政府补贴到账资金 3600 万元，上线农产品 3800 余款，销售额突破 2 亿元，带动 5.7 万户贫困家庭增收脱贫；对接和扶植产业合作社 446 个，打造廖奶奶咸鸭蛋、绿色果蔬进城、赣南脐橙等一批特色扶贫项目。电商站点引流金融资产 10.1 亿元，发放掌柜贷 3680 万元，带动快包增长 160 万件。电商扶贫工作获得第二十四届全国企业管理现代化创新成果二等奖、通信行业第十四届企业管理现代化创新成果一等奖和全国邮政系统“营销创优”劳动竞赛优秀营销项目奖。

2. 能力建设

（1）基础能力不断加强。中国邮政客服中心和鹰潭邮件处理及物流仓储中心项目在江西落地。完成五年内未装修网点的标准化改造，金融精品网点实现市县全覆盖。添置 ATM/CRS 1532 台、自助发卡机 251 台、移动展业设备 286 台。完成 98 个普遍服务网点整修，14 个普遍服务网点翻建和 8 个“三农”仓储配送中心建设全部开工。

（2）网运能力不断加强。完成南昌邮区中心局工艺流程改造、赣州和鹰潭邮区中心局功能提升，网路组织由单中心集散向多中心集散转变。新增生产场地 3.5 万平方米、一级干线邮路 18 条、二级干线邮路 25 条，新增运营汽车 572 辆、网运 PDA 748 台、折叠笼车 1258 辆。“双十一”期间邮件处理量峰值 184 万件，是上年峰值的 3 倍，其中南昌邮区中心局峰值突破 100 万件，赣州和鹰潭峰值突破 20 万件；21 条线路快于行业平均水平。

（3）投递能力不断加强。完成投递场所改造 1378 个，更新投递手持终端 5054 台，建成自提点 7500 余个，新增投递车辆 1560 辆。实行“分部拆段”，新增投递部 34 个；日均投递能力 30 万件 / 天。“双十一”期间，快递包裹城市当日妥投率 96.5%，农村及时妥投率 97.05%，单件投递成本明显下降。

（4）信息化引领不断加强。完成新一代寄递信息平台建设，自主开发投递前线系统、包快预警系统等 8 个软件，其中“邮政金融精准营销系统”获集团科技创新二等奖；省信息技术局数据分析部获集团公司“优秀科技团队”称号；两位同志获集团公司“优秀科技工作者”称号。

（5）安防服务能力不断加强。实现普包按址投递和县以上党政机关当日见报。建成省市县三级监控中心；完成全省网点和业务库视频监控远程联网。省分公司连续 7 年荣获全省综治工作（平安建设）先进单位；机要通信工作连续 22 年质量全红。

3. 关爱工程

（1）深化“幸福赣邮”民生宗旨，推进“双改善”工程，投入 7000 余万元用于改善用户用邮环境和员工生产生活环境。在解决员工用餐的基础上，提高用餐补贴标准，扩大补助范围；为网点值班员工发放晚餐补贴。建成职工小家 770 个、城市投递员之家 100 个和网运职工之家 23 个，受益员工 1.05 万人，覆盖面 95.43%，满意率 98.96%。

（2）推进员工自主创业与项目创新“双创”活动，引导广大员工利用企业平台，投身创新创业的热潮。推进实施员工收入增长三年规划，员工幸福指数不断提升，员工人均收入较快增长，增幅保持 10% 以上。合同工增幅 10%，劳务工增幅 16%，劳务承揽人员增幅 19%。300 名优秀投递员晋升 B 类用工；1980 名原农村投递、营业外包人员纳入劳务承揽。

（3）出台《保障员工公休假的指导意见》，全面落实“两项商业保险”，“重大疾病商业保险”参保人群扩大至派遣制员工及劳务承揽人员，“意外伤害商业保险”参保人群延伸至所有从业人员。开展送温暖、送清凉等活动，

11 月 13 日，江西省南昌邮区中心局全天邮件处理量突破 100 万件，全面支撑“双十一”旺季生产。（江西省分公司 / 提供　龙景君 / 摄）

落实为员工办实事承诺，走访慰问一线集体 507 个，走访慰问先进劳模、离退休人员、一线员工、困难员工和受灾员工 1440 人，发放慰问金 260 余万元。开展员工互助帮扶，上调重大疾病补助比例，帮扶重病、困难、受灾员工 156 人，发放帮扶资金近 130 万元。

4. 队伍建设

（1）推进“党的建设”。丰富“党建强企”的科学内涵，扎实开展党的群众路线教育实践活动、“三严三实”专题教育、“两学一做”学习教育。制定《省分公司党组关于推进“两学一做”学习教育常态化制度化的实施方案》，开展“两学一做”学习教育“回头看”活动，建立领导干部“两学一做”联系点制度；以落实“三会一课”制度为重点，结合“党员活动日”、支部联系基层、党员服务群众等形式，做到学习教育融入日常、抓在经常。

（2）全面落实从严治党责任。深入学习贯彻党的十九大精神，完善中心组理论学习制度，建立领导干部党组理论学习联系点制度。严格落实“两个责任”，开展党风廉政建设“两个责任”落实情况现场约谈和现场检查，发现并整改问题 85 个。完善基层党组织书记述职评议考核工作，加强“两个示范点建设”。出台《关于贯彻落实监督执纪“四种形态”的实施办法》，加强权力运行的监督制约；修订完善“三重一大”决策制度，对“三重一大”等事项进行合规性监督 60 余次。开展巡视反馈意见整改“回头看”，切实维护巡视整改工作成果。开展招待费、会议费、公务出行、内部食堂管理、房屋土地资产租入租出、违规公款购买消费高档白酒等专项检查和落实中央八项规定精神明察暗访。

（3）推进干部人才队伍建设。坚持“德才兼备、以德为先”的选人用人导向，调整任用三级人员 76 人次。深化干部双向交流，向集团选送 5 人、向市县选派 4 人；引进高端人才 5 人、高校毕业生 114 人。组织开展三、四级领导人员领导力提升及网点负责人、骨干员工能力提升专题培训，金融、包快、电商、财务、文秘等专业培训。举办培训班 81 期，培训人次 6032 人。

5. 企业文明建设

（1）营造企业和谐发展氛围。深入开展企业文化宣传贯彻工作，加强认同教育、学习实践和传播应用。

（2）开展加强和改进机关作风建设专题活动，以“三查三转三强”为主抓手，机关作风得到明显转变。省分公司荣获“全国交通企业管理现代化创新成果示范单位”“全国厂务公开民主管理先进单位”；全省邮政企业荣获 2 个全国文明单位、32 个省级文明单位、2 个离退休正能量活动优秀组织奖等荣誉；4 名同志分别荣获“全国五一巾帼标兵”、“中国好人”、江西省“五一劳动奖章”、“江西省五一巾帼标兵”等称号；建成 14 个“劳模创新工作室”。（江西省分公司　叶金平）

【邮储银行江西省分行】 设置一级部门 22 个、二级部门 6 个、直属单位 2 个，下辖 11 个市分行、81 个县（市、区）支行；87% 以上的营业网点分布在县及县以下农村地区，农村网点数量在省内全国性商业银行中列第 1 位。自营从业人员 6636 人，平均年龄约 36 岁，其中本科及以上学历员工占比 64.92%。

资产总额 2687.55 亿元，净增 356.69 亿元，比上年增长 15.3%。各项贷款结余 1292.25 亿元，列系统内第 10 位、全省银行业第 8 位，净增 270.63 亿元，比上年增长 26.49%，各项贷款不良率 0.46%。负债总额 2649.69 亿元，净增 336.58 亿元，比上年增长 14.55%，其中各项存款结余 2555.15 亿元，净增 302.38 亿元，比上年增长 13.42%。

收入 44.59 亿元，比上年增长 2.94 亿元，增幅 7.06%。实现利润 20.60 亿元，比上年增长 1.94 亿元，增幅 10.38%。收入利润率升至 46.05%，成本收入比 41.52%，列系统内前 3 位；人均经济增加值 11.04 万元，列系统内第 4 位；经济资本回报率 19.20%，列系统内第 5 位；人均创利 31.60 万元，比上年增长 2.40 万元；点均创利 568.90 万元，比上年增长 59.10 万元。

1. 业务发展

投放江西资金超 1015 亿元，净增各项贷款超 270 亿元，列省内国有六大行第 2 位；贷款年增速超 26%，列江西省内国有六大行第 1 位。

（1）大个金业务。储蓄余额 2209.10 亿元，列系统内第 13 位，净增 268.95 亿元。其中，自营储蓄余额 667.75 亿元，列系统内第 9 位，净增 48.04 亿元，增幅 7.75%。基金、黄金定投结存客户分列系统内第 3 位和第 6 位，代理中邮证券第三方存管户数、代理中邮保费分列系统内第 2 位和第 4 位。信用卡结存卡量 63.40 万张，新增发卡 22.73 万张；分期金额 14.44 亿元，列系统内第 4 位；实现信用卡业务净收入 1.67 亿元，列系统内第 6 位。

（2）大零售业务。“三农”贷款结余 278.75 亿元，列系统内第 5 位，净增 22.12 亿元，列系统内第 6 位。其中，小额贷款结余 91.82 亿元，列系统内第 3 位，净增 10.67 亿元，列系统内第 8 位；个人商务贷款结余 186.93 亿元，列系统内第 6 位，净增 12.26 亿元，列系统内第 8 位。小企业法人贷款结余 72.05 亿元，净增 16.76 亿元，列系统内第 5 位。消费贷款年末结余 582.66 亿元，列系统内第 10 位，净增 135.42 亿元，列系统内第 8 位；其中，非住房消费贷款净增占比升至 27.57%，比上年提高 6.9%。

（3）大公司业务。公司存款结余 348.81 亿元，净增 35.14 亿元，列系统内第 9 位；年日均余额 329.08 亿元，净增 28.52 亿元。公司贷款（含贸易融资）结余 226 亿元，列系统内第 16 位，净增 101 亿元。投行和国际业务等新产品、重点产品取得突破，首笔主承销的 30 亿元绿色金融债项目获得总行审批通过，首笔南水集团并购贷款获得总行投行项目会通过。资金资管业务在强监管、严要求的背景下稳健创新发展，有7项业务取得零的突破，投资金额32.63亿元，占年净增投资金额的85%。

2. 党建工作

启动对市分行的巡察工作，在全辖开展机关作风建设，保持纠“四风”、廉洁风险整治和反腐败斗争的高压态势。坚持每月分别举办一期省分行党委理论中心组学习和“党建知识夜校”培训，高频次、多形式学习贯彻党的十八届六中全会和十九大精神，推动“两学一做”学习教育常态化制度化，推进“强基固本2.0”工程建设。宜春市分行被选为邮储银行六家基层党组织规范工作“示范区”之一。在中共江西省直属机关工委“三树一评”活动中，江西省分行党委获5项大奖。省分行党委书记、行长肖天星获评为2016年度全国交通运输核心价值观践行者、2016—2017年全国金融系统思想政治工作先进工作者。

3. 渠道建设

（1）网点建设。完成赣州、抚州市分行，樟树市、余干县支行营运用房购置和鹰潭市分行营运用房主体工程建设，以及24个营业场所的装修。投放159台ITM、272台CRS和存折存取款一体机、13台ATM。辖内2家网点被中国银行业协会评为四星级服务示范单位、4家网点被评为三星级服务示范单位。

（2）电子银行。电子银行客户结存497.71万户，其中自营结存187.87万户，比上年增长37.13万户；电子银行交易替代率85.74%，其中自营87.76%，比上年增长5.09%。电子银行渗透率36.91%，其中自营40.31%，比上年增长6.02%。手机银行净增激活客户117.47万户，其中自营激活客户数33.35万户，完成年度计划181.25%，手机银行行动方案总体情况列系统内第5位。95580投诉量1876笔，比上年压降30.31%，投诉处理及时率97.38%，投诉处理满意率99.47%。

4. 风险管控

（1）风险管理，风险与内控委员会、案防工作领导小组会议机制化运作，加强“闭环管理”，推进全面风险管理和案防体系建设。

（2）内控体系方面，开展“内控优化年”活动，新制定和修订制度62项，清理试行超期限制度42项。完善邮银联防机制，对全辖代理网点的合规检查和风险等级评价实现全覆盖。开展银监会“三三四十”专项治理、对公业务重点风险排查等系列自查自纠活动。

（3）审计工作，开展业务专项审计10项，经济责任审计16项，工程审计28项，审减金额472.11万元。

（4）安全基础，开展营业场所安全管理标准化建设和第五轮安全评估工作，新增完成111个标准化网点建设。处置安保类风险事件11起。

（5）授信管理，实行授信审批动态差异化转授权，主动开展授信风险和贷款资产质量监测、业务检查和风险排查。省分行本部完成授信审查审批443项，授信金额840.95亿元，比上年增长10%。通过加强不良资产责任认定、资产保全，收回不良贷款3.27亿元。连续四年实现无安全事故、无风险事件、无资金案件的“三无”管理目标。

5. 品牌建设

创新推出“借船出海”策略，“朋友圈”不断扩容，与江西省委、省政府10多个部门和50多个市县区人民政府、100多家企业建立全面战略合作关系。中央及各级媒体正面报道19000多篇次。中央农村工作会议、1月的新华社《国内动态清样》和2月的中央电视台《焦点访谈》均介绍江西省分行政银合作和支农支小的有效做法。独家冠名2017第八届环鄱阳湖国际自行车大赛。萍乡市湘东区昌盛支行行长汤伟珍荣获全国“五一劳动奖章”，江西省分行行长、党委书记肖天星荣获江西省“五一劳动奖章”。（邮储银行江西省分行）

【速递物流江西省分公司】 业务收入6.64亿元，比上年增长30.8%。

1. 各板块业务

（1）政务标快业务。政务类收入6026万元，比上年增长26%。身份证项目收入266万元，比上年增长308%；车驾管项目收入450万元，比上年增长37%；出入境项目收入2558万元，比上年增长24%。

（2）商务标快业务。新开发邮储银行银企对账单、代发工资对账单及省移动公司市场物资配送项目。移动项目累计产生收入617.64万元，比上年增长50.53%。与中邮人寿、中国人保、平安人寿等10多家公司合作保单、文件寄递业务及增值类项目。与天创服饰、龙贝莱、奥康等公司签订退换货项目。极速鲜平台上线11个产品，实现寄递收入510.26万元。

（3）国际业务。陆续开通国际e邮宝20个新路向和e速宝美国等路向，拓展中通中英专线、赛诚俄罗斯专线，开办中邮FBA业务。自管国际业务收入1.3亿元，比上年增长47%。

（4）电商业务。自管电商业务实现收入1.13亿元，比上年增长120.73%；累计新开发电商客户742户，新增收入2381.47万元。抓好重点大项目拓展，菜鸟项目累计发货356万件，实现收入2247.4万元；良品铺子项目累计发货171万件，实现收入833万元；萍乡甘源项目实现收入251.8万元，比上年增长134.2%。

（5）物流项目。江铃项目新增仓储租赁面积1万多平方米，累计实现收入3947万元，比上年增长29.66%；蒙牛项目终端配送客户增加至45家，累计实现收入3239万元，规模实现翻番；中石化项目在吉安增设分仓，累计实现收入 2729 万元，比上年增长 19.85%。

2. 体制改革、机制创新

（1）体制改革。推行省市专业一体化运营，整合省、市优势资源设立省物流分公司、省国际业务分公司，实行省电商分公司实体化运作。

（2）“众创众享”。60 个市本揽投部、27 个专业中心全面开展“众创众享”工程，覆盖全部市本经营单元。全省 87 个“众创众享”经营单位累计实现收入 3.4 亿元，比上年增长 30.8%。

（3）“创业计划”。出台“创业计划”推进办法，制定推进计划表和工作目标，结合正在推行的“创客创新、创客创业”行动计划，分别在全省 4 个经营单元展开试点，培养创业团队，总结经营、形成模式，为下一步全面推广打下坚实基础。

3. 企业核心竞争能力

（1）网运资源优化整合。开通北京、西安、沈阳等经济航线，形成“7+3”经济航格局。增开往返省内二级干线邮路，确保鄱余万邮件邮航出口。增开南昌—鹰潭、南昌—瑞金单向邮路，加快赣州 5 县（市）和上饶婺源、德兴进口邮件传递速度。开通南昌—鹰潭—上饶、南昌—新余—宜春—萍乡 2 条往返高铁邮路。

（2）生产作业流程效率提高。不断优化生产流程，在良品项目成功试点 PDA 辅助分拣，加快分拣封发的处理时限，并在全省 6 个仓配项目推广。在省邮件处理中心的邮件处理、运输等生产环节，实行业务外包模式，推行“按量结算、按质计酬”的员工绩效分配机制。

（3）软硬件投入力度。投入资金 1200 多万元，购置新增 54 辆机动车、140 辆电动三轮车以及皮带机、分拣高栏车等设备。加快“三级码”“二码合一”“电子围栏”等新技术在处理环节的推广应用。开发省内运营质量信息系统，对邮件收寄、封发、下段、投递等重点指标进行有效监控。完成 WMS 系统的测试工作。

（4）专业营销队伍建设。设置专业营销中心 45 个，配备专职负责人 42 名、专职客户经理 112 名。

4. 运营质量、客户体验

（1）推行“5+2”质量工作机制。推行动态质量管控方式，加大视察检查力度，提升各层级、各环节及时发现问题、分析问题、解决问题的能力。

（2）构建全方位的管控考核体系。推广“日清日高”管理法，运用三大时限监控系统跟踪关键节点和环节，推行“警示约谈”制度，建立三级考核追究制度。省内次日递率稳定在 91% 以上，及时妥投率稳定在 88% 以上。

5. 精细化管理

（1）财务管理进一步细化。在非生产成本持续下降的同时，企业生产成本费用率下降 4%。重新制定省邮件处理中心作为利润中心的核算办法，在业务量大幅增长的情况下，其结算后成本下降近 300 万元。开展运输成本集中采购，节约成本 300 余万元。

（2）人力资源进一步优化。认真抓好“双定”工作，全省自管揽投部日均揽投量 106 件，达标率 117.8%；省邮件处理中心全员处理效率 690 件，达标率 125.5%。全省一、二、三线人员结构比达到 68 : 24 : 8，其中揽投员占比 54.6%。

（3）审计工作进一步强化。深入开展经济责任、财务收支、建设项目、内部控制等审计工作。

6. 从严治党、和谐企业建设

（1）企业党建工作有力夯实。着力推进“两学一做”学习教育常态化，建立“互联网 +”学习群，设立“党务知识微课堂、党课微电影、党建知识一百问”等专题栏目。

（2）党风廉政建设明显加强。实现党风廉政建设“两个责任”落实情况现场检查和约谈工作两年全覆盖。组织提任调整领导人员廉政谈话和考试 26 人次，参与集中采购项目程序合规性监督 20 次、选人用人监督 32 人次。开展岗位廉洁风险防控工作，构建廉洁风险防控管理体系。

（3）工会、文明建设等工作有声有色。加大职工小家建设力度，为 85 个基层网点配置文体娱乐、应急类等用品。通过开展“冬夏关爱”、旺季慰问等一系列活动，为经营一线、困难员工送去慰问金累计 72.3 万元。（速递物流江西省分公司）

【中邮保险江西省分公司】

1. 业务发展情况

实现总保费收入 20.14 亿元，列全国中邮保险开业省第九，在全省寿险市场排名第九，市场占有率 4.09%，列全国中邮保险已开业省第一。实现期交保费 12.65 亿元，占总保费的 62.81%，超全省寿险行业平均水平，比上年增加 22.34%。其中新单期交保费 6.13 亿元，比上年增长 33.84%，列全国已开业省第 10。实现续期保费 6.52 亿元，比上年增长 82.4%。

2. 长期期交业务发展情况

稳步推进业务转型。实现保障期 10 年及以上期交新单保费收入 8500.89 万元，规模列全国第三，占新单期交保费比重 13.86%，占比排名列全国第一。其中：全省邮政企业实现新单长期期交 8139.89 万元，比上年增长 40.2%。上饶、赣州、宜春、吉安市分公司长期期交保费突破 1000 万，37 个县分公司突破 100 万。82 个网点突破 20 万元。

3. 团险业务开展情况

邮保、银保共同开展了团险兼业营销团队共建，项目共同开发等，通过抓团队人员的选拔、培训和通关，组建精兼业队伍，利用邮政客户资源，开展团险外拓。全省团险保费675.52万元，比上年增长38.69%，规模列全国开业省第10。其中，实现兼业团险保费132.86万元，比上年增长23.68%，规模持续列全国第一；外拓客户118户，列全国第一。

4. 主要运营质量情况

新契约抽检率48.55%，列全国第一；抽检合格率99.9%，列全国第三；犹豫期内电话回访成功率98.65%，列全国第一；续期13个月继续率95.72%，列全国第四；25个月继续率97.23%，列全国第四；续期综合达成率98.26%，列全国第六；人核件全流程处理时效11.65天，较全国平均少3.13天；人核件回执回销率100%；新契约交易成功率86.39%，比上年提升4.71%；理赔服务时效1.59天，比上年缩短1.84天；完成退撤3.18万件，金额14.26亿元，完成满期给付2.93万件，给付金额6.07亿元。投诉为0，在全省保险公司投诉处理工作评比中位列第一。

5. 主要重点工作

（1）业务发展。分公司经营工作获评中邮保险总部“2016年度长期期交业务发展优胜奖”二等奖、“续期指标先进奖”二等奖、“续期保费贡献奖”、“2016年度业务发展综合奖”二等奖、中邮保险2016年度市场经营管理卓越奖等荣誉。

（2）管理能力。通过强化市县经营管理行为的考核激励，严格落实访后付费制度，并对关键服务指标进行量化考核，有效提升市县经营合规性和管理规范性。全省运营指标得分综合排名列全国开业省第一。获得“2016年满期给付服务卓越奖”，五位同志获“2016年满期给付个人突出贡献奖”。

（3）客服活动深受欢迎。8—9月，组织开展“美好生活　中邮相伴”主题客户服务季活动。通过开展健康体检、少儿邮票设计大赛等专项现场活动，普及宣传中邮保险。在赣州、吉安、宜春等地开展5场健康体检活动和9场少儿邮票设计大赛活动，3万多人参与，被多家主流媒体报道。

（4）连续两年开展“合规管理提升年”活动。根据监管政策变化，确立日常工作中重点监控的48项工作指标，邮银保三方联合管控防范风险，开展业务检查、风险预警、整改通报，将风险隐患解决在前端。对6个市中邮保险局，29个县（区）中邮保险局、77个代理网点进行了现场检查，整改风险隐患17个。连续三年被人行评为执行监管政策综合评价A级单位。2017年合规与风险管理综合评价列全国中邮保险第4位。

（5）持续加快创新步伐。企业管理创新成果“构建以前置管控为核心的中邮保险运营体系”先后获得第十六届全国交通企业管理现代化创新成果三等奖和中国邮政集团公司第十三届（2017年）企业管理现代化创新成果三等奖；“中邮保险电子化填单系统”创新成果荣获全国邮政科技创新成果奖二等奖。

（6）成立全国中邮保险首个劳模工作室。3月30日，中邮保险全国第一家劳模创新工作室——陶遂劳模创新工作室在中邮保险江西分公司正式挂牌成立，工作室以获得“江西省劳动模范”“全国保险系统劳动模范”“2017年中国邮政集团公司突出贡献科技工作者”和“中邮保险工匠”等多项荣誉的公司信息技术部陶遂同志命名。

（7）团队素质不断提升。对分公司内部员工，推进员工教育从以专业知识传授为主向提升个人思想境界、培养管理思维转型，开展员工专题学习25期，其中重点开展优秀传统文化专题学习6期，提升员工思想境界。分公司1人获评江西寿险业十大金牌讲师称号，1人被人行聘为江西金融青年讲师团讲师，1人获评2017年度“中邮保险‘巾帼标兵’”，1人获评中邮保险“最美调查人”。对全省销售和管理人员开展以保险理念、营销能力、内训师建设、运营管理、客户服务和风险防范为主要内容的集中培训300余场，网点帮扶500余次，参训13000余人。

（8）分公司理赔案件入选江西保险业十大典型赔案。分公司选报的“信守承诺、高效理赔——中邮保险助力‘三农’小微企业发展”案件入选全省寿险十大典型赔案。

（9）精神文明建设成果突出。分公司先后荣获“2014—2015年度全国交通运输行业精神文明建设先进集体”“省直机关文明单位”等荣誉。

（10）主要公益活动。3月29日，中邮保险江西分公司来到南昌SOS儿童村，开展“弘扬雷锋精神　携手SOS村儿童心连心”活动。4月中旬，分公司组织全体员工通过江西省妇女儿童发展基金会向贫困地区捐赠少儿读物131本。7月7日，分公司5名员工参加由江西省保险行业协会组织的第六次“勿忘灾难　保险有爱”无偿献血活动，共计1800毫升。10月27日，分公司12名员工在南昌市社会福利院参加了由江西省保险行业协会保协携手江西省爱心协会主办的“九九重阳　衣片深情”捐赠活动启动式，并捐赠冬衣100件。11月10日，分公司联合高安市委农工部举办的“真情关爱，安全出行”高安市农村保洁员安全衣捐赠仪式，捐赠2700余套安全衣，将在捐赠仪式结束后分发至各乡镇、街道、垦殖场及相关单位。
（中邮保险江西省分公司）

【中邮证券江西省分公司】 账户总规模95118户，有效户10380户，托管总资产（含两融）10.65亿元，各项指标均位列新开业省分公司前列。

1. 总体情况。

（1）经纪业务。分公司联合省邮政分公司统筹推出“两个办法”。一是统筹出台2017年证券发展考核办法，该办法根据分公司业务发展现状，将开户数指标得分进行调整，着重提高有效户、资产量的权重占比，引导各市分公司领导抓住证券市场的老客户，抓住证券市场的股民圈，不断提升有效户及高净值客户的占比，为优化邮政大金融客户结构起到巨大作用。二是出台金融产品营销活动方案，该方案细化业务培训、渠道沟通、物料分发、氛围营造、产品宣传、客户邀约、权限开通等流程。

（2）资管投行业务。一是分公司领导与邮储银行省行领导多次沟通，描绘加强银证创新业务的美好蓝图，得到省行领导的高度认可。在省行领导的支持下，省行下发《关于进一步加强银证创新型业务协同发展的指导意见》，增加银证之间的合作，拓宽业务开展途径与项目开拓思路。上饶市委托贷款通道项目一个、抚州市产业基金通道项目一个，收到邮储银行推荐三板储备企业十余家；二是系统性地针对各个地市分行进行资管投行的专项交流培训工作。在省行的支持下，分公司与省行金融市场部合作，下发《关于开展银证协同发展业务交流培训的通知》。建立完整的地市分行项目上报机制，并且开通微信、QQ等多个沟通渠道，确保项目上报及时性，并且定期于省行高层联系群中进行通报，保证项目上报的可持续性。三是落地项目为上饶委托贷款通道项目、抚州产业基金通道项目、恒大高新股票质押业务。

2. 党建工作。

（1）强化思想政治建设。认真学习贯彻党和国家重要会议、文件精神、习总书记系列重要讲话精神，中国特色社会主义理论、党和国家制度法规，公司党委重要精神等。

（2）强化基层党组织建设。按期召开民主生活会、组织生活会，严格执行“三会一课”制度；认真规范做好入党积极分子培养、党员发展与管理等工作；按时做好党费收缴、使用、管理等工作。

（3）强化党员干部作风建设。认真落实中央八项规定和集团公司党组20条实施意见，坚持标本兼治开展作风建设工作，不断弘扬正能量，有力遏制“四风”问题。

（4）强化党风廉政建设。坚持把纪律挺在前面，注重抓早抓小，积极开展党风廉政教育工作，认真做好廉洁风险防控工作。

（5）强化制度建设落地。按照中央和公司党委等上级党组织有关制度精神，认真制定出台相关配套制度办法，推动制度落地。

3. 纪检监察。

（1）畅通信访举报渠道。3月，为进一步畅通信访举报渠道，充分发挥群众监督作用，不断提升信访举报工作水平，设立举报箱，公布举报电话和邮箱同时，分公司纪检监察员和办公室其他人员每周对举报箱双人开箱，并做好台账记录，确保信访件能够及时得到处理。

（2）开展自查自纠检查。5月，根据总部要求上报《巡视自查自纠检查情况汇总表》，重点检查分公司落实“两个责任”、落实党风廉政建设责任制和廉洁从业规定、落实选人用人有关制度规定、严守组织纪律，落实民主集中制、“三重一大”决策制度；同时按照材料清单，对各类材料进行了梳理。通过自查，摸清了分公司在从严治党、党风廉政建设、“三重一大”决策等方面的情况，对存在的问题分公司进行逐项整改到位。

（3）深入开展各岗位廉洁防控。7月，为深入贯彻落实集团公司关于廉洁风险防控工作的基本要求，根据《中国邮政集团公司关于开展廉洁风险防控工作的指导意见》（中国邮政党组〔2012〕14号，附件1），围绕思想道德、制度机制、岗位职责、业务流程和外部环境等五个方面，查找岗位、内设部室、单位存在的廉洁风险点，评估和确定风险等级，每个岗位的人员根据自己的工作职责找出各自岗位风险点的自查报告，向总部汇总上报廉洁风险目录及防控措施。

4. 培训工作。举办培训班50场，培训4000人/次；培训维度包含分公司业务骨干、省市邮政公司、邮储银行管理中层、营销精英，以及分公司大客户群体。培训内容根据公司发展战略从开户数调整为重有效户、资产量增长，重点引导挖掘两融客户、开发重点业务。

5. 团队建设。分公司经纪人（或客户经理队伍）建设情况：经纪人7名，经纪人有客户59名，总托管资产2000万元。与速递物流省分公司建立协同发展重要证券业务关系，合作形式：“经纪人提成+收入分成”模式。开辟一条新的协同发展资源，为经纪业务收入保持平稳增长提供保障。推动轻型营业部建设，招聘团队一个，相关人员正陆续办理入职手续。

6. 合规工作。组织学习合规知识5次。其中参加总公司合规知识学习3次，分公司组织的合规知识学习2次。组织进行分公司合规自查3次、分公司各项业务均严格按照监管和公司的合规要求开展。

7. 反洗钱工作。严格执行总公司制定的有关规章制度，分公司根据总公司的有关规定，开展反洗钱工作。参加反洗钱学习4次，其中总部学习2次，南昌人行学习2次。组织外出宣传2次。采用LED日夜滚动宣传反洗钱知识，在营业厅摆放反洗钱宣传手册。将按照人民银行、中国证监会及公司总部的相关要求，认真履行反洗钱义务，合规、稳健地开展证券经营活动。

8. 投资者教育。投资者教育工作持续开展。通过现场设置宣传台、咨询台摆放反洗钱宣传折页；大厅摆放易拉宝；户外LED屏展示等形式，将投资者教育工作作为运营的日常工作，常抓不懈。分公司根据信用交易部提示，持续更新融资融券相关信息。并根据协会要求，张贴各类宣传海报。本年度，按照人民银行及各级主管部门组织4次宣传活动并报送报告，包括："3·15投资者保护宣传日"活动、江西辖区资本市场投资者保护宣传活动、"投资者保护明规则、识风险"暨防范非法集资专项宣传活动、2017年反洗钱主题宣传月活动。

9. 适当性管理。在新开户客户自助开户环节，均通过问卷调查方式完成风险承受能力初次测评，为客户提供的服务或产品中均有明确的风险特征提示，并与客户分类相对应匹配。与客户签订证券交易委托代理协议时，能够根据客户财务与收入状况、证券专业知识、证券投资经验和风险偏好、年龄等情况，对客户进行初次风险承受能力评估，根据客户风险测评结果将客户风险承受能力等级分为：风险厌恶型、保守型、稳健型、激进型、高增长激进型；分类结果以书面和电子方式记载、留存；对客户进行分类管理；并对营销人员进行客户分类管理的培训。分类结果以书面或电子方式记载留存。

10. 业务管理。按照《中邮证券公司柜面业务操作规程》等各业务线的规章或办法严格办理业务，业务人员能充分了解客户情况，对客户的姓名或者名称、身份的真实性进行审查。开户业务能够做到一人操作、一人复核，未发生过开立匿名账户或假名账户，未为身份不明的客户开立账户或提供相关金融服务。经核查营业部交易系统，分公司账户均为正常账户，未发现"禁止"或"限制"标识，客户申请转托管、撤销指定交易和销户的，分公司能在申请被受理并完成账户交易结算后的两个交易日内办理完毕，无小额休眠账户及不合规账户。

11. 客户投诉与回访。严格按照公司《中邮证券公司客户投诉及纠纷处理制度》受理客户投诉，在公司网站及营业场所显著位置公示有客户投诉电话、传真、电子信箱和其他相关信息，对外公布的投诉电话营业时间有人值守，指定专人受理客户投诉，投诉台账登记造册，及时妥善保管。分公司主要做经纪人新开户客户的回访、年度客户10%存量回访、自查整改回访、创业板开通回访等回访内容，未发现异常的回访记录，回访中未发现员工代客理财、全权委托等情况。截至10月31日，回访客户数5678，占上一年末合格账户数（74035）约76.7%。（中邮证券江西省分公司）

山东省

【山东省分公司】 收入103.86亿元，规模保持全国第4位，比上年增长11.81%，高于全国平均增幅1.55%；完成集团公司预算的104.87%，居全国第10位。经营利润5.5亿元，比上年增长53%，完成集团公司下达预算。劳动生产率29.7万元，增幅13.75%，绝对值排名全国前列。

1. 党建工作

各级党组织全面加强企业党建，广大党务干部忠实履行职责，全面从严治党的两个责任意识进一步增强，党员干部的理想信念和政治定力更加坚定，进一步筑牢了政治纪律规矩的思想防线，基层党组织的功能作用进一步发挥，企业党建与经营发展进一步融合。发挥党建"红色引擎"作用，不断推进企业文化建设。各级邮政部门深入宣传贯彻党的十九大精神和习近平新时代中国特色社会主义思想，各级党组织开展专题讲座、学习培训、中心组学习、书记讲党课613场次。夯实基层党建工作。逐级签订全面从严治党主体责任和专责监督责任书，严格党建工作责任制考核，17个市分公司现场述职完成三年一轮。按照"三突出""六结合"的总要求，实现"两学一做"学习教育常态化制度化。开展省公司直属机关作风建设专项活动，完善"党代表"下派包挂制度，评选首批20个基层党组织示范点。加大执纪监督力度。在全系统率先建立纪检监察管控量化考核机制，完成对5个单位的巡视"回头看"及再巡察和12个单位的专责监督责任制检查考核。开展廉政谈话609人次、廉政考试891人次，"宣传教育月"受教育党员干部3300余人次。加强干部管理监督。新出台提醒函询诫勉、干部交流等4项制度，确定105名后备干部和中长期培养对象，组织100多人次赴外省学习交流、159人次省内双向交流，加速干部培养成才和梯次建设。山东省副省长王书坚对邮税合作作出重要批示。省公司获得全国邮政信息网运行维护考核第1名，两个市分公司荣获全国邮政用户满意单位，济南邮区中心局以总分第一的成绩荣获全国邮政"达标争先"劳动竞赛先进单位。5个单位和个人获得省富民兴鲁劳动奖状（奖章），新增省级文明单位2个、省级"工人先锋号"3个、省级"青年文明号"10个。

2. 业务发展

（1）代理金融业务。新增金融总量超过900亿元，其中余额净增477亿元，新增余额市场占有率17.8%，总体规模跨越4000亿元。新增理财保有量、手机银行客户新增激活量居全国邮政系统首位，完成"中邮期缴双十亿工程"和长期期缴目标。菏泽市分公司新增余额76亿元，居全国邮政地市级第1位。

（2）包裹快递业务。包裹快递收入8.63亿元，比上年增长62.3%。其中电商快包收入增长81.7%，寄递量增长122%，市场占有率9.6%，比上年提升4.2%；国际小包收入1.5亿元，增长118%。

（3）农村电商业务。落实全国邮政批销业务现场会精神，打造邮政特色农村电商发展模式。批销交易额34.46亿元，比上年增幅56.2%；在首届"邮乐9·19购物狂欢节"活动中，完成交易额居全国邮政系统第1位。农产品进城交易额20亿元。

3. 能力建设

（1）普遍服务。落实新的普遍服务标准，实现普通包裹按址投递和县以上城市党政机关当日见报，全省建制村全面通邮，机要通信连续 20 年质量全红。以无着邮件管理提升和“聚焦服务短板、提升客户体验”活动为抓手，强化服务质量管控，全省客户满意度自测得分 93.16 分。

（2）邮政基础设施建设。投资 9 亿元，购建网点 39 处，改造 126 处，建设市、县、镇级仓储 65 处；完成青岛、济宁、临沂邮件处理中心工艺设备改造，实施 6 处市处理中心、53 处县处理中心流水化升级改造，提高了邮件处理效率；更新及新增网运揽投汽车 210 辆、电动三轮车 837 辆，新增卡折存取款机 1600 台、POS 类机具近 2 万台、网运投递终端设备近 9000 台。

（3）综合服务平台建设。累计建设自有网点 2882 个；系统注册便民服务站 8.1 万个，其中安装邮掌柜站点 4.6 万个，年贡献收入超 1000 元站点达到 4 万余个。累计建设村级鸿雁合作社 2100 处、示范田 1725 万亩，重点推进贫困村“一社两站”建设和第一书记精准扶贫，推动各地特色农产品上线销售。叠加邮政和社会公共服务，平台代收通信费和电费完成 130 亿元；发展车险保费 2.23 亿元，发展简易险保费 5845 万元，代开国税发票 127 万张，代征税款 4.64 亿元，完成助农取款 154.4 万笔、2.42 亿元；通过便民站代投包裹 2400 万件，有效降低了投递成本。

（4）互联网 + 邮政线上平台建设。“三微”平台粉丝量超过 300 万，线上营销额 2.05 亿元，累计造包 54.72 万个，其中跨地域订单量占比 9.4%。在全国邮政系统率先全面推广电子支付，累计支付笔数 46 万笔，交易金额 4400 万元。完成邮立方项目、邮农场平台系统搭建和众包配送项目研发，为构建开放式城乡末端服务平台创造了条件。

（5）寄递网建设。扩大直达邮路通达范围，与全国 23 个省的 24 个重点城市实现直达运输。推进省内互寄网络组织优化和专线运输。省内互寄“明天见”T+1 率 98.84%，省际进出口时限达标率超过 97.7%。推进邮速资源整合，完成聊城、菏泽、枣庄区内邮路和出口邮件整合，深化县域“三合一”工作，实现提速增效。优化投递作业模式。加快自提网络建设，自提量占比 30% 以上，推行跨区直投和快递包裹“分投合一、集体作业”模式，城市快包当日妥投率 98.23%，妥投信息实时反馈率 99.75%，均居全国前列。

（6）战略合作。省公司新签省国税、中盐、中石化等 5 家战略合作客户，先后与星亿东方、摩拜单车等公司、企业建立了合作关系，开展了形式多样、广泛深入的交流合作。惠民 E 邮通工程新获政府服务业发展引导资金过千万。

4. 机构改革

推进机构优化和机制创新，完成经营组织架构调整。

山东省德州市分公司邮政员工上门走访客户，向客户推介业务。（邮政报 / 提供）

按照集团公司部署，推进“以客户为中心”的经营组织架构改革，精简机构 22 个，初步形成以市场营销部门为核心、经营支撑部门提供专业服务、客户资源集中管理的新体系。

5. 邮政科技创新

加强信息化支撑，集团公司远程集中监控系统、新一代寄递平台和 ERP 系统上线运行，开发金融电话营销、积分换购、快包智能投递等系统。开展全省营销创业创新大赛，确立 400 个双创项目落地实践，形成收入 3.4 亿元。两项管理创新成果获部级现代化管理创新成果二等奖。

6. 企业管理

（1）人力资源管理。与省委党校联合建立邮政教学基地，在全国首批获准设立国开大学邮政学院省中心。强化人才发展机制，引进中高端人才 37 人，选拔省级领军人才 8 人，储备青年大学生人才近 500 人。构建了基于岗位分类的用工管理体系，择优转招 A 类合同用工 2100 余人，综合柜员合同用工占比提升 51%。

（2）财务管理。推行零基预算。修订省内预算管理体系，深化与集团定额、先进省份的对标管理，优化完善标杆体系，推进人工成本零基预算，加强重点项目成本费用管控。初步建立中心局利润中心损益核算体系。省内四级核算上线试运行。推进财务精细化管理。完善集中核算，试点线上审批，防控问题账务 9700 余万元。加强资产管理，全省在建工程转固 2.2 亿元，盘活闲置资产 1.89 万平方米。加大往来款清理力度，年内清理往来款 2.11 亿元。

（3）“平安邮政”创建。组织全省邮政安全综合大检查和寄递渠道安全综合整治，深入开展隐患排查治理，持续推进安防设施建设，确保了“两会”“十九大”等重大活动期间的安全运行，省公司被评为全省“安全生产月”活动优秀组织单位。

（4）金融安全。建立健全制度体系，组织开展闪电行动、风险点排查等专项检查，建成省市两级非现场预警稽查中心，逐步提升金融风控的规范性、有效性。

7. 幸福邮政建设。落实职工小家建设三年规划，星级小家比例65%以上，为全省邮政621个城市网点统一配备午餐设施。全省邮政农村支局职工小家、城市投递员及网运职工之家建成率100%，受益一线职工覆盖率85%以上。一线员工收入继续保持两位数增长，内退人员生活费实现8连增，补充医疗保险惠及3.6万余名职工。持续抓好网点轮休和员工带薪年休假工作，深入开展员工帮扶，救助重病和困难职工151人，发放救助金102万元。（山东省分公司　赵军泰）

【邮储银行山东省分行】 内设一级部门22个、二级部门6个、直属单位1个，下辖二级分行16个，实现城乡全覆盖。员工12001人，其中本科及以上学历员工7288人，占比60.73%。

资产规模5485亿元，比上年增长19.71%；实现收入62.17亿元，比上年增长4.8亿元，增幅8.4%；实现利润23.62亿元，比上年增长4.37亿元，增幅23%。各项存款余额5265亿元，居省内同业第4位，新增552亿元，增幅12%；各项贷款余额1817亿元，居省内同业第5位，增长340亿元，增幅23%，存贷款新增市场占有率均居省内同业第1位。信贷不良资产余额6.81亿元，比上年下降0.9亿元，不良率0.37%。

1. 业务发展

（1）负债业务。个人储蓄自营存款余额1029亿元，居系统内第5位，净增59亿元，居系统内第4位；日均1018亿元，居系统内第5位，净增107亿元，居系统内第3位。公司存款余额596亿元，居系统内第7位，净增33亿元；日均614亿元，净增62亿元，均居系统内第7位。各项资产负债业务净利差3.34%。

（2）资产业务。小额贷款余额86.59亿元，居系统内第5位，净增15.16亿元，居系统内第2位；个商贷款余额120.71亿元，净增11.43亿元，居系统内第8位；小企业贷款余额85.40亿元，居系统内第7位，净增20.37亿元，居系统内第3位；消费贷款余额823.71亿元，居系统内第5位，净增154.04亿元，居系统内第6位。公司贷款余额466.69亿元，居系统内第4位，净增180.07亿元，居系统内第3位。票据承兑规模57.97亿元，居系统内第4位。国际业务收入1.06亿元，居系统内第7位。贸易融资发放105亿元，增幅821%。

（3）中间业务。收入8.1亿元，比上年增长29%。信用卡新增发卡40.5万张，居系统内第4位，成功发行邮储银行首张企业联名卡。代理业务规模持续提升，国债、保险销量分别为29.71亿元、38.39亿元，居系统内第1、2位；理财保有量223.94亿元，居系统内第2位；代理消费金融放款6.65亿元，居系统内第2位，余额1.7亿元，居系统内第3位。

（4）金融市场业务。同业投资新办理144.5亿元，同业融资新办理27亿元；资管业务新办理66亿元；托管业务1028亿元，机构理财保有量35亿元。

2. 渠道建设

（1）网点建设。改进服务渠道，终止营业和扭亏各8家低效网点，启动6家网点智能化试点，新增CRS 247台、ITM 225台、移动展业设备306台。全面提升服务质量，11家网点获评银行业协会星级网点，95580服务类客户投诉比上年减少315笔、降幅32%，客户投诉处理及时率和满意度均实现100%；前三季度，监管部门转办投诉比上年同期减少121件，降幅31%。

（2）电子银行。个人网银客户1436.85万户，比上年增长24.16%；手机银行客户1387.17万户，比上年增长37.02%，新增激活106万户，居系统内第2位。

3. 风险防控

开展资产质量真实性大检查，化解处置各类不良资产7.65亿元，其中现金清收4.23亿元，核销3.03亿元。完善案防体系，开展“三三四十”等监管系列整治活动，组织合规检查2052次，问责4.18万人次，处罚662万元。实施合同审批权差异化管理，上报省行审批的合同下降75%。连续3年在山东银监局禁止性规定考试中获第1名；反洗钱工作连续4年监管检查零处罚，8家市行被评为反洗钱A类机构。完成各类审计项目29个，审计总金额117.66亿元，提出建议122条。完成118个网点营业场所安全管理标准化建设，验收通过率100%。

4. 综合管理

（1）授信管理，审查贷款13.75万笔，金额7094亿元，比上年增长22%，通过率92%。开展零售信贷管理“能力提升年”活动，推进全面授信管理评价，开展区域授信政策调研，获山东省征信业务竞赛团体一等奖。

（2）运营管理，完成11个流程优化项目，压降35个网点台席，银企对账、信用卡预审、监控预警实现全省集中，各项营运考核均为满分。

（3）信息科技建设，核心系统可用率99.99%，信息科技竞赛保持满分，居系统内第1位。完成设备资产管理和综合营销统计等6个自建系统上线，数据平台项目荣获科技创新成果奖。

（4）人力资源管理，用工总量减少267人，营销人员占比提升5.51%，市县行机关人员占比降低5.71%。实施一支、二支分等分级管理。开展职级优化，中等职级（7—9职级）员工占比由29.8%提升至52%。省行机关选拔42名团队负责人，发挥了专业引领作用。

（5）财务管理，突出成本管控，制定三年成本攻坚计划。增值税专票抵扣率8.78%，居系统内第1位。开展成本费用真实性检查和工程检查。

（6）综合办公，建立完善4项信访管理制度，出台信访和举报奖惩措施，开展保密警示教育和专项自查。完成采购项目87项，实际采购金额比预算节省17%。完成年鉴2009—2017卷编纂，制定台儿庄邮储银行历史展示馆建设方案。

5. 党建工作

围绕“争做东部地区转型发展领头羊”目标，开展大讨论、集中学习、演讲比赛等系列活动。举办干部党性教育培训班，首次组织466名二级支行长政治教育轮训。在总行“微党课”征集评选中获优秀组织奖、一等奖3个、二等奖2个和三等奖1个。创新廉政教育方式，组织571名二级支行长跨区域赴监狱开展警示教育。加强支行长管理，城市二级支行长轮岗率100%；县域二级支行长轮岗率56%；开展一支行领导家访313人次，覆盖率100%。加强廉洁从业监督，开展“25个远离”学习承诺活动，组织工程人员签订《廉洁承诺书》。

6. 创新发展

（1）机制创新。突出产品、用户优化组合和交叉营销，强化考核引导和系统支撑，综合营销收入2.51亿元，公私联动、批零联动、存贷联动效果逐步显现。

（2）机构改革。成立“三农”事业部，省分行信用卡部、国际部升格独立运行；完成5个市分行小企业部、4个市分行信用卡部升格。推进城区支行扁平化改革，142人充实到客户经理队伍。建立开发中心上移、省市行双层营销的战略客户开发机制。

（3）品牌建设。连续9年获省级文明单位荣誉称号，联合团省委、电视台举办“城乡儿童手拉手”大型公益活动，获“山东百姓最信赖金融机构”“最具社会责任感银行”等媒体奖，新增6家省级文明单位，总数达36家。17个集体和13名个人荣获省、市级政府授予的“富民兴鲁劳动奖章”“五一劳动奖状”“工人先锋号”等荣誉称号。参加集团、总行及人行、银监局等各类比赛，获得一等奖6个、二等奖7个、三等奖4个。

7. 和谐企业

承办全国金融系统运动会部分项目，成功举办山东省分行首届职工运动会、十周年劳模和先进单位表彰大会，企业凝聚力进一步增强。员工人均收入增长17%，客户经理、支行长收入平均增幅分别为21%、18%。坚持为员工办好事，省分行提出的10件好事全部完成，各市分行办理好事172件。收到提案201件，采纳141件，解决和疏导员工诉求50件。（邮储银行山东省分行）

【邮储银行青岛市分行】 设置一级部门18个、二级部门13个、直属单位1个。下辖一级支行12个，有营业网点266个，其中自营网点49个、代理网点217个。从业人员1136人，本科及以上学历人员767人，占比67.5%。

资产总额485.67亿元，负债总额484.00亿元。实现收入6.96亿元，增幅4.94%，净利润1.11亿元。本外币各项存款余额464.91亿元，年净增2.41亿元；本外币各项贷款余额317.60亿元，年净增63.11亿元，增幅24.80%。信贷资产不良率为0.36%，比上年下降0.11%。

1. 业务发展

（1）负债业务。个人存款余额433.54亿元，比上年增加17.60亿元；单位存款余额31.33亿元，比上年减少1.50亿元；其他存款余额0.05亿元，比上年减少13.69亿元。成功投产青啤集团“赢收金掌柜”系统、国家电网电子对账系统，营销无贷款支撑的房地产项目监管账户业务，推进二手房首付款资金托管、水务集团收费、海尔消费金融代收付平台等系统的开发建设。

（2）资产业务。贷款重点投向民生需求、现代农业、小微企业、绿色金融等领域。实现小额贷款净增0.86亿元，结余6.95亿元；个人商务贷款净增4.05亿元，贷款结余17.34亿元；个人消费贷款净增32.19亿元，结余180.99亿元；小企业贷款净增3.84亿元，结余15.9亿元；公司贷款净增36.92亿元，结余65.84亿元。

（3）中间业务。手机银行结存激活率65.8%，比上年提升7.5%；手机银行交易替代率32%，比上年提升6.1%；新增激活电子银行客户10.13万户。信用卡规模7.4万张（激活卡3.8万张，激活率51.1%），新增发卡3.5万张（激活卡2.2万张，激活率61.8%）。个人理财销售43.5亿元，比上年增长56.5%。保险销售2.21亿元，比上年增长40.55%。

2. 风险管控

（1）深入落实“三违反”“三套利”“四不当”“十乱象”等系列专项治理工作，开展“两加强、两遏制”回头看、“双录”、信用风险排查、代理营业机构管理办法落实、风险管理指引、风险防控指导意见等检查和专项整改，推进重点领域风险防范化解。

（2）完成以资产质量控制为核心的各项风险限额管控目标，拨备覆盖率396.75%，信贷资产不良率0.36%，比上年下降0.11%，不良率正向排名系统内第4位，机构风险评价结果系统内排名第12位。

（3）开展“平行作业”“制度优化、流程简化”系列创新工作，授信审查审批质效提升。

（4）发挥审计监督作用，完成审计项目29项，揭示问题602个；关注管理真空和交叉领域，揭示新型问题117个。

（5）不良贷款清收处置，清收各类不良贷款3990.71万元，核销呆账4323.63万元。

3. 管理运营

（1）人力资源配置，发挥薪酬杠杆激励作用，政策向一线倾斜，加大对业务发展的支撑、激励与引导。

（2）强化资本约束和价值创造理念，逐步调整预算管理、成本配置、财务资金和投资管理，引导关注发展效益，成本收入比下降 1.45%。

（3）信息科技支撑，完成总行 21 项重点工程上线及分行青啤、国家电网等 16 个开发项目。

（4）提升集约化生产能力，完成营运中心建设；推动网点转型，开展自营网点柜员、台席压降及营业主管派驻推广工作。

（5）强化基础管理，机关水、电、通信费比上年下降 4%，采购资金节约率 13.36%。

4. 党建工作

（1）学习贯彻党的十九大精神，开展“两学一做”学习教育、“强基固本 2.0”“微党课”和承诺践诺主题活动，创新开展红色教育、“我是党员，案件防控率先行”等活动。

（2）强化作风建设，落实中央八项规定精神，作风建设向纵深发展。安排部署机关干部“深入基层 结对帮扶”工作，密切联系基层，改进机关工作作风。认真组织集团公司党组巡视“回头看”反馈问题自查整改。

（3）探索党的建设与业务发展深度融合路径，推出“走千家访万户”党建品牌；启动“双基共建”试点，即银行基层党支部与村庄（社区）基层党组织工作联动。

（4）加强工会工作，推进“职工小家”建设、开展劳动竞赛与典型选树工作。（邮储银行青岛市分行）

【速递物流山东省分公司】 业务收入 16.1 亿元，增长 26.18%。其中，速递业务完成业务量 9671 万件，增长 41.64%，收入完成 11.5 亿元，增长 25.85%；物流业务收入完成 4.1 亿元，增长 21.32%。

1. 员工队伍

（1）市场经营机制。实行“合伙制”经营，实现“经营业绩共创、发展责任共担、扭亏成果共享”，186 个经营单元推行业务合伙经营，占经营单位的 80%，“众创众享、合伙经营、利润导向”观念深入人心。

（2）“创业计划”。选择部分试点区域，探索通过经营机制创新，倡导借助外部力量，建立乡镇、郊区揽投服务网点，布局农村电商市场，推动“双创”工作落地。

（3）一体化和实体化经营。对物流专业实行省市一体化经营，对省公司国际、电商、政务、商企、“极速鲜”业务实行实体化运营。省公司 6 个实体化经营单位实现收入 9905 万元；17 个市分公司的 59 个实体化专业团队实现速递物流收入 4.34 亿元，占市分公司总收入的 35.41%。

（4）考核激励机制。对各经营单位强化增效导向，对省公司职能部室赋予一定的薪酬分配自主权，调整省公司客服中心人工成本核算办法，在“合伙制”改革中试行新的薪酬分配模型，提升员工发展的获得感。

（5）员工晋升通道。在完善营业部分等分级管理的基础上，研究制定揽投员星级评定指导办法，使一线员工工作有干劲，晋升有盼头。

2. 国内标快业务

开展省际“提质增量”和省内时限承诺服务活动，国内标快实现收入 6 亿元，增长 18.32%。政务市场充分发挥首席营销师作用，实现“互联网 + 政务”的全省系统对接和派驻，启动运行国税网上发票项目，推行“9+X”项目“总部—省—市”三级联动开发体系。商务市场持续深入推进“三进工程”，服务各类客户 9655 户，实现收入 1.44 亿元，增长 12.6%。以通信和金融市场为重点实施项目带动，联通卡项目实现收入 966.5 万元，移动积分换礼项目 435.4 万元。“极速鲜”樱桃项目实现收入 3038 万元，增长 63%。

3. 国际业务

收入 2.57 亿元，增长 40.83%。联合 eBay、速卖通、wish 等跨境电商平台及当地政府，举办 16 场业务推介会，挖潜老客户 238 家，新增传统客户 63 家、海外仓客户 30 余家，全省跨境电商进出口业务实现收入 1.17 亿元。抓住重点市场、拓宽非邮渠道、优化航空网络，传统国际业务实现恢复性增长。继续发挥中韩海运优势，新开发平台客户 9 家，实现进出口业务收入 1552 万元。济南、青岛国际邮件互换局完成搬迁，提升省邮快件和跨境电商进出口能力。加快推进济南综合保税区跨境电商产业园建设，达成入园意向的代运营企业 1 家、供应链公司 1 家、平台 2 家。

4. 电商业务

收入 2.7 亿元，增长 38.44%。3 家 TOP 客户合作 2 家，150 家“5432”客户合作 87 家，新增泉林纸业、田乐图书、默恩国际等 3 家仓配客户。菜鸟项目实现提质增量，形成收入 3167 万元，“双十一”期间发货量超过 60 万件。

5. 物流业务

收入 4.1 亿元，增长 21.32%。加快推进物流省市一体化经营步伐，切换 8 个市分公司物流业务，实行事业部管理。新开发海信、澳柯玛、岱银、龙达等项目，百万级客户 41 个。中标部队联勤保障物资配送业务，与光明乳业开展尝试性合作。

6. 生产运营能力

（1）不断优化增强网络能力。调整部分县市省际封发关系，增开省际快速邮路，对济南、青岛、潍坊集散中心进行扩容改造，增加分拣设备、配置新能源汽车、推广智能包裹柜使用，网络运行能力持续提升。

（2）加强邮路装载率管控、推行“大车队”改革，试点甩挂运输，网络运行效率持续提升。

（3）在揽投部和集散中心全面推行热敏面单和三级码，推广新一代寄递平台揽投模块上线，开发并完善“涅槃重生”揽投部运营管理系统，推进ERP系统审计和管理会计模块上线，不断提升信息化支撑效率。

（4）加快推进终端渠道拓展。

（5）两网资源整合进一步推进。

7. 服务保障效率

（1）实施质效考核管理，加强跟单系统运行过程管控，强化影响客户体验的丢失、虚假信息及申诉过程管控，质量监控管理体系逐步完善。

（2）实现全省散户省理赔中心直接谈赔，大客户省市联合理赔，提升客户售后服务体验；提高省管重点项目监控效率，推进内部客服、协同客服队伍建设，售后服务保障体系建设进一步加强。

（3）重点加强收寄规范、经营秩序、邮件安全检查，狠抓经营秩序检查。

8. 企业运营效益

（1）财务管理精细化水平显著提高。强化成本管控，实施动态监控，及时全面掌握各单位预算执行情况；推行自行支付为主、集中支付为辅的支付方式，优化资金管理；开展“三费”专项整治工作，清理低效客户142家，审计确认问题欠费1537万元；不断完善全环节结算办法，提高各环节的积极性。

（2）人力资源管控效果持续提升。员工收入增长11%，人事费用率47.8%，下降3%；全面推行双定工作，人均劳产率达到16.85万元，人均揽投量126件/天，揽投人员占比58.1%。

（3）内控审计工作进一步加强。完成7项经济责任审计，8项财务收支审计，审计金额3.34亿元，发现问题金额1680.4万元，提出整改建议84条。（速递物流山东省分公司）

【中邮保险山东省分公司】

1. 业务概况。实现总保费35.5亿元，列全国第3位，山东寿险行业第14位，较2016年前移3个位次；完成计划的114%，期交占比达60%。其中，期交新单保费10.69亿元，完成计划的128%。承保总量12.26万件，续期保费实收10.4亿，完成计划的108.2%。完成小额险保费98万元，团险保费958万元。

2. 运营指标。新契约抽检合格率99.92%、电话回访成功率94.19%、理赔服务时效1.99天、13月继续率95.1%；银团理赔给付超1236万元，亿元保费投诉件数0.17，未发生诉讼案件。客服工作走向正轨，以客户需求为服务根本，关爱留守儿童，免费开展客户体检活动，惠及客户超3000人。

3. 风控合规。坚持“先合规后发展”的经营理念，通过“销售品质专项提升”等系列活动持续推进邮银保三方联动，检查8个地市、37个县、92个网点，实现三年全覆盖；开展各类风险排查、偿二代操作风险自评估、满期给付与重大退保应急演练，以及内控评估、反洗钱审计等工作。2017年获评济南人行营管部反洗钱A级机构；在“2017年山东省反洗钱专业劳动竞赛”中荣获团体二等奖。

4. 人才队伍建设。员工86名，硕士研究生占比超过40%，平均年龄34岁。

（1）人才引进。从同业引进4名精英，其中1名医学博士，充实分公司理赔、核保队伍，提升专业化水平。

（2）讲师队伍。分公司现有专职讲师10人，其中2人荣获“中邮保险全国十佳讲师”。

（3）干部梯队建设。提任部门负责人1人，部门副职2人；选聘副调研员1名、主任科员1名、副主任科员15名。

（4）员工专业素质。考取寿险管理师高级35人、中级26人；4位员工取得在职硕士学位。

5. 营销培训。累计开展培训1728场，辅导1230个网点，总受训近2.3万人次；评聘兼职讲师118名，逐步建立起渠道内承上启下的讲师队伍。开发落地培训课程13个；组织邮银渠道主管、理财经理技能提升班5期。

6. 荣誉体系建设。荣誉体系建设初具雏形，联合省邮政公司组织开展年度中邮保险“达标争先”竞赛活动；举办第一届业务技能大赛，开展市县专兼岗岗位星级评定，举办了营运年度峰会。

7. 综合管理。

（1）机构设置。机构、人员调整，分公司部门由原来11个扩充至14个：综合办公室、人力资源部、市场经营部、邮银业务部、运营管理部、机构管理部、续期业务部、客户服务部、财务部、风控合规部、信息技术部、党委党建工作部、监察部、营业部。

（2）绩效考核。建立健全绩效管理体系，以企业核心目标为导向完善部门关键绩效指标考核体系，通过月度工作计划强化过程管控，以晋级晋等、非领导职务评聘拓宽员工发展渠道。

（3）财务管理。在加强日常管理的同时，强化零基预算编制及月度预算执行分析，加强资金预算线上管理，依托专业招标代理机构实施集中采购。

8. 党建工作。党建纪检部门机构、人员落实到位，制度完善。分公司党委与各部门、各支部签订落实全面从严治党主体责任书，坚持“四同步”层层落实党建责任。

（1）思想建设。召开党委30次，开展党委中心组理论学习12次（其中十九大专题学习6次），十九大专题报告会2场（140余人次），各支部学习38次，深入学习十九大精神及习近平总书记系列重要讲话，增强党员领导干部党性修养和“四个意识”。

（2）廉政建设。开展廉政谈话35人次，问责15人次，其中诫勉1人次，提醒谈话7人次，书面检查8人次，通报批评9人次。

（3）组织建设。现有3个，党员49人（含1名预备），占比57%，机关党总支、支部换届选举5名机关党总支委员和9名支部委员，补选1名组织兼纪检委员；发展党员1人，接转组织关系9人，转正5人。

9. 工会工作。分公司温馨的职工之家成为员工工作之余补充能量的休憩小站。春节、“三八”节、母亲节、中秋节等亲情慰问“四送”活动已经常态化；各类文体活动丰富了员工业余生活；健康体检及员工、家属两项保险，为员工健康保驾护航；手拉手互助基金和亲情慰问，为员工排忧解难。（中邮保险山东省分公司）

河南省

【河南省分公司】 收入107.74亿元，完成集团公司预算的104.09%，比上年增长11.61%；实现利润9.96亿元，发展的质量和效益持续提升。

1. 经营发展

（1）金融业务。以深化网点转型推进金融整体转型，累计实现收入69.08亿元，居全国第2位。年累计新增余额567亿元，稳居全国第1位。新增保费283.5亿元，居全国第2位。手机银行新增激活用户248.22万户。

（2）增长极业务实现快速发展。中邮保险业务累计新增保费20.4亿元，其中期交保费8.3亿元，比上年增长45.2%。包裹快递业务累计实现收入9.84亿元，比上年增长68.69%。农村电商业务坚持平台化运作思路，以批销业务为引领，加强渠道建设和运营管理，累计实现收入8亿元，比上年增长32.4%。

8月17日，河南省扶贫领域“预防职务犯罪邮路”启动仪式在许昌市举行。（河南省分公司/提供）

（3）基础业务。集邮业务以策划创意驱动转型发展，累计实现收入5.83亿元，比上年增长8.95%。函件业务加快营销模式创新，深化重点项目培育，累计实现收入2.64亿元。发行业务依托报刊媒体资源，推进线上线下融合发展，累计实现收入4.74亿元，保持平稳发展。

2. 推进改革创新

（1）体制改革。按照集团公司统一部署，经营组织架构改革工作顺利实施、平稳落地。中邮证券河南分公司正式挂牌开业。“三供一业”分离移交工作有序推进。

（2）管理转型。深化人力资源服务支撑中心和会计核算中心建设，战略人力资源管理和财务管理转型进一步加快。推进省级审计集中，“上审下”的监督职能进一步强化。

（3）激励机制。深化弹性人工成本管控，完善对各单位的战略绩效考核办法，全面推行“基本工资+绩效工资”分配模式，基本形成全覆盖的组织绩效考核体系和全员绩效考核体系。

（4）基层创新。深入实施创新驱动，营造全员创新氛围，基层创新成果不断涌现。

3. 加强能力建设

（1）基础能力建设。聚焦能力建设迫切需求，持续加快金融网点改造和自助设备布放，重点加大寄递能力投入，推进综合生产用房、仓储配送中心和“三合一”场地建设。

（2）信息化建设。完成集团公司重点信息化工程在我省的落地实施、上线推广等自主创新项目，提升经营管理效率。

4. 强化经营管理

（1）财务管理。不断完善以利润为导向的财务管理体系，推进零基预算管理，加强资金资产集中管理，深化管理会计应用，为管理决策提供支撑。

（2）人力资源管理。严把用工总量管控红线，建立健全市场化用工配置机制，坚持以岗位为基础的用工分类体系，建立人力资源标杆评价体系，人力资源管理精细化水平进一步提升。

（3）网运管控水平。优化省内网路运行生产组织，实施多点集散，建成省指挥调度中心，推进投递网优化升级，加快邮件传递时限，确保全省网路运行平稳有序。

（4）服务质量管理。持续强化质量分析、对标管理、环节管控和专项治理，畅通客户投诉渠道，扎实推进普遍服务贯标、对标、达标专项活动，服务质量管理水平不断提高。

（5）审计监督。完成集团公司成本费用审计问题的整改落实，开展跨年度财务收支审计、经济责任审计和工程审计，提升企业经营管理水平。

（6）安全生产和风险防控。全面落实安全生产责任制，加强邮政金融风险防控，强化安全生产制度建设，开展交通等安全专项检查整治活动。周密部署十九大等重大活动期间安全服务保障工作。

5. 党的建设

（1）党建工作取得新进展。将学习宣传贯彻党的十九大精神作为首要政治任务，引导党员干部用习近平新时代中国特色社会主义思想武装头脑。扎实推进“两学一做”学习教育常态化制度化工作，提升党员干部政治素养。结合经营组织架构改革，进一步健全党的组织体系和工作体系。加强党建工作考核，强化责任传导。

（2）党风廉政建设进一步强化。持续开展纪律规矩教育，先后3次对关键岗位的党员干部进行集体廉政教育，促进廉洁从业。深入开展专项治理，持之以恒整治“四风”。持续深化对中央、集团公司党组巡视反馈问题的整改落实，对整改落实情况开展专项检查；启动巡察工作，进一步巩固巡视整改成果。

（3）队伍建设不断加强。坚持党管干部原则，规范开展选人用人工作。加大干部教育培训力度，进一步增强其政治素养和履职能力。积极推进高素质人才队伍建设，为企业发展储备力量。选拔优秀选手参加第五届全国邮政通信特有职业技能竞赛和邮储银行第五届十佳理财经理大赛，均获得了较好成绩。

6. 企业建设

（1）和谐企业建设。加强企业民主管理，保障职工合法权益。组织开展职工思想工作生活状况调查，及时掌握其生产生活现状和思想动态。开展各类评先表彰工作，强化典型引路。举办丰富多彩的文体活动，丰富职工精神文化生活。

（2）员工生产生活水平持续改善。连续三年为员工办理重大疾病和意外伤害两项保险，完善补充医疗保险办法，加大了保障力度。深化职工小家建设，员工生产生活条件进一步改善。中国国防邮电工会在河南邮政召开现场会，推介中国邮政职工小家建设经验。

（3）精神文明建设。安阳市分公司成功争创国家级文明单位；1个单位荣获省“工人先锋号”，2个单位被评为“全国邮政用户满意企业”，1个单位被评为“全国机要通信先进集体”。6人荣获省“五一劳动奖章”。（河南省分公司　张伟坤）

【邮储银行河南省分行】 内设部门21个，下辖二级分行17个、直属支行2个；邮政金融网点2292个，其中银行自营468个、代理网点1824个。员工10615人，其中本科及以上学历员工6381人，占比60.11%。

资产规模6465.37亿元，实现收入97.35亿元，排名系统内第1位，比上年增长9.48亿元，增幅10.78%；实现利润43.97亿元，排名系统内第1位，比上年增长6.71亿元，增幅18.02%，收入利润率比上年提升2.77%。经济增加值比上年增长0.6亿元，存量业务存贷差比上年增长19个BP。点均收入2084.63万元，比上年增长206.91万元，增幅11.02%；点均利润941.45万元，比上年增长145.44万元，增幅18.27%。人均收入91.71万元，比上年增长9.31万元，增幅11.29%；人均利润41.42万元，比上年增长6.49万元，增幅11.02%。成本收入比较上年下降0.92%。不良贷款不良率0.48%，实现零案件目标。

1. 业务发展。

（1）个人金融业务。自营储蓄余额规模1336.7亿元，净增126.77亿元，增幅10.48%，三项指标均列系统内第1位。储蓄净增市场占有率24.29%，列省内同业第2位。自营储蓄余额净增活期占比40.82%，比上年提高2.7%，储蓄存款付息率1.26%，比上年下降5个BP。理财类业务日均新增突破80亿元；实现贵金属收入6866.89万元，列系统内第1位。

（2）零售信贷业务。个人贷款结余1350.31亿元，净增236.2亿元，均列系统内第2位，个人消费贷款结余突破1000亿元。发展小额和商务贷款，比上年多增28.57亿元；非房消费贷款比上年多增41.33亿元，非房消费贷款净增占消费贷款比重提升至20.07%。零售信贷工厂成功上线，实现标准化、流程化、批量化作业。

（3）小企业金融。小企业贷款净增6.56亿元，新发放贷款利率6.89%，列系统内第3位，比上年提高14个BP，高出系统内平均水平83个BP。监测行业客户变化，有序退出电力行业并处置风险客户贷款11.95亿元；医院贷净增7.82亿元，列系统内第2位。

（4）公司业务。存款余额1118亿元，净增107亿元，均列系统内第2位。贷款结余468.98亿元，列系统内第3位，净增169亿元，列系统内第4位，增幅215.36%。

（5）金融市场业务。围绕区域金融机构阶段性融资需求，融出资金180.5亿元，增幅16.5%；拓展非信贷融资和资产证券化领域客群，投资81亿元，比上年增长69亿元；调整托管业务结构，新增资源对接型托管业务155.75亿元，增幅27%。

（6）电子银行业务。电子银行结存客户2082.94万户，其中手机银行结存客户1576.52万户，本年新增手机银行激活客户389.30万，三项指标均位列系统内第1位。电子银行替代率86.91%，提升5.63%。

（7）信用卡业务。新增发卡48.78万张，增幅52%，结存卡量近150万张，新增和结存均列系统内第1位。实现净收入5.1亿元，成为系统内唯一净收入突破5亿元的分行。

（8）中间业务。实现中间业务收入10.45亿元，列系统内第2位，增幅53.62%，中间业务收入占比比上年提升 2.85%。

2. 党建工作。以习近平新时代中国特色社会主义思想为指导，以落实全面从严治党要求为主线，坚持党的全面领导，全面加强党的建设。举办十九大精神学习培训班，举办十八届六中全会精神专题研讨班，采取“微电影”“微课堂”等新型党性教育方式。聚焦主责主业，开展巡视整改专项检查、对外合作廉洁风险排查等工作，实现巡视整改检查全覆盖。开展“一把手”讲党课、邮寄助廉信等廉洁教育活动，系统内首家实施廉洁监督卡和工程项目廉洁承诺制。建成标准化职工小家 580 个，所辖网点职工小家覆盖率 100%。开展系列活动庆祝河南省分行成立十周年。11 月，被国家文明委授予第五届“全国文明单位”称号，是省内唯一一家获此荣誉的省级金融机构。

3. 风险防控。清收、核销不良资产 12.34 亿元，比上年多处置 4.35 亿元，贡献利润 5.5 亿元。建立“省行 + 分支行”的贷后检查队伍；完成 251 名信贷员的岗位轮换工作，对 99 名信贷员的管户进行拆分。开展信贷资产质量真实性检查，加强内控评价、机构风险评价结果运用。创新实施接管式整体移位驻点检查、异地检查等方式，开展合规检查项目 1221 个；化解 17 起诉讼及履约纠纷事件，避免经济损失 610.76 万元。

4. 营运管理。在系统内率先开展零残钞专项清理工作，全辖零残钞库存压降 1.31 亿元，在邮储银行全国范围内推广。试点推进现金备付金管理优化工作，日均现金备付率低于系统内平均水平 0.08%。银企对账和代收付业务内部账户对账工作全部上收至一级分行，直接减少专职对账人员 22 人。加强企业网银推广，将纸质对账变为电子对账，每年节约对账成本 700 万元。优化低效设备 220 台，撤并离行自助银行 63 处；网点智能化改造，配备卡折一体机 56 台、智能柜员机 350 台，网点小额现金可分流率降至 55.42%；推进网点台席压降工作，全辖压降台席 153 个，分流人员 153 人。

5. 人力资源。开展“大学生支行长培养工程”和“省市县青年干部双向挂职交流工程”，94 名大学生员工纳入首批支行长培养规划，选拔 13 名青年干部开展双向挂职交流。提高校园招聘质量，研究生和 211、985 等知名院校毕业生占比 95.8%。实施包括职级晋升、劳务工转聘等在内的“十大民心工程”，提升员工幸福指数。（邮储银行河南省分行）

【速递物流河南省分公司】 累计业务收入 15.48 亿元，比上年增长 44.6%。

1. “众创众享工程”。通过在县（市）分公司的全面推进和在市公司层面的不断创新，持续划小市区各揽投部、项目部、营销中心和揽投团队等经营核算单元，在各级邮件处理中心和客服中心纵深推进“众创众享工程”，促进河南速递物流业务的快速发展和管理水平的有效提升。114 个县（市）分公司、58 个揽投部、96 个营销中心、31 个项目组、843 个营销（揽投）团队、22 个客服中心及市公司处理中心等单位均进一步纵深推进“众创众享工程”，实现基层经营单元覆盖率、协议签订率“两个 100%”目标。

2. 标快业务。以揽投平台建设 6 项核心指标为抓手，突出商务市场拓展，在持续强化渠道建设的基础上，相继组织开展省际标快业务“提质增量”、市区国内标快“双千、双百”和县公司“四个一”转型发展等竞赛活动，推进省际 62 个重点城市互寄时限承诺服务，推进揽投部扁平化管理，推进“三进工程”，全面进驻商厦写字楼、校区园区、产业集群市场，开发身份证邮寄、法院专递、公安互联网 +、国税专递等市场，以时限服务优势拼抢市场。全省实现国内标快业务收入 4.12 亿元。

3. 国际业务。通过加强郑州至 13 个国家 16 个城市的 EMS 直航路线营销，新增北美、欧洲、南美、澳大利亚、俄罗斯等 87 条直航航线，开通郑州—美国、郑州—欧洲包机航线，丰富 e 邮宝欧洲 20 条路向以及澳大利亚、德国、英国海外仓，开发 12 户月收入规模百万元以上的大客户，推动国际业务快速发展。累计实现国际业务收入 4.79 亿元。

4. 电商业务。以大型电商平台客户为抓手，实行“仓储 + 落地配”发展模式，强化杭州、合肥、上海、福州、长沙、廊坊、武汉、南京、成都 9 条专线营销，打造差异化竞争优势，带动电商业务的快速发展。累计实现电商业务收入 1.67 亿元。

5. 物流业务。重点关注高科技、快消品、汽车、医疗保健等行业，实行“仓储 + 运输 + 配送”一体化合同物流发展模式，开发百万级大客户，实现物流业务持续快速发展。累计实现物流业务收入 3.11 亿元，全省百万级客户 42 户，其中千万级客户 6 户。

6. 创新发展模式。开通“河南邮政 EMS 便民通”微信公众服务号，紧紧围绕商品销售和“极速鲜”项目精细化运作，实现收入 1.88 亿元，比上年增长 46.8%。

7. 服务品质。收寄—封发稳居全国前 5 名，两小时妥投率由最初的 50.74% 提升到 86.18%，省内互寄次日妥投率稳步提升至 90%，出口及时赶发率由年初的 67.24% 提升到 93.47%，郑州、洛阳及时妥投率排名稳居全国 73 个重点城市前 10 名。投诉率、申诉率持续下降，用户满意度持续提升。11183 派揽及时率完成 99.52%；问题邮件 48 小时及时解决率完成 99.05%，理赔及时率 100%。

8. “三费”专项整治工作。成立由“一把手”任组长的整治小组，配备 4 名专职检查人员。针对资费、欠费、营收款三大类 19 项问题，分成 9 个组对 18 个地市开展全面检查，进一步改善、杜绝全省干部员工营收环节当中不作为、慢作为、乱作为行为。

9. 盈利模式落地生效。从业务发展质量、资源配置效率、成本管控对标、人员效能发挥等方面细化25项重点指标的达标值、措施办法、时间进度、责任部门和责任人等，并对存在短板指标单位进行帮扶督导，形成责权利统一、全员参与和齐抓共管的良好局面。

10. 全面从严治党。组织签订落实全面从严治党主体责任书和专责监督责任书，层层传导责任压力，推动全面从严治党向纵深发展、向基层延伸。细化党建工作目标任务，明确责任部门，做到工作有人抓、问题有人管、责任有人担。组织开展全省党的建设、纪检监察及选人用人专项检查，针对工作中存在的问题及时进行整改落实。认真落实集团公司党组20条实施意见和股份公司修订后的实施细则，紧盯元旦、春节、端午等重要时间节点，持之以恒推进作风建设，严防“四风”反弹。聚焦巡视巡察中发现的问题，深入推进问题整改，及时修订完善规章制度。（速递物流河南省分公司）

【中邮保险河南省分公司】

1. 转型发展成效显著。分公司认真贯彻落实集团公司“第一增长极”战略部署，按照总部转型升级和价值成长的要求，不断深化邮银协作，结合渠道特点和客户需求，细分客户群体，精准策划营销，价值业务不断扩大，转型发展效果显现。实现期交新单保费9.08亿元，规模居全省银保渠道第2位；长期期交新单保费6853万元，比上年增幅48%，完成全年计划101%。实现续期保费7.77亿元，期交保费占全年保费比重达到了57.1%。

2. 自营能力。分公司不断加大自营能力建设，夯实未来中邮保险做大做强做优基础。建立多层级全方位培训体系，通过“条线＋集中”模式，实现市县专兼岗人员受训全覆盖。开展团体险业务开拓，外拓客户数量稳步提升，实现团险保费1800万元，服务客户9万人次。团险服务范围不断拓展，客户涉及政府、银行、通信、医院、房地产、餐饮、劳务派遣等多种机构。分公司还为邮政分公司、邮储银行、速递物流分公司提供“两项保险”服务，通过优质高效的承保理赔的支撑服务，赢得社会及邮政系统内部客户的高度认可。分公司承担社会责任，累计为光山县4万多贫困人口提供了团险保障，进一步提升了公司的品牌形象和知名度。

3. 队伍素质。分公司坚持“人才兴司”的人才战略，强化人力资源开发管理，始终把干部队伍建设、人才队伍建设和员工素质提升作为重要工作。从同业、邮政渠道引进11名专业人才。干部队伍建设方面，提任、调整中层领导人员5人次，在强化干部队伍力量的同时注重干部队伍结构的优化。员工教育培训方面，开设“员工成长大讲堂”、组织中层及以上领导人员培训班，进一步提升了分公司干部队伍能力，为分公司健康快速发展提供了人才支撑。

4. 党建工作。始终坚持以习近平新时代中国特色社会主义思想为指导，认真贯彻落实党的十九大精神，牢固树立“四个意识”，不断增强“四个自信”，全面推进党的政治建设、思想建设、组织建设、作风建设和纪律建设，以党建工作新成效推动转型发展，为分公司持续健康发展提供了坚强政治保证。切实将学习宣传贯彻党的十九大精神列为首要政治任务，营造了学习宣传贯彻十九大精神的浓厚氛围。认真落实“两个责任”，制定分公司党建工作责任制实施细则，组织召开年度党的建设暨纪检监察工作会议，签订了全面从严治党责任书，开展监督考核，强化“一岗双责”落实。常抓不懈真学实做，扎实推进“两学一做”学习教育常态化制度化。开展加强和改进机关作风建设活动，组织纪念建党96周年系列活动。持续加强基层党组织建设，积极参与基层党组织示范点创建工作（市场部党支部被评为集团公司基层党组织示范单位），完成党支部调整划分，基层党组织功能作用和党员先锋模范作用有效发挥。强化监督执纪问责，充分运用监督执纪“四种形态”，特别是第一种形态，让“红脸出汗”成为常态。为分公司持续健康发展打下了良好基础。

5. 和谐企业建设。分公司坚持“以人为本”的发展理念，认真落实集团公司、总公司关爱职工、改善民生的各项措施，始终把维护职工权益放在首位。分公司持续深入开展员工关爱活动，出台了《关于认真落实员工年休假和产假制度的通知》，切实保障员工休假权利，提高了员工体检标准，调动了员工的工作积极性；组织召开一届二次职工大会，替（增）补工会委员，签订《集体劳动合同》，巩固保障了企业和谐稳定的劳动关系；开展了摄影、爬山、瑜伽、插花等丰富多彩的文体活动，员工亲情慰问活动，丰富员工业余生活，促进了企业和谐发展。2017年，分公司王静静荣获2016—2017年度省直机关优秀共产党员，申维娜、许婕好获得总部2017年度巾帼标兵，杨东旭获得总部最美调查人等奖项，监察部牵头拍摄的廉政微视频荣获总部三等奖。（中邮保险河南省分公司）

【中邮证券河南省分公司】 12月28日，中邮证券河南省分公司开业仪式在集团公司河南省分公司举行，标志着中邮证券河南省分公司正式开业。集团公司副总经理张荣林副总经理，中邮证券宋英忠董事长、于晓军副总经理，以及河南省邮政分公司温少祺总经理、邮储银行河南省分行金春花行长、河南省速递物流分公司程峰总经理、中邮保险河南分公司丁志强总经理等领导出席开业庆典，张荣林、宋英忠、温少祺作重要讲话。张荣林、宋英忠、温少祺为中邮证券河南分公司揭牌，并一同启动水晶球祝贺河南分公司盛大开业。（中邮证券河南省分公司）

湖 北 省

【湖北省分公司】 收入规模 73.88 亿元，居全国第 6 位，比上年前进 1 位；收入增幅 15.95%，居全国第 4 位，高出全国平均水平 5.69%；完成集团公司预算 107.92%，居全国第 4 位。

1. 从严治党

（1）管党治党责任落实有力。以全面从严治党统领全局，广泛学习宣传贯彻党的十九大精神，推进“两学一做”学习教育常态化制度化，逐级签订落实全面从严治党要求主体责任书、专责监督责任书，开展党建述职评议考核，确保党建工作责任制落到实处。

（2）党风廉政建设持续深化。坚决落实“两个责任”，加强廉政警示教育，推进岗位廉洁风险防控，把握运用“四种形态”。认真落实问题整改，集团公司党组巡视组反馈问题整改率 100%。

（3）干部队伍建设不断加强。根据重品行、重业绩、重能力、重公认的用人导向，选拔任用干部。严格执行“凡提四必”，加大干部违规责任追究。完善后备干部信息库，做好跟踪评价。

（4）战斗堡垒作用充分发挥。全面完成基层党组织换届工作，深入推进党支部“阶梯联创”和基层党组织示范点建设，坚持和完善“三会一课”、民主评议党员等制度。实施“发展先锋”“服务先锋”两项工程，促进了党建工作与生产经营深度融合。

2. 创客引领与时俱进

（1）创客创新全国领先。出台创客引领年工作指导意见和经营领创实施方案，设立 500 万元创客专项基金，适应创客引领的制度环境初步形成。参加集团公司组织的“提创意、争创新”活动，荣获活动组织先进单位；在第一批 87 个“金点子”名单中，湖北省上榜 12 个，居全国第一。举办第二届创意大赛，“咚咚邮”等一批新项目进入孵化流程。

10 月 10 日，湖北省分公司举办“喜迎十九大 邮情千万家”文艺汇演。（湖北省分公司 / 提供）

（2）经营领创成效初显。代理金融组建管理支撑和项目开发团队，强化总部项目联动策划和市州特色项目开发，累计开发项目 1236 个。包裹快递组建专职营揽团队，开发产业集群市场，14 个区县分公司营揽团队收入 1.04 亿元。农村电商组建平台运营团队，64 个县市成功运作农产品进城项目，造包 805 万件；41 个县市 A 类掌柜占比超过 50%，26 个县市批销交易额超过 1000 万元。

3. 提质增效持续竞进

（1）代理金融。坚持“上规模、降成本、增效益”，新增综合资产 748.87 亿元，创造“七个全国第一”。其中，代理储蓄新增余额 501.14 亿元、居全国第 3 位，余额规模 3355.6 亿元，居全国第 5 位，前进 1 位。代理保险规模 195.1 亿元，居全国第 4 位。

（2）包裹快递。收入 6.28 亿元，增长 76.5%。“双十一”期间，快包收寄量 816.9 万件，比上年增加 434.4 万件，规模居全国第 4 位，武汉居全国重点城市第 1 位。国际小包收入 1.39 亿元，增长 55.2%。

（3）农村电商。进销存交易额 111 亿元，列全国第 2 位。完成工业品下乡批销额 7.01 亿元，实现农产品返城销售额 1.26 亿元。连续三年组织农村电商特色产品展。

（4）文化传媒。函件业务实现收入 3.24 亿元，增长 3%。举办“邮政 · 文化 · 平台 · 传承”主题邮局名誉局长访谈活动，熊召政等社会名人出席。新建 5 家主题邮局，全省达到 30 家。研发“知音湖北、楚楚动人”智慧明信片系列产品，创新发展传统明信片功能。集邮业务实现收入 2.73 亿元；报刊业务实现收入 3.03 亿元。

此外，增值业务以税务双代、车驾管业务为重点，收入 8871 万元，增长 75%。省机要通信局被国家邮政局、集团公司评为“全国邮政机要通信工作先进集体”。

4. 转型升级循序渐进

（1）金融转型不断深化。聚焦“品质金融”，以效益发展为目标，新增转型网点 297 个，实现 1298 个金融网点转型全覆盖。自主研发 109 个过亿网点《管理之道》及《经营之策》，全省复制推广。

（2）投递转型破题前行。聚焦“平台经营”，新增投递转型站点 320 个，打造投递转型标杆站点 16 个，转型覆盖面 25%。全国首创投递转型模式，全面提升投递服务水平及邮路经营效能。

（3）管理转型精准发力。

一是经营管理创新融合。开展“三互三问”活动 101 场，梳理问题清单 2901 条，整改问题 2782 项；拓展总部项目，与中信银行武汉分行等 5 个总部客户签约；中邮证券资产突破10亿元，列全国第5位。

二是财务管理高效规范。全面实行零基预算管理，强化成本对标，突出利润导向，实施二十强县市资金直达、百强支局成本直达。推进集中采购框架协议供应模式应用，提高采购效率和效益，节约预算资金3600万元。

三是人力资源效能提升。以战略导向加强人才队伍建设，"千人引进"工程招录2名专业人才；选送3名干部参加第七批援藏工作；开展"百名大学生支局经理"选拔培养。以效能导向优化人力资源配置，劳动生产率29.05万元，增幅15.5%；全面实施人工成本零基预算管控。完成全省经营组织架构调整工作。

四是基础管理全面夯实。服务管理指标完成情况良好，客户有效申诉量等指标均优于集团公司考核标准。审计管理完成审计项目434项，工程审计审减金额2931万元。安全管理健全点线面相结合、现场检查与非现场检查相结合、物防与技防相结合的立体化安防体系，实现了金融资金零案件、安全生产零重大责任事故。

5. 能力建设融合精进

（1）网点渠道服务多元、质效双升。建设智慧大堂62处，重建改造网点128处，新建经营型自助银行86处；建成快递包裹仓储中心13处、农村电商仓储中心54处、县级运营中心35处；邮乐购站点达到23667个，开通邮乐小店17万个，建设67个县（市）地方馆，上线商品5000余个。

（2）网运投递提速提质、提能提效。新增邮运及揽投车辆168辆、电动三轮车600辆、"带车加盟"450辆。实施陆运网提速优化，增开武汉至广州等一干正班汽车邮路，调整优化省内二干邮路25条。增配胶带传输及装卸设备46套、安检机12台，推广电子地图分拣系统，开展利用AGV小车搬运邮件试点，邮件处理能力大幅提升。

（3）信息平台支撑有力、响应快捷。实施新一代寄递业务信息平台、省中心机房二期等24个信息化项目建设，构建保险营销保障快速响应资源池，提高系统对业务高峰的承载能力。微信企业号推出16个常设、阶段性和专题栏目，提高企业信息沟通效率。主要信息系统实现全年无故障运行。

6. 幸福邮政共享共进

（1）价值引导"内化于心"。举办"喜迎十九大 邮情千万家"全省职工文艺会演。投递员熊桂林荣获全国"五一劳动奖章"；武汉市分公司水果湖邮政支局收发班荣获全国"工人先锋号"；荆州营业分公司荣获湖北"五一劳动奖状"；2人荣获湖北"五一劳动奖章"，2个单位荣获湖北省"工人先锋号"。省分公司荣获"全国厂务公开民主管理先进单位"称号，成为全国邮政系统7家荣获全国厂务公开民主管理先进单位的企业之一。

（2）担当有为"外化于行"。坚守国企担当，以"预防邮路"等为载体，深入开展帮残助弱、预防职务犯罪宣传等志愿服务活动；组织工作队扎根竹溪县坝溪河村，大力推进电商扶贫、文化扶贫。湖北首个"郭明义爱心团队"——武汉江夏熊桂林爱心分队成立。在全国十佳理财经理大赛中，省分公司荣获团体二等奖，唐翠英、王雅君分别以全国第一、第四的成绩荣获全国十佳理财经理。

（3）家园建设"融化于情"。省分公司被全总授予"全国厂务公开民主管理先进单位"，省邮政工会被集团工会授予"全国邮政系统模范职工之家"称号。开展"春送爱心、夏送清凉、金秋助学、冬送温暖"关爱职工活动。省分公司党组承诺办理的"启动全面建家工程、实施全员健身工程、加强人文关怀、强化员工医疗保障、做好外勤服务支撑、完善员工维权体系"等6件实事全部落实。（湖北省分公司　王春瑞）

【邮储银行湖北省分行】 内设21个部门，下设2个直属单位，下辖一级分行1家、二级分行13家、一级支行68家、二级支行264家。员工7816人，其中省分行机关员工214人。

资产规模5065亿元，实现收入49.84亿元，实现利润14.92亿元。经济增加值3.8亿元，增长10.4%，经济资本回报率15.1%。年末各项贷款不良额11.36亿元，不良率0.96%。

1. 业务发展

（1）负债业务。储蓄存款4348.2亿元，其中自营储蓄余额992.6亿元。公司存款余额551.8亿元。

（2）资产业务。各项贷款余额1184.27亿元。小额贷款期末余额59.12亿元，净增8.87亿元；个人商务贷款余额102.33亿元，净增13.1亿元；小企业贷款余额85.21亿元，净增13.36亿元；个人消费贷款536.16亿元，公司贷款余额344.04亿元。

（3）中间业务。信用卡新增发卡33.5万张，排系统内第7位。电子银行客户突破1000万户，排系统内第7位，其中，手机银行客户841万户，排系统内第6位。

2. 风控管理

（1）健全内控案防体系，围绕"三三四十"系列专项整治，自查自纠330个问题，监管查处7个问题。开展"内控优化年"和"法治建设行"活动，完成尽职调查和法律审查。

（2）资产保全，通过清收、核销处置不良10.5亿元。

（3）营运职能，事中事后环节堵截公司结算和资金汇划重大风险交易377笔，预警风险交易91笔，拦截重大操作风险交易8378笔，发现零售信贷业务操作类风险贷款36笔。

（4）审计工作，审计金额46.4亿元，提出和采纳建议58条，工程结算审减率9.8%。

（5）安保达标网点建成100个，实现全年无案件、无重大风险事件、无重大合同纠纷。

3. 综合管理

（1）财务管理，推进零基预算管理，强化资产负债管理，新增资产加权平均利率提高36个BP。

（2）人力资源管理，录用应届大学生142人，通过社会招聘引进专业人才20人。

（3）信息科技建设，自主完成6个科技创新项目，配合完成30个总行统建系统上线的省内实施工程，开发和推广68个中间业务项目，完成13个数据分析课题、241个项目的数据提取和2个全国优秀课题成果的省内推广。

（4）网点转型，全辖压降台席26个，启动轻型网点试点建设和运营工作，13家亏损网点全部扭亏。武汉分行城区支行进行机构扁平化改革管理创新。

4. 党建工作

下辖13个二级分行党委、1个省分行机关党委、67个党总支、307个党支部，全辖党员2964人。持续开展消灭二级支行“党员空白点”工作，实现所有二级支行党员全覆盖。

（1）深入学习贯彻党的十九大精神，在红安干部学院开展省分行党委理论中心组（扩大）学习，邀请省委党校教授、江汉区检察院副检察长作专题辅导报告，组织全辖3.3万人次参与“一起学习十九大”网络答题活动。

（2）制定党建工作指导意见，落实专职党务干部配备，组织开展党组织书记“七个一口清”“微党课”“强基固本2.0”活动，深入推进“两学一做”学习教育常态化。

（3）加强干部管理，出台领导人员异地交流任职等规定，加强干部队伍建设，开展“三超两乱”“裸官”及干部档案造假、干部因私出国（境）等专项整治。

（4）落实监察职责，加强廉政教育，加强监督执纪，加强廉洁风险防控。发送廉政短信3300条，编发《湖北邮储监察》信息32期，诫勉谈话9人，提醒谈话3人，任职廉政谈话3人，开展采购招投标监督60次，启动二级分行和一级支行廉洁风险防控工作。做好中国邮政集团公司巡视检查整改工作，细化整改措施82条，问责21人。

（5）企业文化建设。激励职工创优，组织“金雁奖”“金盾奖”等专业类奖项评选，开展“和谐家庭”创建、家庭助廉等主题活动，开展一系列群众性文化活动。省分行办公室党支部荣获中共湖北省委省直机关工委“红旗党支部”荣誉称号。（邮储银行湖北省分行）

【速递物流湖北省分公司】 业务收入保持43个月两位数增长的同时，继续保持快速增长，实现33.5%的增长，业务收入11.24亿元，实现规模、质量、效益均衡发展，管理、服务、形象显著提升。

1. 业务发展。

（1）政务业务。打造“一月一主题”推进模式，加强省市联动，加强经验复制，推行驻点服务标准化、日常工作固定化、通报分析周期化、沟通交流常规化、培训提高普遍化，实现出入境、身份证、公安交管、法院专递等项目规模稳步增长。湖北政务服务网项目正式启动，成为湖北省政府“放管服”寄递唯一合作单位，彰显“主渠道”地位。

（2）商企市场。健全省市两级商企营销管理层级，以“银、保、通”为商企行业发展重点，推出行业解决方案，制作下发银行、保险、写字楼封楼、商务客户手册，通过专业水平提升得到客户认可，推动重点行业发展。通信行业收入比上年增长30%，银行行业收入比上年增长46.7%，保险行业收入比上年增长57%，写字楼收入比上年增长19.6%，校园行业收入比上年增长12.3%，楚茶行业收入比上年增长149%。

（3）电商业务。通过搭建专业实体平台，采取团队运作模式，实现从单一配送扩展到仓配一体，从单一电器配送扩展到多个产品线；新增客户385家，形成以仙桃“无纺布市场”、孝感“纸都”、襄阳“鞋都”等为代表的产业集群市场；发展农村电商市场，探索出“区域电商服务中心+青年网商”和“集散地+电子商务”的农村电商模式；持续推进退换货业务，开发微商客户。

（4）国际业务。利用自有仓储资源，采取“仓储+打包+发货”的一体化服务模式，新增客户218家；加强国际专业团队建设和培训学习，加强省市联动和指导帮扶；创新开发逆向海淘业务，加强个人寄递市场开发；建立国际商业渠道中心，运作非邮重货1350件；进口商业快件项目引进有序推进。

（5）物流业务。开发全面拓展。继续拓展品牌项目规模，开发新项目，参与投标和洽谈项目35个，新客户开发17个，上线项目10个；充分发挥荆楚营运中心支撑服务作用，加强省市联动，分片区协同市州联动开发。

2. 运营管理。推进双创工程，签约众创众享经营单元288个；深化六大中心实体化建设，提高段道销售能力；加强社会运输资源应用，推广直封直发、整车发运模式；建成代办点1394家，补充终端能力；与中百集团、移动、友和道通、民生银行等签订战略合作协议，与省发改委和各级政府部门签订合作协议，构建合作共赢发展格局。

3. 能力建设。搭建湖北邮政EMS电子政务平台、微信平台、社会代办平台、新物流平台，“总部统版系统+自建系统”为核心的信息化架构初具雏形；加强速递易智能包裹柜应用，获得全国优秀组织推动奖二等奖；推进4G物联网设备应用，实现移动作业。

4. 管控水平。进一步推进企业盈利模式落地，有效收入比上年增长30%，收入利润率比上年提升2%，资金运作保障能力提升。实施淡旺季资费动态调整，建立常态化资费检查机制。加强营销体系管控，开展客户经理等级评定，畅通营销人员晋升通道。狠抓规范落地，利用信息系统加强质量管控。

5. 人才培养。加大人才培养，与武大、华科、省交院、武交院、石邮院等院校畅通人才引进渠道；持续推进挂职交流工作，制定选人用人专项检查办法、干部监督工作意见，组织开展领导班子后备干部和中长期培养对象选拔工作，优化领导干部队伍；组织参加全省及以上职业技能竞赛 4 次，获得全国邮政竞赛团体组织奖第 3 名、个人单项奖第 5 名，全国邮政行业职业技能竞赛个人二等奖。

6. 从严治党，加强企业文化建设。加强基层党组织建设，开展“两优一先”“双百”示范点创建和基层党支部阶梯联创工作，推进“两学一做”学习教育常态化制度化。开展精准扶贫，对十堰市竹溪县泉溪镇坝溪河村的留守儿童进行结对帮扶、关爱活动。持续推进小家建设，获得“全国邮政模范职工之家”“全国通信行业健步走活动优秀组织奖”。（速递物流湖北省）

【中邮保险湖北省分公司】

1. 经营发展

（1）保费规模持续壮大。累计实现保费 24.83 亿元，规模列全国第 7 位，完成计划的 117.5%。新增客户 6.52 万人（不含团险客户 3.6 万人），累计服务客户 15 万人。新单保费在湖北寿险银保市场占有率 4.26%，规模排名第 8 位。期交新单保费在湖北寿险银保市场占有率 9.74%，规模排名第 3 位。

（2）“双百亿工程”超额提前完成。深入贯彻落实集团公司打造中邮保险新增长极的战略部署，邮银保三方联合推动期交“双百亿工程”落实落地。实现新单保费 6.97 亿元，完成计划的 126%，提前 185 天达成，是全国第 6 个率先完成计划的省分公司。“开门红”期间，分公司是第 2 个率先完成财富嘉 2 号奋斗目标的分公司。

（3）转型发展不断深化。期交占比持续提高，2015 年占比 24%，2016 年占比 41%，2017 年占比 59%，有效落实期交规模化要求。其中续期保费占比 31%，比上年增长 24%，为分公司持续健康发展奠定基础。

2. 运营质量

（1）关键指标管控较好，居于全国前列。13 月保费继续率 94.73%，25 月保费继续率 96.76%，宽末二次综合达成率 97.93%，续期业务竞赛综合排名全国第七。

（2）运营服务高效快捷，荣获多方肯定。新年 A 集中退保平稳有序。累计处理退保 18666 件，退保金额达 1.18 亿元，无投诉和群体事件发生。妥善应对九寨沟地震，确保 48 名团险客户安全，得到渠道好评。高效处理荆州 80 万元“百倍保”年度最大理赔金额案件。分公司童翔荣获总部十佳“最美调查人”称号。

（3）客服活动多点开花，“牵手中邮 · 健康生活”续期客户答谢活动，在 15 个市州举办 46 场，宣传覆盖 10 万人，中国邮政报、省邮政专刊、恩施州电视台对活动进行了宣传报道。

3. 合规管控

（1）开展两项检查，即“现场检查 + 非现场检查”。开展各类风险排查 4 次，联合代管机构开展销售管理专项排查 5 次。开展“反洗钱”可疑交易调查 322 笔，每季开展“偿二代”综合评级自评。累计检查 9 个市州、36 个县市、124 个金融网点。

（2）落实三项管控。一是加大培训教育，加强监管新政、风险防控、合规销售、打非等培训。累计组织培训 20 次，参培人数 3000 余人。二是抓好风险提示，按月印发《合规与风险管理情况专项通报》，绘制风险分类评估地图，重点关注 15 项关键指标，及时下发《风险提示函》，对 16 个市州下发 51 封风险提示函，有效回收书面整改报告 100% 并限期整改。三是加强督促整改，加强闭环管理，要求中邮保险局采取有效措施，督导整改。对整改效果不明显的市州实地督导，力争消除风险隐患。

4. 管理效率

（1）人力资源管理。引进 11 名专业人才，员工总数达到 68 人。加强机构管理，按照总部要求及时组建新部门，部门数量由 8 个增至 14 个。聘任续期业务部和财务部副总经理各 1 名。组织开展四级及以下非领导职务评聘 15 人。持续推进“素质提升工程”，分公司累计 42 人获高级寿险管理师资格，21 人获高级员工福利规划师资格，5 人获高级寿险规划师资格。

（2）财务管控有效加强。预算管理更加精准。建立项目台账，动态监控，确保预算进度及偏离度在控制范围内。充分发挥预算引领作用，将财务资源优先倾向期交业务发展。开展标杆管理竞赛，优化各项经营管理指标。在总部的大力支持下，分公司争取保险资金，省人民政府专门致函表示感谢。

（3）信息建设助力发展。深入推进“以客户为中心”转型，按月通报关键指标，提升业务质量。信息系统安全稳定运行。分公司自主研发能力明显增强。自主研发的微信自助回访系统，已升级为总部项目，并被总部推选参加集团科技创新项目评比。围绕“创客引领”，持续推进企业号建设，开发自动通报、现场培训管理、保单体检、安全巡检等功能，支持微信抽奖活动，有力支撑业务发展。

（4）创客引领激发活力。积极落实集团公司“双创”工作要求，云创平台参与率 100%。对接省邮政“创客引领年”，开展“创客引领　共创共享”活动，营造“双创”氛围，全省征集 41 条金点子，打造 3 个创客项目，设立创客基金，组建创客团队，开展路演、保单体检“三互”

活动、产品创客大赛，推动创客项目落实落地，释放创新活力，提升管理效能。中国邮政报、中国邮政网、省邮政专刊对活动进行宣传报道，传播了中邮保险创新创客的形象。

（5）企业宣传树立品牌。在“3·15消费者权益保护日”“7·8全国保险公众宣传日”“世界邮政日”等节点，开展系列专题宣传。开展“中邮保险服务之星”和“长期期交之星”评选活动，推选25位明星，阅读量5万，在全省营造学习先进、赶超先进的发展氛围。开展保险扶贫，协办省邮政文化扶贫活动，为近千名贫困学生赠送文体文具，与坝溪河村3名贫困学生结对子帮扶，组织县级以下400余名客户免费体检，传播公益形象。

（6）内部审计提升效能。配合总部开展高管任中审计，分公司成立三年来组织架构逐步完善，业务经营发展稳健，运营管理质量良好，内部控制基本有效。充分发挥内部审计监督作用，开展2016年度内部自我评估，对2016年度反洗钱、关联交易、营销费用开展专项审计。审计发现问题21条，提出审计建议21条，落实整改100%。

5. 党建工作

（1）全面从严治党纵深推进。坚持以全面从严治党统领全局。党委书记与部门负责人、支部书记签订落实全面从严治党要求责任书，层层压实主体责任，建立“一把手负总责、分管领导各负其责、一级抓一级、层层抓落实”的党建工作责任体系。“全面从严治党主体责任落实情况”纳入绩效考核体系，分值10分，因学习笔记缺失问题累计考核惩戒53人次。开展党建示范点争创活动，作为中邮保险基层党组织示范点十个候选代表之一，被总部推荐至集团参与评选。积极配合做好集团巡视相关工作，接受全面的“政治体检”，将巡视成果转化成创新发展的动力。针对巡视反馈的问题，全部在规定时间内完成整改。

（2）“两学一做”学习教育常态化制度化。分公司党委理论学习中心组集中学习6次，党员参加总部主题党课学习9次，参加省邮政学习2次，分公司集中学习13次，组织开展党员深入基层服务支撑主题实践活动2次。细化党支部基础党建工作要求，纳入支部班子及成员的季度绩效考核，三个支部全部达标。设立“两学一做”学习笔记陈列柜，开展党员“三亮三评”活动，发挥“党员在前、业绩在前”的先锋模范作用。创新开展主题党日“5+X”活动，组织开展各项劳动竞赛，充分发挥党组织战斗堡垒作用和党员先锋模范作用。

（3）党风廉政建设持续深化。扎实开展党风廉政建设宣传月活动，进一步增强党员干部廉洁自律意识。实行经常性、常态化教育，开展“每月一学”和“每月一考”。每年组织开展“三重一大”专项自查。加强对重点人、重点领域、重要环节的监督，建立监督台账18项，涉及金额420万元。强化监督执纪“四种形态”的准确运用，针对集团巡视等发现的问题，及时对相关责任人“咬耳扯袖”，要求4人在民主生活会上作自我批评，对13人次通报批评，要求5人提交书面检查，对4人批评教育，对30人次绩效考核惩戒。坚持每个重要节假日、重要节点和每半年开展专项监督检查，以制度化方式加强“四风”问题防治。

（4）加强干部队伍监督管理。严格执行选人用人标准和程序，纪委书记从动议环节参与研究并全程监督。紧盯“关键少数”，充分运用“四种形态”对中层干部勤过问、勤敲打、勤提醒，今年党委书记和纪委书记分别对各部门负责人开展集体廉政谈话2次，就巡视自查发现问题党委书记对2名支部书记个别约谈；分管领导对责任部门负责人开展例行廉政谈话1次。组织开展任前廉政考试和廉政谈话各20人次。

6. 和谐企业

（1）深入推进企业文化建设。开展企业文化全员专项培训，打造文化阵地，建立宣传贯彻体系，以“世界邮政日”为契机，在省邮政专刊宣传报道，传播分公司特色企业文化，增强凝聚力和号召力。积极争创企业文化示范点。启动精神文明单位创建工作。

（2）扎实推进职工之家建设。构建“民主之家”。组织召开分公司一届二次职工（代表）大会，保障员工行使民主决策、民主管理和民主监督权力。构建“效益之家”。选树“邮保工匠”，营造“树标杆、学典型”的良好氛围。构建“和谐之家”。采取“问卷调查、分类谈心、全面座谈”的方式，开展职工思想动态调研。为全体职工办理意外伤害和重大疾病团体保险，为22名女职工购买安康互助保险。构建“文化之家”。以摄影书画、文学艺术和体育协会为载体，举办棋类球类比赛、健步走、交友联谊等活动，承办全省邮政职工趣味运动会，丰富员工文娱生活。（中邮保险湖北省分公司）

【中邮证券湖北省分公司】 1月，完成邮政人员的划转。收入556万元，利润154万元，实现划转总部独立运行第一年的收支平衡。累计开户7.59万户，累计资产全国排名第5位，新增资产全国第二。两融账户资产4.03亿元，融资余额2亿元，位列全国第1位，提前一个月超额完成两融利息收入计划；其中两款私募产品两融业务的开发开创全国先河，总部作为先进经验全国推广。开发顺灏股份股票质押式回购交易业务，新增托管资产3.16亿元，融资规模1.28亿元，此单业务是全国首单港澳居民，同时也是全国单户规模最大的一单股质业务；销售金融产品1.52亿元，资管产品1000万元。资管存续规模27.64亿元。

1. 机制体制建设

（1）人员组建逐步完善，队伍结构日趋合理。分公司人员主要由邮政人员＋专业人才构成，已入职19名员工中，党员9人，硕士及以上学历8人，员工平均年龄33岁。分公司设综合部、市场部、运营风控部、资管投行部四个部室。

（2）体系搭建初具雏形，经营管理有序推进。分公司在全省搭建了省—市—县—网点四级证券业务专管员制度分公司自行开发了客户管理系统，定期向全省各市州发布竞赛活动通报、专刊，营造发展氛围，加强市州间经验分享。

制度构建基本完成，各项工作按章执行。持续进行各类制度构建和完善，制定了分公司经营、管理、党建等一系列相关文件，公司各项管理进一步规范。

2. 板块协同

（1）加大政策联动，夯实政策基础。在板块联动上，省邮政分公司、省邮储银行三方联合拟定下发《关于进一步加强中邮证券业务发展的指导意见》（鄂邮银证联2017年1号文）。在此纲领性文件的指导下，先后制定并开展《关于开展2017年全省邮政代理金融重点业务竞赛活动的通知》《关于开展2017年中邮证券营销活动的通知》《关于进一步加快中邮证券业务有效户发展的通知》《关于联合开展全省新三板业务联合营销的通知》等文件，明确中邮证券在全省邮政金融业务发展中的位置和方向，进一步将中邮证券发展融入全省金融业务发展工作中。

（2）开展活动联动，营造业务氛围。1月，分公司联合省邮储银行开展春季证券及三方促销活动；3月，联合各地市邮政、邮储行开展新三板客户联合大走访活动；6月，针对全省邮政员工开展“缤纷夏季，开户享好礼”促销活动。

（3）突出产品联动，提升营销能力。通过组织“2017年盛夏金秋”营销活动，开展全省招商招利基金销售工作。活动期间走访培训16个地市州、14个县市，开展31场培训，参训人员5000余人次。一个月时间销售1.52亿元，全国省级分公司排名第三，完成销售目标的126.9%。

（4）做好服务联动，推进业务发展。分公司安排专人驻点省行金融市场部和省金融业务局；安排投顾赴市州重点网点进行驻点服务并召开网点证券沙龙等；配合省邮政公司、省邮储行进行业务培训；联合省邮政金融局对全省17个地市州进行走访调研；联合邮政召开招商招利路演视频会等。分公司客服人员被聘为首届“中邮投教之星”，分公司投顾在第二届中邮投顾大赛初赛上，成绩一路领先。

3. 寻求市场突围新方式

（1）挖掘市场人才，建立专业队伍。在经纪业务上，引进兼职经纪人9名，率先引进武汉市场化营销团队，引进私募产品2个，形成资产规模近4亿元（含融资2亿元），规模位列全国省级分公司第一，两款产品融资额分列全国第1位、第2位。

（2）初探资本市场，挖掘创新项目。在资管投行和创新业务上，除加大与省邮储银行金融市场部全面对接合作外，通过启动汉口银行、湖北银行、民生银行等授信工作，寻求市场化同业合作机制；通过广泛开展省内上市公司大走访活动，建立与88家省内上市公司的合作关系；通过开展县市农商行为主体的委外调研工作，尝试与地方银行接洽；通过走访地方政府、金融办、上市办、地方投融资平台等，签订战略合作协议；通过尝试引进市场化营销团队、建设轻型营业部及洽谈资管投行全成本团队等工作。

（3）接受监管，广泛参与活动，扩大影响。先后接受省证监局机构监管处“双随机”的调研和现场检查、人行武汉分行反洗钱处的调研走访和总部经纪业务的现场检查，均获得好评。对外积极参与监管部门和协会组织的各项活动，参加湖北证券期货业协会、上市公司协会举办的乒乓球联谊赛，荣获团体风尚奖、男子单打冠军的好成绩。

4. 企业党建工作

（1）加强党的建设。争取公司总部党委和省邮政公司机关党委支持，成立中邮证券有限责任公司湖北分公司机关党总支。将党建工作和分公司创业发展同部署、同落实、同考核，在集团公司“双百示范点”的评选活动中，荣获“邮政系统基层党组织建设示范单位”称号。切实强化党风廉洁建设。认真落实党风廉洁建设“两个责任”，在分公司内明确两名兼职纪检人员，形成纪检工作的AB角。认真落实公司总部党委纪委工作安排，组织开展了专项自查和整改工作。严格贯彻落实中央八项规定精神和集团公司党组20条实施意见，树立“作风建设永远在路上”的理念，紧盯“四风”问题新动向，在节假日前等重要时间节点，组织专项监督检查，坚决遏制“四风”问题反弹回潮。

（2）持续构建和谐企业。组织开展乒乓球比赛、健身跑、羽毛球训练、参观全国党建建设示范先进单位百步亭社区、参观爱国主义教育基地辛亥革命博物馆等活动；完成分公司医保、公积金的开户及员工的医保、公积金划转工作，为分公司员工解除了后顾之忧，进一步增强企业凝聚力和向心力。（中邮证券湖北省分公司）

湖南省

【湖南省分公司】 业务收入67.79亿元、排全国第8位，增幅15.14%、排全国第5位。

1. 构建“一体两翼”发展新格局

（1）专业转型。金融业务新增总资产585亿元，其中余额391.3亿元，新增余额市场占有率18.36%。一季度“开门红”新增总资产396.76亿元，其中余额297.2亿元，占余额净增比重 75.95%；突出“十字”核心深化转型，开展庆典活动，实施创高减低、三个“千万”等多个行动方案取得明显效果。突出抓好中邮保险发展，提前半年完成集团下达中邮期交“双百亿”工程计划；城市邮政金融总资产增长破百亿元。融入互联网发展，手机银行激活客户新增 141 万户，激活率 88.8%；全省电子银行交易替代率比上年增长 7.44%，达 85.53%；保险网销占比由一季度末的 4.25% 提升至 97.4%。

（2）包裹快递业务。收入 6.76 亿元，增幅 61.3%。快递包裹强化专职营销、实施以投促揽、加快揽投点布放进行分类开发，业务量增长 139.9%、达 8051 万件，电商快包业务量市场占有率排全国第 3 位。加强规范、优化结构，同城业务量、1—3 区邮件占比分别提升 8.1%、1.6%，平均单件重量下降 0.4 千克。创新发展模式，麻阳冰糖橙和炎陵黄桃等农产品寄递及“小叶子”小微电商孵化项目造包效果显著。推广电子面单使用，强化全环节管控，专业利润率显著提升。

（3）农村电商。渠道建设初成体系，累计建成邮乐购实体点 3.17 万个，14 个邮乐市州特色馆和 42 个县馆上线运营，注册激活邮乐小店 75.4 万户。全省入驻商家 1064 家，上线单品 7.8 万个，实现批销额 13.83 亿元，零售订单 248 万单，招商进度、批销额和零售订单量均排全国第 2 位。借助集团“9 · 19 购物狂欢节”活动创新开展“邮政 9 · 19 扶贫助农电商节”，产生广泛社会影响；参与政府电子商务进农村工作，获得政府各类补贴资金 3200 万元。农村电商发展模式日渐明晰。

（4）文化传媒。集邮与函件开展项目营销，生肖贺岁季、旺季封片、微营销 3 个项目收入 3.04 亿元。推进渠道建设，线上 14 个市州全部实现集邮网厅运营，线下新建专店、专厅、专柜、主题邮局、湘讯通等营销阵地 9000 多个。广泛开展文化活动，举办集邮品鉴、新媒体峰会、展演、集邮网沙、书信文化等活动 1000 余场。集邮业务收入规模全国前进 4 位，集邮、函件收入增幅分别高于全国平均水平 11.5%、5.7%。报刊发行应对新形势实现圆满收官。拓展政务市场，加大接办力度，推进图书经营发展，发展各类主题文创产品，连续 10 年中标农家书屋配送项目，推动线上订阅，率先在全国完成 2018 年报刊大收订任务，2017 年全省报刊发行收入规模全国前进 2 位。《时代邮刊》连续两年实现“百万大刊”，列中国邮发期刊第 1 名。

长沙邮区中心局在双层包裹分拣机上安装 X 光机，实现立体式安检。（邮政报 / 提供）

（5）战略合作。推动合作深化，与电力、税务、保险、建设、石化、文化传媒、食品、互联网等行业 20 家政府部门、集团企业拓展合作范围，合作发展的各类业务过亿元。湖南人保 133 个网点加载邮政业务系统，发展储蓄余额 1.3 亿元。拓展总部新合作，新增湖南建工集团、中粮可口可乐、省轻工盐业集团、中石化湖南分公司、省新闻出版广电局和湖南快乐老人产业等 6 家战略合作伙伴，有效拓展了邮政服务；各市州积极落地，可口可乐、盐业项目全省销售额均超过 1000 万元。

（6）经营创新。项目孵化创新推进，涵盖客户管理、业务创新、市场拓展，结合在集团公司获奖的 9 个创新金点子，对快乐老人产业等 11 个创新性综合项目实施孵化。微营销运营成效显著，自有微平台“邮三湘”叠加邮政专业产品 1000 余种、十余项便捷服务功能，平台粉丝突破 100 万，交易额 3.65 亿元。数据分析提供支撑，开展对邮政客群、湘潭和怀化积分兑换、农村电商项目等专题分析。重镇发展引领突出，230 个重镇支局收入 9.57 亿元，占全省支局收入比重 19%；增幅 21.24%，高于全省县域收入平均增幅 5.2%；点均收入 416 万元，高于其他支局 122 万元。

（7）国企担当。融入地方经济，累计实施 1380 个农特单品项目，带动农产品销售规模近 4 亿元。建成综合服务平台站点 4.57 万个，服务涵盖便民、公共、政务 3 大类 20 余项，实现服务 6843 万笔、金额 118.8 亿元。开展对口扶贫攻坚，湖南邮政驻桑植县洋公潭村扶贫工作获省委领导、省扶贫开发领导小组肯定和表彰。全力做好防汛抗灾工作，取得无一人员伤亡、无一起资金和邮件损失的全面胜利。邮检联合共建“预防职务犯罪邮路”，开设 500 条“预防邮路”，组建志愿者队伍，广泛传播廉政文化理念，得到检察部门赞扬。积极参与精神文明建设，全面启动“书香湖南”活动，开展图书巡展，助推全民阅读。担当社会责任，向全省“农家书屋”捐赠图书 10 万册；启动百名贫困留守儿童 3 年帮扶计划。邮政品牌形象和社会影响力进一步提升。

2. 能力建设

（1）加大基础能力建设投入。加大网点改建力度，完成网点建设项目 173 个。完善网点机具设备设施投入，投资近 7300 万元更新升级金融网点终端设备，ATM/CRS 金融自助机具点均达到 1.8 台。建设批销仓储中心 95 个，实现“一县一仓”布局。完善综合能力，启动张家界电商园、湘西综合楼征地以及3个“三农”项目建设，实施长沙中心局新址征地工作。

（2）网运综合实力增强。投入近1.35亿元，用于增强网运和投递能力。集散能力大幅提升，加快7个市州中心局（处理中心）、39个县（市）处理场地改造和设备投入，邮件日处理能力由150万件提升到240万件以上。运输能力有效增强，购置邮运车辆180台。投递能力得到提高，以统购、私车公助等方式增加投递车辆2422辆、PDA 1548台，城市和农村机动化水平分别提升至60%、65%；新增布放智能包裹柜1012台，全省格口使用率提升至30%以上。

（3）信息化支撑水平提升。全面完成省内骨干网提质优化升级改造，管理网线路由2M扩充到50M，省内生产网更安全可靠。应用系统建设推广加快，完成金融合规系统、双录系统、ATM升级改造、新一代寄递平台的上线等工程建设，以及金融客户积分、员工业绩管理、渠道管控等应用系统的推广，并自主开发云顶、固定资产管理、人力资源辅助等系统。深化ERP管理系统应用，财务、投资计划、审计、预算等管理工作全面实现线上可操作。信息网运行平稳安全，实现全年零故障。

3. 强化管控

（1）财务精细化管理。有效推进零基预算，建立以利润为导向的财务管控体系，利润水平在全国排第8位，较2015年前进8位。完善财务集中核算，实现银企直连和资金集中支付。加强成本对标管控，10项重点指标比上年均实现不同程度的优化，其中4项指标达到全国平均水平，特别是营销费用率由上年底的9.24%下降到6.21%，营销、办公费用比上年分别下降25.91%、46.73%，高于全国优秀水平。强化资金资产管理，沉淀资金21.7亿元；资产周转率1.29次，排全国第3位；尤其与中邮资产等合作开发长沙邮政大院项目模式。

（2）人力资源管理。推进经营组织架构改革工作，涉及7534个岗位的改革到位，配套建立完善岗位职责，规范出台各级绩效考核办法，激励各级履职尽责。规范薪酬发放与提取使用，加强薪酬月度分析、监控与警示，对领导人员工资总额进行单列管控。规范用工管理，用工总量优于集团控制目标649人。严格执行干部选拔任用制度，加强干部监督管理，激发干部主动性和积极性。加强技能培训，各类培训、练功和技能考评3.1万人次。

（3）网路运营管控。优化网络组织，构建以长沙为省际中心，以衡阳、常德、邵阳为区域中心的集散新格局。强化时限管控，省际出口邮件时限达标率98.3%，省内互寄邮件次日递率91.6%。实现14个市州、93个县的城区《人民日报》等主要党报全部当日见报。完善投递组网模式，实现普邮、专投“两网并行”；对16个城郊网点全面实行城市作业标准；农村投递“周五班”以上覆盖率由18%提高至94%。加强旺季管控，通过科学分流，强化调度，确保处理量比上年翻番的“双十一”等旺季生产平稳过渡。

（4）投资建设管理。严格中央预算资金项目管控，开展2016—2017年中央预算内资金项目执行情况专项检查，确保建设质量和时限。加强建设项目招投标管理，对所有网点装修改造及处理场地建设，均实行招投标管理。加强项目流程管控，对立项、批复、概算进行严格把关，解决项目投资的盲目性和超概算的随意性。加强项目前期论证，对300万元以上的网点购置项目，组织现场调研、审核把关；优化调整19个投资项目、金额5300万元。

（5）服务质量和水平。做好普遍服务和特殊服务，成为全国邮政普遍服务行政零处罚的两个省份之一；机要通信连续11年未发生国家秘密载体失泄密事故。注重客户服务，推进营业网点布局标准化，首批实施500个示范网点的整改工作；建立省—市—县—生产机构四级客服体系，工单及时处理率由85%提高到95%；开展快递包裹客服专项整治，包裹快递5项客服管控指标进入全国中上游。创新履岗检查方式，通过明察暗访、视频检查、“看问传”微信非现场检查、信息系统检查等多种形式相结合，履职检查率30%以上，无重大媒体负面新闻曝光。

（6）审计监督管理。实施企业审计项目25个，提出审计建议62条。完成工程结算审计项目926个，送审金额1.86亿元，审减3909万元，审减率21%；完成财务竣工决算审计38个。重点关注“三重一大”决策制度执行、经营管理合规性和收支真实性，规范完善经济责任审计内容和审计评价。

（7）集中采购。以招标为主，将工程项目、贵金属制品、公务用车等采购项目纳入省内二级集采范围，共完成32个省内集采项目，合同金额7000余万元，节约率超过12%。

（8）安全管控。夯实基础管理，规范安全管理台账，常态化开展“安全生产月”专项活动。重点开展印章管理、消防等专项检查整治。持续加大安防设施投入，金融机构安全评估合格率100%。坚决落实收寄“3个100%”制度，确保全国重大活动期间邮政寄递渠道安全。深化“平安邮政”建设工作，连续6年保持省委、省政府综合治理“平安单位”荣誉称号。

4. 幸福湖南邮政建设

（1）民生关爱持续落实。投入近1000万元为员工购买各类保险，直接理赔员工4261人；为3000多名员工发放帮扶慰问金690万元。组织职工气排球比赛、全员读书等群众性文体活动，增强凝聚力和向心力。关注员工思想动态，分层开展员工家访。持续落实为员工办好十件实事，新建、提质改造职工小家分别为117个、160个，惠及员工1.3万人。

（2）民主管理切实加强。落实“一报告两评议”制度，组织职工代表听取和审议行政工作报告，对各级领导班子和班子成员进行民主评议。加大民主管理与工资集体协商力度，推动建立员工薪酬随企业效益增长合理提高的机制。广泛征求合理化建议，20条建议被省公司采纳。

（3）员工主人翁精神有效发挥。组织开展各类竞赛活动，“主人杯”劳动竞赛成效显著，“开门红”竞赛投递员发展储蓄余额超过1000万元的有32人；全省邮政员工开通邮乐小店2万余个，带动社会发展邮乐小店近50万个。开展“湖南邮政工匠”、最美投递员评选等先进典型创争与宣传活动，较好地发挥了先进示范、典型引路的作用。

（4）企业文化和精神文明建设持续推进。建立考核机制，通过开展内训师培训选拔、组织员工在线学习、加快环境建设等举措，全方位推进中国邮政企业文化宣传贯彻和建设工作。开展文明创建活动，衡阳、怀化市分公司分别获得全国、省级文明单位荣誉。

5. 全面从严治党

（1）构建全面从严治党责任体系。明确全面从严治党3个组织层面和7个岗位的主体责任，以及3个组织层面、14个岗位的监督责任。加大责任压力传导。党组9次专题会议部署党建工作，细化91项工作任务，层层签订全面从严治党责任书，将党建和纪检工作纳入绩效考核。

（2）开展迎庆十九大、学习宣传贯彻十九大精神系列活动。以举办大合唱比赛、五年发展成就图片展、电视专题片展播等多种形式，迎庆十九大胜利召开。以集中收看十九大开幕式、理论中心组学习、专题辅导报告会、集中培训等方式，把学习宣传贯彻党的十九大精神不断引向深入。

（3）推进“两学一做”常态化和制度化。加强思想政治教育，多种形式深入学习党纪党规，学习习近平总书记系列重要讲话精神；通过集团党校和省委党校培训党员干部200多人次；持续开展三级干部读书活动；组织党支部书记各类培训443人次、党务干部党建知识考试900多人次。加强基层党组织建设，及时完成各级基层党组织换届选举和经营组织架构改革后的设置、调整工作；以“七个规范”达标建设为着力点，推进基层党组织示范点建设。深化作风建设，各级党员干部累计1000多人次到基层鼓士气、促发展；开展省公司直属机关“加强作风建设、提升服务水平”专题活动，查找突出问题200余条、提出整改措施近300条、公开部门服务承诺110条；各市州相应开展作风建设专题活动，提升服务经营、服务基层能力与水平。

（4）严格监督执纪问责。扎实开展“党风廉政宣传教育月”活动，增强纪律规矩意识。加强廉洁风险防控，查找526处风险点，制定防控措施691条。紧盯重要时间节点，加强“四风”提醒警示。强化经营监督，纪检全程监督经济活动相关流程。聚焦热点难点，立项开展17项效能监察工作。建立容错纠错机制，营造支持改革、鼓励创新、允许试错、宽容失误的良好环境。坚持严肃问责，实施责任追究31人次，谈话提醒、函询及通报批评35人次。（湖南省分公司　王俊）

【邮储银行湖南省分行】 下设15家二级分行，106个一级支行，70%的营业网点分布在县及县以下地区，是湖南省服务网点最多的金融机构。员工7805人，平均年龄37.4岁，其中本科以上学历4302人，占比55%，研究生以上学历236人。

收入50.85亿元，比上年增长5.19%；实现利润21.26亿元，比上年增长33.29%。各项存款4269.88亿元，新增495.5亿元，排湖南省同业第3位；各项贷款1349.6亿元，新增211.6亿元，排湖南省同业第9位。人均创利27.17万元，比上年增长7.01万元；点均创利530.17万元，比上年增长139.97万元。不良率为0.74%（含未出账1.1亿元），比上年下降0.19%。

1. 业务发展

（1）零售信贷业务。“三农”金融业务年净增5.14亿元（核销前）；小企业金融业务净增11.06亿元，排系统内第9位；消费金融调整结构，净增144.73亿元，排系统内第7位，其中汽车消费贷款余额45.09亿元，净增18.87亿元。

（2）个人金融业务。个人存款余额3768.34亿元，净增440.27亿元，市场占有率及新增市场占有率均排省内同业第1位；手机银行新增有效客户70.73万户，排系统内第4位；信用卡发卡27.6万张，比上年增长90.34%。

（3）公司金融业务。公司存款余额508.4亿元，年净增78亿元，排系统内第5位；公司贷款余额363.5亿元，排系统内第7位，净增105.9亿元。公司业务收入占营业收入比重25.85%，比上年提升2%，新拓公司客户82户。落实与省政府战略合作框架协议，强化高端营销、存贷债联动。开展株洲龙母河C板块、精美湘潭等项目综合营销，成功营销三一集团、华融湘江银行130亿元ABS纯托管等项目。

2. 风险管控

启动“贷后管理质量年”活动，重点围绕贷后管理“三化”建设即贷后队伍专职化、贷后坚持标准化、贷后履职监督机制化开展工作，通过贷后检查化解处置各类风险贷款1983笔，金额6.99亿元。树创合规文化、整治违规行为。在信贷风险管控上推行“两小”贷款集中审查审批作业模式；省、市、县三级全面压实贷后管理，实现全产品、全流程、全覆盖的风控机制；层层理清贷款前后工作责任，倡导不唯担保、不唯抵押的信贷文化，新增不良贷款发生率从集中审批前的0.98%下降到0.46%。清收不良贷款4.32亿元，核销不良资产3.58亿元，分别完成总行年计划的148.45%、102.29%。

3. 体制机制创新

（1）推进营销下沉。采用科学定岗定编、机关双向选择，实现管理上移，营销下沉。二分机关精简员工177人，精简干部74人，充实到营销一线。

（2）推进网点转型。推进网点分类、布局优化、台席压降、智能化建设和轻型化发展等工作，致力于把各县支行构建成为利润和营销中心，压减柜员145名，转撤网点7个。

（3）推进利率管理。通过压降付息成本、提升定价等手段，湖南省分行新发放贷款平均放款利率为5.55%。

4. 党建工作

（1）党建融合经营发展。党建工作与经营工作同部署、同落实，以基层党组织强基固本2.0工程建设为抓手，提升党员服务意识和营销水平。

（2）完善党建工作机制，创新性设立完善责任清单，制定包括党建工作88条具体工作措施和122条具体要求的责任清单。

（3）协调推进党的群团工作，双峰县支行彭诚和隆回县支行羊文宇被共青团中央金融工作委员会授予2016—2017年度“银团合作”优秀个人称号，隆回县城中支行的“创业贷款　助力大众创业万众创新”被评为优秀项目。

5. 品牌建设

在各大媒体发布正面报道1356篇，承办邮储银行全国零售信贷工作会议、大型战略签约会等，“十年蝶变，感恩邮您”成立十周年新闻发布会在长沙召开。先后被评为“年度杰出贡献银行”“最受信赖银行”，李晓良行长被评为湖南金融创新人物，多次受到中央及省级主流媒体采访报道。（邮储银行湖南省分行）

【速递物流湖南省分公司】 收入10.1亿元，增幅40.65%。

1. 战略导航。通过强化市场化、专业化思维，突出发展重点，明确经营方向。聚焦“基础＋客户”，从“四百工程”延伸到“八个阵地”，以客户的匹配、功能的完善、系统的对接来夯实，在“创客”团队和营销体系建设上“嵌入式、实体化”，初步形成“响应速度快、市场全覆盖、服务高标准”基础客户阵地格局，市场占有率从年初的10.28%提升到10.66%，寄递业务月均增收1785万元，节假日收入增幅62%。聚焦“规模＋速度”，实现自身的突破，收入规模从上年的7.2亿元跨越到10.1亿元，增幅40.3%，“三年规划目标两年实现”。聚焦“规范＋流程”，强化经营、管理、财务“三条铁规”“五个关键岗位”工作规范、运营质量“六个零容忍”等制度办法；创新微信轮值、违规轮值、驻点挂片等多项机制；在收入快速增长的同时，对虚列收入等作风不实行为严厉打击，提升发展的真实性、可控性。深化县域融合发展模式。

2. 竞赛活动。开展“兵团作战”；分季度开展营销竞赛，创新特惠箱等产品，对标民营、对标资费、对标道段，优化客户体验，开发市场客户，累计开发协议客户8094户。

3. 项目引领。以五个“6+1”定位目标客户，政务类聚焦政法、人社、财税、国土、卫生、教育六大系统和国家机关公文，充分利用“互联网＋政务”，让传统政务业务搭载信息平台，创造浏阳市、株洲芦淞区、长沙7个法院、娄底残联等新模式。商企类聚焦保险、银行、通信、医院医疗、园区、产业集群六大市场和商厦写字楼，开发邮储银行、联通商城、泰康人寿、中国人寿等一批总部大项目。电商类聚焦嵌入式、自建仓、落地配、云仓、电商平台、极速鲜六大类客户和电商专线，引进葫芦弟弟、良品铺子、“菜鸟”等项目，以一体化服务模式提高客户黏合度，带动“仓储＋配送”模式快速发展。国际类聚焦留学生、银行、外贸企业、旅游市场、跨境平台、快件线等六大类客户和e邮宝客户，启动快件平台建设，创新发展O2O项目。物流类聚焦机械、家电、快消品、有色金属、医药、通信六大园区客户和其他类客户，融入国家“一带一路”建设，与“湘欧快线”合作，加快物流业务转型升级；启动长沙博世SG工厂仓储项目。

4. 发展核心。揽投部114个，实现收入9598万元，增幅18.5%；创造有标识、有台席、有专人、有趟车、有学生团队“五有”模式，进驻75所校园，实现收入369万元；创造有标识、有台席、有专人、有趟车“四有”模式，进驻商厦写字楼129栋，协议客户数增长37.26%，实现收入1077万元；打好产品、营销、价格、渠道“四个基础”，网运组织、财务、客服“三个支撑”到位，专线产生邮件470万件，创收2595万元；定位高端，做“服务品牌企业的品牌物流解决方案提供商”，按照“1个园区+1个创客团队+5000平方米仓储”，全省仓储面积突破15万平方米，开发园区客户772户，产生标快124万件，实现收入2165万元，增幅17.32%。推进全省国际业务发展专业化进程，做好本土直客和跨境电商“两个市场”，建好“三个平台”，国际阵地收入增长58.16%。加强营销体系建设，创造人员、场地、台席、计划、成本、考核、培训“七个直达”模式，按长沙、国际、物流分公司“创客”团队人均创收水平不低于30万元，其他市州分公司不低于20万元的标准，各板块聚焦五个“6+1”目标客户，235个“创客”团队中有98个环比增长超过50%，创收7.1亿元。（速递物流湖南省分公司）

【中邮保险湖南省分公司】

1. 转型升级

实现总保费21.35亿，比上年增长47.2%，完成年度计划的118%。其中趸交保费8.86亿，期交新单保费6.24亿；续期保费6.12亿；团险保费1357万；小额保险保费21.48万。

2. 过程管控

续期业务按照“114”管理模式，出台续期催收和复效激励政策，完善续期管理制度，联合邮政公司开展复效活动，累计复效2609件，复效保费1646万元；通过推广续期过程管控系统，充分发挥11185的电催作用，优化把控事前、事中、事后流程，及时二次催收；通过做好续期日常督导，推动续期业务快速发展。累计续期保费6.12亿，同时各业务质量指标大幅提升，宽末综合达成率96.78%，13个月保费继续率91.71%，25个月保费继续率95.60%。

3. 运营质量

运营指标全面提升，绩效考核指标全部合格。人核件回执5日回销完成率100%，保全资料流转时效0.81天，理赔服务时效1.72天，立案差错率0.96%，保全两日结案率98.52%，犹豫期电话回访成功率97.03%，亿元保费投诉件数0.33件，重控单证超期未核销率为0。

（1）信息真实强管控。邮银保三方将客户信息真实性管理纳入“四项检查”中，出台日常管理办法，实行问题验单通报制度。

（2）服务支撑促发展。一是一季度新年A退保高峰期退保1.17万件，6.68亿元，保全两日结案率98.37%，退保工作平稳推进。二是成立运营支撑小组，下地市分片挂点支撑，节假日专人值守。三是组织两次全省市县专兼岗培训和业务技能比武，提升业务能力。四是制作简易职业代码、动画培训视频、运营规则H5、运营手册等，让基层人员便捷掌握运营业务处理办法。

（3）客服活动促品牌。参加“3·15消费者权益保障日”宣传活动，向全省13万名客户发送保险消费者维权短信，与地市县联动让广大客户参与保险知识有奖竞猜活动。开展保险宣传“三进”活动、“亲子烘焙”、健康养生讲座等多项客服活动，在长沙、永州举办VIP客户高端基因检测活动。

（4）理赔服务树形象。累计赔付1567万，及时处理“1·14”广东清连高速交通事故、湖南洪水受灾理赔、九寨沟灾害理赔等案件，受到社会各界的好评。

4. 风险管控

（1）夯实基础，提升合规管理水平。培训宣导保监会“1+4”系列文件。完成分公司第一件诉讼案件调解及常年法律顾问的聘请。加强同业沟通交流。邮银保三方风险防控联席会议常态化召开，召开2次会议。不断加强反洗钱培训和宣传。

（2）营造氛围，推进合规文化建设。对分公司有效内控制度全面梳理并汇编印发；编印《保险监管政策手册（2017年版）》；编制《合规园地》，推进合规文化建设。

（3）问题导向，深入推进两项机制。编制分公司质量分析月报，深入推进总公司质量分析通报问题整改追踪督办机制。深入推进风险提示内部沟通函机制，有效识别、防范、化解风险。

（4）协同联动，成功实现两个突破。一是首次正式明确各市州中邮保险风险联络员（合规稽核兼岗）人员名单，明确工作职责，建立荣誉体系，风险联络员队伍建设取得突破。二是首次联合省邮政公司开展“排雷行动”回头看联合检查活动，邮保联合检查工作取得突破。

5. 和谐企业

（1）强化企业党建。建立健全各项工作制度，全面落实管党治党主体责任，扎实推进基层党组织建设，强化基层党组织功能作用，持续深入开展“两学一做”学习教育，加强党的作风建设，推进企业文化示范点和省直机关精神文明创建工作。

（2）加强党风廉政建设工作。全面推进党风廉政建设工作，立规矩讲纪律，积极开展党风廉政建设宣传教育和廉政谈话。召开4次专题会议，持续做好集团巡视指出问题的整改。认真开展信访线索核实、效能监察和廉洁风险防控工作，筑牢反腐倡廉防线。（中邮保险湖南省分公司）

【中邮证券湖南省分公司】 新增客户数5028户，累计开户数91584户，其中有效户4331户，客户总资产32622万元，证券市值28152万元，累计交易量71.7亿元。金鸿小贷开通权限3939户，融资金额为399.23万元；融资融券开信用账户有16户，使用的客户2户，融资金额为78.70万元。合计产生收入282.5万元，分别是资管业务收入85.71万元，经纪业务实现收入196.8万元。

1. 经纪业务。促进板块协同。按照中邮证券“自营+协调”发展模式，做好自身能力建设的同时，同步加强邮政和银行板块的协同发展。一是协同出台政策。省邮政公司和邮储银行省分行联合下发《关于进一步加快中邮证券业务发展的实施意见》；省邮政公司将中邮证券有效户纳入市州绩效考核；省公司工会将其明确纳入“主人杯”积分办法；省代理金融局也将其纳入“夏秋练兵，强基固本”绩效加分指标，同时明确全省12000个有效户的发展计划。二是组建经纪人营销团队，提升自我发展能力。三是启动轻型营业部建设，拓展渠道营销能力。其中已经确定株洲建设路和郴州五岭广场两个地方选址筹建轻型营业部。

2. 资管投行。与相关政府方的积极对接。与祁阳县委县政府取得良好的沟通效果，对祁阳辖区内企业进行资本市场知识讲座，并对部分优质企业进行了调研走访，筛选了如自然韵黑茶有限公司、金浩茶油股份有限公司、祁阳东骏纺织有限公司等潜在客户，祁阳东骏纺织有限公司、湖南永州万马轮毂有限公司分别已与分公司签订合作协议。通过市场化招聘，引进一名成熟的专业人才，充实资管投行队伍，并在投行方面带来意向项目：耒阳棚户区投资公司融资（第一期）财务顾问，该项目正在各方会签中，预计在年底能产生350万元左右收入。同时该项目计划在2018年启动第二期融资，将继续担任财务顾问角色，在项目中创收。

3. 合规风控。一是认真组织学习各项合规风控制度，不断强化认识，增强意识。二是分公司严格按照监管机构及公司各项规章制度开展合规管理工作，业务管理及操作流程符合合规要求，风险控制到位；针对分公司大力筹建经纪人队伍，严格落实了相关培训和考核；大力做好投教工作，新建了大厅投资者教育活动展板，协同益阳市邮政分公司做好沅江投资者教育园地。三是配合外部监管，贯彻落实人民银行相关政策，结合“贯彻落实3号令，维护金融秩序”的要求，9月开展反洗钱维护金融稳定专题宣传月的活动，通过多样化的形式组织员工进社区宣传。

4. 党建工作。6月5日，中邮证券湖南分公司机关党总支部第一次全体党员大会选举产生第一届机关总支部委员会，党支部书记、组织委员、宣传兼纪检委员人员到位。委员分工明确、团结协作、责任落实，建立和健全了基层党组织的架构。严格按照党章规定和组织程序组织定期召开党员大会，开展学习“两学一做”实践教育活动，自行购买相关书籍，利用工作之余学习党规、党章及习近平总书记系列重要讲话，加强党员自身的党性修养，按照讲政治、有信念，讲规矩、有纪律，讲道德、有品行，讲奉献、有作为的合格党员的标准提高党员素质，一是要忠诚，对党绝对忠诚。忠诚于党的信仰、党的宗旨、党的组织。二是要干净，树立清风正气。看牢自己，绝不放纵妄为；管住家人，绝不放任自流；谨慎交友，绝不放松警惕。三是要担当，立足岗位做贡献、有作为。在任何岗位、任何地方、任何时候、任何情况下都铭记党员身份，积极为党工作，勇于争先不懈怠，敢于攻坚不畏难，善于创新不守旧。（中邮证券湖南省分公司）

广东省

【广东省分公司】 收入151亿元，完成集团公司下达计划的103.1%，比上年增长11.5%，高于全国增幅1.22%；超额完成全年利润预算目标，继续保持全国排头兵；包裹快递、电子专业累计收入继续位列全国第1位；新增余额502亿元，创历史新高；收寄包裹快递5.6亿件，收入51.6亿元，投递快递包裹2.5亿件，均列全国第一。单位均量稳步提升，一线员工收入增幅8.91%；劳产率34.01万元/人，比上年增长16.7%；点均新增余额3335万元，排名全国第二。科技含量加速提升，智慧网点建设、寄递新设备应用进一步深化；广东邮政微邮局等线上渠道引流效果明显。人才储量更加丰富，招聘引进大学生314名，引进高技能人才5名。年度全员培训率超过90%；金融从业人员持证率82.6%。服务质量持续改善，集团公司测评广东省满意度得分大幅提升，国网客户有效申诉率、国网申诉处理满意率均优于集团考核标准；无着邮件新增量比上年下降79%；机要通信业务质量全红；无重大媒体负面曝光。运营质量持续稳定，省内互寄次日递率提升至90%以上；“双十一”期间，省内互寄快递包裹时限在18家快递公司中排名第6位；全年无发生重特大事故。

1. 业务发展

（1）代理金融。累计新增总资产711亿元。新增储蓄余额502亿元，比上年多增197亿元，新增存款市占率18.1%，比上年增量和新增市占率均创历史新高。代理保险新增保费185亿元；中邮保险期交规模8.6亿元，比上年增幅67%，在规模大省中排名第一；长期期交全年累计新增6662万元。中邮证券全省代理（含深圳）累计结存有效户3892户。手机银行新增激活客户130万户；付结算商户累计新增29万户，新增有效绑定移动支付客户323万户，快捷支付带来收入1.9亿元，比上年增长141%。

（2）寄递业务。电商快包累计收寄2.1亿件，比上年增长132%，创收10.37亿元，比上年增长94%，分别比一季度和上半年增幅提升42%和19%，市场占有率2.9%，比上年增长70%。中山大力发展电商产业园，推动省内外异地分仓发货模式落地；揭阳加强产业集群开发，组建主动客服团队，量收增幅双双过百；湛江整合邮乐小店资源开展农产品“造包”工程，在8月成为全省首个完成全年目标的地市。业财联动提效益，实行的省内计泡和二干上行包车政策取得了很好的效果。折扣率55%，比全国高3%；单位重量单价4.7元，排名全国第四，仅次于西藏、青海、新疆，比全国平均值高1.4元，比江苏高2元。国际小包经创收38.25亿元，比上年增长12%，超全国增幅5%；实现业务量3.49亿件，比上年增长14%，继续保持量收规模全国第一。加强了货代的集中规范管理，实施规范经营管控策略，规模效益大幅提升。实施产品提质策略，打造核心竞争力。成立国际小包专项工作组，优化航空运能配置，前20名路向时限缩短1.73天，日均处理250万件，安检总包拉下率比上年下降10%，查单回复率从不足20%提升到81%。

（3）传统邮务转型发展。两个“双亿”项目顺利完成，其中新媒体收入1.23亿元，完成亿元目标的123%；简易保险累计实现收入1.4亿元，收入净增超过7000万元，完成亿元目标的140%，保费和创收规模全国第一。

广东省茂名市分公司探索冷链运输模式引入荔枝寄递，帮助当地果农网上销售荔枝。图为6月13日，邮政人员在代收点进行质量监控。（广东省分公司/提供）

传统函件切入政府治理和民生需求并提供解决方案，预防邮路项目、书信节、旅游项目等重点项目社会和经济效益明显。集邮微营销累计完成1.26亿元，累计进度126%，比上年增长110%；集邮专卖店店长制营销初显成效，12家挂牌的中国集邮专卖店累计收入1.04亿元。报刊线上收订累计实现销售额1940万元，比上年增长65%。图书项目发展迅猛，累计实现销售额3731万元，比上年增长188%。

2. 三大工程进一步推进

（1）东部崛起工程。持续贯彻落实《加快东部邮政发展指导意见》，有效扭转东部邮政发展落后的局面。从收入增幅来看，潮州、汕头、揭阳进入非国际小包总收入增幅排名全省前10位，分列第七、第九、第十。从重点业务发展看，揭阳、潮州金融收入增幅进入全省前10位；汕尾电商包裹增幅全省第一，揭阳、汕尾函件和集邮增幅均为全省前3位；汕头、惠州非车简易保险业务保费增幅均超过180%。

（2）加快推进城市金融系统转型。省分公司出台城市金融系统转型发展指导意见，广州、深圳、东莞、佛山、中山及珠海六个转型地市新增余额171亿元，占全省新增余额的34%；比上年多增余额68.9亿元，占全省比上年多增的35%；点均新增余额4213万元，是其他区域的1.4倍；六地市有52个新增“储蓄余额＋保费”超过1亿元的网点，占全省比重接近70%；新增市场占有率9.63%，是2016年的2.6倍。

（3）推进农村电商发展。累计建设“邮乐小店”48万个，“邮掌柜”线上店1.76万个；“邮乐购”站点建设、批销及代购指标进度均排在全国前列。开展荔枝、三华李等23个万斤农产品进城项目，其中包括韶关黄金奈李、湛江木瓜等12个十万斤农产品进城项目，初步构建农村电商“下行进村”＋“上行进城”的服务体系。在2017年广东省“农电奖”评选中，省邮政获得包括农村电商企业标杆奖在内的6个奖项。

3. 六大机制进一步完善

（1）创新工作机制。设立1000万元创新孵化基金和奖励基金。创建创新工作室81个，组建创新专家库，评选专家500余名；开发创新孵化和推广项目22个；在推广集团云创平台活动中，动员率94%，位居全国第二；创意点子数4500条，位居全国第一。

（2）激励约束机制。对市分公司实行“必达利润＋认标”的考核方式。创新网运结算机制，实行包车结算，制定省内计泡资费政策和结算政策。扎实推进广州邮区中心局向利润中心转型。加强采购管理，节省金额9072万元，节省率19.09%。扎实推进公务用车制度改革，封存公车竞价拍卖回收资金136万元。

（3）资源配置机制。一是增加重点业务和项目投入。如投入1.21亿元开展代理金融网点整治改造，安排2000万元用于代理金融设备投资。二是加强固定资产运营管理。实现房产出租收入5.06亿元，比上年增长6.2%；完成盘活资产11项，累计实现盘活现金净流入1365万元，系统内调拨资产近300万元。三是加强资金管理，回收房屋出租押金、代垫集团工程资金、速递改制历史借款、子公司投资分红款等各类资金3.5亿元。

（4）用工约束机制。完成经营组织架构改革，改革后省直属单位内设部门减少42个，四级干部减少58个，用工总量比上年减少1523人。

（5）工资增长机制。一线员工收入增幅高于管理人员收入增幅3.22%。

（6）风险防范机制。认真落实全面从严治党“两个责任”；推进广东省分公司“平安邮政”建设工作，加快推进安全管理信息化建设；强化审计检查。（广东省分公司 蔡菡）

【邮储银行广东省分行】 设置一级部门23个、二级部门7个、直属单位1个，下辖二级分行20个；县城服务覆盖率100%，县域及以下网点1091个，占网点总数的56.56%。从业员工11537人，其中本科及以上学历员工7097人，占比61.52%。

资产规模5506.28亿元，列省内银行业第5位。各项贷款余额2064.5亿元，净增401.5亿元，列系统内第3位，比上年增长24.14%。各项存款余额5250.54亿元，列系统内第4位，列广东省银行业第5位。实现自营收入79.14亿元，列系统内第3位，实现考核利润26.64亿元，列系统内第4位。收入利润率33.53%，比上年增长1.43%；不良率0.45%。践行零售银行战略，个金业务、零售信贷业务和信用卡业务收入合计51.92亿元，占总收入的65.6%。

1. 业务发展

（1）个人金融业务。自营储蓄存款年末时点余额1036.15亿元，列系统内第4位。中邮期交保险销售9620.3万元，列系统内第2位，比上年增长91%。实物贵金属销售8294.85万元，列系统内第1位，辖下清远市分行单笔销售自有品牌金68公斤、金额1948.88万元，为系统内最大一单业务。

（2）信用卡业务。结存卡量100.2万张，成为系统内第2家突破100万的分行。新增发卡41.8万张，列系统内第2位；新增激活首刷率40.5%。

（3）“三农”金融业务。小额贷款净增11.72亿元；个人商务贷款净增15.54亿元，列系统内第3位；发放扶贫小额贷款3136笔、1.05亿元，带动省内3000多户建档立卡贫困户脱贫致富；成功向温氏集团发放系统内首笔涉农公司贷款5亿元。

（4）消费金融业务。消费贷款余额突破1000亿元，为系统内第3家、省内同业第5家消费贷款余额突破千亿的金融机构；“邮享贷”等四个网贷产品净增、余额均列系统内第1位。

（5）小企业业务。小企业法人贷款净增36.9亿元，日均余额净增19.54亿元，均列系统内第1位。

（6）网络金融。电子银行客户数1685万元，列系统内第3位，电子银行交易笔数18.65亿笔，交易金额1.42万亿元，均列系统内第1位。

（7）公司业务。公司存款时点余额960亿元，列系统内第4位。公司信贷余额373.68亿元，新增118.36亿元。承兑业务余额57.85亿元，列系统内第1位，发生业务量74.93亿元，列系统内第2位。

（8）国际业务。对公国际结算46.57亿美元，比上年增长36%，列系统内第1位。对公外币存款余额、净增均列系统内第1位；参团美的库卡并购融资银团，承贷4.9亿欧元，为邮储银行在广东省内参与的首笔跨境银团融资贷款；发放邮储银行全国首笔飞机融资租赁保理7.32亿元。

（9）金融同业。同业存放交易金额210亿元；理财余额342亿元，净增70亿元，列系统内第4位。托管业务规模1451亿元，净增423亿元，列系统内第2位。

2. 运营与服务

（1）客户拓展。自营客户资产增长92.4亿元，其中50万以上客户增加3320户，资产增加41.37亿元，占比44.77%。开展“走政府、走总部”活动，广东省分行战略客户71家，其中总行级战略客户27家。

（2）信贷管理。零售信贷工厂3个月内全面上线，新增业务量37530笔，列系统内第2位，单笔业务全流程用时最快控制在8小时以内。同业客户授信覆盖率100%，公司客户授信覆盖率近100%。

（3）科技创新。搭建的“客户身份识别无纸化”“智慧网点平台应用系统”和“信贷流程管理系统”获总行及地方政府颁发的多项奖励和荣誉。

（4）服务环境。加大智慧网点建设改造投人，推广完成100台ITM设备部署和557台CRS加装存折功能改造，134台低效设备整改和324台自助设备机容机貌整治。

（5）营运管理。日均现金备付率0.79%，比上年压降21%。公司结算业务指标、个人业务集中授权质量连续12个月满分。残钞、零钞压降率分别为86.33%、87.75%。

3. 风险合规

（1）全面风险排查。开展“三违反”“三套利”“四不当”“十乱象”等专项治理自查整改工作；开展分（支）行长“合规履职述职”工作；开展员工行为排查工作，累计排查49119人、51052人次，排查率100%。4月17日，银监会以“邮储银行广东省分行多种方式深入开展员工行为排查”为题予以专题报道。推进对公业务重点风险专项排查，创新签订4类承诺书，创新建立“排查—核查—督导”的三级排查督导机制和交叉验证的方法。

（2）内控与案防。坚持“3+N”案防模式，实施营业主管市级集中派驻管理，废、改、立制度185项，保持“零案件”和无重大风险事件发生。

（3）审计监督。连续3年对辖内20家机构实施内控评价全覆盖。重点实施专项审计13个，经济责任审计15人次。对高风险业务实施高频率检查，转换票据业务、托管业务审计模式。

（4）资产质量。清收不良贷款4.56亿元，比上年增长43%，正常贷款迁徙率0.35%，新发放贷款不良率0.08%。

（5）安保工作。41个网点达到总行安全管理标准化建设标准；加大视频监控从模拟信号向数字高清更新力度，视频监控安防系统高清通道超过1万路；实现全年安全责任“零事故”。

4. 队伍建设

（1）队伍结构调整。采取营业主管集中派驻、台席压降等措施，调整前台柜员297人、业务处理人员93人，充实276人到营销队伍和专业岗位。营销人员3183人，占比27.58%，比上年提高2.49%；零售客户经理占比85.63%；劳务工占比降至6.34%。

（2）队伍能力。总行岗位资格证双证及以上持证率78.04%，比上年增长23.38%；银行业专业人员职业资格证双证及以上持证率66.6%，比上年增长11.38%。

（3）激励约束。实施人工成本零基预算机制，实现“弹性预算”向“零基预算”的转变。在工资总额中切块发展绩效支撑业务发展，通过季度核算、季度兑现，实现结果导向与过程管控相统一；完善分级分类的支行长薪酬管理体系。

5. 党建工作

贯彻学习党的十八大、十九大精神和习近平新时代中国特色社会主义思想，组织开展“学报告 学党章”考学活动。坚持“三会一课”制度，深入推进“两学一做”学习教育常态化制度化，扎实开展“强基固本2.0”建设工程和“基层党组织规范工作示范区”建设，建立了总行示范区1个、省分行示范区7个。组织开展“四会书记”项目建设活动，建立“书记项目”205个；开展共产党员“承诺践诺”主题教育活动，3887名党员作出承诺近16000条。（邮储银行广东省分行）

【邮储银行深圳市分行】 设置21个一级部门、6个二级部门；下辖营业网点141个，其中二级分行1个、一级支行（含营业部）7个，二级支行60个；邮政代理网点73个；员工1692人。

资产规模826亿元，比上年增长19.2%。邮政金融业务收入30.4亿元，比上年增长15.6%；实现自营收入23.2亿元，比上年增长21%，实现利润总额10.9亿元。各项贷款规模615亿元，比上年增长30.2%，其中实体贷款增长176亿元；各项存款规模703亿元，比上年增长10.3%，其中储蓄日均新增4.5亿元，公司存款日均新增62.8亿元。人均收入137万元，比上年增长17%；人均利润64万元，比上年增长10%；人均EVA 25.5万元；网均收入3416万元，比上年增长21%；网均利润1596万元，比上年增长14%。

1. 业务发展

（1）零售金融。零售板块业务收入11.29亿元，完成年度预算目标的137.40%，比上年增长3.92亿元，增幅53.29%。个人客户金融资产合计152.66亿元，净增7.31亿元，增幅5.03%。个人零售贷款新增发放82.39亿元，结余246.05亿元，贷款余额净增19.11亿元，增幅8.42%，整体不良率0.34%。推出聚合支付业务，5—12月开通商户1.3万家，交易金额6.4亿元，余额沉淀1.3亿元，手续费收入74万元。信用卡发卡3.14万张，比上年增长186.38%。建设邮惠付APP，实现业务营销和客户服务线上化，累积商户1.29万户，日交易量超1100万元。分行自主开发邮家贷业务，做到线上授信、审批和支用。

（2）公司业务。公司业务板块收入6.65亿元，比上年增长1.79亿元，增幅36.8%。其中，公司业务收入4.44亿元，比上年增长1.11亿元，完成年度任务110.7%；国际业务收入1.15亿元，比上年增长0.54亿元，完成年度任务136.4%；小企业业务收入1.06亿元，比上年增长0.13亿元，完成年度任务的103%。

人民币公司存款日均余额257.23亿元，比上年增长62.73亿元，增幅32.25%；外币存款日均余额1.28亿美元，比上年增长0.12亿美元，增幅10.34%。人民币公司贷款余额350亿元，比上年增长157亿元，增幅81.3%。其中，批发类贷款余额237.8亿元，比上年增长107.4亿元，增幅82.4%，其中并购贷款余额45亿元；国内贸易融资（含供应链）余额69.14亿元，比上年增长42.2亿元，增幅156.9%；小企业贷款余额43亿元，净增7.06亿元，完成年度任务141%。

授信客户91户，新增44%，授信金额2880亿元，其中集团客户29户，新增32%。对集团客户的议价能力进一步增强，三年期贷款利率较上年提高21BP，十年期贷款利率提高44BP。深圳分行主承的首只债券成功发行，发放首笔并购贷款。办理国际结算业务量8.45亿美元，比上年增长36%，结售汇业务量3.7亿美元，比上年增长10%。依托万科云链保理业务，国内保理规模时点余额68亿元。与南山科创中心等12个平台建立业务合作关系，新发放贷款客户60户，科技型小企业贷款余额7.49亿元。

（3）金融市场业务。金融同业板块实现业务收入4.68亿元，完成年度预算的95.75%。其中，金融市场业务实现收入2.6亿元，完成年度计划的97.25%，新增资产185.8亿元，资产规模378亿元；托管业务实现收入2.08亿元，完成年度计划的94.3%，比上年增长21.46%，新增209亿元，托管规模4146亿元。首笔CMBS（商业房地产抵押贷款支持证券）业务获批，上报总行的宏信卓越后海金融中心资产支持专项计划获批5.94亿元额度。分行自主平衡理财募集资金4.27亿元，定制理财发行32.75亿元。

2. 电子银行

电子银行客户突破425.55万户，比上年增长13.34%。其中，个人网银客户262.21万户，比上年增长6.26%；手机银行客户213.57万户，比上年增长17.60%。交易45169万笔，交易金额2522亿元，电子银行交易替代率97.26%，客户渗透率66.78%。

微银行粉丝增长至80万人，增幅48%。与腾讯财付通公司深度合作，开展大数据应用和互联网营销探索试点工作。电子支付手续费收入4.8亿元，比上年增长471%。推进离行自助银行网点的布局调整，撤并77个离行自助银行，自助银行运营成本压降359万元。

3. 风险管理

（1）推进全面风险管理体系建设，开展重点领域信用风险管控，建立动态监测机制。资产年末不良贷款率比上年下降0.05%至0.44%。开发资产保全案件管理系统，推动内部评级上线、IFRS9金融资产减值标准落地，现金清收4903万元。

（2）完善内控和案防体系。加强制度建设与流程梳理，部署各条线全面检查、专项检查和日常排查28项，获总行2015—2016年度“金盾奖”内控风险管理优秀单位荣誉称号。

（3）授信管理工作精细化管理，提升信审效率及专业水平。

（4）安保工作机制创新、标准化管理，开展反信息诈骗宣传和涉案账户快速应急处置，获深圳银监局颁发的“深圳银行业金融机构2017年度安全保卫工作先进单位”荣誉称号。

（5）以风险导向开展审计工作，建立非现场监测模型与指标的动态调整机制，开展审计项目36个，发现问题341条。

4. 党建工作

（1）党建基础工作。组织学习十九大报告，学原文、读报告、写心得；推进“两学一做”学习教育常态化制度化，围绕中心开展“党建+”。开展基层党组织规范建设专项检查；加强建章立制，以制度规范党建基础；开展好基层党建工作述职评议考核，分层分类开展党务干部培训，规范基层党组织管理。

（2）纪检工作。探索开展旺季经营、土地房屋租入租出效能监察以及再巡视自查整改。

（3）工会工作。开展劳动竞赛和新产品创意创新大赛；拍摄微电影《遇见了彩虹》；创新开展“心健康、新动力”EAP员工帮助计划。

5. 品牌宣传

以深圳分行成立十周年为契机，在深圳市主流媒体刊发多篇正面宣传报道和媒体专题策划。举办“分行成立十周年客户答谢会暨高端财富经济论坛”、十周年组合宣传活动，承办总行创业英雄汇深圳海选。举办“关爱外来建设者”“关爱留守儿童”等多项公益活动。获银行业协会最具社会责任奖，中国金融年会最佳银行大奖等15项媒体殊荣。（邮储银行深圳市分行）

【速递物流广东省分公司】 收入71.12亿元，比上年增幅23%，增收13.3亿元，业务规模、增长速度创下广东邮政速递物流独立运营以来的最好水平，增收规模创下历史新高。

1. 国内标快业务。业务收入15.4亿元，比上年增长17.2%。政务项目借力“互联网+”新思维，确立“政务项目+”的发展理念，收入5.6亿元，增收1.3亿元，比上年增长30%。商企项目以规模客户、行业客户和礼仪业务为抓手，主攻金融卡函、通讯、检验检测、综合行政等重点行业，狠抓“三率”提升，收入6.3亿元，比上年增长26%，增收1.3亿元。商标项目通过开展“众创众享工程”“三进工程”，加大对商厦写字楼、园区校区、产业集群市场等重点区域市场的开发以及加大小微+现费客户的营销开发，收入3.9亿元，比上年增长2200万元。增值业务发展较好，代收货款、收件人付费、返单业务等三项业务在全国处于领先地位，业务收入5.37亿元。

2. 国际速递业务。业务收入44.1亿元，比上年增长25.7%。国际出口项目通过拓宽渠道来补充构建产品体系，以重点线路优化来提升品质，搭建广东在线发运系统等平台运作，逐步完善团队建设，业务收入39.2亿元，比上年增长30.3%。其中国际标准EMS完成收入7.4亿元，比上年增长32.7%，国际e邮宝收入26.8亿元，比上年增长34.8%。国际进口项目顺应跨境进口新政要求，主动调整产品策略，大力推广进口一体化解决方案，加强深圳、湛江、汕头等地口岸软硬件能力建设，建立多口岸联动的机制，为客户提供更加灵活、弹性的进口服务。全年完成业务收入5.3亿元，增收6275万元。

3. 电商物流业务。电商+物流业务收入8.26亿元，比上年增长31.7%。电商业务以仓配一体+电商专线为基础，以5+1等地市分公司为主战场，通过布局仓储，扩充能力，打造积极探索“仓储+配送+供应链金融”的供应链服务模式，专注美妆、小电、3C、服装、饰品及快消品等成长性高的类目，快速抢占中高端电商市场。在广州、东莞、深圳等电商密集区域布局大型仓储10个，仓储总面积16.7万平方米。通过大幅提升仓储能力，电商业务收入5.2亿元，比上年增长38.5%。“物流启航”工作初见成效，业务收入3.1亿元，比上年增长25.1%。

4. 改革创新。在集团和总部的统一部署下，全省干部员工干事创业热情高涨，创新开启“邮政品客”工程，深入推进“双创工程”，通过多渠道创新，促进了业务的快速发展和服务升级。运营能力实现新突破。信息化建设与应用成效显著，网络运行能力明显提升，运营质量持续改善，服务能力进一步增强。

5. 管理效能。财务管控体系得到完善，人力资源配置持续优化，审计监督和集中采购管理能力持续提升，安全生产管理和风险防控不断强化。

6. 从严治党。全面压实“两个责任”，党建纪检各项工作完成进度达100%；坚持“五好干部”标准，把好选人用人关，干部队伍建设进一步加强；积极发挥先进典型的作用，大力推进“建家”活动，启动“暖心”工程，推进企业民主管理和企业文化示范点建设，打造以人为本的企业文化。（速度物流广东省分公司）

【中邮保险广东省分公司】

1. 市场经营

累计实现总保费收入31.54亿元，其中，新单期交保费9.74亿元，比上年增长71.78%，占总保费30.88%，超额完成总部任务目标。

（1）促进邮银保达成发展共识，成立全省中邮保险

"双百亿工程"联合领导小组，制定"双百亿工程"实施方案，明确全省目标、保障措施和工作要求。

（2）形成有效的经营管控模式，分公司围绕全年经营指标任务，层层分解目标，细化分类管控，实施统一标准化的管控举措，确保各项指标圆满完成。

（3）打造高效渠道支撑模式，顺应"互联网＋保险"时代要求，搭建线上一线网点支撑平台，为销售人员提供营销工具、客户信息等在线功能模块。举办全省中邮保险督训师培训班，打造一支专业硬、能力强的覆盖我省所有市县的督训师队伍。

2. 运营管控

在分公司业务高速发展的情况下，运营工作整体保持良好状态，多项指标均处于全国前列，其中，实现续期保费 7.43 亿元，人核件回执回销完成率 100%，亿元保费投诉率 0 件 / 亿元，保全资料流转时效 0.38 天，为业务转型提供强有力的保障。

（1）分解运营工作条线各项指标，分类组建指标管控团队，指标落实到岗、细化到人，形成全员全时管控机制。

（2）依托邮政网络和资源，深入打造互联网运营专业管控平台，实现省市县一体化管理。

（3）搭建"中邮保险广东客服中心"服务号，为客户提供保单管家、资讯服务、消息提醒和图文推送等服务，在页面设计、后台管理等方面均获得外界好评。

（4）根据监管要求，分公司建设微回访系统，并一次性通过监管验收，获得广东省保协专家组一致高度好评。

3. 合规管理

分公司以"严守底线、合规经营"为指导思想，进一步深化分公司合规与风险管理工作。

（1）深化邮银联动管控，加强常规检查力度。分公司联合省邮政分公司 3 次对全省 8 个地市开展检查。日常检查方面，累计对全省 15 个地市、35 个县区、98 个营业网点开展合规现场检查。

（2）创新合规检查手段，进一步提质增效。自主研发合规远程检查系统，该平台可直接对省、市、县、网点下达检查任务，并通过手机端操作，试点期间获得地市好评。

（3）建立台账式检查管控模式，梳理开业以来各类风险点 455 个，并将风险点细化到部门、岗位，实行分类分级管控。

4. 信息技术

（1）强化技术队伍。分公司现有专、兼职开发人员 6 名，全部具备服务器搭建、数据库配置、前端页面开发、后端服务开发及系统维护的能力，在中邮保险各省分公司中独树一帜。

（2）技术平台整合不断扩大。根据项目需要，整合应用云服务器、云数据库、非结构化数据存储、短信平台、地理信息平台等多种平台，使应用更可靠、功能更丰富。

（3）技术水平不断提升，使用的开发框架稳定，同时引入原型设计工具、智能分词工具包、代码生成工具、开发问题管理工具、手写签名插件、二维码动态生成插件等开发辅助手段，提升开发的效率和效果。

5. 管理水平

分公司创新管理工作再创佳绩，《邮银渠道保险业务经营管理模式创新》《国有企业量化积分式绩效管理》分获第二十七届广东省企业管理现代化创新成果一、二等奖。

（1）以经营责任制考核为首要目标，推行目标管理，形成台账式工作方法，有效确保公司各项目标达成。

（2）持续优化完善核心制度，为分公司实现快速发展、激励价值贡献，加强了制度保障。

（3）创新管理思维，搭建电商采购平台，提高常规宣传品采购工作效率和管理水平。

6. 人才队伍建设

拥有在册员工 77 人，硕士研究生占比 42%，社招和校招员工比例接近 50%，人才队伍结构持续优化，人岗匹配度进一步增强，为分公司经营发展持续注入发展动力。

（1）健全机构设置，11 月完成组织机构调整，调整干部、员工 60 人，进一步优化人员配置。

（2）加强干部选配，选拔任用领导干部 6 人次，调整干部岗位（含兼任）7 人次。

（3）建立非职晋升通道，制定《中邮人寿保险股份有限公司广东分公司四级及以下非领导职务管理办法》，并开展四级及以下非领导职务初始化聘任工作，聘任主任科员 2 人，副主任科员 14 人、科员 34 人，为适应公司发展选拔人才，建立有效后备干部队伍储备。

7. 党风廉政建设

分公司各级党组织和全体党员以习近平总书记系列重要讲话精神为指导，深入贯彻落实中央、集团、总部对于国有企业改革和党建、监察工作的新部署、新要求，强化国企责任担当，创新工作模式，为分公司持续健康发展提供有力保障。

（1）全面履行管党治党主体责任，探索创新党建工作方法，顺利推动落实各项党的建设工作。

（2）创新党风廉政防控执纪工作模式，制定印发《中邮人寿保险股份有限公司广东分公司党风廉政台账检查管理办法》，开展常态化台账式检查。

（3）建设企业文化示范点，不断加强党的群团工作。2017 年，分公司在集团公司"双百示范点"评选活动中，被评为"邮政系统企业文化建设示范单位"和"邮政系统基层党组织建设示范单位"，曹彦锋同志荣获集团"优秀

科技人员”荣誉称号。（中邮保险广东省分公司）

【中邮证券广东省分公司】 累计开立证券账户 86734 户，IPO 项目签约 2 项，新三板项目签约 2 项，财务顾问项目签约 2 项，资管业务签约 2 项，银行授信落地 1 项。在基金产品销售方面，销售客户 1119 户，销售金额 1.17 亿元，实现单只产品销售突破亿元。经纪收入 595.7 万元、资管收入 2.09 万元、投行收入 99.1 万元，总收入 696.8 万元。另营业外收入 200 万元，贡献利润总额 612 万元。

1. 基层党组织建设。6 月 23 日，分公司党总支成功召开第一次全体党员大会，选举产生总支部第一届委员会委员，下设两个支部。为贯彻落实党要管党、从严治党两个主体责任，以及实施“两学一做”和“三重一大”，组织三会一课和选人用人等政治任务奠定了坚实的基础。分公司被中邮证券总部备选推荐申报党建工作示范点评选。

2. 通过集团巡视组政治体检。9 月，分公司党总支部的基层党建推进工作通过中国邮政集团公司第四巡视组的延伸巡视，在管党治党、选人用人和两个责任等方面，分公司的基层党建落实情况得到中国邮政集团公司第四巡视组和中邮证券总部的高度评价。

3. 监督执纪问责。分公司以“宣传引导、唤醒党性、风险排查、群防群治、营造态势、弘扬正气”的思路，多维度、立体化地实施基层监督执纪问责。开展一系列防范“四风”反弹、违规高档消费和廉洁风险点排查等工作，既盯住了“乱作为”、管住了“不作为”，又与企业生产经营良性发展方向相统一。

4. 运营服务控险。分公司及时完成营业执照和经营许可证变更经营范围后的换领。经纪客户累计 86734 户，其中机构户 3 户，融资融券 3 户；完成客户回访 29091 户；完成首批迁移 9000 多户，第二批迁移账户数据（广东分组 3000 余户）的筛选确认工作已完成。

5. 板块联动建立两会一督机制。与邮政企业建立联动协调机制，每月定期参加省邮政公司组织的两次会议，并在会议上作中邮证券业务专题发言。两会是指：全省月度经营分析会。参会人员主要为省公司领导、部室负责人、专业局负责人；全省月度金融分析会。参会人员主要是省公司分管副总、相关部室、中邮保险、中邮证券、市分公司主管领导、市代金负责人。一督是指：推动各项业务时，对落后地市的督导机制。

6. 经纪业务。整合资源聚焦短平快项目，寻求突破。分公司成立了股权质押项目攻坚组。客户开发从承揽承做、开户支撑、后台盯市，形成闭环。在短短 3 个多月内，实现 3 笔股权质押业务落地，质押融出金额 1.705 亿元。通过引进专业投资顾问，为客户提供了更专业的服务，开发 1 户港股通客户，资产 60 余万元，实现港股通业务零的突破。

7. 资管投行。以关键区域为突破，以邮政体系资源为基础，以市场化运作为方向，努力克服专业人才紧张、品牌认知度不高、市场竞争白热化等不利因素，经过不懈努力，1—10 月，实现 IPO 项目签约 2 项，新三板项目签约 2 项，财务顾问项目签约 2 项，资管业务签约 2 项，银行授信落地 1 项。同时，储备 IPO 项目 4 项，新三板项目 4 项，资管项目 2 项，持续跟进项目近 30 项。截至 10 月 31 日，业务收入 107.5 万元，其中投行项目收入 105 万元，资管项目收入 2.5 万元。

8. 人才引进。通过与专业猎聘公司的反复沟通，把握住证券业内人员流动高峰的时机，精准推送企业招贤信息，组织三场金融人才“2017 求贤季”专场，储备大批优秀人选。另外，组织初面 20 多场，100 多人次。从中金公司、广州证券总部、平安证券等一流券商中引进 8 名新员工。新入职员工的学历、经历、资历、资格和资源均十分丰富，多人具有准保荐代表人、注册会计师、律师、国际审计师、注册税务师、基金从业和投资分析资格，软实力的提升为分公司拓展业务承接的范围和承办能力奠定了基础。

9. 实践邮政企业证券子文化。按照集团公司党组关于开展企业文化示范点建设工作的实施意见，开展中国邮政企业文化示范点建设工作，制定《关于开展企业文化示范点建设工作的实施方案》，并逐步建立健全企业文化建设工作机制，全面加强邮政企业文化宣传贯彻培训工作。以邮政企业文化理念识别系统中“创新 协同 诚信 担当”的企业精神，系统地对标理念要素，在集团公司统一框架下努力实践创新富有证券板块特征的子文化。被中邮证券总部推荐向集团公司申报企业文化建设示范点评选。（中邮证券广东省分公司）

【中邮证券深圳市分公司】 员工 19 人，其中本科 14 人，硕士 4 人，大专 1 人。内设综合部、运营风控部、市场部、资管投行部，有 1 个资管全成本业务团队，1 个投行全成本业务团队。利润完成 35.6 万元，收入完成 492.7 万元，其中经纪业务收入 309.8 万元，比上年增长 17.2%，资管业务收入 153.73 万元，比上年增长 250%，投行业务收入实现突破，完成 29.2 万元。累计客户 16611 户，新增开户 1866 户，1 万资产以上有效户 2714 户，占比 16.34%，客户资产总额（含两融）6.63 亿元，融资余额 900 万元左右，客户交易平均佣金率 0.0254%。

1. 经纪业务。

（1）加强板块联动发展有效户。与深圳邮政进行业务政策沟通，获取有利的帮扶政策，分配具体的新增有效户、资产量及时间进度到各个单位，督促其完成发展有效户的任务。采取轮流巡点、阶段性驻点的方式督促相关网点开发证券有效客户，累计巡点、驻点 24 个邮储网点，通过产品销售等方式新增有效户1000户。针对邮储网点发展证券业务积极性不高这一问题，深圳分公司以“如何利用证券业务撬动高净值客户”为主题，针对网点负责人和核心客户经理队伍，进行了5场200余人次的证券主题培训，与网点形成开发好证券客户就是维护和引入高净值客户的共识。

（2）线上线下相结合提升客户服务。线上针对有效户、高净值客户，分别建立15个QQ、微信客户服务群，通过每日咨询推送、在线问题解答等方式服务2000余名客户，提升相关的客户咨询服务水平。在线下，结合邮储网点客户活动，每月定期组织客户证券交流活动。

（3）发展融资融券业务。采取向市场争夺新客户的方式进行发展，发掘其他券商的融资融券客户。年内成功挖掘吸引700万元左右的融资规模，占融资总规模的60%。

（4）引入轻型营业部等社会资源。积极与社会资源对接，筹建深南营业部，将分公司资产规模、收入水平快速提升一个档次。

2. 股票质押业务。股票质押业务是今年发展的重点业务，开发优博讯、华英农业等10多项业务。但因为各种原因，没有落地一单。

3. IPO、新三板等投行业务。招聘一支市场化团队重点扶持开展该项业务。签约的IPO项目有手付通科技有限公司，储备的项目有湖南益运股份、湖北美天生物等。在新三板项目上，与深圳市芯联电股份有限公司签约，与广东广顺电器科技有限公司的签约工作正在走流程，储备的项目有深圳华士精成科技有限公司、惠州瑞德新材料科技有限公司、深圳市艾雷激光科技有限公司、深圳市凯乐新联文化有限公司等。

4. 合规管理。坚持合规经营、规范管理，将合规工作渗入各项业务流程之中，严格贯彻落实公司各项管理制度，定期开展合规培训，组织反洗钱法律、法规等知识的学习，提高员工合规意识和风险控制能力。不断加强分公司各项内控制度，力争做到健全机制、职责明确、责任落实。按照总部通知要求全面展开合规自查工作，在人员管理、执业行为、印章管理、应急机制等方面均能按要求完成工作。严格按照人民银行反洗钱各项规定及公司的部署要求认真开展反洗钱工作，严格做好日常的各项规范化工作，未发生任何重大合规、内控、反洗钱等风险事件。

5. 基础管理。建立分公司的规章制度，包括《中邮证券深圳分公司“三重一大”决策制度实施细则（暂行）》《中邮证券深圳分公司部室领导人员管理办法》《中邮证券有限责任公司深圳分公司总经理办公会议事规则（试行）》、中邮证券深圳分公司客户档案相关管理制度、《中邮证券深圳分公司客户服务分级管理办法》《中邮证券有限责任公司深圳分公司印章管理细则》《中邮证券深圳分公司突发事件及重大事项应急处置预案》等。分公司规章制度的建立对分公司加强对重点环节和人财物等权力行使的监督、业务顺利开展、工作规范运行等起到了重要的保障作用。

6. 党建工作。推动“两学一做”学习教育活动常态化制度化，坚持每月党支部全体党员集中学习一次，每季度党支部书记上一次党课。落实“三会一课”等基本制度，党支部每季召开一次支部大会。开展了一次“党员政治生日”主题活动，在活动中各位党员重温入党誓词，重读入党志愿，并宣读政治生日感言，最后党支部书记进行了寄语期望。开展“基层党组织示范点”建设，设立了党建文件盒、党务宣传栏、党员活动室等，提升分公司党建水平。开展组织生活会、民主评议党员等活动。

7. 纪检监察。公布信访举报渠道，包括举报电话、网上举报电子邮箱、举报箱、来信举报地址等。开展“党风廉政宣传教育月”活动，加强廉政宣传教育，发挥反面典型的警示作用。组织全体党员观看《巡视利剑》专题片，学习《邮政案例教育读本》中的相关案例，并对案例中的问题进行讨论，组织全体党员进行了党规党纪知识测试。开展廉洁风险防控工作，成立了分公司廉洁风险防控工作领导小组，根据分公司的实际情况，对业务流程、管理环节、关键岗位进行排查，查找风险点，制定廉洁风险目录及防控措施等。9月集团公司党组第四巡视组到公司进行巡视，积极配合巡视组的工作要求，提供相关材料进行检查，在巡视中未发现大的问题。（中邮证券深圳市分公司）

广西壮族自治区

【广西分公司】 总收入38.3亿元，完成集团预算目标的114.9%，预算完成进度位居全国同行第1位；业务收入比上年增长17.7%，位居全国同行第3位，收入规模排全国第19位。

1. 业务发展

（1）金融翼。按集团口径，代理金融业务收入23.94亿元（含保险收入），占业务总收入的62.4%，比上年增长10.36%，增幅全国排名第八，完成集团预算目标的107.91%，预算完成进度全国排名第五。代理保险业务累计收入1.85亿元，比上年增长65%，增幅位居全国第1位。保费规模比上年增长46%，增幅排全国第2位。期交保费增长51%，增幅排全国第6位。代理保险保费规模、期交业务规模、网销业务规模均列全区银保渠道第1名。

（2）寄递翼。包裹快递业务量和业务收入分别累计2780万件和3.88亿元，分别比上年增长190%和79.5%，收入增幅排全国第2位。国内电商快包市场占有率9%，比上年增长6%。国内业务方面，引进快递包裹综合服务系统，推出“桂优速”区内限时递产品。国际业务方面，南宁综保区中国邮政东盟跨境电商监管中心投产运营，国际业务加速起跑，业务量和业务收入分别为198万件和4289万元，比上年增幅分别为294%和94%。

（3）集邮与文化传媒业务：函件业务收入1.25亿元。建设“邮视通”媒体平台、县域户外LED彩屏广告牌、文化传媒营业专区，线下媒体收入排全国第4位。报刊业务实现业务收入1.95亿元，比上年增长4.7%，增幅在全国排名第6位。2018年度报刊大收订流转额4.95亿元。集邮业务收入1.52亿元，比上年增长21%，增幅在全国排名第1位。县域集邮业务收入增幅39%。联合上游厂家开发产品成为新增长点。

（4）电商分销业务。销售收入3.1亿元，比上年增长71.3%，销售收入和比上年增幅均排全国同行第6位。借助省外农特产品联合销售和多场线下、线上活动，百色芒果、柳州螺蛳粉、贵港百香果等广西土特产品尝试走向省外市场。

（5）增值业务。累计开办代征税网点274个，代征税50万户次，代征税额4.01亿元，业务收入1650万元，比上年增长110%。车险业务业务收入比上年增长8.52%。简易险业务销售实现良好开端。

（6）鑫达公司。业务收入2.66亿元，比上年增长40%，其中外拓业务收入比上年增长58%。押运业务侧重开发国有、村镇银行的县域网点。资金归集业务基本实现区级联营石油石化市场的全覆盖。管库清分工作连续两年完成邮储银行备付率管控指标。成为广西保安协会第八届理事会会长单位。

2. 企业管理

（1）新管理模式。推行零基预算，实施利润“季度下达，年度清算”模式，探索弹性成本预算政策，深度激发基层发展活力。继续实施成本费用有偿使用制度。出台扶持县域发展的指导意见和支持措施。在所有代理金融网点和A类自营营业网点落地损益核算。在南宁邮区中心局、营销中心实施实体化运作，成效显著。

（2）人力资源。完成以客户为中心经营架构变革的组织调整。实现全区三级经理、县分公司经理提醒谈话全覆盖和市分公司选人用人专项检查全覆盖。实施营业、内部处理、投递等业务岗位外包。全员劳动生产率比上年增长18.3%。组织各类岗位培训2587期，职业技能鉴定3780人次。

（3）财务管理。落实扩张型财务战略，确保发展资金保障到位。基本完成ERP系统后续模块建设，提升系统应用水平。初步实现会计集中核算“人员项目化、派单随机化、流程标准化”目标。开展房屋土地资产出租自查自

广西天峨县分公司建交易市场收寄珍珠李。（邮政报/提供）

纠。从严管控欠费风险。

（4）安全工作形势基本平稳。实现连续五年无重大、特大责任事故、案件。全区开展安全检查8362次，隐患整改率96%。实施了“平安邮政”考核、第五次邮政金融机构安全评估，推进了代理金融安全防范设施达标和安全管理标准化建设，开展安全月教育活动。

（5）审计工作。完成审计项目1251项，其中工程审计1193项，审减金额2390万元，审减率12.1%。创新开展网点损益核算效能审计、重大项目跟踪审计。研究制定工程委托审计管理制度。

（6）以服务客户为中心。普遍服务的广度、深度进一步延伸，建制村直接通邮率99.7%。实现机要邮路自办运输、双人驾押全覆盖和20年质量全红。市县城区重点党报党刊实现100%当日见报。用户投诉首问负责制落实率、解决用户投诉及时率100%。建立“桂优速”时限承诺运营质量管控体系。

3. 能力建设

（1）网络建设。陆运网运行质量综合评价居全国同行第1位。六景邮件处理中心投入运营。50个县级邮件处理中心完成场地达标建设，实现分拣、转运、投递“三合一”作业。进口邮件可当日投递和营业终了邮件可当日出口的乡镇数量均翻番提高到600个以上。组开12条省际一干邮路。7×24小时网运指挥调度中心投入运行。

（2）固定资产投资持续加大。下达固定资产投资1.58亿元，比上年增长45%，其中技改投资1.28亿元。推进中央预算内资金项目建设，基本达到集团要求。实施29个代理金融网点装修项目。完成南宁和凭祥综保区跨境电商监管中心、六景邮件处理中心、11185客服话务中心、远程集中监控省中心等重点项目的建设。

（3）信息技术。优先打造区内管理类、移动端、生产端三大开发平台，项目由整体外包向模块外包转变。实施20项信息系统的开发、升级。完成新一代寄递业务信息

平台上线推广、虚拟化云计算平台建设应用等重点项目。自主维护金融自助设备超1000台，完好率98.8%。信息网运行质量居全国同行第4位。初步建立数据全流程闭环管控机制，完成数据应用模块建设14项。

（4）重点渠道（平台）建设。新建离行自助银行综合服务点124个，综合服务点沉淀月日均余额17.02亿元，年新增日均余额15.88亿元。移动展业交易42万笔，全国排名第一。新增手机银行激活客户52万户。电子银行替代率92.8%。拓展人工自提点3412处。试点城区投递部片区网格化承包模式。60%的县分公司实施农村投递网络优化。投递员职业技能竞赛先进经验和做法得以推广。投递服务KPI指标优于考核要求建成39块县域户外LED彩屏广告牌，78个营业网点设立文化传媒营业专区。建设“邮乐购”电商服务点1万个，覆盖71%的行政村。积分兑换平台累计注册会员41.8万户。邮乐网建成2个海外馆、25个特色馆和地方馆。国际业务渠道建设：南宁、凭祥综保区跨境电商监管中心相继投产运营，建立广西至欧美等11个国家17个互换局的出口函件总包直封关系，与马来西亚贸工部及相关公司达成全面战略合作关系。

4. 党建工作

将党的领导、党的建设融入公司治理各环节，党建工作纳入年度绩效考核。推进“两学一做”学习教育常态化制度化。深入开展“桂邮党旗红”主题实践活动，党员空白支局点降至55.6%。开展机关作风建设专题活动和中国邮政企业文化框架下的子文化研究。创新开展月、季、年度纪检监察工作量化考核。集团公司党组巡视“回头看”反馈意见整改任务按照预定目标完成。实现三年巡视全覆盖目标。结合组织架构调整，开展了针对重点领域、重要岗位的新一轮廉洁风险防控。对房屋土地资产租赁、巡视问题整改落实以及集中采购重点项目合同履约情况开展了效能监察。

5. 和谐企业建设

2个先进集体被区总工会授予广西“工人先锋号”称号，1人荣获广西“五一劳动奖章”荣誉称号。为员工办理的6件实事全部落实。开展星级职工小家创建活动。累计慰问员工1024人、劳模104人、班组集体786个，帮扶困难员工190人，扶助76名困难员工子女解决上学难问题，组织全员参加广西职工医疗互助保障活动。自治区工信委、广西企业与企业家联合会发布“2017广西企业100强”榜单，其中区邮政分公司位列63名。在集团公司“新百团大战”活动中，南宁市分公司获得2017年重点城市电商快包业务发展劳动竞赛“新百团大战”一等奖，区分公司获得2017年国内省际标快业务劳动竞赛“发展组织奖”和2017年重点城市电商快包业务发展劳动竞赛组织奖。南宁邮区中心局荣获2017年度全国邮政网路运行“达标争先”劳动竞赛先进单位。广西邮政气排球队参加全国通信职工气排球比赛获得混合团体第3名。广西邮政参加全国邮政职工羽毛球比赛获得女子双打第1名和“优秀组织奖”。区分公司荣获“电子商务十佳企业”称号。（广西分公司　蒙淋芳）

【邮储银行广西分行】 分支机构954个，其中14个二级分行、1个直属营业部、45个一级支行、192个二级支行及702个代理营业机构。县城服务覆盖率100%，其中乡镇网点535个，占比56.08%。员工5166人，平均年龄35岁，其中本科及以上学历员工3337人，占比64.60%。

广西区分行资产总额1787.11亿元，列广西自治区商业银行第5位，年新增121.28亿元，增幅7.28%。实现自营收入26.81亿元，增幅12.08%，净利润6.52亿元，增幅75.13%。各项贷款余额626.69亿元，年新增102.5亿元，增幅19.55%。新增存贷比105.23%，贷款增速19.55%，贷款增速列广西商业银行7位。不良贷款率0.94%。

1. 业务发展

（1）负债业务。各项存款余额1720.77亿元，年新增97.4亿元，增幅6%。个人储蓄存款规模1600.50亿元，年新增144.27亿元，其中自营储蓄存款规模451.21亿元，新增17.15亿元。人民币储蓄存款活期占比57.62%，人民币储蓄存款市场占有率11.63%。公司存款余额126.07亿元，年新增45.51亿元。

（2）资产业务。一是公司贷款，余额148.36亿元，年新增45.23亿元。重点支持“大交通”“大电力”“大基建”项目，年新增授信194亿元。二是小企业贷款，余额54.40亿元，年新增4.59亿元。与自治区工信委签署深化合作框架协议，计划五年内向广西工业类中小企业投放50亿元贷款，合作的“惠企贷”业务增长2.39亿元，结余突破11亿元。三是小额（含个商）贷款，余额110.61亿元，年新增9.75亿元。重点发展畜禽、水产养殖行业，家庭农场和专业合作社贷款年新增4.59亿元。再就业贷款年新增5.36亿元；推动130个信用村建设；小水电、在建渔船抵押贷款年新增2.5亿元。四是消费贷款，余额209.51亿元，年新增44.94亿元。其中，汽车消费贷款新增8687万元，结余1.44亿元，实现翻番；网贷产品放款量1.06亿元。

（3）非信贷业务。非信贷资产余额148.05亿元，业务模式包括产业基金、公司客户融资、ABS、债券投资等项目。其中同业融资余额11.85亿元，同业投资余额3.8亿元；理财投资余额112.36亿元，年新增50亿元；托管业务规模345亿元，年新增174亿元。

（4）票据业务。办理票据转贴现买断业务164.59亿元，余额67.37亿元；办理票据转贴现卖断业务80.58亿元；办理票据回购式转贴现137.74亿元，余额5亿元；

办理票据卖出回购 38.44 亿元，余额 15.04 亿元。办理票据直贴 4.47 亿元，托收金额 21.79 亿元，年末余额 3.58 亿元。

（5）国际业务。贸易融资业务结余 41.05 亿元，其中供应链金融 0.1 亿元，保函、信用证及其项下融资 12.99 亿元，福费廷结余 27.96 亿元。重点发展国内信用证、保函等低资本消耗的表内外贸易融资产品，产品收益率从 50BP 提升至 120BP，实现中间业务收入 512 万元，增幅 125.94%。边境贸易结算业务新增地方结算中心合作模式，越南合作机构 9 家，实现边贸结算 33.93 亿元，结算量列系统内第 1 位。

（6）银行卡业务。发放借记卡 255.06 万张，结存卡户数 2526.33 万户。信用卡年发卡 24.9 万张，结存卡量 48.38 万张。

（7）理财业务。理财规模 117.84 亿元，年新增 32.85 亿元；发行广西分行专属理财产品 11 只，募集金额 7.35 亿元，定制机构专户理财产品 22 只，金额 39.66 亿元。个人理财规模 102.97 亿元，新增个人理财保有量 24 亿元。其中，自营个人理财规模 53.07 亿元，新增个人理财余额 12 亿元。

（8）中间业务。实现中间业务收入 4 亿元，比上年增长 51.18%。其中，贵金属实现销量 2914 万元，比上年增长 64%，实现中间收入 498 万元，比上年增长 94%。

2. 渠道建设

（1）网点轻型化建设。完成 12 个低效网点撤并和 14 个网点营业面积缩减工作，退租面积 5346 平方米，每年节约租金 520 万元、运营费用 750 万元；区分行首个轻型网点在南宁开业。

（2）电子银行建设。实现网上支付收入 2895 万元，增幅 173.1%。手机银行新增激活客户 23.3 万户，客户激活率 58.3%，比上年增长 12.1%；电子银行交易替代率 94.5%，列系统内第 4 位；手机银行柜面小额现金可分流率 56.2%，压降 10.2%。线上渠道销售的理财产品占比 74%、销售基金占比 97%、网上贷款 1.1 亿元。

（3）推进服务线上化。新增自助银行 15 个、投放 ITM 42 台、更新 ATM（含 CRS）108 台。自营移动展业交易 42.5 万笔，列系统内第 2 位。

3. 营运管理

（1）柜面营运改革。推行营业主管派驻、高低柜整合、台席压降等工作，上收授权交易 279 支，由营业主管专司网点现场全面风险管理。

（2）扩大集中作业范围。实施信贷放款、银企对账在区分行营运中心集中处理。

（3）调整业务处理流程。资金归集系统内首家试点上线，实现人行准备金账户自动记账和零余额管理。

（4）备付率降至 0.82%，创造效益 330 万元，备付金管控措施在系统内做经验推广介绍。

4. 风险管理

辖内不良贷款余额（含信用卡）6.13 亿元，不良率 0.94%。2017 年清收不良贷款 3.39 亿元，拨备覆盖率 209.14%。创新不良资产处置方式，实施重点联系行工作，专人挂钩 5 家重点分行；开展 6 个批次核销工作，核销不良资产 3.23 亿元；创新清收模式，成功处置抵债资产。防城港成为邮储银行首个抵债资产转自用的分行。

5. 信息科技

完成 22 个信息化项目建设，其中自主研发广西区高院案件执行款清分收缴系统、集中放款影像系统 2.0 两个项目。启动大数据分析平台自主建设，建成网点存款资金流向及对策分析、小企业综合收益计量分析 2 个应用系统。完成系统升级、变更 234 次，开展信息科技应急演练 13 次，开展信息安全风险专项检查。

6. 队伍建设

推进客户经理体系建设，将台席压降和网点撤并盘活人员 202 人充实到营销队伍，销售类从业人员占全行人员 28.59%。组建 10 家市分行信用卡专职直销团队。深化绩效考核机制建设，修订完善城市中心支行 / 营业部、县支行、二级支行分类考评办法，销售类、非销售类人员绩效考评指导意见，建立弹性人工成本体系。

7. 党建工作

（1）党建基础工作。学习宣传贯彻党的十九大精神，全面从严治党，加强基层党组织建设。制定全面从严治党主体责任清单、党建工作任务清单；在全辖区开展“党员承诺践诺”“微党课”“送党课下基层”等主题活动；开展“深入基层　结对帮扶”，为基层排忧解难。

（2）党风廉政建设。完成集团巡视“回头看”整改工作。制定 19 项整改任务、68 条细化措施，问责 57 人次，整改完成率 100%。组织签订廉洁风险防控责任书、承诺书，重新评估岗位廉洁风险点变化。受理信访 15 件，立案 1 件，给予党政纪处分 10 人次。

（3）工会工作。完成工会换届选举；组织劳动和技能竞赛 17 项，开展“金雁奖”“金盾奖”“特色支行奖”等评选活动；建成合格职工小家 293 家。（邮储银行广西分行）

【速递物流广西分公司】 收入 5.646 亿元，完成总部收入预算目标 109%，比上年增长 32.28%、增幅排位全国第 7 名；利润完成总部下达的预算目标，实现收入、利润“双超”。

1. 标快业务

国内标准业务收入 25121 万元，增长 24%。

（1）劳动竞赛。组织多项竞赛活动，奖惩结合有效调动广大干部员工发展标快业务的积极性。

（2）承诺服务方面。推进62个重点城市时限承诺服务营销活动，不断促进运营质量提升、企业口碑改善。

（3）政务市场方面。政务业务收入9646万元，增长35.1%。总部九大项目基本实现区层面全覆盖。

（4）商企市场方面。加强商企客户及全区性项目营销开发。开展“三进工程”，实现重点商厦写字楼、校园、集群园区市场百分百进驻目标。

（5）生鲜市场方面。全区极速鲜项目收入2900万元，有力拉动标快业务增长。

2. 电商业务

电商包裹业务收入8435万元，增长53%。

（1）项目开发取得突破进展。以大型落地配、仓配一体类项目为定位，陆续上线菜鸟、康恩贝、熊孩子及良品铺子等一批大项目，行业影响力和行业口碑逐步提升。

（2）条线工作机制日趋成熟。通过召开营销周例会、派人实地指导等方式加强对各市分公司的辅导，促进全区电商条线上下有效联动。

3. 国际业务

全区国际业务收入5986万元，增长61%。

（1）加强国际出口渠道拓展，提高出口业务竞争力。向总部申请开通e邮宝新直封关系、增至15条，新签马来西亚及越南专线。

（2）加强互换局流程优化，提高业务处理效率。将互换局迁至玉洞综合保税园区，实行垂直管理，增强处理问题和协调海关的能力；上线代征税系统，提高处理进口邮件效率。

（3）加强跨境电商进出口业务开发，加快推进优质e邮宝及中速业务取得突破。

4. 物流业务

物流业务收入11634万元，增长28%。

（1）合同物流开发见成效。继续围绕总部提出的重点行业，建立市场机会版图，加快市场开发。成功开发多个项目，收入规模超2000万元。

（2）物流管理模式有创新。实施车队“创业计划”，改变以包代管模式，加强车辆资源整合和物流运力建设，支撑重点市场开发。

5. 县域业务

75个县营业部总收入7793.04万元，增长31.7%。

（1）提高重视。要求各市分公司经营管理核心团队需专人分管县域业务发展，强化推进“一县一策”落地实施。

（2）突出特色。重点突出发展县域政务市场及生鲜特产项目等优势业务。

（3）标杆引领。选取19个标杆县营业部，重点扶持、树立标杆，探索经验、复制推广，以点带面推动全区县域业务发展。

6.“品质卓越”工程

客户体验得到提升，其中申诉率下降至百万分之2.15。重点电商项目12个关键指标中11项达标，菜鸟、苹果及亚马逊项目服务质量得到客户好评。视察检查持续加强，“三费”整治严肃开展。

7.“能力提升”工程

航空网络不断优化做强，内部处理强化能力支撑，邮速合作更加畅通有效，渠道建设加快推进，生产设备加快优化升级，增强了硬能力。信息化建设加大创新，企业文化建设广泛开展，巩固了软能力。干部选拔培养力度增强，队伍教育培训力度增强，提升了人才队伍。

实施“精细化管理”工程，开创“精益求精”新局面。盈利模式扎实落地，欠费和资金管控更加严格，预算管控持之以恒，税负水平持续下降，“众创众享”工程全面推进，效益管控更强。机构、编制优化，薪酬机制优化，人力资源配置优化，劳动组织更优。国际、政务、电商、极速鲜四大中心实施实体化经营管理，专业化运营更精。审计和内控更严。对各经营单位开展财务收支审计、年度绩效审计、业务费审计和会计检查，将结果应用于经营绩效核算，并对审计发现的违规违纪行为严格通报处罚，进一步强化内控管理、严肃财经纪律。

8.“企业和谐”工程

党的建设抓紧抓实，管党治党责任不断压实，党员思想武装不断强化，党内政治生活不断规范。政治巡视立行立改。监督执纪敢管敢严。群团工作用心用情。落实“为员工办10件实事”工程，新建和完善10个职工小家，员工生产工作环境不断改善；实现全年员工人均薪酬增长10.7%，员工获得感、幸福感不断提高，企业向心力、凝聚力不断增强。（速递物流广西分公司）

海南省

【海南省分公司】

1. 经营效益持续提高

营业总收入完成105566万元，比上年增长7.39%，完成集团公司下达预算的103.94%，完成省内预算的102.11%。收支差额累计完成−5306万元，完成全年预算的103.54%，节支195万元。劳动生产率24.52万元/人，比上年增长6.98%。

（1）金融业务。按照“稳规模、调结构、降成本、增效益”的发展思路，收入平稳增长、总资产规模持续增长、余额结构进一步优化、网上交易手续费收入大幅提升。代理金融业务收入71619万元，比上年增长7.38%，完成全年计划的102.75%，活期余额占比66.19%，是全国唯一一个活比提升的省分公司。

（2）包裹快递业务。按照“重点项目，重点开发；省内省外，双管齐下”的思路，促进效益规模双提升。包裹快递业务收入 9199 万元，比上年增长 36.07%，完成预算 108.86%。

（3）农村电商。按照集团公司“建渠道、做批销、促代购、助返城、抓培训、带业务”的整体部署，加快线上线下平台建设，结合精准扶贫，创新运营模式，加大招商和地推工作，并抓好重点项目营销，分销业务收入 1463 万元，比上年增长 222.34%。

（4）文化传媒业务。报刊业务方面，日常收订流转额累计 4112.91 万元，比上年增长 65.68%。发行收入 6812.65 万元，比上年增长 3.7%，完成预算 101.82%。函件集邮方面，集邮业务收入 3613 万元，函件传媒业务收入 1745 万元。

2. 改革创新取得实效

（1）经营组织架构改革。改革后市场营销部门的作用逐步凸显，营销体系更加完善，总部项目开发和维护管理得到加强。与天津长芦盐业、中国石化海南石油、中国建材签订合作协议，“全流程不见面审批”、永诚保险、平安财险等 3 个省级项目落地实施。

（2）零基预算管理改革逐步完善。合理核定各单位利润目标，编制 2017 年利润预算，遵循重点优先原则，优化资源配置，落实财政预算资金分解。按照集团公司要求，分解普邮服务和特殊服务资金 3490 万元，加大对三大增长极业务发展的支撑力度。

（3）技术与业务进一步融合。制定技术与业务联动管理办法和创新管理办法，设立总经理创新基金，对员工创新项目给予奖励。在全国邮政首个完成金融网核心网络设备国产化工程，并自主策划实施省内网络扁平化工程，实现了海南邮政三大板块营业、生产、管理资源直联省中心，大大提高省内网可扩容性，提升安全运行效能。对微信“海南邮政服务号”进行整合升级，进一步拓宽邮政业务线上发展渠道。完成工贸公司改革，提高了房屋出租资产收益，降低了运营成本、采购成本，管理效益凸显。

3. 核心能力持续增强

（1）运递能力持续提升。优化调整干线邮路，加快传递时限。做好智能包裹柜的推广使用工作。

（2）服务质量稳步提升。完善服务质量体系建设，分阶段分环节推动新《邮政普遍服务标准》落实工作。制定邮政普遍服务履职报告制度，进一步加强履职工作管理。开通三沙航空邮路，永兴岛军民可以看到当日出版的党报党刊。在巩固县级城市及乡镇政府所在地党报当日见报 100% 的基础上，进一步将党报当日见报工作向下延伸至行政村。

（3）干部员工队伍建设持续推进。不断提高干部选拔任用工作质量，进一步优化各单位领导班子的年龄、专业、知识结构，班子能力建设整体增强。持续健全选人用人机制，加强和改进对领导人员、后备干部及中长期培养对象的管理，加强对优秀年轻员工的培养。

（4）重点项目建设稳步推进。固定资产投资计划 6112.2 万元，投资建设资金 78% 为中央预算及集团公司资金。

4. 管理工作更加规范

（1）重点成本管控不断强化。一是强化财务风险管理。二是严控非生产性支出。三是加强维修费、油料费、宣传费等费用的审核和管理，不断优化标杆水平。维修费比上年下降 32.96%，绝对值减少 2242 万元；营销费用比上年下降 42.76%，绝对值减少 1453 万元。

（2）采购管理水平不断提升。集中采购规模进一步拓宽，范围覆盖货物、服务、工程等多个领域。完成采购项目 61 个，预算金额 7383.52 万元，合同金额 6231.06 万元，节约资金 1152.46 万元，节约率 15.61%。

（3）运营管控不断加强。完善陆运网考核办法，提高考核标准，调整邮件时限类考核指标。加强指挥调度和运营数据分析，加强培训，优化流程。

（4）风控和安全管理进一步加强。推进安全文化建设、制度建设、设施建设，形成“党政同责、一岗双责、齐抓共管”的安全生产工作机制，实现全年安全生产“三无”目标。

（5）基础管理工作进一步夯实。抓好建章立制，在人力资源、财务管理、合同管理、业务发展、采购管理等方面出台或修订相关管理办法，认真执行“三重一大”决策制度，不断推进管理制度化、规范化。

5. 全面从严管党治党

深入推进“两学一做”学习教育常态化制度化，认真学习宣传贯彻党的十八大、十八届历次全会和十九大精神，特别是近期通过中心组学习、谈学习体会、领导人员集中学习培训等方式，在全省邮政掀起学习宣传贯彻党的

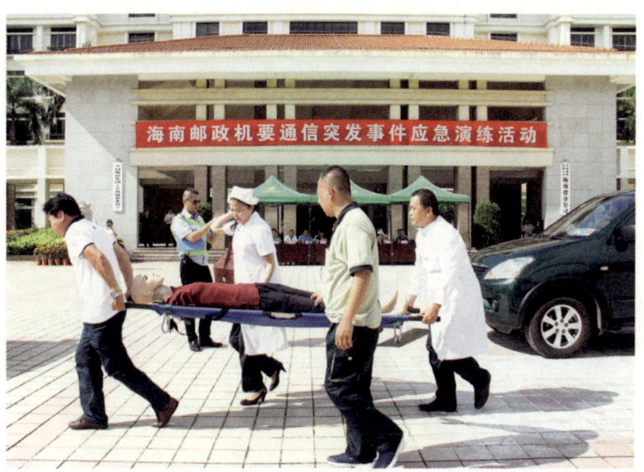

7 月 2 日，海南省分公司联合省邮政管理局举办海南邮政机要通信突发事件应急演练活动。（海南省分公司 / 提供）

十九大精神的热潮。强化党建工作长效机制，做好巡视反馈问题整改，作风建党工作得到强化。把党的领导融入企业发展的各个环节，强化党委主体责任，纪委监督责任，坚持党的建设与企业发展改革同步谋划，切实把党的政治优势、组织优势和群众工作优势，转化为企业的竞争优势、创新优势和科学发展优势。

6. 以人为本凝心聚力

（1）企业文化汇聚力量。省信息技术局信息网省中心被评为全国“工人先锋号”，省运输局被授予海南省“五一劳动奖状”，海口市分公司美苑路邮政营业所被评为海南省“工人先锋号”，海南邮政系统有5个集体获得“2015—2016年度海南省青年文明号”称号。此外，2人荣获“2017年中国邮政集团公司优秀科技工作者”称号，1人荣获“全国邮政机要通信工作先进”个人称号，1人当选为省第7次党代会代表。

（2）办好实事普惠员工。推进以职代会为基本形式的企业民主管理工作，邮政各基层工会均建立职代会制度。建成职工小家181个，验收合格数量117个，受益职工1534人，职工满意率95%，并提出新一轮的小家建设三年规划目标。（海南省分公司　洪文娴）

【邮储银行海南省分行】 高级管理层下设资产负债管理委员会、授信审议委员会、风险与内控委员会、产品创新与科技管理委员会、“三农”金融服务管理委员会、消费者权益保护工作委员会等6个委员会；内置一级部门17个、二级部门8个、直属单位1个；下辖二级分行2个、一级支行16个。金融网点350个，其中银行自营79个、代理271个，其中60%的网点分布在县域和乡镇。员工1662人，其中本科及以上学历员工951人，占比57.2%。

资产规模640亿元，比上年增长58亿元，增幅9.4%，各项贷款总额190亿元。实现自营收入10.53亿元，比上年增长1.11亿元，增幅11.89%，增幅排名系统内第6位；实现利润总额3.49亿元，比上年增长3.25%。人均创收65万元，比上年增长8.11%；人均创利21.97万元，比上年增长2%；点均创收1313万元，比上年增长10.07%；点均创利443万元，比上年增长3.8%；成本收入比58%，比上年下降2.45%。

1. 业务发展

（1）个人金融业务。邮政金融个人储蓄余额509亿元，活期占比67%，排名系统内第2位；其中，自营个人储蓄存款突破150亿元，年净增6.1亿元，比上年增长8.7%。中间业务收入占比27%，人民币理财保有量增幅排名系统内第3位，代理保险市场占有率继续排名海南省同业第1位；信用卡新增发卡5万张，比上年增长98%，信用卡突破十万张大关；电子银行交易替代率94.5%。网点服务能力进一步提升，客户投诉处理满意率100%。省直属支行荣获中银协五星级网点。个人金融业务收入3.77亿元，比上年增长8.95%。

（2）公司业务。公司存款106亿元，增幅排名系统内第14位，海南省市场占有率1.85%。公司信贷业务，压缩票据17亿元，放款42.3亿元。公司资产业务年末余额43.69亿元，较上年增长32.22亿元，增幅281.04%。办理近4亿元的福费廷业务和3.2亿元低风险信用证融资业务，开立省内首笔进口信用证458.8万美元，办理省内首笔进口押汇业务367.04万美元。业务收入2.62亿元，比上年增长8.04%。

（3）零售业务。零售贷款110亿元，比上年增长40%，信贷员单月放款量平均每月575万元，二级支行平台单人营销量平均每月51万元，信贷条线人员绩效平均每月超同期2000元。二级支行网点成功营销发放各类贷款7113笔共计1.9亿元，79个二级支行初具综合营销能力。信用村建设实现省内县域全覆盖（三沙市除外），得到监管部门的肯定。小企业金融实现放款11.36亿元，完成总行计划任务122%，全面完成三个不低于目标。零售信贷条线（含小企业）收入3.29亿元，比上年增长14.59%。

2. 风险管理与案件防控

（1）发挥案防领导小组作用，逐级签订案防责任书。开展新制度审查80项，新产品审查2项，落实44项失效制度的整改工作，分行保持成立10年零案件。

（2）全面风险管理体系建设。开展“213”工程建设，建立专业队伍，设立负向积分考核平台，重点推进资产风控保障体系及员工合规文化保障体系建设。海南分行不良贷款金额5579万元，不良贷款率0.28%，排名系统第3位。

（3）强化专项检查，完成监管专项治理工作。印发银监会八个重要监管文件，贯彻落实银监会“三违反”“三套利”“四不当”“十乱象”和“银行业风险防控意见”等专项活动。

3. 机关效能

（1）财务管理。构建条块结合的经济资本配置体系，按收益最大化原则，协调条线间规模调配，申请追加信贷计划5.47亿元。加强统计与经营分析管理，健全统计监管制度。完成报账系统和ERP核心系统等架构上线，打造统一、规范的财务管理新模式。

（2）人力资源。调整分行组织架构；建立积分绩效考核体系；加强领导干部年度考核评价工作；加强人工成本预算管理，规范员工福利管理。

（3）重要事项督办。对于行长办公会、党委会等重要会议决策的重要事项实行列表督办，督办公司业务重大项目梳理、营运中心建设等重要事项32件。

4. 品牌建设

制定《海南省分行2017年新闻宣传考核办法》和每

月宣传计划。发稿数突破1000篇，比上年增长11倍。其中牵头总行异地调研采访一次，策划新闻专题采访3次，海南分行精准扶贫等事迹先后被中央、地方等20余家主流媒体报道。行业内媒体《中国邮政报》、邮银理财采用26篇，其中13篇以头版或专版形式刊发，新闻宣传排名系统内第1位；负面舆情压降至1条，较上年下降80%，品牌建设综合排名列系统内第5位。

5. 党建工作

（1）统筹推进从严治党主体责任，签订责任书，压实、分解责任。

（2）以“强基固本2.0”工程建设、党员承诺践诺为抓手，出台基层党组织积分管理办法，推动全行党员的作风建设。

（3）举办“两学一做”党建知识竞赛、党风廉政宣传教育月、建党96周年暨“七一”表彰大会、专家专题宣讲、赴革命教育基地培训等系列活动。

（4）做好集团公司巡视反馈问题整改落实工作，对巡视组指出的4大方面46个具体问题逐条逐项整改落实，制定和完善制度14项，整改率100%。

（5）工会工作，在19个基层工会组织79个网点建职工小家，其中有35个小家建立职工食堂，解决900多名员工吃饭的问题。6月4日，中国邮政储蓄银行工会海南省分行委员第二次会员代表大会举行，选举产生新一届工会委员。

6. 支持实体经济

提升对公贷款审批效率，支持海南省实体经济、基础设施项目发展，开辟绿色通道，加强对实体经济信贷倾斜支持，通过发放“两小”、项目贷款和同业融资，累计回流支持海南经济建设资金1600亿元，发放对公存款近50亿元，有效推动海南交通、航空、机场、港口、电力及燃气、公交等基础产业的发展，参与海口地下综合管廊PPP项目及海口道路改造、三亚棚改项目和海绵城市项目建设，落实海洋强省战略，助力海南渔业养殖、远洋捕捞行业，支持海南国际旅游岛建设。（邮储银行海南省分行）

【速递物流海南省分公司】 业务收入实现6146万元，比上年增长44.92%。标快业务创收1183万元，电商业务、合同物流保持快速发展，电商业务创收2007万元，增幅32.77%；合同物流创收888万元，增幅62%。

1. 国内标快业务。

（1）以73个重点城市线路为中心区域，做好流量流向汇总分析等基本功，根据客户分布情况，有针对性组织开展营销工作，强化业务的开发拓展。

（2）拓展政务类业务。积极开展“国家公文”寄递的政策性宣传，继续做好政务市场挖掘和目标客户的销号开发工作，积极主动介入政府部门便民服务和企业商务活动，深度融入“互联网＋政务”，以“网上办理＋线下寄递”服务，进一步提高服务质量和服务水平，优先处理发运政务类邮件，开发了车牌、出生证及健康证寄递服务，在海口政务中心开展驻点收寄服务；主动做好法院专递、出入境等政务邮件投递服务工作。到12月31日，在线政务业务10项，创收302万元，增幅12.64%。

（3）发展商务类业务。以“三进工程”推进实施为抓手，着力落实进驻责任，采取“封楼、封场”等模式，强化商厦、写字楼、集群市场的开发拓展；集中营揽投力量常态化推进假日营销工作，主动做好银行票据、保险单寄递业务的服务工作，银行票据业务创收200万元。

（4）增值业务。进一步提高代收货款回款率，有效低退回率；进一步规范返单业务的服务，推广电子返单服务，提高服务效果。

（5）拓展现费客户市场。以提高服务响应为着力点，扎实做好服务组织、服务响应管理，进一步提高上门响应的服务时限，提升客户体验；加强电子渠道推广宣传力度，以便捷服务为卖点，利用优惠政策、电子营销渠道促销引导客户寄递。

（6）同城业务。5月，优化同城网，试运行同城当日递时限承诺服务；协助邮政海南省分公司优化省内网，支撑省内当日递、次日递业务开办。

（7）推进小团队建设。10月，以3至5人为一组，设立揽投服务小团队，将每个揽投站内的服务区域划分为若干区域，设置区域业务收入、上门服务时限等服务目标，小团队在划定的区域开展揽投服务，进一步提高了揽投队伍的协作能力和服务效率。

（8）拓展终端代办点。为进一步提高服务覆盖面，拓深揽投服务尝试，根据股份公司的部署，发展速递物流代办点。发展代办点400多个。

2. 电商业务。参与海南农产品寄递服务市场的竞争，将营销目标瞄准水果、土特产、干货等寄递市场，相继开发了多家海南知名品牌土特产品寄递业务，创收近1000万元；围绕电子商务、商场店铺、产业集群、工业园区等目标市场，组织做好淘宝客户营销工作。7月，开通海口—无锡省际电商专线邮路，以“生鲜源产地＋包装＋寄递”的服务模式，提供个性化服务，介入淘宝电商客户经营环节，发展一批中小型水果、土特产等电商客户。

3. 物流业务。以烟草、中石化易捷店配送项目为重点，积极做好配送服务工作，深挖项目潜力，成功中标海口烟草农网配送、儋州烟草干线运输，开发了海口、琼海、儋州、三亚全省四大烟草分公司以及红塔卷烟厂的烟草配送服务；同时，认真抓好“腰部客户”的拓展，积极发展电商物流。烟草配送服务创收460万元，比上年增长120%。（速递物流海南省分公司）

重 庆 市

【重庆市分公司】 业务总收入 45.24 亿元，规模排名列全国第 16 位。完成集团公司下达预算目标的 110.38%，高于全国平均进度 7.09%，比上年增幅 17.91%，高于全国平均增幅 7.65%，进度排名和增幅排名均列全国第 2 位。经营利润 5.76 亿元，比上年增幅 8%。收入利润率 12.74%，净资产收益率 32.27%，排名全国“双第一”。全员劳动生产率 31.29 万元 / 人。无重大安全生产事故发生。

1. 业务发展

（1）代理金融。12 月 26 日，余额规模 2014 亿元，进入全国代理金融余额规模前 10 强。新增余额 260.43 亿元，市场占有率 14.35%。

（2）保险业务。寿险新单保费规模 123 亿元，比上年增幅 37.14%。车险保费规模突破 3 亿元。简易险保费 2342 万元。

（3）包裹快递。收入 3.06 亿元，比上年增幅 63.1%，新增协议客户 2123 户，累计 5405 户。

（4）农村电商。先后与市商委、农委及石柱、长寿、黔江等 12 个区县政府签订农村电商合作协议；建成农村电商区县运营中心 33 个、乡镇服务中心 334 个、村级服务站 9134 个，发展邮乐小店 6.43 万个；建成“邮乐网”重庆馆和区县特色馆 42 个；批销业务交易额 8340 万元，农产品进城销售额 635.4 万元；在首届“邮乐 9 · 19 购物狂欢节”活动中，批销交易额及下单掌柜数均列全国批销二类省第 2 位。

（5）文化传媒。实现市级党刊《当代党员》《党员文摘》《党课参考》和集团统谈《中办通迅》等杂志回归邮发，新增订阅流转额 8350 万元。开展全民阅读、直辖 20 周年、党的十九大等主题活动，收入 4000 万元。广告媒体收入 3968 万元，比上年增幅 199%。以福利市场为突破口开展电影票项目，实现收入 2056 万元。

重庆市“6+1”业务发展能手代表在 2017—2018 跨年战役启动会上请战。（重庆市分公司 / 提供）

（6）总部项目开发。1144 个网点开办“双税双代”业务，收入 2366 万元，“票易达”寄递项目收入 169 万元。代理金融网点代收交通罚没款实现全覆盖，并进驻 31 个车管所代收车辆规费业务。代收加油款手续费价格处于全国前列，收入 1925 万元；邮政车辆加油优惠政策为企业节约加油成本 250 万元 / 年以上。39 个区县均开办烟草零售业务，收入 8395 万元。与生命人寿、中国人寿等保险公司深入合作，大力拓展代发工资、媒体广告、员工福利等业务。

2. 能力建设

（1）邮政基础设施建设。投入 6.13 亿元，网点建设改造项目 131 个，建设、改造邮件处理场地 26 处、仓配中心 12 处；完成机要局生产场地改造及万州、巴南、江津等 6 处局房装修改造；第三邮件处理中心、重庆西站邮件处理中心等重点项目进展顺利；实现中央预算内资金项目全市集中支付，完成“十二五”普遍服务、“三农”项目验收工作；完成《重庆市主城区邮政设施专项规划（2008—2020）》修编工作。

（2）实物网转型创新。重庆市分公司生产指挥调度中心于 6 月 30 日正式运行；建成投产中心局空港枢纽，实现省际进出口邮件场地分设；新增开省际一干邮路 6 条，增加市趟邮路 13 条，完成市趟邮路分网运输；完成全市 32 个区县“转运、分拣、投递”三合一流程优化，揽投 PDA 配置率 100%。

（3）农村物流体系建设。完成 26 个县级处理中心场地改造，其中 18 处场地同步配置装卸、分拣皮带机；配置各类邮运车辆 115 辆、投递车辆 135 辆，初步建成“仓储 + 物流 + 配送”农村电商物流配送体系。16 个全市农村电商示范区县及物流配送重点区县全面推行“钞邮分离”。采取增配车辆、租赁新能源汽车和“私车公助”等措施，解决农村末端投递车辆缺口 103 辆。

（4）渠道平台建设。创新开展代理金融“三低整治”（低效网点、低效台席、低效设备），压降现金台席 280 个，搬迁自助设备 32 台，轻型网点试点建设 26 个，盘活网点人员 278 名。完成代理金融网点迁址 56 个，投放金融自助设备 337 台；普遍服务网点新增 16 个、迁址 20 个、撤销 11 个；建成综合便民服务站点 9751 个，新建主题邮局 5 个，新建、更新报刊亭 18 个。新增手机银行激活客户 86.14 万户，列全国第 11 位；电子银行交易替代率提升 5.98%，列全国第 13 位。

（5）信息化支撑。完成新一代寄递平台系统、指挥调度平台、新一代自助银行系统等重点信息化项目建设。自主研发“渝新欧”运邮辅助管理、员工营销积分等 12 个信息管理系统。完成各类数据分析专题研究 11 项。信息网运行质量排名全国第 6 位。

3. 企业管理

（1）财务管理。完善预算管控机制，成立全面预算管理委员会。全市营销费率比上年下降 0.4%；公务费用比上年下降 15.21%。优化绩效管理体系，建立业财联动管控欠费机制，资金利息收入比上年增长 154%。

（2）人力资源。从严控制用工总量，实现全口径用工总量零增长。全面落实人工成本零基预算管控模式，建立员工月度收入保底机制。初步形成外包费用与人工成本总量联动管控模式，实施营业、投递、内部、运输处理、安保等环节外包项目 203 个。

（3）服务质量。新增无着邮件量比上年下降 42.4%；累计复活无着邮件 773 件，比上年增长 22.5%。用户申诉率低于集团考核标准和全国平均水平。按照“先外后内、先赔后查”原则，使用赔偿基金 65 万元。

（4）干部员工队伍建设。结合经营组织架构改革，选拔调整领导人员 45 人，全市各级领导班子成员本科及以上学历占比 90.91%，比上年提升 2.63%。加强干部梯队建设，建立全市优秀年轻干部信息库和管理人才储备库。开展投递员职业技能竞赛，斩获第五届全国邮政投递员职业技能竞赛 4 个个人奖项。

（5）企业和谐发展。组织开展年度“十佳企业”等专项劳动竞赛；超万人参与“提创意、争创新”活动，创新动员率 83.74%，列全国第 4 位。制定出台企业文化宣传贯彻实施方案，组织实施“职工小家”建设、“暖冬计划”、特殊困难员工帮扶计划等为员工办好事实事项目 10 项。市分公司党委书记、总经理廖涛，合川盐井支局投递员刘伦，沙坪坝青木关支局支局长邱骥获评“重庆市第五届劳动模范”。（重庆市分公司　兰英）

【邮储银行重庆市分行】 高级管理层下设 6 个委员会，内设一级部 22 个，二级部 9 个；下辖 1 个直属支行，二级分行 7 个，一级支行 39 个。网点 1703 个，其中银行自营 233 个、邮政代理 1470 个。从业人员 4171 人，平均年龄 36.5 岁，其中本科及以上学历员工 2936 人，占比 70.4%。

资产规模 2699 亿元，比上年增长 269 亿元。完成收入 29.24 亿元，系统内排名第 17 位；完成考核利润 8.6 亿元，比上年增长 11.57%，系统内排名第 16 位。劳动生产率 70 万元，系统内排名第 12 位，比上年增长 3.2%。经济资本回报率 15.69%，系统内排名第 11 位；经济增加值 2.21 亿元，比上年增长 22.10%，系统内排名第 14 位；成本收入比 51.96%，系统内排名第 14 位。

1. 业务发展

（1）负债业务。调整业务结构，提高活期存款占比，各类存款余额 580 亿元。其中，储蓄存款 467 亿元，净增 17.66 亿元，活期占比 40.22%，与上年末基本持平；公司存款 115 亿元，活期占比 83.4%，比上年提高 2.3%。

（2）资产业务。信贷资源向“三农”、小微企业等实体经济重点倾斜，各类贷款余额 643 亿元，净增 121 亿元。“三农”金融贷款余额 81.62 亿元，其中个人商务贷款净增 1.33 亿元、小额贷款净增 3939 万元。小企业金融贷款余额 31 亿元，净增 9.5 亿元，其中快捷贷等新产品净增 4.96 亿元，占比 55%。消费信贷推广互联网产品，贷款余额 345.05 亿元，发放贷款 101.44 亿元，净增 40.17 亿元。公司贷款对接基础设施建设、重点项目、企业的融资需求，贷款余额 133.58 亿元，净增 57.27 亿元，增长 75%。新增同业融资 183 亿元，新增同业投资 160 亿元。

（3）中间业务。成立中间业务发展委员会，以手机银行、信用卡等战略性业务为重点。中间业务收入增长 14.46%，占总收入比重 13.45%，比上年提高 1.91%。电子银行客户 165 万户，新增 21 万户，交易量 1.4 亿笔，交易金额 857 亿元，其中手机银行结存 116 万户，新增 19 万户，激活率 47.56%，比上年提升 9.46%。电子渠道交易替代率 86.66%，比上年提升 4.52%。信用卡结存 39.91 万张，新增发卡 14.59 万张，比上年增长 226.61%，新增激活率 58.15%，交易金额 112 亿元；信用卡收入 8462.23 万元，增幅 39.64%，单卡收入 305.04 元。销售个人理财 67 亿元，比上年增长 71.5%，其中线上销售 66 亿元，占比 85%。代理各类保费 2.95 亿元，比上年增长 44.03%。资金托管业务规模 1108 亿元。

2. 资产质量

将信贷资产质量与绩效考核、机构风险评价、信贷业务授权等挂钩，以压降不良贷款。不良贷款率 1.5%，较上年下降 0.17%；逾期率 1.74%，较上年下降 0.3%。清收回不良贷款本息 3.18 亿元，其中收回已移交不良贷款本息 1.84 亿元，比上年增长 83.48%；已核销贷款收回 0.57 亿元，比上年增长 711.22%。

3. 精细化管理

（1）发展方式方面。推行绩效考核、资源分配以及干部考评等机制，转向“质量、效益”优先。机构运行、市场拓展等费用比上年减少 1648 万元，降幅 4.2%；三公经费减少 447 万元，降幅 18.13%。

（2）绩效考核方面。实行人工成本零基预算，建立以风险减值拨备后的利润、点均利润、人均利润为主要指标的绩效考评体系。分行人均利润 19.69 万元，系统内排名第 13 位，增幅 12.20%；点均利润 385.15 万元，比上年增长 34.13 万元，增幅 9.72%。

（3）人力资源方面。通过定编定岗、精简部门、职能上收等措施，盘活中后台、网点 330 余人，充实到客户经理队伍。开展金种子计划，客户经理占总人数的 22.14%，比上年提高 0.63%。开展各类培训 8300 人次。

4. 内控案防

（1）风险管理。制定分支机构风险评价实施细则、分行机关部门风险管理工作考评办法。完善新产品、新业务风险评估制度 2 项。加强风险监测预警，发布 11 期监测报告、8 期风险提示。

（2）案件防控。开展“三三四十”系列监管专项治理，专项排查对公重点业务风险，对辖内机构开展一体化检查和整体接管飞行检查，发现并整改问题 8787 个次，问责 7593 人次，处罚金额 295.9 万元，纪律处理 150 人。修订案防工作实施细则等 3 项制度，编发新规快讯 12 期。审计项目 27 个，内部专项审计 19 个。建成 52 个安全管理标准化达标网点，自营网点视频监控全部接入分行集中监控中心。

5. 党建工作

（1）党的建设。深入学习宣传贯彻党的十九大精神，开展“微党课”系列活动。组织党员承诺践诺主题教育活动，实施“强基固本 2.0”建设工程，推进“两学一做”学习教育常态化制度化。举办党的十八届六中全会精神专题培训班、党务人员培训班。修订党建工作考评办法，将党建考核指标纳入经营管理绩效考核。举行“筑梦路上党在我心”纪念建党 96 周年暨“七一”表彰活动，评选表彰 2015—2016 年度 67 名优秀共产党员、6 名优秀党务工作者和 6 个先进基层党组织。设立直属机关纪委，换届选举直属机关党委。

（2）纪检监察。开展集团党组巡视反馈问题自查整改“回头看”，制定整改措施 32 项。梳理廉洁风险点 1685 个，制定防控措施 1826 项，建成 421 名党风廉政建设联络员队伍。制定党组织和党员领导干部记分管理办法。成立分行效能监察工作领导小组，对 357 处租入、出租房屋资产自查自纠。组织 119 名纪检监察人员签订《保密承诺书》。

（3）群团工作。投入 504.32 万元建设“职工小家”243 个，建设率、合格率 100%，职工满意率 98.01%。启动第三期员工爱心互助保障会，开展“双关爱”送温暖工作，对 350 名困难、病重员工发放资金 111 万元。开展“邮爱公益”、第二届职工运动会等活动，创建“青年文明号”，启动 2017—2018 年跨年度“邮 e+”青年突击队活动。（邮储银行重庆市分行）

【速递物流重庆市分公司】 业务收入 4.84 亿元，比上年增长 26.69%。

1. 业务发展。

（1）标快业务。累计收入 1.76 亿元。

（2）物流业务。收入 1.5 亿元。惠普项目产能转移取得阶段性成效；开发长安汽车售后件南京库项目、长安汽车发动机厂内部转驳项目；新开发红岩汽车 CKD 拆装卸出口业务及入厂物流供应链业务；中标青山公司 2018—2020 年度变速器总成及零部件市际物流运输服务和重庆登康 RDC 配送项目；推出“渝湘”物流业务专线。

（3）国际业务。收入 8074 万元。开发赛诚、敦煌、新悦购、零角度、安德在线等年收入超 1000 万级客户；实现“网易考拉”上线运行；继续保持“菜鸟保税”唯一供应商地位；海外仓业务取得突破性发展，收入 1000 万元；成为第一批中速—DHL 开办城市；与澳大利亚邮政达成战略合作意向，实现“中邮海外购”成功落地重庆。

（4）电商业务。收入 5816 万元。开发“5432”客户 6 家、挖掘电商“腰部客户”465 家；开展“双十一”电商业务会战，实现电商收入 1813 万元；首次推出奉节脐橙、梁平名柚、长寿沙田柚和长寿血脐等鲜果类产品的销售和寄递业务，实现 EMS 在重庆生鲜寄递市场的新突破。

2. 发展能力。加大基础能力建设投入，投入资金 1619 万元，新、改建 20 个营业网点并投入运营；新增物流仓储场地 4707 平方米；投资 337 万元，新增、更新处理设备；新增、更新各类车辆 127 辆，其中新能源车 67 辆。加快营销体系建设步伐，组建创客团队 80 个，开发政务客户达到 1268 户；组建商企中心 10 个，商企客户经理 95 人，商企客户 6776 户。

3. 网络运行支撑能力。新增重庆—纽约、洛杉矶国际航线，增加重庆至纽约、洛杉矶、芝加哥等城市直封格口；将重庆至贵阳方向的邮件通过陆运干线发运，缩短时限；重庆至成都核心范围邮件次日递率提升至 95% 以上。

4. 企业管理。人力资源管理进一步优化。人均劳产率 20.88 万元，增长 23.6%；调整岗位 704 个，一线人员占比提升到 60%；邮件处理中心人均日处理量 555 件，比上年上升 18%；举办各类培训班，培训 3667 人次。

5. 网络运行管控。对“及时妥投率”等五个关键环节严格实时监控；全市跟单内部调度率下降 15%；异常邮件当班解决率提升 19.77%；核心范围及时妥投率提升 15.29%。企业基础管理进一步夯实。成立质量规格检查专班，全市质量规格指标有较大进步；开展“两费一款”专项整治；进一步严格集中采购流程，规范采购行为，节约企业资金；强化安全管理工作，定期开展安全大检查活动，化解企业安全风险。

6. 党建纪检工作。构建全面从严治党责任体系。形成上下联动、协调统一的从严治党责任体系和“年初全面谋划部署、年中回顾阶段性再落实、年底全面盘点总结 + 重大问题随时专题研究”的“3+X”工作机制。认真落实党建纪检工作重点任务。专题学习十九大精神，持续推进分公司“两学一做”学习教育常态化、制度化；确立“五有、五好、五定期”15 条基层党组织建设标准，建立 2 个示范点。抓好作风建设和党风廉政建设。（速递物流重庆市分公司）

【中邮保险重庆市分公司】

1. 经营发展

（1）保费规模。完成年度各项目标任务。实现总保费12.86亿元，比上年增长34.8%，完成年度预算128.8%，进度排名全国第二。实现新单期交保费3.59亿元，比上年增长191%，完成年度预算进度152.7%，进度排名全国第二。实现续期保费3.56亿元，完成年度预算110.2%，进度排名全国第一。实现新单长期期交保费3589万元，完成年度预算170.9%，进度排名全国第二。

（2）业务结构。持续推进期交规模化、价值化，期交保费占总保费比重55.7%，比上年提高15.1%。中短存续期占总保费比重24.1%，比上年（58.9%）降低34.8%。开发团险外拓客户18户，实现外拓团险保费4.24万元，开启外拓经营新模式。

（3）邮银渠道。分公司坚决贯彻落实集团“一体两翼”的经营发展战略，坚持均衡协调的发展理念，进一步加大对银行渠道的业务推动，强化营销支撑，推动邮银两个渠道均衡发展。邮政、邮储银行渠道实现新单期交保费3.37亿元和2070万元，分别完成年度预算153.4%和138%，预算进度分列全国第2位和第1位，实现邮政、邮储银行同向协同发展。

（4）区域发展。城市区域累计实现新单保费1.54亿元，其中实现新单期交保费6103万元，比上年增长336.2%，高于全市平均增幅140%，占全市中邮新单期交保费比重17%，比上年提高5.4%。城市区域、县域区域保费比例从11∶89转变为17∶83，区域之间发展更趋平衡。

2. 运营管理

（1）探索优化理赔流程。探索并建立微信“理赔直通车”服务方式，实现中邮保险局及网点人员理赔资料的微信端实时审核，提升客户体验，理赔服务质量与效率大幅提升。理赔服务时效从上年的2.64天缩短到1.34天，排名全国第三；理赔获赔率从上年的94.23%提升到95.93%，小额案件5日支付率保持100%；个险结案167件，累计支付赔款244.21万元；团险结案376件，累计支付赔款293.33万元。

（2）持续加强过程管控。坚持源头管理，强化后台管控，确保承保品质稳中有升，全契约综合考评排名全国第一。持续狠抓保全质量，加强重点单位督导，提升品质短板，保全复核修改率1.57%，保全流转时效0.9天。充分利用各种交流平台，积极开展全市中邮保险局人员专业培训，加强运营相关业务规则宣传贯彻，各项运营指标持续向好。

（3）提升续期质量。建立健全续期管理体系，完善续期催收管理制度，建立分公司、区县机构、网点三级联动催收工作机制，强化过程管控。强化客户维护，抓好客户催收活动重点项目，深入推进失效保单清理复效工作，扎实做好数据横纵向分析和节点管控。实现续期保费收入3.57亿元，完成年度目标110.2%，进度列全国第1位；续期宽末综合达成率97.88%，列全国第4位；续期13个月继续率96.85%，列全国第1位；25月继续率为97.01%，列全国第6位。

3. 合规管控

（1）风险防控。围绕“1+4”系列文件精神，联合邮政开展风险防控检查，组织全市38个区县中邮保险局、419个邮政网点开展自查，实现区县中邮保险局自查率100%，展业网点自查率50.3%覆盖目标。开展年度风险、风险防控自查、销售管理专项整治、防范非法集资、重点领域乱象专治等8项专项排查活动，明确重点区域，做到精准防控。深入开展合规文化建设，举办分公司法律法规知识学习竞赛活动，营造全员学法守法氛围。不断强化落实销售行为可回溯管理要求，联合市邮政公司、市邮储银行，深化相关培训，协同开展质检，并通过自制双录标准化教学视频，不断提升培训指导力度。

（2）防范退保风险。认真落实监管要求，针对新年A退保时间紧、任务重、作业量集中的特点，分公司制定《新年A集中退保应急预案》，为确保处理时效，成立应急作业小组全体成员利用节假日及8小时外连续加班，全力支撑新年A退保工作，累计完成新年A退保9535件，退费5.68亿元，期间未发生一起客户投诉，退保资金全部安全到账。

（3）内控管控。紧密结合监管政策调整和经营发展需要，及时组织开展制度建设全面清理专项工作，落实制度建设责任。立改废制度86项，重新确定有效制度380项，进一步完善分公司规章制度体系。规范合同管理，开展合同清理专项活动，对2015年至2017年签订的113份合同进行清理排查，进一步完善合同审批管理流程，规范合同档案管理工作。

4. 年度获奖情况

人民银行重庆营管部2016年金融机构A级综合评价；重庆市2017年度保险公司A级服务综合评价；重庆市2017年人身保险公司投诉处理考评第2名；2017年中邮保险合规与风险管理综合评价全国第1名；在重庆保监局、重庆市保险行业协会主办的2017年法律法规知识竞赛中，分公司获得团队第1名、个人第1名。（中邮保险重庆市分公司）

四川省

【四川省分公司】 总收入73.8亿元，比上年增幅9.94%，完成集团公司下达计划103.57%。实现经营利润5.38亿元，列全国第6位，比上年增幅96.32%。收入利润率提升至7.28%，货币资金增加至14.4亿元。

1. 业务发展

（1）代理金融。保费142亿元，其中中邮保险17.24亿元，比上年增幅23%，银保市场占有率23.5%，排名列全省第二。保费综合收益率4.28%，比上年提升0.59%。新增手机银行用户135万户、结存590万户，分列全国第6和第5位。

（2）包裹快递。收入5.91亿元，比上年增幅41.12%，高于全国平均水平8.8%。电商快包日均平台量15万件，比上年增幅166%。成都、绵阳等市入围“新百团”重点城市。“双十一”收寄电商快包295.5万件、比上年增幅53%，日峰值46万件、比上年增幅48%。

（3）农村电商。邮乐购站点2.32万个，活跃度96.6%、A类掌柜占比30.5%。批销额2.63亿元，是集团公司计划目标的2.6倍，50个重点县占比超过六成。代购73.4万笔、金额2314万元。线上农产品销售3061万元，列全国第6位。“农村电商+”业务量提升，邮掌柜及会员56万，沉淀金融资产147.7亿元，平台造包825.7万件，销售车险5012笔、1672万元。优惠购收集完善客户信息165万条，参加活动客户资产提升12.3亿元。

2. 创新改革

（1）机构编制调整。省市县邮政企业机构设置、领导配置和人员调整逐渐到位，各层级、各部门职能职责进一步明晰，协作关系进一步理顺，为运行新的经营组织体系，促进企业向“以客户为中心”转型提供组织保障。

（2）创新工作。将创新工作纳入绩效考核，创新氛围日渐形成。发布创新课题76个，设立创新工作室52个，3条创意被集团公司评为“金点子”。代理金融推广聚合支付，交易流水逾亿元；包裹快递推进营揽投一体；农村电商推出“易邮铺”微信公众平台，电商专业引入简易险、邮电国旅等成长型项目；“熊猫邮亭”微信营销初见成效。

（3）“三供一业”改革。启动邮政家属区“三供一业”分离移交工作，完成摸底清查，为剥离企业办社会职能和解决历史遗留问题打下坚实基础。

3. 市场竞争能力

（1）寄递翼。实行省会双中心、省内双节点处理，实施成都邮件处理中心扩能，8个市州处理中心改造迁址，23个县“三合一”作业，7个市州邮速内部处理整合。新开通省际邮路5条，设置城市包裹快递专投段道，自提点1.25万个，智能包裹柜5842个，包裹入柜率列全国第1位。

（2）信息化和数据运营。完成ERP系统1.0版上线及改革配套调整。新一代寄递业务平台一阶段上线，远程集中监控系统、邮政金融免填单和自助银行系统等重大信息化建设项目实施。自主研发金融客户信息管理平台、金融优惠购、包裹大客户主动客服等十余个信息化系统。建成客户信息唯一化数据仓库，呈现风险管控模型17个。

（3）渠道布局。代理金融网点迁址69个，关停低效网点23个，建设离行式自助银行6个，填补金融空白乡镇3个。出台《渠道运营管理三年规划》，压降高柜495个，治理低效自助设备52台，ATM、CRS总量3902台。建成1个省级、42个市县级批销仓，运营面积2.49万平方米。

（4）营销体系建设。省市县三级客户营销架构基本建立，专职营销人员615人，人均业绩92万元，比上年增幅19.5%。万元以上大客户1.4万户，比上年增加2373户，大客户收入比上年增幅40.17%，大客户稳定率81.09%，提升7%。

4. 企业管理水平

（1）财务管控。开展欠费专项治理，用户欠费率降至3.77%。严控非经营性成本，稳步推进零基预算，资金运营效益提高。完成固定资产清查，推进差异化绩效考核。

（2）人力资源配置。严格用工总量管控，用工总量近年来首次负增长。加强业务外包规范管理，强化人工成本零基预算执行力度，建立市州分公司预算核定机制。

（3）投资管理。安排资金4.1亿元，支撑重点项目、重点工程。完成国拨资金项目清理，基本完成2016年及以前国拨资金项目建设。新机场航空邮件处理中心通过立项。

（4）审计监督。开展审计286项，审计金额2.05亿元，查处整改一批违规违纪问题。工程审计审减额1110万元。加大领导干部经济责任审计力度，审计监督预防作用不断强化。

（5）采购管理。强化供应商履约管理，构建管控闭环。实施省级集采项目56个，直接采购金额2.2亿元。

四川省甘孜分公司的藏族邮运驾驶员其美多吉入选2016年“感动交通十大年度人物”。（四川省分公司/提供　王勇/摄）

（6）安全形势。履行安全生产主体责任，建设“平安四川邮政”。

5. 邮政服务水平

（1）服务社会。邮政主导或参与建设的农村电商示范县27个，邮政渠道实现农产品进城5532万元。推进普惠金融，“悬崖村”开通无人机邮路，推广“邮善促民生”项目，代发扶贫资金3.86亿元。

（2）服务质量。客户服务申诉率、申诉处理满意率保持较好水平，无着邮件得到有效控制，营业质量指标稳步提高。

6. 全面从严治党

（1）明确主体责任。认真学习贯彻落实党的十九大、省第十一次党代会和2017年集团公司党建工作会议精神，推进“两学一做”常态化制度化，建立基层党建联系制度，开展基层党建示范点建设，推进全面从严治党向基层延伸。

（2）落实监督专责。全面整改集团公司党组巡视发现的76个问题，86件信访全部办毕，修订完善各类制度8个。对4个单位实施巡察、2个单位开展“回头看”。实践监督执纪“四种形态”，持之以恒纠正“四风”，深入推进廉洁风险防控和效能监察，落实“三重一大”决策制度。

（3）加强队伍建设。选好配强领导班子，提拔任用三级领导12人。开展高级职称评审，组织职业技能鉴定，加大培训力度，举办第七届全省邮政特有职业技能竞赛。

（4）提升员工获得感、幸福感。为251名困难员工子女发放金秋助学金20.51万元，为1105名医疗互助会员支付补助金177.45万元，为全体员工建立门诊医疗保险，货币化补贴全面推行，关爱劳模、困难职工和九寨沟地震灾区职工，职工小家累计1887个。省公司继续巩固“全国文明单位”成果，资阳分公司被评为“全国文明单位”；南充市分公司商业化投递部被授予全国“工人先锋号”荣誉称号；其美多吉当选2016年“感动交通十大年度人物”并荣登“中国好人榜”；5名员工获得省级及以上表彰。（四川省分公司　钟劲、周蓉）

【邮储银行四川省分行】 下辖21个市（州）分行，1个直属支行，140个一级支行，是四川省单一法人金融机构网点规模最大、服务客户数量最多的大型国有商业银行。员工9747人，平均年龄35岁，其中本科及以上学历员工6318人，占比64.8%。

资产规模5310.01亿元，比上年增长11.12%。实现收入65.01亿元，比上年增长9.47%；完成利润20.87亿元，比上年增长14.89%。各项存款余额5070.72亿元，新增462.09亿元，比上年增长10.03%；各项贷款余额1575.01亿元，新增256.93亿元，比上年增长19.49%。

1. 业务发展

（1）零售业务。储蓄存款余额1166.92亿元，列系统内第3位，新增存款市场占有率列四川省同业第1位。新增保费21.91亿元，列系统内第5位；新增人民币理财保有量39亿元，列系统内第3位。小额贷款结余68.25亿元，列系统内第8位。个商贷款净增10.46亿元，列系统内第9位。消费信贷余额642.05亿元，列系统内第9位。中邮消费四川营销中心银行渠道结余4.35亿元，列系统内第1位。小企业法人贷款结余116.96亿元，列系统内第4位。

（2）公司业务。公司存款余额726.20亿元，列系统内第5位；现金管理签约账户数比上年增长1192户，列系统内第2位。公司信贷余额459.75亿元，列系统内第5位。四川省分行牵头的首个大型银团项目贷款成功落地。债券承销金额30亿元，实现收入1126.56万元，规模和承销费收入均列系统内第4位。系统内首创的乡镇财政自有资金取现业务和独家代理的四川省二代身份证制证费代收项目成功上线。

（3）金融市场业务。同业存放和存放同业业务规模159.8亿元，比上年增长42.93%；理财资金投资业务余额76.25亿元，比上年增长173.98%；托管业务规模546.31亿元；票据卖出回购业务金额54.96亿，比上年增长418.98%，发生额和余额均列系统内第1位。营销宜宾市国有资产经营有限公司，填补公司客户表外融资的空白。营销中信银行总部资产证券化业务并实现走款12个亿，属四川省分行参与全国性股份行资产银登转让投资的首单。

（4）新兴业务。自营金融IC卡新增186.76万张，列系统内第5位。信用卡新增发卡38.53万张，列系统内第5位，比上年增长147.78%，取现金额列系统内第1位、分期金额增幅列系统内第2位。新增ETC 20.16万户，市场占比由1.21%提升至7.88%。电子银行客户1304.81万户，列系统内第5位，交易替代率为86.7%；柜面小额现金可分流率53.82%。通过聚合支付、场景建设、商圈塑造，打造“优友宝”特色竞争优势。

2. 风控案防

（1）加强风险内控。开展“三三四十”专项整治活动，加强对重点领域与行业的监测。完成省分行违规积分系统的更新换代工作。修订完善“合规基本法”，实现专项审计与内控评价等综合审计成果的交叉运用。全辖建成安全管理标准化达标网点111个。

（2）提升资产质量。拨备覆盖率310%，比上年提升15%。收回不良贷款14.2亿元，逾期不良剪刀差2.43亿元，较最高点下降3.7亿元。

（3）加强监督检查。开展对公重点业务风险专项排查，机构覆盖率100%；邮银联合开展20次接管式飞行检查。开展审计项目 86 个，二级分行审计覆盖率 141%，一级支行审计覆盖率 74.29%；邮银联合开展“代理营业机构内控及管理审计”项目，四川邮银双方首次联合审计。

3. 服务支撑

（1）信息科技。自主研发客户经理积分系统、客户画像精准营销系统、对公双录系统、现金备付金监测系统等 10 个项目；建设开发 ETC 记账卡、普惠金融代收付、社保“互联网 +”等 73 项中间业务项目。

（2）授信管理。立足授信全流程管理，受理贷款 1011 笔，增幅 23.44%；完成审议事项 816 项，增幅 21.97%。调整签约放款流程，零售贷款签约放款时间大幅缩短 50% 以上，信贷工厂上线，业务平均用时 24.72 小时，作业中心单笔业务处理时效为 37 分钟。

（3）会计与营运。完成会计核算集中上收及自营网点营业主管派驻工作；推进网点转型，压降台席 141 个，压降人员 179 人；全省实现业务印章电子化，完成同城支付系统二期上线。

（4）人力资源。修订《客户经理管理办法》；实行人工成本零基预算，将全省 10% 绩效薪酬和新增工资总额与效益指标和预算目标完成情况挂钩；各层级组织各类培训 3847 期，参训 11 万人次。

4. 精细化管理

中间业务实现收入 5.96 亿元，增幅 33.99%。公司存款利差收益率 1.7%，比上年提升 4 个 BP；公司资产业务基准以上利率贷款占比 76.97%，比上年提高 30.33%。小企业贷款执行利率 6.4%，高出系统内平均水平 34 个 BP。人均利润 21.25 万元，增幅 14.07%；点均利润 392.82 万元，增幅 20.56%。降本增效，经济资本增量限额控制率 94.61%。免税金额 8.22 亿元，抵减企业所得税 1200 万元，在系统内率先实现业务及管理费抵扣率 8% 的目标。“三项费用”比上年下降 819 万元，降幅 13.36%。现金备付率比上年下降 0.2%，周转率比上年提高 7%，节约资金成本超过 1400 万元。

5. 党建工作

（1）深入学习贯彻落实党的十九大精神，切实做到让广大员工听得懂、能领会、可落实。

（2）全面加强党的领导。推进“两学一做”学习教育制度化常态化，开展基层党组织“强基固本 2.0”建设工程。在井冈山和延安开展基层管理人员党性教育培训。论文《“党建 +”实现经营与管理共赢》被作为经验材料在系统内全文编发。

（3）从严治党。配合集团公司党组第四巡视组开展巡视工作，完成巡视整改工作。对 3 家二级分行开展巡察，发现问题 62 个，提出建议 15 条。建立落实中央八项规定精神情况月报统计制度，推进作风建设常态化管理工作，发送廉政短信 4386 人次。对 3 家分行开展专项效能监察，发现问题 10 个，落实整改措施 18 项。省分行受理纪检监察信访 23 件，办结率 100%。（邮储银行四川省分行）

【速递物流四川省分公司】 收入 9.16 亿元，比上年增长 29.5%。

1. 经营模式变革

（1）标快业务。业务量 1811.1 万件，比上年增长 29.8%，实现收入 3.06 亿元。一是政务类业务保持高速发展。身份证、出入境、交管、法院、检察院五大项目实现全覆盖，身份证业务速递率达到 48%。与省政府政务服务和公共资源交易服务中心签订“互联网 + 政务专递”战略合作协议。二是省际标快业务稳步发展，13 个经营单位达到承诺目标。“决战航空产品，把邮航装满”专项营销活动取得进展，邮航日均装载 14.47 吨，比上年增加 1.86 吨。三是“三进工程”“千户工程”深入推进。“三进工程”服务客户 6765 个，实现业务收入 2.65 亿元。“千户工程”新增标快客户 2239 户，实现业务收入 2183.8 万元。“联通网上商城”项目实现收入 396 万元。四是节假日营销力度持续加大。

（2）电商业务。业务量 1227.8 万件，增长 16.43%，实现收入 1.36 亿元。开发首个省内云仓规模项目金红叶，西南前进仓业务量达到 20 万件。实现与聚美优品（成都）、苏宁易购（眉山）的合作。“5432”重点客户合作 26 家。推进“夺取 5030 高地”活动，成都地区日均出口量 6.5 万件，业务收入 4.64 亿元、比上年增长 61.8%。

（3）国际业务。业务量 251.45 万件，比上年增长 34.2%，业务收入 1.68 亿元。拓展跨境电商业务，国际 e 邮宝业务实现收入 1.22 亿元，比上年增长 1.3 倍。推进四支专业营销团队建设，形成省、市、县三级联动的国际专业团队。加强出口渠道多元化建设，拓展邮政 + 商业渠道资源。融入“一带一路”国家战略，推进蓉欧快铁产品，从成都出发搭乘蓉欧快铁抵达欧盟 FBA 仓，仅用时 25 天。

（4）物流业务重新起航初显成效。聚焦省内配送平台建设，试点上线开通资阳、泸州等 5 条线路。物流业务收入比上年增长 26.6%，重点项目收入持续增长。输出型质押监管项目下线 8 个，缩减敞口 1.63 亿元，比年初缩减 16.7%。

2. 客户服务模式变革

（1）强化运行质量管控，网运质量指标有所提升。科学制定质效考核办法，强化质效考核结果运用。坚持“一会一中心”“日监控、周分析、月通报”工作机制。有责申诉率、有责投诉率均达到历史最好水平。

（2）强化规范操作，着力解决邮件丢失等问题。一是将邮件丢失、妥投虚假信息、有责申投诉等问题作为重要工作来抓。从省分公司到揽投站三个层级上下联动，严格落实质效考核，建立责任追究制度。二是严格落实全程监控作业处理，规范错分退回邮件处理流程，对多件情况故意隐瞒不报，不按规定及时发验、做退回或转发的，按1000元/件考核进口接收单位。三是完成自动分拣系统升级改造工作，邮件上机率、自动分拣设备处理效率和半圈落格率均有明显提升。

（3）优化生产流程，提升内部作业效率。对同路向邮件量大的格口，实现邮件从进口卸车到装车扫描全程不落地；实施邮件处理高峰交叉作业法确保进口邮航瞬时处理能力；调整趟车组织发运模式为“车等邮件、装满发车”；强力推进“中邮速递易”智能包裹柜使用，累计入柜量106万件；“双十一”旺季生产保障能力进一步增强，成都集散处理中心单日处理峰值达到51.14万件，菜鸟项目收寄量达到115.69万件，比上年增长77.61%，均创历史最高纪录。

3. 体制机制变革

（1）推进盈利模式落地，提升盈利能力。一是强化产品效益管理，将产品边际利润率引入预算编制，作为变动成本配置的对比分析指标，衡量变动成本配置的合理水平。按月对各单位国内标快、国内电商、国际标快和国际e邮宝四个产品开展分析通报，引导和树立经营单位动态管控产品效益意识。二是加强项目损益核算，制定全省速递项目效益评估模板，提升速递业务利润水平。三是持续推进预算对标分析，强化效益管理的过程监控，对收入和利润完成进度较差的单位进行质询指导。四是持续推进基本经营单位损益核算管理，逐渐恢复造血功能。五是扎实推进全环节异常邮件结算通报和督促整改工作，降低管理不规范带来的成本浪费。

（2）加强成本精细化管理，提高成本管控水平。一是对人工成本实行零基预算，加强动态管控。将人工成本费用与业务量收、利润挂钩，严格控制管理类人员工资总额，提高人工成本投入产出效益。二是加强干线邮路组织优化，将部分市州自办二干邮路调整为通过社会运力委办模式，降低运输成本。持续推进“满仓工程”，邮航日均装载率比上年提升7.44%。三是加强“三费”管理。全面查找资费、欠费、营收款管理中存在的突出问题和薄弱环节。

（3）创新驱动增强企业活力。一是持续深化营销体系建设。推进政务、商企、渠道、电商、国际、物流“六个中心”省市一体化、专业化、市场化、实体化经营。六大实体化经营团队达到54个，专职营销经理403人，客户经理人均劳产率178.5万元/人。二是纵深推进“双创”工程。全省23个经营单位和成都集散处理中心全部完成“众创众享”摘标工作。

（4）人力资源配置不断优化。一是加强损益核算应用，建立优化调整人员配置的动态管理机制。新增营销人员、揽收人员300余人，充实一线揽投岗位人员266人。二是完善省分公司机关全员绩效管理机制，建立健全KPI指标体系。开展省公司机关“双向选择、竞争上岗”工作，优化人员队伍结构。

（5）审计监督和集中采购管理持续强化。加强审计监督力度，完成审计项目20项。强化集中采购管理，集中采购生产耗材999.5万元。安全生产管理不断加强。

4. 全面从严治党

（1）党建基础进一步压实。组织开展“两优一先”评选，开展加强和改进机关作风建设专题活动，收集意见和建议150条。

（2）党风廉政工作纵深推进。履行监督专责，推动党内政治生活规范化。严格落实中央八项规定精神，严防“四风”反弹。排查廉洁风险防控风险点204项，制定风险防控措施494条。全面做好集团党组巡视整改工作，任务完成率100%。

（3）全面完成职工小家建设三年规划目标，市州公司本部和区县营揽部建成小家97处。（速递物流四川省分公司）

【中邮保险四川省分公司】 总保费收入26.6亿元，完成计划目标的116.7%；期交保费收入8.23亿，完成计划目标的139.3%；实现长期期交保费收入6213万元，完成计划目标的117.2%；实现团险保费收入1886.6万元，完成计划目标的124.9%；实现续期收入7.41亿元，完成计划目标的108.3%。

1. 管理工作。未收到监管任何处罚文件，未发生任何区域性风险事件，各项业务指标均达到总部要求，基础管理更加规范，制定55项制度，涵盖经营管理22项，人力管理10项，党建监察10项，合规管控7项，财务管理6项。

2. 开展队伍建设。打造营销端的“骨干营销队伍”，培训端的“兼职内训师队伍”，后台支撑端的“运营管理队伍”，风险管控端的“合规检查队伍”四支队伍的打造。

3. 推动信息化建设。开发内训师管理平台，对内训师培训情况全流程管理追踪。利用微信企业号搭建舆情监控平台，切实提升分公司舆情风险管控能力，开发免填单系统，集合客户身份证信息智能采集、投保单电子打印、邮保通系统自动录入功能；对支撑管理平台中的企补医疗理算和续期催收模块进行了优化升级，使用智能运算代替手工统计的方式。

4. 开展党建工作。开展巡视整改工作针对巡视组反馈的四个大方面19个问题，细化出54项具体整改措施。组织召开党委中心组学习6次、召开纪检监察干部集中学习会议12次，各支部分别开展党员学习12次。

5. 和谐企业建设。开展省部级劳模慰问2人次；员工生日慰问81人次；员工结婚慰问5人次；员工生病住院慰问4人次；员工亲属住院慰问4人次；员工亲属病故慰问2人次；开展端午节、“六一”儿童节、“八一”建军节、国庆节、中秋节节日慰问，慰问197人次，慰问金额35624.4元。分公司获得“2017年四川百强企业”及“2017年四川服务业百强企业”两项荣誉称号。分公司信息技术部总经理严成东获得“邮保工匠”荣誉称号。（中邮保险四川省分公司）

【中邮证券四川省分公司】 客户账户数73177户，客户资产总值9.87亿元。业务收入1255.3万元，完成计划的147.68%。其中，经纪业务收入1002万元，占总收入的79.84%；资管投行收入253.25万元，占总收入的20.16%。2017年成本支出490.3万元，实现利润765万元。

1. 经纪业务。客户账户73177户，比上年增加6077户，客户资产3.04亿元。证券经纪业务交易额81.73亿元。

融资融券业务。两融业务客户累计12户，新增两融客户3户，可使用授信额度7459万元，累计对客户授信金额2675.43万元，整体维持担保比例214%，累计收入151.15万元。

股票质押业务。开通金鸿小贷业务195户，其中上海权限开通184户，深圳开通195户，融出资金524.73万元。股权质押融资业务5笔，融出资金2.1亿元。

债券业务。债券交易金额37.11万元，债券逆回购交易金额136460.6万元。

证券投资基金业务。实现基金交易金额2268.37万元；招商招利（1年期）销售1926笔，金额3943.57万元；招商招利（1月期）销售2096笔，金额2398.01万元。

营销队伍建设。签约证券经纪人30名，其中市场化引进15名。发展证券客户185户，资产总额3997.1万元。证券客户经理2名，发展证券客户20户，资产总额238.2万元。

2. 资产管理业务。同多方建立业务联系，与成都农商银行、达州银行、遂宁银行、宜宾国资公司等多家商业银行、投资机构建立联系。对接非标、非银同存、定向增发、产业基金、股票质押等项目，达成授信、准入等合作。落地了成都龙泉新灵公司10亿元资管计划融资、宜宾江安城投公司4.75亿元资管计划融资、宜宾高县城投公司3.48亿元资管计划融资项目；开发3笔非银同存、累计走款10.25亿元，4笔宜宾国资公司非标流贷项目、放款19.54亿元，1笔四川发展集团非标流贷项目、放款10亿元。资产管理业务收入253万元，累计管理产品19只，存续管理规模53亿元。

3. 投资银行业务。参加各级政府组织的拟上市企业培训会，并与成都、宜宾、雅安等地政府部门及平台公司合作组织多场融资、上市等金融对接培训会。加强与各地邮政及邮储银行联动发展，梳理各地存量小企业贷款客户资源，筛选新三板潜在客户，利用资源优势共同推进中邮证券新三板挂牌+邮储银行新三板挂牌贷款的业务合作。承揽一笔ABS资产证券化项目，营销并储备2家较为成熟的IPO项目、3家企业改制财务顾问项目，其中推动星盾科技与四川省邮政公司签订战略合作协议，并与之签订新三板转创业板IPO战略合作意向书。

4. 板块联动。加强同省邮政分公司、省邮储银行联动协同发展。组织参与全省邮政理财业务培训、转型网点督导集中培训、新招大学生入职培训等500余人次，分5个片区组织对市州业务发展培训、方案解读、招商招利基金培训2000余人次。

5. 运营风控。加强现场管理，执行监管规定和公司制度，落实日常运营工作。加强合规制度学习，全面掌握综合业务的监管政策和要求，注重市场化引进人才、轻型营业部、MD团队的合规执业培训。加强分公司自身队伍建设，参加证监局、人民银行、行协等各类培训和教育活动，增强专业知识，积累合规管理经验。加强与协会联系，密切同业交流，及时了解市场监管信息及政策。坚守合规底线，在经营中不违规。加强全员合规、风控意识，不断提高合规人人有责、合规创造价值的理念。

6. 党建纪检工作。

（1）落实党组织建设。经请示公司党委，省分公司直属机关党委批准，同意分公司成立中共中邮证券有限责任公司四川分公司支部，6月30日分公司党支部召开第一次党员大会，选举产生支部委员，省邮政直属机关党委两名同志全程参加指导。

（2）学习宣传十九大精神。组织分公司党员干部员工集中观看十九大直播、新一届中央政治局常委记者见面会、四川省委十九大宣讲团电视直播；开展十九大知识微信答题；购买十九大学习资料；支部书记以“新时代新思想新目标新征程——学习领会十九大精神”为题讲了党课，支部党员学习会议集中学习十九大报告；中邮网院十九大精神培训学习；通过学习宣传，党员干部对十九大精神和习近平新时代中国特色社会主义思想理论有了更深入的认识与体会，坚定了“四个意识”和“四个自信”。

（3）开展巡视自查自纠。根据集团公司巡视自查自纠160条分公司逐一对照自查，梳理完善相关的工作制度和工作流程。

（4）“两学一做”。根据开展“两学一做”学习教育常态化制度化活动有关要求，分公司组织党员开展了学习活动，制作宣传展板上墙，结合“三会一课”制度组织学习党章党规，学习系列讲话，党员干部理想信念得到增强。

（5）党风廉政建设。落实公司党建暨纪检监察会议精神，执行中央八项规定，防止“四风”问题发生。开展党风廉政宣传月活动，学习反面典型教育案例和视频“贪欲之害”，教育警示员工廉洁自律。梳理各岗位廉洁风险点，建立廉洁风险防控目录，制定防范措施；排查整治违规公款购买消费高档白酒问题。

7. 人力资源管理。2月，完成员工劳动关系从原单位划转至中邮证券，并完成“五险一金”账户开户。开展人员招聘管理，按规定办理员工入（离）职、经纪人签（解）约。加强培训。除组织参加公司统一培训外，分公司还根据工作需要，每月组织开展业务知识、规章制度培训。

8. 财务管理。落实预算工作，按公司要求对分公司的年度财务预算进行编制上报；完成企业信息实名采集税务变更；开展营销专项费用自查规范，加强证券经纪人酬金报税及代开发票等工作的管理。

9. 网点建设。推动成都高新区证券营业部筹建，通过协商同意，在成都邮政石羊场邮政所内划出部分区域作为证券营业部场地，并进行装修改造。12月18日完成工商登记，领取营业执照和证券期货经营许可证。（中邮证券四川省分公司）

贵州省

【贵州省分公司】 业务收入27.58亿元，完成集团公司计划的103.05%，进度排全国第16位，收入规模继续保持在全国第22位，比上年增长8.74%，增幅排全国第17位；全省9个市州分公司及88个县级经营单位全部实现收入比上年正增长，49个县级经营单位实现两位数增长。

1. 项目营销

加大总部经济开发力度，省分公司先后与贵州日报报业集团、中石化贵州分公司、省税务系统、康心药业、中盐新干盐化有限公司、多彩贵州网等签订战略合作协议，启动重点营销项目67个。其中，中石化战略合作项目收入3987万元，邮税项目代收税款1.83亿元。狠抓旺季营销，金融专业开创日新增余额9.4亿元、春节旺季累计新增余额峰值84.87亿元、点均余额规模过亿元、新单保费突破10亿元等历史纪录，累计新增手机银行激活客户91.25万户，完成集团公司下达计划的314.66%，进度排全国第1位；推进金融网点转型发展，网点经营管理转型评价指标年度总分55.03分，排全国第1位；包快专业开发单证照及高端商务市场，二代证项目收入1120万元、联通大王卡项目收入492万元、校园包裹比上年增长80%；报刊大收订流转额5.11亿元，为集团公司计划的105.4%，比上年增长8.6%，进度和增幅均排全国第6位；集邮生肖贺岁季项目收入5873万元，比上年增长26%。

2. 改革创新

（1）经营组织架构改革。按照“以产品为中心向以客户为中心转变”的原则，因地制宜、稳步推进经营组织架构改革。改革后，省分公司机构由原来的17个调整为2个市场经营部门、5个经营支撑部门、9个综合职能部门、3个直属单位（含邮区中心局）；成立指挥调度中心，进一步增强全省邮政运营指挥调度能力。

（2）包裹快递经营改革。在全省一体化县域全面实施邮速融合发展，建立“统一资源调配、统一经营指挥、统一绩效考核、统一目标管理、统一服务标准”的运营机制，提升专业化管理水平；推行专职揽投人员全面计件制，尝试营揽投部承包试点经营模式，邮件揽收时限和服务响应速度进一步提升，揽投部收入快速增长。

（3）财务预算体制改革。对各市州分公司全面实施零基预算管理，重新核定利润目标，建立以利润为导向的全面预算管理体系；以ERP预算模块上线为契机，合理编制和安排成本费用预算，提高预算编制科学性和精准度；持续推进财务对标工作，统一统计口径，计算各市州分公司综合效益标杆、核心成本费用标杆，并按季定期通报，不断促进企业管理和效益提升。

（4）陆运网运行改革。实施快递包裹航空运输，缩短出口邮件时限；调整优化省内省际邮路，组开遵义至重庆、贵阳至武汉、贵阳至沿河等干线邮路，运输时长压缩至0.5—2.5天；推行县域转运、分拣、投递“三合一”作业模式，内部处理平均缩短40分钟以上；持续优化封车解车、笼车邮件信息绑定作业流程，下行市趟解车率稳定在98%以上，比年初提高10%以上。

3. 企业管理

（1）财务管理。强化资金管控，动态分析预算现金流量流向，提高资金统筹能力和管理水平。加强欠费管理，明确管控目标，及时回笼资金，有效防范经营风险。加快推进土地、房屋资产确权工作，确权率分别达到95.87%和93.44%，空白乡镇土地、房屋资产确权率均99.22%。强化经营成本管控，制定《贵州邮政业务代办费和营销费用管控实施细则》，合理控制成本，促进企业提质增效。

（2）人力资源管理。加强干部队伍建设，累计提任三级领导人员11人，岗位调整45人，选拔后备干部47人、中长期培养对象44人，选派4人到集团公司交流、9人在省内双向交流。进一步严控用工人数，总量降至10276人，比年初减少129人，劳动生产率提升到26.82万元。强化人工成本管理，全面实施零基预算，建立员工薪酬考核分配办法逐级审核机制。组建贵州邮政工程系列初级、中级专业技术职务任职资格评审委员会，聘任初级13人、中级25人，推荐5人参加集团公司高级经济师评审；举办省级培训班104期13385人次；组织2575人参加技能鉴定，141人参加技师考评。

（3）网运管理。强化日常质量管控及数据分析，加大KPI指标评价考核力度，省际进出口邮件时限达标率、省内互寄邮件次日递率等关键指标均排全国前10位；持续开展生产环节流程优化，对重点市县增开直达邮路，保证邮件进出口时限；科学组织旺季生产作业，全省邮件生产运行平稳，贵阳邮区中心局在“双十一”期间，经受住了日处理邮件量50.2万件历史峰值的考验；加强外部沟通协调，争取《人民日报》铜仁市转我省分印，取得遵义发西北方向邮件省际出口封发权，进一步巩固和提升重点党报党刊及省际出口邮件时限。

（4）安全风险管理。落实各项安防措施，执行24小时值班巡查制度，健全反恐应急预案，在党的十九大、“一带一路”国际合作高峰论坛等重大会议、重大活动期间，对所有进京、进疆及相关区域邮件进行无缝隙、全方位验视和安检，较好完成了邮政寄递渠道安全服务保障工作；开展“三违反”“四不当”“双录”实施情况评估检查等专项整治活动，内控管理水平进一步提升。

（5）服务管理。以客户满意为核心，以指标管控为抓手，全省邮政客户服务满意度85.16分，比上年提高4.17分；全省普遍服务满意度由上年的77.3分、全国排名30位，上升到82.7分、全国排名13位，基层单位普遍服务法律意识和服务能力大幅提升；加强与邮政监管部门沟通协调，扎实开展新《邮政普遍服务标准》宣传贯彻和施行工作，建制村通邮率完成96.37%，比上年提高近20%。整合11185、11183客户服务中心，“双十一”“双十二”期间客服工作平稳高效。机要通信管理制度得到强化落实，全省邮政机要通信实现连续27年服务质量全红。

（6）基础管理。完成工程建设、经济责任、财务收支等项目审计225个，其中工程项目审减1147.36万元，审减率13.42%；完成贵阳邮区中心局工艺流程改造设备、全省金融自助机具、各类生产运输车辆、干线邮件运输服务外包等重大项目采购。

贵州省分公司启动医药品下乡，推进健康扶贫。（贵州省分公司／提供）

4. 能力建设

（1）金融服务能力。新设6个代理金融营业机构，其中5个开业运营；新增CRS等金融自助机具460台、填单叫号一体机85台、排队叫号机116台；获批布放的169台离行式自助机具开通运营147台，全省152台CRS开通循环钞功能。

（2）工程建设。投资3亿元，其中基础建设投资1.7亿元。立项建设的6个县分公司综合楼中，有2个完成主体建设、4个开工建设；82个网点改造项目（其中中央预算内资金项目32个）完工61个、在建19个、准备施工2个；省中心机房建设项目土建工程完工。

（3）信息化建设。推进重点项目建设，远程集中监控项目、银行理财和代销产品销售“双录”系统、新一代寄递业务信息平台成功上线运行；完成ATM自助设备跨平台项目。

（4）生产设备投入。新增干线运输汽车16辆、区间邮运汽车2辆、小型投递汽车196辆、电动三轮车473辆、笼车822台、网运PDA 250把，配置安检机12台；配备邮件传输设备1套、水平伸缩胶带机1台。

5. 党的建设工作

深入抓好党的十八届六中全会、全国国有企业党的建设工作会、省第十二次党代会、十九大精神特别是习近平新时代中国特色社会主义思想的学习，组织72名基层党支部书记和党务干部到井冈山开展党性教育培训；落实从严治党主体责任和监督责任，层层签订责任书；加强基层党组织建设，推进“两学一做”学习教育常态化制度化；认真开展基层党组织书记述职测评和党建责任制落实考核；积极推进企业文化建设，组建企业文化内训师队伍，分层级开展宣传贯彻培训。强化“四风”行为监督执纪，认真核查地方纪委和集团巡视组移交问题线索，共查处33人，其中党纪处分6人、政纪处分3人，组织处理24人，对3030人开展重点岗位提醒约谈；对违反党纪国法、中央八项规定精神的干部及党员严肃处理，并进行全省通报；对六盘水、毕节和安顺市分公司“两个责任”落实情况开展专项巡察；组织市州分公司纪委书记述责述廉，签订落实全面从严治党主体责任和专责监督责任书198份，层层压实管党治党责任。高度重视集团巡视工作，进一步加大“自我体检”力度，逐条梳理巡视反馈意见和建议，坚持立行立改、即知即改。现已完成全部问题整改，进入持续巩固阶段。

6. 和谐发展工作

（1）关爱员工。认真落实“十件实事”，深入推进“职工小家”建设升级、“模范职工小家”创建等工作，升级改造建成全省规模最大的职工小家——贵阳邮政“网运职工之家”；在省分公司机关以及贵阳、铜仁、黔东南等市州分公司建立“母婴温馨小屋”；提高在岗员工“五一”节慰问费标准，增加离退休员工“五一”节慰问费；全年累计慰问一线职工、先进劳模、困难职工 8073 人次，为 76 名建档困难职工争取中央财政专项帮扶资金 11.48 万元，向 12 名困难职工子女发放金秋助学金 3.6 万元。

（2）社会影响力。助力扶贫攻坚工程，“黔邮乡情”微信公众号累计运作“农产品进城”项目 1300 余个，销售农特产品 50 余万件 1250 余吨，帮助贫困人口 5114 人，助农创收 528 万元；“医药品下乡”配送项目规模不断扩大，累计与 120 家药企签订配送协议，配送药品 38 万件，得到各级党委政府高度评价；持续强化党建扶贫工作，省分公司投入 31.46 万元、直属机关党委各支部捐款 4 万余元，为惠水县雅水镇摆亚村修建温室大棚、为当地学校购买桌椅和办公设备。贵阳市分公司瑞金路投递部被交通部授予全国“青年文明号”，贵阳邮区中心局机械维护班等 7 个集体被团省委授予省级“青年文明号”；毕节市分公司荣获省级“五一劳动奖状”、铜仁市分公司刘俊荣、黔东南州分公司谭其海、安顺市分公司鲍峰 3 人获省级“五一劳动奖章”；省分公司机关及贵阳、黔南等 7 个市州分公司和正安、大方等 5 个县分公司荣获“2015—2017 年全省文明单位”荣誉称号；黔西南州普安县分公司鸿雁女子投递班荣获省级“工人先锋号”荣誉称号。（贵州省分公司　韩静桦）

【邮储银行贵州省分行】 内设 18 个一级部门、6 个二级部门；下辖 9 个二级分行、1 个直属支行，30 个一级支行，110 个二级支行。邮政金融营业网点 959 个，其中银行自营 140 个、代理 819 个，县及县以下区域网点 804 个，占比 84%。在职员工 2639 人，平均年龄 34 岁，本科及以上学历员工占比 71.43%，其中博士 1 人、硕士 60 人、本科 1824 人。

资产规模 1186 亿元，比上年增长 13%。各项存款余额 1140 亿元，年新增 120 亿元，增幅 12%；各项贷款余额 150 亿元，年新增 92 亿元。实现收入 16.54 亿元，增幅 18.76%，系统内排名第 3 位，其中手续费及佣金收入 1.96 亿元，增幅 40.36%。实现利润总额 4.89 亿元，增幅 59.37%，系统内排名第 6 位；税前经济增加值（EVA）5206 万元，增幅 759.90%，系统内排名第 2 位。成本收入比 49.07%，收入利润率 29.54%，税前经济资本回报率（RAROC）11.66%。人工成本利润率由 2016 年的 66.79% 提升到 2017 年的 91.05%。

1. 业务发展

（1）个人金融业务。自营个人储蓄余额 155.97 亿元，新增储蓄余额 14.36 亿元，系统内排名第 14 位。信用卡发卡 12.01 万张，比上年增长 120.52%，新增信用卡客户 10.12 万户。新增保险规模 6250 万元；销售实物贵金属 1132 万元，收入 123 万元。

（2）零售信贷及“三农”扶贫。个人零售贷款年净增 52 亿元。消费贷款余额 184.05 亿元，新增 46.53 亿元，增幅 33.84%，其中非房贷新增 16.64 亿元，增幅 12.09%。邮享贷发放 3450 万元，网贷通净增 3.94 亿元。“三农”贷款余额 58.75 亿元，年净增 8.88 亿元，增幅 17.79%。成立“三农”金融事业部贵州省分部，搭建省市县三级“三农”金融事业部专营机构；建成 60 个金融扶贫服务站，创建 104 个信用村，发放贷款 2864 笔；搭建银政合作平台 117 个。小额贷款年净增 8 亿元，个人商务贷款年净增 8500 万元。参与贵安新区绿色金融改革创新试点，支持贵安“绿色支行”建设，成功认购贵安开投发行的公司债券，金额 10.6 亿元，实现公司存款 12.2 亿元。

（3）公司业务。实现公司业务收入 5.47 亿元。对公存款时点余额 111.95 亿元，比上年增长 8.08 亿元，增幅 7.78%；日均余额 106.21 亿元，比上年增长 14.96 亿元，增幅 16.38%。公司贷款授信 524.74 亿元，发放贷款 92.77 亿元，公司贷款余额 155.76 亿元，比上年新增 35.87 亿元。开立国内信用证 6 亿元人民币，办理国内信用证向下融资 7.33 亿元人民币，开立保函 / 备用信用证 3.25 亿美元（折合人民币 20.23 亿元）。

（4）小企业金融业务。小企业贷款余额 32.9 亿元，净增 5.51 亿元，惠及 668 户中小微企业。实现排污贷、供应贷、民营医院贷、发票贷、保理等新产品贷款投放，其中发放省内首笔民营医院贷款 600 万元，发放首笔小企业“污水处理收益权质押”贷款 1900 万元，推广快捷贷、小水电等重点产品。贵州分行 2017 年走访平台机构 433 家，走访企业 1088 户。

（5）金融市场业务。实现收入 7379.46 万元，比上年增长 0.8%。存放同业业务 108 亿元，债券投资业务余额 23.6 亿元，遵义、黔南、黔西南分行实现机构理财销售零的突破，机构理财产品销售突破 2.24 亿元，成功卖出第一笔定制机构理财 1 亿元。

2. 渠道建设

（1）网点建设。推进网点轻型化、智能化建设，20 个网点新增智能 ITM 机 20 台。新设立贵安新区、水城等 4 个自营网点，新设 6 个代理营业机构，完成 6 个自营网点迁址调整，完成 16 个自营网点装修改造。制定“一点一策”扭亏措施，10 家低效网点 9 家实现扭亏。网点投诉量较上年压降 27.7%。在贵州省百佳示范单位评选中，贵州分行 4 家网点获评星级网点，贵阳市乌当支行获评贵州百佳网点。

（2）电子银行。手机银行新增激活客户 9.87 万户，在手机银行行动方案开展期间，净增激活手机银行客户 6.84 万户；电子交易替代率 93.02%，系统内排名第 10 位。推出云闪付华为 PAY 和小米 PAY、聚合支付二维码收款等新产品。

3. 风险案防

（1）落实“三三四十”系列专项治理，检查发现问题740个，已整改719个，问责1266人次，警告以上纪律处分34人，经济处罚45.68万元。

（2）开展贵州邮政金融“屡查屡犯”违规问题专项整治，发现问题653个，问责534人次，自主开展检查排查项目30余个，落实案防重点工作任务54项，检查覆盖率100%。

（3）实施审计项目18个，审计金额11.12亿元，发现问题1052个，整改率82%，提出审计建议104条。

（4）发挥资产保全利润中心作用，清收处置不良贷款4.37亿元，比上年增长42.81%。

4. 管理支撑

（1）财务管理。制定省内产品定价管理，利率定价管理及评价、经济资本效用评价等实施方案。强化税务统筹，增值税进项抵扣率由上年末的3.95%提升至8.4%，累计抵扣率6.3%。

（2）人力资源管理。围绕“5强+1建”队伍建设规划，分层分类开展队伍建设和培训培养工作，遴选83人进入“梯队人才”队伍，调整支行长66名，客户经理占比较上年提高3.5%。组织七大类集中培训37期次，51名中后台人员深入基层跟岗学习。

（3）金融科技支撑。完成财税库银、非税代收等省内重点中间业务系统接入及总行统建项目，自主开发信息综合管理系统、客户积分管理系统上线运行，全辖ATM/CRS运行完好率97.94%，较上年提高0.39%。

（4）综合管理。开展全省集中采购，节约采购预算资金613万元。业务处理流程优化，全年日均备付率0.97%，较上年下降0.13%，周转率比上年提高1.48%，备付压降0.66亿元。

5. 党建工作

（1）认真学习宣传贯彻党的十九大精神，深入推进党的政治建设，开展一系列主题活动。

（2）全面加强党的领导，完善党建工作机制。全年新建县支行党支部19个，县级支行党支部66个，65个党支部完成换届选举，发展新党员34名。

（3）深入推进“两学一做”学习教育常态化制度化，发挥党员先锋模范作用。

（4）明确责任加大考核力度。签订全面从严治党主体责任书，将党建工作按100分占比纳入年度全行经营绩效考核。

（5）加强机关作风建设。对照巡视问题库认真开展自查自纠，全面整改问题118个。

（6）党建带工建。实施“女性安康”计划；完成三年内所有分支行“职工小家”建成的目标任务；成立邮储银行贵州分行公益志愿者协会，开展“邮爱公益基金”活动，资助遵义务川、毕节威宁、铜仁思南3所学校150名贫困学子三年学习费用。

（7）党建带团建。召开团员青年代表座谈会，鼓励青年员工立志成才。新增3个省级“青年文明号”，9个省直级“青年文明号”，17名个人获各类表彰。（邮储银行贵州省分行）

【速递物流贵州省分公司】 业务收入19199万元，比上年增幅32.5%。

1. 质量水平。标件268城市及时妥投率84%；质效考核分从一季度53.9分提高到11月份99分，比上年提升近10分。特别是“双十一”期间无一营业部出现积压，多数单位关键质量指标达标；关键质量指标如268及时妥投率达到85.39%，比上年提升31%，下段及时妥投率达到93.96%，比上年提升16%，全国排名第一；核心区域贵阳地区的及时妥投率由48%大幅度提升至88%，提升40%。

2. 能力建设。投入近500万元购置揽投电动汽车、电动三轮车、电脑打印机设备和揽投员标志服背包等，改造营业部等生产场地，提高员工医疗保险等福利保障。

3. 重点项目。通过华为项目的运作，逐渐形成以电子通信项目、药业项目和快消品项目为主体的物流业务基本格局，制定《项目操作手册》，规范内部处理流程，提高作业效率；3月，引进物流业务信息化建设平台，用信息化管理手段，采取走出去、引进来的原则，从上游市场开发、下游整合渠道资源，从而提升项目管理的水平和效益，实现仓储运作的信息化，运用科学合理的信息系统对项目进行有效支撑和管控。收入6023.6万元，完成进度的160.1%，比上年增幅80.8%，增幅全国排名第5位。

4. 电子平台建设。9—10月，电子渠道中心在“思乡月”项目主题营销活动期间，整合微信、淘宝及天猫资源，老项目新模式，线上渠道实现项目销售额200万元，创造寄递收入17万元。12月，结合贵州国酒之乡特点，电子渠道中心以“双十二”为营销契机发展茅台镇酱香酒项目，实现销售额24.4万元，有效推动特产项目发展。

5. 欠费清缴工作。5月，成立“清欠小组”，有序开展欠费清理工作，集中落实集团巡视组提出的2016年遵义高低差形成的欠费220万元；对于贵阳公司2009—2014年的519万历史欠费，逐一根据任职时间落实营业部、分公司领导责任39人次，并积极追缴；半年多时间，累计走访客户60余户，通过落实和完善坏账计提资料，清理欠费591.4万元；通过出台冲欠措施，清理历史欠费431.31万元。累计处理历史欠费超过1000万元。欠费余额2872万元，比上年下降6%。（速递物流贵州省分公司）

【中邮证券贵州省分公司】

1. 经纪业务。贵州省分公司普通账户累计开户6909户，新开户3924户，其中，有效户175户，新增135户。客户资产总量1653.35万元。金鸿小贷账户2户，融资额3.4万元。融资融券客户1户，转入担保品65万元。投行资管业务方面，贵州省分公司向总部推荐报送项目10个，其中投行类业务3个。贵安新区ABS项目通过初审。营销活动开展方面，分公司通过总部“盛夏金秋”营销活动销售“招商招利1年期债券型”基金303万元，新增有效户46户，激活存量客户10户。

2. 综合管理。11月21日，成立中邮证券有限责任公司贵州省分公司党支部。设置兼职党建管理、纪检监察岗位，为分公司开展党建工作提供有力的组织保障。通过建立健全党建工作责任制，做到党建工作与业务工作同研究、同部署、同检查、同考核。一是围绕企业中心抓党建，有效解决经营管理问题。二是贯彻落实“三重一大”决策制度，严格执行选人用人有关规定，抓好干部监督管理的情况，促进科学决策、民主决策和规范决策。

3. 风险防控。根据贵州证监局及人民银行要求，在营业厅进行相关宣传及针对特定股票的风险警示公告；按时上报监管报表、券商基本情况调查表、投资者保护自查、投资者教育工作动态等各类监管报表。落实证券业协会投诉处理要求，做好客户答疑工作，实现客户零投诉。按月对分公司员工进行风险警示案例、业务风险点、反洗钱业务等合规专项培训；组织分公司互联网金融风险、合规经营、开户代理、投资者适当性管理等9次自查工作；按日对新开户进行反洗钱初次评级，按月报送反洗钱识别审核报表，按季组织反洗钱专项培训。

4. 客户服务。

（1）开展投资者教育活动，截至年末，贵州分公司通过各种形式，深入基层一线开展客户咨询服务九个市州16个县（区）分公司开展28场培训，累计培训人次1500余人次。内容包括：中邮证券公司及业务简介、手机开户流程和方法、营销话术、简单股市知识、重点业务推荐、投教宣传贯彻、资管投行业务推广等。

（2）对重点大客户进行有针对性的指导和走访维护，对资产前30名客户的电话回访和答谢。

（3）通过培训，提高营销队伍素质。建立分类分层维护客户体系，利用CRM客户管理系统整合分公司开户客户数据，在营销管理系统内进行更新维护。根据地域情况建立10个微信服务群，每个交易日发布要事要闻、大势预判、个股跟踪、个股推荐、新股申购等信息。对客户个性化需求进行一对一咨询服务。对于新股申购成功的客户，进行短信和电话双重提醒，避免客户投资损失，分公司开业以来7名客户成功申购新股。（中邮证券贵州省分公司）

云南省

【云南省分公司】 业务总收入24.28亿元，达到集团公司经营预算指标，规模列全国第23位；全省16个州市分公司均业务收入正增长。

1. 经营发展

（1）代理金融。业务收入13.4亿元，占主营业务收入的55%，比上年提升2%，比上年增幅12.6%，增收1.5亿元。储蓄余额规模841亿元，年度累计新增138.5亿元，列全国第14位；新增余额增幅19.7%，列全国第1位；新增余额市场占有率11.3%，列省内主要金融机构第3位。

（2）包裹快递。业务收入3.6亿元，比上年增长24.1%，完成省分公司年预算的100.3%；收入规模列全国第19位。其中，国内标快业务量651.3万件，比上年增幅35.9%，增幅列全国第7位；业务收入1.1亿元，占寄递收入的35.4%，收入规模列全国第4位。

（3）农村电商。3个州市、12个区县分公司与当地政府签署农村电商战略合作协议，获得3779万元建设扶持资金；运作“农产品进城”项目1827个，实现250万斤农产品进城；累计建成64个邮乐地方特色馆、4896个邮乐购站点，注册邮乐小店13万个；实现批销金额1289万元、代购金额173万元；105个贫困村店铺入驻“优帮帮”平台，为农户创收278万元。

（4）邮务类业务。收入9057万元。推动函件传媒业务转型，文化惠民儿童剧商演、函件新媒体朋友圈广告营销等收入6513万元。报刊大收订实现流转额5.3亿元，完成集团公司计划的104%，完成计划进度列全国第7位，比上年增长7%，增幅列全国第7位。增值业务收入2亿元，列全国第19位，完成年预算计划的103%。分销业务拓展总部项目，推进分销常态化转型发展，累计实现销售收入近7000万元，列全国第22位，完成年预算的106%。

（5）项目营销。首批立项8个重点总部营销项目，其中税务“双代”、“二代证”、移动积分等7个项目收入2.12亿元，对全省收入贡献率8.7%；建成营销团队911支，专兼职营销人员4360人，营销人员占比45.4%；累计万元以上的商务客户数3066户，比上年增长18%。省分公司挂钩扶贫点得底么村的“优帮帮”网店实现付款订单6.8万单，完成20个批次的农产品集中收购，销售额181.4万元。截至12月，得底么村退出贫困村行列。

2. 企业管理

（1）财务管控。强化对标管理，完善财务指标体系；

加强集中管控，提高资金资产运营效率；加大集中核算力度，优化管理流程，规范核算标准，防范财务风险；实施全网闲置资产集中盘活，提高资产使用效益；强化结算分析，推进 ERP 系统应用，管控水平进一步提升；争取到省残疾人就业保障金的减免，获得省财政厅普遍服务专项补贴 300 万元。

（2）人力资源管理。平稳推进经营组织架构改革，实施机构编制人员岗位调整，强化工时精细化管理，完善用工体系建设，打造企业大学生见习基地的管理模式，获得政府专项补贴 120.6 万元；推进人工成本零基预算管理，健全战略绩效考核管理制度，严肃薪酬分配纪律；健全人才工作机制，面向社会引进专业人才 3 名，招聘专业人才 12 名；组织全省领导干部党校培训班 4 期，培训党员领导干部 208 人。

（3）安防管理能力。推进集中视频监控系统建设；实施年度平安邮政创建；开展安全大检查和第五轮金融机构安全评估工作；促进业务库和网点安防设施达标，703 个代理金融网点中 681 个取得安防合格证，取证率 97%；配置 16 台 X 光安检机。

（4）内控管理。审计项目 1107 项，建设项目及零星工程结算审计金额 1.3 亿元，审减金额 1398 万元，工程结算综合审减率 10.5%；经济责任审计和企业审计指明纠正、调整总额 1155 万元。按照集团公司管理与操作两类三层采购制度体系，实际采购金额 1.5 亿元，节约成本 1400 余万元。

（5）精神文明创建。“云创平台”金点子活动动员率 65.7%，全国列第 16 位，326 名员工提出 524 个创意点子，223 个点子被集团公司推荐。两个科技创新成果分别荣获全国邮政企业科技创新成果二、三等奖。文明单位建成率 85% 以上。新建和完善 117 个“职工小家”，安排 600 名优秀职工疗休养，完成 477 名困难职工建档工作，帮扶困难职工 1547 人次，给予帮扶金 144.69 万元。关爱职工及家属 3236 人次，给予关爱金 385.11 万元。开展云南邮政第四届职工文化艺术年系列活动；开展第一届“云南邮政文明家庭”评选表彰工作。桑南才、张晓晖、李爱玲、张有文、黄天霞等模范榜样荣获省部级以上荣誉；大理和普洱市分公司荣获全国邮政用户满意企业称号。

3 月 10 日，首届中国邮政明信片文化创意设计大赛终极 PK 赛颁奖典礼在云南省昆明市举办。（云南省分公司 / 提供　崔莹 / 摄）

3. 能力建设

（1）基础能力建设。9 个州市县处理中心包件处理工艺实施改造；新增加盟站点 48 个、社会自取点 231 个，改扩建投递站 21 个；争取到中央预算内资金和集团补贴近 1 亿元，改造 314 个普遍服务及“三农”项目，营业网点电子化联网率 97.7%；整合社会资源，党报县级以上城市党政机关当日见报率 55.8%，达到国家邮政局和集团公司标准；党报党刊流转额比上年增幅 23.8%；机要通信无差错。

（2）网运和投递能力。推行“全夜行”，打造州市县“大同城”次日递网络，扩充出省通道，投入普遍服务邮运车 88 辆、投递车 124 辆、“三农”服务车 17 辆、电动三轮车 856 辆、“私车公助”400 辆，配置网运 PDA 376 台、投递 PDA 1800 台、折叠笼车 1308 台、装卸皮带机 5 台，开展县域邮件分拣“三合一”改革，完善省内集中指挥调度体系，州市内互寄实现“次日递”，省际陆运网通达 19 个省会城市，城市投递内处时间由 1.5 小时压缩到 40 分钟；通过试点文山、红河“四合一”处理模式，城区标准快递邮件提速 0.5 天，乡镇提速 1 天。

（3）信息化。完成新一代寄递平台、金融网点双录系统、远程集中监控工程一阶段、冠字号码管理等信息化建设。自主研发税务“双代”“二代证”寄递、车牌寄递、商洽会电子门票兑换、邮储统版模拟培训、工会综合管理平台等系统；运用大数据、可视化技术，完成金融网点短信推送、汇兑网点非现场数据监控预警等系统开发及落地。

（4）服务质量。各项通信服务质量指标管控较好，年度有效申诉率百万分之 6.5，申诉处理满意率 97.6%，用户满意度 85 分，各项投递考核指标均超过集团公司达标值；11183 有责工单率比上年下降 5%，虚假信息工单比上年下降 125%，无着包裹发生率降低 70%。（云南省分公司　崔斌）

【邮储银行云南省分行】 下设 13 个二级分行，33 个一级支行；在 72 个县域设有自营网点，县域覆盖率 55.8%。员工 3167 人，平均年龄 37 岁，其中本科及以上学历 1881 人，占比 59.39%。

资产总额 1132 亿元。实现收入 17.92 亿元，比上年增长 7.33%，系统内排名第 14 位，预算完成率 107.95%；实现利润 2.98 亿元，比上年增长 139.02%，预算完成率 194.04%。各项贷款新增 94.29 亿元，余额 567 亿元；各项存款新增146.28亿元。EVA比上年增长16.43%，人均EVA比上年增长19.37%。

1. 业务发展

（1）个人金融业务。个金业务实现收入3.89亿元，占总收入21.71%，完成年度计划113.03%。新增储蓄存款12.29亿元，系统内排名第17位，增幅9.27%，系统内排名第3位。信用卡结存29.22万张，新增发卡15.94万张，系统内排名19位，比上年增长332%。

（2）零售贷款业务。零售信贷业务实现收入6.46亿元，占总收入36.05%。个人贷款方面，分行个人贷款结余250.62亿元，净增61.26亿元，比上年增长28%，其中，小额贷款结余93.93亿，系统内排名第2位，净增26.24亿元，系统内排名第1位。小企业贷方面，结余27.54亿元，实现收入0.64亿元；2015年以来，主动退出、化解和处置问题贷款超过20亿元，新增不良贷款下降。

（3）公司金融业务。公司业务实现收入4.91亿元，占总收入27.39%，完成年度计划102.36%。一是公司负债业务，部分分行在政府招标资金、农民工工资保证金、公积金存款等项目上取得突破；代理国开行扶贫项目贷款资金的贷后管理及结算，带动年日均存款新增9.8亿元；投资地方债11亿元，带动国库现金管理存款8.4亿元。公司日均余额比上年增长25.23亿元，增幅23.11%。二是公司资产业务面对公司贷款到期收回71.85亿元的压力，实现贷款投放115.84亿元，创历史新高，实现净增42.54亿元，公司贷款余额209.86亿元。三是国际业务，保函业务实现零突破，福费廷业务规模系统内排名第8位，实现收入3319万元。四是投资银行业务，获批首笔并购贷款，金额4.7亿元，第一次实现公司条线公司债5亿元的投放。

（4）金融市场业务。金融市场业务实现收入2.59亿元，占总收入14.45%。加强客户拓展，完善客户体系建设，巩固客户经理分户负责管理机制，适应资金资管业务发展的新形势和新变化，重点推进相对标准化的业务。

2. “三农”金融

（1）金融扶贫。云南省分行支持专项扶贫资金近40万元，派出驻村工作队员18名，2015年以来累计发放扶贫贷款近25亿元，涉农贷款余额接近180亿元，占贷款比例超过30%。

（2）产品创新。开办惠民扶贫贴息贷款、惠农易贷、创业担保贷款等金融扶贫产品，打造10家扶贫重点示范支行，对贫困地区实行贷款投放规模不设限的额度保障政策，开辟绿色审批通道。云南省分行成立以来，累计发放扶贫贴息贷款、创业担保贷款148亿元，为20万贫困户、就业创业客户提供融资支持。

（3）信用村建设。结合地域经济特色，开展信用村、信用户评定，建立农户信用档案，推广“整村批发，集中授信”业务，在11个州市挂牌32个信用村。

（4）农村地区支付结算服务。面向农村地区，推出代发粮食直补金、代发计划生育奖励金、代发退耕还林款、代发农民烟叶收购款、代收农电费等面向农村地区的金融支付结算业务。

3. 风险内控管理

推进全面风险管理体系建设，加强业务流程中的风险控制和重点风险管控，加强资产保全工作效能，逾期、不良率实现双降。处置不良贷款4.42亿元，现金清收2.83亿元。强化内控基础管理，推进内控制度体系建设，强化差异化授权和执行监测，落实监管部门“三三四十”系列整治工作。加强安全保卫机制建设，成立省分行安全生产委员会，推进营业场所安全管理标准化达标验收工作。

4. 渠道建设

（1）服务网络建设。汇兑网点1706个、ATM等自助设备1574台、POS机13779台，其中超过三分之二的实体网点和自助设备分布在农村。形成种类齐全、覆盖面广、纵横交错的电子金融服务网络，电子银行交易替代率85.56%，为普通客户提供价格合理、种类丰富的金融服务。手机银行新增客户11.93万户，发展行动一阶段完成计划124.65%。

（2）信贷网络建设。开办零售信贷业务的机构覆盖云南省所有州市。于9月成立“三农”金融事业部云南省分部，在13个州市设立二级分部，18个县域设立营业部，省市、县、乡区域建成101个贷款中心。

5. 党的建设

（1）党建工作。认真做好党的十九大精神学习宣贯工作，1200余名党员参加专题辅导讲座。践行“两学一做”学习教育常态化、制度化，组织开展党委中心组学习7次、133人次。推进“强基固本2.0”工程建设，云南省分行107个党支部基本达到规范化标准。

（2）党风廉政建设。开展党风廉政建设责任制检查和党廉考评工作、党风廉政宣传教育月活动、集体廉政谈话、任前廉政知识考试、效能监察、廉洁风险防控、采购监督等工作全面落实监督专责。开展集团公司党组巡视“回头看”反馈问题的整改工作，压实管党治党责任。

（3）工会工作。完成“五个平台”及“职工小家”建设的三年规划，建设职工小家123个，建家率100%，验收合格率100%，受益职工人数3011人，职工满意度97.5%。（邮储银行云南省分行）

【速递物流云南省分公司】 业务收入39300万元，增长23.99%。

1. 运营质量

（1）提升网络服务，支撑业务发展。新增4条省际航空邮路、7条省际经航邮路、5条省内航空邮路、26个邮航通达城市，优化航空舱位装载流程，邮航包舱完成率达108.16%。

（2）推进技术革新，优化作业组织。

（3）以问题为导向，开展专项整治。开展重大问题专项整治活动和定点清除黑点行动，成效卓著。

（4）优化客服体系，提升客户体验，各项客服指标居全国前 10 名。

2. 速递业务

（1）突出重点，加快标快业务发展。以“啃掉航空产品硬骨头”为目标，对标对手，强势突破，业务收入增长14.71%。

（2）落实首席营销制，发展政务业务。发挥首席营销的核心推动力和领军作用，助推业务实现新突破，政务业务收入达 3329 万元，占标快比重达 29.4%，比上年提高10%。

（3）发挥优势，快速发展电子商务业务。依托经济航线、陆运专线的支撑，加大项目开发，实现业务收入8583.4 万元，比上年增长 37.54%。

（4）突出效益，稳步发展国际、跨境电商业务。扩大国际 e 邮宝城市开办范围。与亚马逊平台、云南跨境电商学院联合主办云南省跨境电商产业发展推介会，深挖国际 e 系列产品潜在客户。

3. 物流业务

（1）通过高点定位、上下联动，落地一批物流大项目。拿下云内动力 VMI 入场物流，实现云南首个全国性物流项目零的突破。在全国率先突破沃尔玛项目，年度规模达 500 万元。中标某部队油料运输，成为全国首个落地军民融合项目的省份。实现贵州中石化 WMS 信息系统及仓储运作管理服务输出。

（2）推进平台建设，加快转型升级。按照集约经营、集中管理、独立核算、自负盈亏的原则，以社会化组网模式搭建起省内中邮快运网络，在全国率先启动，实现中邮快运加盟点 21 个，配送及时率达 98.80%。与第三方优质营销资源形成战略合作伙伴，启动王家营中邮物流智慧港建设，建设中邮快运新的包裹生产基地。

（3）医药项目取得新进展。取得医疗器械的经营许可资质，获得药品筹建批文，初步完成基础建设工作，改造建成医疗器械仓库和药品仓库，并通过 GSP 药品经营质量管理规范认证。

4. 党建工作

（1）抓好主体责任落实，严格贯彻落实股份公司党委“3+X”党建工作机制要求，坚持定期召开党委会及党建工作领导小组会议。

（2）强化保障，制度建设及时跟进。对加强党的思想建设、组织建设、作风建设、干部队伍建设等方面制度进行全面梳理。

（3）加强党的思想理论武装工作，各级党委累计开展中心组学习 44 次。

（4）健全考核机制。省分公司党委、纪委分别与所属单位党委、纪委签订全面从严治党主体责任书和专责监督责任书，并首次将党建工作完成情况纳入对各单位年度经营绩效考核。

（5）深化对接融合，充实党建主责部门力量。

（6）加强基层党组织建设。

（7）树典型、学先进、弘扬新风正气。

5. 纪检监察

（1）加强教育学习，筑牢思想防线。

（2）坚守职责定位，抓好责任落实。

（3）聚焦主业主责，切实履行监督专责。

（4）规范制度运行，构建廉洁风险防控体系。

（5）提高政治站位，扎实抓好巡视“回头看”整改工作。

（6）加强队伍建设，提升工作能力。

6. 工会工作

（1）广泛组织开展建功立业劳动竞赛活动，组织开展“两创四优”评先活动。

（2）巩固服务职工工作体系，维护职工民主权利，发展和谐劳动关系。

（3）开展职工小家三年建设检查总结和评优工作。完成全省职工小家建设任务，通过三年小家建设，完成 87 个基础网点职工小家的建设任务，实现建家率 100%、达标率 80% 的三年建设目标。

（4）组织开展丰富多彩的职工文化体育活动。（速递物流云南省分公司）

西藏自治区

【西藏分公司】 内设 11 个综合职能部门、7 个市场经营及支撑部门，3 个直属单位；按行政区划设 7 个地市分公司、72 个县分公司。局所 762 处，邮路总长 28087.50 公里。从业人数 2053 人，各类专业技术人员 152 人，占职工总人数 7.4%，大专以上 1362 人，占职工总人数 66%。邮政局所服务人员 0.43 万人 / 处，服务面积 0.16 万平方公里 / 处。业务量 23177.81 万元，比上年增长 9.82%；完成业务收入 2.854 亿元，完成集团年度预算的 102.41%，比上年增长 4.77%，增幅列全国第 25 位。

1. 经营发展

（1）金融业务收入 8140 万元（含短信收入 601.58 万元），比上年增长 0.7%。累计新增金融总资产 6.91 亿元，规模 43.52 亿元，增幅 18.87%。其中储蓄余额新增 6.63

亿元，规模40.83亿元，增幅19.38%，列全国第2位。新增存款市场占有率7.08%，列全区金融机构第4位。代理金融储蓄存款市场占有率4.64%，比上年上升0.28%。代理保险新单保费1.41亿元，其中期交112.58万元，趸交1.39亿元，银保市场占有率82.15%。新增激活网银客户737户，结存66329户，新增激活手机银行客户12422户，结存59896户。电子银行交易替代率89.35%，比上年末提升2.74%。宣传代理营销零售贷款312笔，放贷1.18亿元，实现代理佣金149万元。开办网点23个，拉萨、山南、林芝3个地市县域全覆盖。

（2）包裹快递业务收入5945万元（含结算收入），完成进度104.49%，超预算255万元，比上年增长8.5%，增幅列全国第29位。

（3）电商分销业务。建成邮掌柜站点553个。运作山南藏鸡蛋和红土豆农产品精准扶贫项目，地方政府给予98万元资金支持。分销业务收入2013万元，完成进度167.73%，比上年增长82.03%，收入预算进度列全国第4位，增幅列全国第5位。

（4）传统业务。函件传媒业务收入2186.6万元，完成进度114%，比上年增长15.82%，增幅列全国第5位，高于全国增幅14%。报刊业务完成收入3292.03万元，完成进度105.34%，比上年增长8.35%，增幅列全国第3位，高于全国增幅7.1%。集邮业务收入2558.21万元，完成进度73.09%，增幅列全国第28位，低于全国增幅25.4%。增值业务收入643.91万元，比上年增长26.60%，增幅列全国第7位，高于全国增幅22%。机要通信连续25年质量全红。

2. 转型发展

（1）综合服务平台建设。以邮乐购站点+农牧区补白网点为依托，整合业务资源，打造品牌形象统一、线上与线下相结合的综合服务平台体系。线上以“天上西藏E邮”邮乐网平台为主，整合各地农产品，通过客户双向引流，将分销和平台农产品作为金融积分客户兑换的主要渠道，通过运作农产品返城项目拉动包裹寄递量，带动电商包裹4188个。线下叠加服务，丰富产品，提升渠道的综合效益，促进各类业务叠加互动、协同发展。落实集团公司综合便民服务平台实体渠道运营管控办法，完善运营体系，统筹管理，提升网点利用率。

（2）网点转型。推进网点转型，固化转型动作，提升网点产能、效能。一是充分利用营业厅场地资源，开展产品展柜营销，提升网点人气，营造浓厚的经营氛围。二是挖掘西藏本地民俗文化、节庆、会展庆典、县域、新经济、校园等特色市场，多专业、各板块联动发展。三是通过开展外拓营销向新老客户推介邮政的新业务、新产品。

（3）业务联动。一是加大与金融业务联动。以“幸福返乡路，邮政伴你行”活动为主题，实现增值业务与金融业务双赢，提升邮政品牌形象。二是整合资源，利用分销、集邮、函件产品为金融专业选配积分礼品，制定营销方案，配套完善激励政策，带动金融业务与邮务类业务联动发展。

6月6日，世界上海拔最高的邮局，天上西藏——珠峰主题邮局在珠峰大本营落成并投入使用。（西藏分公司/提供　魏婷/摄）

3. 企业管理

（1）财务管理。实行零基预算管理，引导企业效益提升；强化成本对标，持续优化成本结构，突出利润导向。强化业财一体化工作，开展欠费清收和库存盘点，完善资金管理办法，强化管控手段。

（2）人力资源管理。调整经营组织架构，推进市场化资源配置，实施人工成本零基预算管控，发展快、业绩好的单位人工成本得到补充释放。提高人工成本配置效能，一线员工年收入增幅16.5%；完成第六批、第七批援藏干部换届工作，创新组团援藏模式；抓好银行业从业人员职业资格考试，持续开展职业技能鉴定。

（3）基础管理。制度管理以巡视整改、审计整改为抓手，修订完善“三重一大”决策制度暂行办法等6项管理制度，规范集中采购、费用列支、业务外包、营销费使用等4类经营管理行为。落实普遍服务新标准，加大监督检查力度，加强服务质量管控，邮政服务申诉率百万分之10.8，申诉处理满意度97.8%。审计管理以财务收支审计、专项审计、工程审计为重点，审计项目60项，审减金额285万元。采购管理强化制度执行，提升采购效率，采购项目48项，节约预算资金589万元。安全管理以“平安邮政”创建活动为抓手，健全风险防控体系，实现金融资金零案件、安全生产零重大责任事故。

4. 能力建设

推进网点功能升级、环境优化，整修25个金融网点改造和37个邮政局所。布放CRS机26台，设立助农取款点50处。所有代售火车票、飞机票窗口均叠加金融服务。以“自办+委办”模式，实施邮运干线班期加密并同步提高投递频次，提高邮件时限，提升客户体验。推进中心局损益核算向利润中心转型，落实“三效”对标管理工作。试行营揽投一体化运营，组建揽投中心，快递包裹城市当日妥投率达91.46%，高于集团公司指标。实施新一代寄递业务平台等23个信息化建设项目，开展数据分析和软件开发，完成网络扁平化改造，强化运维管理，信息网全年无故障运行，在全国运维考核中列第4名。

5. 党建工作

坚持党要管党、从严治党，层层签订落实全面从严治党“两个责任”责任书；选举产生新一届机关党委；强化基层党建工作，开展基层党组织书记述职考核评议工作；持续推进基层党建示范点建设；扎实推进“两学一做”学习教育常态化、制度化；强基惠民驻村工作再创佳绩；建立健全综合巡察工作机制，加大监督执纪问责力度；强化廉洁警示教育，稳步推进廉洁风险防控工作、“三重一大”决策制度执行及重点费用使用管理、房屋出租效能监察工作。

6. 和谐建设

召开第二次职代会暨第四次工代会，完成职代会专门委员会和工会委员会的换届选举。召开机关团委暨第一次团员代表大会，三大板块43名党团员参加会议，推选出5名团委委员。开展先进典型选树培养，一大批集体及个人获集团公司、各级政府表彰。组织开展各类文体活动、“献礼十九大，跨赛做表率”储蓄业务劳动竞赛等。举办“幸福返乡路，邮政伴你行”公益活动，缓解进藏务工人群返乡“一票难求”的痛点，赋予企业文化新内涵。继续推进“职工小家”“职工书屋”建设，加大物资支撑力度。落实向一线员工倾斜的艰苦地区津贴调整方案，建立干部职工健康档案。累计兑付职工互助保障金16.7万元。开展邮政系统劳模先进、困难职工、老党员等群体的走访慰问，做好离退休员工管理服务工作。拉萨邮区中心局获全国“五一劳动奖状”；区机要通信局获评“全国邮政机要通信工作先进集体”；拉萨市分公司电信大楼支局获“全国五一巾帼标兵岗”荣誉称号；山南赞塘邮政支局获“全国巾帼文明岗”称号；区分公司获评“西藏自治区厂务公开民主管理规范化创建优秀达标单位”；区分公司信息技术局获“全国邮政企业信息网安全运行劳动竞赛最佳单位奖”“中国邮政集团公司优秀科技团队”称号，区分公司信息技术局孙立冬和小布穷获评“中国邮政集团公司优秀科技工作者”；区机要通信局投递员尼玛次仁获评“全国邮政机要通信工作先进个人”；阿里珠卓玛获评“全国邮政系统优秀工会工作者”；西藏邮政驻岗巴县孔玛乡德庆村工作队被西藏自治区党委、西藏自治区人民政府评为第六批先进集体，旺多、格桑旦增被评为先进驻村工作队员。（西藏分公司　张莉）

【邮储银行西藏分行】 高级管理层下设6个专门委员会，设置15个一级部门、8个二级部门，下辖拉萨、林芝、山南、日喀则和昌都5个一级支行，其中拉萨市支行下辖14个二级支行。邮政金融网点87个，其中自营网点16个、代理网点71个，农牧区和县域网点48个，县域覆盖率70%。在职员工315人，平均年龄32岁，其中少数民族员工131人，占比41.59%；本科及以上学历员工221人，占比70.16%。

资产规模103.95亿元，比上年增长15.31%。实现自营收入3.06亿元，比上年增长40.37%；实现利润总额4696.37万元，完成预算165.37%。各项贷款余额88.18亿元，净增59.69亿元，比上年增长209.43%；各项存款余额99.41亿元，净增11.9亿元，比上年增长13.59%。贷款市场占有率2.18%，比上年增长1.24%，拨备覆盖率3181%，不良贷款率0.05%。

1. 业务发展

（1）个金业务。个人储蓄存款规模27.09亿元，储蓄年日均余额下降0.62亿元。保费新增0.5亿元，大理财业务销售13.92亿元，净增5.06亿元；国债销售0.27亿元，黄金定投结存户数36户，基金定投新增客户96户，信用卡发卡7500张，比上年增长612.93%；实物贵金属销售379万元。

（2）零售金融业务。信用卡发卡7500张，比上年增长612.93%；大理财业务销售13.92亿元，净增5.06亿元；消费贷款净增10.8亿元，比上年增长346%。成功上线“邮享贷”“邮薪贷”等互联网金融消费产品，完成首笔商铺使用权抵押贷款。

（3）小企业金融业务。以“扶贫富农贷”为抓手，支持西藏产业扶贫工作。发放小企业贷款8.5亿元，净增6.08亿元，列系统内16位，完成总行下达预算609%，预算完成率排第1位。

（4）公司金融业务。公司存款结余32亿元，净增6亿元，列系统内第18位；公司贷款余额60亿元，净增42亿元，列系统内23位。

2. 渠道建设

（1）网点建设。金融服务网络覆盖列西藏自治区第2位。邮政金融网点县域覆盖率70%，汇兑网点实现县域全覆盖，逐步向具备条件的乡镇延伸服务；自营机构覆盖拉萨、林芝和山南3个地市，计划筹备昌都市和日喀则市新增机构。设立助农取款服务点123个，投放ATM和CRS机具135台、POS终端1487台。拥有个人结算账户数77.88万户，服务客户超过42.6万户，客户总数78.27万人。

（2）电子银行。打造包括网上银行、手机银行、电话银行、电视银行、微信银行、微博银行和易信银行在内的电子金融服务网络。手机银行客户总数2.1万户，新增手机银行客户2876户，激活率23.81%；电子银行替代率

91.97%，高出邮储系统平均水平 5.56%；柜面可分流率 32.7%。

3. 党建监察

（1）党建工作。实施基层党组织“强基固本 2.0”工程建设；扎实推进“两学一做”学习教育常态化制度化；组织开展党的十九大精神学习贯彻工作；完成分行机关党委、各党支部以及团委的换届改选等工作。

（2）纪检监察。开展分行领导班子成员履行“一岗双责”述责述廉、干部集体廉政谈话及“两个责任”约谈。持续开展巡视反馈问题检查自查整改工作，自查问题 162 项，整改完成 131 项、持续整改数 31 项，责令退款 2630 元。开展西郊支行项目重建、“责任能力提升年”专题活动等效能监察工作。持续深入推进廉洁风险防控排查工作，排查风险点 47 个，梳理防范措施 99 项；建立健全兼职纪检监察员运行机制，开展“三重一大”决策制度的监督，开展现场和非现场监督 112 项。保持零发案、零违纪、零信访的态势。

4. 风险管控

（1）案防内控。修订完善案件管理办法等 3 项制度，完成对公重点业务风险排查，开展网点风险等级评价和代理金融网点专项检查；严格责任追究，问责 48 人，经济处罚 5.3 万元，实现年度“零案件”工作目标。

（2）风险管理。扎实开展“三三四十”等专项排查工作；开展“扶贫富农贷”等新产品、新业务，以及外包业务的风险评估工作；清收不良资产 1389 万元。

（3）授信审批管理。推行授信业务审查审批环节限时服务、平行作业和贷前会商制度，审查审批业务 3218 笔，增幅 208.53%，授信金额 202.76 亿元，比上年增长 71.83%。

（4）审计工作。开展专项审计 11 项，经济责任审计 16 人次，审计调查 1 次。审计发现问题 53 个，提出审计建议 36 条，工程审计项目 10 个，金额 239.51 万元，审减金额 8.97 万元。

（5）安全维稳工作。严格落实安全生产责任制和维稳工作要求，全时盯防、全员防控，加强敏感时段安全维稳工作，实现区党委政府提出的“三不出”维稳要求。

5. 改革创新

（1）机构调整。推行“扁平化”和“大部制”模式，在分行设立零售金融部和公司金融部两个“大部”，将拉萨市支行下设的三个部门与分行相应部门进行合并，成立公司金融中心、小微企业金融中心、消费金融中心和“三农”金融中心。实现会计业务系统分行集中处理，完成资金汇划集中处理、个人集中授权交易上收和营业主管派驻等工作。

（2）扶贫产品创新。创新推出“扶贫富农贷”新产品，在山南市扎囊县发放西藏银行业机构首批产业扶贫贷款。

6. 队伍和文化建设

（1）队伍建设。完成校招、社招和千人引进工作，完成二级支行长竞聘，开展员工上派、下派、外派交流，基层经营支行干部队伍得到充实。在职员工 315 人，男女比例 128：187，其中分行机关 141 人，地市一级支行 42 人，二级支行 123 人。树创活动取得新突破，1 人荣获全国金融系统“五一劳动奖章”。

（2）企业文化建设。分行党委 1 月启动企业文化建设工作，初步形成“‘普’系高原，‘惠’及万家”的企业使命、“建设西藏人民信赖的一流零售商业银行”的企业愿景以及“艰苦不怕吃苦，缺氧不缺精神”的企业精神等 16 条符合西藏分行实际的企业文化理念体系。（邮储银行西藏分行）

【速递物流西藏分公司】 业务总收入 5338 万元，比上年增长 0.64%。

1. 经营发展

（1）强化政策导向，目标与激励并行。

（2）全面开展国内标快“提质增量”活动。

（3）拓展项目型业务，拉动标快业务增长。银行对账单业务初显成效，高校合作业务空间不断拓宽，设备送检项目稳步推进，政务项目拓展初显成效。

（4）互联网 + 平台建设初具规模。

（5）生鲜业务取得突破。

（6）电子渠道发展迅速。

（7）常态化推进礼仪市场。

（8）发挥寄递渠道优势，保持国际业务发展势头。

（9）电商业务发展取得新突破。

（10）以合同物流为主体，推进物流业务创新发展。

（11）聚焦改革创新，增强企业发展活力。

（12）深化营销体系建设。

（13）推进终端代办点。

（14）聚焦经营管控，提升创收增效能力。

2. 网运保障

（1）对经营、运行、服务及操作 40 项重点指标进行逐层次分解，落实到各责任部门及责任人，全面部署监督管理，实施过程管控，推动各生产环节提高重点指标的完成水平。

（2）强化视察检查工作，定期或不定期对生产经营部门和重点生产环节开展视察检查、邮件安全专项检查、资费规范检查、邮件投递检查等工作，开展视察检查 46 次，下发视察检查报告书 25 份，下发视察检查整改通知书 11 份，下发视察检查月通报 10 份，切实做到对发现的问题检查到位、通报到位、整改到位。

（3）根据集团公司、股份公司和行业监管部门要求，完成“G20 峰会”、“一带一路”高峰论坛、金砖峰会、十九大等重要节点期间的邮件安全保障工作。

（4）加大信息技术支撑力度。根据相关监管部门要求完成专业公司所有营业网点监控视频改造及扩容工作。根据股份公司统一安排，按时完成新一代寄递业务信息平台系统的上线和推广使用工作。

3. 综合管理能力

（1）推进 ERP 系统建设。

（2）尝试开展以业务驱动财务的零基预算编制模型。

（3）明确责、权、利三者之间的关系，落实“以收定支”的经营理念和考核责任。

（4）严格落实财经纪律，深入开展“小金库自查自纠”、营销费用、资费、财务收支审计和工程项目审计等工作。

（5）通过规范集中支付、集中采购等方式，加强对相关直接成本的管理。

（6）加快资金管理系统的推广应用。

（7）核算处理更加规范化。

4. 人力资源管理

（1）进一步完善计件薪酬考核办法。

（2）按照股份公司“双定”工作标准和要求，进一步梳理揽投部岗位设置。

（3）调整公司干部员工的西藏艰苦地方特殊津贴标准，确保广大干部员工特殊津贴与西藏同行业同步到位、同步执行、同步享受。

（4）注重干部员工队伍建设和教育培训工作。

5. 精神文明建设

（1）做好邮政企业文化宣贯工作。

（2）发挥桥梁纽带作用，推进工会工作深入开展。

（3）严格履行企业安全生产主体责任。

6. 全面从严治党

（1）纵深推进全面从严治党要求。年初与各党支部签订《落实全面从严治党要求 2017 年度主体责任书》，并与公司纪委签订《落实全面从严治党要求 2017 年度专责监督责任书》。

（2）强化学习教育，提高党性修养。以“两学一做”学习教育常态化、制度化为抓手，组织开展一系列学习教育活动，“两学一做”学习教育常态化、制度化得到深入推进。通过集中收看开幕式、设置宣传栏、发放学习辅导材料、撰写心得体会、交流研讨、开展知识测试、党委书记讲党课等多种形式，让学习贯彻十九大精神成为推动各项工作的内在动力。

（3）加强基层党组织建设。制定西藏分公司《基层党组织示范点建设实施方案》，将机关党支部纳入基层党组织示范点实施建设。

（4）持之以恒抓好作风建设。研究制定《西藏分公司党委关于贯彻〈中国共产党问责条例〉实施细则》。

（5）持续开展“强基础，惠民生”工作。继续选派 4 名同志参加第 12 批驻村工作队，协助当地政府开展驻村帮扶工作，全面履行国有企业社会责任，选派驻村人数 49 人。（*速递物流西藏分公司*）

陕 西 省

【陕西省分公司】 收入 40.01 亿元，进度 103.04%，增幅 10.91%，增幅排名全国第 12 位。全员劳动生产率人均 23.28 万元。

1. 经营发展。

（1）代理金融业务。收入 29.38 亿元，增幅 10.16%，居全国第 7 位。年新增余额 130.36 亿元，余额规模达到 1791.29 亿元，居全国第 11 位。代理保险业务年新单保费 65.9 亿元，期交保费占比居全国第 2 位。开放式理财年新增 46.5 亿元，居全国第 3 位。“消费贷”业务年新增 3.4 亿元，居全国第 4 位，其中“优企贷”年净增及放款量均居全国第 1 位。全省 VIP 客户持卡率 67%，居全国第 1 位。

（2）包裹快递业务。包快业务量 3380 万件，收入 2.92 亿元，增幅 28.86%，其中快包收入增幅 41.48%，电商快包发展速度高于行业平均水平。标快业务 53 个非一体化县实现扭负。农产品寄递量 1900 万件，完成省委省政府和集团公司领导对农产品寄递量收翻番的指示要求。

（3）渠道平台运营能力。41 个县政府与邮政签订农村电商合作协议，30 个重点县实现一县一仓。代理车险保费规模增幅居全国第 1 位。累计建成批销仓储中心 51 处、邮乐小店 12.86 万个、“邮乐购”站点 9030 个，覆盖率 66.75%。

（4）文化传媒业务。集邮业务线上推广集邮网厅和微营销渠道，线下推进集邮与金融网点联动营销；《张骞》邮票首发受到社会广泛好评。函件业务推动传统信函向广告新传媒转型；十九大学习笔记本和文明旅游、西安马拉松、惠游陕西等明信片产品市场反应良好。报刊业务实现大收订流转额 5.62 亿元，微信订阅绑定客户 5 万余人。图书项目借势发力，校园营销收效明显。

2. 企业改革。体制机制改革持续深化，经营组织架构改革到位。用工总量管控效益更加凸显。推进中心局损益核算改革，构建以利润为导向的陆运网成本管控体系。县域“三合一”建设全面完成。全省网运指挥调度体系作用初显，邮件处理量 1.94 亿件，比上年增长 130%；投递量 6702 万件，比上年增长 47%；“双十一”处理峰值每天 122.88 万件，比上年增长 83%；快递包裹投递峰值每天

41万件，比上年增长98%。西安邮区中心局包分机处理效率每小时3.3万件，比上年增长100%。推广应用包裹预收寄、新一代寄递平台等系统。在全国率先推出“全码付”二维码收单产品，率先上线无线智能POS商易通设备。拓展集邮微营销、报刊微订阅、邮乐小店等“互联网+”营销渠道。信息网运行服务居全国邮政综合类运维考核第1位。各单位、各专业、重点项目紧盯预算进度，配套专项资金和考核奖励机制。坚持开展基层督导帮扶。县域邮政发展支撑力度不断强化。联动营销提升获客能力，实行总部项目动态立项机制，建立综合营销积分体系，专业联动开展营销活动。

3. 从严治党取得新成效。认真学习宣传贯彻党的十九大精神，深入推进“两学一做”学习教育制度化常态化，陕西邮政“交叉讲党课”被中央国家机关工委《紫光阁》杂志社评选为“党建创新成果展示”百优案例。扎实推进“基层党组织示范点”建设，引导广大党员在经营发展、攻坚克难中发挥先锋模范作用。各级党组织认真履行主体责任，纪检组织扎实履行监督责任。对集团公司第四巡视组反馈问题立行立改，制定78项整改任务，细化135项具体措施。强化执纪问责力度，严格信访核查。紧盯“四风”问题，加大重要节点检查力度，廉洁风险防控、效能监察工作稳步推进。加强企业民主管理，深入开展“双创”工作。持续推进职工建家，坚持开展“三个关爱”、扶危助困活动，文体活动丰富多彩，邮政员工获得感幸福感安全感持续增强。

4. 内部管理实现新进展。干部管理监督体系更加严格规范。人工成本管控效能持续增强。人才培养发展取得新成效，全省3万多人次参与岗位培训及练兵，3000余人通过技能鉴定，高技能人才占比全国持续领先。深入推进零基预算，强化重点成本费用监控，超额完成利润目标。建立对标挖潜机制，坚持立标、对标、达标、创标，效益意识显著提升。加大资金资产集中管理力度，资金存量稳中有升。深入推广ERP系统应用，会计核算不断规范。投资计划突出核心能力建设，支撑重点高效业务发展。以效益为导向科学分解业务指标，确保集团公司各项战略在省内落地。重点关注“三重一大”决策制度执行、经营管理合规和收支真实性审计，全年审减工程费用2092万元。完善集中采购工作流程，集采项目节约资金2000余万元。全面推进平安单位建设，全年实现零案件、零事故。

5. 服务社会再显新作为。普遍服务水平稳步提高，普遍服务新标准“贯标”实现阶段性目标。县以上城市党报当日见报率85%，全省建制村基本实现“村村通邮”。机要通信畅通安全。有责申投诉量持续大幅下降，服务质量管控指标排名全国第1位，申诉处理满意率99.4%。精准扶贫扎实推进，通过教育扶贫，帮助商州区、洛南县

11月22日，中国邮政简易险系统上线，中邮保险简易险业务在陕西电商平台成功对接。全国首张简易险保单在西安市小寨邮政支局电商平台出单。（陕西省分公司 / 提供）

37名学生以“教育+就业”方式带动家庭脱贫；通过电商扶贫，帮助贫困村销售农产品246万元；通过产业扶贫，带动6400多户贫困人口脱贫，受到各级党委政府和群众广泛赞誉，也得到国务院扶贫办、中央国家机关工委的充分肯定。在一区一县年度工作考核中，荣获“脱贫攻坚工作先进集体”，受到商州区委区政府、洛南县委县政府表彰，在商洛市中省单位考核评比中排名第一，在全省评比中位列第一等次。新华网12月连续3期对中国邮政定点扶贫工作进行宣传报道。国务院扶贫办下属的《中国扶贫》杂志进行了专题宣传推广。陕西邮政帮扶的吴堡县南王家山村养殖项目，也取得了阶段性成果。（陕西省分公司　常雅楠）

【邮储银行陕西省分行】 下设6个委员会，内设部门21个，直属单位1个、营业部1个，下辖二级分行10个。网点1251个，实现城乡全覆盖；从业人员4584人，其中专业技术人员645人，占比14%。

资产总额2818亿元，比上年增长6.84%；负债总额2811亿元，比上年增长6.27%。实现营业收入37.98亿元，实现净利润14.67亿元；实现中间业务收入5.29亿元，贡献度提升3.16%。人均经济增加值12.36万元，经济资本回报率（RAROC）18.97%，成本收入比48.22%，人均利润33.7万元，人工成本利润率144.49%。

1. 业务发展。

（1）个人金融业务。存款规模2725亿元，储蓄年日均余额新增24.78亿元。保费新增16.83亿元，理财销售172亿元，国债销售6.17亿元，黄金定投结存户数9730户，基金定投新增客户5696户，中邮消费金融贷款余额4.01亿元，实物贵金属销售5122万元，全码付新增商户5.88万户。信用卡新增发卡25.42万张，比上年增长72.75%。手机银行净增客户41.35万户，激活率70.92%；

柜面可分流率 52.96%，电子交易替代率 92.13%。

（2）零售业务。消费贷新增 83.82 亿元，增长 15.47%，其中非房贷新增 4.44 亿元，增长 238%。邮享贷发放 1.41 亿元，网贷支用率 74.9%。小企业贷款净增 6.56 亿元，首笔小企业法人按揭贷、首笔发票贷落地西安，首笔排污贷、军民融和贷落地宝鸡，首笔教育贷落地商洛。“三农”贷款年净增 13.87 亿元，小额贷款年净增 9.07 亿元，个人商务贷款年净增 4.8 亿元，扶贫贷款新增 13.3 亿元，增长 254.94%。

（3）公司业务。公司存款余额 429.24 亿元，公司贷款余额 322.73 亿元，公司业务收入 11.71 亿元，占比 30.84%。开立信用证 30 亿元，办理押汇业务 20 亿元，国内保函余额 1.33 亿元，成为系统内第三家办理中企云链在线保理业务的分行。投放银团贷款 43.89 亿元，年净增 33.19 亿元；债券承销 24.5 亿元，实现中间业务收入 408 万元。

（4）金融市场业务。收入 4.46 亿元，增长 18.14%。同业理财 20 亿元；托管规模 1123.05 亿元；三方存管签约 13.05 万户，同业客户授信 12 家，同业合作机构超过 200 家。

2. 网点建设。调整网点布局，推进网点轻型化、智能化建设。构建“中心 + 卫星”网点布局模式，低效网点从 42 个减至 5 个。依托个人客户营销系统、综合营销系统、积分系统功能，板块联动推进综合营销，VIP 客户服务率 93.73%，VIP 客户产品覆盖率 68.07%，网点服务投诉压降 48.6%。12 月 28 日，9 家网点获评“银行业文明规范服务星级网点”称号。

3. 金融科技支撑。11 月 27 日，陕西省分行软件研发中心获批成立。实施省内自建信息系统项目 20 个，完成大数据平台一期建设，推进数据治理和标准化提高数据质量。推进智慧银行建设，完成 2246 台自助设备成功上线新一代自助银行系统，配置智能柜台大堂式 21 台、便携式 24 台，实现储蓄、缴费、理财、信用卡等七大类交易的自助办理，覆盖柜面个人业务量的 90% 以上。

4. 产品创新。信用卡发行新华美育卡、榆林工会服务卡、鼎致白金卡、邮行天下卡、自动分期卡等新产品，拓宽客群覆盖范围。推广小企业贷款新产品，陕西省首笔小企业法人按揭贷款、发票贷业务在西安市分行成功发放，首笔排污贷在宝鸡市分行成功放款，首笔教育贷在商洛市分行落地，首笔军民融和贷在宝鸡市分行落地。

5. 风险防控。

（1）加强风险管理和案件防控，落实“三三四十”系列专项治理，“自营 + 代理”整治违规问题 1928 个，追责 2182 人次。

（2）深入开展“制度执行年”“内控优化年”“排风险、防违规、揪内鬼”专项活动，对 746 人、75 家分支机构执行违规积分。

（3）实施审计项目 87 个，审计金额 31.62 亿元，发现问题 847 条，违规追责 255 人次。处置不良贷款 29.95 亿元，不良贷款率 1.97%，较上年下降 3.59%。

6. 党建工作。开展基层党组织“强基固本 2.0”建设工程和党员“承诺践诺”主题教育活动，推动“两学一做”常态化制度化。建立健全基层党组织 144 个，党员人数超过 1500 人，消除一级支行无党员“空白点”，基层党建工作实现“全覆盖”。针对集团巡视组指出的 4 大方面 72 个问题逐条逐项整改落实，制定和完善制度 14 项，整改率 100%。陕西邮储职工之家建设累计投入超过 1100 万元，覆盖 199 个支行，职工小家建家率、覆盖面、合格率均为 100%，其中 41 个三星级职工小家。

7. 支持实体经济。陕西省分行紧扣国家重大战略和陕西省“追赶超越”目标，回归本源，加大“三农”、小微支持力度，推进金融扶贫服务，支持“大西安”建设，为实体经济提供信贷支持 450 亿元，引入同业资金 2300 亿元助力“一带一路”建设落地，服务地方供给侧结构性改革和经济金融发展。（邮储银行陕西省分行）

【速递物流陕西省分公司】 收入 41920 万元，比上年增长 24.62%。

1. 省际标快业务。省际标快业务实现收入 6836 万元，比上年增幅 0.62%。标快十大项目累计实现业务收入突破亿元，净增 3000 万元，比上年增长 42%。标快十大项目中身份证、护照、国际标快、校园市场、楼宇市场、通信市场、互联网 + 等 7 个速递项目突破千万。

2. 生鲜寄递。发运生鲜邮件 186 万件，收入 2012 万元。关中、陕南各分公司联合开展樱桃大会战实现收入翻番增长，发运邮件 7.6 万件收入 205 万元。西安、宝鸡规模开发猕猴桃收寄，不断提升标准业务占比，实现收入 262 万元。渭南分公司特色化发展冬枣、柿饼、水蜜桃等时令鲜果寄递，收入超 300 万元，再创新高。西安临潼石榴寄递多产品结合开拓市场，实现收入 118 万元。延安公司苹果销售商加盟结硕果，实现标快和 E 标收入 114 万元。宝鸡分公司紧抓苹果大客户发运，实现苹果寄递收入近 65 万元。榆林羊肉“极速鲜”实现收入 24 万元。

3. 电商项目。在持续做好良品铺子、三只松鼠等电商标杆项目运营的基础上，依托草滩电商物流产业园二期仓储优势，开发云集微商项目收入 1423 万元。云集、良品铺子、三只松鼠等上千万规模客户的开发运营，为收入计划提前完成奠定坚实基础。全省电商物流专业 E 标准业务收入 2215 万元，比上年增长 253%。

4. 物流业务。累计收入 9152 万元，比上年增长 43%。云集、陕汽、西凤酒等 3 个电商物流项目突破千万。省电商物流分公司持续引进大项目，做好千万级电商客户的开发运营，提前50天完成年度目标任务。

5. 国际标快。业务收入突破千万大关，做到自有标准业务和合作业务在多类市场的规模突破，实现比上年增长33%的快速发展。中速DHL业务落地西安，中速TNT业务实现通关，中速FEDEX业务即将上线，多渠道支撑业务发展。西安市分公司开发全省首家中邮海外仓客户。

6. "创客深化"。创客团队388个，实现经营创客、生产处理创客和客服创客全覆盖。宝鸡火车站等9个揽投部创客团队和西安旺座现代等60个重点市场创客团队收入增幅50%以上。

7. 客服质量。省客服中心建立质量与效益挂钩的客服中心创客团队，持续开展业务培训和业务沟通，进行机制创新，开展"客服之星"评比表彰，强化质检考核和人员末位淘汰，不断激发员工活力，客户投诉量下降53.8%。

8. 生产人员活力。因地制宜深化生产创客机制，创新解码落地生产创客，西安邮件处理中心全面打造创客团队和创客单元，宝鸡等分公司深入推进邮件处理中心创客深化，内部市场化机制持续推进，生产人员活力显现。

9. 业务拓展。累计建成有效授权外部单元533家，其中有效授权代办点501家，授权加盟商32家，实现收入1087万元。

10. 基础能力。西北（西安）陆路邮件处理中心二期于7月建成投产，该中心一、二期总计4万平方米生产处理场地全部投入使用。（速递物流陕西省分公司）

【中邮保险陕西省分公司】 累计总保费收入19.9亿（含续期），比上年增长3.4亿，完成年计划120%，进度排名全国第四；期交新单5.9亿，比上年增长3.5亿（不含财寿嘉），完成年计划141%，进度排名全国第三；完成长期期交5281万，比上年增长4722万，完成年计划143%，进度排名全国第四；陕西省分公司完成续期实收保费6.58亿元，完成年度计划的109%，进度排名全国第二，年度续期业务综合评价全国第五。网销1918万，规模排名全国第一；团险保费1962万元，完成年计划的130.86%，保费规模排名全国第三，其中系统外团险保费78万元，系统外团险保费规模排名全国第三。各项业务均实现了平稳、高效、快速发展。获得全国邮政系统模范职工之家和中邮保险全国先进工会光荣称号；在陕银行系人身险公司中，原保费收入排名第一，占比35%。在陕西30家人身险公司原保费收入排名第九。在陕西保险业举办的各项竞赛和活动中，荣获"7·8公众宣传特别贡献奖"等3个集体荣誉，23名员工分别获得"学术论文三等奖""优秀调解员"等个人荣誉。

1. 深化转型升级。落实集团和总公司对加快中邮保险转型发展的要求，回归保险本源，不断提升价值成长性业务比重，强力推进期交"双百亿工程"。成立"双百亿工程"银邮保三方联合领导小组，由省邮政分公司张晓阳总经理任组长，做到早安排、早部署、早准备。下发"双百亿工程"实施方案等5个文件，开展4个专项竞赛，拉动全省中邮保险业务的发展。陕西分公司扎实落实文件要求做好支撑和后援各项工作，成立"财富嘉2号销售帮扶突击队"，号召全体员工下网点进行销售帮扶，通过竞赛活动，陕西分公司完成计划任务。2月实现期交1.32亿，完成计划进度106%；财富嘉2号1.52亿，完成计划进度103%，是全国完成两项任务指标的5个省份之一，提前一个月完成一季度计划任务。

2. 强化项目营销，长期期交专业引领。在上半年完成期交新单保费计划后，按照集团公司和总公司转型发展要求，陕西省分公司成立十年期领导小组，深入各个地市进行调研，了解长期期交发展缓慢的原因和产品销售环节存在的问题，借助新上线的多多保A款产品，重新进行产品包装，制定专项营销方案，探索性在延安洛川开展首场长期期交训练营活动，通过一周时间实现110万长期期交保费，为长期期交突破找到方法，树立信心。随后分别在榆林神木市和府谷县、宝鸡陈仓区和眉县、渭南蒲城县和临渭区、咸阳礼泉县和三原县、西安临潼区和周至县、商洛商州区和洛南县、安康江南局和汉阴县、延安志丹、富县和子长县开展了8场训练营活动，涉及17个县区分公司，177个网点，剔除犹撤后项目营销实现长期期交保费3361万元，占全年长期期交保费5281万元的64%，为全面完成长期期交计划夯实基础，为长期期交业务平稳、健康发展探索出了更加专业化的发展模式，在项目开展期间宁夏和湖北分公司安排人员现场观摩指导学习。长期期交训练营的营销案例受到总部的关注和省邮政分公司的高度认可。

3. 加大自营力度，团险外拓实现突破。围绕总公司转型发展，调整结构的总体要求，在做好邮政系统员工福利保险的基础上，充分调动各方资源，加大团险外部客户开发力度，累计开发外部团单18家，实现保费78万元，保费规模列全国第三，实现外部团险客户市场的突破。年初，陕西省分公司内部组织"团险业务启动会"，号召全体员工利用自身人脉关系，对外开展团险业务宣传，陕西分公司领导、中层带头贡献客户资源。按照抓大促小的方式，紧盯大客户，先后实现华衡实业、沣东管委会、长安信托等多家外部客户的开发，其中长安国际信托公司员工重疾健康险团单，实现保费50.6万元，也是全国外拓团单最大单，被总公司评选为优秀营销案例。同时，加强板块联动，携手省邮政大客户中心，西安速递，签订战略合作协议，共享客户资源，挖掘邮政大客户资源开展团险业务宣传，参与邮政公司与陕西中信，陕西中烟战略协议签订，为团险外拓积累客户资源。组织开展茶艺品鉴、爱牙月等团险客户服务活动，传播健康生活理念，拉近客户距离。召开2017年度中邮保险陕西分公司最佳合作伙伴年会，搭建与客户沟通的桥梁，针对个别理赔疑难案件，专项协调沟通，受到了投保单位员工和家属的好评，并送来了锦旗。

4. 邮银保联动，体系建设有力推进。联合省邮政分公司共建保险专业内训师队伍，提升保险专业内训师素质，将保险专业内训师纳入省邮政分公司金融内训师体系中进行统一管理。联合省邮政分公司下发《关于联合组建全省保险专业内训师队伍的通知》（陕邮分联〔2017〕27号）文件，在各地市邮政分公司金融业务内训师及业务骨干队伍中进行选拔，组织全省135名优秀内训师代表开展了保险从业知识层面的内训师集中培训。通过集中培训和地市选拔推荐，76名内训师脱颖而出，参加了9月初与省邮政分公司联合举办的"全省保险专业内训师选拔大赛"决赛，由省邮政分公司代理业务局、人力资源部等多方代表担任评委的严格评审，西安朱玲，汉中李赵丹，延安王梦瑶等15名优秀内训师获得全省保险专业省级内训师资格。本次大赛的优胜人员纳入全省内训师队伍体系，按照《中国邮政集团公司陕西省分公司内训师管理办法》进行管理，创新开展内训师体系建设。

5. 强化运营支撑，业务流程得到优化。扎实落实集团公司对市县中邮保险的管理考核工作，按月考评打分，督促和激励市县做好业务处理。开展"迎旺季　促发展　强管理　提质量"营运业务跨年竞赛活动，按月评优，激发各级业务人员工作创优。加强对全省中邮保险营运管理人员的专业培训，采取全省集中、条线集中、现场督导帮扶指导等多种形式，开展培训97次，培训人员486人次。坚持按月开展市县业务检查，及时发现市县及营业机构存在的问题并督促整改，检查覆盖10市、15县、32个网点。利用技术手段，完善移动端的营运微家园、开通理赔微信审资料等，加速保全、理赔等业务的处理，全年收到理赔表扬锦旗3面，陕分2名理赔员被总部授予"首届中邮保险最美理赔人"。积极借鉴先进经验和业务管理做法，开展同业交流学习，邀请新华保险核保、保全、理赔等七条线进行交流学习，使公司营运队伍专业能力得到提升。全年开展了健康讲座、客户体检、茶艺品鉴等5场内容丰富的客服活动，并参加行业的"3·15"活动、"7·8"公众日活动，获得行业肯定。新契约回访成功率94%、理赔服务时效1.6天、保全时效1.37天等关键运营指标远超管控要求。亿元保费投诉量仅0.051件，处于行业较低水平，投诉处理客户满意度100%，平均处理时间1.9天，远低于监管要求的10天标准。满期给付35252笔，8.01亿元，未发生一起满期给付投诉和群体性事件。

6. 围绕转型增效，管理工作协调有序。

（1）财务对标，管控到位。开展对标工作，按照效益导向原则，通过对速度规模、效益质量、社会贡献等方面进行综合评价，并按季度与各分司开展行业间对标工作。坚持价值导向，完善绩效考核办法，引导业务结构调整，提高高效业务占比，各项财务综合评价指标均有提升，标保费用率10.04%，高于全国平均水平1%；短期险经过赔付率86.77%，全国排名第4位。完善集中采购流程，明确二级采购目录，加强采购档案的管理，采购预算、会议纪要、评审结果意见书等采购档案留存完整。加强预算管控，严控资金额度，制订2017年费用预算控制目标，并对费用分解落实，制定管理办法和考核机制，不断提升财务基础工作能力。

（2）风险防控，合规经营。为提高公司合规风险管理水平，落实监管机构第二代偿付能力要求，及时调整检查内容，与全省稽查队伍人员联合开展检查，有效防范了保险发展中的各项风险；根据保监会《关于加强监管防范风险　促进中邮人寿保险股份有限公司健康规范发展的通知》（保监寿险〔2011〕1125号）文件精神，继续积极落实文件中对合规检查要求，制订检查计划，开展市县合规检查17次，覆盖6个市，32区县65网点，超额完成总公司本年度检查计划。认真开展反洗钱可疑交易排查工作，排查可疑交易468笔。同时，严格按照监管规定的要求，及时开展反洗钱大额可疑交易识别工作，并积极报送反洗钱风险识别报告、反洗钱评估报告等，全年未出现过迟报、漏报现象，受到监管好评。同时编写并下发了《2016年度中邮保险监管案例汇编》，该汇编将2016年中邮保险其他省份经营活动中触及到的法律法规问题及风险点一一罗列，形成监管处罚案例指导手册，人手一册，增强员工合规意识。

（3）人力管理，更加科学。制定并下发机构设置和人员编制调整方案，优化完善组织架构。拓宽人才引进渠道，加大人才引进力度，开展社会和校园招聘工作。出台实施员工绩效考核方案，完善绩效考核评价体系，坚持效率效能导向，设置部门指标及员工个人指标，对不同指标及考核内容分配不同权重，逐步建立分层次的绩效考核体系。通过"今目标"督办软件，对员工考勤、外勤人员出勤地点、各种物料、请假申请及审批，可实时进行动态管控与移动应用，降低人力管理成本和时间成本。加强培训教育，共组织员工素质培训17次，1300余人次，参加监管部门、邮政系统、总公司等组织的外部及远程培训4期，对陕西邮政系统人员进行集中业务培训7期，450余人次，网点培训730余场次，近7000人次，1200余课时。

7. 全面从严治党，党建工作扎实到位。召开党的建设暨纪检监察工作会，制定和下发22项党建工作要点，签订"落实全面从严治党要求2017年度责任书"，为做好全年党建工作打下了基础、指明了方向、明确了责任。积极推进"两学一做"学习教育常态化，以辅导讲座、交叉讲党课、党务微课堂、测试答题等多种形式组织政治理论学习，开展十九大精神学习宣传贯彻，全年共组织党委中心组学习 6 次，党员学习 12 次，党课 4 次。严格落实“三会一课”、民主（组织）生活会、谈心谈话、民主评议党员等制度，开展民主生活会 2 次，支部组织生活会 2 次，谈心谈话 2 次，民主评议党员 1 次，思想动态调查 1 次；加强队伍建设，组织支部书记参加基层党组织书记轮训，开展党务干部专项培训 3 次，组织员工及党务干部参加远程培训 3 次。积极开展中国邮政企业文化建设示范点、基层党组织示范点创建和区级文明单位创建工作，二支部被总公司推荐到集团公司参评，开展志愿活动 3 次、道德讲堂 3 期。坚持问题导向，切实加强和改进作风建设，以“讲政治、守纪律、敢担当、有作为”为主题开展了加强和改进作风建设专题活动。

8. 强化过程管理，把监督责任落到实处。针对 4 方面 11 个问题，细化 74 项具体措施，扎实有序推进，巡视整改取得实效。加强制度建设，制定完善 9 项党廉相关办法，使监督执纪有据可依。落实“三转”要求，强化监督检查，开展“三重一大”决策事项和重大决策部署落实情况、集中采购、业务招待等重点领域、重点环节的监督检查，加大重要节点检查力度，驰而不息纠“四风”。强化执纪问责力度，综合运用“四种形态”，组织开展各类廉政谈话 21 次，94 人次，对巡视反馈问题的相关责任人进行了责任追究。构建廉洁风险防控体系，开展 2017 年廉洁风险防控优化，对 56 个岗位梳理出 87 个岗位廉洁风险点，制定 215 条防控措施，不断健全完善廉洁风险防控优化体系。

9. 创建职工之家，发挥桥梁纽带作用。推动中邮保险“职工之家”建设，组织开展两节“送温暖”、元宵节观影、职工日常关爱和慰问活动，助力“员工幸福工程”体系建设；不断推进企业民主管理，通过组织召开职工大会、征求员工意见座谈会、设置“主席信箱”，畅通员工参政议政渠道，提高员工参政议政的积极性；积极开展文体活动，通过开展摄影培训、每日一学、员工读书、健步走活动，参加“中邮保险杯”职工羽毛球比赛、“踏上新征程　喜迎双百亿”健步走、省保险行业第二届综合运动会、中邮保险职工工间操暨健身操比赛等，极大地丰富员工文化生活，企业向心力、凝聚力进一步增强，获得总公司工间操暨健身操比赛女子团体二等奖、“砥砺奋进的八年　我与公司共成长征文”摄影比赛优秀组织奖，被中国邮政集团工会授予“模范职工之家”荣誉称号。

10. 助力保险扶贫，稳步推进扶贫工作。根据总公司年初保险扶贫工作部署，积极开展扶贫保险的承保和宣传工作。针对商洛邮储分行扶贫贷款发放对象赠送一份“三农”小额保险，以邮政集团为投保人，为首批 300 余名扶贫贷款申请人提供总保额达 3000 万元的人身意外伤害保障。配合邮政集团商洛地区产业扶贫，开展邮政保险扶贫村建设。采取全村统保的方式，以邮政集团为投保人为全体村民赠送一份“三农”小额保险，为其提供人身意外伤害和意外医疗保障。共计为 5 个村子近 7000 人提供高达近 3 亿元的人身意外伤害医疗保障。同时为每户发放邮政扶贫保险服务手册，通过组织保险宣传会、健康义诊等活动，积极开展扶贫保险宣传。（中邮保险陕西省分公司）

【中邮证券陕西省分公司】

1. 党建工作。陕西省分公司直属机关党委于 5 月 13 日召开第一次党员大会，选举赵军、靳晓民、张辉等 3 名同志为中国共产党中邮证券有限责任公司陕西分公司直属机关第一届委员会委员。中国共产党中邮证券有限责任公司陕西省分公司直属机关第一届委员会召开第一次全体会议，选举赵军同志为中国共产党中邮证券有限责任公司陕西分公司直属机关第一届委员会书记。陕西省分公司直属机关党委下设 6 个党支部，其中第一支部、第二支部由陕西分公司、总部各部室驻陕西工作的党员组成，西安南大街证券营业部党支部、西安电子二路证券营业部党支部、阎良人民路证券营业部党支部由各营业部党员组成，退休退养支部由 10 名退休退养人员组成。

2. 业务方面。

（1）经纪业务。邮储银行三方存管业务自 2015 年 9 月 7 日全面上线以来，在集团公司的战略指导下，中邮证券陕西省分公司与陕西省邮政公司、省邮储银行积极对接与合作，发展中邮证券开户，促进邮政金融板块客户资源共享，推进邮政储蓄发展和金融转型取得新突破，打造邮政金融板块新优势。一是促进存量非有效户的转化，二是挖掘邮政储蓄存量客户，三是开发邮务类客户中的潜在客户，四是服务维系好现有有效客户。为发挥公司在陕区域分支机构的网点优势，全面做好业务无缝对接，陕西省分公司广泛征集陕西省邮政公司、邮储银行、中邮证券陕西省辖区内各家营业部的意见和建议，不断优化对接方案，将具体工作执行落实到人。

（2）资管投行业务。推动投行资管业务的发展。与邮储银行之间的板块联动取得重大突破，1 月落地期限为 5 年的陕煤集团债转股项目，产品名称金融投 11 号定向资产管理计划，总金额 80 亿，通道费万分之四。截至 12 月 31 日，资管收入 290 万元。推动与地方金融机构之间的联系，推动与西安投资控股有限公司的合作，寻找业务发展机会。股权质押业务方面，陕西省分公司梳理陕西上市公司的质押情况，联系寻找业务机会，与众兴菌业（002772）建立联系。跟进的项目还有商洛市森佛制药企业上市、西安中邦科技与汇金实业新三板的挂牌，以及延安到榆林高铁项目。（中邮证券陕西省分公司）

甘肃省

【甘肃省分公司】 累计完成业务收入16.01亿元，比上年增长8.58%，排名全国第18位。

1. 从严治党

（1）党建工作方面。一是全面开展学习宣传贯彻党的十九大精神，严格按照习总书记“学懂弄通做实”的要求，全力抓好督导落实。二是以政治建设为统领，认真落实全面从严治党主体责任，层层签订责任书，将主体责任清单落实纳入党建工作责任考核。三是推进“两学一做”常态化和制度化，党员领导干部参学率、合格率100%，组织召开民主生活会、组织生活会，累计2647名党员参加民主评议。四是不断强化干部监督管理，重点抓好全省选人用人专项检查和一报告两评议工作，累计开展谈心谈话295人/次。五是持续加强基层党建工作，理顺党的基层组织，规范党的组织生活，严格落实“三会一课”、组织生活会等制度，基层党建工作效果明显。六是推进企业文化建设，企业文化宣传贯彻率、知晓率100%；邮政精准脱贫工作有序开展，得到省委省政府脱贫工作领导小组的肯定。

（2）纪检监察方面。一是加强组织协调，层层传导责任压力，分级签订全面从严治党专责监督责任书；对市、县分公司开展党风廉政建设责任检查考核；开展集团公司巡视反馈问题整改情况“回头看”，巩固整改成效。二是加强教育监督，扎实组织开展“党风廉政宣传教育月”活动，进一步强化了党员干部党性观念和纪律规矩意识；认真落实监督执纪工作规则，进一步规范纪律审查工作。三是强化作风建设，在节假日等关键节点，通过多种方式加强提醒教育和监督检查；开展违规公款购买消费高档白酒等问题集中排查整治，国庆、中秋期间落实中央八项规定精神明察暗访等工作。四是践行“四种形态”，省分公司党组纪检组、各单位纪委开展工作约谈419人次，任前廉政谈话213人次，提醒谈话188人次。对2起违纪问题立案审查，对3起违规违纪问题全省通报，给予党内警告处分1人，行政记大过处分3人，行政警告处分1人，诫勉谈话13人。

2. 转型创新

代理金融业务累计完成收入9.15亿元，比上年增长6.98%；包裹快递业务累计完成收入2.27亿元，比上年增长38.79%；集邮与文化传媒业务累计完成收入2.4亿元，比上年增长4.3%；电商分销业务剔除短信收入后累计完成收入7223万元，比上年增长15.09%。

（1）代理金融业务。一是储蓄余额稳中有增。深入开展“务工、种养殖、商户、社区”重点客群营销，组织余额保卫战，强化督导帮扶，储蓄余额年净增26.38亿元，价值存款占比提高至91.8%，全国排名第12位。二是精心组织保险销售。在保险产品“企业收益、客户收益”双降的背景下，销售保险40.28亿元，比上年增长2.13亿元。三是理财业务规模发展。理财保有量净增27.3亿元，比上年增长14.3亿元，全国排名第5位，保有量规模达到98亿元，全国排名第13位。四是大力发展手机银行。客户规模达到176万户，新增激活客户40万户，完成计划目标的193%；结存激活率63%，全国排名第5位；交易替代率23%，全国排名第2位。五是强化金融数据管理。引进“金融数据云平台”系统，同总行客户营销系统形成互补，进一步加强金融客户信息化管理能力。六是积极推进积分优惠购。改变客维方式，加快“积分优惠购”模式推广，进一步加大金融客户维护深度和广度。

（2）包裹快递业务。一是客户挖转成效凸显。集中资源优势，有针对性地进行同业客户挖转。新增协议客户1030户，新增客户收入2020万元，新增客户贡献率20.9%。二是重点项目不断突破。加强全省重点项目统一管理，以点带面、线上线下联动，提高包快业务发展效益。土特产项目累计实现资费收入6656万元，与上年相比实现翻番；标快业务完成收入6303万元，比上年增长13.9%，全国排名第4位。三是科学调整激励政策。体现“寄递翼”战略地位，将考核单项收入调整为考核电商快包市场占有率，将寄递协议大客户的发展设置为加分指标；加大超计划激励力度，鼓励各单位努力超收。

（3）电商分销业务。一是全力争取政府支持。创新“政府补贴+快递公司付费”电商业务运营机制，累计争取国家农村电商示范县补贴500多万元。二是以平台建设促专业联动。新增邮乐购站点2015个，“邮乐小店”8.4万个，累计实现农产品分销收入1466万元；活动造包近6万个，发放“掌柜贷”233万元，联动金融优惠购引入分销商品375.37万元，促进包裹、金融业务发展。三是不断提升高效业务占比。拓展国税“双代”服务范围，代征税额突破5亿元，新增客户26万户，市场占比接近30%。

（4）文化传媒业务。一是线上拓展效果显著。集邮线上渠道累计实现收入1865万元，微营销平台产生交易订单14237单，新增“粉丝”超过10万人。二是文化活动深入开展。成功举办“驿路·丝路·复兴路”2017全国集邮巡展及“一带一路”甘肃省集邮展览，服务第二届丝绸之路（敦煌）国际文化博览会，举办《张骞》特种邮票首发式。三是传媒业务创新发展。借助微信广告平台新方式，举办13场腾邮峰会，开发客户数530家，转化新媒体业务收入583万元。四是报刊业务稳中有增。实现报刊流转额突破3亿元，净增流转额942万元。报刊在线订阅流转额突破1000万元，线上收订进度全国排名第14位。

（5）营销体系建设。一是创新研发微营销平台。借鉴金融、电商行业的经验，以技术手段打通全省金融客户积分系统与集邮微平台系统。二是线上营销取得实效。确定报刊线上订阅、集邮微平台销售、手机银行、农村电商代购、线上产品寄递5个线上重点营销项目，代理金融项目线上完成率180%、寄递项目153%、集邮项目119%。三是探索推进精准营销。运用大数据分析工具对客户数据进行整理、分析，树立数据引导精准营销的理念，实施营销项目数据跟踪管理模式。四是稳步推进营销体系建设。结合经营组织架构改革，逐步转换市场营销工作职能，加大营销体系转型工作力度。

3. 管理水平

（1）财务管理方面。一是推行零基预算，加强预算管理。制定零基预算编制指导意见；建立以利润为导向的财务管控体系，实现对财务指标事后控制向事前、事中控制前移。二是深化成本管控，助推提质增效。制定财务重点成本管控办法，理顺业务代办费管控流程，深入推进企业提质增效工作。代理金融营销费用率8.61%，比上年下降2.38%；运输费占结算收入比重138%，比上年下降23%。三是推进ERP运用，提升分析实效。完善报销报账流程，强化管会等成本数据的正确归集，深入研究ERP数据运用，持续开展收支结算、土特产寄递、营销费用、代办费等重点事项和突出问题的专题分析，提升财务分析水平，加大经营分析实效。四是强化基础管理，发挥监管职能。制定财务管理考核评价体系，强化财务检查及规范要求，进一步提升全省财务管控能力。

（2）人力资源管理方面。一是突出客户导向，优化经营组织架构。稳步推进经营组织架构优化调整，实现改革的平稳过渡。二是坚持多措并举，完善人力资源配置。建立用工计划弹性调节机制，推进梯形排班、交叉作业模式，金融网点点均节省工时约3.6小时/天，优化出的柜员补充到大堂经理、理财经理岗位，进一步强化了网点的营销力量。三是加强分类管理，推进企业用工规范。制定劳务承揽规范管理办法，规范业务外包审批流程。截至12月底，全省劳务工占比比年初降低0.45%，劳务承揽人员占比比年初降低1.28%，均达到集团公司控制目标。四是调控收入分配，强化成本管控。全面落实人工成本零基预算，合理调控企业内部收入分配关系，进一步强化绩效分配和业务奖励集中审批。五是加大培训力度，提升员工技能。重点强化金融、寄递、电商等重点专业的培训，累计开展职业技能鉴定和各类培训108期，参加培训24624人次。

（3）网运管理方面。一是力促网运提质增效。将提质增效作为网运管理的重点内容，通过提升装载率、优化邮路等方式，累计节约成本1400万元。二是加强调度动态管理。分级建立指挥调度体系，完善指挥调度工作制度；根据进出邮件流量、流向状况，动态实施淡、旺季作业计划。三是强化全程时限管控。开展质量指标管控培训，促进时限质量问题有效整改；网运时限指标稳步提升。

（4）审计工程采购方面。一是审计工作成效显著。累计对104个基层单位、27位领导干部进行了审计。涉及各类项目326个，纠错防弊金额1528万元，促进增收节支946万元。工程结算审减940万元，综合审减率12.43%。提出审计意见和建议312条，完善各项制度173项。二是强化工程监督审查。加强工程进度通报及事项考核督导，全省工程进度、质量稳步提升。三是严格规范采购管理。严格执行集中采购程序，加大全省集中采购管控力度，全年累计完成采购项目63个，节约资金524万元，节约率14.87%。

（5）风险防控和安全生产管理方面。一是紧抓风控体系建设。以“风控管理提升年”为主线，推进邮政金融“有效风控”管理，开展交叉互查、实施综柜上收、全面整章建制，累计开展全省专项检查13次，整改风险隐患2458处，整改率98%。二是落实安全生产责任管理。推动月度安全隐患排查整改，重点落实“一岗双责”，建立三级领导人员责任清单和履职台账，强化安全防控体系建设运行，开展“平安邮政”创建活动，实现“安全生产无事故”工作目标。

4. 能力建设

（1）寄递网建设方面。一是处理场地加快建设。对12个市州分公司分别完成处理场地的征地、新建、改租用工作，新增场地面积5615平方米。二是投递能力改造提升。利用社会力量代投分流，建立城区代投自提点12362个，代投自提率达到25%。

（2）信息化建设方面。一是完成省中心机房搬迁工作，全面提升中心机房硬件支撑能力。二是落实信息化支撑引领。实现金融客户积分系统与微平台的互连互通，组织实施远程集中监控系统、新一代寄递业务信息平台、全省邮政生产终端准入系统、代理金融数据云平台等系统建设工作。三是针对性开展数据分析应用。完成了台席终端

甘肃省兰州市城关区巾帼岗职工。（甘肃省分公司/提供）

使用分析、自助设备交易分析等5项专题数据分析及成果应用，为省内网点梯形排班及台席压减等工作提供了有力支撑。四是不断提升信息网运行质量。注重网络防病毒管理，持续保障信息网27个月安全运行无故障，集团年度考核竞赛全国排名第一。

（3）服务质量方面。一是全面落实普遍服务新标准。严格执行邮政业务范围、营业时间、作业计划，确保普遍服务达标。927个未直接通邮建制村，已实现通邮627个，占比达到68%；加快普服时限管理，县区党政机关党报党刊当日见报率明显提升；加强普服标准管理，各级监管部门行政处罚明显下降。二是不断提升客户用邮体验。通过开展主动客服、跟踪处理问题工单等措施，客户满意度指标达到99.4%，排名全国第2位。三是机要通信质量全红。进一步完善省市县三级机要监督检查体系，确保机要通信安全畅通、万无一失。

（4）“双创”及品牌建设工作。充分发动广大员工投入“双创”工作，提建议、出点子，双创动员率全国排名第13位，获得集团公司“提创意、争创新”活动组织先进单位荣誉称号。

5. 企业建设

（1）认真落实一届五次职代会职工代表提案，审议通过省分公司集体合同、企业员工请销假管理办法等关乎员工切身利益的合同及办法。

（2）开展困难职工“精准帮扶”，对确定的52名特困职工进行帮扶，26名困难职工实现脱困。

（3）推进“心系一线、关爱职工”活动，拨付各类基层慰问补助资金和困难劳模补助资金86.72万元。

（4）加强职工小家建设提升和管理工作，圆满完成职工小家三年规划目标并全部验收合格。

（5）搭建劳模领军、员工参与的创新平台；开展“邮政工匠”评选活动，授予6名优秀职工为省分公司“邮政工匠”称号。

（6）落实司务公开民主管理制度，开展基层工会经费使用管理情况专项督查。（甘肃省分公司　李凯）

【邮储银行甘肃省分行】 设立17个一级部、1个直属单位，下辖14个二级分行，59个一级支行，87个二级支行。员工2923人，平均年龄35岁，其中本科及以上学历员工1696人，占比58.02%。

资产规模792.28亿元，新增12.7亿元，增幅1.63%；负债规模788.3亿元，新增13.34亿元，增幅1.72%。各项存款751.79亿元，新增3.32亿元；各项贷款469.58亿元，新增86.46亿元，增幅22.57%。不良余额10.90亿元，新增7.46亿元，不良率2.32%。

1. 业务发展

（1）个人金融业务。储蓄存款余额627.32亿元，新增13.45亿元。销售理财产品90.7亿元，资管计划4.45亿元；销售保险3.51亿元，增幅197.07%；黄金定投新增4623户。手机银行新增客户13.87万户，增幅33.37%，激活率58.1%。信用卡新增5.08万张，结存16.77万张，实现刷卡消费69亿元，增幅44.58%；实现信用卡净收入4777.24万元，增幅92.81%；信用卡激活率76.05%，激活首刷率71%。

（2）公司业务。收入5.07亿元，增幅6.42%，占分行收入27.59%。公司存款余额123.95亿元，批发类贷款投放79.03亿元。福费廷发放161.38亿元，余额66.56亿元。银政项目上，中标五年期地方政府债券0.2亿元；参加四期省级国库现金管理招标工作，成功中标23.9亿元；参加省级社保基金竞争性存放定期存款项目招标工作，成功中标2.3亿元。银团项目上，首次办理系统内银团贷款16.12亿元。银企项目上，对接甘肃烟草公司达成合作意向；投放小企业贷款36.05亿元，收回41.24亿元，余额42.07亿元，比上年下降11.05%。

（3）零售业务。发放个人贷款6.84万笔、132.10亿元，净增32.22亿元。个人信贷结余15.13万笔、258.69亿元，其中小额贷款结余50.83亿元，个商贷款结余57.28亿元，住房贷款结余100.89亿元，非住房消费贷款结余49.69亿元。调整小额贷款要素16项，批量开发涉农小微企业和新型农业经营主体。转变消费贷款发展方式，非住房类消费贷款净增5.73亿元。

（4）金融市场业务。收入1.5亿元，完成年度计划任务75.8%。上报PPP、资产证券化、同业融出、PPN等19个项目，实现第二批公航旅“降杠杆”基金65亿元落地，40亿元同业存款和1亿元金融债落地，完成兰州轨道交通增信落地工作。

2. 合规经营情况

（1）启动合规文化建设。紧盯重点人员、重点事项和重点环节。建立支行长等重要岗位制约机制，实现全辖65个网点71名营业主管派驻。增配兼职监察员，探索一级支行权力制衡机制。建立“四必学”培训机制，抽调骨干组成“合规文化宣讲团”，针对业内典型案例分赴基层宣讲。开展全辖部门职责梳理、全员家访和对公风险专项排查，发现问题2500个，整改率97%，处罚金额34.57万元。开展“三违反”“三套利”“四不当”等专项治理和合规检查工作，实现网点风险等级评价和合规检查全覆盖。开展邮政金融业务印章专项排查，实施银企集中对账管理，组织开展对制式、非制式合同全面自查，着力解决合同无权签署、逆流程、审查不严谨、用印混乱、签章不规范等问题。

（2）清收不良贷款。清收已移交不良贷款1.96亿元，完成总行清收计划的150.94%。通过加强组织、增配人力、抢抓政策机遇，核销不良贷款4501.39万元。完善风险限额政策，通过实施分级预警管理，逐级加强风险约束措施，提升限额管控的约束力和执行力。开展对大额抵押类不良贷款的尽职检查，完成不良资产责任认定1126笔，经济处罚1511人次，金额124.59万元。

（3）健全风控体系。落实“三三四十”系列专项治理，开展“制度执行年”“内控优化年”等活动，组建监控预警团队，加强非现场预警监测能力。加强流动性风险管理，修订头寸管理实施细则，流动性成本从2016年的65.08万元下降至2017年末的35.83万元。制定出台声誉风险管理实施细则和应急预案。完成专项审计项目11个，开展审计调研项目2个；按照监管要求开展二级分行内控评价工作。加强营业场所安全管理工作。

3. 能力建设

（1）授信管理，采用“授权管理综合化、审批授权精细化、审批模式差异化、支用审批分层化”模式，强化押品管理，建立针对分支机构的授信管理评价体系，调整零售信贷客户授信额度管理，审查审批各类信贷业务3.85万笔，授信130.86亿元。

（2）信息科技建设，配合完成53个统建系统、22个中平系统、2个自建系统的上线运行，提取经营管理数据74次，完成3项数据分析课题，完成省分行核心机房的物理搬迁。

（3）人力资源管理，制定出台重点业务绩效奖励办法、浮动薪酬管理办法和支行机构及人员配置指导意见，招聘员工137名，组织各类培训班45期。

（4）客户服务，强化客户投诉整治，完善网点投诉考评机制，客户投诉率下降40.6%，系统内排第4位。

4. 服务实体经济

加强金融扶贫工作，加大对“三农”、小微的支持力度，发挥“村支两委”作用，投放农户小额信用贷款。在甘肃省建成信用村280个，发放小额信用贷款3.61亿元。在庆阳地区试点开发农村住房改造扶贫小额贷款，发放“告别窑洞”住房改造小额贷款1.8亿元，惠及3006户贫困户。涉农贷款余额239.68亿元，占全部贷款的51.04%，小微企业贷款余额136.97亿元，占比29.17%。

5. 党建工作

开展基层党组织“强基固本2.0”建设工程和共产党员“承诺践诺”主题教育活动，推动“两学一做”常态化制度化。将党建述职评议、中心组学习、全面从严治党、精神文明建设等工作纳入辖内机构年度经营管理绩效考核。公益微电影《花开半夏》获中国邮政首届视频大赛三等奖。对照集团公司、总行问题库开展自查整改，启动行内政治巡察。探索支行监督管理体系，制定《支行长办公会议事规则》。成立邮储公益志愿者协会甘肃分会，创建省级文明单位4家、市县级文明单位35家。“职工小家”建家率100%。（邮储银行甘肃省分行）

【速递物流甘肃省分公司】 累计业务收入1.26亿元，比上年增长23.89%，总收入增幅高于行业水平6%，发展能力有所提升，质量全面达标。

1. 经营发展

（1）客户数量。活跃客户比上年增长18.1%，达2023户，同时与公安、国税、交警、法院、学校、医院、通信等7大类客户建立紧密合作关系；与各类大型商贸市场、写字楼等商务客户开展深度合作；与小米、京东和康美、陇萃堂等驻甘和本地电商客户开展全方位合作。

（2）政务项目。重点政务项目实现100%全覆盖，二代证项目收入比上年翻番，国税、居住证项目实现零的突破，重点政务项目业务收入1780万元，比上年增长25.31%。

（3）电商项目。与小米、京东等平台客户全方位合作，开发灵泰服饰、风云电子商务等本地规模电商客户，持续拓展兰州百合电商市场、天水苹果电商市场等百万级重点电商市场，收入2739万元，比上年增长99%。

（4）合同物流。“三大平台”建设取得较大突破，物流运输管理信息系统上线，新增仓储资源1.5万平方米，社会运输资源整合能力接近20家，开发北京华联和泸州老窖2个仓配一体项目。

2. 营销体系建设

（1）“三进工程”基本实现全覆盖，学校入驻率100%，商厦写字楼入驻率90%以上，综合市场入驻率90%以上。

（2）营销队伍建设。基本适应竞争需求，专兼职速递物流客户经理增加到77人，揽投合一人员数量增加到249人，专职营销人员人均业绩比上年增长44%以上，揽投员人均业绩增长20%以上，核心区域揽投力量得到全面加强。

（3）重点市场。35个商圈市场和17个校园市场成功实现定人派驻，重点商圈实现收入比上年增长32%以上。

（4）“众创众享”工程。实施众创众享的34个揽投部项目部业务收入比上年增长32.74%。

3. 网络保障能力

（1）发挥邮航开通优势，出口省际次日递城市从7个增加到62个，省际次日递率提升到40%以上；与省邮政公司联合强化省内邮路优化和管控，省内互寄邮件次日递率提升到70%以上。

（2）以问题邮件为抓手，按环节重点把控进口标快邮件及时妥投率、省内互寄邮件次日递率、收寄—封发比对、本地接收—下段比对等关键指标。

（3）落实62个城市时限承诺要求，协调兰州机坪转运时间，加快航站盘驳，提升处理时效。

（4）履行西北区域网指挥调度中心的职责，完成相关协调配合工作，区域网络建设得到积极推进。

（5）省市县三级运控体系初见成效，将客服、跟单、指标控制、质量考核、VIP项目主动监控、视察检查工作纳入运控中心管理。

（6）完成“双十一”生产任务，累计处理进出口邮件114.25万件，比上年增加24.33%。

4. 企业管理

（1）盈利能力建设。制定《提升盈利能力实施意见》，确定提升盈利能力对标指标，实行全成本损益核算。

（2）“三费”专项治理。对违规拼户套取资费优惠、合同条款中资费信息不明确、协议客户收入规模与折扣标准不一致、欠费核销对账操作不规范不及时、发票缴回台账不登记等违规现象，进行严肃考核处罚。

（3）员工履职管理和“双定”工作。对工作人员岗位履职实行KPI指标管理；全员劳动生产率提升2万元，人均揽投量提升20件，人均处理量提升111件。

5. 党建工作

（1）认真抓好思想政治学习。配发学习资料，通过网络学习、集体学习和个人自学，组织学习贯彻习近平新时代中国特色社会主义思想和党的十九大精神。组织开展“两学一做”学习教育常态化制度化活动强化党员干部和国有企业的责任担当。

（2）靠实党建工作“五个责任”。各级党组织书记逐级签订《主体责任书》；各级纪委书记逐级签订《专责监督责任书》；修订完善党委班子成员职责。党的群众工作取得新进展。各级工会组织认真做好职工关爱工作，建成的职工小家41个。（速递物流甘肃省分公司）

青海省

【青海省分公司】 业务收入3.99亿元，比上年增长10.4%，完成集团预算106.49%；成本费用6.83亿元，比上年增长8.47%；净利润-1.29亿元，完成预算的100.57%。全员劳动生产率12.93万元，比上年增长10.7%。

1. 发展重点业务

（1）“金融翼”规模持续提升。邮政金融总资产139.03亿元，年增长18.86亿元。代理邮储余额规模123.34亿元，年新增13.24亿元。活期比重47.37%，比上年末提升0.9%，全国排名第2位。代理邮储市场占有率5.76%，比年初上升0.27%。本年新增市场占有率9.67%，列全省16家商业银行第4位。

一是代理保险业务。保费3.25亿元，比上年增长7.26%，邮银占比96.43%。实现期缴保费0.49亿元，比上年增长138.25%，排名全国第5位。

二是理财类产品。销售27.66亿元，比上年增长21.37%，理财新增保有量1.79亿元。手机银行新增6.87万户，激活率80.47%，交易替代率15.19%，比上年末提升7.11%，增幅排名全国第2位。

三是网点转型。聘请北京智融、上海陆家嘴等专业培训公司对9个市州分公司的54个代理金融重点网点开展深化网点转型现场导入培训，代理金融网点核心能力、创新能力、阵地营销水平及团队协作水平得到进一步增强，网点点均效益不断增加。123个转型网点点均金融总资产1.13亿元，点均余额过亿元。点均新增储蓄余额1076.42万元、新单保费264万元、人民币理财保有量145万元、基金有效销量25.2万元。依托个人客户营销系统，强化客户经营管理，客户关键信息完整率比上年末提升20.46%，客户四种及以上产品覆盖率比上年末提升17.89%。VIP客户持卡率60.17%，比上年末提升10.17%；VIP客户四种及以上产品覆盖率59.39%，比上年末提升22.83%。

（2）“寄递翼”竞争能力增强。建立网运与包裹快递业务市场开发联动机制、时限达标率与市场占有率结合的时限质量协调机制、网运协同客服机制，网络建设更加适应市场、贴近市场。不断优化流程，提早安排部署，“双十一”期间西宁邮区中心局日处理最高峰值14.28万件，比上年增长1.5倍。强化投递能力，新增投递车辆130辆、投递PDA 293部，加快智能包裹柜等自提网络建设，实现普遍服务达标、竞争性业务对标。

一是规模发展包裹快递业务。包裹快递实现寄递量243.72万件，比上年增加83.75万件，业务量比上年增长52.35%。包裹快递业务收入6363.62万元，比上年增长21.3%。其中，快递包裹业务收入比上年增长20.97%；标快业务收入比上年增长9.55%，增幅列全国第5位；电商包裹业务收入比上年增长53.89%，市场占有率7.4%，比上年末提升1.94%。加快推进重点城市营揽投一体化作业模式，包裹快递业务揽收量比上年提升18.08%，揽收收入占比提升13.49%。

二是邮务类业务创新发展。函件业务融入“大美青海”旅游经济，“把大美青海寄出去”百万人明信片寄递活动成为青海邮政融入地方重大活动、服务地方旅游宣传的品牌项目，“把大美青海寄出去”百万人明信片寄递活动实现收入11.5万元。连续16年精心服务“环湖赛”，协助开发首枚“环湖赛纪念银币”，环湖赛组委会、省政府办公厅分别发来感谢函，充分肯定青海邮政多年来对赛事活动的积极贡献。“腾邮峰会”媒体营销项目收入39.23万元。举办青海首届“记载辉煌历程、留住文化经典”中国珍邮品鉴会，收入462万元。将集邮文化与时代主题紧密契合、与企业优势深度融合，受到行业内外媒体高度关注和社会各界的一致好评。定制型封片项目开发85项，申报收入656.54万元。媒体业务全线推进，媒体收入137.81万元，其中互联网广告媒体收入72万元。优化账单业务流程，新增医疗账单35万份，项目收入236万元。

三是集邮业务网厅零售商品 3000 多套，收入 65 万元。集邮品毛利率 62%，全国排名第 2 位。《丁酉年》生肖贺岁项目营销收入 902 万元，完成计划的 150.4%。“大美青海”主题邮政文化产品项目收入 683 万元，其中“第十六届环湖赛”邮品开发项目收入 371 万元。

四是报刊业务流转额 9868 万元，其中日常收订流转额 1242 万元。《习近平总书记系列重要讲话读本》等政务类图书专项营销活动要数 120 万元。集订分送等其他业务收入 142 万元。教材发行项目累计配送 62 万册，收入 41 万元。各市州分公司报刊欠费清缴 2573 万元，全部清欠完毕。

2. 拓展业务渠道

（1）综合便民服务平台。建制村直接通邮 952 个，年度计划的 104.39%。“邮掌柜”累计建点 1114 个，完成集团建点计划的 111.4%。推进邮掌柜批销业务发展，线上入驻商家 24 家，省批销中心上线商品 49 种，县域商品 292 种。“税务双代”业务发展突出，“双代”网点 128 个，代收金额 2.84 亿元，收入 1418 万元，比上年增长 991%，占增值业务收入的 72%。分销业务收入 1366 万元，比上年增长 23.07%。分销业务毛利率 40%，全国排名第 1 位。

（2）农村电商树立品牌形象“共和模式”日趋完善。共和县“县—乡—村”三级站点覆盖率 100%，“县—乡—村”三级物流配送体系全面形成；举办电商培训班 37 期，培训 3072 人次；注册“青海共和农产品”商标，当地进驻邮政电商平台商家 41 家，品种 370 多种，实现“工业品下乡，农产品进城”，带动当地特色产业发展和精准扶贫工作。“共和县电子商务服务进农村示范县”建设项目顺利通过国家商务部中期考核，并在商务部专题调研中得到充分肯定，在青海树立良好的邮政农村电商品牌。

3. 企业管理

（1）财务管控水平。完善财务管理体系，制定青海省分公司零基预算管理办法，定期预警分析，有效指导和管控企业预算，收入、成本、利润、投资四项预算按期全部完成。深化全网资金集中管理，提升资金管控水平。加强资产管理，最大限度发挥资产的使用效能。规范全省房屋土地资产出租行为，房屋出租收入比上年增长 265 万元，增幅 25%。做好 ERP 系统各功能模块上线工作和经营组织架构改革配套调整工作。

（2）人力资源管理。稳妥推进经营组织架构改革，调整优化机构编制，促进企业从“以产品为中心”向“以客户为中心”的转变。推进战略绩效考核，修订完善省分公司对各市州分公司、省分公司业务部门和综合职能部门、省分公司直属单位的战略绩效考核办法，以及县（区）分公司和网点分类分级管理指导意见。优化用工结构，签订 123 名合同制员工，招收邮政营业和储蓄专业定向委培生 150 人。继续开展三级管理人员培训，跟踪落实学习成果转化，提高教育培训实效。组织省级集中培训 57 期，培训 4001 人次。实施“先培训后鉴定”，技能鉴定平均合格率 72%。精心组织“第五届青海省邮政特有职业技能竞赛”，在全国总决赛中获得“分拣转运团体项目奖第 7 名”“团体成绩 20 名”的好成绩。按集团要求，实施“千人引进”工程。

8 月 16 日，青海省西宁邮区中心局员工正在紧张分拣报纸。（青海省分公司 / 提供　申建伟 / 摄）

（3）质量管控体系。修订完善全省邮政通信质量、服务质量考核办法和业务视察检查管理办法。强化对客户服务质量相关指标管控，建立话务 KPI 指标和投诉处理 KPI 指标。省内考核的 15 项通信质量指标全部达标，稳定提高率 93.33%。创新检查方式，利用邮政远程集中监控管理系统实施非现场检查，对各生产环节进行实时、动态监督检查。

（4）基础能力建设。固定资产投资 4003 万元，其中省内资金 2711 万元，重点加大基础设施建设和生产生活环境的改善。试点建设 6 个牧区邮政“温室大棚”并移交使用。装修改造营业和投递网点 8 处、综合生产楼 3 处、24 小时 ATM 间 17 个。加强企业标准化建设，青海邮政内外部形象达标率 85.7%。强化信息网工程建设，完成省中心网络优化及改造工作。

（5）审计和集中采购管理。聚焦重点资金、重点项目、重点单位，开展审计项目 139 项，审计总金额 9.87 亿元，其中工程建设项目审减额 5816.43 万元，综合审减率 24.83%，有效防范企业风险。理顺集中采购归口管理关系，完成省内集中采购项目 40 项，采购金额 1999.48 万元，节约资金 280.83 万元，节约率 12.32%。

（6）金融风险防控和企业安全发展。开展代理金融高风险问题“清零行动”“金盾突击”整体接管和集团安排部署的各项内控合规管理及监管系列专项检查活动，坚持以查促改，风险管控意识不断提高。完成代理金融第五次网点安全评估工作。严格落实安全生产责任制，形成了责任明确、职能健全、指挥有效的安全生产组织体系。全力确保十九大等国家重要政治活动及节假日期间的安全生产工作。稳步推进“平安邮政”建设。安防能力不断增强，投入161.12万元更新36台监控主机和598个摄像头。

（7）关心员工生活。省分公司投入220万元，试点为海北州、海西州、河南县、甘德县、杂多县、兴海县6个分公司建设“温室大棚”，解决牧区员工冬季吃不到新鲜蔬菜的生活难题。为省内部分单位解决了安全净水问题，全面解决了员工如厕难问题。扎实推进民生工程，职工小家建设工作形成常态。职工书屋实现全省邮政各基层工会全覆盖，西宁市分公司职工书屋被中华全国总工会授予“全国职工书屋示范点”。持续开展“帮贫扶困”“互助互济”“金秋助学”等员工关爱活动。深入推进企业民主管理。开展“五小创新”主题活动。（青海省分公司　韩建）

【邮储银行青海省分行】 内设16个部门，1个营运中心；下辖11个一级支行，1个直属营业部。从业人员952人，营业网点180个，县域联网覆盖率100%，是青海省网点覆盖面最广的银行之一。

总资产规模319.39亿元，比上年增长6.6%。实现自营收入7.01亿元，实现净利润1.41亿元。其中，公司业务实现收入4.58亿元，占比65.34%；个金业务收入1.25亿元，占比17.83%；零售信贷收入1.18亿元，占比16.83%。绿色信贷余额118.02亿元，覆盖率55.19%，列青海省大型银行之首。不良贷款额3.93亿元，不良贷款率1.84%。

1. 业务发展

（1）负债业务。各项存款余额303.28亿元，比上年增长11.62亿元。个人资产方面，个人客户资产规模214.02亿元，增幅12.43%，其中自营新增5.06亿元；个人存款余额176.62亿元，市场占有率8.26%，其中自营个人存款余额53.28亿元。公司负债方面，公司存款余额126.99亿元，系统内排名22位，公司存款市场占有率3.35%；日均余额为138.3亿元，比上年增长2.65亿元，增幅1.95%；“以债引存”，投资地方政府债26.43亿元，引存国库现金管理17.66亿元，占全行公司存款13.91%，引存率66.81%。

（2）资产业务。各项贷款余额213.85亿元，比上年增长33.43亿元。发放消费贷款3.63亿元，结余6亿元，新增2.5亿元，比上年增长284%，其中车贷业务实现零突破。公司信贷投放137.64亿元，年末余额178.13亿元，比上年增长36.99亿元，增幅26.21%。办理票据转贴94.99亿元，比上年增长49.38%；办理票据直贴8.68亿元，比上年增长85.07%。

（3）中间业务。中间业务收入占比5.93%，比上年提升1.06%。发放信用卡2.03万张，结存5.51万张，信用卡交易笔数、交易金额、分期金额比上年增长均在40%以上。大理财业务收入增长6.3%，其中代理保险业务收入实现87.47万元，比上年增长302%。贵金属业务收入破百万。

（4）同业及投行业务。行内银团业务实现零突破。青海省分行成功与厦门等分行组成银团，向厦门国贸集团等公司放款10.69亿元。认购青海省政府债券26.43亿元，占青海省债券总发行量的7.65%，在14家承销团中排名第6位。

（5）电子银行业务。电子银行客户数量60万户，其中手机银行客户数43万户，自营机构客户21万户。新增激活手机银行客户10万户，其中自营新增3.67万户，年度计划完成率177%。探索互联网营销，推广二维码推荐活动，开展线上营销活动。以ITM为代表的新型自助设备投入运营，提升网点智能化水平。

2. 党建工作

（1）党建基础工作。一是认真组织学习落实十九大精神。二是开展“两学一做”学习教育，教育全体党员干部加强理论学习，增强党员意识，统一思想认识，提升党性修养。三是加强党的建设规范化工作，持续开展强基固本2.0建设工程，年内所有支部达标。四是开展以“改进作风、提高效能、服务客户、廉洁自律”为主要内容的共产党员承诺践诺主题教育活动。五是开好民主生活会，持续强化“四个意识”、增强“四个自信”。

（2）党风廉政建设。一是在辖内组织开展廉洁风险防控工作，针对各岗位查找风险点，制定整改措施。二是组织开展廉洁法规知识考试，全辖412人次参加党规党纪学习考试，合格率100%。三是加强对一级支行“三重一大”决策制度执行情况的检查，达到检查全覆盖。四是重视集团巡视和总行专项检查问题的自查整改。五是开展纪委书记约谈，约谈36人次。

3. 风险管控

（1）风险管理。审计牵头开展资产质量全面排查工作，完成审计项目24项；上收支行授信审批权限、实现全省集中放款，强化授信风险监测和全流程作业监督；加强催收和资产保全队伍建设，加大催收、保全力度。重新制定省分行机构风险等级评价实施细则，下发业务连续性管理实施细则。移交不良9877万元，移交后清收3497.98万元。在“不良贷款百日清收竞赛活动”中，完成总行计划目标的482.19%，收回不良贷款4822万元。不良贷款额3.93亿元，不良贷款率1.84%。未发生重大风险事件。

（2）合规管理。开展“三违反”“三套利”“四不当”“十乱象”专项整治活动，做好“两回头”检查整改，加强反洗钱大额可疑交易分析和报送工作。严格按照人民银行要求落实征信工作。消费者权益保护工作严格落实监管机构各项要求，获青海省金融机构“综合消费者满意度指数”第1名。在青海银监局开展的消保考评工作中，位列青海省金融机构第5名。

（3）安保管理。开展“能力提升回头看”和“安全管理标准化达标”活动，未发生安全责任事故，被青海省银行业协会评为“安全管理先进单位”。推行“邮银协作”工作机制，推进邮、银双方安保联席会议机制。

4. 客户服务

开展网点服务及投诉管理培训工作。邮银协作组织两期投诉管理培训班，连续举办4期网点大堂经理规范化服务培训。组织开展非现场服务质量视频监督检查。每季下发《青海省分行95580投诉情况通报》，分析各市现场投诉情况，分析典型案例，发掘各市、州服务亮点。通过95580转发的投诉笔数173笔，其中自营60笔、代理113笔，比上年减少40笔。投诉压降25.2%，其中自营压降13%，代理压降21.5%。（邮储银行青海省分行）

【速递物流青海省分公司】 业务收入3525万元。

1. “众创众享工程”。根据股份公司关于深入推进“众创众享工程”的有关要求，分公司将“众创众享工程”的全面推进作为经营发展的重点工作，在持续推进的过程中，调动经营部门和员工发展业务的积极性，激发领创者和员工的工作热情，实现“让我干”向“我要干”的转变。

2. 营销体系建设。进一步完善营销队伍，调整和充实营销人员，提升营销队伍的整体素质。各层级客户经理充分履职发挥作用，省分公司主要领导作为“首席营销员”率先垂范，带头落实“重点客户营销第一责任人”工作要求，带领市场部、政务中心等部门参与市场营销开发，重点项目开发取得新突破。新开发目标客户396户，比上年增长28%。

3. 重点业务转型发展。

（1）重点抓好“提质增量”省际标快市场抢夺战，省际标快业务实行按月通报、按月兑现，比上年增幅13.4%。

（2）加快推进“三进工程”，发力商务市场，协议客户产生业务收入1839万元，比上年增幅24%。

（3）加大七大商务市场的开发力度，认真梳理七大商务市场，重新划分重点市场和目标客户，并实施销号式开发。七大商务市场开发协议、现金客户305个，开发率为74%。

（4）加快终端代办和创业计划实施推进。

（5）紧抓假日经济促进业务发展，节假日日均业务量占工作日日均业务量的57.48%，较上年度提升5%。

（6）加大项目开发力度，在做好原有存量项目的基础上，做大项目规模，将新项目的开发工作作为业务发展的重中之重。加快发展“互联网＋政务”，年内正式启动实施网上申领国税发票寄递项目；大力发展“仓＋配”业务，开发“仓＋配”客户3家，实现收入51万元；“亲情粽”“思乡月”实现业务收入97万元；极速鲜项目完成业务量1.6万件，实现业务收入193万元。

（7）优化物流业务结构，通过配送食品饮料类、地方特产类和汽车用品类等适用于便利店销售的商品，实现收入231万元。

4. 网络运营管控能力和客户服务质量。利用民航、邮航网络资源，提升时限质量指标，紧抓邮航正式落地兰州有利契机，全国73个重点城市次日递率由年初的27.2%提升至32.3%，有效提升省际标快核心竞争能力；抓关键环节确保时限稳定，安排专人负责，确保项目运营质量；强化基础管理，持续加强过程管控，网络运营和服务质量取得明显成效，获得“2017年全国通信行业用户满意企业”殊荣。

5. 能力建设。继续将标准化建设作为管理工作的一项重要内容，推进标准化揽投部建设全覆盖，网点对外形象、规范化运行和标准化操作等方面有较大提升。对5个营业网点进行装修改造；适应国家绿色发展的要求，新增新能源电动汽车5辆、揽投三轮电动车20辆、两轮电动车12辆；按照揽投服务规范的标准，为揽投员换发新版制式工装。

6. 党建工作。深入学习宣传贯彻习近平新时代中国特色社会主义思想和党的十九大精神，带领广大党员干部认真开展学习，并向基层一线延伸、向党员群众延伸；坚持把党委理论学习中心组学习作为思想理论武装的“龙头”来抓，定期组织开展党委理论中心组学习，开展12次；促进“两学一做”学习教育形成常态化制度化，结合落实“三会一课”制度，推动“两学一做”学习教育融入日常，融入经常；进一步落实全面从严治党各项要求。

7. 和谐企业。融入企业发展，充分发挥主力军作用和工会桥梁纽带作用，促进企业发展取得新突破持续开展创先争优活动。组织开展多种形式、面向业务发展、经营管理和服务质量的各种劳动竞赛活动和文体活动；做好“精神文明”创建工作；完成基层职工小家建设全覆盖，进一步改善工作生活条件；开展夏季“送清凉”、冬季“送温暖”“金秋助学”等活动，解决员工的生产生活困难；“双十一”业务旺季生产期间继续开展“暖心”行动。（速递物流青海省分公司）

宁夏回族自治区

【宁夏分公司】

1. 发展基础

（1）运营效益稳步增长。业务收入4.3亿元，比上年增长1.1%，完成集团公司预算的95.7%。代理金融、包裹快递、报刊及电子商务业务收入均实现正增长。企业运行质量明显提升，在集团公司2016年度经营绩效考核结果中得分116.14分，位列B级单位第2名，在31个省（区、市）分公司的总排名由2015年的第24位上升到第19位。全面完成集团公司下达的利润指标，企业存量资金比上年净增加6058万元。服务质量综合满意度86.1分，申诉满意率98.6%。全员劳动生产率比上年提高10.7%，员工三年收入年均增长10.88%。代理金融专业实现收入2.3亿元，比上年增长6.4%，收入比重53.3%。中邮期交保费完成7233万元，完成集团计划的295%，排名全国第一；县域邮政继续保持较快发展，13个县分公司收入增幅高于宁夏邮政平均水平。县域邮政收入占比40.3%。

（2）平台建设更加完善。借助揽投网改革，加大自提点建设力度，建成有效自提点1967处，自提率41.24%。推进邮乐购站点优化整合与选点建设，新建邮乐购站点217处，累计建成683处；加快微营销平台建设，"生活邮你"官方微信平台累计吸粉8.31万人，发展"邮乐小店"店主1.7万户。加快电子渠道建设，新增手机银行客户9.37万户，结存客户46.26万户，激活率46.26%。代收代缴业务实现收入1485万元，比上年增长185%。其中，代理国税实现收入1244万元，比上年增长655%；微信商城实现销售订单1150笔，实现销售额13.72万元；邮乐宁夏馆，实现订单销售29041笔，销售额127.56万元；发展邮乐小店1.1万户，销售订单1.56万单；报刊微营销绑定客户22627户，实现流转额422.61万元。

2. 创新改革

（1）揽投网改革。将以信函报刊为主的投递组网模式转变为以包裹快递为主的组网模式，加快揽投网优化调整，解决投递员只投不揽的问题。加大分区投递改革，完成10处投递作业场地搬迁、改扩建工作，投递处理能力不断提升。加快自提点建设，最大幅度卸载邮件量，释放了投递员的揽收能力。"双十一"期间邮件投递量比上年平均增长73.5%，由于改革作用显现、准备充分，整个投递工作井然有序，有力支撑了包裹快递业务发展。

3月，宁夏邮件处理中心工程开工建设。（宁夏分公司/提供）

（2）经营组织架构调整初见成效。完成经营组织架构改革工作，实现企业经营由"以产品为中心"向"以客户为中心"转型。发挥客户营销中心专业联动、综合营销职能，做好项目营销工作，启动区管项目33个，实现收入5762.4万元，占邮务类收入比重的34.4%。强化数据中心作用，整合各专业、各系统和外部数据资源，分析项目5个，清洗整理客户数据60余项，促进客户共享、专业融合及精准营销。加强线上线下渠道建设、运营、维护和管理，渠道平台对营销前端的支撑作用不断增强。加强集邮与文化传媒专业融合。完善宁夏区分公司职能部门设置，增设了企发部、指挥调度中心、客服中心等部门，调整采购管理归口部门。强化"三重一大"制度执行，做好中央预算内专项资金、普遍服务、"三农"服务项目资金使用管理；强化工程事前、事中、事后管控，有序推进六大遗留工程。

3. 竞争能力

基础能力投入持续加大。完成固定资产投资4222.89万元。完成6处金融网点迁址工作，装修改造邮政网点10处；投入722.89万元购置网点终端设备，增配ATM/CRS 9台，移动展业终端12套。加大网运设备投入，在中心局增加皮带机、传输机；做好投递场地改造、投递车辆配备工作，配备汽车9辆、电动三轮车66辆、网运和揽投PDA 316个。

4. 企业管理

（1）人力资源管理。启动金融网点从业人员优化调整工作，优化补充144人，有效提高员工素质。加强干部人才队伍建设，创新干部培养方式，实行"高职低配"，公开竞聘、择优选拔5名年轻干部在领导岗位上培养锻炼。加快新入局大学生培养的进程，三年来累计招聘二本以上全日制大学生127人，宁夏邮政员工大学本科以上学历占比由2015年的25%提高到32%。5名2016年新入职大学生走上基层领导岗位。

（2）财务管理。在全面推进零基预算的基础上，加强财务精细化管理。加大投入力度，投入1690万元用于解决网点改造、投递网优化、生产器具配置、自提点建设等一些近几年想解决而未解决的问题。加强资金使用管理，编制资金月度使用计划，掌控资金支付节点。加强欠费动态监控和追缴，收回《宁夏日报》历史欠费55万元。加强制度建设，完善分销管理、报账流程等办法，进一步规范了报账、审核、核算等流程。抓好ERP系统使用管理，实现所有经济事项线上闭环管理。

（3）风险管控和服务质量管理。强化合规管理检查履职，把金融风险防控检查落到实处，各级合规检查人员检查438个频次，发现问题5516条，整改5312条，整改率96.3%，对违规行为涉及的1455人次进行了处罚，处罚及考核金额 66.18 万元。

5. 党建工作

（1）持续改进工作作风。严格落实中央八项规定及实施细则精神。通过广泛深入调研，了解掌握了干部队伍中存在的形式主义、官僚主义等“四风”问题的具体表现形式，为解决好存在问题，深入开展宁夏邮政“思想大解放、作风大整顿”专项活动，有力推动了干部队伍思想认识和工作作风转变。

（2）不断强化基层党组织建设。坚持全面从严治党，按照“四个同步”“四个对接”的要求，将党建工作纳入宁夏区分公司对各单位的经营目标责任制进行考核。切实抓好党建主体责任和监督责任落实，层层签订责任书，实行量化考核，逐级传导压力。大力推进“两学一做”学习教育常态化制度化，突出日常教育，全面落实“三会一课”制度。及时调整宁夏区分公司党支部设置，选优配强支部书记和党务骨干，增强基层党组织管党治党能力。健全基层党组织按期换届督促提醒机制，完成宁夏区分公司直属机关党委、市分公司党委换届工作。解决党建与经营工作“两张皮”的问题，开展了基层党建示范点建设，以及基层党建联系点结对帮扶工作，推动党建工作与经营发展深度融合。

（3）切实抓好集团公司巡视整改工作。根据集团公司巡视反馈意见，认真抓好整改落实工作。细化整改方案，明确责任时限，狠抓推进落实。在解决存在问题的同时，强化制度建设，完善长效机制，全面开展了廉洁风险防控工作。

6. 企业氛围

（1）坚持为员工办实事、办好事。加大基层调研力度，真正了解员工所思所想，解决历史遗留问题。统一规范了宁夏邮政住房公积金缴费基数及缴费比例，企业缴费额比上年增长 16.6%。实施了全体员工交通费补贴政策。将 2005 年以前补充养老保险金分年度返还退休员工。开展了新款制服换装工作。新建、改造职工食堂 10 处，解决了员工特别是投递员用餐的问题。对农村网点开展了环境整治工作，解决了通水、通暖问题。为新改造的投递部配备了皮带机等机具，减轻了员工的劳动强度。做好职工大病医疗互助、困难职工帮扶救助、“送温暖”、金秋助学、旺季慰问等工作，发放救助资金、慰问金、慰问品金额 140 余万元。加强职工小家建设，先后投入 50 多万元，对各单位职工小家和活动场所设施进行更新改造，建成职工小菜园 1 处，为城市网点和投递员配备了微波炉、保温壶等生活用品。扎实做好职工书屋建设工作。

（2）深入推进精神文明建设和企业文化建设。结合支撑经营发展的实际需要，加强形势任务教育，加大社会主义核心价值观宣传力度，通过合理化建议、“双创”等工作，加强与员工的沟通交流，增强了企业的凝聚力。加大培训力度，组织举办了三级人员党建知识及经营管理培训班，集中开展了营销人员、包裹快递客户经理培训。强化精神文明创建工作，宁夏邮政顺利通过“宁夏回族自治区文明行业”验收；石嘴山市分公司通过“全国文明单位”考核验收；平罗农村电商运营中心荣获自治区“工人先锋号”称号；宁夏区分公司 ERP 项目组荣获宁夏回族自治区“巾帼标兵岗”称号。认真做好中国邮政企业文化宣传贯彻工作，建成 7 个企业文化建设示范点。（宁夏分公司 白振峰）

【邮储银行宁夏区分行】 设置一级部门 17 个、二级部门 9 个、直属单位 1 个，下辖二级分行 5 个、一级支行 22 个。邮政金融网点 202 个，其中银行自营 42 个、代理 160 个，县级及以下网点 106 个，占比 52.5%，县城服务覆盖率 100%。员工 1148 人，平均年龄 35 岁，其中本科及以上学历员工 794 人，占比 69.16%。

资产规模 225.23 亿元；实现自营收入 6.33 亿元，完成总行下达预算的 101.6%；实现利润总额 1.38 亿元，完成总行下达预算的 134.32%。年末不良率降至 1.94%，低于总行下达管控目标 0.45%。

1. 业务发展

（1）储蓄业务。个人储蓄存款余额 167.17 亿元，新增 13.92 亿元，新增余额市场占有率 16.91%，其中，自营储蓄余额 48.92 亿元，新增 1.65 亿元。公司存款余额 44.41 亿元，新增 3.47 亿元，其中，自营公司存款余额 43.7 亿元，新增 3.5 亿元。

（2）资产业务。一是小额和消费类贷款，小额贷款发放 27.44 亿元、新增 6.85 亿元，比上年增长 325.46%；消费类贷款发放 15.6 亿元、新增 6.85 亿元，比上年增长 3.79%。二是公司金融业务。公司信贷发放 23.61 亿元，总行与自治区政府签署《全面战略合作框架协议》，宁夏分行与 13 家政府和企事业单位签署战略合作协议。对国电大武口、华电中宁等客户新增授信 45.6 亿元。中标政府地方债 6 亿元；与中石化、中电财合作现金管理业务归集资金 44.9 亿元。三是小企业条线。小企业贷款发放 11.56 亿元，开展客户“大走访”营销活动，发放保证保险贷款 2.6 亿元，居系统内第一。四是金融市场业务。与地方银行合作同业融出 26.9 亿元；营销中信银行信用卡财产权信托项目 12.45 亿元；完成银河证券 18 亿元收益凭证投资，是一级分行中申报落地的单笔金额最大的收益凭证业务。

（3）中间业务。中间业务收入 7545.5 万元，比上年增长 44.6%，占总收入 11.9%。信用卡发卡 5.07 万张，比上年增长 70%，代销类业务销量 3.12 亿元，比上年增长 63%；贺岁金等贵金属营销成绩列系统内前 5 位。

2. 党建工作

持续推进“强基固本 2.0”建设工程，开展党员承诺践诺、“微党课”评选、“两学一做”知识竞赛活动，完善党委统一领导、“一把手”负总责、分管领导具体负责、党建职能部门和基层党组织抓落实的工作格局。配合中国邮政集团公司党组巡视，开展专项检查和整改落实工作，做到自查内容全覆盖。对巡视反馈的42个具体问题，落实整改任务40项，持续推进2项，销号率95%；收缴退款53.21万元，对25人进行严肃问责。

3. 风险管控

加强风险管理和案件防控，强化“量率双控”责任管理，开展“内控优化年”活动，落实银监会“三三四十”专项治理，合规问责4506人次。开展内控评价、经济责任、反洗钱审计等13项专项审计，审计金额9.01亿元，出具审计报告及意见书36份，发现问题1042条，提出意见建议116条；开展代理营业机构内控管理审计。开展“安保能力提升回头看”工作，制定实施《营业网点安全管理标准化建设方案》，对36处网点进行检查。

4. 改革创新

（1）推进“三农”金融事业部改革，完成区、市、县三级机构挂牌，理顺职能和流程。

（2）设立信用卡预审中心，实现全区集中预审；成立公司贷款中心，制定专项绩效；推进小企业和个商贷款授信审查审批集中，加强对重点产品的风险管控。

（3）推行强支行战略落地，实施《2017—2019年三年网点系统化转型实施方案》，对42家支行进行综合分类考核，支行收入比上年增长3.3%，支行利润比上年增长28.1%。

（4）创新服务模式，探索轻型智能网点建设。在石嘴山游艺东街支行试点推广“轻型智能网点”（商圈型）；在银川市紫园支行建设第二家“轻型智能网点”（社区型）。加大科技支撑力度，助推“客户自助+协同服务”的智能化服务模式转型。加强“零售金融生态圈”建设，吸引506家商户加盟，实现商圈、客群线上线下互动。（邮储银行宁夏分行）

【速递物流宁夏分公司】 收入9918万元，比上年增长25.9%。

1. 业务发展

（1）创新企业管理和运行机制。一是不断深化营销体系建设。组建政务、商企、电商、校园、国际、同城六大中心，成立渠道和“极速鲜”项目中心并实施实体化运作。新增协议客户601户，收入262.3万元。“极速鲜羊肉”项目实现寄递出口1.85万件，比上年增幅219%，收入214.2万元，比上年增幅298.3%。二是全面推进“众创众享工程”。实行分层“众创众享”模式，经营单位实现全覆盖，“众创众享”经营团队33个，激发基层经营单位士气。20个“众创众享”团队完成目标计划，9个“众创众享”团队完成利润目标，团队收入最高增幅达111.4%，基层经营活力进一步盘活。

（2）重点业务发展。一是速递业务发展势头良好。国内标快业务加速度。通过开展国内标快业务“提质增量”营销竞赛活动，推进“三进工程”，适时推出散户市场标快促销活动，国内标快业务增幅29.9%。加强与政府合作，嵌入政务平台，政务市场得到巩固和扩大。国税发票、公安制证和交管项目实现收入97.5万元，较上年提高165%。区内、同城业务取得突破性进展。先后开发联通号卡、汇川服饰调换货、361°门店调换货、特色水果配送、中药药剂配送、楼市通等项目，通过项目带动、协同发展，区内异地标快业务寄递44.9万件，实现收入600.7万元，增幅38.9%。国际渠道建设有新进展。在总部开通西安DHL渠道的基础上，打通西安TNT、上海综合非邮渠道，为宁夏化工类产品、红酒产品出口提供多样化的选择。二是合同物流业务发展驶入快车道。新开发安德物流佳通轮胎配送项目，续签中石油、夏进、中石化、电信、移动、佳通项目，物流业务收入5003万元，比上年增长44%。三是供应链金融业务在打造新的增长极上有了突破。按照“调结构，促转型”的思路，平稳下线质押监管项目11个。开发天元锰业合同物流矿石运输项目，实现收入819.5万元。

2. 运行质量

（1）网运时限水平。一是通过增加航线，加密出口发运频次，优化衔接南集内部作业组织，邮件寄递时限进一步加快，24个城市通过民航直达实现次日递，151个市县通过民航衔接南集实现次日递。二是与邮政企业紧密合作，通过增加二干邮路，修订邮路发运时间，落实投递时限标准，规范生产作业，省内互寄次日递率完成86.7%。

（2）视察检查工作。通过专项+常态化检查模式，抑制违规经营行为和服务质量问题。组织专项检查8次，抽查进出口邮件18万件，出具资费视察报告书431份，下发整改单24张。

3. 企业管理效能

（1）“双定”工作效果凸显。以总部人均揽投量为标杆，优化段道29条，段道人均月揽收量从14件提至24件。人均揽投量由上年44件提至77件，劳动生产率较上年提高3.9%。一二线员工薪酬比上年增加14.9%。

（2）“三费”专项整治取得实效。对照检查工作清单中22大项97小项逐一细化检查流程和实施方案。对各经营单位近200户速递客户和所有物流客户的资费、收入、发票、资金回款环节进行梳理、查找出问题点44处并下发整改通知35份。

（3）渠道建设拓展有效。发展社会终端代办点126个，投递15.6万件，揽收5246件。

4. 全面从严治党

（1）党建和反腐败斗争扎实推进。一是认真履行全面从严治党。以“学《准则》《条例》，推动全面从严治党向纵深发展”为主题，严格落实“两个责任”，在认真落实区分公司《全面从严治党主体责任清单》的基础上印发。按照“四同步、四对接”要求，进一步完善党建考评制度。二是扎实开展“两学一做”学习教育常态化、制度化，切实增强政治意识、大局意识、核心意识、看齐意识，达到“三个确保”的要求。三是全面完成集团公司党组巡视整改阶段性目标任务。四是印发学习贯彻十九大精神方案。五是与内控制度相结合，开展覆盖全岗位、全流程的廉洁风险防控阶段性工作。

（2）关爱员工工作落到实处。一是通过开展形势任务教育、练功比赛、劳动竞赛，激励职工为实现转型升级发展做出新贡献。二是职代会审议区分公司重大事项、开展民主测评，企业和谐关系建设取得新进步。三是充分发挥职工小家作用，热心服务职工群众，提升幸福指数。（速递物流宁夏分公司）

【中邮保险宁夏分公司】

1. 规模效益

（1）保费规模。突破两亿元，跃上新台阶。总保费20068.4万元，比上年增长17.2%，完成预算进度140.6%，代理中邮保费渠道占比28%，保持全国第一。新单趸交保费4841.3万元，比上年下降45.7%，完成预算进度105.3%。

（2）期交业务。“双百亿工程”圆满收官。超额完成期交“双百亿工程”，新单期交保费7664.6万元，比上年增长38.8%，完成预算进度的264.3%，列全国第一；期交渠道占比88.1%，高出全国46%，全国排名第一；期交保费结构占比60.7%，高出全国19.4%，全国排名第一。长期期交保费347.3万元，比上年增长40.6%，完成预算进度138.9%。期交网点出单率53.4%，全国排名第七。超额完成续期保费目标，续期保费7324万元，比上年增长204%，占保费收入36.5%。

（3）团险稳步发展，小额信贷保险规模保持全国第一。团险保费120万元，比上年增长7.1%，完成预算进度109.1%。外部客户数量占团险客户56%，保费较去年增长32%。小额保险保费118.4万元，比上年增长1.6%，完成预算进度131.6%。

2. 队伍共建

（1）专兼职讲师队伍。制定分公司专兼职讲师管理办法，对专兼职讲师进行分级考评。组织开展各市、县邮政分公司期交产品及新产品面授培训，培训80场，参训人次3322人。

（2）内训师培养体系。下发内训师培训工作方案，打造30人内训师队伍和160人网点营销骨干队伍。举办三期内训师培训班，邮政金融业务与期交业务有机结合，参训人员333人，培训课时70小时。

（3）市县机构队伍代管能力得到加强。继续落实好市县中邮保险局考核实施细则，加强对营运及合规指标通报考核。举办营运业务技能培训班1次，组织各类培训65期，参训2579人次。

3. 营运质量

（1）承保、保全、理赔、回访、续期同期业务量。其中，续期业务量比上年增长167.04%，理赔业务量比上年增长150%，保全业务量比上年增长60%。营运管理9项考核指标中，除理赔立案差错率未达标外（3.39%>2%），其他指标均保持良好。13个月保费继续率96.14%、保全资料流转时效0.47天，位列全国前3名。所有指标较去年均优化1%—6%，其中犹豫期内电话回访成功率提升6.20%、13个月保费继续率提升4.43%、理赔立案差错率下降3.70%。

（2）业务流程管控更加规范。修订、印发各项营运制度14项，进一步规范业务操作流程。调整分公司及市县机构岗位人员系统操作权限32人次，做到“岗权相配”。及时跟踪处理业务受理过程中发生的各类问题，并督促整改落实。

（3）续期管理能力。按“五项措施、四次催收”的要求，做好续期催收工作。发送短信3.03万条，寄送缴费通知单、效力中止通知单等1.65万件。清理失效保单502件，金额146万元。

（4）新契约回访成功率。新契约客户回访量8008件，产生各类工单823件，其中问题件工单382件，占实访量的4.80%；回访不成功工单441件，占实访量的5.50%，综合电话回访成功率94.32%。

（5）满期给付、退保及理赔服务及时高效。处理满期给付业务1275笔，给付金额2682.48万元。完成退保1852件，退保金额8565.34万元。理赔案件共91件，结案赔付金额189.56万元。完成邮政系统“两项保险”赔付22笔，金额38.27万元。

（6）客服活动丰富多样。开展了“中邮保险　送爱到家”“两进两送”扶贫公益活动，向贫困户发放慰问品，为学生捐赠“爱心包裹”。开展“中邮相伴　续保有礼”专项回馈、“心系你我　福至万家”客户答谢、“您的快乐邮我相伴”亲子烘焙等活动。

4. 内控管理

（1）合规风险管理扎实有效。与各部门签订年度风险防控与安全责任书，与所有员工签订合规承诺书，层层落实合规风险防控责任。修订、完善29项制度，进一步规范了运营、财务等管理流程。学习贯彻保监“1+4”系列文件精神，组织开展了年度风险排查及非法集资、销售管理等专项排查工作。

（2）财务管理严格规范。推行零基预算在分公司落地，划分责任中心，明确费用执行计划，优化资源配置。标准保费比上年增长 58.6%，标准保费费用率比上年下降 20.3%。实现 ERP 系统单轨运行，推广采购、库存等模块应用，上线资金管理系统，提升财务信息化水平。

（3）人力资源得到优化。完成分公司 13 个机构编制设置调整工作，对部门领导的岗位相应进行调整。组织了领导班子和领导人员综合测评、中层干部及员工年度综合考评。做好四级及以下非领导职务聘任工作，8 名员工被聘任为非领导职务。

5. 党建工作

（1）党的建设稳步推进。把学习贯彻党的十九大精神与“两学一做”学习教育常态化、制度化紧密结合，制定实施方案、学习计划，组织好党委中心组学习 6 次，专题辅导 3 次，研讨 3 次，参加人员 80 人次。组织十九大报告专题辅导集中培训班，党员干部的政治水平、思想觉悟进一步提高。强化主体责任，履行“一岗双责”，落实全面从严治党目标责任制，抓好从严治党责任制考核、部门领导年度述职述廉、综合测评工作。

（2）党风廉政建设持续强化。开展以“五个一”为抓手的党风廉政建设宣传教育月活动，组织参观宁夏廉政教育基地，观看专题教育片，制作廉政微视频，组织了党纪党规知识考试。做好节日提醒及检查工作。纪委全程监督集中采购、干部选拔、招聘等过程。组织开展“四风”等专项自查整改工作。

（3）巡视反馈问题逐项整改。按照集团巡视要求，认真梳理反馈意见，制定切实可行的整改方案，细化 38 项整改措施，整改 35 项，3 项正在整改中。（中邮保险宁夏分公司）

新疆维吾尔自治区

【新疆分公司】 三大板块累计收入 42.7 亿元，比上年增幅 8.7%。其中，邮政公司收入 22.9 亿元，比上年净增 1.7 亿元，增幅 7.9%，超集团公司年度预算目标 7.6%，超额 1.6 亿元；邮储银行收入 17.2 亿元，比上年净增 9982 万元，增幅 6.2%；速递物流公司收入 2.6 亿元，比上年净增 7296 万元，增幅 39.7%，超集团公司下达年度预算 16.4%。全区劳动生产率平均 19.8 万元。

1. 维稳工作

围绕新疆“社会稳定和长治久安”总目标落实维稳工作要求。开展同“三股势力”和“两面人”坚决斗争的“发声亮剑”活动，全体党员签订承诺书。推进“访惠聚”驻村和脱贫攻坚工作，派出 153 名党员和员工进驻 46 个村和社区。开展“下沉”基层和民族团结一家亲“结亲周”活动，累计参与人数 1313 人次，累计天数 9877 天。日均安排夜间值班人员 551 人。维稳总支出 1.34 亿元。通过发展村集体经济、家庭养殖、搭建特色农产品销售渠道，助力村民脱贫致富。开展民族团结教育，牢固树立民族团结意识。

2. 业务发展

（1）金融业务。一是余额增势喜人。年新增余额 75.97 亿元，比上年多增 14.1 亿元，余额规模增幅 14.2%，全国排名第 10 位。余额市场占有率 7.5%，提升 0.3%。二是保险销售增幅较高。紧抓“开门红”旺季营销，保险高现价产品销量 12.3 亿元，累计销售新单保费 14.2 亿元，增幅 18.6%，全国排名第 9 位。三是资产规模创历史新高。新增金融总资产 114.1 亿元，比上年多增 18.3 亿元。四是渠道业务增速较快。手机银行新增客户 28.9 万户，新增激活客户 19.7 万户，新增激活率 68%；发展扫码付商户 2.3 万户，沉淀活期日均余额 3.6 亿元；发展 POS 商户 2.1 万户，沉淀活期日均余额 4.8 亿元。五是转型发展持续推进。打造 19 个标杆地州市县、40 个标杆网点，推进“一局一策”“一点一策”。余额规模亿元以上网点 255 个，新增 37 个；余额规模 3000 万元以下网点 44 个，减少 24 个。

（2）包裹快递业务。一是规模总量快速增长。收入 5.5 亿元，增幅 40.5%，超计划目标 1 亿元。业务规模排名全国第 16 位，增幅排名全国第 13 位。新增电商微商客户 2938 个，快递包裹收入 1.7 亿元，增幅 74.2%。电商包裹市场占有率 9.6%，提高 4.7%。电商包裹毛利率 29.3%，提高 6.3%。二是客服质量稳步提升。电商协议客户跟踪率保持在 80% 以上，异常邮件提醒率 90% 以上、保价率 75% 以上，丢损邮件赔偿率 85%。

（3）农村电商业务。通过邮乐网和自有线上渠道联动外省，运作“西州蜜 25 号”等特色农产品 805 种，40 万件，销售额 1686 万元。取得政府专项资金和补贴近 300 万元。新增邮乐小店 2.72 万个，新建 7 个邮乐地方馆，上线产品 600 余种，开通邮掌柜 1726 个。

（4）渠道平台业务。一是增值业务收入 1.6 亿元，增长 38.1%，收入规模排名全国第 4 位，增幅排名全国第 5 位。代办税务收入 1.2 亿元，增长 53.7%。车务代办收入 893 万元，增长 86.9%。代理车险 3.6 万笔，增长 120%，代理保费 4526 万元，增长 75.9%。二是分销业务调整见效。快消品收入占比提高 4%，农资下降 3%。“福至新春”“端午邮情”“月满中秋”营销活动分别收入 2761 万元、1047 万元和 3087 万元。

（5）文化传媒业务。一是报刊业务稳中有升。校园报刊实现流转额 2045 万元；图书及文创产品完成收入 349 万元；商务期刊 5.1 万册，收入 85.5 万元。二是集邮函件稳中有进。生肖项目收入7406万元，集邮网厅订单3.1万单，绑定会员1170人。举办新邮首发、集邮巡展等活动150余场，实现收入1800万元。建成覆盖全区511个网点的媒体平台；封片卡实现收入3829.3万元；组织商演41场，创收240万元；书信文化活动实现收入248.6万元。

（6）拓展业务。一是项目持续拉动。强化"邮税"合作，累计代征税额28.4亿元，代征车购税额24亿元。开创"邮铁"合作，累计代售铁路客票134.6万张，开设全国首家"火车邮局"。开拓"邮保"合作，与人保财险公司就机动车辆保险、意外伤害保险开展合作。落实"邮油"合作，与中石化就业务联动、物流配送和形象宣传等方面开展合作。二是特色市场有效开发。校园市场：开展"花样年华　邮你同行"主题营销活动，实现收入1845万元。棉花市场：9个分公司签订棉花代付协议46份，代付金额15.8亿元，揽收个人棉花资金14.8亿元。拆迁市场：走访客户1.7万户，成功揽收21.4亿元。林果市场：实现代付8200万元，揽收个人林果资金4.8亿元。军队市场：实现收入1597万元。旅游市场：制作景点门票368.9万枚，收入443.2万元。16个主题邮局实现收入278万元。喀纳斯邮驿小站继续引领全区，线上线下收入134万元。

3. 内部管控

（1）财务管理。推进零基预算管理，梳理细化成本动因，确定成本费用定额标杆。管理性支出适度削减，降幅10%。强化财务对标管理，实现"一对一"对标，6项综合效益类、9项成本费用类指标实现提升。强化业务资金管控，梳理管控流程，减少流动资金占用，收回分销流动资金1000万元，收回代开国税、代征车购税欠费5820万元。首次核定维稳专项补贴2000万元。积极争取政策。完善绩效考核体系，增加党建工作指标，突出考核内容，按季、按月进行考核预打分，实现闭环管控。

（2）人力资源管理。加强干部人才队伍建设，补充调整领导人员44人次，调剂核增经营单位副职27个；组织97名三级经理开展专题培训。加强干部监督管理。实现选人用人"一报告两评议"工作全覆盖，对2个分公司开展专项检查。开展经营单位班子和三级经理年度考核。推进人才队伍建设，制定高技能人才聘任管理暂行办法，完成130名初级人才聘任。招录2名专业人才。开展经济系列高级专业技术职务任职资格评审推荐。优化人力资源配置，全口径用工总量12009人，在集团公司控制数以内。完成经营组织架构改革和机构编制、人员优化调整。代理金融、包裹快递、农村电商等重点专业配员增加360人。加大薪酬激励力度，首次对工资总额和劳务用工劳动报酬实行零基预算。制定城市支局经理激励暂行办法。严格各单位月度岗位绩效标准调整程序。持续加强培训工作，举办集中培训644次，5.5万人次参培。组织网点转型培训班8期，参培人数866人。北邮现代远程教育招收学员

5月17日，新疆西州密25号哈密瓜全国邮政系统订货会暨新疆特色产品展示会在吐鲁番市召开。（新疆分公司 / 提供）

271人。聘任21人为区分公司企业文化内训师。持续推进职鉴工作，组织1465人参加10个职业鉴定考核，合格379人。组织参加第五届全国邮政通信特有职业技能竞赛，17个单位77名选手参加选拔赛，5人参加全国技能竞赛。

（3）网运管理。一是实施网络优化。陆运网增加阿克苏省际进出口功能，南疆四地州进出口邮件提速1天；旺季期间以奎屯为省际出口辅助中心，缓解乌鲁木齐邮区中心局生产压力；开通吐鲁番至多省份的哈密瓜定制邮路；增开乌鲁木齐至乌苏沿途报刊邮路，扩大北疆地区党报当日见报范围；旺季期间开通棉包定制邮路；实施淡旺季干线运输计划，提高淡季干线车辆返程利用率。航空网开通乌市至西安航空邮路，乌市到西安、济南、南京缩短快递包裹全程时限2天以上。二是旺季生产有序应对。"双十一"期间，处理包件1035万件，投递613.6万件，增幅70%以上。三是克服困难，全力做好维稳持续升级下的投递工作。四是加强管控。562个投递部上线新一代寄递业务信息平台。6个分公司上线电子地图分拣系统。54个县域推进分转投"三合一"。投递虚假信息下降71%。

（4）风险管控。一是强化金融风险防范。及时调整风控合规管理委员会，配备专职检查人员69人，加大检查频次，对12个分公司开展"天山利剑"接管检查，发现问题305个。加大风险数据运用，四、五级必查预警信息核查率97%。二是提升审计监督效能。实施审计项目145个，提出审计意见136条。开展领导干部经济责任审计3个，促使问题整改17项。完成19个单位财务绩效审计，覆盖面100%，涉及问题资金2.2亿元。完成专项审计调查5项。完成工程施工结算审计118项，审减487.6万元，审减率10.4%。

4. 安全与服务

（1）未发生较大案件和事故。一是层层签订安全生产目标管理责任书，25个单位被评为"安全生产目标管理先进单位"。二是投资3556.8万元配置安防设施。三是严

把邮件收寄关，杜绝违禁物品流入邮政渠道。四是夯实安全基础，对83个业务库进行设施设备测试，对113名专兼职安全员进行培训。五是组织综合安全检查，督促隐患整改。

（2）服务。一是做好公众服务。持续开展“疯狂星期五”特惠、“邮乐9·19”电商节等主题营销。“新邮寄”和“这里是新疆”累计销售额1111万元。发挥邮乐网线上平台作用，15个特色产品获得全国“最美家乡味”，4人被评为全国“百佳扶贫大使”。联合举办喀什石榴品牌发布会，销售7350件，带动农民增收。帮助定点扶贫村销售黑鸡近7000只、核桃2吨。二是组织公益活动。收寄“邮从心生”公益包裹5853件。连续四年参与“玩具总动员”活动。开展“预防邮路”专项活动。新疆区分公司荣获“母亲邮包”公益项目先进单位。连续三年开展见义勇为明信片邮寄捐赠活动，新疆区分公司荣获“突出贡献模范单位”称号。三是加强质量管理。服务综合满意度89分。无重大质量、重大投诉及新闻媒体曝光事件发生。落实新普服标准，建制村直接通邮率和《人民日报》当日、次日见报率有所提升。受理用户投诉3127件，处理满意率98.1%。机要通信连续18年无事故，用户满意度97%。1个集体、1名个人获集团公司表彰。

5. 能力建设

（1）实物网建设。下达建设投资1.3亿元。完成乌鲁木齐邮件处理第二场地建设，6个邮件处理中心分拣胶带机投产使用，提高装卸速度2倍以上。完成中央预算内项目182项。完成8辆邮运车和117辆投递车更新。配置369辆电动三轮车、1200个投递PDA、120个网运PDA。经改造，包分机处理效率25万件/日。

（2）信息网建设。一是在技术研发上，开发电商订单处理、第三方微信商城拓展渠道系统。研发邮件收寄助手、区内包裹预收寄系统，实现西域快包邮件批量面单打印。二是在数据分析上，开展老年客户资产、电子渠道客户、包裹快递流量流向等分析。三是在工程建设上，完成网点集中授权等9个项目，推进远程集中监控系统一阶段建设等11个项目。开通43台ATM/CRS，安装6台发卡机、31台移动展业设备。

6. 党的建设

（1）强化理论武装。认真学习宣传贯彻习近平新时代中国特色社会主义思想和党的十九大精神，组织10次专题集中学习和研讨，做到人员、时间、内容、效果“四落实”。深入推进“两学一做”学习教育常态化制度化，提升学习效果。

（2）强化责任落实。严格贯彻党建工作责任制，建立责任清单，层层签订《全面从严治党主体责任书》，全面落实“一岗双责”。将党建工作纳入经营绩效考核，提高考核分值。开展党组织述职评议考核，层层落实责任。

（3）规范基层党建。选树20个基层党组织和30个党员先锋岗示范点，其中2个被评为集团公司示范点。通过发展党员解决25个支局党员空白点。加强离退休党建工作，纳入整体党建范畴。严格落实“三会一课”、民主评议党员等制度。在县分公司开展“三互三评”活动，促进基层党建水平提升。发展一线员工、青年员工和少数民族员工党员78名。强化党建工作培训，1230名党员参加网络学院学习。

（4）推进作风转变。以整治“四风”“四气”为重点，推动机关作风转变。制定《贯彻落实中国共产党问责实施办法》，强化跟踪问责。96名党员领导干部人均基层调研54天、27次。开展旺季对口帮扶，促进生产经营工作开展。

（5）企业文化引领。开展各类企业文化培训和案例征集。3个集体参与全国百个示范点创建评选。3个单位通过“全国文明单位”复验，并被评为乌鲁木齐创建全国文明城市先进单位。健全青工委工作机制，开展“全国青年文明号开放周”“青年志愿者”等活动。

（6）推进廉政建设。实施新一轮廉洁风险防控工作，定期督导推进。加强集中采购监督，监督20项，节约资金336万元。坚持廉政谈话制度，对7名三级经理进行廉政谈话和廉政考试。开展效能监察，进行房屋土地资产租入、租出管理效能检查，下达建议书8份，提出建议68条，收回欠缴租金等595万元，规范未签合同租赁事项50个，补录合同89份。推进党组巡察，完成对石河子、塔城分公司的巡察，发现问题43个，提出巡察建议11条。对领导班子成员进行提醒谈话，督促问责。重视信访核查处置，收到来信33件，涉及人员13人，全部核查处置完毕。加大执纪问责力度，对1个单位党委和纪委、12名三级经理、7名四级经理、5名一般员工进行问责。

（7）营造和谐氛围。选树先进典型，2人分获全国“五一劳动奖章”和“开发建设新疆奖章”，4个集体分获“开发建设新疆奖状”和自治区“工人先锋号”荣誉称号。为62名省部级以上劳模和先进发放慰问金5万元。为100名困难员工发放帮扶金18万元。为2216名员工发放互助互济金301.9万元。为45名困难员工子女就学争取资金19.5万元。为2个县分公司发放地震慰问金10万元。为部分金融网点配备电视机150台。营造良好的舆论氛围，区分公司荣获集团公司新闻宣传工作创新奖，1人荣获优秀新闻工作者。档案信访、法律事务、各类协会等工作都取得较好成绩，为新疆邮政发展做出了积极贡献。（新疆分公司　汪春梅）

【邮储银行新疆分行】 内设17个部门，1个直属单位，下辖16个地、州（市）分行，92个一级支行，县及县以下网点413个。从业人员3473人，其中本科及以上学历员工 1807 人，占比 52.03%。

资产规模 950 亿元，比上年增长 10%。各项存款余额 903 亿元，净增 72 亿元，比上年增长 8.7%。各项贷款余额 370 亿元，净增 54 亿元，比上年增长 17.2%。邮政金融收入 26.2 亿元，比上年增长 7.2%，其中银行自营收入累计完成 17.2 亿元，比上年增长 6.2%。实现净利润 2.55 亿元，完成预算的 98.5%。

1. 业务发展

（1）个人金融业务。个人金融业务收入 4.4 亿元，比上年增长 12.8%。新增储蓄存款 85 亿元，比上年增长 12%，其中自营网点新增存款 9 亿元，市场占有率 9.7%，比上年提高 0.2%。中间业务实现收入 1.8 亿元，比上年增长 35%，收入占比 41%。信用卡新增 6.2 万张，实现收入 7275.2 万元，比上年增长 45%，结存卡片激活率 79.6%，列系统内第 1 位，账户活跃率 44.7%，列系统内第 10 位。自营网点理财业务销量 83.7 亿元，比上年增长 46%；重点基金销量完成率、实物贵金属销售量分列系统内第 2 位和第 10 位；代收新保保费 1.5 亿元，比上年增长 39%。手机银行新增激活客户数完成率 166%，自营网点电子银行交易替代率 91%。办理外汇业务量 3307 万美元，比上年增长 170%。

（2）公司金融业务。公司业务收入 3.4 亿元，比上年增长 3.1%。公司存款日均余额 127.4 亿元，新增 2.9 亿元，比上年增长 2.3%。公司信贷余额净增 34 亿元，比上年增长 3 倍。推动完成邮储银行总行与自治区战略合作协议签署工作。保理业务放款 4.1 亿元。非税 POS 渠道缴费流程优化项目上线，国库、非税业务增幅分别为 53%、56%。投放小企业法人贷款 11.4 亿元，自主创新的兵团团场小企业贷款业务在 6 家分行落地，放款 2.6 亿元。

（3）零售信贷业务。零售信贷业务收入 8.4 亿元，新增零售贷款 11.3 亿元，贷款结余 216 亿元。其中小额贷款投放 57 亿元，年日均新增 9 亿元，均为历史最高水平。扶贫小额贷款投放 9.5 亿元。消费贷款投放 39 亿元，贷款结余市场占有率 5.7%。非住房贷款投放占比 43%，比上年增长 4%，高出系统平均水平 14%。

（4）金融市场业务。金融市场业务收入 6571 万元，比上年增长 21%。首笔 10 亿元债券独立主承业务落地，实现承销费收入 220 万元。投资券商固定利率收益凭证、资管资金对接非银借款、机构客户委贷业务 19.7 亿元。

2. 机制建设

（1）调整组织架构。自上而下成立“三农”金融事业部，在 3 家分行试点开展“扁平化”管理，加快集中运营体系改革。

（2）完善绩效考核体系。建立二级分行和机关部门全覆盖的绩效考核体系。加大风险调整后的资本收益类指标考核权重，增加重点业务考核分值。建立“等级行”制度，激励分支行加快发展。

（3）薪酬分配改革。调整人工成本弹性分配机制，坚持人工成本向发展快、效益好、质量优的分行倾斜。出台新疆区分行各类别风险岗位人员及二级分行领导人员绩效年薪延期支付管理办法。制定分行本部授信绩效办法，首次设置绩效封顶限额，激励和约束并重。

3. 风险防控

（1）风险管理。建立风险偏好与政策联动落实机制，资产质量专题分析会议机制和资产质量督导常态化机制。实现风险限额与辖内机构人工成本弹性挂钩，从严考核辖内机构风险限额管理效能。不良率 1.22%，低于总行限额目标 0.07%。清收不良贷款本息 2.46 亿元，核销不良贷款本息 2.81 亿元。

（2）合规管理。制定案件防控责任追究办法，建立案防组织体系和运行体系。开展“三三四十”专项治理和集中问责等系列活动。问责 5497 人次，处罚金额 294 万元。推进“内控优化年”活动，梳理制度 595 项，确立现行有效制度 212 项。向人民银行上报重点可疑交易报告 3 笔，向自治区安全机关提供暴恐组织线索 34 起、破案 8 起，拦截 3 起电信诈骗汇款业务和 2 起集资诈骗汇款案件。实现“零案件”防控目标。

4. 综合管理

（1）计划财务管控。加强利率管理，存贷利差率 5.39%，系统内排名第一。统一区内成本费用配置标准，实现成本费用集中审批。“三公”经费比上年下降 4.6%，节约费用 59 万元。

（2）人力资源管理。制定 14 项干部管理制度办法和管理人员退出管理岗位暂行办法。开展员工职级晋升、专业拔尖人才推选和人员双向交流工作。开展“学业务，学法规，做合格员工”学习教育专项活动。招聘人员 233 人，转聘 16 人。组织集中培训及远程培训 30 期，培训员工 1878 人次。

（3）审计监督。开展 64 个审计项目，审计覆盖率 100%，审计金额 35.9 亿元，发现问题 1048 个。工程送审金额 2122 万元，审减资金 107 万元。

5. 渠道建设

（1）网点建设。安排固定资产投资计划 1.26 亿元，其中，投入 8305 万元，购置 5 处营业办公用房；投入 2343 万元购置自助设备和各类办公营业和安防设备。安排场地装修改造项目 20 处，投资 3100 多万元。

（2）服务工作。开展服务投诉压降工作，完成服务投诉压降目标的 177%。4 家支行获“中国银行业文明规范服务星级营业网点”称号；1 名员工被评为“2017 年度中国银行业文明规范服务明星大堂经理”。

6. 党建和纪检工作

（1）从严治党。提出党建工作向全面延展、向基层倾斜、向中心聚焦的“三向”工作思路和突出政治坚强、突出思想建设、突出新疆特色的“三突出”原则。各级党组织把学习贯彻党的十九大精神与“两学一做”学习教育、“强基固本 2.0”建设工程、党员承诺践诺主题教育活动等重点工作相结合，将党建工作融入经营管理之中。

（2）纪检监察。出台《新疆分行巡察和履职监察工作办法》，启动 6 家二级分行的巡察和履职监察工作。加强纪律审查，加大信访核查力度。收到信访件 25 件，初核率 100%。处理 19 人次，处罚金额 26 万元，对 2 个领导班子通报批评。

（3）维稳工作。切实履行社会责任，维护社会稳定。10 家分行 43 家机构派出 25 个工作队、131 人到 47 个村（社区）开展“访惠聚”工作。13 家分行 621 名干部员工与少数民族群众开展“民族团结一家亲”活动。2 人被推荐为自治区级“民族团结”先进个人。（邮储银行新疆分行）

【速递物流新疆分公司】

1. 业务发展

业务量 3243.1 万件，比上年增长 49.2%，实现业务收入 2.56 亿元，比上年增长 39.7%，超预算 3623 万元。速递、物流两大板块全面完成超额预算目标。乌鲁木齐、巴州、喀什和电商物流 4 个经营单位全部完成收入增长挑战目标。

（1）标快业务。通过多领域政务类项目深度运作、“一月一主题”精准营销、“竞争对手客户抢夺战”“营业部双周创利之星”评比、时限承诺服务、省际标快“提质增量”劳动竞赛等一系列经营发展措施，助推国内标快业务快速增长。收入 9887 万元，比上年增长 56%，排名全国第一。其中，省际标快实现收入 1244 万元，比上年增长 19.2%，超总部挑战目标 1.2%。省内标快实现收入 7144 万元，比上年增长 87%。

（2）国际业务。收入 1333.3 万元，比上年增长 9.27%。继续以跨境电商业务为抓手，吸引跨境电商平台企业进疆建仓，开发跨境电商大客户 6 家，实现国际 e 邮宝收入 783.3 万元，比上年递增 20%。建设“西行班列”国际渠道，尝试铁路运邮，累计发运班列 40 次，节约运费成本 511.7 万元，丰富国际产品，开通 e 特快业务。

（3）电商业务。快递包裹业务实现收入 1528 万元，比上年增长 42.74%。深入推进总部级电商大客户开发，合作 89 家。唯品会、京东商城、欧瑞莲等 8 个大型电商平台客户收入规模不断攀升，比上年增长 34%。运作以“恒久长隆”为代表的电商“仓＋配”客户，实现收入 516 万元，平均毛利率达 30%。

（4）物流业务。重点围绕“仓配”一体化合同客户市场，进行开发，重点关注短期应季型合同客户的招标需求。签约新增客户 18 家。实现业务收入 8515.62 万元，比上年增长 35.51%。

（5）专项营销。“五节联送”、“端午邮情”、中秋“思乡月”等节庆营销活动有效开展，实现业务收入 413 万元，比上年增长 21%。

2. 经营机制

（1）纵深推进“众创众享”工程。完成领创营业部 34 个，领创团队 35 个，领创团队个人收益平均增长 22.2%。

（2）营销中心建设深入推进。专职客户经理增至 27 人，新增 18 人。“三进工程”突破发展，覆盖重点商厦写字楼、园区、校区、产业集群和重点市场 70 个，覆盖率达 97.5%。

（3）客户抢夺拉动增收。克服全区维稳形势严峻、行业监管收紧带来的重重困难，组织开展大客户专项营销活动，各单位按日推进，新增客户 400 个，新增收入 584 万元，其中 97 个客户为抢夺竞争对手大客户。

（4）创新突破“极速鲜”项目。运作哈密瓜、小白杏、石榴、香梨等 8 个“极速鲜”产品，线上销售＋线下寄递实现收入 99.6 万元，比上年翻 4 番。

（5）人才队伍。组织 4 名优秀员工专程赴河南、广州省分公司学习“众创众享”、政务业务，助力营业部政务项目推进。

3. 基础管理

（1）财务管控持续完善。全面加强欠费管理，收欠费 1.94 亿元，清欠率 87%。探索新疆“盈利模式”，开展 45 个营业部损益核算，树立“人人会算账”意识。开展集中采购 15 项，节约资金 147.7 万元。

（2）人力资源。持续推动人工成本配置方式由“工效挂钩”向“基本预算＋弹性预算”转变，各二级单位人工成本效益意识增强。实施管理、营销、揽投“百名精英”培养计划。组织各类培训 33 期，参培 3483 人次。严格执行揽投、内部处理等岗位定额定员标准，人员配置效能稳步提升。

（3）网运管控。“双十一”期间，处理邮件 206 万件，比上年增长 49%；接卸省际进口干线车 112 辆，比上年增长 187%；接发航空邮件 849 吨，比上年增长 37%；投递邮件 65.7 万件，比上年增长 34%，各环节平稳运行，未出现邮件积压和主责客户投诉。建立库尔勒、喀什与乌鲁木齐间的时限监控机制。扎实开展打虚灭假工作，虚假信息较上年下降 49.8%。

（4）经营风险。强化“三费”管理培训、指导、检查，防范资金风险，防止跑冒滴漏。提升资费管控底线，各项业务单价有效提高，次日缴款率比上年提升 26%，加大账期外欠费清理。开展领导干部经济责任审计、财务收支绩效及专题审计项目 7 个，提出整改意见 56 项，整改率 100%。工程结算审计 3 项，审减率 18.83%。

4. 能力建设

（1）支撑能力不断提升。完成固定资产投资 755.9 万元。优化新增营业部 3 处，改造标准化营业部 3 处，配置安检设备 39 台、大型安检机 7 台、安检门 21 套，配置机场专用皮带机 1 台，更新揽投机动车 21 辆。

（2）运营质量稳步好转。调整省际陆运进口标快分拣封发处理主体，优化合并区内标准特快邮件封发格口，再造标准处理流程，推进资源整合。通过狠抓作业规范持续提升服务质量，十项重点管控质量指标均呈现好转，7 项指标达标，其中邮件及时妥投率 86%，上门揽收及时成功率 94.4%，投诉率控制在 4.2‰，申诉率控制在百万分之 2.4。

（3）信息技术支撑经营。在信息系统对接上，完成“新疆品骏物流”“金秋九州”等项目邮件查询系统对接。在系统应用上，实施新一代寄递平台系统、智能跟单系统，国际应税系统上线、改造升级身份证信息处理系统，推广电子下单和电子支付并建设维护“新鲜邮”商城，粉丝量达到 3.25 万人。45 个营业部模拟监控升级改造为高清数字监控，落实安检机补贴资金 80 余万元。（速递物流新疆分公司）

【中邮证券新疆分公司】 7 月 21 日，中邮证券新疆分公司揭牌仪式在集团公司新疆区分公司举行。集团公司副总经理张荣林，中邮证券总经理丁奇文、副总经理李跃，集团公司新疆区分公司总经理王俭出席开业仪式并为中邮证券新疆分公司揭牌，张荣林、丁奇文、王俭在仪式上致辞，新疆邮政、速递物流新疆分公司、邮储银行新疆区分行负责人及中层以上领导人员参加揭牌仪式。新疆分公司是经营证券综合业务的省级分公司，内设综合部、市场部、运营风控部、资管投行部等四个部门，配备员工 16 人。

1. 经纪业务

（1）板块联动，协同发展。一是争取到新疆邮政区分公司政策支持，将证券业务发展纳入对基层单位的年度经营绩效考核，作为考核加分项，提升了对证券业务的关注度。二是开展多主题营销活动。7 月 21 日—12 月 31 日联合新疆邮政区分公司、邮储银行区分公司开展“邮银助推、证券起航”中邮证券年度展业专项营销活动，并搭载招商招利一年期基金专题营销活动，全区邮银共同推动发展中邮证券业务；四季度联合新疆邮政区分公司开展 2017 年邮政代理金融“冲刺 600 亿，开启新征程”四季度主题营销活动，将证券业务发展情况纳入当季营销考核项目，分值 5 分，按月考核；并设有证券业务发展专项奖励，季后考评。三是建立证券业务发展情况定期通报制度。每周向新疆邮政区分公司领导汇总报告全区证券业务的关键指标数据。每周通过 QQ 及微信实时向全区各地市通报关键指标发展进度。作为邮政金融翼的组成部分，每月借助全区邮政经营分析会对中邮证券经营情况进行分析通报。

（2）抓重点，做好客户开发工作。一是通过组织地市进行第三方存管业务的市场摸排工作，提高组织营销的针对性，重点挖掘未开通邮储第三方存管的邮储存量客户。二是对邮储客户具有证券投资需求的，主动开发成为银证客户，并对已投资证券市场的邮政员工，引导使用中邮证券。三是与总部沟通，将前期挂靠在北京营业部的新疆分公司合格客户迁移回新疆分公司（成功迁移 1204 户），夯实客户基础。四是为消除地市分公司中层管理人员发展中邮证券业务影响代理金融业务的顾虑，11—12 月，由副总经理朱雷武带队，对各地市邮政分公司由市到县层级推进，开展证券业务服务到基层调研走访活动，主要解决客户开发及有效户促成中碰到的难题，形成发展共识。

（3）初步构建客户服务体系，提高客户黏度。一是做好基础客户服务工作，每日根据运营风控部门的反馈情况，及时对手机开户问题客户进行电话回访，提高开户效率和成功率，增强客户及邮政员工开户体验度。二是定期开展客户电话回访工作，定期筛查身份证有效期过期、多个一码通账户、年龄大于 70 岁以及资产量交易量较大的客户进行电话回访 94 人次，并进一步加深与客户产品及服务沟通，提升客户体验，增加客户黏性。三是及时资讯服务，分类建立三大板块业务服务群，每日通过 QQ、微信群等渠道，推送市场咨询信息，及时通知客户新股中签缴款，配股认购等温馨提示，及时解答邮政员工在推荐使用证券业务时遇到的各种问题，提高客户的黏性。

（4）加大宣传力度，提高企业知名度。借助分公司开业之际，通过邮政企业内部微信公众平台、微信朋友圈等方式加大宣传力度，提高中邮证券业务的社会知晓度。同时，分公司制作下发 300 个业务宣传展架、3 万份宣传单式，所有宣传品均下发到各地市邮政企业。

（5）加强业务培训，增强业务发展后劲。一是狠抓证券业务综合知识培训。根据网点分布情况及客户群特点，逐步渗透证券业务发展理念，分层次、持续、有针对性地做好邮政证券业务营销模式的指导。分层开展培训 73 场，涉及三大板块新疆邮政区分公司机关以及全区 16 个地州市分公司和中心局、22 个县分公司、40 余个网点，累计培训 5200 余人，为全区中邮证券业务持续发展夯实了基础。二是充分参与新疆邮政区分公司代理金融业务局和邮储银行区分行个金部的各类金融类培训班，对理财经理开展专题培训。三是开展证券产品专题销售培训，根据总部产品销售及竞赛活动的安排，对全区 16 个地州市的各级代理金融业务局、网点支局长、理财经理等进行方案、产品等培训，促进产品销售计划达成。

（6）加强重点业务产品推进。结合总部阶段重点产品，深入挖掘客户内在需求，向目标客户差异化推介适当性产品。针对未激活的追求稳定收益的客户，重点向其推介货币型基金或债券型基金及国债产品，以正收益的特点吸引客户、激发客户使用账户，扩大有效户规模。7月10日—8月10日，招商招利一年期债券型基金集中销售，新疆分公司销售1238.98万元，超额销售238.98万元，激活有效户134户。截至12月31日，累计开户3994户，累计有效户707户，累计资金总量7401.11万元，累计交易额11139.02万元。

2. 资管投行业务

（1）加强与邮政企业内部联动。融入邮政大金融体系，资管和投行业务主动与邮储银行、速递物流等兄弟单位联动，实现“内部项目中邮证券优先，外拓项目联动合作”的有利局面。

（2）开展新疆市场客户走访。先后到邮储银行、区内上市公司等单位走访，广泛探讨企业债、公司债、股票质押、PPP项目、资产证券化等资管、投行业务合作机会。对乌鲁木齐市、博州等有上市意愿的公司进行走访、座谈，对今后合作达成共识。与新疆国投、江苏天健富通投资公司、克拉玛依城投公司建立初步合作意向；参与伊犁州政府举办的中介机构与伊犁州企业沟通见面会，会后加入伊犁州企业和券商交流微信群，加强沟通联系。

（3）代销总部资管产品。新疆分公司参与销售金潮1号和鸿利来2号集合资管计划产品，其中，金潮1号销售300万元，鸿利来2号销售157万元。

（4）梳理新疆上市公司资料，为开展投行业务夯实基础。通过梳理本地上市公司52家和新三板挂牌公司100家的基础资料，整理出分公司区域分布、行业分布、股权质押信息及联系方式等资料，为后续投行业务有针对性走访、业务发展提供支撑。

3. 合规经营

（1）组织并完善分公司规章制度建设。对经纪业务、资管投行、信用交易、客户管理和综合管理等条线相关管理制度的梳理，修订合计22项，建立健全合规风控制度体系，保证分公司运营和综合管理合法依规、有序高效。

（2）严把审核关，严控业务合规风险，分公司未出现重大违规事件，员工自觉合规意识持续增强。

（3）定期开展账户自查，切实落实账户实名制，杜绝风险隐患，促进分公司业务规范有序发展。

（4）职责分明，有效履行反洗钱义务，开展反洗钱宣传，及时向监管部门报送非现场监管信息，规范客户身份识别及资料保存工作，加强大额及可疑交易的主动监测分析力度，提高可疑交易报告质量。

4. 基础管理

（1）成立中邮证券新疆分公司党支部。12月29日，中共中国邮政集团公司新疆维吾尔自治区分公司直属机关委员会《关于同意成立中共中邮证券有限责任公司新疆分公司支部委员会的批复》（新邮分直党〔2017〕58号），同意成立中共中邮证券有限责任公司新疆分公司支部委员会，支部委员3人，设支部书记、组织委员、宣传兼纪检委员各1人。新疆分公司重视建立和完善党的组织建设，主动协调新疆邮政区分公司直属机关党委、中邮证券总部党委申请成立中邮证券新疆分公司党支部，为今后一个时期开展党建工作奠定良好的基础。

（2）加强党建，为发展保驾护航。加强政治理论学习，按照新疆邮政区分公司直属机构党委要求，结合巡视中提出的整改问题，防微杜渐，组织党员学习“十九大”报告精神，开展“在反分裂斗争中承诺践诺评诺”主题党日活动。加强党风廉政建设，针对出现的新情况新变化，厘清问题症结，及时跟进应对措施，做到掌握情况不迟钝、解决问题不拖延、化解矛盾不积压，从根本上杜绝“四风”问题的土壤。

（3）持续推进经纪人团队建设和轻型营业部建设。制定出台经纪人招聘方案，面试和考核制度。在全疆范围内，根据经济体量、地理位置、业务协调便利等因素，选定哈密市建立轻型营业部，目前正紧锣密鼓地开展前期相关工作。

（4）以人才储备为重点支撑保障业务高效发展。本着“转型一批邮政员工、培养一批金融人才”的用人思路，加大从内部转型培育和从外部吸引招聘金融专才的力度。一是在内部转型培育方面通过制定员工能力素质提升计划，加大教育培训的力度和明确岗位持证要求；同时，锻炼内部人员业务转型走向市场，做好业务推动挂靠包干，启动分片挂靠机制和内部奖励激励机制，开展内部业务竞赛，截至12月31日，分公司全体员工开户数1062户，占总开户数26.6%，有效户172户，占总有效户24.3%，资产量4864.4万元，占总资产量65.7%。二是实施部分岗位社会化招聘工作。在总部领导及相关部门的大力支持下，完成分公司部分岗位的招聘工作。截至目前，完成分公司副总经理1名、投资顾问1名和投行人员1名的招聘工作，为分公司下一步专业团队的引进储备了人力资源。三是坚持认真落实开展“每日一训”培训活动、坚持召开每日晨会和每周专题培训会，及时分享金融时事热点焦点和证券业务知识，积极推动学习型组织的建设。（中邮证券新疆分公司）

重要文献

国家发展改革委、财政部、国家邮政局关于调整完善邮政普通包裹寄递资费体系结构有关问题的通知

各省、自治区、直辖市发展改革委、物价局、财政厅（局）、邮政管理局，中国邮政集团公司：

为贯彻落实《中共中央　国务院关于推进价格机制改革的若干意见》（中发〔2015〕28号），进一步发挥市场配置资源的决定性作用，促进邮政企业积极参与市场竞争，向消费者提供质优价廉的邮政服务，决定按照保持资费总水平基本稳定的原则，调整完善邮政企业普通包裹寄递资费体系结构。现将有关问题通知如下：

一、邮政企业寄递单件重量不超过10千克、每立方分米重量不低于167克普通包裹（以下简称邮政普通包裹）服务资费，由实行政府定价改为政府指导价，企业可以在不超过国家规定资费标准范围内，根据市场供求竞争状况、用户承受能力等因素自主确定具体资费水平。

二、邮政普通包裹寄递服务资费按照省级行政区划、省会城市之间邮运距离，设置31个计费区、6档资费，区分首重、续重计费，首重、续重计费单位重量均为1千克，不再另收挂号费。调整后的各档资费上限标准见附件1，资费分区表见附件2。

三、邮政企业要严格执行本通知邮政普通包裹寄递服务资费标准规定。对因资费结构调整邮资下降的线路，不得不降或少降资费；对个别邮资上涨的线路，要充分考虑市场供求竞争状况、用户承受能力等因素，通过采取资费下浮措施，合理控制实际邮资涨幅。

四、邮政企业要切实履行普遍服务义务，不断优化服务流程，提升服务质量。严格执行《邮政普遍服务》标准（YZ/T0129—2016），合理设置营业网点，落实寄递时限要求，推行包裹实物投递，实现县级以上城区所有邮政普通包裹以及乡镇人民政府所在地单件重量5千克（含）以内邮政普通包裹按址实物投递，乡镇其他地区单件重量5千克（含）以内邮政普通包裹投递到村邮站、村委会等接收邮件的固定场所。

五、各级价格主管部门、邮政管理部门要按照各自职责分工，加强对邮政企业普通包裹寄递服务资费执行、业务开展情况的监督检查，维护正常市场秩序。对邮政企业恶意竞销、扰乱正常市场秩序等违法行为，及时开展调查，依法纠正、查处。

本通知自2017年4月20日起执行。凡与本通知不相符的有关规定，以本通知为准。

附件：1. 邮政普通包裹寄递服务资费上限标准

2. 邮政普通包裹寄递服务资费分区表

国家发展改革委
财　政　部
国 家 邮 政 局
2017年4月7日

附件1

邮政普通包裹寄递服务资费上限标准

单位：元

资费标准		首重1千克	每续重1千克
一档	省份面积小于70万平方公里的省内寄递（除新疆、西藏、内蒙古和青海以外所有省份）	5	1
二档	省份面积大于70万平方公里的省内寄递（新疆、西藏、内蒙古和青海四省、自治区）	6	1.5
	相邻省和省会距离不超过500公里的省际寄递	6	1.5
三档	省会距离500—1000公里（含）的省际寄递	7	2
四档	省会距离1000—2000公里（含）的省际寄递	8	3
五档	省会距离2000—3000公里（含）的省际寄递	9	4
六档	省会距离3000公里以上的省际寄递	10	5

附件 2

邮政普通包裹寄递服务资费分区表

寄出省（区、市）	资费档		寄达省（区、市）
安徽省	一档	省份面积小于 70 万平方公里的省内寄递	安徽省
	二档	相邻省和省会距离不超过 500 公里的省际寄递	河南省，湖北省，江苏省，江西省，山东省，上海市，浙江省
	三档	省会距离 500—1000 公里（含）的省际寄递	福建省，河北省，湖南省，山西省，陕西省，天津市
	四档	省会距离 1000—2000 公里（含）的省际寄递	北京市，重庆市，甘肃省，广东省，广西壮族自治区，贵州省，海南省，吉林省，辽宁省，内蒙古自治区，宁夏回族自治区，青海省，四川省
	五档	省会距离 2000—3000 公里（含）的省际寄递	黑龙江省，云南省
	六档	省会距离 3000 公里以上的省际寄递	西藏自治区，新疆维吾尔自治区
北京市	一档	省份面积小于 70 万平方公里的省内寄递	北京市
	二档	相邻省和省会距离不超过 500 公里的省际寄递	河北省，内蒙古自治区，山东省，天津市
	三档	省会距离 500—1000 公里（含）的省际寄递	河南省，吉林省，江苏省，辽宁省，山西省
	四档	省会距离 1000—2000 公里（含）的省际寄递	安徽省，重庆市，福建省，甘肃省，黑龙江省，湖北省，湖南省，江西省，宁夏回族自治区，青海省，陕西省，上海市，四川省，浙江省
	五档	省会距离 2000—3000 公里（含）的省际寄递	广东省，广西壮族自治区，贵州省，海南省，云南省
	六档	省会距离 3000 公里以上的省际寄递	西藏自治区，新疆维吾尔自治区
重庆市	一档	省份面积小于 70 万平方公里的省内寄递	重庆市
	二档	相邻省和省会距离不超过 500 公里的省际寄递	贵州省，湖北省，湖南省，陕西省，四川省
	三档	省会距离 500—1000 公里（含）的省际寄递	广西壮族自治区，云南省
	四档	省会距离 1000—2000 公里（含）的省际寄递	安徽省，北京市，福建省，甘肃省，广东省，海南省，河北省，河南省，江苏省，江西省，内蒙古自治区，宁夏回族自治区，青海省，山东省，山西省，上海市，天津市，浙江省
	五档	省会距离 2000—3000 公里（含）的省际寄递	黑龙江省，吉林省，辽宁省，西藏自治区
	六档	省会距离 3000 公里以上的省际寄递	新疆维吾尔自治区
福建省	一档	省份面积小于 70 万平方公里的省内寄递	福建省
	二档	相邻省和省会距离不超过 500 公里的省际寄递	广东省，江西省，浙江省
	三档	省会距离 500—1000 公里（含）的省际寄递	安徽省，湖北省，湖南省，江苏省，上海市
	四档	省会距离 1000—2000 公里（含）的省际寄递	北京市，重庆市，广西壮族自治区，贵州省，海南省，河北省，河南省，山东省，山西省，陕西省，四川省，天津市
	五档	省会距离 2000—3000 公里（含）的省际寄递	甘肃省，黑龙江省，吉林省，辽宁省，内蒙古自治区，宁夏回族自治区，青海省，云南省
	六档	省会距离 3000 公里以上的省际寄递	西藏自治区，新疆维吾尔自治区

续表

寄出省（区、市）	资费档		寄达省（区、市）
甘肃省	一档	省份面积小于 70 万平方公里的省内寄递	甘肃省
	二档	相邻省和省会距离不超过 500 公里的省际寄递	内蒙古自治区，宁夏回族自治区，青海省，陕西省，四川省，新疆维吾尔自治区
	三档	省会距离 500—1000 公里（含）的省际寄递	山西省
	四档	省会距离 1000—2000 公里（含）的省际寄递	安徽省，北京市，重庆市，贵州省，河北省，河南省，湖北省，湖南省，江苏省，江西省，山东省，上海市，天津市，云南省，浙江省
	五档	省会距离 2000—3000 公里（含）的省际寄递	福建省，广东省，广西壮族自治区，海南省，黑龙江省，吉林省，辽宁省，西藏自治区
	六档	省会距离 3000 公里以上的省际寄递	无
广东省	一档	省份面积小于 70 万平方公里的省内寄递	广东省
	二档	相邻省和省会距离不超过 500 公里的省际寄递	福建省，广西壮族自治区，海南省，湖南省，江西省
	三档	省会距离 500—1000 公里（含）的省际寄递	湖北省
	四档	省会距离 1000—2000 公里（含）的省际寄递	安徽省，重庆市，贵州省，河北省，河南省，江苏省，山东省，山西省，陕西省，上海市，四川省，云南省，浙江省
	五档	省会距离 2000—3000 公里（含）的省际寄递	北京市，甘肃省，辽宁省，内蒙古自治区，宁夏回族自治区，青海省，天津市
	六档	省会距离 3000 公里以上的省际寄递	黑龙江省，吉林省，西藏自治区，新疆维吾尔自治区
广西壮族自治区	一档	省份面积小于 70 万平方公里的省内寄递	广西壮族自治区
	二档	相邻省和省会距离不超过 500 公里的省际寄递	广东省，贵州省，海南省，湖南省，云南省
	三档	省会距离 500—1000 公里（含）的省际寄递	重庆市
	四档	省会距离 1000—2000 公里（含）的省际寄递	安徽省，福建省，河南省，湖北省，江苏省，江西省，陕西省，上海市，四川省，浙江省
	五档	省会距离 2000—3000 公里（含）的省际寄递	北京市，甘肃省，河北省，辽宁省，内蒙古自治区，宁夏回族自治区，青海省，山东省，山西省，天津市
	六档	省会距离 3000 公里以上的省际寄递	黑龙江省，吉林省，西藏自治区，新疆维吾尔自治区
贵州省	一档	省份面积小于 70 万平方公里的省内寄递	贵州省
	二档	相邻省和省会距离不超过 500 公里的省际寄递	重庆市，广西壮族自治区，湖南省，四川省，云南省
	三档	省会距离 500—1000 公里（含）的省际寄递	无
	四档	省会距离 1000—2000 公里（含）的省际寄递	安徽省，福建省，甘肃省，广东省，海南省，河北省，河南省，湖北省，江苏省，江西省，宁夏回族自治区，青海省，山东省，山西省，陕西省，上海市，浙江省
	五档	省会距离 2000—3000 公里（含）的省际寄递	北京市，辽宁省，内蒙古自治区，天津市，西藏自治区
	六档	省会距离 3000 公里以上的省际寄递	黑龙江省，吉林省，新疆维吾尔自治区

续表

寄出省（区、市）	资费档		寄达省（区、市）
海南省	一档	省份面积小于 70 万平方公里的省内寄递	海南省
	二档	相邻省和省会距离不超过 500 公里的省际寄递	广东省，广西壮族自治区
	三档	省会距离 500—1000 公里（含）的省际寄递	无
	四档	省会距离 1000—2000 公里（含）的省际寄递	安徽省，重庆市，福建省，贵州省，湖北省，湖南省，江苏省，江西省，四川省，云南省，浙江省
	五档	省会距离 2000—3000 公里（含）的省际寄递	北京市，甘肃省，河北省，河南省，内蒙古自治区，宁夏回族自治区，青海省，山东省，山西省，陕西省，上海市，天津市
	六档	省会距离 3000 公里以上的省际寄递	黑龙江省，吉林省，辽宁省，西藏自治区，新疆维吾尔自治区
河北省	一档	省份面积小于 70 万平方公里的省内寄递	河北省
	二档	相邻省和省会距离不超过 500 公里的省际寄递	北京市，河南省，辽宁省，内蒙古自治区，山东省，山西省，天津市
	三档	省会距离 500—1000 公里（含）的省际寄递	安徽省，湖北省，江苏省，宁夏回族自治区，陕西省
	四档	省会距离 1000—2000 公里（含）的省际寄递	重庆市，福建省，甘肃省，广东省，贵州省，黑龙江省，湖南省，吉林省，江西省，青海省，上海市，四川省，浙江省
	五档	省会距离 2000—3000 公里（含）的省际寄递	广西壮族自治区，海南省，新疆维吾尔自治区，云南省
	六档	省会距离 3000 公里以上的省际寄递	西藏自治区
河南省	一档	省份面积小于 70 万平方公里的省内寄递	河南省
	二档	相邻省和省会距离不超过 500 公里的省际寄递	安徽省，河北省，湖北省，山东省，山西省，陕西省
	三档	省会距离 500—1000 公里（含）的省际寄递	北京市，湖南省，江苏省，江西省，内蒙古自治区，上海市，天津市，浙江省
	四档	省会距离 1000—2000 公里（含）的省际寄递	重庆市，福建省，甘肃省，广东省，广西壮族自治区，贵州省，黑龙江省，吉林省，辽宁省，宁夏回族自治区，青海省，四川省
	五档	省会距离 2000—3000 公里（含）的省际寄递	海南省，云南省
	六档	省会距离 3000 公里以上的省际寄递	西藏自治区，新疆维吾尔自治区
黑龙江省	一档	省份面积小于 70 万平方公里的省内寄递	黑龙江省
	二档	相邻省和省会距离不超过 500 公里的省际寄递	吉林省，内蒙古自治区
	三档	省会距离 500—1000 公里（含）的省际寄递	辽宁省
	四档	省会距离 1000—2000 公里（含）的省际寄递	北京市，河北省，河南省，山东省，山西省，天津市
	五档	省会距离 2000—3000 公里（含）的省际寄递	安徽省，重庆市，福建省，甘肃省，湖北省，湖南省，江苏省，江西省，宁夏回族自治区，青海省，陕西省，上海市，浙江省
	六档	省会距离 3000 公里以上的省际寄递	广东省，广西壮族自治区，贵州省，海南省，四川省，西藏自治区，新疆维吾尔自治区，云南省

续表

寄出省（区、市）	资费档		寄达省（区、市）
湖北省	一档	省份面积小于 70 万平方公里的省内寄递	湖北省
	二档	相邻省和省会距离不超过 500 公里的省际寄递	安徽省，重庆市，河南省，湖南省，江西省，陕西省
	三档	省会距离 500—1000 公里（含）的省际寄递	福建省，广东省，河北省，江苏省，山东省，山西省，上海市，浙江省
	四档	省会距离 1000—2000 公里（含）的省际寄递	北京市，甘肃省，广西壮族自治区，贵州省，海南省，辽宁省，内蒙古自治区，宁夏回族自治区，青海省，四川省，天津市，云南省
	五档	省会距离 2000—3000 公里（含）的省际寄递	黑龙江省，吉林省
	六档	省会距离 3000 公里以上的省际寄递	西藏自治区，新疆维吾尔自治区
湖南省	一档	省份面积小于 70 万平方公里的省内寄递	湖南省
	二档	相邻省和省会距离不超过 500 公里的省际寄递	重庆市，广东省，广西壮族自治区，贵州省，湖北省，江西省
	三档	省会距离 500—1000 公里（含）的省际寄递	安徽省，福建省，河南省，江苏省，陕西省，浙江省
	四档	省会距离 1000—2000 公里（含）的省际寄递	北京市，甘肃省，海南省，河北省，内蒙古自治区，宁夏回族自治区，青海省，山东省，山西省，上海市，四川省，天津市，云南省
	五档	省会距离 2000—3000 公里（含）的省际寄递	黑龙江省，吉林省，辽宁省
	六档	省会距离 3000 公里以上的省际寄递	西藏自治区，新疆维吾尔自治区
吉林省	一档	省份面积小于 70 万平方公里的省内寄递	吉林省
	二档	相邻省和省会距离不超过 500 公里的省际寄递	黑龙江省，辽宁省，内蒙古自治区
	三档	省会距离 500—1000 公里（含）的省际寄递	北京市，天津市
	四档	省会距离 1000—2000 公里（含）的省际寄递	安徽省，河北省，河南省，江苏省，山东省，山西省，上海市
	五档	省会距离 2000—3000 公里（含）的省际寄递	重庆市，福建省，甘肃省，湖北省，湖南省，江西省，宁夏回族自治区，青海省，陕西省，四川省，浙江省
	六档	省会距离 3000 公里以上的省际寄递	广东省，广西壮族自治区，贵州省，海南省，西藏自治区，新疆维吾尔自治区，云南省
江苏省	一档	省份面积小于 70 万平方公里的省内寄递	江苏省
	二档	相邻省和省会距离不超过 500 公里的省际寄递	安徽省，山东省，上海市，浙江省
	三档	省会距离 500—1000 公里（含）的省际寄递	北京市，福建省，河北省，河南省，湖北省，湖南省，江西省，天津市
	四档	省会距离 1000—2000 公里（含）的省际寄递	重庆市，甘肃省，广东省，广西壮族自治区，贵州省，海南省，吉林省，辽宁省，内蒙古自治区，宁夏回族自治区，青海省，山西省，陕西省，四川省
	五档	省会距离 2000—3000 公里（含）的省际寄递	黑龙江省，云南省
	六档	省会距离 3000 公里以上的省际寄递	西藏自治区，新疆维吾尔自治区

续表

寄出省（区、市）	资费档		寄达省（区、市）
江西省	一档	省份面积小于 70 万平方公里的省内寄递	江西省
	二档	相邻省和省会距离不超过 500 公里的省际寄递	安徽省，福建省，广东省，湖北省，湖南省，浙江省
	三档	省会距离 500—1000 公里（含）的省际寄递	河南省，江苏省，上海市
	四档	省会距离 1000—2000 公里（含）的省际寄递	北京市，重庆市，甘肃省，广西壮族自治区，贵州省，海南省，河北省，内蒙古自治区，宁夏回族自治区，青海省，山东省，山西省，陕西省，四川省，天津市，云南省
	五档	省会距离 2000—3000 公里（含）的省际寄递	黑龙江省，吉林省，辽宁省
	六档	省会距离 3000 公里以上的省际寄递	西藏自治区，新疆维吾尔自治区
辽宁省	一档	省份面积小于 70 万平方公里的省内寄递	辽宁省
	二档	相邻省和省会距离不超过 500 公里的省际寄递	河北省，吉林省，内蒙古自治区
	三档	省会距离 500—1000 公里（含）的省际寄递	北京市，黑龙江省，山东省，天津市
	四档	省会距离 1000—2000 公里（含）的省际寄递	安徽省，河南省，湖北省，江苏省，宁夏回族自治区，山西省，陕西省，上海市，浙江省
	五档	省会距离 2000—3000 公里（含）的省际寄递	重庆市，福建省，甘肃省，广东省，广西壮族自治区，贵州省，湖南省，江西省，青海省，四川省
	六档	省会距离 3000 公里以上的省际寄递	海南省，西藏自治区，新疆维吾尔自治区，云南省
内蒙古自治区	一档	省份面积小于 70 万平方公里的省内寄递	无
	二档	省份面积大于 70 万平方公里的省内寄递相邻省和省会距离不超过 500 公里的省际寄递	内蒙古自治区，北京市，甘肃省，河北省，黑龙江省，吉林省，辽宁省，宁夏回族自治区，山西省，陕西省
	三档	省会距离 500—1000 公里（含）的省际寄递	河南省，山东省，天津市
	四档	省会距离 1000—2000 公里（含）的省际寄递	安徽省，重庆市，湖北省，湖南省，江苏省，江西省，青海省，上海市，四川省，浙江省
	五档	省会距离 2000—3000 公里（含）的省际寄递	福建省，广东省，广西壮族自治区，贵州省，海南省，新疆维吾尔自治区，云南省
	六档	省会距离 3000 公里以上的省际寄递	西藏自治区
宁夏回族自治区	一档	省份面积小于 70 万平方公里的省内寄递	宁夏回族自治区
	二档	相邻省和省会距离不超过 500 公里的省际寄递	甘肃省，内蒙古自治区，陕西省
	三档	省会距离 500—1000 公里（含）的省际寄递	河北省，青海省，山西省
	四档	省会距离 1000—2000 公里（含）的省际寄递	安徽省，北京市，重庆市，贵州省，河南省，湖北省，湖南省，江苏省，江西省，辽宁省，山东省，上海市，四川省，天津市，浙江省
	五档	省会距离 2000—3000 公里（含）的省际寄递	福建省，广东省，广西壮族自治区，海南省，黑龙江省，吉林省，西藏自治区，新疆维吾尔自治区，云南省
	六档	省会距离 3000 公里以上的省际寄递	无

续表

寄出省（区、市）	资费档		寄达省（区、市）
青海省	一档	省份面积小于70万平方公里的省内寄递	无
	二档	省份面积大于70万平方公里的省内寄递相邻省和省会距离不超过500公里的省际寄递	青海省，甘肃省，四川省，西藏自治区，新疆维吾尔自治区
	三档	省会距离500—1000公里（含）的省际寄递	宁夏回族自治区，陕西省
	四档	省会距离1000—2000公里（含）的省际寄递	安徽省，北京市，重庆市，贵州省，河北省，河南省，湖北省，湖南省，江苏省，江西省，内蒙古自治区，山东省，山西省，天津市，云南省
	五档	省会距离2000—3000公里（含）的省际寄递	福建省，广东省，广西壮族自治区，海南省，黑龙江省，吉林省，辽宁省，上海市，浙江省
	六档	省会距离3000公里以上的省际寄递	无
山东省	一档	省份面积小于70万平方公里的省内寄递	山东省
	二档	相邻省和省会距离不超过500公里的省际寄递	安徽省，北京市，河北省，河南省，江苏省，天津市
	三档	省会距离500—1000公里（含）的省际寄递	湖北省，辽宁省，内蒙古自治区，山西省，陕西省，上海市，浙江省
	四档	省会距离1000—2000公里（含）的省际寄递	重庆市，福建省，甘肃省，广东省，贵州省，黑龙江省，湖南省，吉林省，江西省，宁夏回族自治区，青海省，四川省
	五档	省会距离2000—3000公里（含）的省际寄递	广西壮族自治区，海南省，云南省
	六档	省会距离3000公里以上的省际寄递	西藏自治区，新疆维吾尔自治区
山西省	一档	省份面积小于70万平方公里的省内寄递	山西省
	二档	相邻省和省会距离不超过500公里的省际寄递	河北省，河南省，内蒙古自治区，陕西省
	三档	省会距离500—1000公里（含）的省际寄递	安徽省，北京市，甘肃省，湖北省，宁夏回族自治区，山东省，天津市
	四档	省会距离1000—2000公里（含）的省际寄递	重庆市，福建省，广东省，贵州省，黑龙江省，湖南省，吉林省，江苏省，江西省，辽宁省，青海省，上海市，四川省，浙江省
	五档	省会距离2000—3000公里（含）的省际寄递	广西壮族自治区，海南省，新疆维吾尔自治区，云南省
	六档	省会距离3000公里以上的省际寄递	西藏自治区
陕西省	一档	省份面积小于70万平方公里的省内寄递	陕西省
	二档	相邻省和省会距离不超过500公里的省际寄递	重庆市，甘肃省，河南省，湖北省，内蒙古自治区，宁夏回族自治区，山西省，四川省
	三档	省会距离500—1000公里（含）的省际寄递	安徽省，河北省，湖南省，青海省，山东省
	四档	省会距离1000—2000公里（含）的省际寄递	北京市，福建省，广东省，广西壮族自治区，贵州省，江苏省，江西省，辽宁省，上海市，天津市，云南省，浙江省
	五档	省会距离2000—3000公里（含）的省际寄递	海南省，黑龙江省，吉林省，西藏自治区，新疆维吾尔自治区
	六档	省会距离3000公里以上的省际寄递	无

续表

寄出省（区、市）	资费档		寄达省（区、市）
上海市	一档	省份面积小于 70 万平方公里的省内寄递	上海市
	二档	相邻省和省会距离不超过 500 公里的省际寄递	安徽省，江苏省，浙江省
	三档	省会距离 500—1000 公里（含）的省际寄递	福建省，河南省，湖北省，江西省，山东省
	四档	省会距离 1000—2000 公里（含）的省际寄递	北京市，重庆市，甘肃省，广东省，广西壮族自治区，贵州省，河北省，湖南省，吉林省，辽宁省，内蒙古自治区，宁夏回族自治区，山西省，陕西省，四川省，天津市
	五档	省会距离 2000—3000 公里（含）的省际寄递	海南省，黑龙江省，青海省，云南省
	六档	省会距离 3000 公里以上的省际寄递	西藏自治区，新疆维吾尔自治区
四川省	一档	省份面积小于 70 万平方公里的省内寄递	四川省
	二档	相邻省和省会距离不超过 500 公里的省际寄递	重庆市，甘肃省，贵州省，青海省，陕西省，西藏自治区，云南省
	三档	省会距离 500—1000 公里（含）的省际寄递	无
	四档	省会距离 1000—2000 公里（含）的省际寄递	安徽省，北京市，福建省，广东省，广西壮族自治区，海南省，河北省，河南省，湖北省，湖南省，江苏省，江西省，内蒙古自治区，宁夏回族自治区，山东省，山西省，上海市，天津市，浙江省
	五档	省会距离 2000—3000 公里（含）的省际寄递	吉林省，辽宁省，新疆维吾尔自治区
	六档	省会距离 3000 公里以上的省际寄递	黑龙江省
天津市	一档	省份面积小于 70 万平方公里的省内寄递	天津市
	二档	相邻省和省会距离不超过 500 公里的省际寄递	北京市，河北省，山东省
	三档	省会距离 500—1000 公里（含）的省际寄递	安徽省，河南省，吉林省，江苏省，辽宁省，内蒙古自治区，山西省
	四档	省会距离 1000—2000 公里（含）的省际寄递	重庆市，福建省，甘肃省，黑龙江省，湖北省，湖南省，江西省，宁夏回族自治区，青海省，陕西省，上海市，四川省，浙江省
	五档	省会距离 2000—3000 公里（含）的省际寄递	广东省，广西壮族自治区，贵州省，海南省，云南省
	六档	省会距离 3000 公里以上的省际寄递	西藏自治区，新疆维吾尔自治区
西藏自治区	一档	省份面积小于 70 万平方公里的省内寄递	无
	二档	省份面积大于 70 万平方公里的省内寄递相邻省和省会距离不超过 500 公里的省际寄递	西藏自治区，青海省，四川省，新疆维吾尔自治区，云南省
	三档	省会距离 500—1000 公里（含）的省际寄递	无
	四档	省会距离 1000—2000 公里（含）的省际寄递	无
	五档	省会距离 2000—3000 公里（含）的省际寄递	重庆市，甘肃省，贵州省，宁夏回族自治区，陕西省
	六档	省会距离 3000 公里以上的省际寄递	安徽省，北京市，福建省，广东省，广西壮族自治区，海南省，河北省，河南省，黑龙江省，湖北省，湖南省，吉林省，江苏省，江西省，辽宁省，内蒙古自治区，山东省，山西省，上海市，天津市，浙江省

续表

寄出省（区、市）	资费档		寄达省（区、市）
新疆维吾尔自治区	一档	省份面积小于 70 万平方公里的省内寄递	无
	二档	省份面积大于 70 万平方公里的省内寄递相邻省和省会距离不超过 500 公里的省际寄递	新疆维吾尔自治区，甘肃省，青海省，西藏自治区
	三档	省会距离 500—1000 公里（含）的省际寄递	无
	四档	省会距离 1000—2000 公里（含）的省际寄递	无
	五档	省会距离 2000—3000 公里（含）的省际寄递	河北省，内蒙古自治区，宁夏回族自治区，山西省，陕西省，四川省
	六档	省会距离 3000 公里以上的省际寄递	安徽省，北京市，重庆市，福建省，广东省，广西壮族自治区，贵州省，海南省，河南省，黑龙江省，湖北省，湖南省，吉林省，江苏省，江西省，辽宁省，山东省，上海市，天津市，云南省，浙江省
云南省	一档	省份面积小于 70 万平方公里的省内寄递	云南省
	二档	相邻省和省会距离不超过 500 公里的省际寄递	广西壮族自治区，贵州省，四川省，西藏自治区
	三档	省会距离 500—1000 公里（含）的省际寄递	重庆市
	四档	省会距离 1000—2000 公里（含）的省际寄递	甘肃省，广东省，海南省，湖北省，湖南省，江西省，青海省，陕西省
	五档	省会距离 2000—3000 公里（含）的省际寄递	安徽省，北京市，福建省，河北省，河南省，江苏省，内蒙古自治区，宁夏回族自治区，山东省，山西省，上海市，天津市，浙江省
	六档	省会距离 3000 公里以上的省际寄递	黑龙江省，吉林省，辽宁省，新疆维吾尔自治区
浙江省	一档	省份面积小于 70 万平方公里的省内寄递	浙江省
	二档	相邻省和省会距离不超过 500 公里的省际寄递	安徽省，福建省，江苏省，江西省，上海市
	三档	省会距离 500—1000 公里（含）的省际寄递	河南省，湖北省，湖南省，山东省
	四档	省会距离 1000—2000 公里（含）的省际寄递	北京市，重庆市，甘肃省，广东省，广西壮族自治区，贵州省，海南省，河北省，辽宁省，内蒙古自治区，宁夏回族自治区，山西省，陕西省，四川省，天津市
	五档	省会距离 2000—3000 公里（含）的省际寄递	黑龙江省，吉林省，青海省，云南省
	六档	省会距离 3000 公里以上的省际寄递	西藏自治区，新疆维吾尔自治区

国家邮政局关于加快推进邮政业供给侧结构性改革的意见

各省、自治区、直辖市邮政管理局，国家局直属各单位、机关各司室，中国邮政集团公司，各主要快递企业：

邮政业是国家重要的社会公用事业，是推动流通方式转型、促进消费升级的现代化先导性产业。近年来，我国邮政业发展迅速，在降低流通成本、服务生产生活、扩大就业渠道等方面发挥了积极作用，但仍存在发展方式粗放、创新能力不强、同质化竞争严重、服务质量不高、安全基础薄弱等突出问题，迫切需要在供给侧发力，提高供给质量和效率。为贯彻落实党中央、国务院重大决策部署，加快推进邮政业供给侧结构性改革，进一步促进行业转型升级提质增效，充分发挥邮政业对降低社会物流成本、释放消费需求、培育经济发展新动能的重要作用，现提出如下意见。

一、总体要求

（一）指导思想

深入贯彻习近平总书记系列重要讲话精神和治国理政新理念新思想新战略，牢固树立和贯彻落实新发展理念，坚持稳中求进的工作总基调，坚持以人民为中心的发展思想，加快推进邮政业供给侧结构性改革，按照“打通上下游、拓展产业链、画大同心圆、构建生态圈”的思路，围绕补短板、提质效、降成本，强化创新驱动、注重联动融合、加强制度供给，着力增加服务品种、提升服务品质、创建服务品牌，更好服务经济社会发展和人民群众生产生活。

（二）基本原则

以民为本。始终以满足人民群众对更好服务的需求作为努力方向，促进区域协调、城乡普惠和消费公平，使商家、用户在行业发展中有更多获得感。推动改善工作条件，完善职业保障，促进企业一线员工更有归属感。

市场主导。坚持发挥市场配置资源的决定性作用，完善市场机制，引导企业做优存量、做大增量、做强质量，有效满足服务需求。更好发挥政府作用，加强行业制度供给，提高行业全要素生产率，促进邮政普遍服务提质创新、快递服务转型升级。

创新驱动。发挥科技创新引领作用和企业主体作用，形成激发创新活力、推广创新成果、支持业态创新的体制机制。创新服务理念、商业形态、组织方式和运营模式，创造、引导和满足新需求。

联动融合。科学统筹补短板、提质效和降成本工作，通过补短板推动行业提质效，以提升供给品质和供给效率促进社会物流成本进一步降低。坚持“互联网+”邮政发展战略，有效衔接现代综合交通运输体系，促进产业、市场融合，优化供给结构，扩大供给范畴，加快培育行业发展新动能。

安全绿色。守住安全发展底线，构建企业、社会、政府三方共治的寄递渠道安全治理模式，减少和消除安全隐患。倡导绿色邮政理念，促进资源节约，推广绿色包装、绿色运输，推动行业绿色低碳循环发展。

（三）主要目标

到2020年，邮政业供给侧结构性改革取得重要进展，行业迈入形态更高级、分工更优化、结构更合理的发展阶段，发展方式明显转变，创新能力显著增强，服务产品更加丰富，供给质效大幅提高，寄递安全有效保障，形成世界一流的邮政企业和若干家具有国际竞争力的快递企业集团，能够更好满足广大商家和亿万群众日益增长的多样化、专业化、个性化服务需求。

二、补齐服务短板，增强供给能力

（一）完善基础服务网络

完善邮政普遍服务基础设施布局，支持邮政企业实施西部、农村地区邮政网点改造工程，加快推进建制村直接通邮工作，优化调整偏远和经济落后地区邮政普遍服务营业场所的运营模式。加强邮件快件处理中心、集散枢纽和快递专业类物流园区建设，提升骨干节点信息化、自动化水平。深入实施“快递下乡”和农村电商邮政寄递网工程，整合农村商贸、供销、交通、电商等物流资源，完善县、乡、村三级物流体系，实现“农产品进城”和“工业品下乡”有序集散和高效流通，切实提升服务“三农”水平。打造邮件、快件进出境通道，加强各类口岸国际邮件互换局（交换站）和国际快件监管区建设，提升国际邮件、快件处理效率和能力。鼓励企业建设一批国际转运中心和海外仓，衔接境外邮政、快递、物流体系，构建立足周边、连通“一带一路”、面向全球的跨境寄递物流网络。

（二）提升末端服务能力

推动邮政企业优化服务流程，提高邮政包裹服务质量，缩短邮件全程寄递时限，实现城市包裹投递到户，农村包裹投递到村邮站、村委会等。支持邮政企业以便民服务形式延伸、拓展服务功能，按照市场化机制代理投递农村地区快件，着力将邮政乡镇网点、村邮站打造成为农村寄递服务平台。鼓励快递企业结合各地实际深化合作，在农村共享网点、人员、车辆等资源，降低末端投递成本。实施快递“进社区、进院校、进商厦”工程，加强智能快件箱（智能信包箱、智能包裹柜）和城市公共投递服务中心等末端服务设施的规划建设，着力解决“摆地摊”问题。引导加盟型快递企业总部理顺与加盟网点的关系，规范运营管理方式，进一步完善基层网点和员工的补贴机制，构建稳定、可持续的末端服务网络。鼓励快递企业与商贸流通企业、连锁零售和外卖平台企业以联盟、股权合作等形式开展共同投递，形成区域共同合作模式，促进实体店销售与网购融合发展。支持各地加强管理、完善机制，推广符合标准的快递电动三轮车规范上路。

（三）培育行业优质品牌

引导邮政企业主动开拓市场，调整产品结构，优化作业流程，提高运营效率，不断提升服务品质和用户体验。加快邮政企业自身改革，健全现代企业制度，发展混合所有制经济，激发企业活力、创造力和市场竞争力，做强做优做大国有企业。鼓励企业加强资源要素整合，通过投资入股、联合投资、股权并购等方式，围绕产业链上下游开展兼并重组，提高行业集中度。支持邮政业上下游国有资本和电子商务、仓储、物流等企业，对发展潜力大、成长性强的快递企业进行股权投资。引导加盟型快递企业完善产权激励机制，强化全程全网统筹管理，促进网络资源优化配置。着力培育中国快递国际品牌，完善治理结构，提升核心能力，加快构建定位准确、技术领先、服务一流、管理科学的现代企业，打造中国快递航母。

三、深化业务联动，优化供给结构

（一）强化产业协同

实施“互联网+”邮政发展战略，引导企业拓展产业链、供应链和服务链，向综合性寄递物流运营商转型。深入推进邮政业与电子商务联动发展，建立适应电子商务需求的服务产品体系。服务“中国制造2025”战略，推进邮政业与现代制造业协同合作，发展“入厂物流”“区域性供应链”等服务模式，遴选支持一批寄递服务制造业项目。实施寄递服务现代农业“一地一品”示范工程，为农产品提供包装、仓储、运输的标准化、定制化服务，助力国家精准扶贫。打造跨境寄递引导工程，提升自由贸易试验区、跨境电子商务综试区所在地企业的跨境寄递服务能力，不断扩大跨境寄递服务范围。引导企业创新服务品种和模式，拓展与信息、金融、教育、旅游、文化等第三产业的协同空间。

（二）增加中高端供给

鼓励邮政企业在履行好普遍服务义务基础上，提供改址、约投等精准的投递服务。引导企业提高时限承诺产品的比重，拓展个性化、专业化、差异化、一站式寄递服务。支持企业加快发展快运、冷链等物流服务，加强预冷仓储、分等分级等冷链物流设施建设，推动服务品类向生鲜农产品、易腐食品和医药等高端品易逝品扩展。鼓励企业积极发展体验经济、社区经济等便民利商新业态，大力发展特殊物品寄递、合同物流、逆向物流、代收货款、快递保险等服务。引导企业与上游业态优势互补，拓展服务功能，提供物流、仓储、金融、保险、通关、货代等供应链一体化管理服务。

四、突出安全绿色，提高供给品质

（一）提升安全发展能力

引导企业加强安全生产管理机构建设，聘用注册安全工程师，健全完善安全管理内控制度，加大安全生产技术设备投入。建立寄递从业人员实名档案制度，严格执行《邮件快件微剂量X射线安全检查设备配置管理办法》，出台安全检查操作规程和安检人员管理规范，推动收寄验视、实名收寄、过机安检制度全面落实，加强用户个人信息安全管理。推进实施寄递渠道安全监管“绿盾”工程，全面提升邮政管理部门安全监管能力，实现动态可追踪、隐患可发现、事件可预警、风险可管理、责任可追究。健全寄递渠道安全联合监管机制，强化对重点地区、重点部位、重要活动期间寄递安全管理，坚决遏制重特大事故发生。实施企业安全生产评估分级制度，对评级偏低企业进行约谈警告、重点整治和黑名单管理。加强寄递安全宣传引导，提升寄递从业人员安全生产意识和用户安全用邮意识。

（二）推动绿色邮政发展

鼓励企业再造运营流程，优化运输组织，采用新技术新设备，着力降低生产成本，实现节能减排。开展绿色包装物品研究，出台邮件、快件绿色包装环保标识认定使用和管理办法，开展绿色包装试点工程，提高快递包装绿色化、减量化、可循环水平。鼓励包装生产商、电商平台、寄递企业等共同建立绿色包装联盟，使用符合环保标准的包装物料。大力推广环保袋、中转箱、笼车等物料设备，重点品牌企业电子运单使用率不低于90%，进一步提升新能源车辆的使用率。广泛宣传绿色邮政理念，倡导绿色消费方式，营造“绿色邮政，人人有为”的良好氛围。

（三）提高寄递服务质量

强化企业质量主体责任，提高质量意识和诚信意识，提升服务透明度和时限水平，切实降低邮件快件延误率、损毁率、丢失率和投诉率。开展服务质量提升行动，专项治理刷信、违规操作等侵害消费者合法权益行为，打造放心消费样板工程，基本实现寄递作业“不着地、不抛件”。鼓励邮政企业采取增加运力、利用客运班车代运等措施，提高党报党刊投递服务质量，基本实现党报县城当日见报。运用现代信息技术完善申诉处理平台，充分发挥12305申诉热线的作用，加强申诉受理和行政执法的联动，维护消费者合法权益。完善寄递服务质量评价体系，加强寄递服务满意度调查和时限测试，加大相关信息披露力度。鼓励行业协会、学会等社会团体提供技术、标准、质量管理、品牌建设等方面的咨询服务，为提高寄递服务质量提供智力支持。

五、注重融合创新，提升供给效率

（一）强化科技创新驱动

引导企业加大科技投入，推广应用云计算、大数据、互联网、物联网等信息技术，探索应用人工智能、无人机等先进技术，广泛使用自动装卸传输分拣、冷链物流等技术设备。制定邮政业技术研发指南，加强邮政业枢纽型基地业务与集成、关联产业垂直解决方案、实名制信息化解决方案、包装新材料新工艺设计等关键技术研究。出台邮政业技术中心认定管理办法，支持企业申报国家重点实验室、企业技术中心认定和国家科技计划项目。研究设立科技交流平台，开放共享信息资源和科技研发成果。支持行业协会、媒体为产学研合作牵线搭桥，推进科技成果转化运用。加强邮政、快递领域国际科技交流与合作，提高科技创新水平。

（二）深入推进交邮合作

推动邮政、快递基础设施与铁路、公路、民航枢纽的同步规划建设，打通交通资源要素与寄递服务的衔接。加快机场、车站等邮（快）件绿色通道和装卸、接驳、仓储功能区建设。推广“高铁+快递”联合运营模式，建立中欧班列运输邮（快）件机制。支持企业加大甩挂运输力度，开展多式联运，提升运输集散效率。鼓励快递企业组建货运航空公司，与民航运输企业在飞机、飞行员、航线、场站资源等方面深化合作，提供纵向一体化的全过程物流服务。建设一批航空快递货运枢纽，延伸面向周边区域的产业链和服务链，实现航空物流、跨境电商、电子信息、健康医疗、智能制造等产业的集聚发展。推进邮政、快递、交通运输企业整合资源，形成“场站共享、服务同网、货运集中、信息互通”的农村快递物流发展新格局。

六、完善制度建设，优化供给环境

（一）深化放管服改革

坚持简政放权、放管结合、优化服务，加强事中事后监管。加快开放邮政业竞争性业务，引导社会资本进入邮政服务领域，完善经营邮政通信业务审批制度。简化快递业务经营许可程序，完善分支机构备案、代理国际快递业务制度设计。落实快递市场主体退出机制，依法注销长期未实际开展业务的僵尸快递企业，加强许可闭环管理。完善部门权力清单、责任清单、市场准入负面清单，健全行业行政裁量基准制度。推动落实快递企业同一工商登记机关管辖范围内“一照多址”政策。全面实施日常执法检查“双随机、一公开”制度，加强综合执法和跨区域互查。

（二）健全政策法规体系

推动落实《国务院关于促进快递业发展的若干意见》和相关产业政策，开展中国快递业发展战略研究。出台行业服务“一带一路”建设加快“走出去”指导意见。全力做好雄安新区邮政业发展规划的编制与衔接工作，科学谋划新区邮政、快递设施布局，着力提供优质寄递服务。落实《邮政业发展“十三五”规划》、行业专项规划及各区域专项规划，开展规划实施情况监测评估。研究提出邮政业增长极战略，将京津冀、长三角、珠三角等重点区域打造成为邮政业的改革创新先行区、转型提效示范区和高端服务引领区。加快推动《快递条例》颁布实施，制修订《快递业务经营许可管理办法》《邮政行业安全监督管理办法》《邮件快件实名收寄管理办法》等配套规章，积极参与电子商务立法工作。

（三）完善行业标准体系

加强邮政业标准体系建设，发挥标准的规范引导作用，助推行业供给侧结构性改革。加大修订后的《邮政普遍服务》标准实施力度，推动修订《住宅信报箱》标准。制定快递专用车辆国家标准，制修订快递封装用品、快递集装容器、快递服务与不同运输方式衔接等标准。加快快递与先进制造业、现代农业等关联产业信息交换技术标准和冷链快递、逆向快递标准研究制定工作。加大标准实施监督力度，开展标准试点示范，推动企业标准自我声明公开。加强与万国邮政联盟、世界海关组织等国际组织的合作，推动建立统一互认的单证格式，为便利通关创造条件。

（四）形成信用约束机制

建立企业和从业人员的电子信用档案，制定快递业信用信息内容、分类、共享标准。推动企业和从业人员的信用信息依法公开。实施行业违法失信企业、从业人员和用户“黑名单”制度，强化信息通报、舆论约束和信用惩戒。全面推进政务公开，依法公开在邮政监督管理中掌握的行业信用信息，建立有效的信息公开和查询机制。建立健全行业信用信息系统，对接企业信用信息公示系统、“信用中国”等国家统一信用信息平台，推动行业信用资源整合共享，构建“一处失信、处处受限”的联合惩戒机制。

七、加强支撑保障，确保改革成效

（一）争取资金政策支持

推动落实西部和农村地区邮政普遍服务基础设施建设中央投资项目。积极探索邮政业政府和社会资本合作（PPP）模式，吸引社会资本参与邮政业基础设施建设。引导企业争取财政资金支持技术升级、研发创新、企业国际化和人才培养等项目。鼓励政策性、开发性金融机构创新投融资方式，参与邮政、快递重大工程项目建设。争取亚洲基础设施投资银行、丝路基金资金支持，推动互联互通邮政、快递物流项目建设。支持符合条件的邮政、快递物流建设项目，申请中央和地方现代物流专项资金。引导企业加强内控管理，合规取得进项抵扣税额，实现增值税应抵尽抵，协调落实省内跨地区经营总分支机构增值税汇总缴纳政策。

（二）提升人才队伍素质

推动成立现代邮政教育联盟，发挥北京、南京、西安、重庆邮电大学共建院校资源优势，强化在行业高端人才培养、科技研发等方面的支撑作用。引导普通高校、职业院校加强邮政、快递学科建设，开设仓储、路由规划等实用课程。加强全国行业人才培养基地建设，开展职业院校现代邮政人才培养改革试点，遴选、建设和推广一批邮政快递产教融合示范项目、示范专业点，举办“互联网+”快递大学生创新创业大赛。实施快递技能人才“853”工程，制定快递员、快件处理员职业标准，推进快递工程技术人员职称评审。支持企业通过职业培训提高员工的职业素养和专业技能。积极推进邮政业智库联盟建设，加强行业供给侧结构性改革政策研究和决策咨询。

（三）加强员工职业保障

推动有关部门出台完善快递从业人员职业保障意见，建立健全快递职业保障体系，稳定快递从业人员队伍。推动快递企业与员工依法签订劳动合同，缴纳社会保险。支持其他快递从业者按灵活就业人员身份参加养老、医疗保险，配合探索适应灵活就业人员的失业、工伤保险保障方式。加强从业人员职业病防治和心理健康保护，督促企业调整雾霾严重区域和灾害天气期间一线员工时效考核标准。加强职业能力建设，强化快递职业人才评价服务引导和支持。鼓励企业加强职业培训教育，拓展从业人员向上发展空间，搭建管理、技术等晋升通道。加强行业党团工会建设，充分发挥党团工会作用，维护劳动者合法权益。

各单位要充分认识加快推进邮政业供给侧结构性改革的重要意义，要加强组织领导、协调配合和检查指导，扎实推进各项工作任务，确保取得实效。各省、自治区、直辖市邮政管理局要紧密结合本地实际，抓紧制定年度行动计划，明确各项重点工作的责任主体、时间进度和目标要求，认真抓好落实。国家邮政局将对本意见落实情况进行督查，并及时总结推广各地推进邮政业供给侧结构性改革的经验和做法。遇有重大问题，要及时向国家邮政局报告。

国家邮政局
2017 年 5 月 18 日

国家邮政局关于推进邮政业服务“一带一路”建设的指导意见

国邮发〔2017〕103号

各省、自治区、直辖市邮政管理局，中国邮政集团公司，各主要快递企业：

为深入贯彻党的十九大精神，全面落实党中央作出的“一带一路”重大决策部署，推进邮政业服务“一带一路”建设，加快行业引进来和走出去，充分发挥邮政、快递互联互通作用，更好服务国家全面开放新格局，现提出以下指导意见。

一、重要意义

邮政业具有通政、通商、通民功能，是推动流通方式转型、促进消费升级的现代化先导性产业，是“一带一路”互联互通的桥梁和纽带，在促进国际交流、服务经贸发展中发挥着重要作用。推进邮政业服务“一带一路”建设，全面加强沿线国家邮政快递领域务实合作，有利于进一步扩大我国邮政业对外开放，加快行业企业走出去，促进转型升级提质增效；有利于构建面向全球的寄递服务网络，提升沿线国家邮政快递发展水平，促进国际产能合作和贸易自由化便利化；有利于推动全球产业链延伸、价值链发展和供应链衔接，增进沿线国家人民福祉，实现共同繁荣。

二、指导思想

全面贯彻落实党的十九大精神，以习近平新时代中国特色社会主义思想为指导，牢固树立创新、协调、绿色、开放、共享发展理念，弘扬和平合作、开放包容、互学互鉴、互利共赢的丝路精神，遵循共商共建共享原则，以“丝路传邮，畅达天下”为使命，以推动建设便捷畅通、普惠包容的全球寄递服务网络为主线，坚持引进来和走出去并重，对接沿线国家战略政策和发展需求，全面推进务实合作，共商丝路传邮新模式，共建国际邮政合作新机制，共享沿线邮政业发展新成果，积极服务和平、繁荣、开放、创新、文明之路建设，为推动构建人类命运共同体贡献力量。

三、基本原则

企业主导，政府引导。强化企业主体地位，遵循市场发展规律，使市场在资源配置中起决定性作用，扩大优质服务供给，提升国际竞争力。发挥政府在规划政策等方面的引领保障作用，对接沿线国家邮政业发展战略，营造行业引进来和走出去的良好环境。

创新协同，内外联通。进一步扩大对外开放，加强创新能力开放合作，推动邮政业与跨境电子商务、先进制造业、现代农业等协同发展。完善邮政业国内基础设施建设，衔接“一带一路”综合交通运输网络，推动沿线国家邮政业政策、标准和规则三位一体联通，促进国际贸易发展。普惠包容，互利共赢。尊重沿线国家发展意愿，秉持正确义利观，遵守国际规则，推动在沿线国家邮政快递领域形成支持“一带一路”建设的广泛共识。坚持共商共建共享原则，携手推动沿线国家邮政、快递服务发展，共享全球邮政治理改革和发展的成果。

突出重点，服务“五通”。聚焦沿线国家关键城市、关键节点的邮件快件进出境需求，依托跨境公路、国际铁路、国际航班、远洋班轮，形成陆空海邮件快件运输通道。通过深化务实合作，畅通邮路、繁荣贸易，面向沿线重要国家和地区提升跨境信息交流、物品递送效率，有力服务“五通”。因地制宜，有序推动。考虑历史传统、资源禀赋、法律制度和行业实际，共同探讨符合各国国情的邮政快递领域合作模式。充分评估各方面因素，聚焦重点国家、重点项目和重点环节，统筹考虑、稳步实施、有序推进。

四、推动基础设施建设，构建“一带一路”寄递服务网络

加强跨境网络设施建设。结合国内各地区在“一带一路”建设中的定位，优化国际邮件互换局（交换站）布局，加强国际快件监管中心建设，提升国际邮件快件处理能力。鼓励企业在沿边重点口岸、边境城市建设边境仓，依托境外产业集聚区、经贸合作区、工业园区、经济特区等建设分拨中心、集散枢纽和境外快递物流园区，促进各类要素资源整合。支持邮政、快递企业与电商企业、物流地产企业共同投资建设公共海外仓，降低经营风险和成本。

促进标准信息互联互通。鼓励企业、产业技术联盟、社会组织积极参与邮政、快递国际标准化活动。加强与沿线国家邮政业标准互认工作，推动制定设施装备、服务产品、封装用品、寄递安全、信息交换等方面的国际标准。搭建集信息发布、数据交换、跟踪追溯、智能分析功能为一体的“丝路传邮”信息交换平台，推进与沿线国家邮政快递信息数据交互共享，促进“一带一路”邮政快递信息互联互通。

建设邮政业“丝绸之路”。支持邮政、快递企业开辟国际货运航线，统筹航空快递枢纽布局，建设连接沿线主要国家的航空运递网络。围绕新亚欧大陆桥、中蒙俄、中国—中亚—西亚、中国—中南半岛、中巴和孟中印缅等重要经济走廊建设，聚焦关键通道、关键节点、关键项目，提升国际邮件快件的通关、换装、多式联运能力，形成中国与欧洲、中亚、东南亚、南亚的跨境双向寄递骨干通道。依托陆上、海上、天上、网上四位一体的设施联通，提升国际航空寄递运输能力，推进国际铁路运输邮件快件工作，打通与周边国家邮件快件跨境公路、水路运输通道，打造邮政业“丝绸之路”。

五、加快走出去和引进来，促进“一带一路”跨境贸易发展

推动企业加快走出去。鼓励业内企业通过战略联盟、绿地投资、兼并重组等方式，重点在跨境电商零售交易量大的国家加快布局，提升面向东亚、东南亚、南亚、中亚等周边国家的国际寄递服务能力，拓展在西亚、北美、南美和欧洲等地区的业务覆盖范围。支持邮政企业、快递企业联合沿线国家当地企业在仓储管理和落地配送等环节加强业务合作、实现优势互补，为跨境电商提供一体化配套服务。引导优势企业与沿线国家邮政快递、电子商务、技术装备等企业深化合作，带动邮政业设备、技术、标准和服务走出去。持业内企业联合境内外上下游企业在沿线国家协同布局，实现资源共享、互利共赢。引导业内走出去企业实施属地化经营管理，提升国际化运营能力，规范海外经营行为，积极帮助当地发展经济、增加就业、改善民生。扩大邮政业开放。全面实行准入前国民待遇加负面清单管理制度，对在境内注册的快递企业一视同仁、平等对待。鼓励沿线国家快递企业依法进入中国包裹快递市场，带动更多商品进出口，支持实体经济发展，促进贸易双向平衡。在自由贸易区、跨境电子商务综试区、自由贸易港等开展试点，支持相关企业依法获得国际快递业务经营许可，为跨境电商提供快件进出境配套服务。

促进跨境贸易发展。鼓励与沿线国家邮政企业加强合作，升级传统邮政产品、创新商业模式、拓展服务范围，开发满足跨境电商需求的国际邮政业务。支持邮政、快递企业与电商企业开展合作，搭建跨境快递物流体系，缩短服务时限，提高服务可靠性，促进沿线国家中小企业发展国际贸易。推动邮政业与先进制造业、商贸服务业联动发展，带动跨境电商、转口贸易、服务贸易等枢纽型产业集聚。鼓励快递企业在沿线国家发展智慧物流、冷链物流、供应链管理等高端物流服务，积极开展绿色快递服务。支持邮政企业、快递企业完善邮件快件进出境通道，依法在沿线国家申请报关资质，提供代理报关、结汇退税等增值业务，提升综合通关服务能力。

六、加强创新能力开放合作，培育“一带一路”邮政业发展新动能

推动行业科技创新合作。发挥行业内国家工程实验室等科研机构作用，与沿线国家交流邮政业和互联网、大数据、云计算、人工智能及区块链等融合发展的经验，联合开展科技应用示范。鼓励与沿线国家有关企业、科研机构等共建联合实验室（研究中心）、国际技术转移中心、技术示范与推广平台，促进技术转移和成果转化。支持与沿线国家有关企业、科研机构等共同研发智能收投、柔性装卸、集装化运输、冷链服务等技术装备，联合推进人工智能、无人装备等创新应用。

加强人才资源交流合作。支持有关院校、科研机构、企业与沿线国家高等院校、科研机构、知名企业开展合作，联合培养行业紧缺人才和企业中高级经营管理人才。创新人才培养机制，着力培养具有国际视野、通晓国际规则和掌握行业知识的复合型国际化人才。推动实施邮政业高端引智计划，吸引沿线国家和有关国际机构高层次人才来华联合研发技术装备、参与企业经营管理、参加重大项目建设和开展专项培训。探索与沿线国家实施邮政快递领域技能人才职业等级互认。

七、推进政策沟通协调，深化“一带一路”邮政业国际合作

强化双边沟通合作。完善与沿线国家邮政快递主管部门高层互访机制，积极签署双多边合作备忘录和框架协议。加强与沿线国家邮政快递战略规划对接，联合制定合作方案，持续推动务实合作。围绕提升沿线国家邮政业监管能力，组织开展邮政改革、普遍服务、政策法律、科技应用、绿色邮政、寄递安全等为主要内容的交流培训。联合沿线国家举办“丝路传邮”青少年书信大赛和集邮展览，发行“一带一路”纪念邮票。

深化多边交流协作。推动与万国邮政联盟等有关国际组织签订合作协议，凝聚邮政业服务“一带一路”建设共识。深化与万国邮政联盟、区域邮政联盟等有关国际组织合作，共商全球邮政治理改革。加强与世界海关组织以及沿线国家邮政、海关、检验检疫等部门交流合作，推动完善“一带一路”邮件快件通关、检验检疫等方面的管理机制。积极参与国际铁路运邮规则和标准制定，推动与沿线国家签署中欧班列运输邮件、快件合作协议，形成常态协调机制，促进运输规模化、常态化和便利化。

打造交流合作平台。建立与沿线国家政策协商和对话机制，研究设立“丝路传邮”国际合作论坛，分享行业改革经验，共同推进国际邮政业发展。支持全球包裹联盟、快递绿色包装产业联盟在促进“一带一路”邮政业国际合作中发挥积极作用，推动建立“丝路传邮”智库合作联盟，打造多方参与的交流合作平台。继续办好中国（杭州）国际快递业大会，依托世界邮政博览会、中国—东盟博览会、中国（北京）国际服务贸易交易会等平台，组织举办“丝路传邮”展览，加强技术装备、业态创新、国际服务等方面交流。

八、加强组织领导，抓好贯彻落实

成立邮政业服务“一带一路”建设工作领导小组，强化组织领导，制定工作方案，督促工作落实。推动建立邮政业服务“一带一路”建设的相关协调机制，发挥部门工作合力。充实涉外工作力量，创新方式方法，提高能力和水平，加强对“一带一路”邮政业国际合作的支撑。建立邮政业服务“一带一路”建设的政企联席会议制度，加强政企交流对话，了解落实情况，听取意见建议。成立邮政业服务“一带一路”建设专家咨询委员会，为政府决策提供支撑。支持中国快递协会等社会组织加大对企业走出去的指导和服务力度。加强宣传工作，发布“丝路传邮”白皮书，营造良好氛围。各相关单位要站在全局的高度，充分认识邮政业服务“一带一路”建设的重要意义，切实增强责任感和使命感，明确任务、细化措施、制定方案，全力推进邮政业服务“一带一路”建设工作。国家邮政局各司（室）要按照职责分工，加强研究、勇于创新、密切配合，确保工作任务落到实处。各省（区、市）邮政管理局要结合地方要求和行业实际，找准定位，提出工作方案，抓好贯彻落实。行业各有关企业要切实发挥主体作用，把握发展机遇，强化资源投入，成立工作专班，制定实施方案，加快引进来和走出去，积极服务“一带一路”建设。

国家邮政局
2017 年 12 月 20 日

编 后 记

2018 年 11 月，《中国邮政集团公司年鉴（2018）》书稿的编辑工作基本完成。全书在体例、内容表现形式等方面基本延续《中国邮政集团公司年鉴（2017）》的风格。

值此出版之际，衷心感谢集团公司各部门、控股子公司及直属单位、各省（区、市）分公司的大力支持。同时，向为本年鉴的编辑、出版付出辛勤劳动的全体撰稿、审稿人员致谢。

由于经验不足，水平受限，《中国邮政集团公司年鉴（2018）》难免存在不足和错讹之处，诚请不吝指教。

《中国邮政集团公司年鉴》编辑部

2018 年 12 月